出入与异同：清代经济史论稿

倪玉平　著

科学出版社
北　京

内 容 简 介

本书搜集作者近20年来发表的经济史学术论文34篇，内容涉及漕运、盐政、关税、财政、灾害、量化经济史、人物与事件、思想文化和考证。这些文章从政治史视域研究清代财政，反思中西财政发展道路的异同；从计量史学的视域透视中国历史时期的GDP，比较中国与欧洲国家经济发展的“大分流”；从定量与定性分析相结合的角度研究清代经济史，审视传统中国经济史数据的有效性。本书呈现了作者对于清代经济史的系统性认识，资料丰富，论证严谨，可堪参用。

本书适合历史学和经济学领域的相关研究人员，对清代历史感兴趣的人士也可阅读使用。

图书在版编目（CIP）数据

出入与异同：清代经济史论稿 / 倪玉平著. —北京：科学出版社，2019.6
ISBN 978-7-03-061721-7

Ⅰ.①出… Ⅱ.①倪… Ⅲ.①经济史-研究-中国-清代 Ⅳ.①F129.49

中国版本图书馆CIP数据核字（2019）第121155号

责任编辑：李春伶 李秉乾 / 责任校对：王晓茜
责任印制：赵 博 / 封面设计：黄华斌
编辑部电话：010-64005207
E-mail：lichunling@mail. sciencep. com

科学出版社出版
北京东黄城根北街16号
邮政编码：100717
http://www.sciencep.com
北京厚诚则铭印刷科技有限公司印刷
科学出版社发行 各地新华书店经销
*
2019年6月第 一 版 开本：720×1000 B5
2025年1月第二次印刷 印张：30 1/2
字数：400 000

定价：128.00元

（如有印装质量问题，我社负责调换）

序

对一些历史学研究者而言，45 岁可能会是一个分水岭。持续二十余年的研究路数，大约会在此阶段遇到瓶颈。能否突破旧的研究框架，拓展新的研究领域，从理论和方法上完成对自己的超越，将成为下一阶段学术研究的出发点。否则，即便此后他还能发表很多的论文，出版很多的专著，他的学术生命也会在事实上宣告结束。

最近两年，我倍受转型压力的煎熬。外在的评价固然重要，但可能更为关键的还是学者内心对自己的评判。除了按部就班地工作，学术研究几乎没有实质性的进展。我还特意跑到国外，放下手头的研究与日常杂事，进行了长达大半年的“休眠”。当然，在此期间我把陆陆续续发表的文章加以归纳整理，并努力反思这些年来的研究经历。

我的本科是在兰州大学度过的，那是一个可以静下心来读书的地方。在兰州大学期间，我最受益的举动可能是系统地把《资治通鉴》浏览了一遍，每天一卷，用了差不多一年的时间读完。正是通过翻看此书，我体会到了优秀历史作品的魅力。我还喜欢汤因比的《历史研究》，当时认为这样的著作才是历史学家该有的胸怀。毕业论文由楼劲老师指导，写的是《试论清初议政王大臣会议》，记得原稿被楼老师改得满篇通红，而我一直珍藏着。

中国社会科学院研究生院坐落在望京的一个偏僻小院。在读期间，研究生院本身的教学活动并不多，我大多是每周二乘车到建国门的中国社会科学院历史研究所，坐在研究室的角落里安静地看各位老师忙碌或者闲聊。导师赫治清先生对我非常宽容，当时他的《天地会起源研究》刚刚出版，但他没有要求我做清代会党研究。所里的各位老师也没有把我们这些学生当学生看，而是很平等地和我们交流。王戎笙先生、何龄修先生、张捷夫先生等人当时都很年轻，高翔老师每周二下午还在研究室单独给我一人上课。我托同学程朝云从近代史所图书馆借出《清实录》中嘉庆朝、道光朝的卷册，一边翻一边做笔记。之所以选择这两朝，主要是当时朦胧地感觉到，学界关于清入关前史、康雍朝盛世和晚清史的研究已经比较热闹，反倒是嘉道朝受到的关注不多。

硕士论文的选题则经历了很有意思的波折。我原来对钱粮等琐碎之物颇为不屑，觉得只有政治史研究才活色生香。看过嘉道两朝实录后，觉得这两朝皇帝虽然平庸，但亲政初期都进行过一些颇有特色的改革，所以我最初打算研究“嘉道初政”，赫老师听后不置可否。随着接触的材料越多，我越觉得题目太大，不得不将题目缩小为“道光初政”，赫老师仍然不置可否。再深入下去接触材料，发现题目还是太大，最终才决定将题目限定于道光六年（1826 年）的漕粮海运改革。虽然研究经济史，但我还是想从政治史的角度来切题；赫老师也提醒我，要从海洋战略的角度来思考这个问题。

硕士毕业后我进入北京大学历史系学习。刚一入门，导师徐凯教授即和我商量博士论文的选题。因为在写硕士论文期间，我接触过一些清末漕粮海运的资料，觉得李文治、江太新先生的《清代漕运》一书似着墨不多，有很大的拓展空间。但我的专业方向是中国古代史方向的明清史，如果研究清代的漕粮海运，论文重心就一下子进入了晚清史，而我素来对晚清这一段屈辱的历史敬而远之。徐老师听完我的分析后，鼓励我大胆尝试，题目就此确定。此后的工作非常简单，就是大量搜集史料，主要包括中国第一历史档案馆和中国第二历史档案馆的清代史料。

论文初稿有近 70 万字，主要是史料的堆砌。徐老师一次又一次地帮我修改。等改到第五稿时，论文变成了 40 万字。当时北京正是“非典”肆虐之时，因师母主动送“非典”同事去医院，徐老师也被隔离在家。有一次徐老师戴着厚厚的口罩，拿着改好的论文稿子和我在北京大学东门外“接头”。这一场景至今仍令我非常感动。我博士论文的预答辩、外审、答辩都非常顺利，聂宝璋、龚书铎、王天有、江太新、郭松义、萧国亮、郭润涛等老师都给予了较高的评价。

找工作环节则出现了麻烦。此前约定毕业后到北京大学经济学院做博士后，整理《清实录》中的经济史资料。由于“非典”发生后的突发情况，我无法入站报到。当时已是 2003 年 5 月，各单位的进人工作基本完成，而我也没有做任何找工作的准备。徐老师、赫老师都紧急帮我联系。我把博士论文和已经发表的论文寄给中国社会科学院经济所申请做博士后，同时还把材料寄给近代史所。恰逢近代史所有位同志已经被录取但临时反悔，所以空出一个名额。在我寄出材料后的一个星期，我同时得到了近代史所和经济所的批复，于是我一边到近代史所工作，一边在经济所跟随史志宏老师从事博士后研究。我的博士后出站报告选择了清代两淮盐政改革。选题的原因很简单，因为我在写清代漕粮海运博士论文的过程中，较多地接触到了陶澍、包世臣等人的材料，转换起来比较容易。我又试图套用经济学的博弈论，来分析两淮盐政改革中的政府、商人与民众三者之间的利益较量与妥协。

2005 年一个偶然的机会遇上吴承明先生，改变了此后我十余年的研究。因为工作关系，我和吴先生一起参加许檀教授《典志 · 商业志》撰写大纲的讨论。在那次会上，吴先生谈到清代社会存在着两次萧条，第一次是“康熙萧条”，主要是因为银根紧缩，属于财政萧条；第二次是“道光萧条”，主要是因为市场疲软。老实说，我以前对于这种观点闻所未闻，随即我找到吴先生的著作——《中国的现代化：市场与社会》（生活 · 读书 · 新知三联书店 2001 年版）认真拜读，读完之后，大呼过瘾。我当时兴奋地在书的扉页上写道：“吴承明先生已经做到了究天人之际、通古今之变、成一家之言的境界了。”当然，吴先生后来出版的《经济史：历史观与方法论》，对我内心的冲击更大。

正是因为吴先生的那次谈话，引起了我对“道光萧条”论的浓厚兴趣。当时，我的博士论文和博士后出站报告都已经完成，对于下一步的研究范围颇有些怀疑。因为按照一般的看法，研究了清代“三大政”（漕、盐、钱或者漕、盐、河）中的两大政，照例会对“三大政”做更为系统的分析，但我已经对这种做法失去了兴趣。听到吴先生的谈话，又看了吴先生的著作，顿时感觉“天空豁然开朗”。在这种感觉的指引下，我将研究转向了嘉道时期的财政和关税，基本思路是想通过较为翔实的史料，来梳理这一时期是否存在着经济萧条。此后，我又将研究范围扩大到晚清财政转型和整个清代的关税。

2007年，为解决孩子上学问题，我调到北京师范大学历史学院工作。2014年，我调到清华大学历史系工作至今。2011—2012年，我申请哈佛燕京学社的访问学者项目，跟随哈佛大学经济系 Dwight Perkins 教授做了一年的研究。2015年，我到荷兰格罗宁根大学做客座研究员，与 Maarten Duijvendak 教授和 Martin Uebele 教授进行合作研究，并在那里进行课程讲授。2017—2018年，我到加利福尼亚大学洛杉矶分校跟随王国斌（R. Bin Wong）教授做访问学者。在与国内外学者的交流合作中，我很受触动，有意识地想借鉴他们的经济学研究方法与全球史研究视角，这一时期发表的成果是这一努力的点滴尝试。

收入本论文集的相关论文，均已在国内外的各种期刊上发表过，我只是按照主题做了简单分类，具体来说包括漕运、盐政、关税、财政、灾害、量化经济史、人物与事件、思想文化和考证。对于收录的文章，我尽量保持原貌，但按照现在的学术规范对文章注释做了调整。这些文章大致涵盖了过去20年里我对于清代经济史的思考。还有一些文章因已在别处转载，或受限于篇幅，此次未予收录。根据李春伶女士的建议，我在每部分文章之前，加上小的引言，解释写这些文章的初衷。

在过去的研究中，我试图通过这些思考，来为解答以下几个方面的问题提供尽可能的帮助。

（1）从政治史视角研究清代财政，反思中西财政发展道路的异同。视清代财政的发展演变为有机整体，不人为割裂清前中期历史（古代史）和晚清历史（近代史）的连续性，进行较长时段的把握，将财政问题放到社会时局的重大变化当中去，对清代财政问题及其与社会的互动关系进行研究，努力发掘财政与社会经济发展的互动关系。在我看来，清朝国家财政体系的转型发端于鸦片战争之前的嘉道年间，真正的近代转型发生于咸同时期，体现在中央与地方关系、财政收支结构和财政指导思想等多个层面；推动清代财政近代转型的动力首先是内生的，既受时局的重大影响，也是嘉道以来财政实践的自然结果，西方列强的影响反在其次。从这个意义上说，尽管前近代中国的财政体系与欧洲各国差异甚大，但清代财政体系的演进轨迹却绝非“西方中心论”者所认为的那样，偏离于世界各国近代化转型的主流道路之外。

（2）从计量史学的视域透视中国历史时期的GDP，比较中国与欧洲国家经济发展的“大分流”。最近几十年，量化清代中国经济发展水平并与同时期的世界其他经济体进行比较的“历史GDP”研究成为海内外清代经济史研究发展的新趋势。尽管此前的研究已经取得重大突破，但是在数据资料与分析方法上还存在着较多缺陷。希望通过研究，利用可靠系列数据，来揭示清朝经济经历18世纪的高速增长、19世纪上半叶逐渐停滞和19世纪下半叶又恢复增长的周期性发展规律。

（3）从定量与定性分析相结合的角度研究清代经济史，审视传统中国经济史数据的有效性。中国传统文献中的经济史数据，具有缺乏系统性与精确性的特点。另外，由于受到“西方中心论”的影响，“清代前中期经济停滞论”和“晚清经济衰退论”仍在海内外的清代经济史研究中占据重要地位。希望通过尽可能全地搜集档案史料和相关文献，系统整理关税、田赋等方面的长期数据链，充实清代经济史研究领域的基础数据。更进一步，从国家财政制度变革的分析中尝试厘清清代经济长期发展背后的政府与市场关系，揭示中国传统经济走向现代化的独特模式。

当然，这些问题并不是对立的，而是彼此关联的有机体。

回想起来，我的求学与工作经历非常简单，就是从学校到学校，从研究机构到研究机构。但我又比较幸运，有充裕的时间和足够的自由度，有较多机会接触到很多可敬的学者，领会到不同的学术研究传统与研究方法。举一个简单的例子，即便是单纯的历史研究，中国社会科学院历史研究所、近代史研究所和经济研究所从事中国经济史研究的学者，尽管都是历史学的学术背景出身，都研究着基本相同的议题，但他们的研究视角、学风及兴趣存在着极大的差异，有的很重视史料，有的很重视理论，有的很注重从经济学的角度来思考问题。

这些年的研究虽然微不足道，却得到了众多师长的提携鼓励，得到了家人的全力支持和帮助，无以为报，但始终铭记在心。只有努力工作，回报于万一。

学术研究的魅力在于未知。20年前我刚步入学术研究领域时，很难预料此后的重点会集中到晚清时期的经济史。对于下一个阶段的走向，我也充满好奇。

2019年6月

目　　录

漕　运

漕运是笔者硕士和博士期间的研究对象。

《清代咸丰初年江浙漕粮海运中的省际矛盾》(《学术月刊》2009 年第 1 期)是笔者私下比较喜欢的一篇。文章的写作很有意思，因为机缘巧合，笔者买到苏州博物馆等编的《何桂清等书札》(江苏人民出版社 1981 年版)，里面收录了很多何桂清、黄宗汉等人与朋友间往来的书信。在漕粮海运过程中，这些封疆大吏因为各自省份的利益纠葛，在那里无所顾忌地破口大骂，看过不禁令人莞尔。其实无论是中央集权体制，还是督抚权重格局，区域集团利益始终存在，并不会随政治格局的变化而变化。

招商局与清代漕粮海运之间的关系，历来为研究者重视。《招商局与晚清漕粮海运关系考》(香港《新亚论丛》2005 年 6 月)是对两者关系的再研究。传统的观点是，因洋轮入侵，原有沙船等船只遭受致命打击，漕粮海运船只不敷，轮船招商局才得以创设。但当时的木帆船显然还没有沦落到无法完成漕粮海运的地步。促成轮船招商局成立的，主要还是洋务派官员政治势力的壮大，借漕粮海运之名，兴办洋务实业。另外，在整个清代，招商局的运漕份额基本上都保持着上升态势，光绪二十七年(1901 年)达到顶点，此后的漕粮海运则完全由招商局控制。至于招商局承运漕粮的收入，在招商局的总体收入中则有过多次变化。在招商局成立初期，漕粮海运业务成为支撑招商局的重要砝码。但随着时间的推移，这一收益率在逐步降低。运漕收入的由盈转亏则出现于义和团运动时期，并一直持续到清王朝灭亡。

漕粮海运既是经济活动，更是政治活动。《西方势力与晚清漕粮海运》(《中国经济史研究》2004 年第 4 期）认为，海运是晚清漕粮运输的最重要方式，通过西方势力对代运漕粮的谋划与实践、阻止与妨碍漕粮海运、漕粮改折与修改商约等几个方面的实践可知，漕运只是一种利益的分配方式，西方势力对漕粮海运的染指，无非是想对原有的格局进行再分配，从中攫取更大的经济利益与政治利益。他们在中国近代化过程中的表现，绝非出于什么美好的愿望。

晚清是传统政治制度面临全新挑战并从中滋生变革的重要时期。在此过程中，传统政治制度所遭遇的外部压力，所发生的蜕变，以及如何适应新的局面，都是值得研究的重要问题。《试论晚清漕运官制变革》（收入《晚清国家与社会》，社会科学文献出版社 2007 年 8 月版）指出，道咸以降，海运逐步成为漕粮运输的主要方式。随着漕粮海运的进行，原来维持河运的体制失去了赖以存在的合理性和合法性，逐步走向崩溃，并导致诸多变化。这种变化，既受漕粮海运的推动，又通过对河运的反对来巩固漕粮海运的地位，在中国历史上存在了数千年的河运体制，最终被彻底抛弃。从这种意义上说，清廷的改革让自己走上了一条“不归路”。另外，从晚清漕运官制变革的个案可以看出，旧有的传统制度其实有着灵活性的一面，而且这种灵活性基于自身传统的改变而发生，较少受到西方势力的影响。

清代咸丰初年江浙漕粮海运中的省际矛盾

在学界以往的研究中，一般认为，在太平天国运动后，随着曾国藩、李鸿章等地方要员逐步掌控并主导地方权力，形成中央与地方二级行政主体；而在此之前，则是实行高度的中央集权体制。有学者曾形容在中央的统一指挥下，各省之间的财政协调，“有如一盘棋局，任随天才的棋手前后左右移动周围的棋子，无不得心应手”“看作是一种艺术当是可以的”①。本文则欲以咸丰初年江浙两省的漕粮海运为例，来揭示在督抚权重之前，虽然其还归属于中央集权体制，但因为经费支出的纠葛、人事关系的复杂，地方之间的利益冲突与矛盾早已存在和势同水火。同时，正是由于这一现象的长期存在，才为后来的督抚权重及各自为政格局的出现埋下了伏笔。

一、浙江第一次办理海运

浙江与江苏同为清代最重要的漕粮输出地，两者合计占全国份额的3/4。但直到咸丰二年（1852 年）为止的清代漕粮海运，均行之于江苏，“浙省不与焉”②。考虑到江苏海运行之有效，咸丰元年，御史张祥普要求浙江同办海运。③但这一提议遭到浙江巡抚常大淳的坚决反对。常大淳指出，浙江虽有乍浦、宁波等出海口，但均非理想，从上海放洋则沙船不敷，盘剥甚远，开支极巨，且呼应不灵。他还表示，浙江运丁水手素称疲累，旗丁衣不蔽体，食不充腹，若试行海运，水手虑及失业，“或藉索帮欠逗留生事，或流为盗贼，扰害闾阎，尤不可不防其渐”。由于浙省反对海运的态度极为明确，咸

① 彭雨新：《清代田赋起运存留制度的演进——读梁方仲先生〈田赋史上起运存留的划分与道路远近的关系〉一文书后》，《中国经济史研究》1992 年第 4 期。

② 马新贻等纂：《浙江海运漕粮全案重编·初编》，马新贻序，同治六年刻本。

③ 《江南道监察御史张祥普请将本年江苏新漕援照前届海运成案推广常镇各属及浙江一体遵办》，不著纂者：《海运续案》卷一《谕旨、章奏》，抄本，北京大学图书馆藏。

丰帝只得朱批："既属窒碍，著暂停试办。"[①]

但河漕的困难显而易见。咸丰二年（1852年）七月，黄宗汉出任浙江巡抚，当时浙江上一年的杭、嘉两帮漕船，头船甫运出江，后者尚未离浙境，又因黄河丰工决口，河道淤塞，至十一月仍有浙漕在常州搁浅，江苏护漕负担随之加重，江苏对浙江的不满日益表露，天天以公文咨催责难。黄宗汉甚至对僚属抱怨："江苏督抚一天来一件六百里公文，凡过往行人之阻滞，以及贡使之迟误，无一不归咎于浙漕。来文直是申斥，浙抚几至无可喘气，使弟不为椿公不休也。"[②]椿公即浙江布政使椿寿，因"湖郡漕船浅滞，改留变价，亏银三十余万两"，"情急自缢"[③]。可见黄宗汉对江苏方面的恼怒。河漕难行，于是黄宗汉认为，补救之方莫如海运，浙漕如能改行海运，"全局从此可以转移，于公私全为两便"[④]，这一主张得到清廷同意，浙江的漕粮海运遂得以开展。

浙江海运的出海口选在上海，系跨省运作，又与江苏同时进行，必然存在一个如何协调的问题。黄宗汉将担忧上奏清廷，咸丰帝当即命两江总督陆建瀛和江苏巡抚杨文定等人妥筹章程。经过商议，江苏做出如下承诺：派雇沙船责成沪局委员，"倘有米无船，即将苏省经理委员查明参处；若有船无米，或有米而无水脚，即将浙省办漕各县揭参惩办。如此责有攸归，庶几海运可期迅速"[⑤]。

---

① 《浙江巡抚漕粮难以试行海运请仍循照旧章办理》，不著纂者：《海运续案》卷一《谕旨、章奏》，抄本，北京大学图书馆藏。当然，常大淳也是在听取了浙江粮道等人的禀报后决定的，他们的意见与常大淳上奏的内容基本相似，在此略之，见《浙江粮道为筹议海运漕粮上常大淳禀稿（底稿）》，1851年7月8日，太平天国历史博物馆编：《吴煦档案选编》第六辑，南京：江苏人民出版社，1983年，第112—114页。

② 《黄宗汉书》，咸丰二年十一月二十日，见苏州博物馆、江苏师院历史系、南京大学历史系编：《何桂清等书札》，南京：江苏人民出版社，1981年，第102—103页。

③ 赵尔巽：《清史稿》卷三九四《黄宗汉传》，北京：中华书局，1977年，第11765页。

④ 中国第一历史档案馆编：《咸丰同治两朝上谕档》第2册，咸丰二年十月初七日，桂林：广西师范大学出版社，1998年，第357页。

⑤ 《户科题本·财政类》，咸丰二年十二月十四日，两江总督陆建瀛等折，中国第一历史档案馆藏（以下同类档案省收藏单位），档案号：02-01-04-21498-011。不过，对于这一点，浙江巡抚黄宗汉却认为，倪良耀因浙江办海运，"逆料浙之疲敝，断不能于四月以前全漕银米赶完，乃奏此章程以陷浙"，可见两省在办理海运方面的矛盾已经显露，见苏州博物馆、江苏师院历史系、南京大学历史系编：《何桂清等书札》，南京：江苏人民出版社，1981年，第135页。

虽然江苏对船只做出了承诺，但浙江当局却并不当真，而是从头做起。他们认为，海运以雇船为最重要，宁波北运商船共有 100 余只，为顺利海运，“业已饬令该管道府先行尽数封雇”。考虑到还须添雇江苏沙船方可敷用，黄宗汉特飞咨两江当局，要求他们派委干员，会同浙省委员“预为封雇”①。即便如此，黄宗汉还是担心船只不敷，又向直隶、山东、奉天等处发咨文，要求这些省份先期将各船商预定货物运到出海口，以便船只能迅速装运后返航，参加二运。②黄宗汉的担心是有道理的。当浙江委员赶赴上海开验时，发现除浙江宁船外，仅有卫船 4 条、沙船 1 条，续报的也只有 13 条，而浙漕共需要沙船 200 条，可见江苏方面对浙江海运所需船只的态度。③

最终解决难题的，是直隶和山东大约 200 条卫船的赶到。据北直船商陈典等人禀称，他们情愿承运浙江漕粮，并请在大东门外开设天顺公记，凡卫船到上海，均由公记具保报局，听候查验。④又据天津县知县谢子澄报告，他已经命当地卫船赴沪受雇，结果海船户长李廷荫等人禀报，已经招雇卫船义源茂等 51 船，愿意前往上海装载漕粮。在领到天津县颁发的票照后，这批船只也于三月初八日陆续出口，赶往上海。⑤正是有了这两批船只的大力相助，才有了浙江漕粮海运的顺利进行。这也是后来黄宗汉再次上奏时，明确表示“船只无虞缺乏”⑥的原因。但无论如何，江苏省在派拨船只上对浙江的毫不关心，无疑在本来就不融洽的两省关系中，打入了一个楔子。

根据事先的规划，江苏漕粮可于二月兑竣，浙江亦可于三月兑竣。但到咸丰三年（1853 年）二月底，两省起运米数仅及一半。更为奇怪的是，当黄

---

① 中国第一历史档案馆编：《咸丰同治两朝上谕档》第 2 册，咸丰二年十一月初八日，桂林：广西师范大学出版社，1998 年，第 395 页。

② 黄宗汉：《咨明浙漕商船抵奉即装货催令回南》，马新贻等纂：《浙江海运漕粮全案重编·初编》卷二《商船事宜》，同治六年刻本。

③ 晏端书等：《省局详请苏省赶备沙船二百号兑运》，马新贻等纂：《浙江海运漕粮全案重编·初编》卷二《商船事宜》，同治六年刻本。

④ 晏端书等：《省局详天津卫船由沪验封踊跃承装》，马新贻等纂：《浙江海运漕粮全案重编·初编》卷二《商船事宜》，同治六年刻本。

⑤ 黄宗汉：《浙抚行准直隶饬雇卫船驶雇装运》，马新贻等纂：《浙江海运漕粮全案重编·初编》卷二《商船事宜》，同治六年刻本。

⑥ 《户科题本·财政类》，咸丰二年十二月十九日，浙江巡抚黄宗汉折，档案号：02-239-21495-027。

宗汉奏称浙漕已经运到上海 30 余万石时，统筹负责江浙两省海运事宜的江苏布政使倪良耀却稀里糊涂地表示，浙米到沪者仅止 6 万石。咸丰帝看到这两份奏折时大为诧异："倪良耀此次办理海运，实属迟延。"①倪良耀表示要申严纪律，咸丰帝则曰："不知该藩司何颜出诸口也！"②通过以上公文，又至少可以看出，江苏布政使对于浙江漕粮动态的漠然。

无论如何，经过努力，浙漕最终还是与江漕相安无事地放洋了。但在放洋一事上，两江总督陆建瀛又奏称，此次漕粮海运出洋巡护，浙江船只"倘私自偷泊，恐江南水师难以约束"，必得浙省巡洋官兵"会同巡护"，才能有所保障。也就是说，江苏方面希望浙江也能分担两省海运的护漕工作。经闽浙总督怡良协商，浙江不得不决定由署定海镇印务右营游击周士法负责，经费则由浙省自行开支。③

如果说浙江的第一次漕粮海运，江浙两省的分歧还只是初步的，那么在随后咸丰四年（1854 年）的漕粮海运，双方的矛盾则得到了更为充分的体现。

二、浙江反客为主

咸丰三年六月，江浙两省的漕粮海运刚结束，太平军就攻占镇江、扬州，切断运河通道，漕粮再由河运已不可能。七月初，户部决定江浙两省仍办海运，由上海放洋。其中浙漕 70 万石，苏漕则因战事，仅办白粮 5 万石。恰逢青浦县周立春因征漕问题率众起义，小刀会领袖刘丽川呼应，杀死上海知县袁祖德，八月接连占领上海、南汇、青浦、宝山等厅县，并一度欲攻占太仓州。清廷急图克复，调兵遣将，激烈厮杀，虽夺回宝山，但上海一时无法攻下，海道未能打通。

海运由上海出运的计划无法指望，户部便五百里加急咨文浙抚，希望浙

① 中国第一历史档案馆编：《咸丰同治两朝上谕档》第 3 册，咸丰三年二月二十四日，桂林：广西师范大学出版社，1998 年，第 74 页。

② 中国第一历史档案馆编：《咸丰同治两朝上谕档》第 3 册，咸丰三年三月初八日，桂林：广西师范大学出版社，1998 年，第 110 页。

③ 怡良：《闽督咨复饬定海镇统带舟师会同江省认真巡护》，马新贻等纂：《浙江海运漕粮全案重编·初编》卷五《放洋巡护事宜》，同治六年刻本。

漕能改由乍浦或其他海口出运，“迅即妥筹具奏，不得藉词军务，以致临时贻误。如上海即日克复，则江浙海运漕粮自可循照旧章办理”[①]。黄宗汉奏称，他已派粮道周起滨、嘉兴知县杨裕深前往乍浦调查。但乍浦海口有铁板沙，大船难以停泊。加之乍浦内河窄狭，装载麻袋及盘坝脚力，须增经费。且该处靠近上海，“更何敢以数十万银米，置诸危险之地？”更为重要的是，乍浦闽广人数众多，“猝然内应，防不胜防”。种种窒碍，必不能行。[②]

黄宗汉继续命属员探查，得知江苏宝山县蕴草滨河面深阔，沙卫各船皆泊于此；太仓州所属浏河口，本系元代海运故道，因沙淤改途，近年沙淤渐开，沙船六七百石者皆可收泊，千石以上则可用小船过载，这两处均堪起运漕粮。黄宗汉于十月间飞函两江总督怡良及江苏藩司陈启迈，要求确查。同期，他还派署绍兴府知府缪梓、杨裕深等人前往复查。杨裕深首先是选派家丁随同绅董俞斌、张修睦等人前往，当他们行抵太仓州，正碰上太仓州牧蔡映斗也在此地，得知浏河口外约里许有拦沙门一道，现已逐渐消散，惟存阴沙一片。涨潮时即使是装载千余石大船也可出入无碍。此处人烟稠密，沙卫各船多由此进出，文员有州同衙门，武弁有都司衙门，足以弹压。而蕴草滨与吴淞口接近，河面甚宽，在此停泊沙卫各船约以千计，办理亦极顺手，但可惜离上海太近，不过五六十里，风险极大。经综合考虑，他们一致认为，浏河口较为稳当。[③]两江总督怡良也转告黄宗汉，浏河口尚宽，出运便利，惟从太仓六渡桥至浏河旧闸镇 24 里，河面曲折，多有淤垫，应行挑挖。[④]接着，怡良、署江苏巡抚许乃钊和黄宗汉联衔上奏，表示四年海运将从浏河出海。[⑤]户部很快议复并批准。

浙江海运总局浏河口分局（简称“娄局”）委员杨裕深和江苏候补委员

---

① 中国第一历史档案馆编：《咸丰同治两朝上谕档》第 3 册，咸丰三年十月二十八日，桂林：广西师范大学出版社，1998 年，第 357 页。

② 《军机处录副奏折·咸丰朝·财政类》，咸丰三年十一月初七日，浙江巡抚黄宗汉折，档案号：03-4341-025。

③ 缪梓等：《省局禀查勘浏河口堪以出运情形》，马新贻等纂：《浙江海运漕粮全案重编·续编》卷一《省局事宜》，同治六年刻本。

④ 怡良：《江督咨委员勘定浏河口设局兑运出洋》，马新贻等纂：《浙江海运漕粮全案重编·续编》卷一《省局事宜》，同治六年刻本。

⑤ 《军机处录副奏折·咸丰朝·财政类》，咸丰三年十二月十五日，两江总督怡良等折，档案号：03-4364-053。

朱钧等人禀称，江苏须于四年正月十五日以前，将太仓河道深挑。浙江可先期借银 1 万两，分两批行走，此项拨借银两，江苏自应于经费稍敷之日，“即行移还浙省”[①]。不久，江苏有消息反馈回来：经蔡映斗、李翰文查勘，自小普陀起至石家塘止，工长 6230 丈，系剥船必由之路，急需挑浚深通，酌挑面宽 6 丈，底宽 2 丈，平水面浚深 7 尺，估工 202 409.32 方，每方折给钱 240 文，共 48 578 237 文。又需修筑东西两大坝，以及沿途河汊各小坝，估需工料钱 5 707 627 文，又车戽通河水工钱 5400 千文。以上花销总计估需钱 59 685 864 文。他们强调，此案挑工系为浙省剥运起见，“可否由浙省派委大员，驰往该处，会同该州县撙节复估筹款解发？”[②]也就是说，江苏认为所有挑浚费用均应由浙江承担。但浙江则认为双方共同漕运，且挑河利在江苏，经费理应由江苏支付。双方就此展开多次书面交涉，最后江苏只是开出空头支票：此款系向浙江借领，他日若江苏经费充足，自当归还浙江。

太仓和镇洋地方没有驿站，只有铺递，浙漕娄局设立后，特雇用代马船 4 条，分段接递文案。[③]考虑到浏河为交米、收米总汇，距上海不过百里，银米纷至，帆樯云集，沙船水手动以万计，运米剥船以及税行、斛手，群聚庞杂，难保无游手好闲之徒借端滋事，所以他们强烈要求江苏添派干员，“巡查弹压”，但江苏方面并未回应。[④]黄宗汉只得特派浙勇 1000 名，配足大炮、抬炮、鸟枪、火箭、长罐、长枪、大刀各武器，分作 3 批，驾船游巡，昼夜梭织，“如遇贼匪，即行迎剿”。如河面剥船拥挤争斗，亦派兵设法疏通，“倘

① 黄宗汉：《浙抚咨江苏督抚浏河口内河道及早兴挑并已解银万两》，马新贻等纂：《浙江海运漕粮全案重编·续编》卷一《省局事宜》，同治六年刻本。

② 许乃钊：《苏抚咨兴挑浏河口内河道即委中防同知杨丞复勘》，马新贻等纂：《浙江海运漕粮全案重编·续编》卷一《省局事宜》，同治六年刻本。据江苏报告，又有浏河自小普陀至黄泥滨西工尾上共计工长 4050 丈，估面宽 6.5 丈，底宽 1.5 丈，平水面浚深 5 尺，共估工 79 917.193 方，内干土 23 362.7329 方，每方库平银 1 钱，共 2326.237 两；淤土 52 617.3851 方，每方库平银 1.35 钱，共 7103.347 两；瓦砾土 4037.075 方，每方库平银 1.7 钱，共 686.33 两，又估筑通工大小坝座料工库平银 570.164 两，以上实用库平银 10 686.87 两，参见蔡映斗、李翰文呈文，马新贻等纂：《浙江海运全案续编》卷四，同治六年刻本。

③ 黄乐之等：《省局转详添雇代马船接递公文》，马新贻等纂：《浙江海运漕粮全案重编·续编》卷一《省局事宜》，同治六年刻本。

④ 黄宗汉：《浙抚咨行巡查弹压防护米船》，马新贻等纂：《浙江海运漕粮全案重编·续编》卷一《省局事宜》，同治六年刻本。

有逞刁船户不遵，即行拏送该管地方官惩治”[①]。

上海小刀会起义后，太仓形势极不稳定。咸丰四年（1854 年）三月初九日，黄宗汉接到上海督勇攻剿之留浙补用知府石景芬禀报，江北大营于初七日被太平军焚烧，兵勇溃散。负责押粮的周起滨也称，从初七日起，眼见逃兵无数，沿途抢掠。因事情突然，黄宗汉“既虑贼匪或窜苏松，复料逃兵之必抢掠浙省银米，在途至为可虑”，加派兵勇 300 余名，坐船 40 余条，连夜行走，直抵太仓，防护剥船银米。浙江还另由绅董王庆勋等雇船 6 条，招募水勇 100 多人，运解大炮 24 门，配足火药铅弹，委候补县丞黄恩诏带赴佘山以南洋面防护。[②]其中，王庆勋所募之船每月需洋银七八百元，又需大炮 40 尊，劈山炮 12 尊，抬枪 4 支，鸟枪 24 支，亦由浙江当局配发。[③]

三、浙江对江苏的敌意

咸丰四年（1854 年）的漕粮海运，江苏仅出运白粮 5 万石，即便如此，它的兑运速度也极其缓慢，以致验米大臣责问：江苏仅运米 5 万石，虽系时事艰难，何以浙省办运数十万石，现已“连樯而来”，该省米石不及 1/10，尚未全数兑收？[④]如此少的运漕量，即使是江苏本省官员也极为不满：江苏大吏但知彼此诿过，不能公忠体国，听其溃败决裂，不肯补救，“虽曰劫数，

① 黄宗汉：《浙抚札饬派兵勇千名分批在于内河梭巡防护》，马新贻等纂：《浙江海运漕粮全案重编·续编》卷一《省局事宜》，同治六年刻本。

② 《军机处录副奏折·咸丰朝·财政类》，咸丰四年五月二十二日，浙江巡抚黄宗汉折，档案号：03-4365-066。

③ 韩椿等：《省局转详护漕勇船请酌拨枪炮药弹》，马新贻等纂：《浙江海运漕粮全案重编·续编》卷二《商船事宜》，同治六年刻本。关于此段时间的护漕，黄宗汉极为担心。咸丰四年三月二十九日，黄宗汉在信中称：“方苏兵溃散之初，我浙头批银米将赴浏河，适在昆、新一带有银十余万，一闻此信，我之魂魄随之，毫不怕贼，怕银为逃兵抢去。一两银，一点心血弄来，得自分毫，无才能可以报主知，拼命办此七十六万余石之米，聊表微诚。经费须六十余万银，加以仓场轻赍一款在外，须加十余万，共现银须七十万余两。自去冬至今，日则一点钟食早饭，夜则一点钟食晚饭。告示几万张，动兵五六次，札文上向各州县叩头乞救命，濡血濡涕等字样，千言万语，作威作福，摇尾乞怜，变幻百端，才弄此七十余万石。大致已十之七八，银甫得半，而打算各库不论什么银，明日即抄家，今日亦先用，计算起来垫办得开矣。”见苏州博物馆、江苏师院历史系、南京大学历史系编：《何桂清等书札》，南京：江苏人民出版社，1981 年，第 125 页。

④ 《宫中档朱批奏折·财政类·漕粮》，咸丰四年五月初八日，钦差验米大臣端华等折，档案号：04-01-35-0285-063。

实由人事酿成，可浩叹也”①。

另外，通过该次海运，浙江当局对江苏的敌意也得到充分体现。需要强调的是，笔者所掌握的材料都是站在浙江的立场上，一方面资料的局限性显而易见；另一方面，从这些带有明显立场的材料中，我们也不难看出双方的分歧和矛盾。在浙江看来，江苏在漕粮海运中不尽如人意之处包括：

其一，江苏不办全漕，对浙江征漕产生了巨大的负面影响。黄宗汉曾不无苦恼地指出，浙江通省民情，实无一人不打算完漕，“无如苏省败坏至此，浙之州县从而效尤，恨不得汉忽有暴病死了，全漕可以不去，官吏及吃漕规者得以分肥，故辄以苏为藉口”。迟至四月，仍有未解银 21 万两有余，而本年天津用款、仓场轻赍各款，俱要由海同时起运。一边不来，一连催用，“真令人急煞，亦只好办了就是”。他表示，说到人事，没良丧心之州县、漕书、讫揽、劣衿、顽梗匪辈，“生怕漕务办成，米俱出去，银须起解，多方阻挠，日日盼望贼来，可以不起解矣。谣言四起，怨讟滋生，而其根子则皆由于苏州之不办漕”②。

其二，浙江办理海运，江苏多有掣肘。黄宗汉认为，自始至终，江苏对浙江海运都极为不满，“深嫉浙江办此漕粮，以形其短”。首先是浏河出海，江苏不肯先说，经黄宗汉催促，“尚搁一月余不答，可见凡中不无尤我”。其次是封船，浙江海运所需沙船始终受到江苏方面，尤其是江苏巡抚许乃钊与苏松太道吴健彰的阻扰。“彼时钊犹以谓浙未必办成，俟其不成，乃益显苏之高见卓识，及早已议折价也。”迨三、四月间，许乃钊探听浙江漕务将成，“心嫉焉”，因沙船一节“其权在苏”，尽管江苏也曾封雇沙船 200 条，但吴健彰公然听船户捐免，宝山县丞更是得赃卖放，把停泊各口之沙船全行捐免卖放。只是海运章程规定，“有银有米而无船，责在苏省”，倘浙江漕粮无船承运，则江苏当局吃不消。江苏海运局员朱钧“知吴王八之存心，许乃钊之

---

① 《何士祁致吴煦函》，1854 年 2 月 26 日（正月二十九日），太平天国历史博物馆编：《吴煦档案选编》第四辑，南京：江苏人民出版社，1983 年，第 57 页。

② 《黄宗汉书》，咸丰四年四月二十六日，见苏州博物馆、江苏师院历史系、南京大学历史系编：《何桂清等书札》，南京：江苏人民出版社，1981 年，第 131-132 页。

中其计”，不得已亲自到省城，面见怡良禀报详情。怡良大发雷霆，将宝山县丞撤任，书吏枷示河干，将停泊的沙船一并封发浙局，“其船乃得敷用”①。

其三，经费开支，全部转嫁浙江。因浙江是漕运主体，故江苏一切事皆不管，自挑挖河道起，至护送出洋止，专委诸浙省。正月二十六日，黄宗汉特奏，要江苏派泊承升在佘山以南洋面防护浙漕。尽管多次催请，泊承升始终不到，“督（怡良）之意大有憾于抚（许乃钊），窥其口气，泊镇在沪，抚不叫之走，渠亦无法”②。与此同时，许乃钊却向咸丰帝奏称：江苏得力船只大半调赴镇江，存营之船不敷防护，所以向上海道吴健彰借船4条，以护浙漕。③因泊承升迟迟不动身，黄宗汉屡次八百里叠催，“数其罪而责之”，该镇不得已怒气而来，赶到浏河，已在四月初七。浙江头批、二批之米已过佘山，三批亦续发。泊承升情急之下却称，苏省并无一船交他，“用何剿贼”？借吴健彰拖罾船4条，实只给1条作为坐船。他还宣称，浙江水师有4条护送宁波商船到浏河口，可先行截留。黄宗汉得报后，不禁万分痛恨，“我浙已先有雇水勇炮船六只在彼防护，但得苏省派几只师船，交泊镇带往即万全”，乃迁延至四月初，漕粮已出洋，一得风便，八九天即可到津，“上纾圣廑，下慰民望”，江苏却因嫉妒，势必使得浙漕不被盗劫而心不休。④

在黄宗汉的多次咨催下，吴健彰的其余3船才赶赴浏河口，“王八（笔者注：吴健彰）乃复议船价”，每船每月须银800两，四船须3200两，火药、铅弹在外，亦不包括损坏修理费用，均由浙江给发。黄宗汉认为，即此一件，就可看出许乃钊全无天理：苏漕经过山东、直隶，“有带银子自己沿途挑河而行乎？有带水陆之兵自己防护乎？”浏河即使单办浙漕，也应由江苏派兵防护。如今挖河由浙备，陆兵、水兵由浙自带。但江苏也有白粮起运，所有

① 《黄宗汉书》，咸丰四年四月二十六日，见苏州博物馆、江苏师院历史系、南京大学历史系编：《何桂清等书札》，南京：江苏人民出版社，1981年，第135页。

② 《黄宗汉书》，咸丰四年三月二十九日，见苏州博物馆、江苏师院历史系、南京大学历史系编：《何桂清等书札》，南京：江苏人民出版社，1981年，第125—127页。

③ 《军机处录副奏折》，咸丰四年四月十一日，两江总督怡良等奏报浏河兑运漕米情形片，中国第一历史档案馆编：《清廷镇压太平天国档案史料》第12册，北京：社会科学文献出版社，1994年，第154页。

④ 《黄宗汉书》，咸丰四年三月二十九日，见苏州博物馆、江苏师院历史系、南京大学历史系编：《何桂清等书札》，南京：江苏人民出版社，1981年，第125—127页。

水陆各兵，一并俱令浙江出，“浙之银非泥沙，岂有如此用法”？两江总督怡良有些看不过去，命江苏藩司筹银 3000 余两送到浏河，得知消息的许乃钊却勒令将银子归还藩司。黄宗汉不禁责问：“此有心乎，无心乎，有银乎，无银乎？”咸丰帝曾规定，江浙两省一并派委水师大员赴天津，以便在漕粮入口时稽查奸细，管收器械，苏省派游击 1 员，浙江派参将 1 员，派员各走各路，但江苏官兵口粮、使费一并咨浙发给，“满口总以防护浙漕四字为题目，其心非徒计较经费也”①。

因以上过节，黄宗汉曾多次责骂许乃钊：向来漕运事宜，浙省皆跟着苏省走。今年独异，必多方败坏浙事，“以为此等系外官做久良心丧尽者之所为，许七兄当不至此”，“今历历思之，乃知人言不诬也”。他又称，四月间有两事几乎大误，不能不痛恨于许老七，“初不料老七之丧尽天良固至此也。诛其心，满望浙漕办不成以分谤，生怕办成以相形也”②。

浙江在与江苏合作过程中，诸事皆不顺手，故除黄宗汉外，其他浙江官员也多次表达对许乃钊的强烈不满。在上海的石景芬写信给黄宗汉，“不称许中丞（许乃钊），而目之曰逃帅（三月初七日逃了），不称之曰吴道（吴健彰），而目之曰吴贼。屡次禀词皆以逃帅为误国病民，以吴贼为养贼、济贼、通贼，痛哭流涕千万言，并责弟以不参之咎”。只是黄宗汉考虑到，如果奏参许乃钊，一则与江苏闹翻，以后海运更无法可想；二则会使太平军乘机下手；三则许乃钊系浙江钱塘巨家大室，具有广泛的影响力，“通省士农工商人众，阿其听好者多，一动众怒，恐以后绅民不与我协心齐力，官民稍隔矣”③。

虽然因资料方面的限制，笔者尚未找到江苏方面，尤其是许乃钊、吴健彰等当事人的想法及反驳意见，难以全面地梳理其中的是非恩怨、对错曲折，但双方矛盾的激化程度却是再明显不过的。

---

① 《黄宗汉书》，咸丰四年四月二十六日，见苏州博物馆、江苏师院历史系、南京大学历史系编：《何桂清等书札》，南京：江苏人民出版社，1981 年，第 134、132 页。

② 《黄宗汉书》，咸丰四年四月二十六日，见苏州博物馆、江苏师院历史系、南京大学历史系编：《何桂清等书札》，南京：江苏人民出版社，1981 年，第 136 页。

③ 《黄宗汉书》，咸丰四年四月二十六日，见苏州博物馆、江苏师院历史系、南京大学历史系编：《何桂清等书札》，南京：江苏人民出版社，1981 年，第 138—139 页。

简言之，通过江浙两省在咸丰初年的漕粮海运实践活动可以看出，由于经费支出、人事关系的竞争及纠纷，两省的各自集团利益分野十分明晰，“各人自扫门前雪”的状态得到充分体现。需要指出的是，江浙两省在漕粮海运上的矛盾，虽经长期的人事更迭，一直到清王朝灭亡，都没有出现和解的迹象。这在一定程度上说明，无论是中央集权体制，还是督抚权重格局，区域集团利益总是始终存在，并未随政治格局的变化而变化，所谓全国上下一盘棋的“艺术”说法，似有进一步思考的余地；而所谓的“督抚专权”，亦无非是随着局势的变化，区域集团利益在某些方面的放大而已。

招商局与晚清漕粮海运关系考

"我国自营轮船事业，当以李鸿章、盛宣怀等所组织之招商局为滥觞"①，轮船招商局是晚清洋务派创办的第一家"官督商办"企业，也是洋务派对漕粮海运解决办法的一个贡献，在清代漕粮海运史上具有划时代的意义。对于招商局在晚清时期与漕粮海运的关系，学界已经有过不少论述。②大致而言，这些研究所关注的问题不外有两点：其一，招商局是否因沙船不敷海运而创设；其二，招商局参与的漕粮海运活动在其整个经营中占据什么样的位置。本文依据档案等资料，欲对此问题做一新的剖析，敬陈管见。

一、招商局非为漕粮海运所设

一般认为，因洋轮入侵，原有沙卫等船遭受致命打击，数量急剧减少，漕粮海运船只不敷，轮船招商局才得以创设。应该承认，洋轮入侵在很大程度上威胁了漕粮海运，并左右着社会舆论；沙卫等传统木帆船的衰落，也为轮船招商局的出现提供了最佳时机，但这种可能性转化为实在性，却有待于其他现实利益冲突的催化。从轮船招商局成立初期的情况来看，当时的木帆船显然还没有沦落到无法完成漕粮海运的地步。最终促成轮船招商局成立的，主要还是洋务派官员政治势力的壮大，借漕粮海运之名，兴办洋务实业。

围绕福州船政局而引发的种种冲突，以及洋务运动所面临的经费短缺问题，成为创办招商局的直接动因。同治五年（1866年），左宗棠奏称，江浙大商以海船为业，只因效率低下，生意渐为洋商所占，船只减少，漕政将会

① 张庆枏：《中国航业史略》，招商局档案：《本局恢复周年纪念刊稿卷》，南京：中国第二历史档案馆藏，档案号：468-799。

② 参见张国辉：《洋务运动与中国近代企业》，北京：中国社会科学出版社，1979年；徐元基：《海运漕粮对中国轮运业创立的作用问题》，中国近代经济史丛书编委会编：《中国近代经济史研究资料（六）》，上海：上海社会科学院出版社，1987年；交通部财务会计司、中国交通会计学会组织编写：《招商局会计史》，北京：人民交通出版社，1994年。

难以应手，“非设局急造轮船，不能奏效”。如能以新造轮船运漕，以雇沙船之价支撑，“漕务毕则听商雇，薄取其值，以为修造之费”。船成之后，不妨装载商货，似岁修经费无须别筹。轮船成则漕政兴，军政兴。①清廷回复，左宗棠拟在闽省择地设厂、购买机器、募雇洋匠、试造火轮船只，“实系当今应办急务，所需经费，即著在闽海关税内酌量提用”②，福州船政局开始兴建。尽管左宗棠宣称创办福州船政局是为了解决漕粮海运沙船不足的问题，但事实上，直到招商局成立前，福州船政局所造轮船都没有参加过运漕活动，他不过是借海运之名，为船政局摇旗呐喊。

五年后，内阁学士宋晋上奏，福州船政局原议制造 16 条，立限 5 年，经费不逾 300 万两。至今仅造成 6 条轮船，拨解经费已有 315 万两，另有养船费 25 万两，“用款已较原估有增，造成各号轮船虽均灵捷，较之外洋兵船尚多不及”，名为远谋，实同虚耗。如用以运粮，核其水脚数目，“更比沙船倍费”。当此“用款支绌之时，暂行停止，固节省帑金之一道”③，对福州船政局的造船事业进行猛烈抨击。清廷要求各封疆大吏议复，文煜、沈葆桢、李鸿章、奕䜣等人纷纷发表意见，都坚决反对停办船厂。李瀚章宣称，闽沪设局制造轮船，虑远思深，现在中国所造轮船虽不及外洋之精，但已经日见改观，“驾驶不用洋人，是其明效”④。沈葆桢则称，宋晋称轮船运漕较沙船还贵，全属无稽，沙船自沪达津以月计，轮船自沪达津以日计，“此其利钝赢绌，尚待辩而明哉？”⑤奕䜣在议复沈葆桢意见时指出，倘能将福州船政局所造轮船随造随领，畅行中外，既可留造船之基，又可省养船之费，“洵属美意”⑥。李鸿章也表示，目前唯一可行的方案，只能是“或备运漕，或

---

① 《军机处录副奏折·洋务运动·船厂》，同治五年五月十三日，闽浙总督左宗棠折，档案号：03-9401-001。

② 《清穆宗实录》卷一七八，同治五年六月庚寅，北京：中华书局，1987 年，第 208 页。

③ 《军机处录副奏折·洋务运动·船厂》，同治十年十月十四日（朱批时间），内阁学士宋晋折，档案号：03-9402-012。

④ 《军机处录副奏折·洋务运动·船厂》，同治十三年十一月初四日（朱批时间），湖广总督李瀚章折，档案号：03-4778-017。

⑤ 《军机处录副奏折·洋务运动·船厂》，同治十一年四月初一日，前江西巡抚沈葆桢折，档案号：03-9402-018。

⑥ 《军机处录副奏折·洋务运动·船厂》，同治十二年十一月十八日，恭亲王奕䜣等奏，档案号：03-9402-034。

交商赁”[①]。针对保守派的指责，洋务派人士都同意变通办理，而变通之方“不外配运漕粮、商人租赁两义”[②]。

李鸿章是推动轮船事业的中坚，他借大讨论之机，为轮船事业摇旗呐喊。他认为，国家诸费皆可省，“惟养兵设防，练习枪炮，制造兵轮船费，万不可省”，如华商自立公司，自建行栈，自筹保险，必能获利。但此事只能交给那些熟悉商情、公廉明干、为众商所深信之人，并由朝廷允许代为运漕，否则商人必多顾虑。与此同时，他又给曾国藩写信，声称租赁轮船是经久推广至计，自己已经命津关委员林士志和广东帮船商议呈 9 条章程，凑集本银 30 万两，举总商承揽，配发公款，照股均摊生息。[③]此章程成为招商局的最初轮廓。

同治十一年（1872 年），曾国藩病故，左宗棠出任陕甘总督，李鸿章成为筹设新式轮船公司的实际主持者。十一月二十三日，李鸿章上陈著名的奏折《试办招商轮船折》，指出自己于本年夏间验收海运之暇，命浙局总办海运委员朱其昂等人商议，拟定轮船招商章程。“历溯沪商之殷实者，首推朱氏”[④]，朱其昂，江苏宝山县人，是以沙船为其世业的淞沪巨商。有人说他担任海运委员，当沙船商发生纠纷时，总是“经常费尽心机解决这些难题，并提出建议，发出指示，因而赢得了船主及力夫的称赞，从而是一位难得的官员”[⑤]。加之李鸿章认为，南洋无熟悉情形、肯担当大事的商人，“筑室道谋，顾虑必多”，只能由上海商人领办。[⑥]这种选择就很可以理解了。

经反复议论，朱其昂等人拟定《轮船招商节略并各项条规》（即招商局

① 李鸿章：《复王补帆中丞》（同治十一年正月二十一日），《李鸿章全集》第 30 册，合肥：安徽教育出版社，2008 年，第 408 页。

② 《江苏制造轮船》，同治十一年正月二十八日，《海防档 · 福州船厂（二）》，台北：“中央研究院”近代史研究所，1957 年，第 325 页。

③ 李鸿章：《复曾相》（同治十一年正月二十六日），《李鸿章全集》第 30 册，合肥：安徽教育出版社，2008 年，第 413 页。

④ 《汇报》同治十三年九月初十日（1874 年 10 月 16 日）。

⑤ Hao Y P. *The Comprador in Nineteenth Century China：Bridge between East and West.* Cambridge：Harvard University Press，1970，p.138.

⑥ 李鸿章：《复王补帆中丞》（同治十一年二月二十六日），《李鸿章全集》第 30 册，合肥：安徽教育出版社，2008 年，第 428 页。

章程）20 条，明确规定，轮船招商局在招商过程中，要杜绝洋人借名入股，也不准将股份转让给洋人，以保证企业的民族性。但招商局可通融雇用洋人，在轮船进出口时，由洋人引水员“帮同驾驶，以免搁浅”。章程中和漕粮海运直接相关，并且也是招商局招商关键的则是规定轮船招商局承运漕粮，运漕水脚“均照江浙沙宁船章程”。轮船运米到津后，先行上栈，在天津紫竹林一带修造栈房，费用先向江浙海运总局借支，于水脚项下陆续扣还。①总署对此章程表示支持，只是重申不得让洋人入股，引水员则“嗣后总以不用洋人为妥”②。由此不难看出，招商局之成立，与福州船政局引发的船政大讨论密切相关。所谓的招商局轮船济漕，在很大程度上，不过是洋务派官员应对责难、以期保住洋务运动成果的计策。

为支持新兴的轮船招商局，李鸿章特奏请朝廷明年饬拨海运漕粮 20 万石，交由招商轮船运津；揽载货物时报关纳税，仍照新关章程办理。如果从此中国轮船畅行，“庶使我内江外海之利，不致为洋人占尽，其关系于国计民生者，实非浅鲜”③。李鸿章还把它与巩固海防联系起来，认为海防非有轮船不能布置，必须劝民购买，无事时可运官粮客货，有事时装载援兵军火，“藉纾商民之困，而作自强之气”④。对于这种目的，外国人了解得极为清楚：李鸿章坦然地接受了外国轮船不可能被中国人赶出去的现实，正如水不能倒流，木帆船也不是外国轮船的对手一样，“唯一的选择只能是‘施夷长技以制夷’，并通过开办中国人自己经营的轮船，防止轮船完全由外国人控制”⑤。

但是，招商局最初的招商活动并不顺利，“招股年余，无人过问”。甚至

---

① 《总署收北洋通商大臣李鸿章文，附章程》，同治十一年七月十二日，《海防档·购买船炮（三）》，台北：“中央研究院”近代史研究所，第 911—915 页。

② 《总署收李鸿章函，附轮船招商条规》，《海防档·购买船炮（三）》，台北：“中央研究院”近代史研究所，第 928 页。

③ 《军机处录副奏折·洋务运动·招商局》，同治十一年十一月二十三日，直隶总督李鸿章折，档案号：03-9438-001。

④ 《军机处录副奏折·洋务运动·招商局》，光绪元年二月二十七日，直隶总督李鸿章折，档案号：03-9438-003。

⑤ Report from Shanghai. *North China Herald*. 1873，9，20.

著名商人胡光墉和李振玉也一度改变主意，拒绝出资。[①]直到次年，商人也仅认购10万两，且并无现银交局。李鸿章只得从天津练饷钱中拨出20万串，不足部分由朱其昂、朱其诏兄弟垫付，先行购买轮船3条。在回忆招商局最初的窘境时，李鸿章指出，此事本系创始，筹办极为艰难，华商初犹观望，洋人又复嫉忌，“往往跌价相争，非开诚布公，坚持定见，不足以服众而自立”[②]。因招商不理想，官办机器局无现船可用，他们只得改变“官商合办”的念头，变为“官督商办”，即“由官总其大纲，察其利病，而听该商董等自立条议，悦服众商”，所有盈亏全归商认，与官无涉。在李鸿章的指示下，朱其昂等人重新拟定《招商局条规》28条，规定“轮船商局”更改名称为“轮船招商局”，面向社会招商。[③]

除了招商困难，反对创办招商局的也大有人在。光禄寺卿刘锡鸿坚信，中国轮船必不如洋轮船：①洋船工料坚而驾驶熟；②洋人重信，不如中国人狡诈，得钱则毁约；③附洋船有损失，洋官能为之追赔，附中国船而失，中国官不能为之追赔。他甚至对李鸿章称：“现惟以圣人柔远之道待之，体其然诺不苟之性，恤其受欺奸民愚直躁急之情，明白开谕，以禁约其非，平心察处，以解释其怨。”[④]李鸿章为平息各沙船商人的恐慌，甚至不得不向上海沙船会馆担保：“嗣后沙宁东卫各船统运江浙漕粮，以100万石为率，余则拨归（轮）运。”[⑤]尽管这种保证事后并未执行，但招商局在成立过程中所面临的阻力，可见一斑。

两江总督何璟是反对招商局最有力之人。他强调资本不易集，沙船主必不肯让，不仅对招商活动百般阻挠，还致函李鸿章，认为招商局多有窒碍，

---

① 据李鸿章说，李振玉系“底细不甚深知”，后因众论不洽而辞退，胡光墉则“畏洋商嫉忌，不肯入局”，李鸿章甚至想到通过粤商叶廷眷入局而吸引粤商，见李鸿章：《复孙竹堂观察》（同治十一年十二月二十日），《李鸿章全集》第30册，合肥：安徽教育出版社，2008年，第491页。

② 《军机处录副奏折·洋务运动·招商局》，光绪元年二月二十七日，直隶总督李鸿章折，档案号：03-9438-003。

③ 《总署收李鸿章函，附轮船招商条规》，《海防档·购买船炮（三）》，台北：“中央研究院”近代史研究所，1957年，第920—923页。

④ 刘锡鸿：《再致李伯相书》，光绪元年六月二十七日，《刘光禄遗稿》卷二，台北：文海出版社，1973年，第127页。

⑤ 《商船会馆公禀苏松太兵备道稿》，《申报》光绪六年九月十一日（1880年10月14日）。

主张轮船招商局“从缓”兴办。[①]江苏是清代漕粮海运的主要承担者，作为江苏漕粮海运的主要负责人，何璟强烈反对成立轮船招商局，并声称沙船主不肯相让，不难看出，所谓的沙船不足之类的问题根本就不存在。由于何璟的反对一针见血，李鸿章极为恼火，适逢何璟丁忧离职，由李鸿章旧部张树声兼署两江。十一月十一日，李鸿章亲自给张树声写信：“与阁下从事近二十年，几见鄙人毅然必行之事，毫无把握，又几见毅然必行之事，阻于浮议者乎？”明确表示，倡办华商轮船为目前漕粮海运尚小，更主要的是为中国数千年国体、商情、财源、兵势“开拓地步”。张树声回信予以支持，不仅同意拨给苏漕10万石，还决定将江北漕粮10万石也一并拨归招商局，这才解决了两江的阻力。[②]对于这一点，李鸿章事后还念念不忘：招商局运漕已有成议，但几为所阻，“幸浙省欣允，振轩制军（张树声）幡然解悟，或为官造轮船开此先路耳”[③]。

十二月十六日，“轮船招商局”在上海正式成立。[④]出于对招商局的扶植，

---

① 《总署收署南洋大臣何璟文》，同治十一年六月十八日，《海防档·机器局》，台北：“中央研究院”近代史研究所，1957年，第95页。

② 《军机处录副奏折·同治朝·财政类》，同治十一年十二月十三日，署两江总督张树声等折，档案号：03-4869-179。对于江北欲行海运的打算，刚刚成立的招商局极为动心。朱其昂向张树声禀请，招商局现有轮船3条，每月运漕2次，每次装米3万余石，自正月至八月共可运米30余万石。江浙已经答应拨给招商局20万石漕粮，尚有10余万石可装，合之江北起运米数相符，“不致临时贻误”。张树声表示同意，不料朱其昂因购船之事出现周折，担心赶办不及，特向李鸿章求情，要求将此106 800余石漕粮退回。结果江北漕粮只得恢复河运。张树声对此极为愤怒，甚至怀疑招商局有无能力承运江浙的20万石漕粮。参见《招商局档案》，同治十一年十二月初三日，署理两江总督张批，转引自聂宝璋：《中国近代航运史资料（1840—1895）》，上海：上海人民出版社，1983年，第791页。张恩骏在编写招商局大事记时称，“直督、苏抚奏拨漕米三十万石，交由本局承运”，此不过系朱其昂等人最初所讨论的由招商局承运数字，而非最终招商局承运的数字，见张恩骏编：《本局编年纪事·第一年》，《国营招商局七十五周年纪念刊》，南京：中国第二历史档案馆藏，1947年。正因为如此，李鸿章才会说，“现仅分运苏浙漕米岁二十万石，沾润较少”［见《复江西刘仲良方伯》（同治十二年十一月十三日），《李鸿章全集》第30册，合肥：安徽教育出版社，2008年，第616页］，但这是不能埋怨别人的。

③ 李鸿章：《复孙竹堂观察》（同治十一年十一月十五日），《李鸿章全集》第30册，合肥：安徽教育出版社，2008年，482页。

④ 《招商局之沿革及任务概述》，招商局档案：《本局恢复周年纪念刊稿卷》，南京：中国第二历史档案馆藏，档案号：468-799。又见于交通部、铁道部交通史编纂委员会：《交通史航政编》，上海：上海民智书局，1931年，第142页。但也有报道称，招商局是在同治十一年十二月十九日开局，“是日在沪官宪及候补人员，齐至局中贺喜而在法国租界永安街中”，见《教会机关报》同治十一年十二月二十七日。笔者以为，此记录当以前者所记为准。

李鸿章将轮运比例“初定沙八轮二，旋改沙六轮四”[①]；光绪三年（1877年）又奏准“嗣后苏浙海运漕米，须分四五成拨给招商局轮船承运，不得短少”[②]；二十六年后，沙船无力承担海运，漕粮全部划归招商局。此外，招商局还多次承担赈粮运输工作，这与漕粮海运具有相似的性质，同样有利于招商局的发展。有人曾评价李鸿章与招商局的关系：“李氏对招商局之创始，固极费心思，而于其成立后之维护扶植，更各方设法，无微不至。当时之收买旗昌轮船与航行南洋、日本等处，实为我国航业上之光荣史绩，本期逐渐发展，以抵制外人而保主权之完整，孰意后日之招商局竟腐败不堪，吾人实无以对李文忠公于地下也。”[③]当为卓见。

综上所述，招商局主要是李鸿章等人借福州船政局讨论契机而推动成立的，应当纳入洋务运动整体战略的考虑范畴，它并非专门为解决漕粮海运船只的危机。在相当程度上，漕粮海运不过是洋务派官员手中的一种舆论工具，两者的关系不可本末倒置。

二、招商局成立初期沙船并非不敷

招商局是否为漕粮海运而设？对这个问题的分析，还可以通过招商局成立初期的运漕格局来寻找答案。时人曾言，沙船、卫船等传统木帆船最初专装豆饼等货，不愿装运漕米，“诚以贩运之利，厚于漕米之水脚”。以后轮船畅行，兼载豆饼，沙船失业，“屡求多装漕米”[④]。也就是说，漕粮海运虽然因招商局的创设而受益，但它却以轮船对沙船等传统木帆船业生存空间的挤压为前提。

自招商局轮船参与运漕活动以来，沙船等传统木帆船动载能力过剩的问题就开始凸显，双方的矛盾白热化。轮船与沙船矛盾的激化，主要体现在争

---

① 吴馨等修：《上海县续志》卷七，民国七年刊本。

② 《军机处录副奏折·同治朝·财政类》，光绪三年十一月二十五日，直隶总督李鸿章等折，档案号：03-9438-010。

③ 刘殿庚：《李鸿章之经济建设》，燕京大学1937年法学院经济学系学士论文，北京大学图书馆藏，第18页。

④ 《字林沪报》光绪十三年五月初三日（1887年6月23日）。

夺对江浙两省漕粮的运输上。有人做过这样的描述：上海沙船，“盛时皆不愿装载粮米，及其衰也，则争先恐后，惟恐封船委员之挑剔矣”[①]，即如在招商局首次参加漕粮海运后，江浙沙宁船号商郁森盛等人即禀请，木帆船生计日蹙，惟存漕粮海运一线希望，要求朝廷能每年定量拨给漕粮 100 万石承运。江苏巡抚张树声认为，十二年的漕粮海运，江浙两省共拨招商局运输 17 万石，其余 91 万石漕粮，计用沙船 312 条，宁船 125 条，东卫等船 94 条。因在沪停泊待装之木帆船甚多，是以米数较前均减二三成受装，约计各船尚可添装米 7 万石。此外还有未经派装之船 140 余条，约可装米 20 万石。本年江浙两省共有海运漕粮 110 余万石，应先尽沙船和宁船装载。但在李鸿章的支持下，招商局迅速进行反击。朱其昂、盛宣怀、唐廷枢和徐润 4 人通过苏松太道沈秉成向张树声请愿，指出本年不但不能压缩轮运数额，反而加增。他们表示，虽然沙宁等船困苦凋敝，“恃运漕为养命之源”，但招商局创办伊始，也以运漕为立脚之基。本年江苏漕粮，连同采办、抵征米共 65 万石，应仍按“沙八轮二”的比例，即由沙宁船分运米 52 万石，轮船运米 13 万余石。也就是说，江苏应该较去年多派拨 3 万石。[②]

考虑到江北此次沪局所封雇沙船，坚固具揽者约可装米 64 万石，“即使将江漕全数派装，亦已有盈无绌”，署布政使应宝时、粮道英朴等人经过议商，决定沙卫等船将运载量一律折减，从中提出漕粮正米 3 万石和随同商船耗米 2400 石，全部拨归招商局。除此之外，本年江苏还有代为采买的粮食 75 000 石和经剥等耗 7556 石 25 升，需要海运，均交由招商局承运，两者合计 114 956 石 25 升。[③]这个数字和上年招商局承运米数基本持平。由此可见，轮、沙双方都做了让步。本年江苏漕粮海运的出运情况见表 1。

---

① 《字林沪报》，光绪九年十二月二十八日（1884 年 1 月 25 日）。

② 沈秉成：《苏松太道转移招商局禀请添拨粮米装运轮船》，杨守岘等纂：《重订江苏海运全案新编》卷三《奏咨事宜》，光绪十年刻本。

③ 应宝时等：《司道详派拨招商局轮船承运米数》，杨守岘等纂：《重订江苏海运全案新编》卷三《奏咨事宜》，光绪十年刻本。

表1 光绪十三年江苏漕粮海运表

放洋日期	类别	船数/只	正耗米/石	沙耗/石	附注
正月十九	头批	210	336 922	283 930	本年有采买及正米 114 956 石，归轮船招商局承运
二月初八	二批	100	146 015	11 681	
三月初七	三批	51	69 290	5 543	
合计		361	552 227	301 154	

资料来源：《宫中档朱批奏折·财政类·漕粮》，同治十三年正月二十七日、同治十三年三月十九日，江苏巡抚张树声折，档案号：04-01-35-1217-041、04-01-35-0289-064

浙江的海运情况也大致类似。此年浙江共起运漕粮正耗米 35 万余石，其中轮船承运 10 万石，比例基本不变。[①]联系到木帆船的过剩，显然不能认为此时沙船等船只已经无法承担漕粮海运的任务。

招商局收购旗昌后，经济顿觉紧张。光绪二年（1876 年）十月二十四日，太常寺卿陈兰彬奏称：招商局成立以来，办有成效，三年使中国少流出银两 1300 余万两，现在旗昌要出售给招商局，实中外大局之关键。为对招商局加以鼓励和扶植，他请求加拨江浙漕米[②]，清廷表示同意。次年因商股有限，招商局进行改革，重新拟定章程，特意指出，有人称轮船运漕系夺沙船之利，不知从前河漕时，沙船并不运漕，获利仍厚；近来市面清淡，即使江浙漕米全归沙船，亦难补救。沙船运漕本系意外之事，“非若招商局船以运漕为命脉”[③]。李鸿章则称，尽管朝廷多次要求江浙各省多拨漕粮，核计近年情况，浙省漕粮分拨商轮装运尚及四五成，苏省漕数分拨不及二成。究其原因，“在疆臣公忠体国，本无成见，而承办漕务人员往往自便私图，不肯加拨”。他要求自四年起，海运漕米必须四五成轮运，“不准再有短少”。而江西、湖北等省采办的漕

① 《军机处录副奏折·洋务运动·招商局》，光绪元年十二月十八日，浙江巡抚杨昌濬折，档案号：03-6298-008。

② 《军机处录副奏折·洋务运动·招商局》，光绪二年十月二十四日，太常寺卿陈兰彬折，档案号：03-9438-085。

③ 《招商局档案》复印件，光绪三年，江海关刘道筹议招商局变通调剂章程，见聂宝璋编：《中国近代航运史资料（1840—1895）》，上海：上海人民出版社，1983 年，第 942 页。

粮，则多多益善。[1]这分明是招商局通过行政权力来强行侵占沙船的运漕份额。

光绪四年（1878 年）江苏共应交仓等米 749 924 石。[2]因为这些年江苏所拨招商局的漕粮数一直较少，清廷特谕江苏："著该督抚饬令粮道，嗣后务须分四五成拨给该局轮船运送，不得减少。"[3]在这种压力下，江苏只得决定：本届拨给招商局漕粮 299 400 余石，相较总额，"已在四成以上"[4]。浙江应起运米 377 000 余石，拟拨招商局承运 200 500 余石，合计仍在五成以上。[5]以后，这一分配比例得到长时间维持。

光绪六年九月，上海沙船商船会馆曾向苏松太兵备道呈稿，重提李鸿章同治十一年（1872 年）的保证，即沙宁东卫各船统运江浙漕粮，以 100 万石为率，其余部分才拨归轮船运输。他们指出：近些年来，"无如轮船之运米数有加无已，商船之运米数有缩无盈"。上年沙船仅派装漕粮 40 余万石，与原批 100 万石之数，"渐不及半"[6]，要求多派装漕米。但从事后的运作来看，这种要求并没有得到实施。

值得注意的是，浙江巡抚谭钟麟为承运四年分漕粮海运商人请奖，朝廷的朱批居然是："近闻承办海运尽为轮船垄断，沙宁各船生计萧条，以后著将轮船运米若干、商船运米若干，分晰具奏。"[7]次年四月，当谭钟麟报

---

① 李鸿章：《致总署论维持招商局》（光绪三年九月二十九日），《李鸿章全集》第 32 册，合肥：安徽教育出版社，2008 年，第 147 页。按：朱其昂等人意见原文为："就现在局势而论，即使生意可保，而欠项累累，年复一年，终恐支拄万难。且当洋商争挤之日，既须外揽生意，再加内筹垫款，获利固无把握，归本更无定期。万一海防复有衅端，他类又复力来争业，如许公款诚虑日久拖延。再四筹思，与其缴官中有限之利，縻官中无限之款，莫若暂时缓缴息银，以资培养。拟请宽予三五年之限，舒其元气，然后由局先将官本分数年提还。俟公款缴完之后，或将积息长存，官商一体，利害共之；或由局如何分年补缴。似此稍为变通，官款固有归本之日，承领者亦不至贻累无穷。且洋人见我无掣肘之忧，或不拼命相拒；局员可专心经营，商般不致踟蹰，亦必接踵相继。倘再仿照日本自制轮船办法，沿江沿海各处均准局船揽载，不必限定通商口岸，并请加拨各省漕粮，诚属护持大局，攸关富强之要著。"（《附轮船招商局公议节略》，见《李鸿章全集》第 32 册，合肥：安徽教育出版社，2008 年，第 149—150 页）

② 《军机处录副奏折·光绪朝·财政类》，光绪三年十二月二十八日，两江总督沈葆桢等折，档案号：03-6300-001。

③ 中国第一历史档案馆编：《光绪宣统两朝上谕档》第 3 册，光绪三年十一月二十七日，桂林：广西师范大学出版社，1996 年，第 451 页。

④ 《军机处录副奏折·光绪朝·财政类》，光绪四年二月二十二日（朱批时间），两江总督沈葆桢等折，档案号：03-6300-020。

⑤ 《军机处录副奏折·洋务运动·招商局》，光绪三年十二月二十六日，浙江巡抚梅启照折，档案号：03-9438-013。

⑥ 《商船会馆公禀苏松太兵备道稿》，《申报》光绪六年九月十一日（1880 年 10 月 14 日）。

⑦ 《宫中档朱批奏折·财政类·漕粮》，光绪六年十二月初十日，浙江巡抚谭钟麟折，档案号：04-01-35-0290-015。

告海运出运情况时，清廷也不忘提醒他："江浙漕粮多半由轮船装运，轮船多一分则商船减一分，此一定不易之理也。该省所报米数，轮船起运者究有若干，著查明具奏，毋使商船向隅！"[①]可见清廷对于招商局的态度，已经出现偏离。

简言之，沙船业之衰退影响到漕粮海运虽为事实，但至少在招商局成立初年，沙船并非不敷，而是有所剩余。这也从另一方面反映出成立招商局与漕粮海运的关系。

三、招商局运漕比例变化及收益分析

招商局承运的漕粮数额在整个漕粮海运过程中占什么样的地位？这是正确评价招商局与晚清漕粮海运两者关系的重要基础。事实上，这个问题并非不言自明。从档案等史料可知，在招商局承运的漕粮中，江西、湖南、湖北的采买漕粮，全部由招商局承运，高达100%，属于垄断性质，地位自不待言。

江浙两省漕粮海运分配给招商局承运的比例见图1。

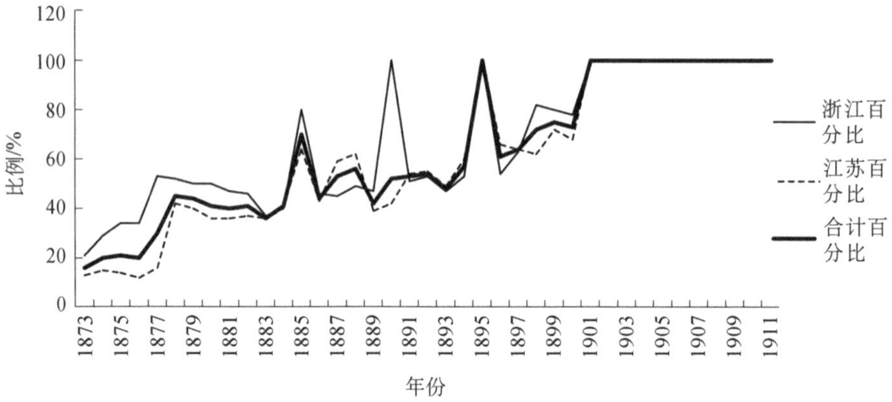

图1 江浙漕粮海运招商局承运比例比示意图

注：①本示意图数据来源均参见拙著《清代漕粮海运与社会变迁》附录1《招商局运漕数量统计表》及附录2《清代江浙漕粮海运数额表》，北京：科学出版社，2017年。②光绪十一年因中法战争而曾由招商局雇用太古、怡和洋行装江苏漕粮320 935石，浙江漕粮211 800石，应一并纳入轮船承运比例。光绪二十一年因中日战争，则全由招商局雇用洋轮承运

① 《宫中档朱批奏折·财政类·漕粮》，光绪七年四月二十八日，浙江巡抚谭钟麟折，档案号：04-01-35-0290-018。

由图 1 可知，除特殊年份外，招商局的运漕比例基本上都保持着上升态势。这一比例至光绪二十七年（1901 年）达到顶点，此后的漕粮海运就变成完全由招商局控制了。这表明，招商局在江浙两省乃至清代的漕粮海运过程中，逐渐占据主导地位，以至于到最后完全排挤了沙船、卫船等传统木帆船的作用。这也正是李鸿章等人苦心经营招商局的结果。

另外，在江浙两省的漕粮海运过程中，浙江拨给招商局承运的比例，除个别时期外，都要高于江苏。这主要是因为晚清时期浙江的漕粮海运，均系在江苏境内展开，深受江苏当局的刁难，故乐意将海运交付招商局代办。

当然，研究招商局与漕粮海运的关系，最重要的是需要分析出招商局通过承运漕粮而获得的收益，在总体经营收入中占据什么样的比重。招商局承运漕粮的收入，在招商局中的总体经营收入中发生过多次变化。在招商局成立初期，漕粮海运成为支撑招商局的重要砝码。正是有了这种重要性，唐廷枢等人才会说，“运三月漕粮，将及一年费用，即使货物全被揽去，水脚全行放低，亦何不可相敌!”①但随着时间的推移，这一收益率在逐步降低，运漕收入的由盈转亏则出现于义和团运动时期。光绪二十五年，“因内河驳力太重，耗米多赔转无利益”②，招商局运漕完全变为亏本行为。当年漕运所收水脚，抵除船栈驳力各项用款，尚不敷银 60 300 余两，余米变价则因津河浅驳偷漏愈多，所剩无几；加以二成免税注销，“自是运漕不及装货之利益，历年均属亏折”③。这种亏损一直持续到清王朝灭亡。比如自光绪三十二年至宣统元年（1909 年），分别亏银 88 000 余两、41 000 余两、88 000 余两和 8500 余两，而光绪三十一年的亏欠记录更是高达 144 000 余两。统计清朝最后十三年的运漕活动，招商局一共亏银 984 800 余两。正因为如此，招商局对于清王朝的灭亡，并没有抱太大的惋惜：“鼎革而后，漕运免除，自招商局方

① 唐廷枢、徐润：《论轮船招商局事宜及现办情形》，招商局档案：《招商局章程规条等及开办十年来账略》，南京：中国第二历史档案馆藏，档案号：468（2）-325。

② 清查整理招商局委员会：《国民政府清查整理招商局委员会报告书（下）》，民国十六年铅印本，第 68—69 页。

③ 交通部、铁道部交通史编纂委员会：《交通史航政编》，上海：上海民智书局，1931 年，第 265 页。

面观之，不可谓非少一漏卮也。”①

通过对相关数据的分析与统计，可以制成图 2。

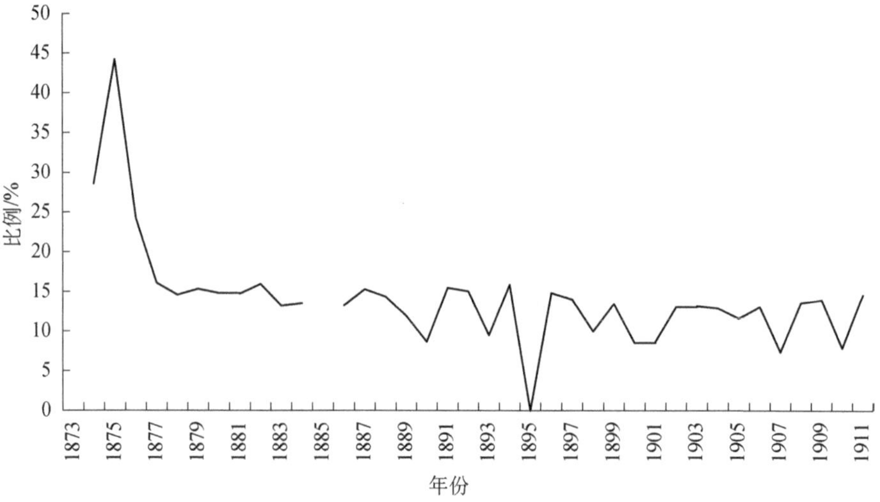

图 2　运漕收益占招商局总收入比例示意图

注：①数据资料来源参见拙著《清代漕粮海运与社会变迁》附录 1《招商局漕运数量统计表》，北京：科学出版社，2017 年。②招商局从 1873 年 7 月至 1874 年 7 月统计第一年账略，而此时 1873 年的漕粮海运已经结束。1885 年出售旗昌，水脚收入缺。1895 年中日战争，漕粮全由招商局雇用洋商代运，招商局没有运漕收益

由图 2 可知，其一，招商局通过运漕所获得收益，在整体经营活动中所占比例，除最初的四年外，其他年份均要小于 20%，可见漕粮海运对于招商局前期的发展，显得尤为重要。其二，光绪三年（1877 年）以后，除个别年份外，招商局运漕所获收入，在整个经营活动中，一般都在 9%—15%摇摆，虽然数量不大，但系一稳定的收入来源。其三，清朝灭亡之前，尽管招商局运漕收益因清廷的多次扣减而受到损失，此笔收益仍是招商局收入的重要部分，这主要因为清朝后期招商局承运的漕粮在总量上有了较大的增加，使得相对数并不少。

有人曾言：“招商局成之初，即以承运漕粮为首要业务，当其初年，运价较高，且业务受外商倾轧，全赖粮运以维危局。及至清末，营运成本渐高，

① 清查整理招商局委员会:《国民政府清查整理招商局委员会报告书（下）》，民国十六年铅印本，第 68—69 页。

内河驳力，损耗过重，而运价迄未增加，同时二成免税奉令注销，以致逐年积亏，达 984 800 余两之巨。”[①]联系到上面的分析，可知此言不谬。

综上所述，招商局并非为漕粮海运所设，招商局成立初期沙船也并非不敷海运。在很大程度上，创立招商局是洋务派官员借漕粮海运之名兴办洋务实业，应该纳入洋务运动的整体战略考虑中；另外，漕粮海运是清廷扶植招商局这一新兴企业的有力方式；但随着时间的推移，尽管招商局运漕数量逐步增加，这种重要性却在逐步降低。

---

① 《招商局之沿革及任务概述》，招商局档案：《本局恢复周年纪念刊稿卷》，南京：中国第二历史档案馆藏，档案号：468-799。

西方势力与晚清漕粮海运

清代的漕粮海运，始于道光六年（1826 年），咸丰朝以后，除因太平天国运动及义和团运动而偶有中断外，漕粮海运已经成为晚清时期最重要的漕粮运输方式。正如晚清政局，漕粮海运在此期间也经历了诸多变革，这与西方势力的屡屡插手不无关系。另外，关于西方势力在中国近代社会走向中的作用，中外学术界存在着不同意见。本文即欲通过此个案研究，对这一问题作侧面回答。

一、代运漕粮的谋划与实践

在同治十一年（1872 年）招商局创建之前，洋商就已觊觎漕粮海运，尤其是美国，“由于它所处的中立地位，由于它的航行速度，由于它的武器装备，具有比较安全的保障”[①]，具有很强的竞争优势。美国琼记洋行老板赫尔德（A. Head）与俄国保持着良好的合作关系，故俄国公使伊格那提业幅（Ignatiev）千方百计地为琼记洋行穿针引线。咸丰十年（1860 年）《北京条约》换约，伊格那提耶夫表示，自己在上海时，美国商人声称情愿领价采买台米、洋米运京，“如令伊寄信上海领事官，将来夷船、沙船均可装载，用俄、米旗帜即何无虞”[②]。

两江总督曾国藩对此颇为积极，他说美国人“性质醇厚，其于中国素称恭顺”，由美国公司代运漕粮，“或且输诚而昵就于我，未可知也”[③]。但反对意见亦相当强烈。江苏巡抚薛焕认为，此端一开，恐将来洋商藉口按年勒索银两；如不遂其欲，即阻南漕北上，“贪婪之性，势所必然，不如慎之于

① 〔美〕斯蒂芬·洛克伍德：《美商琼记洋行在华经商情况的剖析（1858—1862）》，章克生、王作求译，上海：上海社会科学出版社，1992 年，第 122—123 页。

② 《总理各国事务衙门借船运米案清档》，咸丰十年十月初九日，总理衙门折，《历史档案》1987 年第 2 期。

③ 《总理各国事务衙门借船运米案清档》，咸丰十年十一月二十五日，两江总督曾国藩折，《历史档案》1987 年第 2 期。

始，弗令其于条约外稍存觊觎”[①]。杭州将军瑞昌与浙江巡抚王有龄持同样观点：“若由外国领价买运，价银先入其手，难保不随意开销，窃恐藉此把持，从中渔利，将来南漕海运转多掣肘。”[②]漕运总督袁甲三也坚信：“以现在夷情揣之，其气益骄，其心愈侈，万一发价之后事有变迁，更恐无计可施。”[③]恭亲王奕䜣等人亦称，最好的办法，仍然是利用价格杠杆，听任中外商人自行经营。[④]

合作虽未实现，但在利润驱使下，洋商之间仍出现了一场购运粮食的竞争，仅琼记洋行就从加尔各答、爪哇等地向天津输米 30 万担以上。它还与旗昌公司作过一番秘密盘算：两家各自垫支 70 万美元，共同承运 100 万担粮食到天津，估计可获利 120 万元。[⑤]但是，出乎它们预料的是，由于粮食蜂拥而至，京畿米价狂跌，每石值银不到 2 两。琼记洋行所运之粮，直到第二年才在天津脱手，亏损达 12 万美元，“造成了这一年成为琼记洋行自 1840 年创建以来所经历的第一个赔钱的年头”[⑥]。洋商大亏其本，争夺漕运的活动暂时沉寂。[⑦]

招商局成立之后，承运漕粮成为招商局立基的重要条件。为抢夺此笔生意，光绪元年（1875 年），旗昌轮船公司表示，情愿将漕粮运费从招商局的每担 6 钱左右降为 1 钱，以运漕 60 万担计，就会形成 30 余万两的差价。《申

① 《总理各国事务衙门借船运米案清档》，咸丰十年十一月二十五日附件一，江苏巡抚薛焕奏折，《历史档案》1987 年第 2 期。

② 《总理各国事务衙门借船运米案清档》，咸丰十年十二月初二日上谕附件，杭州将军瑞昌等折，《历史档案》1987 年第 2 期。

③ 《总理各国事务衙门借船运米案清档》，咸丰十年十一月二十五日附件二，漕运总督袁甲三奏折，《历史档案》1987 年第 2 期。

④ 《总理各国事务衙门借船运米案清档》，咸丰十年十二月十四日，恭亲王奕䜣等折，《历史档案》1987 年第 2 期。

⑤ 〔美〕斯蒂芬·洛克伍德：《美商琼记洋行在华经商情况的剖析（1858—1862）》，章克生、王作求译，上海：上海社会科学出版社，1992 年，第 129 页。

⑥ 〔美〕斯蒂芬·洛克伍德：《美商琼记洋行在华经商情况的剖析（1858—1862）》，章克生、王作求译，上海：上海社会科学出版社，1992 年，第 133 页。

⑦ 聂宝璋先生认为，此议洋商运米，“不管怎样，历来由官方承办的漕粮，却开了外轮承运的先例”。参见《十九世纪中叶中国领水主权的破坏及外国在华轮运势力的扩张》，《中国经济史研究》1987 年第 1 期。实际上，此次洋商所运之米并非漕粮，更说不上是外轮承运漕粮的先例。

报》也不得不惊呼："此事惊闻之下，未免太觉其减价。"[①]只因李鸿章和招商局坚决抵制，才未成行。

义和团运动被镇压后，户部为了节省开支，又欲让洋商承运漕粮：通过赫德（Robert Hart）代觅洋商包运，由沪收径运到仓，每石合银不过6钱，较招商局远为节约。[②]但盛宣怀不无疑虑："将来权力必尽落他人之手，洋商觊觎本已久矣。"[③]当时商场惯例以每140斤折换为1石，赫德将合同转包给怡和、仁记洋行后，很快就向清廷要挟，以100斤作1石，将成本提高40%。由于"大不合算"，户部只好向招商局求救："如能承办，不尽之言。"[④]盛宣怀马上答应下来，此事才宣告结束。[⑤]

当然，洋商与漕粮海运发生直接关系的，有清一代也出现过两起：光绪十一年（1885年），江浙部分漕粮由招商局出面，转包给旗昌、太古和怡和洋行代运。二十一年，中日甲午战争期间，清廷如法炮制，由招商局代雇洋商承运。

中法战争爆发后，法方宣布阻截海运船只，招商局被迫出售给旗昌，漕粮海运难以进行。洋商乘机活动，德商费实呈请用轮船7只，运粮10年，每年以80万石为断，每石水脚银（差旅费）6钱，十年期满后轮船送归中国。如每年付运之粮不足80万石，则所缺之数按每石补缴银3钱。李鸿章指出，招商局运米至多四五十万石，德商所请过多，不足部分还有讹索；况轮船用过10年再送中国，早破旧不堪，"以此为饵，其谁信之？"英国则称，如果将漕米交给太古洋行、怡和洋行装运，就算2钱利益已不小。李鸿章奏称：从上海用轮船运米到天津，每石水脚须4钱左右，英国开出如此低的价钱，实际上是企图一劳永逸地控制漕粮海运之权。招商局与洋商抗衡，"官无帮助之法，惟藉此运漕为扶持"，若因中法战争被洋商占夺，则战事平后招商局

---

① 《论旗昌轮船公司欲代运漕事》，《申报》光绪元年二月初九日（1875年3月16日）。

② 《电报档》，光绪二十七年四月二十四日，全权大臣李鸿章电，档案号：1-01-027-0301。

③ 《寄江鄂督帅山东抚帅》，光绪二十七年四月十九日，盛宣怀：《愚斋存稿》卷55《电稿》，民国十九年刻本。

④ 《北京全权大臣户部来电》，光绪二十七年四月二十日，盛宣怀：《愚斋存稿》卷55《电稿》，民国十九年刻本。

⑤ 《寄北京全权户部》，光绪二十七年四月二十一日，盛宣怀：《愚斋存稿》卷55《电稿》，民国十九年刻本。

必难规复。[①]他提议，现在招商局船旗虽换，而此局尚存，江浙漕粮惟有仍照旧章，交由招商局承运，“责成该局转雇洋船分运”。洋商知漕米非招商局不能承运，他日局船收回，“可不费唇舌而自明”。另外，招商局已经和旗昌协商好，收回轮船时盈余仍归招商局，“与其交别家洋船，自不如仍交旗昌承运”[②]。经唐廷枢与洋行商议，决定以招商局所装四成交旗昌洋行代运，以沙宁船所装六成交怡和、太古洋行分运。[③]

四月二十七日中法和约画押，法国答应漕米可于是日起运。结果江苏之米 80 余万石，交由太古、怡和洋行装运的就达 32 万余石。[④]浙江巡抚刘秉璋因不满洋商在战争期间不肯冒风险运粮，从洋商应运之米中拨出六成约 9 万石，交由宁船承运。[⑤]即便如此，招商局仍规定，其所承运的漕粮，“凡未经海运局验兑、由各县自寄旗昌洋栈者，所有栈租、麻袋、芦席、砻糠、扎口等费，均由本局给付，不与各县相涉”[⑥]，可见完全贯彻了李鸿章的主张，即虽系洋商代运，具体事宜由招商局负责。

光绪二十年（1894 年），日舰出没大洋，“虽未即敢肆扰沿海，而商舶来往已不免戒心”[⑦]。清廷命江苏议复，结果署苏州藩司黄祖络、粮道吴承潞等人与盛宣怀商议，最后决定由招商局在天津、上海设立商米公栈，各属将所收米石运交上海公栈验收存储，分雇洋轮装运，所有损失均由招商局赔偿。[⑧]因战事纷乱，直到第二年张之洞等才给出江苏的具体运漕米数。招商局交洋

---

① 李鸿章：《论南漕折色并由绅董采运》（光绪十年八月十二日），《李鸿章全集》第 33 册，合肥：安徽教育出版社，2008 年，第 512 页。

② 李鸿章：《复户部额阎两中堂论漕运》（光绪十年八月二十一日），《李鸿章全集》第 33 册，合肥：安徽教育出版社，2008 年，第 517 页。

③ 《军机处录副奏折 · 光绪朝 · 财政类》，光绪十年十月十五日，两江总督曾国荃等折，档案号：03-6305-008。

④ 《军机处录副奏折 · 光绪朝 · 财政类》，光绪十一年五月初十日，江苏巡抚卫荣光折，档案号：03-6306-045。

⑤ 《军机处录副奏折 · 光绪朝 · 财政类》，光绪十一年四月三十日（朱批时间），浙江巡抚刘秉璋折，档案号：03-6306-041。

⑥ 《招商局轮船运漕局示》，《述报》光绪十一年二月十八日，影印本，北京大学图书馆藏，第 710 页。

⑦ 《军机处录副奏折 · 光绪朝 · 财政类》，光绪二十年九月二十八日，山东道监御史庞鸿书折，档案号：03-6314-072。

⑧ 《宫中档朱批奏折 · 财政类 · 漕粮》，光绪二十年十二月十三日，署两江总督张之洞等折，档案号：04-01-35-0295-059。

轮包运部分，共计二十七八万石，占全部漕粮的三成，其余部分折征。[①]浙江仿效江苏做法，也是本折兼解，折六运四，雇洋轮包运。[②]

简而言之，洋商虽多次想插手漕粮海运，但清廷为维护利权起见，始终加以拒绝。即使雇用，亦完全由招商局负责。这种努力，对于保护漕运的独立性，具有重要意义。

二、阻止与妨碍漕粮海运

西方列强很早就开始利用漕运来打压清廷，如在第一次鸦片战争中，他们即以占领运河、切断运道的方式来挟制清廷。中国通马理逊向英军统帅献计，漕运以江宁为咽喉，英军只需盘踞江面，阻绝南北，即可要挟清廷，“所求当无不如志”；否则扬言密招汉奸，挖冲高家堰堤，阻断运河，“计更无不得请者”[③]。由于早有这种战略企图，英军沿长江一线猛攻，占领镇江后立即派舰队封锁运河口，将当时的近700只沙船阻断于此，切断了与北方的商业联系。[④]尽管此年漕粮已先期运抵通州，美国学者Harold C. Hinton还是认为，正是英国军队“通过占领运河和长江交汇处的南京，切断了运河，从而为鸦片战争迅速有结果做出了重大贡献”[⑤]。这种战略态势的存在，使得像包世臣这种原本最支持海运者，对海运的态度也发生了动摇：洋人驻扎上海，控制咽喉，“虽仆亦不敢主持”[⑥]。

清代的第二漕粮海运始于道光二十八年（1848年），这也是鸦片战争之后清代的首次漕粮海运。但正是在此次过程中，发生了“青浦教案”。三名

---

① 《军机处录副奏折·光绪朝·财政类》，光绪二十一年三月二十七日，湖广总督署两江总督张之洞等折，档案号：03-6315-034。

② 《军机处录副奏折·光绪朝·财政类》，光绪二十一年十月初五日，浙江巡抚廖寿丰折，档案号：03-6315-077。

③ 梁廷枏：《夷氛闻记》，中国史学会编：《鸦片战争（六）》，上海：上海新知识出版社，1955年，第74页。

④ 对于这一点，英国方面早已有精细打算。有人分析，其侵入长江，“其意即在扼中国交通之冲要，借以要挟”，且镇江未陷以前，英军即以船封锁运河北口之瓜洲，“可知其断绝漕运之毒计，早决于未至镇江以前也”，见姚薇元：《鸦片战争史实考》，台北：文海出版社，1983年，第144页。

⑤ Hinton H C. *The* Grain *Tribute System of China*（*1845-1911*）. East Asia Research Center，Cambridge：Harvard University，1970，p. 4.

⑥ 包世臣：《答桂苏州第六书》，《安吴四种·中衢一勺》附录四下，咸丰元年刻本。

传教士违约到青浦传教，和当地看守停运漕船的山东籍水手发生冲突后受伤。尽管事情得到青浦县令的妥善处理，英国领事阿礼国（Rutherford Alcock）仍利用这一机会，扩大事端。他采取的手段之一即是用军舰阻止漕船离港。在上海道咸龄的授意下，几条沙船想冲破封锁线，阿礼国真的命令“奇尔特”号开炮轰击，结果将这些漕船全部堵在黄浦江内，时间长达 14 天。[①]为扩大影响，阿礼国还派人在吴淞一带遍贴告示，“声言夷人被粮船水手殴打尚未严办，海运米船不许开行等语”，这不能不在沙船水手中产生巨大恐慌。[②]

阿礼国成功地达到了自己的目的。在他咄咄逼人的进攻之下，两江总督李星沅命令地方官分 3 批从青浦获抓倪万年、王明付、刘玉发等 10 名漕船水手，枷号黄浦。判罪时，清朝官员认为可判为口角争斗，阿礼国则坚决要求罪加一等，视为“抢劫”。结果倪万年、王明付等人被诬首犯，杖 100，充军 3 年，其他人也莫不罪加一等。随后，清廷为避免事态进一步发展，紧急向停运河漕水手发放救济，预给官银，声明于明年河运帮费内扣还，并造花名清册备查。[③]尽管此后水手皆安静如初，但安于现状的道光皇帝再也不可能继续推行海运，道光朝的漕粮海运就此结束。

咸同以后，漕粮海运得到恢复，但类似“青浦教案”性质的事情仍不时发生。同治五年（1866 年）六月十四日，因各地教案未能迅速完结，法国公使伯洛内对奕䜣声称，清廷倘仍不快速结案，“应派本国兵船于海面捕拿漕船，变价分偿受伤之人”[④]。对这份照会，奕䜣奏称：“种种狂悖之词，俱出情理之外。”[⑤]他在照会中指出，办案须有真凭实据，即如北京天主教徒虽有买田红契，但原契仅地 11 亩，实际侵占却多达 73 亩，“其为越界多占显而

① Hauser E O:《近百年来上海政治经济史》，越裔译，台北：文海出版社，1990 年，第 26 页。

② 福禄堪：《青浦事件信稿》，《近代史资料》1957 年第 2 期。

③ 福禄堪：《青浦事件信稿》，《近代史资料》1957 年第 2 期。

④ 《法署使伯洛内为各地官员不肯速结教案等事致奕䜣照会》（附件一），中国第一历史档案馆、福建师范大学历史系编：《清末教案》第一册，北京：中华书局，1996 年，第 549—552 页。

⑤ 《军机处录副奏折》，同治五年七月十八日（朱批时间），恭亲王奕䜣等奏为法国来照情词叵测并现在办理情形折，中国第一历史档案馆、福建师范大学历史系编：《清末教案》第一册，北京：中华书局，1996 年，第 546—548 页。

易见”[①]。即便如此，他也不得不忍气吞声。同治九年（1870 年），“天津教案”爆发，清廷特命曾国藩处理。法国公使如法炮制，以决裂相要挟。曾国藩闻知此信，“呕吐大作，历三时之久，卧床不起。据医家云，脉象沉重”[②]。

光绪十年（1884 年）中法战争期间，海运受阻，“或谓局船必为法人所掳，或谓局栈必为法人所焚”，马建忠当机立断，将招商局出售旗昌，结果成为轮船招商局发展史上的一大转折。[③]与此同时，李鸿章希望美、英等国进行调停，以便漕粮继续北运。但美国杨约翰回电，美国并不能“阻止中法之欲按公法所载权利”[④]。也就是说，美国不会为了清廷的利益而插手此事。与此类似，英国的立场是：“在法律上和事实上都存在着战争状态，所以法国有权宣布封锁。”他们甚至还为法国人的疏忽感到惋惜：“有几条装满漕粮的轮船抵达天津。很显然，这是由于法国人没有看到它们，否则的话，它们早就应该在到达之前消失。”[⑤]同样，德国外交部也指示德国驻华公使，承认法国军舰有权搜索德国船只。[⑥]

光绪二十年，中日甲午战争爆发，轮船招商局为避免更大损失，仿效出售旗昌之例，由盛宣怀将轮船分售各国洋商，如德商信义洋行（H. Handl & Co.）和礼各洋行（Messrs，Carlwitz & Co）即收购了招商局的 7 艘轮船。[⑦]次年《马关条约》签订，招商局又将出售之船“全数买回”。二十六年，八国联军侵华，

---

① 《恭亲王奕䜣为驳斥来照不符事实覆法署使照会》（附件二），中国第一历史档案馆、福建师范大学历史系编：《清末教案》第一册，北京：中华书局，1996 年，第 559—561 页。

② 《军机处录副奏折》，同治九年六月二十八日，三口通商大臣崇厚折，中国第一历史档案馆、福建师范大学历史系编：《清末教案》第一册，北京：中华书局，1996 年，第 571 页。

③ 交通部、铁道部交通史编纂委员会：《交通史航政编》，上海：上海民智书局，1931 年，第 153—154 页。

④ 《中法越南交涉档》，光绪十一年正月十七日，美使杨约翰为法禁运漕米事复总署函，张振鹍主编：《中法战争》第 3 册，北京：中华书局，1995 年，第 343 页。

⑤ Daily Shipping News. *North China Herald*. 1885，7，3.

⑥ 对于中法战争期间德国对法国的袒护，李鸿章表达了强烈的不满，他曾对德国公使巴兰德说，“尽管他所希望只是要德国方面讲一句有分量的话，或者陈兵边境来阻止法国像它已做的那样向中国进攻”，但却并未能达到目的。巴兰德则说，中国在整个谈判过程中，从未让德国与闻其事，“如果对一件从未向德国讨教的事，在最后关头期望它以这样干涉的方式羼入其间，这可谓对德国未免要求过甚”，见《巴兰德公使关于同李鸿章谈话的报告摘要（1885 年 10 月 10 日）》，引自〔德〕施丢克尔：《十九世纪的德国与中国》，乔松译，北京：生活·读书·新知三联书店，1963 年，第 334—335 页。

⑦ Daily Shipping News. *North China Herald*. 1894，9，28；1894，11，2.

招商局为防患未然，再次将永清、丰顺等19艘轮船变价出售，自己仅保留江宽、江永等10艘。次年战事平息，招商局又将售出轮船“仍照原价全部买回”[①]。在经历了这几次反复后，招商局元气大伤，经营受到沉重的打击。

三、漕粮改折与修改商约

漕粮海运本为节省费用起见，但随着财政的日益枯竭，清廷逐渐加大漕粮折色比例，以应付赔款，漕粮海运的比例越来越小。光绪二十二年（1896年），江北各属奉派俄、法、英、德四国还款，将漕粮盈余每两解钱100文，正米1石解钱200文，共凑银4万余两。二十四年，又继续每石提钱200文，仍用于还款。[②]此为较早的利用漕粮折银抵款之事。

《马关条约》出台后，清廷为“专款存储，听候拨还洋款”，改折江苏漕粮30万石，折价解司。[③]二十八年，户部为偿还赔款，又筹措各处漕粮折价金：江苏丁漕折钱平余银10万两，江宁丁漕折钱平余银4万两，江苏漕项银6万两，安徽漕项银2万两，河南丁漕折钱平余银2万两、漕折正项加复银4万两，浙江漕项银6万两，湖北丁漕钱价平余银33 000两，湖南丁漕折钱平余银3万两、漕项银4万两，安徽丁漕折钱平余银5万两、历年积存漕折银4万两，以上共计银53万3000两。[④]

不过，在制定《辛丑条约》时，西方列强认为，漕税虽为清廷主要收入，“但因常有天灾侵扰，中国政府时常予以免除。鉴于此项税收不稳定，赫德建议不要动用”[⑤]。这种态度在《辛丑条约》中得到了体现，即担保只以关

---

① 交通部、铁道部交通史编纂委员会：《交通史航政编》，上海：上海民智书局，1931年，第158—159页。

② 《宫中档朱批奏折·财政类·漕粮》，光绪二十四年三月二十一日，两江总督刘坤一折，档案号：04-01-35-0859-042。

③ 《宫中档朱批奏折·财政类·漕粮》，光绪二十三年十二月二十六日，两江总督刘坤一等折，档案号：04-01-35-0298-068。周育民《晚清财政与社会变迁》（上海：上海人民出版社，2000年）第366页所指，“二十三年仅在江苏海运漕粮内改折30万石”，所指实应为二十三年份。

④ 《筹补七处厘金折并附清单》，光绪二十八年二月初四日，户部折，《户部奏档抄本》卷一，中国人民银行总行参事室编著：《中国清代外债史资料（1853—1911）》，北京：中国金融出版社，1991年，第217—219页。

⑤ 《赔款委员会关于中国财政资源的报告》，《美国外交文件·附刊》，1901年，第146-153页，中国人民银行总行参事室编著：《中国清代外债史资料（1853—1911）》，北京：中国金融出版社，1991年，第917—920页。

税及盐税为准，而没有将漕粮列入。[①]

折价而外，西方列强还欲通过商约谈判，直接监管漕运。光绪二十七年（1901年）年底，英国商约谈判大臣马凯两次要求清廷允许粮食外运，均遭谈判大臣盛宣怀和吕海寰的拒绝。马凯又提议："既欲禁米，须先一月通知，并须华洋商一律。无论何项米粮，于禁内有运出口者，概作弛禁。"中方表示，商米可以如此办理，但漕粮与军米不在此内。马凯仍哓哓不休，"坚欲漕粮、军米同禁，否则商米不得独禁出口"[②]。两江总督刘坤一指示：漕粮、兵米皆关国用，与商贩谋利之米迥不相同，"马使无论如何要求，自难允其入约"[③]。事后证明，英方之所以如此纠缠，主要是因为二十八年份苏漕海运，有议交太古洋行代运30万石之议。

清廷宣布漕粮改折诏后，江浙漕粮海运本应全部转入轮船招商局手中。一方面因招商局运输能力有限，另一方面也是出于对招商局的不满，江苏粮道罗嘉杰派候补知县沈翊清、颜澍等人前赴上海，与太古洋行秘密协商。太古洋行派华人经理王增禄商办，双方议定，将原来由沙船承担的6成交太古洋行包运。自上海至塘沽，每石规银3钱2分。至历届沙船准带二成免税货物，因国库亏空，准令免税一成。合同草签后，江苏先付水脚规银2万两作为定金。恩寿奏称，综而计之，所议水脚每石约可节省银9分。[④]

整个谈判过程招商局均被蒙在鼓里，直到草约签订，他们才得到消息。二十八年三月初二日，盛宣怀电函外务部，指出清廷成立招商局，"一则利不外溢，二则权自我操，非仅为保护商局起见"。现在英使迟迟不肯定约，皆因有苏漕交太古洋行装运草约。如果草约变成正式合同，"在华商必更心寒气散，难期推广"，要求江苏单方面废除草约。[⑤]他还表示，太古洋行遽肯

---

① 《辛丑各国和约》第六款第戊条，见王铁崖编：《中外旧约章汇编（1689—1901）》第1册，北京：生活·读书·新知三联书店，1957年，第1006页。

② 盛宣怀：《米谷禁止出洋仍坚持原议办法电奏》，《愚斋存稿》卷22《电奏》，民国十九年刻本。

③ 刘坤一：《复吕侍郎盛宫保并寄外务部张宫保》，光绪二十八年三月二十七日，《刘坤一遗集·电信》卷二，台北：文海出版社，1966年，第7410页。

④ （台湾）《宫中档光绪朝奏折》第15册，光绪二十八年七月初六日，江苏巡抚恩寿折，台北："故宫博物院"文献编辑委员会，1973年，第661页。

⑤ 《寄外务部》，光绪二十八年三月初二日，盛宣怀：《愚斋存稿》卷57《电稿》，民国十九年刻本。

减价揽运，“实为攘夺权利起见，是以英国、日本议订商约，均欲将漕运列入约章”。太古洋行平时运送商米，水脚或增或减，但都高于此数，“该洋行何以独于漕米愿减水脚？可见别有隐衷”[①]。同日，盛宣怀又致电外务部大臣王文韶：苏漕代运之事尚未画押，“合同似尚可废”。洋行所减甚微，况一入新约，仍必加价，“此洋人惯技也”[②]。三月初四日，外务部回电：“现电驳令作罢论，勿使利由外溢。”[③]因为“西律毁议，必须重罚”，经江苏与太古洋行反复磋商，太古洋行答应由中方赔偿银 7 万两废约。盛宣怀先垫银 4 万两，在招商局应收余米变价盈余项下扣还；其余 3 万两，由江苏粮道向号商挪付，自行清理。[④]

江苏运漕合同撤销后，马凯不得不同意中方要求。[⑤]不久，马凯旧事重提，称仅禁商运不禁官运，系违旧约。最后讨论的结果是对《天津条约》进行补充修订：如果出现饥荒禁运，中国提前一月通知即可禁止。在禁米时期，“如中国国家有漕米、军米欲于禁期之内运出者，须将其数目示明，则该项谷米不算在禁之列”。洋关则须将漕米、军米出口及进口数目登记，但除此之外，不许别项谷米在禁期之内出口。[⑥]也就是说，经过此番谈判，西方列强已经可以监管中国的漕粮运输事务了。

晚清时期漕运的变化，主要体现在以下三方面：由河运占主导变为海运占主导；由全归木帆船承运变为轮船控制主体部分（《辛丑条约》签订后火车亦加入此行列）；由全交本色改为以折色为主。在此过程中，西方技术与漕粮海运相结合，催生了中国运输工具的近代化，以轮船招商局为代表的轮船及后来的火车在中国的大规模出现，正是重要标志。但是，由前文的分析

---

① 盛宣怀：《核减招商局承运漕粮水脚折》，《愚斋存稿》卷 7《奏稿》，民国十九年刻本。

② 《盛宣怀致王文韶电》，光绪二十八年三月初二日，王尔敏、陈善伟编：《清末议订中外商约交涉（盛宣怀往来函电稿）》，香港：香港中文大学出版社，1993 年，第 243 页。

③ 《吕海寰、盛宣怀致宁督署、鄂督署电》，光绪二十八年三月廿六日，王尔敏、陈善伟编：《清末议订中外商约交涉（盛宣怀往来函电稿）》，香港：香港中文大学出版社，1993 年，第 254 页。

④ （台湾）《宫中档光绪朝奏折》第 16 册，光绪二十九年三月二十七日，两江总督魏光焘折，台北：“故宫博物院”文献编辑委员会，1973 年，第 864 页。

⑤ 盛宣怀：《米谷禁止出洋仍坚持原议办法电奏》，《愚斋存稿》卷 22《电奏》，民国十九年刻本。

⑥ 盛宣怀：《重定禁运米谷出口章程入约电奏》，《愚斋存稿》卷 23《电奏》，民国十九年刻本。

可知，必须对西方的这种贡献保持清醒的头脑。漕运只是一种利益的分配方式，西方势力对漕粮海运的染指，无非是想对原有的格局进行再分配，从中攫取更大的经济利益与政治利益。他们在中国近代化过程中的表现，绝非出于什么美好的愿望。正如识者所言："所有西方侵略者在中国的现代化设施，包括赫德所说的'做轮车以利人行，造船以便涉险，电机以速通讯'统统在内，都是首先服务于他们的利益。他们的目的，都不是什么向中国引进新的技术，至少首先不是这样；而是为自己攫取利润，至少首先是这样。"①

① 汪敬虞：《赫德与近代中西关系》，北京：人民出版社，1987年，第366页。

试论晚清漕运官制变革

晚清是传统政治制度面临全新挑战并从中滋生变革的重要时期。在此过程中，传统政治制度所遭遇的外部压力、所发生的蜕变，以及如何适应新的局面，都是值得研究的重要问题。清承明制，但自中叶后，因自然条件和社会条件的变化，原有的漕运体制难以为继。道咸以降，海运逐步成为漕粮运输的主要方式。随着漕粮海运的进行，原来维持河运的体制失去了赖以存在的合理性和合法性，逐步走向崩溃，并导致诸多变化。这种变化，既受漕粮海运的推动，又反对来巩固了漕粮海运的地位。本文拟以此为例，简单探讨晚清政治制度变革的一些特点。

一、裁撤漕运总督

为顺利运漕，清初设置了一套完备而庞大的漕运官制：漕运总督驻淮安，统领漕政，凡收粮起运，过淮抵通，“皆以时稽核催趱，综其政令”①；各省粮道，监督漕粮征收和起运；征收漕粮由州县官员负责；河道总督和各省督抚负责催攒漕船；漕粮抵京通，又设仓场侍郎、坐粮厅、大通桥监督等官员；具体的漕运事务，则由数量庞大的运丁来承担。

漕运总督在原有河运体制中督促不力，早就有人指出来。咸丰元年（1851年）七月初四日，陈若木给冯桂芬写信，主张撤裁总漕，漕标改归绿营，通仓则仿海运之例，专派钦差大臣监收，他认为，如此一来，勒索与帮费自然减少，浮收也会随之而变轻，“若能裁去一总漕，加派一钦差，其余悉照嘉庆年间旧章，而漕无起色，民不稍苏，我不信也”②。同治元年（1862年）二月，工部尚书王庆云奏称，江苏省江北各属，原归江宁布政司管辖，自咸

① 纪昀：《漕运官制·国朝官制》，《历代职官表》卷60，光绪二十三年刻本。

② 苏州博物馆、江苏师院历史系、南京大学历史系编：《何桂清等书札》，南京：江苏人民出版社，1981年，第212—213页。

丰十年（1860年）失陷，“诸事难以应手”；同时，因河运未行，漕运总督公事无多，他主张改漕运总督为江北巡抚，移驻江北适中之地，统管江北事宜，改漕标为抚标，“俟苏常克复，仍复旧制”。朝廷认为，王庆云之奏章，“自系为因时制宜起见”，命曾国藩等人议复。不久，镇江军情紧急，清廷特命江苏巡抚李鸿章前往救援，而镇江地处江苏中部，于淮扬、苏常及南京等处均可联络，军务与地方事务也可管理，故曾国藩奏称：安庆克复后，水路得以畅通，用轮船递送文书，往返不过旬日，“声息不隔，呼应尤灵”[①]，将王庆云之议否决。

随着江浙漕粮海运的进行和湖广等省河运漕粮的停止，太平天国运动期间，漕运总督更多的精力是参加镇压起义。比如咸丰十一年十月，漕运总督在清江与太平军相遇，“行至河下地方与贼接仗……割取首级三十七颗”，第二天再次接战，“连开大炮，轰毙马贼十数名，步贼数十名”[②]。同治五年（1866年），捻军张宗禹冒充清军偷渡运河，“幸漕帅亲驻率众，早将该处安兵设炮台，补以练丁，又于成子河防厚集兵力，以资扼御，是以该逆屡扑屡却，颇有斩获”[③]。而漕运总督邵灿在捻军纵横江北之时，“力筹妨剿，屡遏寇氛，地方赖以保全”，逝世后，他还缘此而进入江南名宦祠。[④]漕运总督如此大规模地参与军事活动，在清朝历史上却是绝无仅有的，并在事实上成为对漕运体制的一种改良。

尽管如此，漕运总督原有职守的无所事事，确也是事实，故主张将其裁撤的呼声渐高。光绪二十四年（1898年），以康有为为代表的维新派人士开始在政坛上崭露头角，力主废除漕运总督。康有为认为：“中国政治之失固多，而未有若漕运之甚者矣。”当此上下交困之时，尤不应以有用之巨款，销于无用之地，所以应该立即“停废漕运，尽裁漕官，其所卫官兵，或改充

---

① 曾国藩：《议复王庆云漕督兼巡抚应毋庸议片》，同治元年五月初三日，《曾国藩全集》第2册，长春：吉林人民出版社，1995年，第861页。

② 《李庆琛禀》，太平天国历史博物馆编：《吴煦档案选编》第三辑，南京：江苏人民出版社，1984年，第277页。据笔者分析，时间应为咸丰十一年十月。

③ 《山阳来信》（1866年6月），太平天国历史博物馆编：《吴煦档案选编》第四辑，南京：江苏人民出版社，1983年，第177页。

④ 中国第一历史档案馆编：《咸丰同治两朝上谕档》第18册，同治七年六月二十九日，桂林：广西师范大学出版社，1998年，第265页。

巡警或改充屯田”[①]。在他的影响下，光绪帝颁布了对漕运制度进行清查的文书，废除全部漕运机构，相关人士均交各省处理。但是，随着慈禧太后的掌权，所有漕运机构都得到了重建。

光绪二十八年（1902 年），漕运总督陈夔龙以退为进，主动请裁：“自军兴以后，丁运停止，河督裁汰，前漕臣遵旨移驻清江，督兵防剿管河运，至今因之。”虽然防护河工亦属重要，“究与本缺名实不甚相符”，所以向朝廷请示裁撤。[②]不过，当时政务处会同吏部议奏时表示，“漕督之设，原不专为治漕，现河道总督既裁，湖堤各工均归漕督经理，此时应请暂缓裁撤”[③]。

两年后，又有张謇建议徐州建省。张謇认为，徐州建省有“二便四要”，“海运通，铁路即达，输挽不绝，漕督可裁，未尽事宜，以徐州巡抚兼之，原有厘金协饷、苇荡所入，以养标兵，一转移间，亦可资挹注”[④]。御史周树模也奏请裁撤漕运总督，他称：“与其仍留漕督徒拥虚名，不如径设巡抚有裨实用”。政务处在议复他们的意见时表示同意：“将漕运总督一缺即行裁撤，改为巡抚，仍驻清江，照江苏巡抚之例，名为江淮巡抚，与江苏巡抚分治，仍归两江总督兼辖，一切廉俸饷项衙署标营均仍其旧。”[⑤]光绪三十年十二月二十二日，清廷发布上谕：“江北地方辽阔，宜有重镇。顺治年间改设漕运总督，原兼管巡抚事，现在河运全停，着即改为江淮巡抚，以符名实而资治理。即以原驻地方为行省，江宁布政使所属之江淮扬徐四府及通海两省直隶州全归管理。仍着两江总督兼辖，各专责成。”[⑥]

裁漕运总督而设立一江淮巡抚，从本质上讲并无太大差别，不久即招来反对呼声。翰林院侍读学士恽毓鼎将苏淮分不分省的调查意见进行上报，其中主张不必分省和立即撤掉江淮巡抚的共有 74 件，主张保留的只有 7 件；

---

① 中国第一历史档案馆编：《光绪宣统两朝上谕档》第 24 册，光绪二十四年七月十三日，桂林：广西师范大学出版社，1996 年，第 330—331 页。

② 《漕督陈奏请应否裁撤漕督一缺片》，邓宝辑：《政艺丛书 · 光绪壬寅》，《政书通辑》卷 8，台北：文海出版社，1976 年，第 134 页。

③ 《清德宗实录》卷五〇五，光绪二十八年九月甲申，北京：中华书局，1987 年，第 679 页。

④ 张謇：《徐州应建行省议》，《张季子（謇）九录 · 政闻录》卷 3《政治类》，民国二十年刻本。

⑤ 《政务处议复改设江淮巡抚》，《东方杂志》第 2 卷第 2 号，光绪三十一年二月二十五日。

⑥ 《清德宗实录》卷五四〇，光绪三十年十二月丙寅，北京：中华书局，1986 年，第 179—180 页。

同时，两江总督周馥也上奏，“亦以分设行省不如改设提督为合宜”①。经此波折，政务处决定，改淮扬镇总兵为江北提督，文武并用，节制徐州镇及江北防练各营，仍以淮扬海道兼按察使衔，而江淮巡抚一缺，“自可毋庸设立，旧有漕标官兵即作为提标”②。

二、相关官员之变更

在清廷游离于是否裁撤漕运总督时，与漕粮体制关系极为密切的粮道及其他官员也开始纷纷裁撤，如湖北粮道改为施鹤兵备道③；山东粮道则因为在任的粮道周开铭因病出缺而乘机裁减。④光绪三十三年（1907 年）庆亲王奕劻等人在改定官制时，更明确提出，“督粮道或粮储道、粮道，除江苏、浙江两省督运应留外，其余应由各直省督抚酌量裁并以归一律”⑤。

因为此时正值“新政”时期，所以清廷还对相关的漕运体制进行了官制上的调整，在《财政部官制草案》之第八条，系与漕运相关，“漕仓司所掌事务如左：一、直省解运漕粮本色事项；二、漕粮改折事项；三、京外各仓积储米谷事项；四、仓米支放事项；五、截漕及筹备赈款事项”⑥。由此可见，他们所设计的方案，是将原来户部云南清吏司的工作纳入了仓场侍郎的职务范畴。

---

① 有笔记载，恩寿与周馥意见不合，曾以馄饨衬鸽蛋待之，讥为“混蛋”。周馥大怒，“致江北巡抚终未告成，不得已改为江北提督”，见蔡万云：《蛰存斋笔记》之《总督食馄饨》条，上海：上海书店出版社，1997 年，第 54—55 页。不过，该书又云，“己巳某月，割淮扬徐海三府、一直隶州建江淮省（原议并割庐、凤），改漕督为巡抚，仍驻清河，从修撰张謇议也……苏人官京朝者推左都御史陆润庠为首，联名力争，请收回成命。江督周馥亦以为言，乃罢行省，改设江北提督，简用刘永庆，体制一如总漕”，见该书第 36 页《江淮巡抚》条。

② 《政务处奏会议苏淮分省折》，《东方杂志》第 2 卷第 6 号，光绪三十一年六月二十五日。

③ 《两湖总督张奏拟将裁撤湖北督粮道一缺改由施鹤兵备道》，《东方杂志》第 1 卷第 12 号，光绪三十年十二月二十五日。

④ 《前署山东巡抚吴奏裁撤山东督粮道增设巡警劝业两道缺折》，《东方杂志》第 5 卷第 3 号，光绪三十四年四月二十五日。另据记载，当时的署粮道徐世光及粮道库大使谢祖贻于光绪三十四年三月初九日，将“粮道关防文卷书籍等件及库储各项银两，及粮道库大使钤读分别解交现署布政使胡建枢收存接管，嗣后一切公牍均用藩司印信，以昭核实”，见《政治官报》光绪三十四年四月十三日，署山东巡抚吴廷斌奏裁撤粮道及库大使交卸由藩司接管等片。

⑤ 《总核官制大臣庆亲王等奏改订外省官制折》，《东方杂志》第 4 卷第 8 号，光绪三十三年八月二十五日。

⑥ 《宪政初纲》，《东方杂志》第 3 卷，光绪三十二年增刊。

河运总督与漕运息息相关。清承明制，于顺治元年（1644 年）设河道总督，驻山东济宁，此为清代最早的河官。后经多次调整，最终确立北河、南河、东河三河道总督，其中北河由直隶总督兼管，南河由漕运总督兼管，东河则专任，称“河东河道总督”，与漕运总督同为正二品，并兼兵部侍郎右副都御史衔，与各省巡抚的品秩和兼衔相同。

咸丰十年（1860 年）六月，因海运停止，河员无事，御史薛书堂主张裁汰河督，改设漕河总督。当时仓场侍郎宋晋表示支持，他说，漕督驻淮安，河督驻清江浦，相距仅 30 里，“而河臣所辖之区皆漕臣督运必由之地，南河现既无工，漕督亦因河运暂停，无所事事，似可裁并”。官省而地仍扼要，费节而事不多增。[①]朝廷经讨论后认为，江南河道总督统辖 3 道 20 厅，官员数百，“官多阘冗，兵皆疲惰，虚费饷需，莫此为甚，所有江南河道总督一缺，着即截撤”。所有江北镇道以下各员，则“均着归漕运总督暂行节制”[②]。

至此，只有河东河道总督系专职，而自黄河改道以后，直隶、山东两省河工已归督抚管理，所以自同治元年（1862 年），裁撤之声即不绝于耳。光绪二十七年（1901 年），河督锡良主动上奏，“漕米改折，运河无事，河臣仅司堤岸，抚臣足可兼顾”[③]。结果，朝廷顺水推舟，将河东河道一缺裁撤，关防收缴，规定一切水利事宜归河南巡抚兼办，并命令锡良将应行裁汰各员弁及兵丁分别综理。[④]这样，河工系统至此全部转入督抚的管辖之下。

在裁撤官员的同时，也曾出现过设立海运总督的提议。光绪六年十一月，

① 《军机处录副奏折·咸丰朝·财政类》，咸丰十年闰三月十三日，工部右侍郎宋晋折，档案号：03-4081-019。

② 中国第一历史档案馆编：《咸丰同治两朝上谕档》第 10 册，咸丰十年六月十八日，桂林：广西师范大学出版社，1998 年，第 381 页。又据陈康琪：《燕下乡脞录》卷 13 所载，与江南河道总督一并裁撤者，计“河厅 10 缺，佐杂 64 缺，武员 76 缺。新添总兵 1 缺，改 24 营为 10 营，留旧操防兵 2700 余人，以修防改为操兵 5900 余人，每年省工程银一百三四十万两，省廉俸三万余两”，可见成果斐然。

③ 《政务处会议裁撤河督事宜折》，邓宝辑：《政艺丛书·光绪壬寅》，《政书通辑》卷 2，台北：文海出版社，1976 年，第 37 页。

④ 中国第一历史档案馆编：《光绪宣统两朝上谕档》第 28 册，光绪二十八年正月十七日，桂林：广西师范大学出版社，1996 年，第 18 页。

内阁学士梅启照奏称："近年江浙两省海运百万石，招商局与沙船分装，并无大员督押，设海上有事，在在堪虞，终非长策。"在这种情况下，不如添设海运总督，驻扎山东烟台，南联吴淞，北接大沽，"并须假以事权，令其节制沿海各省水师将弁，无事则督运，有事则调度，亦预备不虞之一道也"[①]。对此，直隶总督李鸿章表示反对。他指出，多一衙门即多一重勒索，"如虑海上有事，固非宁设一大员所能为力，如令其节制沿海本师，则既有南北洋大臣及各省督抚，又有添设外海水师提督，又设漕督，未免号令纷歧"[②]。两江总督刘坤一也表示，"海运于防务无涉，且已办有定章，诸臻妥善，无庸另设总督以滋烦扰"[③]，此事就此搁浅。

另外，江苏巡抚丁日昌也提议，在全国建立三支水师，江浙设于吴淞、鲁豫设于天津、闽粤设于南澳，各配轮船 10 条，艇船 20 条，"无事则承运漕粮，有事则首尾相应，明靖内奸，暗御外侮"，也就是说，他想建立类似寓运漕与御侮相结合的多功能部队。但是曾国藩表示反对，"此事造端宏大，经费不赀"[④]。加之各省督抚意见不一，最终作罢。

三、运丁制度消失

运丁是河运漕粮官僚体制的基层人员，清廷以运丁为中心，形成了以漕船和屯地为特色的配套机制。其中，漕船保持 6300 条左右的水平，运丁 65 000 余人，屯地 700 余万亩。[⑤]随着漕粮海运的进行，这种依靠国家资助的制度失去存在的理由。在逐步解决漕船的基础上，清廷又开始着手处置运丁、屯田的问题。这两者互相依存：废除运丁，必然会停止屯田；废除了屯田，运丁也无从谈起。

咸丰七年（1857 年），清廷要求将河运漕船变卖，"近年江浙二省办理海运，湖广等省办理折色，所有停运军船，前经户部奏请，将年份较远者迅即

---

① 《军机处录副奏折・条陈》，光绪六年十一月初二日，内阁学士梅启照折，档案号：03-9378-032。

② 《军机处录副奏折・光绪朝・洋务运动》，光绪六年十二月十一日，直隶总督李鸿章折，档案号：03-9378-033。

③ 《军机处录副奏折・条陈》，光绪七年正月初八日，两江总督刘坤一折，档案号：03-9378-034。

④ 曾国藩：《复丁雨生中丞》，《曾文正公全集》第 4 册，长春：吉林人民出版社，1995 年，第 2633 页。

⑤ 李文治、江太新：《清代漕运》，北京：中华书局，1995 年，第 195、218、226 页。

变价”。尽管当时的实际情况是：“满号各船，在途则为舵水人等常川栖宿，在次则各船厂无力收买”，但清廷仍然规定，“军船除调赴江南平望屯兵塞口，或经遭风漂淌、板片无存，均毋庸议”，其余各船每船应返底料银 51 两，均要于“应给苫盖各款借拨军需项下，按数扣收”①。

咸丰七年（1857 年）年底，江苏上报：江苏直辖江安等 31 帮额设漕白船 1812 条，到咸丰三年，满号船只为 879 条，另有被太平军焚毁船 13 条，驻扎兵勇打毁船 24 条，风火事故船 19 条，均须豁免。没有满号及满号尚堪加修船则为 100 条。共有交费船 879 条，每船 51 两，共返银 44 829 两；苏道 403 只，返银 20 553 两，均在额征漕仓银两等项下扣抵。②其他各省与江苏情况类似，因战争破坏，清查工作难以顺利进行。就连表现最为积极的漕运总督邵灿也抱怨：“推其故缘，各处军务未平，漕船多半散泊。”名册散失，“非委员按船查验，即开捏报盗卖之端”③。此后，因太平天国运动的持续和漕粮海运主导地位的长期存在，漕船原额无法得到补充，最终因全部满号而被彻底清理。

在逐步解决漕船的基础上，清廷又开始着手处置屯田的问题。冯桂芬曾专门写文章进行分析，指出旧制以卫领军，以屯养军，以军出运，因名实不符，以不文不武之官，领不农不贾之民，天下冗员游手，莫甚于是。欲清漕务，首革卫弁运丁。同时，随着屯田的租赁与典卖，其性质已与民田融合，但在原有体制下，地方官员却无权干涉和管理。如能对屯田加以征税，尚不失为巨款。纵使将来恢复河运，也可采取招商民办方式完成。他建议，将江南、湖广、江西各卫裁撤，守备千总各官调营序补，废除屯丁册籍，尽数归官。④

清廷正是按冯桂芬设想的步骤行事。同治年间，两江总督李鸿章着手裁汰卫帮，将部分屯田租赋改归所在州县征收，使之逐渐与漕运体制脱离

---

① 《军机处录副奏折·咸丰朝·财政类》，咸丰七年闰五月初十日，浙江巡抚晏端书折，档案号：03-4370-045。
② 《军机处录副奏折·咸丰朝·财政类》，咸丰七年十一月二十日，两江总督何桂清等折，档案号：03-4370-077。
③ 《宫中档朱批奏折·财政类·漕粮》，咸丰七年五月二十八日，漕运总督邵灿折，档案号：04-01-35-0287-005。
④ 冯桂芬：《裁屯田议》，《校邠庐抗议》卷下，光绪十年刻本。

关系。屯田向民田转化，又反过来要求清廷加速成这一过程。光绪十二年（1886 年），漕运总督吴元炳奏称，现有卫帮备弁人数太多，暂停分发。卫守备遗有 8 缺，候补之人却有 69 人，卫千总遗有 4 缺，候补乃至 59 人，有的职务还多年未获一缺。在僧多粥少的情况下，只得请将卫守备千总暂停分发 3 年，守御所千总亦请一体停止。[①]二十四年七月，侍讲学士瑞洵奏称，南漕改折，卫弁屯田宜一并裁并，改由地方官征租。[②]接着，太常寺卿袁昶也上陈："现在漕粮既归海运，卫所半属虚悬，若改卫为屯，征租充饷，于国用不无裨益。"[③]

二十七年，刘坤一与张之洞亦建议改屯田为民田。他们认为，若将屯田改归州县征收，则每年丰歉皆可查考。民间购买屯田，既享世业之利，又除运军编审之累，受益极多。更重要的是，若每亩酌加报效银 2 分，总计各省屯田 25 万余顷，岁可增银 50 万两。次年正月十七日，朝廷降谕："急宜认真清查，改归丁粮，以昭核实而裕赋课。"屯丁、运军名目也一并删除，卫守备等官尽行裁撤。[④]二月，陈夔龙上奏裁屯办法：屯田统归州县管理，如有盗卖私售，亦饬据实报明完纳正供，不咎既往。[⑤]

刘坤一与张之洞进一步指出，有漕各省屯田，本为赡运军而设，卫官一无所事，只知道向书吏索取年例陋规。近十年来，这些卫官为争利谋缺，讦讼滋闹之案甚多，"谬妄离奇，直不知官常为何事，不文不武，形同赘疣"[⑥]。户部乘机规定：各省给丁屯租津贴月粮、口粮银米，概行停给，"漕折、漕

① 《军机处录副奏折·光绪朝·财政类》，光绪十年十二月初十日，漕运总督吴元炳折，档案号：03-6305-025。

② 中国第一历史档案馆编：《光绪宣统两朝上谕档》第 24 册，光绪二十四年七月二十七日，桂林：广西师范大学出版社，1996 年，第 386 页。

③ 中国第一历史档案馆编：《光绪宣统两朝上谕档》第 24 册，光绪二十四年七月二十九日，桂林：广西师范大学出版社，1996 年，第 397 页。

④ 中国第一历史档案馆编：《光绪宣统两朝上谕档》第 28 册，光绪二十八年正月十七日，桂林：广西师范大学出版社，1996 年，第 19 页。

⑤ 《军机处录副奏折·光绪朝·财政类》，光绪二十八年二月初十日，漕运总督陈夔龙折，档案号：03-5953-103。

⑥ 张之洞等：《遵旨筹议变法谨拟整顿中法十二条折》，《张之洞全集》第 2 册，石家庄：河北人民出版社，1998 年，第 1407 页。

项银两尽数解部"[1]。屯田征收的租税，因各省的税率不尽相同，每处屯田的肥瘠程度也不同，如浙江的屯租数目，就是在"打折"的基础上进行征收的（表1）。

表1　浙江卫所屯田租额表　　单位：两

名称	原额津租	折扣比例	实征
台州	5 436.364	七折	3 805.455
严州	1 932.634	八八折	1 700.718
温州	16 780.636	七折	11 736.476
衢州	1 420.170	八八折	1 249.750
合计	25 569.804	—	18 492.399

资料来源：《宫中档朱批奏折·财政类·漕粮》，光绪三十年五月二十二日，浙江巡抚聂缉椝折，档案号：04-01-35-1067-076；又见光绪三十二年五月初三日，浙江巡抚张曾扬折，档案号：04-01-35-0303-037

此后，有屯各省相继遵令执行。[2]清廷在改屯田为民田、纳税上租过程中，因田地面积、土地质量等问题，在具体清丈过程中遇到不少麻烦，往往导致清丈难以推行，"或偏听屯丁之言，倡为邀免之说"[3]。在此过程中，还发生过屯丁抵制事件。光绪三十年（1904年），山东济宁、郓城等地民变，运丁"观望迁延，交价无几"。济宁州屯民则在正月十六日冲入州署闹事，观者如堵，以致"门窗碰翻，灯烛遗失，烧毁衣物"[4]。不过，随着各省的相继清理，所有漕运屯田最终都转化为民田，河运漕粮的一项重要特征也就随之消失了。

清代漕粮海运不仅是经济生活中的大事，也是政治生活中的大事。清代

---

① 《宫中档朱批奏折·财政类·漕粮》，光绪二十九年十二月二十五日，浙江巡抚聂缉椝折，档案号：04-01-35-0124-039。

② 李文治、江太新认为，屯田改民田完成于光绪二十九年（《清代漕运》，北京：中华书局，1995年，第247页），此说不确。参见《漕运总督陆署闽浙总督李浙江巡抚聂会奏浙江屯田缴税拟议办法章程折》，《东方杂志》第1卷第6号，光绪三十年六月二十五日；《两湖总督张奏湖北清理屯田原定章程屯户诸多不便另筹简易办法折》，《东方杂志》第2卷第7号，光绪三十年七月二十五日；《浙抚奏浙江各卫所屯田钱粮改归州县征收折》，《政治官报》宣统二年九月十一日。

③ 《署漕督陆饬各省司道速议屯田缴价章程通饬遵办札》，《东方杂志》第1卷第1号，光绪三十年正月二十五日。

④ 《宫中档朱批奏折》光绪三十年三月二十二日，山东巡抚周馥折，中国第一历史档案馆、北京师范大学历史系编选：《辛亥革命前十年间民变档案史料》，北京：中华书局，1985年，第151页。

漕制的变革，是漕运由河运转变为海运后的必然结果。综上所述，漕粮海运导致清代漕运体制发生的变化，既是当时社会历史条件的产物，又反过来对当时的社会发展产生了深远影响。而且，在经历了这些改革之后，晚清的漕粮海运地位牢不可破，在中国历史上存在了数千年的河运体制，最终被彻底抛弃。从这种意义上说，清廷走上了一条“不归路”。

另外，从晚清漕运官制变革这个个案可以看出，旧有的传统制度既有顽强性的一面，又有灵活性的一面，尤其值得注意的是，这种灵活性的特点，都基于它自身传统的改变而发生，却很少受到西方势力的影响，这或许又能给我们更多的启示。

盐　政

笔者的博士后出站报告围绕清代两淮盐政改革展开。

《清道光朝黄玉林私盐案研究》(《安徽史学》2015 年第 1 期）借用“激励的悖论”模型，指出清代私盐案的屡禁不止，实由于清代盐业管理体制的弊端所引发。清代两淮地区最大的盐枭黄玉林虽然被处决，在一定程度上缓解了两淮地区的盐业走私，但问题并未消失。直到陶澍在淮北地区推行票盐改革，才从根本上杜绝了原有盐商垄断的体制，切断了盐业走私的利润空间，私盐问题才不复成为晚清盐政改革的主要内容。

“川盐济楚”是在突发事件之下，在清王朝所允许范围内实行的食盐销售制度，采取的是市场化行为。《“川盐济楚”研究》(《盐业史研究》2009 年第 3 期）指出，太平天国运动后，两淮盐区受到巨大冲击，“川盐济楚”顺理成章地推广开来，成为清代盐业史的重要政治活动与经济活动。然而由于内外环境的变化，利益各方面对此事件的态度前后迥异。两相对照，真可谓有天壤之别。这充分显示了晚清盐政变革、地方财政逐步势大及相互纠葛的复杂性，而这种复杂性才是晚清“川盐济楚”无法结束的根本原因。

《清朝两淮盐政改革论纲》(中国社会科学院历史研究所清史研究室编：《清史论丛》2007 年号，中国广播电视出版社 2006 年 12 月版）一文指出，有清一代的两淮盐法变革无非是在纲法与票法之间游走。在政府、商人与民众当事三方的博弈过程中，各自的力量对比是完全不平衡的。专制中央集权下的政府处于核心地位，商人和民众始终处于劣势地位。在一个政府行政力量过于庞大、市场机制极不完备的条件下，不能寄希望于主导利益集团的“良心发现”，要靠自身的反思来推动改革。所谓的制度创新成本，从根本上说，仍以政府的利益为最终核算依据。只有当主导利益集团的核心利益受到损害，改革才不可避免。

清朝道光黄玉林私盐案研究

出于对盐税征收的担心及管理上的方便，清廷实行严格的盐区管理体制。[①]分界行盐后，清廷在不同的区域实施不同的政策，特别是地区性垄断价格，最大限度地攫取盐利，导致清代的官盐价格普遍高于其价值，走私现象大规模出现。雍正时期即有人指出，“今日私贩之卖私盐，盐商之夹带私盐，皆数倍于引盐数目”[②]。道光时两淮盐政钟灵奏称，“总计私盐倍于官额”[③]。包世臣则曰：“两淮纲食引地，无论城市、村庄，食私者什七八。”[④]日本学者左伯富亦曾做过判断：“在清代，人民食盐的消费量基本上有一半来自私盐。”[⑤]

清朝道光十年（1830 年），清代最重要的盐区——两淮地区发生黄玉林私盐案，成为清代最大的盐枭案。它的出现，与两淮私盐问题的最后解决及淮北实行票盐之制，均有着密切的关系。笔者在此做一简单分析，以求教于方家。

一

“私枭之聚散总视缉捕之宽严，严则散去，宽则复聚”[⑥]。清朝道光时期，两淮地区的盐枭达到全盛。淮南老虎颈、深江、孔家涵子、淮北钱家集、古寨、新坝、龙苴城等处成为私枭码头。[⑦]各股枭徒在这里大搞私盐集散活动，

① 参见拙著《博弈与均衡：清代两淮盐政改革》，福州：福建人民出版社，2006 年。

② 卢询：《商盐加引减价疏》，贺长龄、魏源等编：《清经世文编》卷四九《户政二四》，北京：中华书局，1992 年，第 1197 页。

③《宫中档朱批奏折・财政类・盐务项》，道光十年十一月二十一日（朱批时间），两淮盐政钟灵折，档案号：04-01-35-0508-010。

④ 包世臣：《小倦游阁杂说》，《安吴四种》卷五，咸丰元年刻本。

⑤ 左伯富：《清代盐政之研究》，《盐业史研究》1994 年第 4 期。

⑥《军机处录副奏折・乾隆朝・财政类》，乾隆五十六年正月二十八日，两江总督孙士毅折，档案号：03-0624-003。

⑦ 贩私之人即盐枭，其首领曰“大仗头”，其副曰“副仗头”，下有秤手、书手，更下者曰“青皮”。各站码头，私盐过其地，则输钱曰“盐关”。为私贩过秤、主持交易之所为“盐行”。争夺码头，打仗过于战争，又有乘夜率众相斗杀者，曰“放黑刀”。遣人探听消息者曰“把沟”。巨枭必防黑刀，故常聚数百人筑土开壕，四面安设炮位，配备鸟枪、长矛、大刀等军器。参见刘隽：《道光朝两淮废引改票始末》，《中国近代经济史研究集刊》第一卷二期，1933 年 5 月。

交易分利，并且为抢占码头大打出手，异常凶悍。他们“平日或结会拜盟，或强抢行劫，各分党类”[①]，互相争夺械斗，甚至将人肢解，成为清廷的心腹大患。

道光十年（1830年）四月，道光帝接到举报两淮盐枭黄玉林的密折。密折称，黄玉林以江苏仪征老虎颈地方码头为汇集筹运之地，以湖北阳逻、江西蓝溪两省交界地方为屯私发卖之处，“大者沙船载数千石，三两连樯由海入江，小者猫船载百石，百十成帮”，接连不断地运送私盐。走私船厂上刀枪兵器林立，一则保护所贩私盐的安全，二则劫掠江上运送官引之盐船，“每次以数百引计”。各路关隘之处，皆有受贿之巡役，任其往来。经过多年经营，资本越积越多，党羽越来越众。黄玉林为邀结民心，公然规定，“于贩私之外，不许有劫盗商贾等事”。而且据传，黄玉林还在大小衙门勾结耳目，一旦官府有什么缉私举动，很快即可知道。缉私官员为属员朦蔽，“或陷于不知”，下僚以畏葸偷安，“相期于苟免”，结果互相欺骗，所获者不过肩挑负贩，“藉此为敷陈张大之词，官弁升迁之地”。据此，道光帝谕令两江总督蒋攸铦，以前该督调来缉私能手王用宾到仪征，肯定对此是有所考虑的。但此等巨枭，岂县令一人所能制伏？黄玉林肆行无忌，“地方官岂竟毫无闻见？”想必是担心激成事变，“相率容隐，是不第为害鹾务，日久养痈贻害，必致酿成他变”。他要求蒋攸铦接奉此谕后，务当不动声色，密速掩捕。道光帝还担心，“惟该犯声势已重，党羽必多”，若稍露端倪，“或聚众拒捕，或闻风远窜，尚复成何事体！”他命蒋攸铦酌量情形，如需借用兵力，即当随宜调度，倘江省文武员弁于办理此事不能得力，他省文武员内，如有该督稔知其可备任使者，“亦即据实奏明，饬调前往”。总之，一定要将黄玉林先行拿获，严究党羽，尽必斩草除根。[②]

蒋攸铦接到谕旨后，赶紧具折回复，指出黄玉林已经于本年三月，见官

---

① 《宫中档朱批奏折·财政类·盐务项》，道光五年十二月二十一日，安徽巡抚张师诚折，档案号：04-01-35-0504-012。

② 中国第一历史档案馆编：《嘉庆道光两朝上谕档》第35册，道光十年闰四月初一日，桂林：广西师范大学出版社，2000年，第140页。

引行销日绌，害怕自己贩私罪名太大，情愿自行投首。蒋攸铦认为，如果黄玉林真心悔罪，似可招徕一用。黄玉林此人经验丰富，有行政组织能力，“平日贩私济枭，颇能取信于人，是以同伙不少”[①]。当然，现在他已经派署游击金万全前往“诱擒”。道光帝接折后再次下谕表示，虽然金万全素称能干，“惟该犯伙党众多，江海道路潜通，出没无定”，金万全所带兵勇不多，如果布置不周，致令乘间远扬，“甚或恃众拒捕，众寡不敌，稍有挫折，则更不成事体”。当然，亦需考虑人多口杂，容易走漏风声。总之，“蒋攸铦自能随宜调度，慎密办理。朕亦不为遥制，断不可畏难，以致养痈贻患”[②]，予以充分信任。

五月十二日，蒋攸铦等人再次奏报，两淮运使王凤生贴出告示，准许贩私之人自首免罪。随后，黄玉林带领同伙伍步云、伍光藻等 8 人，船 12 条，私盐 37 000 斤，赴官投首。经审讯查明，黄玉林是湖南零陵人，现年 53 岁，以驾船为生。嘉庆十七年（1812 年），因在仪征与蒋光前多次讹诈钱财被抓，同被发往黑龙江为奴，嘉庆十九年遇赦放回。道光元年（1821 年），又在仪征与蒋元善贩卖私盐被抓，流放福建。因难耐贫苦，于四年三月十二日潜逃，五年复至仪征。他害怕被抓加罪，因当地查拿拒捕枭贩贺三虎，希图立功自赎，曾亲自指路，将贺三虎围获。但贺三虎反指黄玉林也贩私盐，黄玉林不敢出面对质，再次潜逃，私下来往于江楚间，伙同同乡伍步云等贩卖私盐。黄玉林行踪无定，常为人排忧解难，故每逢年节，常有人向其馈送钱财，但并无结党为匪，以及配备器械、抗官拒捕之事。黄玉林自首时，表示愿作官府引线，捉拿盐贩。蒋攸铦等人认为，现在走私形势日益严峻，黄玉林既熟悉贩运路线，应该准其戴罪立功。[③]五月二十一日，道光帝表示：“此事系属权宜办理。朕因缉私紧要，且据查明该犯等于私枭出没路径最熟，缉捕可以

① 《宫中档朱批奏折・财政类・盐务项》，道光十年闰四月十一日，两江总督蒋攸铦折，档案号：04-01-35-0507-025。

② 中国第一历史档案馆编：《嘉庆道光两朝上谕档》，道光十年闰四月十八日，桂林：广西师范大学出版社，2000 年，第 155—156 页。

③ 《宫中档朱批奏折・财政类・盐务项》，道光十年五月十二日，两江总督蒋攸铦等折，档案号：04-01-35-0507-032。

见功，是以姑允所请。”他严厉指出，蒋攸铦等人务当随时体察，“断不可迁就一时，转滋流弊”。①

两个月之后，道光帝不见动静，再发上谕加以询问：此等枭徒原非善类，“如果实能引缉私贩，使官引得以畅销，自可宽其既往。若日久并无成效，不过该犯等冀图苟免，即当另行筹办，岂容稍涉颟顸，致失政体？”因蒋攸铦于六月因病请假，两江总督之职已改由陶澍署理。故道光帝特令陶澍不要有任何顾虑，据实陈奏。他还说，如此事办理不善，“该署督自问咎将谁属？凛之慎之！”②。陶澍回奏，黄玉林投首后，曾于六月十一日，带领官兵缉获老河影地方之贩私盐船，当即抓获枭犯李玉良等 12 名，获大小船 11 条，并在各船起出私盐 170 包，搜缴枪刀火药等多项。另外，由于黄玉林的示范作用，“陆续多有闻风投首之人，在运司处听候指使”，其中有业者 170 名，无业者 243 名。陶澍打算择其优者留充巡务，其余编入营伍保甲，愿回原籍者听之。③

道光帝接到陶澍的这份奏报后，异常恼火。他称以前答应黄玉林效力自赎，“原系权宜办理”。若因有自首免罪之条，遂将贩私之人纷纷招集，“成何政体？”黄玉林等犯罪大恶极，虽能指引缉私，“亦只可宽其既往，不能冀幸格外恩施”，所谓入伍食粮，成为官差之事，断不可行。④八月二十五日，陶澍补授两江总督。道光帝仍关心黄玉林案件的进展，又特意询问陶澍：黄玉林投首之事，蒋攸铦办理有无错误？陶澍应“据实密奏”⑤。

九月初十日，卸任两江总督的大学士蒋攸铦与新授两江总督陶澍联名奏称，近来黄玉林常在街市游荡，并与素识商人聚饮，“恐其不能安静”，故派

---

① 中国第一历史档案馆编：《嘉庆道光两朝上谕档》第 35 册，道光十年五月二十一日，桂林：广西师范大学出版社，2000 年，第 195 页。

② 中国第一历史档案馆编：《嘉庆道光两朝上谕档》第 35 册，道光十年七月十六日，桂林：广西师范大学出版社，2000 年，第 254 页。

③《宫中档朱批奏折·财政类·盐务项》，道光十年七月二十八日，署理两江总督陶澍折，档案号：04-01-35-0507-042。

④ 中国第一历史档案馆编：《嘉庆道光两朝上谕档》第 35 册，道光十年八月初八日，桂林：广西师范大学出版社，2000 年，第 294 页。

⑤ 中国第一历史档案馆编：《嘉庆道光两朝上谕档》第 35 册，道光十年八月二十七日，桂林：广西师范大学出版社，2000 年，第 310 页。

员将其押解来省，交由江宁协副将惠普恩看管。据惠普恩禀称，黄玉林“屡思外出”，并从黄玉林跟班之人身上搜出写给伍步云等人的书信，信中黄玉林称，“恐人占去老虎颈马头，致伊进退无路，嘱令回仪守定巢穴”。如此看来，黄玉林因约束太严，不能自便，是以复图贩私，“如此居心狡诈，反复无常”，故奏请将黄玉林或是发配新疆，或者即行正法。①

随后，道光帝连发两道谕旨。其一是谕令将黄玉林“即行正法”，并须注意善后事宜。他认为，两淮盐枭充斥，黄玉林占据老虎颈码头有些年头，“党羽必多”，正法之后，他的手下人是否安静，将来应如何防范，须妥为办理。②其二是对蒋攸铦表示不满。他宣称，以前蒋攸铦奏请准许黄玉林投首，“朕即觉其办理未善”。而黄复图犯私时，蒋攸铦先是和陶澍联合奏拟将黄发往新疆，不久又单衔密奏，认为“将该犯改发新疆，复恐到配潜回，致贻后患，请即行绞决”。在此段文字下面，道光帝夹批：“是何居心！”他又严正指出，蒋攸铦“事前既无主张，事后又复苟且”。当时谕旨拟定的原稿为“历任封疆有年，何至似此茫无定见”，道光帝特改为“以大学士膺封疆重寄，固应若是耶！”③并将其交部严议。

不久，陶澍奏称，接奉谕旨后，自己即派人于九月二十八日将黄玉林正法，“远近匪徒，莫不闻风儆惕”。其随同投首之伍步云等人，亦经派员从扬州提至江宁省城收禁，交藩司审问。而其余投首之四百余人，经查明均系往来小商人及水手脚夫之类，黄玉林被正法后，这些人多已散去，其稍有生业者编入保甲，“实俱安静”④。随着黄玉林被正法，黄玉林私盐案结束。

---

① 《宫中档朱批奏折·财政类·盐务项》，道光十年九月初十日，大学士两江总督蒋攸铦等折，档案号：04-01-35-0507-048。

② 中国第一历史档案馆编：《嘉庆道光两朝上谕档》第35册，道光十年九月十八日，桂林：广西师范大学出版社，2000年，第350页。

③ 据《清史稿》记载，道光九年，“两江总督蒋攸铦荐（王凤生）起原官，署两淮盐运使。凤生以淮盐极敝，条上十八事。攸铦采其议，改灶盐，节浮费，浚河道，增屯船，缉场私、邻私之出入，禁江船、漕船之夹带，及清查库款，督运淮北诸条，疏陈待施行，会诏捕盐枭巨魁黄玉林，凤生计招出首，责缉私赎罪。攸铦已入告，旋因告讦置之狱，又得玉林所寄其党私书，意反复，密疏请处以重法。上以前后歧异，谴攸铦，凤生亦降调”（赵尔巽：《清史稿》卷三八四《王凤生传》，北京：中华书局，1977年，第11666页）。可见整个案件的全貌。

④ 《宫中档朱批奏折·财政类·盐务项》，道光十年十月初四日，两江总督陶澍折，档案号：04-01-35-0508-001。

二

整个来看，黄玉林案并不复杂，即巨枭黄玉林本人虽然一度投首，但并未真心悔过，只不过是权宜之计，一旦有机会便想重操旧业。陶澍对当时盘踞两淮的私枭力量做过说明：枭匪情形不同，有回匪，是凤、颍、光、陈等地的回民；有胯匪，是兖、沂、莒、济之掮力；黄玉林则是装盐巴杆船上之失业水手。在这三者之中，“回胯赋性最悍，动辄拒捕”，黄玉林则诡谲异常，闻拿即散，而力拒“回胯”以独占马头。黄玉林之所以投首，“原欲资其引缉以靖回、胯”[①]。另外，以前押送黄玉林时，经过仪征地区，不但无中途夺犯之事，且并未见一人出而探望，“是其党羽无多可知”[②]。可见黄玉林实力并不是最强的，故而才有借官府力量来消灭异己的意图。

陶澍后来又称，两淮盐务为游民衣食之场，“平时依倚商门，苟图温饱者，蚁附蝇营，不可胜数”。因利益相关，遇有整顿，这些人便“或编造歌谣，或捏成蜚语，顷刻传播，混图挟制，掣肘多端，由来已久”。即如黄玉林本人，无非是一缉私眼线，同伙无多，乃称其“江海连络，呼吸千里相通，凭空捏造，摇惑众听”。如果属实，“则黄玉林正法时岂得无一人过问？”[③]可见黄玉林本人的能量并不大，只要官府认真缉拿，并不存在很大的困难。不过依据清代官场的一贯作风，此话未必可信。

那么，为什么嘉道之际会在两淮地区出现黄玉林这样的盐贩巨枭案呢？

显然，走私的发生，是因为盐枭考虑到犯罪的预期收益大于成本，如果法律的威胁使人感到实施犯罪的成本超过收益，犯罪就不会发生。相应地，法律的制定和执行也应视其投入与效用而定，如果成本大于其所得收益，就说明它是浪费的。非法经济活动也是一种经济活动，从事这种活动的人较其他违法的人来说，会更多地考虑其支出的成本和所获取的收益。“盐，食者

---

① 《宫中档朱批奏折·财政类·盐务项》，道光十年九月十六日，两江总督陶澍折，档案号：04-01-35-0507-052。

② 《宫中档朱批奏折·财政类·盐务项》，道光十年十月初四日，两江总督陶澍折，档案号：04-01-35-0508-001。

③ 《宫中档朱批奏折·财政类·盐务项》，道光十一年正月十三日，两江总督陶澍折，档案号：04-01-35-0508-035。

之急也，虽贵，人不得不须，民可自鬻。”[①]由于食盐的需求弹性很小，提高价格以便从中取得收入的方法不会引起消费量的大幅度变化。官盐价高，盐业利润平均化的过程就是大量非法经营活动进行的过程。而清廷为最大限度地攫取盐利，对于打击走私也是不遗余力。

清代缉私方法涉及食盐生产运销的各个环节。在场产区，缉私主要是针对灶户的私产、私售和商人的重斤夹带行为。从产区到口岸的过程中，缉私办法主要通过各营汛、各地方官、各关津的巡查力量，对商人及其他人携带的盐斤进行检查。此外，在各盐区交界处，特别是邻私严重的地方，设立关卡检查过往人员，防止邻私渗透。

清代对枭私的惩处非常严厉，其程度往往超过其他犯罪，甚至还有法外用刑的。比如嘉庆时期，对所获粮船私贩会处以烈日和暴雨下枷示河干的惩罚。关于漕船夹带私盐："凡回空粮船，如有夹带私盐，闯闸闯关，不服盘查，聚至十人以上持械拒捕杀人及伤三人以上者，为首并杀人之犯，拟斩立决，伤人之犯斩监候，未曾下手伤人者，发边充军。其虽拒捕不曾杀伤人，为首校监侯，为从流三千里。十人以下拒捕杀伤人者，俱照兵民聚众十人以下例，分别治罪。头船旗丁头舵人等，虽无夹带私盐，但闯闸、闯关者，枷号两月，发边充军。随同之旗丁头舵，照为从例，伽号一月，杖一百徒三年。”

对于任何一个系统来说，激励机制都很重要。清代缉私例有考成，量多则赏，失察则罚，如康熙十五年（1676年）题准，官员该管界内，有本官衙役私卖者，本官不能察觉，别经发现，革职。其军民人等在伊界内私卖，不能察觉，一经发现，降三级调用，兼辖官降一级，罚俸一年。又凡兵民聚众十人以上，有军器兴贩私盐者，失于察觉，将失事地方专管官革职，兼辖官降二级，皆留任，限一年缉拿，获一半以上者复还官给，否则照此例职革降给。至于奖励，则规定专管官一年内拿获十人以上，带有军器大伙私贩一次者记录一次，二次者记录二次，三次者加一级，四次者加二级，五次者不论俸即升。后来政策有所调整，比如两淮先是规定拿获私盐奖励一半，后来则

---

① 范晔：《后汉书》卷四三《朱晖传》，北京：中华书局，1999年，第985页。

改为全部奖赏。[①]

清代对失察私盐的惩罚非常严厉，连带责任也很大，如对失察粮私案的审查，并不局限于该地区，而是彻底清查。“各省漕船倘有查出夹带私盐之处，应先讯其何地所买，除运弁照例处分外，沿途地方汛弁，俱照不行详查例议处，是以凡有粮船夹带私盐事发，讯明贩买地方，即行文武各省查取沿途失察文武职名。”[②]

由上可见，清代对私盐犯罪的惩罚与缉拿不可谓不严，不可谓不细，但最终结果却并不能让人满意。原因何在？首先，清代缉私奖赏条例甚为笼统，执行时亦不认真，在很大程度上影响了兵弁缉私的积极性。“两淮行盐口岸，凡有缉获私盐，例交获私之地方商店，按照市价卖时值八折给价收买，分别给赏充公，所收之盐听商店自行销售。”这显然是对拿获私盐兵弁的物质奖励，但盐法规定不必人盐并获，是否果为私盐，在这一环节上缺乏必要的监督，于是，“不肖兵役往往收买零星私盐，捏报邀功，所得利赏已浮于买私之数”[③]。在两淮，兵役买私冒功现象极为明显，严重影响了正引的销售。两淮派巡员弁兵役查私，“公费薪饭向例多寡不齐，浮滥不一，而课其功绩，只每季限获盐数千斤，既不问其人盐之是否并获，复不问其孰为首功，孰为协获，以致买盐冒功。既易蒙混，且一案功绩往往数营开报，尤为冒滥，因致赏罚不明，人心怠懈”。有时他们还将缉私奖励视为应得之饷，“常川支领”。地方巡役也是如此，“州县官惟知供其役使，并不严行稽考，以致该役等多藉巡缉为名，坐得私贩陋规，几于设一处巡役，即添一处架护，甚有破案指拿，预为通风纵逃”。

其次，“贩私例禁不为不严，缉私规条不为不备”，但巡役兵丁却不肯实力侦缉，盖因私盐拒捕之案的处分过于严格，“查例载大伙私盐拒捕，照失察大伙私盐例议处，限满获不及半，降二级调用，如限内获半，专管官降一

---

① 李鸿章等纂：（光绪朝）《大清会典事例》卷七六二《刑部·户律课程·盐法》，上海：商务印书馆，光绪三十四年石印本。

② 《军机处录副奏折·乾隆朝·财政类》，乾隆三十年十月四日，漕运总督杨锡绂折，档案号：03-0617-025。

③ 《宫中档朱批奏折·财政类·盐务项》，嘉庆十年闰六月十九日，两淮盐政佶山折，档案号：04-01-35-0485-048。

级留任，俟全获开复，兼统各官罚俸一年，如系小伙拒捕限内获不及半，并获犯过半，专管官仍照失察小伙私盐例分别降职罚俸等语”。但由于盐枭一船凶悍异常，见捕必拒，“从未闻有俯首就擒者。一经拒捕，凶狠尤甚，势不能按名就缚……及至定案详办，而原拿官弁因犯未全获及获不及半，立干参处。是以派巡文武每见零星小贩，尚敢查拿塞责，及遇大伙枭贩，未有不相率畏避，坐视其结伙成群，公然经过而不敢向问也”。兵弁甚至宣称，“且待透漏参官，或得侥幸于万一；不可捕枭罹祸，万难解免于一时”[①]。兵役拼死抓获盐犯，审案地方官畏惧失察处分，“往往大伙则审为小伙，预谋兴贩则审为一时凑合，起意纠拒之犯则审为受雇驮载”，严重打消了兵役的积极性，而枭徒则“益复有恃无恐，纵横无忌”。简言之，出现了“员弁因有拒捕严议之条而纵枭，私枭恃有拒捕严议之条而藐法，竟私法令特严于官而宽于枭矣”。盐枭被捕后，地方官常不立即结案，犯人供词游移，兵役常被羁留，或做证，或提审，“官弁兵役视获私为畏途，明知私枭在境，不敢查拿，枭贩因之愈炽，官引由是日滞，最为近日大弊”。另外，定例获私给奖，“无论巡役兵民，但能拿获枭贩者，即将所获盐货、车船、头匹全行给赏，盐斤许巡役兵民携赴就近官盐店内八折给价，所获车船头匹等项准该兵役等自行看管，不许承审衙门书役勒索分肥，定案之日即准自行变卖”，但由于到后来地方官并不立即结案，又不准先行变卖，“先令解官查验，并不听其自行看管”，时间一长，“往往舟车率至朽坏，头匹不免倒毙。该兵役等豢纵私枭可得厚利，拿获巨案并无奖赏，何肯冒险擒拿？”[②]

对官员所进行的私盐活动来说，虽然盐法中所规定的处罚严厉，但被发现的可能性不大，私枭虽然严惩重，但由于凶悍，不到万不得已，地方官不会抓捕。“其实在巨枭窝囤，每借口人众势横，猝往擒捕，易于酿事，遂各置之不问。殊不知积惯枭匪，名目素著，而外来棍徒非有本地窝户为之包庇驾护，断不敢公然贩卖”，容易抓获，“且枭匪弁利贩私，未尝不需资

① 《宫中档朱批奏折·财政类·盐务项》，道光元年九月初十日，两江总督孙玉庭等折，档案号：04-01-35-0500-024。

② 《宫中档朱批奏折·财政类·盐务项》，道光元年二月十八日，两淮盐政延丰折，档案号：04-01-35-0500-005。

本，果使无利可图，自各计穷散伙。乃平日漠不关心，待其结伙兴贩，水路则联樯携械，陆路则百十为群，既已人数过多，自觉查拿非易。迨使漏网于一日，若辈以为谋生得计，因之人人效尤，恣行无忌，私贩之多，实由于此”①。

正是以上原因，才导致两淮地区的盐业走私现象屡禁不止。李澄描述两淮盐枭的嚣张气焰时说，“向在乡镇，见私盐百余石络绎而来，每数石则一人执双刃导于前，兵役见之，莫敢谁何。乃复俯首乞怜，以索规费。非兵役好玩法也，纵之无死亡之罪，捕之有性命之虞，焉肯身蹈白刃，受寻常之奖赏乎？故小贩易获，大贩难获，大贩于买私之初，先向来路言明，势不攀连以自坏道路，故凡就获者皆甘心受刑，不肯吐实。至火伏簿册，皆系做定，更难稽查，盖犯法之人，其心齐于执法之人也”②。这段描述，可谓真实地反映出了清廷在盐业走私问题上的无可奈何。

黄玉林被处决后，两淮地区的盐业走私问题得到了一定程度的缓解。有人称，私盐贩“久握利权，故能号召游民听其指使，每一械斗千百为群，老虎颈之马头实为若辈巢穴，自黄玉林正法后，枭徒渐皆解散”③。不久，陶澍在淮北地区推行票盐改革，废除原有盐商垄断体制，采取自由贩运方式，从根本上杜绝了盐业走私的空间。经此改革，两淮地区存在已久的私盐问题，不复成为改革的主要对象。

① 《宫中档朱批奏折·财政类·盐务项》，嘉庆二十五年正月二十一日，两淮盐政延丰折，档案号：04-01-35-0498-033。

② 李澄：《淮鹾备要》卷六《害之法》，光绪三十年铅印本。

③ 《军机处录副奏折·乾隆朝·财政类》，道光十年十二月二十日，仓场侍郎史致俨等折，档案号：03-3179-034。

“川盐济楚”研究

清朝食盐分区销售，各地所产食盐，皆划定特定地区为其引地。盐销区一经划定，产区与销区之间便形成固定关系，被签选且已认引的盐商只能在规定的盐场买盐，在规定的引地内销盐，一旦越界，即为违法私盐。清盐法规定，川盐行于楚地仅为八州县，并不大量销往湖广，但川楚相连，川私入楚，颇具优势，诸如川盐运道捷于淮、川盐盐色胜于淮、川商筹运巧于淮、川商筹销便于淮。川贩成本轻，盐价贱，如果能逃税，成本当然更低。当时侵销湖广引岸的，除川盐而外，还有潞盐、粤盐等盐，但川盐颗粒与淮盐类似，符合两湖消费者的习惯，因而占有优势。

太平天国运动后，两淮盐区受到巨大冲击，“川盐济楚”顺理成章地推广开来，成为清代盐业史的重要政治活动与经济活动，引起了盐政研究者的高度重视。[①]然以往研究多从盐史制度本身的演变入手解析这一问题，本文则欲借助第一手档案资料，分析有关利益各方随“川盐济楚”而引发的冲突及应对措施，以期对该问题做另一角度的解释。

一、“川盐济楚”的议行

咸丰元年（1851年），太平天国运动爆发，不久，淮南盐运销湖广的长江水道被太平军控制，湖南、湖北两省食盐供应短缺，盐课收入锐减。二年十二月，湖南巡抚张亮基以“淮盐转运不前”为由，奏请湖南借销粤盐。[②]江西巡抚张芾亦请借销粤盐：“江西存盐无多，请拨粤盐……现因逆匪窜入长江，运道阻隔，赴淮装运之商贩势难望其抵岸”，因粤盐产旺场多，又有水

---

① 学术界关于此问题的研究，请参见陈锋《清代两湖市场与四川盐业的盛衰》[《四川大学学报（哲学社会科学版）》1986年第3期]；鲁子健《论“川盐济楚”》（陈然、谢奇筹、邱明达编：《中国盐业史论丛》，北京：中国社会科学出版社，1987年）和黄国信《从“川盐济楚”到“淮川分界”——中国近代盐政史的一个侧面》[《中山大学学报（社会科学版）》2001年第2期］等论著和文章。

② 《军机处录副奏折·咸丰朝·财政类》，咸丰三年五月十九日，署湖广总督张亮基折，档案号：03-4386-015。

路可通，请由广东运六万引，由两广暂行通融筹垫，仍先拨三万引，“佥商委员赶运”[①]。这两份奏折虽然都得到朝廷批准，但实施效果并不理想。

次年正月，户部议准，将粤盐运至湖南、江西行销。然而，粤盐亦因战火等原因，经常不能按时到达，湖广食盐供应问题仍未能到解决。因此，帮办湖北军务的云贵总督罗绕典上奏称：“下游淮盐阻滞，盐价增昂，尤应暂准川盐、潞盐接济，庶小民无虞淡食，俟下游贼氛已靖后，再复旧规。”[②]户部认为，罗绕典之请，“与湖南省之请借粤盐情事相同”，应一体批准。惟民食固当接济，而国课尤宜统筹，“总冀以川潞两省之溢销，藉补淮南额课之不足，方不致顾此失彼，转便私枭之侵灌”，种种应办事宜，以及如何官为拨运，如何加引征课，以至设卡分销、派委员稽查，应命该省与四川总督、山西巡抚等一一确筹，以便稽核，“勿任私贩乘虚而入，尽撤淮盐藩篱，转瞬逆匪荡平，仍复旧规，以昭法守”[③]。

三年二月，湖广总督张亮基对川盐、潞盐、淮北盐运销湖广的可能性进行分析后，向咸丰帝请示“川盐济楚”的具体方案，即“借拨川盐二千引”，实行官运官销，由四川转运湖北。至应纳盐引正课等款项，一律由湖北按引提解交付四川。他在奏折中称：湖北省除施南一府六县及宜昌府属之鹤峰、长乐二州县例食川盐，其余州县例食淮盐。淮盐向来系由仪征溯江而上，经江南、安徽各州县境入楚，自太平军兴，江路梗塞，转运不前，“票商裹足，盐船潜踪，小民无从购买，淡食堪虞”。若不筹议变通，徒滋私枭攘夺之风，小民困弊日甚，“地方情形将更有不忍言者”。他自己接到朝廷关于罗绕典的批复后，当即派员查明，湖北襄郧一带，与潞盐引界相近，迤西荆宜一带，与川盐引界相近，东北罗田、麻城、黄安一带，与淮北引界相近，当此淮南片引不到之时，自非借销邻引不能裕课便民。但经过通盘考虑，“则无有如借销川引之善者”。因为潞盐由豫入楚，水陆舟车脚费甚巨，淮北引盐由安徽北境陆运入楚，山岭重叠，转运殊难，且淮北距山西路途遥远，缓不济急。

---

① 《军机处录副奏折·咸丰朝·财政类》，咸丰三年二月十五日，江西巡抚张芾折，档案号：03-4386-006。

② 丁宝桢：光绪《四川盐法志》卷十一《济楚上》，咸丰三年罗绕典奏，光绪九年刻本。

③ 财政部盐务署编：《清盐法志》卷二百五十二《四川九·运销门八·济楚》，民国九年铅印本。

惟川盐由船装运，从长江上游顺流下驶，由沙市、汉口分运各府州县口岸，水路处处可通，盐质既良，脚费又省，转运既易，成本又轻，较之借销潞盐，“其便利相去何啻霄壤”。不过，自从太平军横扫汉口后，票贩及各巨商大贾久已逃避他方，此时招商领运，无人承办，自己虽已经委员设法招集，但亦没有确切回音，而民食又万难刻缓。现在司道库正杂各项，俱已荡然无存，筹办官运又苦成本无从筹措，故他请朝廷命四川方面，先行借拨川盐两千引，仍照川硐川包规定，赶紧委员雇船装载，运至巫山，由楚省委员设局验收，以济急需。至于应纳盐引正课及川省成本水脚、委员薪水等项，均由湖北盐道督同委员，按引提存，然后解交四川。[①]对此，上谕表示：张亮基所奏事宜，“自系实在情形”，同意由四川盐茶道负责借拨川盐之事。[②]

还未等得到朝廷的回复，张亮基即发现借运川盐陆引两千，每引460斤数量太少，他随即飞咨四川总督裕瑞，指出陆引一引，不及水引十分之一，湖北全省改食川盐，陆引两千，“不敷数日销数”。现在湖北需盐甚急，而川盐来源绝少，即陆引到齐数日后，又将告乏，因此他提出，由湖北盐商自行办运，并要求四川省官员，“嗣后遇有楚省商贩持票赴场纳课买盐，请即验明放行，勿许刁难掯索”[③]，希望借此再开一途。

张亮基之由楚省自行赴川购盐方案，没有得到裕瑞的同意。裕瑞称，张亮基之新意见不易操作，如果按“楚省商贩持票赴场，纳课买盐，即验明放行”，则应配何厂之盐，既无定所，究行若干之票，亦无确数，一任奸商私贩串同厂员作弊，曾否纳课亦无从稽查，颇多窒碍，实难施行，“较前咨所议执持总局印文、觅引配盐尤甚”。因此他重申，仍以拨滞引配运较为妥善。表示将在余引内动支陆引两千张，运送巫山，维持张氏三年二月之方案。[④]在上奏朝廷的奏折中，裕瑞则称：张亮基请借两千引，各种费用由楚省押往，官运官收，两省在巫山交割事宜，自己已经督同盐茶道清安康悉心商筹，在

---

① 《军机处录副奏折·咸丰朝·财政类》，咸丰三年二月二十日，署湖广总督张亮基折，档案号：03-4386-005。
② 《咸丰同治两朝上谕档》第3册，咸丰三年二月二十日，桂林：广西师范大学出版社，1998年，第67页。
③ 丁宝桢：光绪《四川盐法志》卷十一《济楚上》，张亮基咨，光绪九年刻本。
④ 财政部盐务署编：《清盐法志》卷二百五十二《四川九·运销门八·济楚》，民国九年铅印本。

余引内动用两千张，“加盖陆引字样，遴委干员前赴富顺厂采配巴盐，由水道运往巫山”①。

得知裕瑞的咨复后，张亮基很是不满，他随即上奏称，上年自己在湖南巡抚任内请借粤盐，据广东回复，每包 150 斤，合计正杂各费，合银 5 两 8 钱 1 分 7 厘零，每斤合银 3 分 8 厘 7 毫 8 丝 1 忽 4 微，照市价扣钱七十七八文不等，尚有收秤、运盐、解课、设局、起仓、辛工、饭食，一切经费均未摊入，大约合计发交商贩每斤须八十文，“始可无虞亏折”。商贩运销各处口岸，各埠店分售民间，每斤又须沾润数文，是民间每买食盐 1 斤，须钱 90 余文，较之现在民间买食粤私市价，“几多至一倍有余”，因此粤东官盐难销，食盐缺口巨大。川盐如果仅给陆引两千引，湖北全省民食所需，“奚裨百一!”而且据四川方面传来的消息，此次采买川盐，共计成本、运脚等项，约需银两万两，将来到楚销售，价值视川私，“亦昂贵倍蓰”。小民计及锱铢，“万无舍贱食贵之理”，商贩操赢逐利，“亦万无贵买贱卖之理”。现在川粤两省官盐，价值较私盐贵几倍余，“势不至驱民食私不止”。为今之计，只有实力删减费用，节省开支。查川省盐引例无定价，惟该省陆引行盐 400 斤，征税银 2 钱 7 分 2 厘 4 毫，科则甚轻。据原奏称川盐在本地每斤不过十余文，即外款运脚加至一倍，亦不过二十余文上下，何至成本需银十两，显系官吏商人因邻省借销，乘机虚张声势，大肆哄抬价格，故而张亮基又提议：川粤官盐昂贵，即使按数减半，亦仅足以敌私，于楚岸淮课丝毫无补，是邻盐由官借运，其无益而难行，已可概见。最好的办法，仍然不过是化私为官，则价平而兼可济课。所借官盐仍减价，此后湖南、湖北需盐接济，应仍明王守仁立厂抽税之法，凡川粤盐斤入楚，无论商民，“均许自行贩鬻，不必由官借运”。相应的配套措施，只需要在湖北走私紧要之处，专驻道府大员，设关抽税，或将本色抽收，或令折色输纳，均十取一二，以为定制，“一税之后，给照放行”②。可见，他对由四川方面组织的官运极不放心。

---

①《军机处录副奏折・咸丰朝・财政类》，咸丰三年三月二十日，四川总督裕瑞折，档案号：03-4386-041。

②《军机处录副奏折・咸丰朝・财政类》，咸丰三年五月十九日，署湖广总督张亮基折，档案号：03-4386-015。

户部同意张亮基的建议，认可仿明王守仁立厂抽税之法。[①]关于川盐成本过高之事，户部则表示，张亮基称湖北借运邻盐，成本俱较市价昂贵倍蓰，现在已经命川粤两省，将商支外款大加裁减。官盐之贵，“总由官吏巧立名色，层层朘削以致末大于本”。湖北藩司徐有壬精于筹算，户部建议，不妨将楚岸抽收章程责成该藩司相度机宜，“悉心筹办以求实济”[②]。

自此，“川盐济楚”闸门开启，并一直持续了十余年。日本学者佐伯富认为，“随着邻盐的借销，邻地的私盐也源源不断地流入行盐地，盐利尽被私盐贩卖者独占，政府不得不承认这种既定的事实，设卡从私盐中抽税，以盐厘的收入补充盐课的不足”[③]。由此观之，“川盐济楚”是在突发事件之下，在清王朝允许范围内所实行的食盐销售制度，采取市场化行为。

二、配销方案出台

“川盐济楚”方案刚推行不久，两湖方面即曾因诸多不便，要求在一定程度上恢复两淮盐运，只因客观条件的限制，未能如愿。[④]随着战事的推进，两淮产盐区的生产能力得以逐步恢复，而原来盐区划分的深层次利益冲突也开始显现。在这种情况下，于何时、何地、以何种方式结束“川盐济楚”，就不仅仅是一个经济话题，同时也是一个实实在在的政治话题了。

---

① 财政部盐务署编：《清盐法志》卷一百三十二《两淮三十三·运销门二十三·借运》，民国九年铅印本。

② 财政部盐务署编：《清盐法志》卷二百五十二《四川九·运销门八·济楚》，民国九年铅印本。

③ 佐伯富：《清代咸丰朝的淮南盐政》，《东洋史研究》第16卷3号，1955年。

④ 由于江路阻滞，湖南巡抚骆秉章曾要求绕道浙江，运淮南至两湖地区销售。户部表示同意，称其意见“诚不为无见”，但他们也担心，“惟声请由两淮运使等设法倡导，劝谕各场有盐之商运赴一节，查淮南自改票以后，商人早已星散，此次拨运淮盐，自应责成官为运办”，要求两淮方面想出具体实施办法（参见《军机处录副奏折·咸丰朝·财政类》，咸丰五年十月初九日，军机大臣文庆等折，档案号：03-4388-043）。对此，浙江巡抚何桂清竭力反对借道浙江。在他看来，自淮盐改道以来，“收课寥寥，官盐仍不能到楚，而杭嘉松各属淮私……愈形恣横，引地竟废，但犹在浙西地界，未能灌入浙东”，如再向两湖运盐，浙盐必不可收拾（参见《军机处录副奏折·咸丰朝·财政类》，咸丰五年十一月十三日，浙江巡抚何桂清折，档案号：03-4388-052）。与此同时，两江总督怡良亦表示坚决反对，他认为两湖缺盐严重，故“凡有运盐之策，无不尽力筹商”，但采办借道，“事关淮、浙全局，筹议不厌精详”，本打算先行采买淮盐17 500引，运至江西樟树镇，但因江西不靖，实难以施行。又因接到何桂清之意见，更坚定自己的看法，借道济运之事只能取消（参见《军机处录副奏折·咸丰朝·财政类》，咸丰六年二月二十五日，两江总督怡良折，档案号：03-4389-010）。

“川盐济楚”在解决两湖食盐问题的同时，也为四川和湖北当局提供了相当丰厚的收入。表 1 反映的是同治元年（1862 年）和二年湖北盐厘的征收情况。

表 1　同治初年湖北盐厘征收表

月份	宜昌盐局/两		沙市盐局/串	
	元年	二年	元年	二年
正月	16 982.53[1]	19 573.28[7]	30 831.918[1]	28 996.480 5[7]
二月	17 030.74[1]	22 336.46[7]	65 798.999[1]	66 350.518[7]
三月	20 038.99[2]	30 273.1[8]	48 870.488[2]	44 009.784[8]
四月	30 378.39[2]	30 747.88[8]	71 203.808[2]	55 935.262 5[8]
五月	35 718.07[3]	25 818.2[9]	61 039.530 5[3]	54 165.631[9]
六月	32 014.91[3]	16 162.96[9]	56 854.954[3]	42 384.446[9]
七月	30 179.6[4]	18 138.18[10]	68 441.126[4]	37 856.585[10]
八月	23 475.25[4]	17 173.09[10]	70 191.166 5[4]	30 039.405 5[10]
闰八月	27 470.78[4]	—	54 293.967[4]	—
九月	49 292.73[5]	31 316.82[11]	77 268.782 5[5]	59 949.877[11]
十月	30 502.35[5]	33 162.36[11]	76 723.738[5]	69 224.259[11]
十一月	27 398.15[6]	28 603.29[12]	66 197.183[6]	55 927.937[12]
十二月	23 660.84[6]	30 661.72[12]	44 225.746 5[6]	46 716.416 5[12]
合计	336 672.55	303 967.34	791 941.407	591 556.602

资料来源：均见《朱批奏折・财政类・盐务项》，湖广总督官文折，[1]同治元年六月初三日，档案号：04-01-35-0521-011；[2]同治元年八月初十日，档案号：04-01-35-0521-014；[3]同治元年闰八月二十四日，04-01-35-0521-018；[4]同治元年十月二十二日，档案号：04-01-35-0521-020；[5]同治二年正月二十四日，档案号：04-01-35-0521-032；[6]同治二年三月十五日，档案号：04-01-35-0521-034；[7]同治二年四月二十一日 04-01-35-0521-041；[8]同治二年七月十五日，档案号：04-01-35-0521-050；[9]同治二年八月十九日，档案号：04-01-35-0521-052；[10]同治二年十一月初六日，档案号：04-01-35-0521-056；[11]同治二年十二月二十四日，档案号：04-01-35-0521-058；[12]同治三年三月二十八日，档案号：04-01-35-0521-066

对于每年近百万两的收入，两淮方面不可能不动心。同时，随着战事的渐次平定，两淮盐场逐步恢复生产能力，这也为两淮收复失地提供了条件。咸丰三年（1853 年），淮局开始办理就场征课事宜，不过并未取得好的效果。至七年七月，又开始设局收税，每担百斤正税 1 钱 2 分，外销 3 分，6 担给大票 1 张，后因包大盐少，恐有夹带，于八年正月重新规定，改为 9 担给大票 1 张，即 900 斤征正税 1 两 8 分，经费 2 钱 7 分。①

① 运司乔松年：《楚商试运淮盐详》，咸丰十一年九月，庞际云等纂：《淮南盐法纪略》卷三《招商督销》，同治十二年刻本。

咸丰十一年（1861 年）五月，在两江总督曾国藩等人的推动下，湖广总督官文奏称，楚省例食淮盐，自咸丰三年太平军占领金陵，江路梗阻，商贾星散，淮盐片引不至，所以不得已开始“川盐济楚”。但自上年起，川省“匪徒滋事，井灶产盐之地屡被蹂躏”，去夏以后，商贾观望不前，盐价骤增，每斤贵至八九十文及百文以外，不特民间苦于食贵，“且虑蜀寇日久未平，井盐来源稀少，无以济楚，食淡堪虞”。而这几年湖北整顿水师，于长江上下分设炮船，梭织巡防，商船尚可随时挽运，当此楚北盐缺价昂之时，正应乘机引导，“力筹淮运渐复旧规”。考虑到淮商复业无期，现拟于汉岸招募商贩，变通试办。运同衔浙试用盐副郑荣封与职员黄世贤、张杰墀等人，情愿凑集资本，赴淮南办运引盐。当然，由于办理淮盐“能否畅旺尚难预定”，故所有入楚川盐应仍照常行销，并行不悖。[①]事后的结果证明，官文的担心是很有必要的。张杰墀等领运淮盐，于七月抵淮，初次只先试运 250 票，照税盐科则，计收正税 270 两，但时间过去一月有余，楚省也未见有淮盐运到，“设江路安危靡定，无利可图，恐他商闻风难期踊跃”。淮南从前运楚之盐，从未有如此之多，若“厘不减，课无从增”，为顺利招商，淮南只能照七年百斤完税 1 钱 2 分、经费 3 分之例征收。[②]

同治二年（1863 年），在太平天国运动失败前夕，两江总督曾国藩又开始着手准备恢复两淮盐区的原有引地。九月，在他制定的《淮盐运西章程》中，曾国藩明确提出“加重邻私厘税”[③]，至十一月，他更在《淮盐运楚章程》中指出，对于“夺我淮引之地”的川盐，每斤要特别加征 8 文税钱，其中以 5 文归两淮盐政，以 3 文归鄂湘督抚，以求争取湖北方面的支持。[④]同治三年，长江航行全线打通，曾国藩又于筹办淮盐折内奏陈疏销、轻本、保

---

① 湖广总督官文：《由楚招商采办淮盐折》，咸丰十一年五月二十一日，庞际云等纂：《淮南盐法纪略》卷三《招商督销》，同治十二年刻本。

② 运司乔松年：《楚商试运淮盐详》，咸丰十一年九月，庞际云等纂：《淮南盐法纪略》卷三《招商督销》，同治十二年刻本。

③ 督盐院曾国藩：《淮盐运西章程》，同治二年九月，庞际云等纂：《淮南盐法纪略》卷三《招商督销》，同治十二年刻本。

④ 督盐院曾国藩：《淮盐运楚章程》，同治二年十一月，庞际云等纂：《淮南盐法纪略》卷三《招商督销》，同治十二年刻本。

价、杜私四条，“意在重税邻邦私、量减淮厘，俾邻本重而淮本轻”[1]，一时之间，淮盐逐渐得到恢复。此后，同治四、五两年两淮报收盐厘数目，每年约 300 万两。可惜好景不长，到同治六年（1867 年），收数又开始大减，于是曾国藩奏请减淮厘，缓纳场课，旋又经湖北省奏裁淮盐陆课，均得到朝廷批准。虽然已经采取很多措施，毕竟楚岸私盐处处可通，川盐随流下驶，来源既旺，收税亦多，淮盐在湖北的销售情况未见大的改善，曾国藩的计划受到挫折。

拖延至同治七年十月，曾国藩再次上奏，称楚省本系淮南引地，定额最多，销盐最广，“是淮纲之兴替，全视楚岸之畅滞为转移”。太平天国运动被镇压后，淮盐不能行楚，自己曾于同治二、三年间整顿鹾务，暂令将邻盐厘税酌量加重，“原冀川私本重而日衰，淮盐渐进而日旺”。但不料川贩巧于趋避，百计漏厘，常常是运两引之盐，仅完一引之税。故他于同治六年时，特意派委员至宜昌，会同楚省委员公同掣验。本年又减淮盐之厘，期收敌私之效。只因鄂湘两局，积压淮盐不下十余万引，存数极多，销数极滞，而川私纷至沓来，较前尤盛。推原其故，总由鄂省利食川盐，虽有掣验之名，而明让斤两。听说宜昌抽收川税，仍不过六七折，并不照章办事，以致“川贩成本太轻，来源愈旺”。以前绕越偷行的，现在更加肆无忌惮，“川鄂官商，几忘引地之应属何省”。川省业盐之人一日行盐至楚，则淮盐一日无畅销之望。议者谓川盐停止，于川省业盐之人有碍，殊不知淮南通泰两属二十场，垣商、煎丁以及鉤杠、捆忙人等，不下数百万户。他们皆因兵荒年久，困苦颠连，为从来所未有，满望江路通行，规复引地，徐图转机，不料鄂湘最畅之岸，尽为川私所占。西岸亦为粤私闽私所占，场运各商倒歇之家固众，而煎捆各役失业之人尤多，比之川省业盐者何止数倍。自然，湖北军饷原以川厘为大宗，若川盐尽弃，则军饷为难。但曾国藩强调，现在太平军、捻军已被镇压，局势大定，鄂省存营极少，饷项足敷周转。况且淮盐内亦收鄂厘，“淮销果畅，鄂饷即因之而增”，实无妨碍。他请求朝廷下令四川、湖广各督抚，停

---

① 《宫中档朱批奏折·财政类·盐务项》，同治三年正月十二日，两江总督曾国藩折，档案号：04-01-35-0521-062。

止川私行楚，以复昔年之旧制，而收经久之利权。他认为，盐区划分乃“大经大法，一成而不可易”，如不能乘军务告竣而力图规复，“则二百余年之宪典自臣而隳”，一则拂逆商情，“敛一时之怨”，败坏成法，“贻后世之讥”。

户部对此的意见是，“川盐济楚”之事牵涉到三方面利益，只能各方面都统筹兼顾，才能取得满意的效果。四川应考察如何防止失业，两江方面要重点考察如何堵邻私，否则邻税停收而邻私不绝，川盐虽禁而淮私日增，虽有规复楚岸之名，并无裨益淮课之实，“较之现办情形转属无益有损”①。次年，随着人事的变动，户部为调和各方面的矛盾，又下令让四川总督吴棠“封禁井灶以节源”，湖广总督李鸿章“罢除局税以绝流”，两江总督马新贻“煎炼盐色以敌私”②。当然，此举遭到四川和湖北当局的强烈反对。

同治八年（1869年）七月二十九日，李鸿章上疏称“川盐行楚未可遽禁”。他表示，以前曾国藩提议收复淮引地，自己在同治四、五年间署两江总督任内，“亦尝持此议”。去年路过江苏，马新贻复以筹禁川盐谆谆见嘱，“臣方慨然许之”。如今到任两湖，通过调查研究却发现，此举万万不可。但为维护两淮盐区利益起见，他建议派员在荆州沙市设局配销，暂定川盐八成，淮盐二成，以期渐减渐复。户部表示，李鸿章所陈六端，自系亲加体察，确见其难。况且李鸿章“在楚言楚，不得不设法迁就”③。

与此同时，四川总督吴棠也大倒苦水，提出不可行者有四：其一，兵兴以来，川井遭灾，此时川盐的销区云南、贵州两省，旧岸未复，若又停止济楚，边商苦无销路，所欠新旧税势难责令空赔。其二，川盐每年提供京饷23万两，又有各省协饷，历年以数十万计，如停止济楚，各局厘源断绝，京外要需无款可以改拨，恐会贻误大局。其三，楚民喜食川盐由来已久，官商纵停，私贩势难尽绝。且恐办理稍有未善，既易滋生事端，复虑扰累行旅。其四，两淮煮海为盐，其本甚轻，川省取盐于井之眼之深，均系数十丈至二三

① 《宫中档朱批奏折·财政类·盐务项》，同治七年十月初五日，大学士调任直隶总督一等候曾国藩折，档案号：04-01-35-0523-003。

② 丁宝桢：光绪《四川盐法志》卷十一《济楚上》，光绪九年刻本。

③ 《军机处录副奏折·同治朝·财政类》，同治八年七月十七日，协办大学士湖广总督李鸿章折，档案号：03-4886-027。

百丈不等，“推凿甚属费力，成本本重，人力更多”，如一旦封禁，恐数十万人丁难以安稳。既然李鸿章已有“八二配售”之议，不妨暂行。[①]

三、最终的妥协

“八二配销”方案暂时得到各方的接受，但实施不到两年，当曾国藩再次出任两江总督后，他立即发现，设局配销的淮盐根本没有不能销足二成。湖北九年分所销淮盐仅 7 万余引，相较川盐销数不及 1/3，“喧宾夺主，莫此为甚”。川盐每包 350 斤以上，八成则近 3000 斤，淮盐每包 86 斤，二成仅 172 斤，“名为淮占二成，实不及一成”。因此他建议，“纵不能全禁川私入楚，亦当使淮多于川”，或者淮八成而川二成，或淮七成而川三成，“川虽极多亦不得满四成”。他还强调，楚岸之公平，“但在楚督一心之转移，一心向川则川销旺，而众商有恃矣。分心向淮则淮销旺，而众商亦有恃矣”。为达到这一目的，他甚至表示，可以由两淮当局支付湖北因改行淮盐而减少的收入。[②]

至同治十一年（1872 年）正月，曾国藩又与湖广总督李翰章、四川总督吴棠、湖南巡抚王文韶等共同就此事上奏朝廷。他们称，近来淮南销数日疲，存盐无法疏通，皆由川盐到处售卖，遂使淮引之界几被川盐占尽。究其原因，“论盐斤则色白味咸，川货本胜于淮；论搬运则下水顺流，川路较近于淮；论民情则楚人食川习惯而已成自然；论官事则川贩聚楚，骤禁而恐生事变”，总之，川私侵占淮南引地，虽属大紊纪纲之事，“而有万难遽变之势”。为当前之计，只能暂分疆域，以图日后规复。湖北淮引之地九府一州，就川私侵淮之地而于其中收复数府，专行淮纲，酌分数府，准销川盐者，应系权宜可行之计。经过讨价还价，他们决定将武昌、汉阳、黄州、德安四府先行归还淮南专销淮盐，安陆、襄阳、郧阳、荆州、宜昌、荆门五府一州，仍准川盐借销。他们还议定，淮分之界，不准川盐侵入分寸，而川分之界，仍可由淮商就中酌设子店，拨售零引，“以明本系淮引地方”，不可喧宾夺主。另外，由于以前所设之沙市配销局并无成效，将其裁撤，移设于新堤，改为分销淮盐局。至武汉黄德四府

---

① 《军机处录副奏折·同治朝·财政类》，同治八年十月初九日，四川总督吴棠折，档案号：03-4886-049。
② 曾国藩：《楚岸盐引淮川分界行销折》，李瀚章：《曾文正公全集·奏稿》卷三十，光绪二年刻本。

内，湖北所设抽收川税水陆局卡，也一并裁撤禁止。为降低淮盐价格，他们亦采取相关措施：以前湖北每银一两约易钱 1500 文，今则增至 1800 余文。居民买盐用钱，而局中售盐则收银，故价格未变，而百姓负担已增。楚岸定章每引售银 24 两，此后递减至 19 两 2 钱，现再将其减价 1 两 2 钱，每正引 600 斤，定售银 18 两，而所减之价，在应解鄂淮盐厘内各半分扣。①由于这一方案实施起来并无太大困难，至四月，朝廷批准了这一意见。②

迈出这一步后，两淮当局又欲更进一层，全面恢复两湖引地。其中，两江总督沈葆桢、刘坤一、左宗棠等人均有所建白，“迄未果行”③。光绪二年（1876 年）五月，两江总督沈葆桢咨商湖广总督翁同爵，称淮南之盐“堆积如山，几无地以容之”，灶户生计维艰，“实有岌岌不可终日之势”，而川盐之旧有引地已经恢复，“自应将供销淮地全数归还”。他也明白，此事不可操之过急，不妨先将湖南之澧州、湖北之安陆、襄阳两府收回。即便如此，对两淮来说，也是“不啻枯木逢春、久旱之甘雨”④。但翁同爵以类似李鸿章之理由，回绝沈葆桢。

与此同时，御史周声澍亦请收回淮盐引地，并指责两湖当局偏袒川盐。同时，户部亦支持“禁川复淮”章程五条，即查封私井以塞川盐之源，疏通边引以分川盐销路，设巡卡以遏川私，严定期限以复淮制，讲求煎炼以利销路。随后，沈葆桢亦提出由淮商包完鄂银 90 万两，以换取全部收复淮盐引地。对此，湖广总督李瀚章上疏，对这些建议逐一加以反驳。经过分析，他表示，按行川之地归淮，每年不过多销四五万引，收银 30 万两左右，于饷亏极巨，“徒令两淮有收回引地之虚名，而先失川鄂两省一百六十余万之实款”⑤。次月，护理四川总督文格亦称川鄂饷需紧要，应仍

---

① 《宫中档朱批奏折·财政类·盐务项》，同治十一年正月二十八日，两江总督曾国藩折，档案号：04-01-35-0523-044。

② 财政部盐务署编：《清盐法志》卷一百十一《两淮十二·运销门二·引目二·引地引额二》，民国九年铅印本。

③ 财政部盐务署编：《清盐法志》卷一百十一《两淮十二·运销门二·引目二·引地引额二》，民国九年铅印本。

④ 王安庆等纂修：《重修两淮盐法志》卷五十五《转运门·淮南规复引地一》，光绪二年五月沈葆桢咨，光绪三十一年刻本。

⑤ 《军机处录副奏折·光绪朝·财政类》，光绪二年十月二十七日，湖广总督李瀚章折，档案号：03-6453-082。

淮川盐入楚[①]；四川总督丁宝桢也接着上陈，楚省淮盐引地禁止行销川盐会有诸多弊端[②]，淮商包饷之议遂罢。

光绪三年（1877年）九月，沈葆桢再次上奏，要求立限一年，收回淮南引地。他强调，自己已经让淮商具结，每年摊缴银2两，可得银70万两，加上原有课厘，合计160万两，以100万两贴鄂，60万两贴川，当不致让四川、湖北两省吃亏。次月，湖广总督李瀚章上疏称，沈葆桢之办法恐“徒慕收复之虚名，不求立法之本意”，淮商具结当为被迫之举。[③]四川总督丁宝桢亦称，现在淮商销楚本已微利，若再包饷，必然亏本，“亏本以谋利，淮商独非人情乎？”如果不能深思熟虑，“急用之时，将何指望乎？”[④]此后，双方的争论暂时停顿下来，只有过一些小幅度的调整。比如光绪四年，李瀚章奏请毋庸加抽川盐税厘。[⑤]五年，沈葆桢与丁宝桢同意限制川盐行楚数量，以八九千道为限。

光绪七年，两江总督刘坤一又提议将此数目减为每月600引，未能成功。他也明白，“淮岸之卒复，殆非可以岁月计也”[⑥]。光绪八年四月，两江总督兼盐政左宗棠奏称，江淮财赋以盐课为大宗，军兴以后，鄂借川盐，湘岸、西岸兼销粤盐、浙盐，只要顾济民食，“画地征厘，遑问淮课”。议者谓川盐借销鄂湘两岸，为日已久，今改票法行淮盐，虑非川中官商所便。但四川频年经营西边，盐务成效已著，两淮收回引地，“理所宜然”。又有人会称，湖北赖川盐以济军饷，不知湖北之利在征盐厘，假使淮南引地速复，湖北厘金“仍可取之淮”。为此，他提出几条恢复湖北引地的建议：其一是讲求盐质；其二是裁减杂款规费；其三是缉私宜严；其四是先行官运以导商。他认为，

---

① 《宫中档朱批奏折·财政类·盐务项》，光绪二年十一月初八日，护理四川总督文格折，档案号：04-01-35-0525-007。

② 《宫中档朱批奏折·财政类·盐务项》，光绪二年（缺时间），四川总督丁宝桢折，档案号：04-01-35-0525-007。

③ 《宫中档朱批奏折·财政类·盐务项》，光绪三年十月二十八日，湖广总督李瀚章折，档案号：04-01-35-0525-012。

④ 丁宝桢：《复核沈葆桢包饷立限折》，罗文彬：《丁文诚公遗集·奏稿》卷十四，光绪三十三年刻本。

⑤ 《宫中档朱批奏折·财政类·盐务项》，光绪四年（缺时间），湖广总督李瀚章折，档案号：04-01-35-0525-021。

⑥ 刘坤一：《请敕楚引地减川配淮以复旧制折》，《刘忠诚公遗集·奏疏》卷十七，宣统元年刻本。

收回引地本商贩所愿，然骤议通行，事同创举，商情有不能遽释者，不能不行官运以导其先。他决定先行遴选妥员，领 5000 引运赴湖北荆州借岸，由监利逐渐试销。所有领运成本销售价值，均与商贩一律办理，略无异同，意在藉悉运销出款、售盐入款，了然于心，然后量其盈缩，定为永远章程。现在有商人贺全福等请增复楚岸 15 万引，加上淮盐其地区请求增加的盐引，统计莅任到今逾三月，楚皖两岸新复 192 800 余引，运销一次，课银约可增 17 万两有奇，盐厘增收约银 120 万两。

光绪九年（1883 年）二月，左宗棠又奏：四川督臣丁宝桢只答应每月减让一二百引，"尚属空言，并非实事"。而湖广总督臣涂宗瀛一意袒护川盐，以致引地丝毫未复，新盐无路拓销，商情畏阻。结果据两淮运司孙翼谋、署淮扬海道徐文达等禀称，贺全福等要求将原请的 15 万引减为 3 万引，后仍无力承运，禀请退票，由司另招殷商和致祥等循环 3 万引，以 2 万引归鄂，1 万引归湘，分别纲号，挨次给运。[①]由此可见，恢复盐区的计划并不如意。但晚清时期的变化，也到此为止了。

识者指出，川盐行楚本止八邑，其余皆淮盐引地。自咸丰初年，湖北不得已始借运川盐，而当时正好云南、贵州的盐岸荒废，川商遂纷纷改代，"群趋于济楚一途"。以后江路肃清，于是有划界分销之约，有按年限引之议，而湖北安陆、襄阳、郧阳、荆州、宜昌、荆门五府一州、湖南沣州一州，之所以不能完全归淮，一方面是由于鄂饷中梗，亦以川省盐产较丰，"尤赖济楚以资宣泄"，则此五府二州，"洵川盐必争之岸也"[②]。这正是晚清"川盐济楚"无法结束的根本原因。回想当初四川当局对"川盐济楚"的不甚热心，到现在的互不退让，两相对照，真可谓有天壤之别。而这也正好成为晚清盐政变革及地方财政逐步势大及相互纠葛的真实写照。另外，有学者据《清史稿·食货志四·盐法》而认定，"到了光绪二年，又经户部议准，两湖引地全部复归两淮"，"川盐被清廷以强制手段挤出两湖市场"，这一说法可能并不准确。

---

① 财政部盐务署编：《清盐法志》卷一百十一《两淮十二·运销门二·引目二·引地引额二》，民国九年铅印本。

② 财政部盐务署编：《清盐法志》卷二百五十二《四川九·运销门八·济楚》，民国九年铅印本。

清代两淮盐政改革论纲

一

清承明制，除少数地区外，各地基本上都推行晚明的专商世袭卖引纲法，连明代实行票盐法的部分地区，如山东、浙江、河东的一些地方，也都革票行引，以归画一。商收商运、专商专岸的纲法，其弊与日俱深。在清前中期曾因地而异对一些非主要盐区改行过官运、民运等其他形式，以期补救，但从全国范围来看，仍以纲法为主，“行之为广且久”。

纲法得以推行的两大前提是盐销区的划分与引额的分配。为保专商引岸的推行，清代牢牢确立了盐产区与盐销区的一一配套。清代疆域辽阔，食盐、产盐皆众，即蒙古、新疆等地亦“多产盐地”，“而内地十一区，尤有裨国计”[①]。按照规定，一旦盐销区划定，产区与销区之间就形成一种固定的关系，盐商只能在规定的盐场买盐配运，按规定的路线转输，然后在规定的引地销售。[②]否则，即以私论，“凡将有引官盐，不于拘该行盐地面发卖，转于别境犯界货卖者，杖一百。知而买食者，杖六十”[③]。这就是清代产盐与销盐的基本态势。

食盐行销之前，首先必须“请引”。清代大多数盐区实行先课后盐的办法，而盐商又有总商和散商之别，故在官督商销体制下，盐引一般由总商一次领出，然后散商分认额引，“滚于总下，以责考成”[④]。这就是王守基所云

---

① 赵尔巽：《清史稿》卷一二三《食货四·盐法》，北京：中华书局，1977年，第3603页。

② 杨久谊认为，两淮盐区之专场特点存在差异，即淮北与淮南之“食岸”采用的是“引地”运销方式，而淮南之纲岸则采用“引窝”运销方式。前者是将盐区再行细划，并交由个别盐商独占；后都则由有引窝之盐商自由贩运。他还认为，这一“引窝”占有方式，“对减低扬州商人的营运成本及风险确实助益良多”。见杨久谊《清代盐专卖制之特点——一个制度面的剖析》（台湾《“中央研究院”近代史研究所集刊》第47期，2005年3月）。笔者以为，两者的区别虽然存在，但意义不可夸大，后者无非是专卖制度的一种改良而已，更谈不上什么“自由贸易”。

③ 财政部盐务署编：《清盐法志》卷四《通例四·缉私门》，民国九年铅印本。

④ 包世臣：《安吴四种》卷五《小倦游阁杂说二》，咸丰元年刻本。

的“一切领引纳课，责成纲首经理，以取整齐”[①]。

请引之后，即按单配运和掣验。此程度各盐区略有不同。以淮南为例，大致要经过场商收盐出场→沿运河运至泰坝，“泰坝官称其盐斤，放船开行”（即所谓“过坝”“坝掣”）→仍沿运河运至北桥，“北桥亦抽引验斤”（即所谓“过桥”“桥掣”）→由北桥抵扬关，“关吏加戳于票，填其期”（即所谓“过关”“关验”）→由扬关经三仪河至仪征木关外候掣（即所谓“抵仪”）→在仪征由南掣厅提盐至所，“所有所大使主其事，临掣摆马（码）于东角门内，提盐过秤”（即所谓“过所”“所掣”）→出西角门而入于垣（即所谓“入垣”）→于垣所改大包为小包，“曰子盐，其事则子盐大使主之”（即所谓“改包”）→出垣上船，子盐大使往来巡视，“点验上船，埠头揽载，商厮押运，领桅封而后开江，直达于行盐之岸”（即所谓“开江”），可见手续之繁。[②]即便如此，盐商亦须一一遵守，“若将引盐不由正路，越过批验所而不经官掣挚，及引上未曾印盖关防者，杖九十。仍押回批验所盘验，如盘有余盐，亦从私盐法论”[③]。

从食盐的颁引、征课到产运疏销，盐务衙门均有“分治其事”之权。还应指出，除盐务衙门外，地方行政官员也有疏销盐引、核定盐价、缉查私盐的责任。特别是在通商疏引方面，上自督抚，下至州县卫所，责任更为重大，所谓“征课为盐官之专责，而疏引缉私，则地方有司亦与有责焉”[④]。

为与纲法体制相配合，盐商组织对盐务管理亦起到了至关重要的作用。各盐区的盐商组织称谓不一，两淮称为“盐商公所”，山东称为“商司”，河东称为“商厅”。各盐商组织的主事之人，两淮、两广称为“总商”，两浙称为“甲商”，山东称为“纲头”“纲首”，河东称为“纲总”“值年”，一般由财力雄厚的大盐商充当。尽管称谓不一，其职能却大致类似。

两淮盐区设置总商的时间，一般认为是在康熙十六年（1677年）。此年十月，两淮巡盐御史郝浴奏言：“臣受事后，传集众商，用滚纲旧法，公取

① 王守基：《山东盐法议略》，席裕福等纂：《皇朝政典类纂》卷七一，光绪二十九年刻本。

② 李澄：《淮鹾备要》卷一《场产场境》，参见郭正忠主编：《中国盐业史（古代编）》，北京：人民出版社，1997年，第747页。

③ 财政部盐务署编：《清盐法志》卷四《通例四·缉私门》，民国九年铅印本。

④ 财政部盐务署编：《清盐法志》卷五《通例五·职官门一·官制》，民国九年铅印本。

资重引多之人，佥二十四名，尽以散商分隶其下，一切纳课杜私，皆按名责成。”①总商的产生与滚总制度密不可分，各商将自己根窝及拨行他商年窝花名引数，“愿附某总商外下，听其开送总商”②，然后由总商将花名引数送盐政衙门备案，以后不按所领引数行盐纳课。两淮总商的权力相当广泛，除纳课杜私、承办报效、摊派杂费、参弹疲商等职责外，还有参与制定盐策之权。在某些时候，总商甚至凌驾于盐政官员之上。简言之，清代在盐务管理方面，形成了以盐政衙门为主，以地方有司和商人组织为辅的管理系统。③

顺治和康熙初年，军务倥偬，军需浩繁，清廷为应付开支，屡次以增引、加斤方式增加盐课，而适时人口锐减，无力承受，故盐积引滞，日甚一日。经过清初的恢复与调整，至康乾时期，国家统一，社会安定，经济发展，人口增长，食盐市场容量扩大。《清史稿》称：“至是海内殷富，淮南宁国、太平、池州等府，及两浙、山东、广东、福建，先后增引，利获三倍。不特额外照旧行销，且原先呈课银，请将以前停引补还。”④与盛世相伴随，以纲法为特征的两淮盐政也逐渐步入了它的鼎盛时期。

乾隆年间，两淮盐务大多额引销尽，额课全完，且每年尚有溢销引至二三十万引之多，故有“提引”名目出现。所谓“提引”，即预提次纲之盐运销，以补本年之不足。此“提引”之法，自乾隆十一年（1746 年）丙寅纲至嘉庆八年（1803 年）甲子纲止，五十余年中，屡次试行，共计提引 7 053 815 引之多。⑤

两淮销引超额，盐商皆获厚利，故盐商之捐纳报效甚巨。清代的盐商报效大致可分为军需报效、助赈报效、助工报效和备公报效⑥几种。《清史稿》称，“或遇军需，各商报效之例，肇于雍正年，芦商捐银十万两”⑦，故一般认为，盐商之军需报效起于雍正时期。经过承平时期的长年积累，两淮盐商

① 吉庆等纂：乾隆《两淮盐法志》卷十四《课入八・奏销》，乾隆十二年刻本。
② 吉庆等纂：乾隆《两淮盐法志》卷二《转运二・两淮纲食纳课行盐始末总略》，乾隆十二年刻本。
③ 参见郭正忠主编：《中国盐业史（古代编）》，北京：人民出版社，1997 年，第 674—683 页。
④ 赵尔巽：《清史稿》卷一二三《食货四・盐法》，北京：中华书局，1977 年，第 3608 页。
⑤ 参见刘隽：《道光朝两淮废引改票始末》，《中国近代经济史研究集刊》第一卷二期，1933 年 5 月。
⑥ 备公报效皆供内府需用及乾隆两次南巡、皇太后万寿大典开支。
⑦ 赵尔巽：《清史稿》卷一二三《食货四・盐法》，北京：中华书局，1977 年，第 3613 页。

资本迅速膨胀，得以更大规模地投入到报效中来。《清盐法志·捐输门》对此有较为详细的统计。以乾隆朝为例，两淮盐商共计军需报效 1480 万两，助赈报效 210 万余两，助工报效 231 万余两，备公报效 927 万两，以上共计 2848 万余两。

在得到大量报效的情况下，清廷亦采取各种措施来保障盐商得到更多的实惠，如加斤、加价、豁免、缓征等。乾隆十五年（1750 年）、十六年、二十一年、二十二年及二十七年，清廷就五次给两淮盐商"加赏"盐斤，每次每引加赏无须纳课的食盐为十斤、二十斤不等。[①]另外，清廷还多次发放库存帑银，借给盐商领运，俾资周转。自乾隆十三年至嘉庆六年（1801 年），清廷即向两淮盐商发去库帑银 2 309 756 两。[②]

即便如此，在大量报效、浮费加大、私盐冲击、盐商夹带及官吏贪污等方面因素的综合作用下，两淮盐区的运盐成本仍然稳步增加，导致即便在盛世时期，一些地方也开始出现官盐滞销、盐引积压的局面。有鉴于此，有学者在总结陶澍改革前的淮盐弊病时称："淮盐疲败之结症所在，皆因引法制度之窝根引岸有以致之。盖有窝根，斯有专商，有专商，始可垄断引岸。专商垄断，独擅盐利，斯有捐输报效，以及一切官商狼狈为奸之盐规、黑费。浮费日重而私盐畅行，私畅则官滞，官滞则课绌，课绌则库空，而盐务遂败至不可收拾，此自然之结局。"[③]确为实言。

二

制度变迁有两种类型：诱导性制度变迁和强制性制度变迁。纲法在实施过程中，形成的既得利益集团对现存制度有强烈的需求，这是制度的锁定效应，即制度的路径依赖模型。在这种情况下，靠自发的需求诱导制度变迁是不能够实现从纲法到票法转变的，这种锁定状态的打破必然要依靠引进政府的强制性行为。现存的纲法体制存在着诸多弊端，严重损害了政府、商人与

① 单渠等撰：嘉庆《两淮盐法志》卷四十《优恤一·恤商》，同治九年刻本。

② 单渠等撰：嘉庆《两淮盐法志》卷十七《转运十二·借帑》，同治九年刻本。

③ 刘隽：《道光朝两淮废引改票始末》，《中国近代经济史研究集刊》第一卷二期，1933 年 5 月。

民众之间的利益分配格局，并使得纲法制度本身也难以为继。这些弊端主要体现在以下几个方面。

“盐课居天下财赋四之一，两淮最巨，其弊亦最甚。”[①]两淮盐政的弊端，首先，浮费开销过大，运商成本增加。浮费开销最大的有两处，一是淮盐产地，另一为销盐口岸。在淮盐产地，除正常税课外，杂项开支亦复不少。杂项中办公、办贡等款，在科税时已经带征，为文武衙门公费及一切善举，然带征之数并不固定，往往随事而增。每年除养廉、兵饷、水脚、部饭等项银33万两，可作正开销外，还有普济、育婴、书院、义学、务本堂、孝廉堂等处需银 20 余万两，以及各衙门公费及盐政运司以下之书役、辛工、纸饭及“乏商月折”[②]等项，亦需银 80 万两，大大超过每纲额定 20 万两之数。此外，又有不少额外开销名目，比如扬州新盐院到任，修理衙署、铺垫什物，一切费用本不及数千两，开销却常高达八、九万两；手禀红帖一项，所费不过数十文，竟开销一千两。当地有德音、春台两戏班，专供总商、官员家宴，每年开销三万两，亦由浮费开支。

两淮每纲额销 1 685 492 引，根据两淮运司王凤生的统计，道光十年（1830 年）两淮的盐课浮费情况两淮纲盐正课仅为 21.7 万两，刚及全部费用的 1/4；而其他杂项开支竟高达 45.4 万两，为正课的 2 倍多。如果将其平摊到每引上面，则每引纳正课银 1 两 2 钱余，而浮费则高达 2 两 8 钱。以上尚为政府额定每年应征之款，由官吏贪污勒索而导致的数量，则已无法统计。

淮盐产地如此，销盐口岸也并无二致。行销湖广之淮盐均要运至汉口，到岸有岸费，每引带捐六钱，后加二钱，道光十年加至一两四钱，合计每年总计一百数十万两。岸店短少，徒劳运输，亦使成本加重。淮南官盐按规定由仪征逆江而上，运至汉口总盐岸后，再由此分配各销盐区。以前武昌下游的兴国、大冶，黄州府所属各州县，以及江西彭泽、德化、湖口等县，都要到汉口运盐回岸销售，这种“折回转售”，无疑会使脚费加重，“以致引地为

① 孙鼎臣：《论盐二》，葛士濬编：《皇朝经世文续编》卷五十《户政二十二 · 盐课一》，光绪二十四年刻本。

② “乏商月折”，系豢养困乏盐商子孙，按月折取银，多用至十余万两。

江船、粮船各私所隐占”[①]。此外，捏名冒支的也很多，如漕运总督、河道总督、巡抚各衙门，从未有缉捕犒赏等款，而各处仍每年开销三四千两。总之，名目繁多，“假公济私，诡混开销，种种浮费，倍蓰正课，统名为成本，归于盐价”[②]。据不完全统计，以上各种名目的浮费开销在200万两左右。

其次，手续复杂，层层盘剥。纲法旧制规定，领运例有请、呈、加三项名目，又有平、上、去、入四处截角名目，其余朱单、皮票、桅封等花样亦复不少，“不可殚述”，以致运司衙门书吏多至19房，商人办运请引，文书需辗转11次，经盐务大小衙门12处，虽名为节节稽查，而并无稽查之实，“徒为需索陋规之具”。

总商未成表率，反成获利渊薮。淮南设有总商，原为筹划公事，当淮鹾盛时，总商、散商共数百家，有商本三四千万两，盐之运销转运裕如。到道光十年（1830年）时，已仅剩下数十家，资本不足一千万两，且多为借款。[③]此时总商对盐务公事全不积极，以致钱粮滚动不对，盐运无几，惟办公费用仍按月扣领，并随意冒支。每年于定额经费外，仍以不敷办公为名，多领至数十万两，前列浮数开支，多为总商所得。种种行径，无非“藉以营私获利”。另外，运商请引行盐，必须先向有盐窝之家出价买单，然后才有资格赴盐司纳课，“乃有窝之家，辗转私售，如操市券，以一纸虚根，无正课而坐享厚利”，同样增加运商成本。

僵化的运输路线，亦加重了运盐困难。淮北三盐场均在海州，每年运送纲盐，须于秋后运漕粮之船过竣，开放双金闸，乘北运河下注之水赶运，完成一年运岸之需。由于河道多有淤垫，故常五驳十二杠，水陆节节盘剥才能运出。淮南盐场通泰两处亦因河道淤垫，江潮侵灌，牵堤坍塌。如遇淮河支流西水下注，即成一片汪洋，盐船只得待风而行。如晴朗日久，则水退浅涸，盐船无法顺行，只得多次盘剥分装，四处抛洒，既增加运费，又耽误时间。

① 《宫中档朱批奏折·财政类·盐务项》，道光十年十二月十三日，钦差大臣王鼎等折，档案号：04-01-35-0508-029。

② 《宫中档朱批奏折·财政类·盐务项》，道光十年十月十六日，两江总督陶澍折，档案号：04-01-35-0508-004。

③ 《宫中档朱批奏折·财政类·盐务项》，道光十年十月十六日，两江总督陶澍折，档案号：04-01-35-0508-004。

而清廷为方便缉私盘查，却拒不加以变通。

再次，盐引积压滞销，资金周转不灵，盐商纷纷困乏倒闭。乾隆以前，淮盐运抵汉口后，随到随销。后来一些大商人为抬商盐价，封轮捱卖，“遂至船户盗卖，掺沙灌卤，过笼蒸糕”，甚至沉船放火，百弊丛生。且成本占搁，转运更迟，“大商亦病，不止小商坐困矣”。行盐本以速销为贵，但封轮法“大碍新纲”①。至道光十年（1830年）年底，汉口盐岸滞留之盐不下2000万斤，邻私随之侵灌，又进一步加重盐引的积压。

盐引积压滞销，必然造成盐商资金周转困难和借贷负息。“两淮运本须二千万方敷转输，而各商实本不及四分之一，余皆借贯，贯息重至每月分半。盐去课回，非六百日不可，盐滞本压，贯息日行，完课则无资捆盐”。课额的积欠和逐年带征，给盐商套上了沉重枷锁，困乏倒闭是必然的。嘉庆时期，两淮盐政佶山即指出，淮北纲盐每年应运141千余引，现在办运只有12商人，“半属资本缺乏”。②道光八年奏销，征银不及六分；九年开纲百十来日，所运不过百分之二。开桥为新纲大典，“而其日竟无一重船下桥”，包世臣亦称，“两淮弊今极矣”。③

最后，私盐泛滥。由于体制原因，清代的私盐问题极为严重。盐是生活必需品，不具有选择替代效应。官盐成本过高，盐价过昂，百姓不愿买食官盐，又不能淡食，在这种情况下，私盐必然成为民众解决问题的唯一制度外解决办法。当时私盐的走私方式，主要有以下几途。

（1）灶私。盐场场商浮收，灶户只得以盐售私，与盐贩共同获取利润。陶澍认为，场私产生的主要原因是灶丁清苦，“灶户煎丁，滨海穷民，最为艰苦”。以前收盐有定制，“近来场商每以大桶重秤任意浮收勒措，致灶户以交官盐为累”④。有的灶户为对付场商大秤勒索，在食盐中搀进不少沙土，称

① 《宫中档朱批奏折·财政类·盐务项》，道光十年十二月十三日，钦差大臣王鼎等折，档案号：04-01-35-0508-029。

② 单渠等撰：嘉庆《两淮盐法志》卷十五《转运十》，同治九年刻本。

③ 包世臣：《小倦游阁杂说二》，《安吴四种》卷五，咸丰元年刻本。

④ 《宫中档朱批奏折·财政类·盐务项》，道光十年十二月十三日，钦差大臣王鼎等折，档案号：04-01-35-0508-029。

为“脚盐”，而将净盐售给私贩。搀有沙土的脚盐用高成本运到引地后，却发现质次价高，根本无人买食。

（2）脚私。埠头串通商伙，从中克扣应给船户运费水脚；而船户、水手，为贩运私盐，也往往甘心忍受，甚至还出钱收买卖盐者，少装官盐，在盐船上预留空舱以装私，因此贩盐沿途有“买砠跑风”名目，到岸有“过笼蒸糕”情弊，将无课之私盐沿途售卖。有时，运盐商人亦夹带盐斤走私。陶澍表示，岸引之所以滞销，“不尽关枭贩，其商运官引之重斤，与装盐江船之夹带，实为淮纲腹心之蠹”。当时，商人行私有包内、包外之私，“其包内者系运商捆盐出场多带重斤，商厮、商伙亦复如之”①。为达到售私目的，他们常谎报官盐淹消。两淮所产之盐，运至湖广，远涉长江，遭风失险，事故间或有之，例有津贴，准许批补，亦免课税。他们利用这一规章，在运送官盐时，或在沿途私售，或到汉口守轮待售时私售，然后将船凿沉，谎报淹销，既售私又获津贴、免税，可谓贩私盐反获几利，而官盐却停滞不前。

（3）粮私。粮私又称船私，即运漕船只，其运丁、水手走私。南漕北运，漕船返回时多带芦盐于淮盐地区销售，本为清廷禁止。但在利益驱动下，虽有朝廷的三令五申，而此风不能尽除。陶澍认为，漕船回空，“坐占淮南数十万引之纲额”，勾结枭匪，肆行无忌，“实为淮纲之害”，又因漕船停泊买私，“尤有误于趱运”②。

（4）官私。官私是指官员凭借手中权力参与走私。在走私官员中，尤以盐务官员走为最。他们饱食终日，不尽职责，“或与商人联姻换贴，或与商人伙本行盐，最为劣习”③，官衙形同虚设，弊端百出。

（5）邻私。邻私是指其他盐区的食盐通过走私而进入本地区行销。淮盐销售区与其他盐区相交，淮课又较其他地区为重，故往往受到邻盐侵灌，如两湖常受川私、潞私、芦私冲击，以前运铜船只经四川北上，“一路收买川

---

①《宫中档朱批奏折·财政类·盐务项》，道光十年十月十六日，两江总督陶澍折，档案号：04-01-35-0508-004。

②《宫中档朱批奏折·财政类·盐务项》，道光十三年九月十五日，两江总督陶澍折，档案号：04-01-35-0510-058。

③《宫中档朱批奏折·财政类·盐务项》，道光十年十二月十三日，钦差大臣王鼎等折，档案号：04-01-35-0508-029。

私，入楚售卖”，导致湖北宜昌全郡尽食川私，并波及下游荆州各属。随州、应山与河南信阳等地相接，“多被潞私侵灌”，黄安、麻城与光山、固如及安徽英山等处，“多被芦私侵占”。湖南则常受粤盐冲击，其中郴州所属之永兴县，“系粤盐引地”，粤商在此开设子店，行销生盐，他们“多设熬锅，将生盐煎熟，侵灌淮界”①。

以上诸弊的出现，必然会导致纲盐运销困难，引额壅积。嘉庆二十四年（1819年），淮北未销盐达89 769引，占额销引数296 982引的1/3。次年，淮南所属的湖广、江西缺销亦高达25万引，占原额的1/4。道光以来，情况也毫无好转。道光元年（1821年），户部尚书英和曾表示，“近来淮引滞销，以致课迟运绌”②。迄至改革前的道光九年，两淮盐引的滞销仍在1/3以上。陶澍称，从道光元年至十年，十纲之中，“淮南商办课运止有五纲七分”，积引几至半数。③盐运不前，带销负担过重，又使得盐课无着。至道光十年，两淮库储全空，外欠高达4000余万两，另外1000余万两所借本息亦化为乌有。④

与此相伴随的是库款出纳混乱，垫占款太多。两淮正杂税课本系按纲征收，而外支各款则按年支用，如能一纲之盐年额年销，则运库解支自可年清年款，无如口岸滞销，一纲之内均不能销足一纲之引。为凑解正课、杂支，数十年来，库款前后套搭挪垫，以致叠次清查欠款达数千万两之多，如道光二年清查出积欠3687万余两。八年丙丁纲铳引案又查出积欠1157万两。库款之垫占，至道光十年十月垫款700余万两，除已归还者外，尚垫占500余万两，其中有因公垫用者，有铳引垫占者，有商用商捐垫借者。以上款项皆应按引归还，只因套搭过重，运滞商疲，致成库垫之累。

---

① 《宫中档朱批奏折·财政类·盐务项》，道光十六年十一月十二日，两江总督陶澍等折，档案号：04-01-35-0513-024。

② 《军机处录副奏折·道光朝·财政类》，道光元年七月二十一日，户部尚书英和等折，档案号：03-3170-025。

③ 《军机处录副奏折·道光朝·财政类》，道光十九年二月二十四日，两江总督陶澍折，档案号：03-2680-017。

④ 《宫中档朱批奏折·财政类·盐务项》，道光十一年正月十三日，两江总督陶澍折，档案号：04-01-35-0508-036。又按：两淮盐政于嘉庆年间即有改革之必要，唯因考虑到此4000余万两积欠，政府勉为其难，敷衍旧制，维持专商，孰料积重难返，不仅全无挽回希望，且更导致新的积欠。这当是政府下决心推行盐政改革的关键因素。

简言之，清前期的盐利分配格局由政府与总商垄断，政府、商人与民众的利益能保持在一种大致均衡的状态，但至陶澍改革前，由于受滞销、浮费、走私等因素影响，这三者的利益均受到不同程度损害。政府盐课无着，商人纷纷倒闭，民众违法食私，获益者却为盐枭与不法胥吏。又因私枭作为一种有武装、跨数省的贩私集团，往往与捻军或会党相结合，更为清廷的心腹之患。上述情况表明，两淮盐政已日暮途穷，改革迫在眉睫，势在必行。

三

制度创新主体对制度创新收益和成本的分析是从经验得来的。作为一种经验社会，仿照前人的成法，判断改革所带来收益与成本的比较，是最为合理的选择。陶澍改革所能仿效的经验有以下几途。

一由垣商纳课。招来殷商令其认课包纳，灶盐悉归该商经理出卖，寓散于整，简明扼要。但两淮池鐅，半系灶产，业已听命商人，不会情愿重新整合。况且商人惟利是视，秤收则勒以重斤，借贷则要以重息。灶不乐以盐归垣商，垣商亦必无资完课。

一由场官收税。就各场产盐引额摊定课额，商贩先向场大使报明认买斤数，照额纳课，赴各场配买盐斤。但产盐最多之伍祐等场，照引定课，应征银六十余万两；即梁垛等场，亦应征银二十余万两，“盐场微员岂能任此巨帑？”况试行之初，额难悬定，若听其尽收尽解，难保无匿报侵欺。兼之场署多在海滨，既无城郭之防，又乏营汛之卫，征解亦恐疏虞。

另有课归场灶。具体做法是，灶户与盐贩自相交易，由官府确定灶数，并令灶户将额引盐数与余盐数报于场官，场官查核并记录，比照引课，酌定额盐课数，不论富商与小贩，均可向灶户买盐，灶户于售盐时纳课，买盐者将盐运至何地销售，任何人不得干涉，形成人人可以从灶户买盐，贩盐者处处可以卖盐的局面，“数十万私枭不禁自绝，货运小贩皆化而为良”①。针对这一建议，陶澍前任、两江总督蒋攸銛等回应六不可行：两淮场灶向有商亭、

① 《军机处录副奏折·道光朝·财政类》，道光九年九月初八日，御史王赠芳折，档案号：03-3178-034。

灶亭、本池、客池之别，灶亭、客池多系极贫极累之户，若买盐之银先入灶户，“此等穷极无聊之辈，既无身家，又鲜廉耻，而嗜利之心十倍于畏法，非以多抵少，即有售无征，即使察出隐漏及欠课不完，徒事追呼究比”，不可行者一。淮盐额产最广，引地最大，“一旦全撤藩篱，任其自便”，则偏远之地运费加重，盐商裹足不前，“名虽淮盐引地，实则各属邻私”，不可行者二。不凭引目随处贩卖，“则场灶之透漏便捷而贩私无课，获利较多”，必然遍地皆私，无可防范，不可行者三。向来盐课归商，灶丁止纳折色，每遇蠲缓，在折色而不在盐课，若盐课归于灶户，遇灾无法征正课，不可行者四。两淮场灶皆在濒海之区，盐课无处存放，日日会差护送，则必然“不胜烦扰”，不可行者五。淮盐之根窝价值千余万，“一旦废弃，顿失所依”；又有世业盐务之捆工等，“若遽令星散失业，则数十万穷黎流离失所”，不可行者六。①

即便如此，以上诸法所提供的视角与思路，却为陶澍的票法改革提供了有益的参照，票法改革也的确大量吸收了其中的一些措施。道光十二年（1832 年）二月十六日，署盐运使俞德渊遵陶澍之命，与前淮扬道邹锡淳，分路查勘淮北诸盐场及运道，并筹议设局收税章程。随后，陶澍亲自到海州，博采众论，制定票盐之制，并于同年五月初四日向道光帝具折，正式提出淮北于来年推行票盐。

为什么选择淮北而不是淮南呢？两淮共分为淮南、淮北两场，但淮南为主体。每年两淮共行纲盐 169 万余引，其中淮北仅 30 余万引；盐场 23 个，淮北也仅有 3 个。因大小不同，“淮南之利弊，视淮北为盛衰。其弊也，淮北最甚；其效也，淮北最速”②。陶澍在改革之初，顾虑重重，唯恐失败，造成淮南的巨额积欠归款无着，同时，“淮南擅盐利久，官吏衣食于盐商，

---

① 《军机处录副奏折·道光朝·财政类》，道光十年二月初五日，大学士两江总督蒋攸銛等折，档案号：03-3179-003。另外，需要指出的是，正是在道光十年，据史致俨、吴椿、卞士云等人奏，仪征县绅士写信称，向来淮南纲食引盐，俱归仪征掣捆，“数万夫役得受佣资，以敷口食，因闻有盐课改归场灶之议，夫役人等恐嗣后掣捆不归仪征，顿失生计，约会千数百人赴县奔诉”。他们在信中还宣称，“四五千人哀求乞命，哭声满路，市铺关歇，货物不通”，“掣捆不在仪征，生计全无，死亡立见，现已抢夺公行，民难安堵，怆不忍罄言”。虽然其中有夸大之处，但课归场灶之事不可行，已可概见。参见《宫中档朱批奏折·财政类·盐务项》，道光十一年正月十三日，两江总督陶澍折，档案号：04-01-35-0508-036。

② 魏源：《淮北票盐记》，童濂编：《（增订）淮北票盐志略》，同治七年刻本。

无肯议改者”①。所以，两淮的废引改票只有先在淮北试行。当然，改革之初，淮南盐商虽疲，但仍能捆运 50 余万引，淮北则仅捆运 2 万余引，较应运定额不及十分之一，可见淮南尚可支持，而淮北已全面崩盘，除改革外，别无起死回生之法。

改革为系统工程，牵一发而动全身。考虑到“利之所在，弊即因之”，即使先为试办，而清灶、佥商、改官、变法，非数年不能粗定规模；商贩虽广为晓示，亦恐观望不前；即使票法畅行，又必南侵闽浙纲盐，北侵芦潞纲盐，“若不统各省鹾务通盘筹画，实不免此赢彼绌之虞”，故陶澍的改革步骤慎之又慎。

淮北票盐实施的具体办法，根据相关奏折、详文等，可以归纳出以下几点。

其一，取消总商，销盐不再由总商把持。滞岸各州县招徕民贩，给予护照，护照上注明姓名、年貌、籍贯，持照赴场买盐后，到盐大使衙门呈照请票，该大使于护照内验讫戳记，立号簿登记备查。护照准行三年，每票买盐十引至百引，不得过于零碎。由运司刷印三联空白票式，一为运署票据，一留分司存查，一给民贩行运。三联票以中正、临兴、板浦三场各取上一字编列号数，盖用运司印信，颁发三场大使收贮，民贩纳税请票时，该大使于票内注明民贩姓名、籍贯、运盐引数、销往州县，并按道途远近规定到引地时限，任其贩卖。运盐出场，由卡验放，不准越卡，亦不准票盐相离及侵越别处，违者均以私盐论。民贩持照票赴指定引地衙门呈缴，该州县按月将照票上缴运司查核。裁存票据由本场大使按旬照册，汇缴运司，以便核对。存查之票，亦按旬上呈分司衙门备查。票盐行，窝引之法自然废除。

此后，因票盐行之有效，又有验赀、掣签之例。票盐试行之初，票贩颇多观望，且赀本无多，“是以随到随上，钱粮收足而止”。经过数年试办，人心踊跃，票本每岁加增，多至数百万两，均于开局前全数到场，无从分别先后，不能不先令挂号。为阻止有不法奸徒乘机生事，空挂数千百引，以空挂之号重价转卖，“是以不得不出于验赀一法”，即先让票贩各带资本，于开局

① 赵尔巽：《清史稿》卷三九七《陆建瀛传》，北京：中华书局，1977 年，第 11796 页。

前遵照示定日期，当堂验明注册，通摊派买。[①]但以后群商依然踊跃，食盐供不应求。道光十八年（1838 年）二月，票盐开局时，到场资本有二百余万两，而票盐额数以 40 万引为准，为防止多运多销，“致侵灌淮南”，故决定在验赀挂号后，抽签定商，并按折派买。[②]

其二，裁汰浮费，降低淮盐成本。接新章规定，每盐 400 斤一引，场盐照钱时价合银六钱四分，抽税照商运科则酌减 1/3，计银七钱二分，又顷熔解费、设局设卡经费、各衙门书役纸饭、委员薪水、缉私经费等项共五钱二分，通共每引库平纹银一两八钱八分，此外不得有分毫需索。其捆工包索费用由民贩自行经办。经过不到一年的试办，销盐溢额，于十三年三月，奏准恢复淮北原定科则，每引征课税一两五分一厘。上年所征经费银因有节省，拨补正课，将经费酌减一钱二分，每引征银四钱。前定盐价银六钱四分，亦酌减四分。这样，每引共二两五分一厘。[③]向来行盐口岸文武衙门私设陋规，书役复加需索，新章规定不得借端勒索，一经民贩告发，或别经发觉，即严行究办。

票盐之制未行之前，淮北课则虽轻，而辗转运至引岸，每单引成本即至十有余两，故官不敌私。推行票盐后，陶澍规定行盐不由杠坝旧道，而是改从王营减坝入湖，且出盐场后不再改捆，而是直抵引岸。这样，除盐价钱粮外，一两而至坝，又一两而至岸，此即改道不改捆之意。总计运费五两有奇，几减纲盐大半。

其三，减少手续，加速流通。淮北板浦、中正、临兴三场各盐幢远近多寡不一，于各场相度适中之地建立局厂，以便灶户交盐及民贩纳税。三场共设五局，均由运司遴委妥员，每局一人，常年驻扎。遇有民贩买盐，局员将其带赴本场大使衙门。随时纳税请票，再由本局委员于三、六、九日，各照

---

① 童濂：《酌定票盐验赀章程禀》，道光十七年二月，《（增订）淮北票盐志略》卷四下《设局》，同治七年刻本。

② 陶澍：《奏明票盐验资挂号章程附片》，道光十八年二月十三日发折，童濂编：《（增订）淮北票盐志略》卷二《改票》，同治七年刻本。

③ 《宫中档朱批奏折·财政类·盐务项》，道光十三年二月初十日，两江总督陶澍折，档案号：04-01-35-0510-042。

票载引数，与民贩逐包称验，于照票后用戳记，听其运盐出场。倘途中查出包内夹带，惟局员是问。

肃清运盐道途之恶棍是保证票盐得以顺利推行的又一关键。安东、清河、睢宁、邳州等处地界，均有地方恶棍私立盐关，索费包送，甚至公然抢劫。改行票盐后，民贩一经纳税，所运之盐即为官盐，故陶澍严饬地方官认真查拿，务使盐道通畅，匪徒敛迹。

由于成本降低，运道通畅，民贩乐以办运。如有多运，即融代江运之不足，弥补淮南盐务之全局。起初章程规定，须指定请运往州县，并于票内注明，如有越境即以私盐论。经过一年试行后，陶澍量为变通，重新规定，如票盐已经出卡，经委员加印验戳运行之后，因指定州县盐壅滞销，准许其呈明地方官后，转运他岸销售，只是仍不得越出实施票盐州县之界。

其四，加强缉私。"票盐之衰旺，全视缉私之宽严。"按章程，民贩买盐出场，必须由卡经过，候卡员查验有无中途添买夹带，然后才可运至指定引地。其卡隘设在距盐池百里内外水陆必经之地，海州房山系陆路要隘，大伊山、吴家集均为水陆要道，设此三卡，每卡由运司委员督查，各带书役 1 人，头役 1 人，散役 8 名，一年期满另委他人接办。又于沿周添十一处要隘，分派千总 3 员，把总 4 员，外委 4 员，兵 250 名，不时巡缉。民贩过卡既经验明，其余经过州县各盐捕衙门，不得再加查验，以免扰累稽延。盐斤运到认销口岸，即赴当地衙门缴票，照票内如无卡员戳记，即系越漏，应照私盐律治罪。①为增强缉私效果，陶澍又规定，缉私人员薪工，要以销盐数为尺度，如果票盐溢销，则按引酌赏；倘票盐迟滞缺销，则照现销引数摊扣。若半年后仍无起色，则官员记过，兵停俸禄，巡役撤换。另外，如能查获私盐，则仍然是照价变卖充赏；如在别处查获此处透私之盐，即将此处官兵分别参革治罪。②

① 俞德渊、邹锡淳：《筹议设卡防私章程》，道光十二年，童濂编：《（增订）淮北票盐志略》卷五《设卡》，同治七年刻本。

② 对于加大官员缉私力度的考核，其意义不可低估。根据小偷和守卫的博弈模型（"激励的悖论"），如果政府力量有松懈失职的可能性，那么仅加大对走私盐犯的惩罚力度只是在短期中对抑制走私有所作用，长期中不一定有效果，长期效果必须靠加强对相关执法部门的监督和失职行为的查处来保证。

淮北票盐改革前，政府、商人与民众三者的利益受到损害，陶澍废除纲法，同时也将政府的利益置身于一种并不安全的市场化调节机制之中，即政府税收只能随销售量的增长而增长，否则还有下降的可能性。但由于它打破了官商的垄断，产运销各环节又控制得比较好，所以实际的盐销量确有增长，税收有大幅度的提升，而民众也从这种市场竞争格局中得到了好处。简言之，陶澍则通过市场竞争方式，由散商取代总商，票引取代窝引；减轻浮费与手续，降低成本；加强缉私，打击税收外溢，重新平衡了政府、商人与民众的利益，所不同的是，此时商人所涵盖的对象，已经发生了彻底的变化。

票盐使原来总商的垄断地位受到沉重打击，许多商人破产了。据记载，“吾郡西北五里曰河下，为淮北商人所萃，高堂曲榭，第宅连云，墙壁垒石为基，煮火屑磁为汁，以为子孙百世业也。城北水木清华，故多寺观，诸商筑石路数百丈，遍凿莲花，出则仆从如烟，骏马飞舆，互相矜尚”，一时宾客之豪，管弦之盛，谈者目为“小扬州”。但经陶澍改行票法，总商地位一落千丈，不及十年，“高台倾，曲池平，子孙流落有不忍言者。旧日繁华，剩有寒菜一畦，垂杨几树而已”[①]。

改革的过程，实质上就是利益重新分配与调整的过程。特殊群体的利益受到损害，他们必然纷起而攻之。按照陶澍的说法，淮北票盐系属创举，章程一切无可依仿，“当发令之初，物议横生，或言票盐有损于商，无益于官，或言引枭入场必为民害，或言坝扛失业，必滋事端，或言盐至中途，必被抢劫，或言充斥旁岸，必致亏课”[②]。对此，陶澍有充分的心理准备，他表示，浮议显系舞弊弁利之徒，因票引兼行，化枭为良，便于公而不利于己，“是以造作浮言，暗计阻挠”[③]。

行票废纲，总商被革，收入全裁，其郁闷之情可想而知。“议裁鹾费，则窝商、蠹吏挠之；议截粮私，则长芦、总漕挠之；议改票盐，则坝夫、岸

① 黄钧宰：《金壶浪墨》卷一《纲盐改票》，民国十五年铅印本。

② 《宫中档朱批奏折·财政类·盐务项》，道光十三年二月初十日，两江总督陶澍折，档案号：04-01-35-0510-042。

③ 《通饬浮议阻挠札》，道光十二年六月，童濂编：《（增订）淮北票盐志略》卷四上《设局》，同治七年刻本。

吏挠之；群议沸腾，奏牍盈尺。”[①]更为可笑的是，据陶澍奏称，“从前之每年坐食数千金，数百金者，俱多怨恨，吹楚多端。兼闻扬人相斗纸牌，绘一桃树，另绘一人为伐树状，以寓诅咒”[②]。以伐桃树来暗寓伐陶澍，仇恨之意，无以复加。《清史稿·食货志》亦称，“时窟穴盐利之官胥吏，举嚣然议其不便”。另外，他们还试图通过政治代言人，来表达不满。比如御史周彦，指责票盐之法与场灶起征，名异而实同，“场灶起征，利于私而不利于商；给票行盐，利于枭而不利于国”[③]。又如御史鲍文淳，为原来总商鲍有恒近族，鲍文淳未中进士时，常在扬州与盐商往来周旋，故在票法改革后，成为攻击陶澍的中坚，他时而在票法改革之初称改革必无把握，时而在推行过程中称淮北奏销必不能如期，或是在改革有了成效之后，称陶澍私刻奏章，总之，处处加以掣肘。[④]

面对诸多阻力，陶澍不为所动，勇往直前。[⑤]对此，道光帝极为欣赏，多次夸奖陶澍，“自简任两江总督以来，勇于任事，不避嫌怨”[⑥]，又称他“实心任事，不避嫌怨”[⑦]，对其大力支持。《清史稿》称：“减价裁费，商贩争趋，而窝商蠹吏、坝夫岸胥一旦尽失其中饱需索之利，群议沸腾。言官摭浮言，屡事弹劾，赖宣宗鉴其忠诚，倚畀愈专。屡请复盐政专职，皆不许，澍

① 魏源：《太子太保两江总督陶文毅公神道碑铭》，《魏源集》，北京：中华书局，1976年，第329页。

② 《宫中档朱批奏折·财政类·盐务项》，道光十八年九月二十九日（朱批时间），两江总督陶澍折，档案号：04-01-35-0514-008。

③ 中国第一历史档案馆编：《嘉庆道光两朝上谕档》第37册，道光十二年十月初五日，桂林：广西师范大学出版社，2000年，第588页。

④ 双方的论争，可参考《陶文毅公全集》之《盐法》部分。

⑤ 陶澍为争取舆论支持，曾广泛征求京师权门意见，如他对英和称：“盐务大不可支，有言归灶丁可无误课者，虽系探险本之论，然立法以人，无人则法难自立。以海运之妥善，省费百余万，添米十余万，尚且不免浮议，恐盐议更难着手耳。”（见陶澍：《复煦斋相国书》，《陶澍集》下册，长沙：岳麓书社，1998年，第159页）而其座师曹振镛以盐荚起家，陶澍亦曾致书探其意，曹振镛复书曰：“淮北盐务之敝极矣。势非更张不可，吾子有所见，何不急行之，如有困难，老夫当从中主持。老夫行年七十，何能更为子孙作家计，且天下焉有饿死之宰相乎！”表示完全支持（台北“故宫博物院”藏，清史馆《曹振镛本传》，转引自魏秀梅：《陶澍在江南》，台北：“中央研究院”近代史研究所，1985年，第150页）。

⑥ 中国第一历史档案馆编：《嘉庆道光两朝上谕档》第44册，道光十九年三月初九日，桂林：广西师范大学出版社，2000年，第101页。

⑦ 中国第一历史档案馆编：《嘉庆道光两朝上谕档》第44册，道光十九年六月二十三日，桂林：广西师范大学出版社，2000年，第270页。

益感奋，力排众议，毅然持之，卒获成效。”①加之俞德渊等人兢兢业业，共襄其事，票盐改革终获成功。包世臣也承认：“淮北盐务久已运商绝迹，正课虚悬”，经此票盐改革，产额颇增，“洪湖以南食盐居民，率出贱值得净盐，以为有生所未闻见，是其大体已属美善”②。史家更是称：“陶澍治水利、漕运、盐政，垂百年之利，为屏为翰，庶无愧焉。”③给予最高评价。

票盐的成功，主要体现在以下几个方面：其一是积引问题得到解决，并超额完成任务。道光十二年（1832 年）销引 24 万余引，十三年销引 32 万余引，十四年达 59 万余引，为淮北额引的两倍。到后来，甚至还不得不规定以 46 万引为限制，不得多卖，以防止淮北之盐侵灌其他销盐区域。其二是盐课也超额完成。除奏销淮北正杂课银 32 万两外，每年还能协贴淮南银 36 万两，后又带销淮南悬引 20 万两，纳课银 31 万两，“是淮北之课，较定额又增两倍矣”④。至于化私为良、民众乐于购买官盐等情况，更是无须多言。简言之，从政府的角度来说，可谓大获全胜。有鉴于此，有学者才称，“陶澍改革试图扭转亏课局面，增加盐利收入，为朝廷兴利，此外让一般散商也可沾利，以利用其销售力量；蒙受不利的只是地方官吏以及窝商等人。因此可以说票盐法是对盐利再分配所作的一次调整，使官商分利的盐业政策能够在兼顾朝廷和商人（散商）利益下再维持下去，与纲法相比确是要好”⑤。

当然，陶澍的改革亦有很多缺憾。首先，两淮盐政改革的难点在于僵化的盐区划分，而盐区划分的根本原因，又正是清廷出于对税收征收的担心，希冀通过盐区划分与总商包干相结合的方式，来确保自己的利益。显然，陶澍的改革并不敢触动这根“神经”。其次，陶澍曾表示，如果淮北改革行之无弊，可在淮南推广，陶澍晚年“将推淮北之法于淮南，已病风痹，未竟其施，然天下皆知票盐减价敌私，为正本清源之计”⑥。由于反对票法改革的

---

① 赵尔巽：《清史稿》卷三七九《陶澍传》，北京：中华书局，1977 年，第 11607 页。
② 包世臣：《中衢一勺》卷七《上陶宫保书》，《安吴四种》，咸丰元年刻本。
③ 赵尔巽：《清史稿》卷三七九《陶澍传》，北京：中华书局，1977 年，第 11608 页。
④ 王守基：《盐法议略》卷一《两淮》，光绪十二年刻本。
⑤ 吴慧、李明明：《中国盐法史》，台北：文津出版社，1997 年，第 299 页。
⑥ 赵尔巽：《清史稿》卷三七九《陶澍传》，北京：中华书局，1977 年，第 11607 页。

阻力太大，且易与其他盐区发生冲突，故终陶澍一生，票盐改革均未跨越淮北一步。其三，虽然票法改革的成功，在很大程度上，是陶澍借助市场力量，但不能认为票贩行盐已完全市场化。实行票盐法以后，无论是纳税、领票、付价、买盐、运盐、卖盐等环节，都保留了许多烦琐的手续。行盐的路线虽然较前简便，但必须遵循指定的路线，更不能脱离盐区范围。这也为日后盐法的进一步变革，做了必要的铺垫。

四

经陶澍淮北票盐改革后，淮北地区的盐政取得突破性进展，票盐的成果也逐渐得到更多人的认可。随后，陶澍“颇欲推行于淮南，不果”。这主要是因为淮南地袤广阔，因此而获利者甚众，改革的反对阻力大。另外，票盐改革后，降低成本，也开始对其他盐区产生冲击，很明显的证据就是，经过多年的发展，“山东、山西各巡抚皆以淮北票盐充斥，致各该处引积商疲，奏请调剂”①。在淮南推行票盐改革，势必导致私盐侵灌其他盐区，损害其他盐区的利益，遭致更大层面的反对。故直至道光二十九年（1849 年），湖北武昌塘角大火，“烧盐船四百余号，损钱粮银本五百余万，群商请退”②，两江总督陆建瀛才以此为契机，仿淮北成例，在淮南改行票法，并获得一定程度的成功。

“票法宗旨，在于轻本敌私”，“无论官绅军民，皆准承运”③，这是后来学者对票盐精髓的归纳和总结，陆建瀛正是照此办法行事。他宣称，淮南盐务疲敝，“实由口岸之不销”，不销之故，则在官价昂于私价，官本重于私本，而成本过重之故，又在银价日贵，浮费日增。为今日计，“欲畅销必先敌私，欲敌私必先减价，欲减价必先轻本。欲轻本必先大裁浮费，摊轻科则”。在他看来，淮南盐政之弊，在于其盐利既不能上归政府，亦不能惠及百姓，而

---

① 财政部盐务署编：《清盐法志》卷一百十五《两淮十六·运销门六·商运二·淮北票法》，民国九年铅印本。

② 王定安等纂修：《重修两淮盐法志》卷一百五十七《杂记门》，光绪三十一年刻本。

③ 冯桂芬：《利淮盐议》，《校邠庐抗议》，郑州：中州古籍出版社，1998 年，第 132 页。

尽归于中饱之人。淮南引地最广，涉及四省，与这些弊端相适应的，则是官则文武印委各员，吏则大小衙门书役，以及商伙、商厮、商船，“不可臆计”。虽然陆建瀛清楚，一旦自己提出改革动议，这些人“必群起而挠之，造谣结党以恐吓挟制，必使良法中阻而后已”。但若想改革成果，只能力破情面。他仿效陶澍淮北票盐改革方案，提出淮南盐政改革的章程共计十条：

①酌减外费，以轻成本；②酌复额引，加带乙盐；③永禁整轮，疏通销路；④核实岸费，以杜浮冒；⑤分岸运销，利商便民；⑥纲食各岸，画一办理；⑦官定场价，以免居奇；⑧盐包改捆，以杜夹带；⑨体恤灾商，分年批补；⑩删除繁文，以归简易。

从以上章程中可以看出，陆建瀛认为淮南盐务疲敝的主要原因在于行盐地食盐销售不畅，而销售不畅的原因则在于官盐的价格高于私盐，官盐的成本重于私盐，欲以官盐对抗私盐，唯有减省官盐的成本及盐价，所以他提出一系列改革措施，减轻成本、加速运销及简化机构，以配合票盐的实行。陆建瀛还特意强调，以上各条专为除弊轻本，约可省浮费 100 万两，南盐成本每引可省至 4 两有零，自出场到岸，每斤成本约制钱 30 文，如此一来，淮南之盐或可畅销。①

陆建瀛于扬州设总局收纳课税，每运盐十引，填票一张，以十张为一号。楚、西、苏、皖分为四界，凡商贩请运，在销界以内，无论何县，悉听转贩流通，并不作为专岸；如有侵越界外及盐与照离者，仍以私论。又于九江设局，派员经理其事，凡楚西商盐，就近发卖水贩，任其运销。为达到这一目的，陆建瀛随后又颁布了许多配套措施。

陆建瀛的改革得到了最高决策者的支持。咸丰帝曾在陆建瀛的奏折上朱批：“所奏已与军机大臣商酌依议行矣。惟朕弱龄亲政，毫无见闻。于利弊实未能深悉，卿受皇考重恩简任春圻，自必激发天良，实心办事，但此时系整顿之始，尤须敬慎，乃心断不可有见长高兴之意，暴露于前，俾胥役得窥

---

① 《军机处录副奏折·道光朝·财政类》，道光三十年二月初八日，两江总督兼盐政陆建瀛折，档案号：03-3194-008。

测也，勉之，钦此。”[①]可见咸丰帝对他的信任。

淮南票盐改革后，截至九月初旬，不到五个月的时间，已领运 70 余万引，尚有 30 余万引，南北贩商均欲认运。只是因本年淮南通泰各场“夏秋风趣不时，间有缺产”，且考虑到“两淮虽属一体，而南北两局究应剥分界限”，故陆建瀛决定命南商从淮北提盐 30 万引，“仍由淮南商贩运销，免滋流弊”[②]。至十月十五日止，则淮南更是全完纲额之 1095 千余引。[③]

通过以上论述，再结合陶澍当初对淮北地区推行票盐的方法，可知陆建瀛的淮南改革之法，基本上与淮北票盐之制相类似，但因情况所迫，他不再强调缉私、盐区及盐价，并使自己的改革，包含新的因素，从而显得更为大刀阔斧。

陆建瀛的淮南票盐改革，在改行票法之余，重点仍是放在裁减浮费和减轻成本上。《清史稿》记载：“凡省陋规岁数百万，又减去滞引三十万，年只行百零九万引，每引正课一两七钱五分，杂课一两九钱二分，经费六钱五分八厘，食岸正课同，杂费减半。”[④]虽然引斤课费仍较淮北为高，但与以前相比，还是大为减轻。加上为弥补武昌大火的损失，规定每运新盐一引，带运二百斤，“既裁浮费，又多运盐二百斤，成本轻减过半。故开办数月，即全运一纲之引，楚西各岸盐价骤贱，农民欢声雷动”[⑤]。由此可见，陆建瀛的淮南票盐改革，亦是很有成效的。清廷对陆建瀛的改革非常满意，咸丰帝宣称：淮南盐务新章，经陆建瀛督同联英、刘良驹等扫除积弊，自开局至今五月有余，已办过上下两半奏销，约十一月内外，淮南全纲可清，合之淮北盐课协饷，计应共银五百余万两，“办理尚属妥善”，特决定对陆建瀛等人——“加恩交部议叙”。[⑥]

凭借着推行票盐所带来的巨大利润与良好的销售业绩，陆建瀛的票盐改

---

① 《军机处录副奏折·道光朝·财政类》，道光三十年三月二十二日，两江总督陆建瀛折，档案号：03-3194-013。
② 《军机处录副奏折·道光朝·财政类》，道光三十年九月十六日，两江总督陆建瀛折，档案号：03-3194-039。
③ 中国第一历史档案馆编：《嘉庆道光两朝上谕档》第 55 册，道光三十年十月十三日，桂林：广西师范大学出版社，2000 年，第 461 页。
④ 赵尔巽：《清史稿》卷一二三《食货四·盐法》，北京：中华书局，1977 年，第 3620 页。
⑤ 王守基：《长芦盐法议略》，席裕福等纂：《皇朝政典类纂》卷七〇，光绪二十九年刻本。
⑥ 中国第一历史档案馆编：《嘉庆道光两朝上谕档》第 55 册，道光三十年十月十三日，桂林：广西师范大学出版社，2000 年，第 461 页。

革亦在相当程度上获得成果。经陶澍的淮北票盐改革，再至陆建瀛的淮南票盐改革，清代最大盐区的两淮，最终走上了以市场为主导、以利益为驱动的票盐之路。至咸丰元年（1851 年），户部对票盐改革提出一个较为中肯的意见：

> 夫票盐之所以愈于长商者何也？长商受官约束，官吏因之侵渔，长商无可如何，故有费，而盐日滞；票商随时认领，官吏即欲需索，票商立许告发，故无费，而盐易销。则减费即所以裕课，其利一。
>
> 长商有费，则盐价日昂，贵则不能敌私，而销路日壅；票商无费，则盐价日贱，贱则可以胜私，而销路日宽。则敌私即所以裕课，其利二。
>
> 长商积疲已久，每致先盐后课，而课易拖延；票商挟本而来，故皆先课后盐，而课无短绌。则免欠课之积弊，其利三。
>
> 长商按纲领运，必挟资巨万，而后可以承运；票商量力纳课，即为数无多，而亦准其贩运，则广民间之生计，其利四。
>
> 长商则恃系官盐，迫人以不敢不食，故盐多搀和；票商则各自销售，恐人之或有不食，故盐皆洁白。则便各省之民食，其利五。
>
> 长商价重，则人愿食私，而枭徒因之以多；票商价轻，则人愿食官，而私贩因之以戢。则化天下之莠民，其利六。

总之，得此六利，如果又能经理得人，“当今生财之大道，计无有逾此者”。户部立论主要从财政的角度出发，减费裕课，敌私裕课，免欠课之弊，办课较易。但其指出在专商垄断时，官气太重，食盐质次价高这一点，对纲法不便于民的弊病，讲得却的确相当深刻，击中盐法要害。正因为如此，户部提议，陆建瀛之淮南票盐改革，“一年以来，票贩踊跃争先，已酉一纲（笔者注：系指道光二十九年之额盐）收课五百余万两，是年部库支绌，敕以接济”，故而为今之计，“欲增课必先畅销，欲畅销必先敌私，欲敌私必先减费。而欲减费敌私以畅销而增课，则又莫若使各省改长商而行票盐”①。可见通

① 《军机处录副奏折·咸丰朝·财政类》，咸丰元年十二月初六日，大学士户部祁寯藻等折，档案号：03-4385-057。

过自陶澍而至陆建瀛等人的努力，票盐的效率已经得到广泛的承认。

当然，也有人早就指出，淮南票盐改革之不彻底性：淮南、淮北行盐皆获大效，淮南仿票法而不名票，“大意谓票法散不可稽核，此则操纵在手”，故“仍处处间以官吏，与《日知录》所云‘不问所之者’不同”。虽操纵自余，然立一法，“必待其人而后行者，非良法也。必人人，而后可称良法。今法如陆公长在两江，尚能坚持不变。否则官吏乘间，陋规裁者可复，少者可增”①。不能完全自由流通，处处加以限制，当然会留下不少弊端。

陆建瀛改革后不久，即爆发了太平天国运动，太平军攻陷武昌、汉口，长江航路受阻，淮盐无法上运，正所谓“咸丰军兴，岸悬商散，北则军队林立，饷盐充斥；南则江路梗阻，片引不行，票法于是乎大坏’”②，废引改票之事就此结束。加之官员已无力对制度做进一步修正，故淮南票盐很快就出现了“越二岁，即滞销抢跌，承办数千引之大贩皆为一二十引之小贩所误”，“淮盐遂以不振”③的局面。“川盐济楚”逐步登上历史舞台，等到太平天国运动被镇压后，曾国藩、李鸿章等人重整旗鼓，恢复两淮盐运，但已时过境迁，今非昔比了。

五

太平军虽然没有直接控制过两淮盐区的主体淮南盐场，但却间接地使淮南盐场的食盐生产受到削弱。咸丰三年（1853 年）三月，太平军攻陷镇江，四月攻陷扬州，“不特淮南引地无不被其蹂躏，即商人之居于镇扬二郡者，十有八九亦悉遭荼毒，以致盐务更形败坏”④。有鉴于此，两江总督怡良随即上奏，请将壬子纲奏销展限，积引暂停。

户部虽然只能同意怡良之不开本年淮盐，但因怡良“于淮南盐务如何设法办理，并未一语筹及”，担心淮南盐政从此不可收拾。况且淮南各场产

① 李祖陶：《变盐法议》，盛康辑：《皇朝经世文续编》卷五十，光绪二十三年刻本。
② 财政部盐务署编：《清盐法志》卷一百十四《两淮十五·运销门五·商运一》，民国九年铅印本。
③ 《军机处录副奏折·道光朝·财政类》，道光三十年九月十六日，两江总督陆建瀛折，档案号：03-3194-039。
④ 《军机处录副奏折·咸丰朝·财政类》，咸丰三年九月二十九日，两江总督怡良折，档案号：03-4386-039。

尚属“完善”，相邻各省人口繁荫，军队需盐量亦大，“若借词军书旁午，任听灶丁私煎私售，而不设法经理，非特尽撤藩篱，不可收拾，即目前自然之美利弃之如遗，于鹾纲全局大有关系”。经过部议，他们特意将道光十一年（1831年）太仆寺少卿卓秉恬之立场抽税、侍读学士顾莼之课归场灶、光禄寺卿梁中靖之就场收税、江西巡抚吴光悦之撤商归灶四件奏折，转抄怡良，希望他在危局之中能别开生面，“不拘运数多寡，不问销路远近，随资本之大小，听商民之贸易，只交一引之课，准运一引之盐”[①]。

怡良很清楚，“以国课支绌，军需浩繁之际，若不于无可筹画之中，急思补救，非独饷需无出，且恐盐务全局从此荡然，将来更难收拾”的道理，故他很快即与署两淮运司郭沛霖等商议后，奏称就场征税的办法。就场征课的主要内容是，在淮南二十盐场设征盐场所“厂”，商贩自行到灶户处采买食盐，然后到“厂”纳课，自行运销。总体上看，基本出发点是为了照顾灶丁，即通过降低成本，吸引小贩运盐，其中的易引为斤及易银为钱，都是出于这一目的。[②]但经过一段时间的实施，效果却并不理想，因为政府无法通过有效的监控机制，来确保盐商与灶户之私相授受。“就场抽税系权宜应变，消弭隐患之术，而于国计无补”，且咸丰五年（1855年）尚收钱八万余串，六年则仅收税钱二万余串，七年春季所收“更属无几”[③]，相关各员也遭到户部的指名弹劾。作为筹济军饷的重要途径，两淮盐政改变征课办法，势所必然。

咸丰七年六月，署运司郭沛霖即制定出泰栈设局征课章程。他表示，淮南办理设厂抽税，原以恤灶便贩，试行之始，尚属稍有所获，以后则毫无起色。目前的问题是，小盐贩虽有卡巡缉查，但他们“皆海滨穷民，巧于透私，轻于犯法”。下河路径丛杂，汊港纷歧，绕道避越，“此拿彼窜，实属散漫无稽”。兼之灶盐无商收买，煎丁有煎无售，“遂与小贩勾结为奸，禁之则深恐

① 《军机处录副奏折·咸丰朝·财政类》，咸丰三年八月十七日，大学士户部尚书祁寯藻等折，档案号：03-4386-033。

② 鸦片战争后，银贵钱贱的情形更为严重。盐商卖盐，所得为制钱，纳课则为银两，随着银贵钱贱，易致兑换损失，运盐利润减少。

③ 《军机处录副奏折·咸丰朝·财政类》，咸丰七年九月初三日，两江总督何桂清折，档案号：03-4390-025。

滋事，听之则莫可究诘”。经过认真讨论，他们决定，在泰州设立官栈，专门负责转运场盐，令场商大贩在栈纳税，然后赴场捆运垣盐，到栈再行发贩出江，盐商即以所售垣盐之钱收买灶盐。五百担以上，即可以银 1 两抵钱 2000 文，并可只先交一半，其余事后再补。当然，小贩则不能照此办理，仍然要先行交税。结果试行两月有余，即从咸丰七年（1857 年）四月二十日开栈起至六月初五日，已收正税银 9220 两 7 钱 7 分，合钱 18 441 千 540 文，又收正税钱 5587 千 440 文，银钱并计，合 24 028 千 980 文，另外尚还有未运到之盐若干。综计试行二月有余，已经收税 34 000 余串，较上年通、泰两属一年所收之税，征课大有起色，“有盈无绌”。有鉴于此，他更加坚定设局征课的办法，故又进一步细化相关章程。①

随后，两江总督何桂清通过奏折，将泰州设局之事上奏朝廷。他称，淮南盐课就场征收，不能确有把握，现拟酌量变通，渐收利权。两淮盐课甲于天下，而淮南尤为偏重，垣商收盐于灶，运商重盐于垣，完纳课款，分销各岸，其行走道路俱有一定，“权操自官，利归于上，法至善也”。故二百年来，虽弊窦丛生而年复一年，犹能勉强支持。但咸丰三年以后，运商、垣商尽行星散，灶盐无人收买，灶户糊口无资，势将流而为匪，不得已而议请就场抽税。但这几年来所收之课实在太少，上不足以对朝廷，下不足以应军需。后署泰州知州许道身等创议，在泰州设立官栈，招徕垣商，收买灶盐，运栈销售，盐税始得稍有起色。现在淮南各场原定亭鐅，虽止存十之三四，而即此三四成鐅盐，仍急须售卖，贩户未必坐待收买，“海滨之区，头头是道，透私漏税，在所不免”。场员以一人之耳目，稽查实难周到，必得将灶盐随煎随收，方可行就场抽税之法。今既无有力之垣商，又无库款可以筹买，“故行之三年，日趋日下，盖因灶户皆系贫无立锥，其畏法之心不敌其嗜利之念”。这也正是就场征课之毫无把握，300 文税钱之丝毫不能增加的原因。至于以纹银 1 两作钱 2000 文，任从商便，“适滋勒索卖放之弊”，故现在特加禁止，仍照时价征收。现在，前署两淮运使乔松年、现署两淮运使联英等人议请，

① 署运司郭沛霖：《泰栈章程详》，咸丰七年六月，庞际云等纂：《淮南盐法纪略》卷一《就场课税》，同治十二年刻本。

在泰州设立总局，另于扼要之丁堰设立通属分局，东台设立泰属分局，并定立详细章程，自必日有效果。[①]户部就何桂清之奏折进行议复。他们表示，很同意于泰州及丁堰东台设局收税，此于增加税收颇有益处，“应准照办”[②]。

何桂清从增加收入的角度出发，选择了设局征课；与此同时，围绕着两淮盐政所采取的“川盐济楚”、化私为官、军队运盐等方式，无不是为了“以盐济饷”。简言之，尽管可能存在视角的差异、手段的不同，其根本目标却不谋而合，那就是通过盐政的调节手段，来尽量促进与维护政权的稳固。

六

曾国藩的保价整轮，承前启后，是晚清盐政史上的重要环节，它与陶澍、陆建瀛的票盐改革，以及就场征课、“川盐济楚”等事件，一并成为梳理两淮盐政改革脉络的基点。时人曾做过这样的评介：“陶文毅公淮北改票，而盐法一变，北鹾畅行，而南盐疲敝日甚。陆沔阳淮南改票，而盐法又一变。发捻苗练之事起，川粤潞私充斥，大湖南北皖军饷盐为害尤甚。自江路肃清，商灶复业，时曾文正公设总栈，置岸局整轮章程，定牌价，盐法至是一新，而淮运乃大畅。惟请引多，势且不给，李文忠公定以循环给运，而纲法与票法乃互相维持于不敝。今之行者，皆曾文正公手订章程也。”[③]曾国藩的改革，与太平天国运动有莫大关系。在太平天国运动威胁到清政府政权安全情况下，制度创新的机会成本很低。

随着清军逐步恢复在江南的统治，两江总督曾国藩就旧有盐法，核定新章。当时两淮盐业是“岸无真商，商无真本”。曾国藩为增加盐税收入，决定从整顿两淮盐运入手，通过设立淮盐招商局，广事招徕商人，“毋论官绅富商，悉准赴局认办”。但曾国藩的招徕商人，只是扶植少数大盐商，对中小商人则加以限制。他认为，从前淮北试票，所以从十引起运，不过是因为

① 《军机处录副奏折·咸丰朝·财政类》，咸丰七年九月初三日，两江总督何桂清折，档案号：03-4390-025。

② 财政部盐务署编：《清盐法志》卷一百十一《两淮十二·运销门二·引目二·引地引额二》，民国九年铅印本。

③ 王定安等纂修：《重修两淮盐法志·两江总督魏光焘序》，光绪三十一年刻本。

引地甚隘，道里甚近，民贩甚小。但淮南纵横万里，交错七省，“与淮北迥不侔矣”。听说近来江广各岸，小贩充斥，竞趋微利，争先跌价，“大贩因之受挤于小贩，亦犹官盐之受挤于私盐”。有鉴于此，他主张集隔小贩，仍从百引起票，“否则巨商畏缩，实于大局有妨”。他规定，凡行销鄂、湘、赣三岸者，须以 500 引起票，谓之“大票”；行销皖岸者，以 120 引起票，谓之“小票”。商人运盐，最低以一票起运，愿多者听，少者不准。所需办运成本，大票银五六千两，小票亦须一二千两，致小商无力领票。[①]如此一来，导致淮南专招大商，虽名之曰票，实已失票法精神。

轮售是保持曾国藩“票法”制度稳定的关键。出于对市场经济活动中，不法经济行为存在的担心，以及小商小贩易于不法，大商人易于自律，易于受到的政府控制和管理，故曾国藩为确保税收，毅然决定弃小商人，才有了以上诸多变革。当然，曾国藩之保价整轮改革，只是拉开恢复纲法旧制的序幕，相关的善后事宜，基本上都是由其继任者李鸿章来完成的。伴随着李鸿章之“捐输票本”的推行，两淮盐政才彻底走上了原来纲法的老路。可以说，晚清两淮盐政的变革，是由曾国藩与李鸿章两人共同完成的。

李鸿章出任两淮盐政的第一件事，便是决定抽签行盐。同治四年（1865 年）闰五月，楚盐招商局运判武祖德称，新纲鄂盐共开办 85 204 引，湘盐共开办 114 733 引，共计 199 937 引，若一并发给照单，赴栈买盐，栈中须按档运盐，“必致转运不及，争竞不已，因而谣言四起”，私买私卖之弊，不一而足，否则亦“必致无船者有盐，无盐者有船，甚至买盐驳运”。他打算将各贩所请之引分别楚湘，以五百引为一票，书签一枝，另编号数，当堂掣定。淮南总局拨多少盐，即抽多少份。对此，李鸿章的意见是，瓜洲河指日工竣，改道在即，所有旧纲买定之盐，准其暂由口岸出江。抽签之事，亦应等改道之后再行之。[②]

因并不完全采纳纲法定点责任，以及票盐自由流通这两方面的优点，而

---

① 曾国藩：《与刘星房都转盐务》，《曾文正公全集 · 书札》卷一，光绪二年刻本。

② 楚盐招商局运判武祖德：《签掣鄂湘引盐挨次给照详》，同治四年闰五月，庞际云等纂：《淮南盐法纪略》卷三《招商督销》，同治十二年刻本。

是杂糅两者的短处，自然会滋生如此多的弊端。有鉴于此，他请此后泰州分局之票，概归大通总局备发，于护票到局之日出示晓谕，令商贩报明登记号簿，限以日期，约计人名以通票数，分派榜示，得以周知。如人多票少，则令领票者赴总局签筒内各抽一枝，然后照签给发。现于卡下一里许置一小划船，使一勇每日携号旗二十面，俟盐船进口之际，挨次表发，令客商将旗悬挂艄桅，“不特先后之船共见号次，即岸上之人亦得周知”。倘或颠倒错发，不但商客登时即可查出，纵使到卡缴旗换票，卡员亦即立知。当然，这又易致总局利权独据，“掯客价以营私”，易使行客彼此交易，售价不归总局，故规定不准以货物相抵，亦不准以交易逾期。他还又担心行店之倒骗，于是总局设立号簿，每夜令行客同赴总局，客人新书“某月某日某商贩销售票盐若干斤，某行已将足平足色纹银若干交楚是实”字样，这样一来，盐行必然不敢欠一二千两之多。[①]这样的建议，当然不会遭到什么反对。

如果回顾李鸿章在两江总督任上对两淮盐政的整顿与改革，不难发现，他的主要措施，无非令已认之贩预完次年之盐，并报效捐款，准予续运次纲之盐，循环转运，以后即停招新商；已认运各商，如有不愿续运者，再行补充。推行这种办法的根本原因，正如学者所言：“一因厘重于课，恐商贩解体；二因预收商人预厘及报效之利，故以循环转运之权相饵。”[②]可见，还是利益驱动在起作用。事实上，确保征课，已经成为主政大员推动改革的唯一评判标准。

自同治三年（1864 年）起，两江总督曾国藩整顿两淮盐法，聚多数散商为少数整商，票法为之一变；经后任者李鸿章之改行循环票法于淮南，票法制度再变；同治八年，两江总督马新贻最终仿效于淮北，名为寓票于纲，实则改票复纲。于是，有票者恃循环制度为恒业，借票本问题为根据，以垄断两淮盐利，与纲商之窝本无异，变相复纲，仍蹈专商引岸之覆辙，票法精神消息殆尽。

由于马新贻在淮北也实行“循环给运”，票盐名称虽在，实质上已是纲法

---

① 财政部盐务署编：《清盐法志》卷一百二十五《两淮二十六·运销门十六·督销四·皖岸督销》，民国九年铅印本。

② 刘隽：《咸丰以后两淮之票法》，《中国近代经济史研究集刊》第二卷二期，1934 年 5 月。

的复旧，“大利尽归于商，而司鹾政者反不得操进退盈缩之权”[①]。有学者评论：“自此以后，淮北亦继淮南而变相复纲，两淮票法精神于是完全破坏。”[②]至此，两淮方面的盐政制度已经基本定型，鲜有变化。

经过陶澍等人的改革，两淮盐政由纲法而变为票法，经过数十年的流变，却重新回归到纲法的旧路上。这不禁让我们有这样的困惑：究竟是票法适应当时中国社会的客观现实，还是纲法体制有充分的历史诉求？

七

废引改票的原意是废除专商垄断，但捐输票本、不另招商的结果，必然是造成票商事实上的垄断，“虽名为票盐，实与引商无异。一经认定，世世得擅其利”[③]。在曾国藩、李鸿章等人改革办法的支撑下，清末又造就了一批新的盐商资本集团。两淮实行循环给运、预缴部分盐厘后，淮南盐商运盐一斤需成本 12 两。[④]以年销盐 52 万引计，淮南运商需资本 620 万两。淮北运盐一引约需商本银 7 两，时年销 29 万余引，需资本近 200 万两。淮北场商资本以淮南四分之一计，也有银七八十万两。由此可知，同治以来两淮盐商的资本总额至少在 1200 万两银以上。

盐商的利润，据同治五年（1866 年）两淮运司程桓生报告，大致淮南盐商每运盐一引，皖岸可获银 3 两 7 钱、楚西两岸可获 4 两 7 钱左右。[⑤]平均每引获利以 4 两计，有人估计，淮南每票利益平均在 300 两以上，是则每引获利超过 6 两，淮南盐商年获利 208 万两。淮北盐商每运盐一引可获利银 3 两，年获利 78 万两。[⑥]合计两淮运商年获利银近 300 万两。两淮场商每年得入大致也有几十万两。由此可见，同治以来两淮盐商资本财力之雄厚，虽逊

---

① 财政部盐务署编：《清盐法志》卷一百二十四《两淮二十五 · 运销门十五 · 督销三 · 西岸督销》，民国九年铅印本。

② 刘隽：《咸丰以后两淮之票法》，《中国近代经济史研究集刊》第二卷二期，1934 年 5 月。

③ 财政部盐务署编：《清盐法志》卷一五六《两淮 · 杂记门》，民国九年铅印本。

④ 王定安等纂修：《重修两淮盐法志》卷五十五《转运门 · 淮南规复引地一》，光绪二年五月沈葆桢咨，光绪三十一年刻本。

⑤ 王定安等纂修：《重修两淮盐法志》卷一百《成本下》，光绪三十一年刻本。

⑥ 曾国藩：《淮北票盐章程》，《曾文正公全集 · 杂著》卷三，光绪二年刻本。

于乾嘉鼎盛时期，但依然相当引人注目，如同治年间江北沭阳程氏半由贩淮北盐起家，集资200万两，为江北第一家，淮南大盐商周扶久，财产最高时达四五千万两。[①]部分票商甚至又开始自己不运盐，而是靠出租或出售引票获利。当时“湘楚票一张转行售出，可值万金。江西票亦值六七千金。即租出一年，亦得千余金”，这已经与纲法时少数盐商垄断盐引，获取窝价没有本质的区别。

从政府的角度来看，自两淮实行“保价整轮”和“捐输票本”以来，盐课与盐厘均得到相当的保证，故乐于逐步恢复旧有纲法制度。而在得以再次垄断盐利的情况下，两淮盐商也加大了对清廷的“报效”力度。自同治八年（1869年）起，两淮盐商的报效情况如下：

同治八年，淮北盐商为小逻堡堤工捐输30万两。

同治十年，为赈济直隶水灾，西岸加2万引，湘岸加1万引，按引捐资共银20万两。

同治十三年，黄溜趋南，挑河修堤，淮南各商每引捐银8钱，淮北每引捐银6钱。据光绪元年（1875年）的统计，淮南额销547 848引，共捐银438 278两4钱；淮北额销296 982引，共捐银178 189两2钱，两者合计共捐银616 476两6钱。

光绪二年，淮南捐助江北工赈，每引5钱，共银171 914两4钱。

光绪三年，淮北捐助工赈，每引4钱，合银118 792两8钱。又两淮票商共捐助福建水灾赈银2万两。淮南运商捐助晋省灾赈100 800两。以上合计239 592两8钱。

光绪四年，淮南场商捐助晋省灾赈钱2万串。

光绪六年，两淮盐商捐银100万两，以获永远循环转运。

光绪八年，通泰场商及鄂湘西三岸运商共捐钱3万串。

光绪九年，淮南运商捐助山东灾赈银1万两，又为湖北捐银5000两。

光绪十年，淮南运商捐输收养经费银2万两。

---

① 许大与、朱运人：《扬州盐商周扶久二三事》，扬州市政协文史资料委员会编：《扬州文史资料》1981年第1辑，第28页。

光绪十一年（1885 年），两淮场商共捐钱 13 000 串，以供两广、山东水灾赈济之用。

光绪十三年，淮北盐商捐银 3 万两，供直隶、山西、山东灾赈之用。同期五河湖贩按包捐钱 10 文，协济安徽工赈。

光绪十四年，郑工决口，两淮盐商共捐银 60 万两助修。又运商捐银 22 550 两 4 钱，以供苏皖灾赈之用。

光绪十七年，两淮商人按引认捐 100 万两，以补中央财政之不足。

光绪十八年，两淮各商捐银 13 万两，以供江苏、直隶军赈。

光绪二十年，两淮商人按引认捐 100 万两，以补中央财政之不足。

光绪二十一年，淮南盐商认捐 13 万两，拨补铁厂经费。

光绪二十二年，两淮商人按引认捐 100 万两，以补江南海防经善后事宜。

光绪二十四年，清廷发行昭信股票，借两淮盐商银 200 万两，其中淮南 160 万两，淮北 40 万两。

光绪二十五年，淮南认捐徐淮海灾赈银 8 万两，两淮认捐海属灾赈 6 万两。

光绪二十六年，两淮认捐常年票本银 10 万两，自次年起按引摊捐。

光绪三十三年，为充江南新政之需，令淮南运商报效银 100 万两，借银 80 万两，共计 180 万两。

宣统三年（1911 年），淮南运商捐助江皖赈捐银 5 万两，两场食商捐银 1 万两，合计 6 万两。①

以上所引资料，皆源自《清盐法志》之捐输类，据不完全统计，数量已在 1060 万两以上。尚有一些其他的散见材料，如宣统元年，两江总督端方称，淮南之盐行销鄂、湘、西、皖四岸，而尤以鄂、湘占其大半，因兵燹后邻私侵占，南盐引额短缺，酌加湘岸此盐 70 票，合盐 35 000 引；鄂岸引盐 30 票，合盐 15 000 引。每票各缴捐银 1 万两，合计 100 万两。近来又因湘、鄂票商获利较丰，于正项之外，每票加捐银 2000 两，“归入江南财政局，暂

① 财政部盐务署编：《清盐法志》卷一百五十三至一百五十六，系捐输之助饷、助赈、助工及捐收票本，其他善举不在此列。

抵拨补厘金各省欠解之项”[①]。这既可见盐商获利之厚，又可见官商互相依赖之深。

清朝灭亡前夕，为整顿财政，做垂死挣扎，亦曾想对两淮盐务做些变通。光绪二十九年（1903 年），署两江总督张之洞奏称，淮盐疲敝，急宜整顿，“拟增兵船以制枭，剔卡弊以恤商，并定盐务差使比较章程”[②]，得到批准。三十四年，淮盐产不敷销，两江总督端方曾借运芦盐合淮引十万引，借东盐合淮引六万引，“用轮装运免税”[③]。宣统元年（1909 年），御史陈善同称，盐务改归中央直接管理，整顿办法有六，一曰招商包办，一曰开办统捐，一曰就场收税，一曰官运官销，一曰官督商销，一曰官运商销，而整顿之法，“先由淮北试办”[④]。结果还没有来得及勾画蓝图，清廷就被推翻了。

八

清前期的财政体制处于一种均衡状态，即在既定的当事人的谈判能力条件下，没有人能够从改变现有的制度中获得好处，是一种特定情况下的“帕累托最优状态”[⑤]。然而，制度均衡只是在现有约束条件下的一种较佳状态，但相对于人们的“目标模式”而言，并非是一种最理想的状态。制度非均衡状态的出现，是制度创新的诱致因素，但制度的非均衡不一定导致制度创新，因为制度创新的充分条件是，一定的制度非均衡状态具有不可持续性，只有在有关的经济主体具有了实际的创新动机和能力时，一定的非均衡状态才具有不可持续性。诱导性制度创新产生的普遍收益性，是制度得以实施的必要条件，因此这种制度创新是一种制度的“帕累托改进”；制度创新绩效的高低，决定制度是否被认可与推广；先前的制度选择，从经验上影响行为人，

---

① 《宣统政纪》卷十四，宣统元年五月戊辰，北京：中华书局，1987 年，第 279 页。

② 《清德宗实录》卷五一一，光绪二十九年正月丙寅，北京：中华书局，1987 年，第 740 页。

③ 《清德宗实录》卷五九六，光绪三十四年九月癸巳，北京：中华书局，1987 年，第 878 页。

④ 《宣统政纪》卷二十八，宣统元年十二月己亥，北京：中华书局，1987 年，第 514 页。

⑤ “帕累托最优状态”是指资源配置应达到这样一种状况，无论作任何改变都不可能使一部分人受益而没有其他人受损，也就是说，经济运行所达到的效率已经使一部分人处境改善必须以另一些人的处境恶化为代价。

在有限的制度空间中，选择最优制度的预期收益及预期成本。

制度创新不仅使创新主体受益，也会使其他阶层受益；不仅使创新者与绝大多数社会成员的共同利益大于冲突利益，而且会使创新者的绩效倍增。在行为人发现制度的不均衡和外在利润的存在时，就会产生制度创新的需求；如果实现制度创新的潜在收益高于实现制度创新的成本，创新的动力会大大增强。只有当潜在利润（一种在已有制度安排结构中，无法获取的利润）超过预期成本时，一项新的制度安排才会被创新。这种新的制度安排的目的在于，使存在于原有制度安排外的潜在利润内部化，以达到“帕累托最优状态”。新制度经济学家普遍认为，制度创新主体对制度创新收益和成本的分析是从经验得来的。经验对于中国这种人口流动性小、安土重迁的社会尤其重要，且越是经过前代生活证明有效的，也越值得保留。根据以往的经验与实践，行为人从中会判断，新的制度安排所带来的收益是否会大于成本，以便衡量改革的绩效性。

纲法在实施过程中，形成的既得利益集团对现存制度有强烈的需求，他们力求巩固现有制度，继续获得他们的隐性制度收入，阻碍进一步的改革，哪怕新的制度比现存体制更为有效。这种制度的锁定效应，即制度的路径依赖模型。靠自发的需求诱导制度变迁，是不能够实现从现行制度到新制度的转变的，这种锁定状态的打破必然引进政府行为。换言之，盐税改革前，盐政的最大弊端，并不应该是官吏之中饱与扰民，而应该是政府税收的不足；而改革盐税的最大障碍，并不是新的税源得不到有效保证，而是来自庞大既得利益集团的竭力反对。

纵观有清一代的两淮盐法变革，无非是在纲法与票法之间游走。票法之精髓，当在商人持票运盐，自由竞争，不得世专其利。故票法之利，利在小商小贩，小商多则大商不能垄断，商无垄断权力，恶习必少，官场积弊亦少，浮费得以减轻，本轻利厚，因而运销两旺，官府、商人与民众各得其所。一旦成本加重，小商小贩之资本不足以支撑经营活动，小商少则大商必然乘势而起，独擅其利。这正是票法本身的致命缺陷所在。有学者称，“票法是优于纲法的一种商专卖形式”[①]，未必尽然。事实上，早在道光二十年（1840年）即有人指出，随着淮北票盐验资的盛行，“票本增重，渐为票法之害”[②]。引申一步说，纵使无太平天国运动等事件的打断，随着票法推行时间的加长，在市场竞争过程中，也必然会出现大商吞并散商，逐步垄断盐利的局面。而晚清政府为解决财政危机所采取的各种措施，诸多方面都在为大商排斥散商，重掌垄断，起着推波助澜的作用。由此反观陶澍、包世臣等人的主张与行为，我们不能不体味到沉重的历史悲哀感。

另外，不论是陶澍、陆建瀛，还是曾国藩、李鸿章等人，他们所推行的两淮盐政改革，都是因事因时而引发，虽然效果迥异，但都始终围绕着政府、商人与民众这三方面，改革利益主体所涉及的利益分配格局而进行调整。陶澍、陆建瀛的废纲改票，系在相当程度上，通过借助市场的力量，降低成本，调动普通商贩的积极性，来平抑盐价，提高销量，最终达到确保和增加盐税的目的。曾国藩之所以保价轮售，当是为了确保商人的利润，来保证政府的厘金及税收收入，而不要小商人是为了便于控制，不让其违法犯禁。李鸿章的改革亦因时而起，尽管它反对撤销藩篱，限制盐商，推行引岸，画地为牢，但其出发点亦不过是确保盐税。马新贻等人的改革，亦不过是为配合这一历史进程。由此可见，在利益面前，任何高尚的口号都是苍白无力的。如果说盐法的变革是两淮盐政的交响乐，那么道光年间陶澍的淮南盐政改良和咸同时期的就场征课、“川盐济楚”等事件，则是其间穿插的协奏曲。它仍然不过是各利益主体为争夺利益而引发的冲突与调整。

尤其值得我们注意的是，当整体回顾清代自陶澍以来的历次盐政改革后，我们不难发现，在政府、商人与民众这当事三方的博弈过程中，各自的力量对比是完全不平衡的。在这其中，专制中央集权下的政府处于核心地位，在这场关系三方利益的博弈过程中，它才是绝对的主导利益集团。商人和民众始终处于劣势地位，属于“弱势群体”，尽管他们也有着自己的话语渠道及反抗途径，但毕竟都受制于政府的强力控制。因此，在一个政府行政力量

① 吴慧、李明明：《中国盐法史》，台北：文津出版社，1997年，第299页。

② 《清宣宗实录》卷三三四，道光二十年五月戊申，北京：中华书局，1986年，第75页。

过于庞大、市场机制极不完备的条件下，不能寄希望于主导利益集团的“良心发现”，要靠自身的反思来推动改革。所谓制度创新成本，从根本上说，仍是以政府的利益为最终核算依据。也就是说，只有当主导利益集团的核心利益受到损害时，改革才不可避免。

关　　税

在清代的财政史研究中，关税资料相对集中、系统。笔者在决定从事嘉道财政和晚清财政研究后，很快将突破口集中到了关税。

《论乾隆时期的关税征收》(《学术月刊》2018 年第 9 期）分析乾隆时期的关税改革，指出清廷积极调整相关关税政策，通过对关税盈余的雍正十三年（1735 年）进行比较法、三年比较法的调整，使得这一时期的关税征收数量呈现出稳步上升，并达到清代前期关税征收顶点态式。沿海各关征收数据虽然增长最快，但所占比重不到运河长江沿线各关征收数量的一半，可见这一时期清廷仍然固守较为封闭的经济发展模式，没有能够为沿海地区释放出足够的发展潜力。考虑到同一时期英国工业革命的启动和展开，可以说这也是乾隆时期社会经济发展的最重大隐忧之一。

鸦片战争是中国近代史上划时代的事件。《鸦片战争与道光朝关税征收》[《清华大学学报（哲学社会科学版）》2009 年第 3 期] 指出，第一次鸦片战争耗时两年之久，兵锋所指，许多关之税收均降至同期最低水平，4/5 的关税来源受到威胁，给清廷造成沉重的心理压力。鸦片战争后，通过五口通商，洋货开始大量涌入中国，沿海各关随之做出相应的政策调整，在很大程度上改变了以往粤海关一关独大的征税格局，尤其是上海关的异军突起，成为改变近代中国经济格局的一大关键。当然，清廷在关税方面所采取的应因之策，充分显示出鸦片战争对清朝的影响，必将是一个由表及里，逐步推进的漫长过程。

《清代关税的长期表现》[《清华大学学报（哲学社会科学版）》2018 年第 3 期］分析了清代关税的长期发展趋势，认为关税征收饱受政治、军事因素的影响。太平天国运动之前，关税征收量较为平稳。此后，因西方势力的介入，洋关迅速崛起，并整体带动关税飞速增长。利用人口和物价指数对关税量进行修正，并未完全改变这一增长趋势。清代关税的变化，成为引领中国传统财政体制由农业型财政向工商业型财政转变的关键因素。而这一潮流，和 17—19 世纪世界范围内的财政转型完全一致。中国社会政治和经济发展的轨迹，并没有偏离世界主流道路之外，不能被看成是一个“例外”。

试论乾隆时期的关税征收

经商贸易，过关收税，是中国传统社会的惯例。清承明制，在所有舟车辐辏、商旅汇集之处设关收税。道光年间的著名官员、学者王庆云曾指出："我朝沿历代之制，关津抽税始顺治二年（1645 年）。"[①]那么经过了顺治、康熙和雍正时期的调整，到清朝鼎盛时期乾隆朝（1736—1795 年），关税征收呈现出什么样的面貌和特征，从中又透露出怎样的信息？本文即欲就此做一简单分析，以求正于方家。

一、盈余政策调整

顺治、康熙年间，清廷多次调整各关的正额银数。康熙十九年（1680 年），清廷称："粤闽、广西、湖广、四川等省，俱已荡平，商贾通行。今正值需饷之际，相应将各关原额征税之外，酌量加增。"其中，芜湖关的税额从 45 300 两增长到 50 300 两，北新关从 2400 两增长到 3400 两，龙江关从 39 300 两增长到 43 800 两。[②]大致而言，到雍正时期，各关的正额总数增长至约 200 万两。

乾隆时期对关税征收数量的调整，主要体现在盈余上。乾隆皇帝称："各省关税定有正额，而尽收尽解。自有盈余，此不过杜司榷者侵蚀之弊，并无有累于商民也。但各省年岁之丰歉不同，货物之多寡亦异，其盈余原不能年年划一，近见各关报满之时，如盈余浮上年，则部中不复致议，如减于上年之数，则部中即行驳查。司榷者惟恐部驳，必致逐岁加增。年复一年，将何所止，苦累商民事有必然之势。……总之，查核过严，则额数日增，其害在于众庶；查核稍宽，则司榷侵蚀，其损在于国帑。此中轻重固有权衡，著大

---

① 王庆云：《石渠余纪》卷六《纪关税》，台北：文海出版社，1966 年，第 529 页。

② 《抄档・题本・关税》，乾隆三年五月二十八日，工部尚书来保等折，中国社会科学院经济研究所图书馆藏。

学士会同该部详议具奏。”[①]税收超过正额时，就出现盈余，可见乾隆皇帝认为盈余也是朝廷自然而合理的收入。

经济的增长自然会促进关税盈余的增长。为完全控制这一收入来源，乾隆皇帝对关税盈余进行过多次调整。乾隆十四年（1749 年）十一月十五日，乾隆皇帝发布长篇上谕，表示户部提出了各关征收盈余银两，统一比较上届征收的情况，短少者按分数加以处分。但他指出，这一提议不无道理，盈余虽非正额，而是在正额之外，然非额外别征，因为“盈余缘照额征收，尽收尽解，其溢于成额者，即谓之盈余，是名虽盈余，实课帑也，亦即正供也”。居官食俸、忠君之事，当然要统一加以考虑，但户部的提议也有不当之处，“如议而行，则好论之徒必将谓计臣习于言利”。康熙年间，各税关关差各有专员，“恣意侵蚀，不但无盈余，并不敷正额，然至任满之时，未尝不量其所入派工派差，无得饱其私囊者”。正因为如此，才有了雍正年间的大力整顿，“凡官侵吏蚀、仆役中饱，举烛照而数计焉”。因此之故，各关都开始出现盈余，“而缺额者从未之闻矣”。由此可见，只要认真征收，“岁额本敷，盈余本有，向之有缺无盈，其弊自在漏卮耳”。自乾隆登基以来，中外人心皆知政尚宽大，“希图欺隐，时则盈余岁减一岁，又渐开亏损正额之端”。故而曾严降谕旨，所有较前减少之员，交部严行察议。又担心查核过严，“则各关自顾考成，必求溢羡，或致借端横索”，因而要求只可据实声覆。但督抚查核，不过据监督之所申报，“代为奏闻，并无另行查办之处”，导致迄今年复一年，较前有减无增。

乾隆皇帝本人也深知，关税征数仅与上年相比，流弊极多，“有如甲盈一万，则下届之乙必思盈及万有五千，再下届之丙又将增加二万，至丁而三万。似此相竞不已，又将无所底止，必至病商敛怨，非理财之正道也”。所以他提出，盈余之数不如暂为定额，“当一以雍正十三年征收盈余数目为定，其时正诸弊肃清之时，而亦丰约适中之会也”。自雍正十三年（1735 年）以来，数十年间，“岁时之殷歉相若也，贾船之往来相若也，民风之奢俭相若也，则司榷

① 中国第一历史档案馆编：《乾隆朝上谕档》第 1 册，乾隆六年十二月初三日，北京：档案出版社，1998 年，第 752 页。

之征收又何致大相悬殊哉！”故而他要求，嗣后正额有缺者，仍照定例处分，“其各关盈余成数，视雍正十三年短少者，该部按所定分数议处，永著为例，则既可杜征多报少、侵肥己囊之渐，亦不致长竞胜增加之端，庶为得中，如此而仍有以言利兴訾者，是为罔知大计而直欲饱其欲壑者耳”[①]。据此而确定了清代关税制度史上非常重要的比较标杆，即盈余征收数以雍正十三年所收之数为准，短少者一律处罚。

然而，随着时间的推移，这种一成不变做法的弊端很快就显现出来了。尤其是运河沿线一带的榷关，因通航能力下降，过关商品量减少，关税盈余屡屡征不足数，只能由相关官员自行承担赔补，实在不近情理。乾隆四十二年（1777 年），扬州关和凤阳关与雍正十三年征收盈余数进行比较时，再次出现短缺。乾隆帝不得不承认这一税额比较之法并非良策。由此，他又制定出上三年比较的方法来替代：“盖税课盈缩，率由于年岁丰歉，固难免参差不齐。而通计三年，即可得其大概，若多寡不甚悬殊，原可无（毋）庸过于拘泥。此法最为平允。嗣后各关征收盈余数目，较上届短少者，俱与再上两年复行比较。如能较前无缺，即可核准。若比上三年均有短少，再责令管关之员赔补，彼亦无辞。夫朕以雍正十三年为准，本属美意，今既有此求全之毁，嗣后此例不必行。”[②]这就是清代关税史上著名的“三年比较法”。

需要指出的是，在乾隆皇帝看来，多征税银并非制定关税政策的重点。乾隆九年（1744 年），湖北巡抚晏斯盛奏报荆州关盈余，称 1741—1744 年的盈余依次是 13 049.9 两、14 755 两、27 571.5 两和 24 247.2 两。乾隆帝直接回复晏斯盛：“如此锱铢较量，竟似一篇言利章奏于朕前，不知尔出何心耶？果如稽查严密，或者自不染指，虽少何妨？若有如上所指之弊，即费辞掩饰，亦岂久而不露者？且如此居心，亦不过内府微员，只司关税者尚可。汝为一

---

① 台湾“中央研究院”历史语言研究所藏：清代内阁大库《明清档案》，乾隆十五年八月初十日，荆州关监督西宁折，档案号：152。

② 中国第一历史档案馆编：《乾隆朝上谕档》第 8 册，乾隆四十二年八月初三日，北京：档案出版社，1998 年，第 728 页。

省巡抚，亦国家方面之寄矣，如此居心行事，尚可问耶！此奏亦不交部，虽交部议双色，不过如此应答而已。汝等伎俩，朕实洞悉，批谕使知愧耳！"[①]这份档案让我们从一个更深的层面了解到皇帝对关税的态度，即以民生为重，财税次之。

二、关税统计与征收趋势

清代的税关分为户关和工关。经过顺治、康熙、雍正时期的发展，到乾隆时期，税关的数量已经大体定型。[②]户关主要由贵州清吏司（户部的分支，以贵州省命名）管辖，包括 24 个税关：崇文门、左翼、右翼、坐粮厅、天津关、张家口、山海关、杀虎口、归化城、临清关、江海关、浒墅关、淮安关、扬州关、西新关、凤阳关、芜湖关、九江关、赣关、闽海关、浙海关、北新关、粤海关、太平关。另外，山东清吏司（另一户部分支，以山东省命名）管辖凤凰城中江和奉天牛马税；湖北清吏司（户部分支，以湖北省命名）管辖武昌厂；四川清吏司（也是户部分支，以四川省命名）管辖夔关和打箭炉；广东清吏司（户部分支，以广东省命名）管辖梧州厂、浔州厂。以上共计 31 个户关。

户关之外还有工关。根据光绪《大清会典事例》，当时有山东省的临清工关、江苏省的龙江工关、安徽省的芜湖工关、浙江省的南新工关、湖北省的荆州工关、湖南省的辰州工关、四川省的渝关工关。另外还有工关：宿迁工关（属淮安关兼管），由闸工关（属扬州关），直隶省的通永道工关、潘桃口工关、古北口工关，山西省的杀虎口木税，辽宁省的盛京木税，吉林省的吉林木税，新疆省的伊犁木税。然而，因为由闸工关划归扬州关，宿迁工关划归淮安关，杀虎口木税划归杀虎口户关。可以认为，乾隆时期户关和工关总数为 45 个。[③]需要指出的是，户关与工关的管理机关不同，税收汇解对象不同，其考核也不一样。有的关比如芜湖关，例由安徽巡抚统一奏报户部核

---

① 《宫中档朱批奏折·财政类·关税》乾隆九年二月初六日，湖北巡抚晏斯盛折，档案号：04-01-35-0316-022。
② 嘉庆时期，清廷设天津海关；同治时期，又设东海关。至于五口通商之后所设立的洋关，数量则更为庞大。
③ 李鸿章等纂：（光绪朝）《大清会典事例》卷九四二《工部八十一》，光绪三十四年石印本。

销，但户部仍然强调："工关税银虽系臣部查收，但考核例由工部。"[①]

由于二手史料存在诸多不足，本文统计乾隆时期的关税所用资料，主要包括已经出版的《宫中档乾隆朝奏折》（台北"故宫博物院"故宫文献编辑委员会编，台北"故宫博物院"1983 年版）和《乾隆朝上谕档》（中国第一历史档案馆编，档案出版社 1998 年版），以及藏于中国第一历史档案馆的朱批奏折、录副奏折、户科题本，藏于台湾"中央研究院"历史语言研究所藏清代内阁大库《明清档案》、《明清史料》和台北"故宫博物院"藏的《宫中档奏折》等档案史料。

需要特别说明的是粤海关。清初，为切断大陆与被郑成功占据的台湾的经济联系，清廷实施禁海令，禁止船只出海。施琅收复台湾后，禁海令被废除。乾隆二十二年（1757 年）以前，清政府只允许外国商船在江海关、闽海关、浙海关和粤海关进行贸易，然而，这些税关的税收很少。根据马士（H. B. Morse）的《东印度公司对华贸易编年史（1635—1834）》[*The Chronicles of the East India Company Trading to China*（*1635-1834*）]，从 1664 至 1753 年的 90 年间，共有 199 艘来自东印度公司的船只活动于中国，其中 153 艘在粤海关进行贸易（即所有船只的 77%）。闽海关仅有 26 艘，浙海关仅有 17 艘，而江海关只有 1 艘。[②]从乾隆二十年至二十二年起，英国商人洪任辉多次驾船驶入宁波贸易，由此引起清廷不安，于是"赴浙之船必严行禁绝"，"只许在广东泊口交易"，由此促进粤海关"一口通商"局面的形成，在很长一段时间内垄断了国际贸易。[③]因此之故，本文将以粤海关所征税银（洋关）来代表这一时期的对外贸易税收情况（表 1、图 1）。

---

① 台湾"中央研究院"历史语言研究所藏：清代内阁大库《明清档案》，乾隆十八年九月十五日，安徽巡抚高晋折，档案号：184。

② Morse H B. *The Chronicles of the East India Company Trading to China*（*1635-1834*）. Cambridge：Harvard University Press，1926，pp.309-321.

③ 这一情形持续到 1842 年，中英《南京条约》开放五个通商口岸（包括粤海关），才发生改变。当然，由于历史惯例，虽然征收权力发生转移，直到乾隆晚期，浙海关仍年复一年地奏报，"并无红毛船只到关，税银无征"（见台湾"中央研究院"历史语言研究所藏：《明清史料》，乾隆五十九年九月二十八日，浙江巡抚吉庆折，档案号：069849）。

表 1　乾隆时期关税征收表　　　　单位：两

年份	常关实征	常关补全	洋关	关税实征	关税补全
1736	3 463 244.27	3 867 597.2	271 953.53	3 735 197.80	4 139 550.73
1737	3 245 407.03	3 942 507.7	285 154.91	3 530 561.94	4 227 662.61
1738	2 947 926.14	3 672 099.6	234 059.5	3 181 985.64	3 906 159.10
1739	3 158 987.15	3 642 089	270 620.84	3 429 607.99	3 912 709.84
1740	2 852 285.07	3 939 307.4	269 454.96	3 121 740.03	4 208 762.36
1741	3 324 423.97	3 919 456.1	252 606.05	3 577 030.02	4 172 062.15
1742	3 513 688.10	3 964 822.7	296 920.9	3 810 609.00	4 261 743.60
1743	3 406 535.64	3 973 903	317 168.68	3 723 704.32	4 291 071.68
1744	3 657 340.83	4 019 034.6	328 776	3 986 116.83	4 347 810.60
1745	3 895 071.54	4 196 302.2	415 143	4 310 214.54	4 611 445.20
1746	3 437 497.24	3 840 106	339 618	3 777 115.24	4 179 724.00
1747	3 353 697.33	3 688 489.8	216 023	3 569 720.33	3 904 512.80
1748	4 694 229.06	5 034 433.4	435 080	5 129 309.06	5 469 513.40
1749	3 770 780.20	4 208 385.1	447 420.2	4 218 200.40	4 655 805.30
1750	3 941 177.60	4 469 334.8	467 562.5	4 408 740.10	4 936 897.30
1751	3 503 001.20	4 262 770.5	461 795	3 964 796.20	4 724 565.50
1752	4 348 623.20	4 609 154.8	503 303.8	4 851 927.00	5 112 458.60
1753	4 223 373.62	4 469 623.5	514 800	4 738 173.62	4 984 423.50
1754	3 841 688.11	4 196 768.5	515 300	4 356 988.11	4 712 068.50
1755	4 160 391.03	4 506 797.6	486 285.8	4 646 676.83	4 993 083.40
1756	4 271 901.75	4 509 537.6	405 009	4 676 910.75	4 914 546.60
1757	3 435 325.61	3 981 974.9	320 551	3 755 876.61	4 302 525.90
1758	3 564 062.22	4 014 685.8	370 071.31	3 934 133.53	4 384 757.11
1759	4 362 853.48	4 498 307.5	354 694.72	4 717 548.20	4 853 002.22
1760	4 284 768.42	4 531 262.7	356 266.54	4 641 034.96	4 887 529.24
1761	4 048 835.33	4 530 726.6	382 634.39	4 431 469.72	4 913 360.99
1762	4 283 957.54	4 498 885.8	382 652.51	4 666 610.05	4 881 538.31
1763	4 408 473.57	4 632 942.7	411 636.51	4 820 110.08	5 044 579.21
1764	4 485 854.41	4 734 194	474 412.79	4 960 267.20	5 208 606.79
1765	4 824 376.77	4 976 632.1	505 138.77	5 329 515.54	5 481 770.87
1766	4 443 153.22	4 753 434.2	600 120.81	5 043 274.03	5 353 555.01
1767	5 361 169.70	5 744 811.6	546 930.69	5 908 100.39	6 291 742.29
1768	4 027 853.69	4 520 327.5	547 737.68	4 575 591.37	5 068 065.18
1769	4 322 050.52	4 576 179.9	549 194.82	4 871 245.34	5 125 374.72
1770	4 942 461.00	5 399 645.2	591 067.35	5 533 528.35	5 990 712.55
1771	4 489 057.77	4 703 321.5	579 935.97	5 068 993.74	5 283 257.47
1772	4 459 563.21	4 668 252.5	593 869.71	5 053 432.92	5 262 122.21
1773	4 868 521.14	5 096 592.5	554 903.08	5 423 424.22	5 651 495.58
1774	4 909 152.45	5 018 753.2	541 553.19	5 450 705.64	5 560 306.39
1775	4 573 637.42	4 712 744.7	541 863.7	5 115 501.12	5 254 608.40
1776	4 542 904.20	4 886 863.9	533 178.41	5 076 082.61	5 420 042.31
1777	4 854 314.55	4 988 264.5	588 407.97	5 442 722.52	5 576 672.47
1778	4 508 215.57	4 714 477.8	588 453.97	5 096 669.54	5 302 931.77
1779	4 525 366.01	4 597 389.6	556 185.1	5 081 551.11	5 153 574.70
1780	4 494 464.47	4 929 295.8	556 233.94	5 050 698.41	5 485 529.74

续表

年份	常关实征	常关补全	洋关	关税实征	关税补全
1781	5 683 362.45	5 791 801	1 130 684.5	6 814 046.95	6 922 485.50
1782	4 210 506.54	4 776 014.9	521 110.55	4 731 617.09	5 297 125.45
1783	4 402 589.86	4 803 335.8	797 861.57	5 200 451.43	5 601 197.37
1784	4 401 897.89	4 941 700.4	748 125.72	5 150 023.61	5 689 826.12
1785	4 070 063.15	4 601 567.6	872 150.91	4 942 214.06	5 473 718.51
1786	3 806 345.76	4 336 708.3	953 960.66	4 760 306.42	5 290 668.96
1787	4 062 671.38	4 349 315.4	981 686.31	5 044 357.69	5 331 001.71
1788	4 429 019.85	4 609 040.4	1 036 999.3	5 466 019.15	5 646 039.70
1789	4 884 375.53	5 444 405.3	1 101 362	5 985 737.53	6 545 767.30
1790	4 472 238.43	4 906 151.2	1 127 562.9	5 599 801.33	6 033 714.10
1791	4 650 310.79	4 812 745	995 882.52	5 646 193.31	5 808 627.52
1792	4 942 287.42	5 053 514.4	1 011 426.3	5 953 713.72	6 064 940.70
1793	4 429 746.43	4 548 191.5	885 612.8	5 315 359.23	5 433 804.30
1794	4 385 120.29	4 534 930.1	972 948.5	5 358 068.79	5 507 878.60
1795	3 920 629.51	4 541 496.8	1 171 911	5 092 540.51	5 713 407.80
1796	4 106 242.66	4 279 912.8	981 186.69	5 087 429.35	5 261 099.49

根据表 1，可以得出如下趋势图（图 1）。

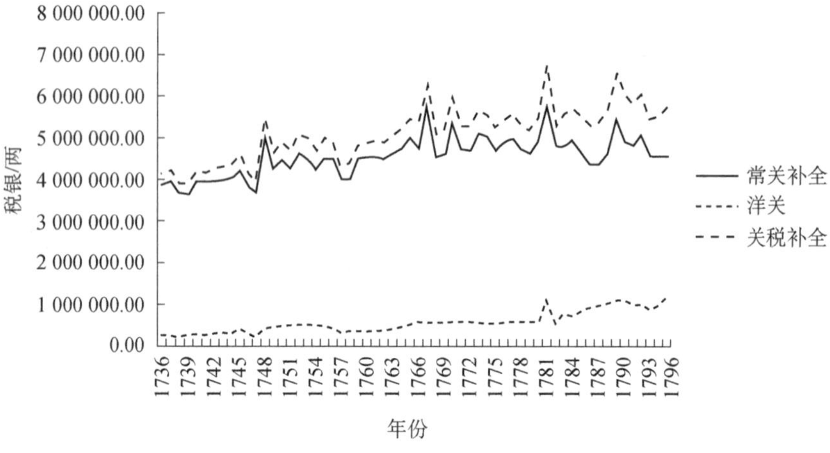

图 1 乾隆时期关税征收趋势图

从图 1 可以看出，乾隆时期的关税征收有着平稳上升的趋势，由乾隆初年的 400 万两上升至超过 500 万两。这一增长显然和乾隆时期相对和平的国内发展环境、人口大量增加以及经济平稳发展密切相关。同时还能从图 1 中看到，粤海关征收的洋税虽然也有着同步的上升趋势，但在乾隆时期的整体关税征收过程中，所占比重非常小。这显示出，乾隆时期的商品流通和贸易，仍然以国内交易和国内市场为主。

三、关税变动与经济区域特征

笔者根据各税关所处的地理位置，将乾隆时期的常关分为三类，即边疆边贸税关、运河长江沿线税关和沿海税关，来分析各种类型税关在乾隆时期的征税表现。关口位于边疆，或其税源主要来自于与少数民族的贸易，归为边疆边贸税关；关口位于运河或长江沿线，归为运河长江沿线税关；关口位于沿海地区的，归为沿海税关。

乾隆时期，边疆边贸税关共有 17 个：山海关、张家口、杀虎口、归化城、武元城、古北口、通永道、直隶潘桃口、盛京木税、吉林木税、伊犁木税、打箭炉、奉天牛马税、凤凰城中江，以上都是陆路关口；只有梧州厂、浔州厂和辰关才是沿河流设立的税关。运河长江沿线征税的税关共有 23 个：有关署的税关为坐粮厅、淮安关、浒墅关、扬州关、芜湖户关、芜湖工关、龙江关、西新关、凤阳关、临清户关、临清工关、九江关、赣关、北新关、南新关、渝关、夔关、太平关、武昌厂、荆州关；崇文门、左翼、右翼则只是设于陆地的税口。沿海税关共 5 个：天津关、江海关、浙海关、闽海关、粤海关。

先来看边疆边贸税关的情况。

因为乾隆时期许多边疆边贸税关的税收数据缺失严重，此处只能做出两条趋势线（图 2）。图 2 中居于下侧的线为从档案中搜集到的统计数据；上侧的线则是根据数据缺失年份的相邻数据进行补入的，以便进行合理的推算。通过图 2 可以看出，这一时期的关税数量整体保持着上升的态势，由 30 万两增长至 40 万两，增长幅度约为 33.3%。乾隆四十六年（1781 年）所征之数尤多，查其原因，系因山海关本年份有两个征税关期，即从乾隆四十五年（1780 年）正月二十八日起征至四十六年正月二十七日，四十六年正月二十八日至十二月二十七日，征数则分别为 130 555.5 两和 131 075.996 两。[①]由

---

① 参见《宫中档朱批奏折·财政类·关税》乾隆四十六年正月（缺日），工部郎中苏成额折，档案号：04-01-35-0350-002；乾隆四十七年二月（缺日），宗人府副理官宜兴折，档案号：04-01-35-0350-040。

于在合并统计时只能将其纳入同一年份，故而整体拉升了边疆边贸各关在这一年份的征税总量。

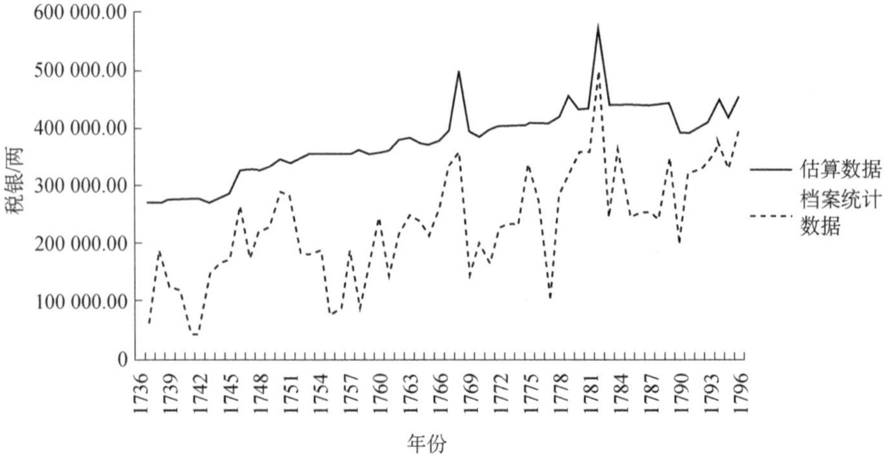

图 2　乾隆时期边疆边贸各关征收趋势图

再来看运河长江沿线各关的趋势（图 3）。

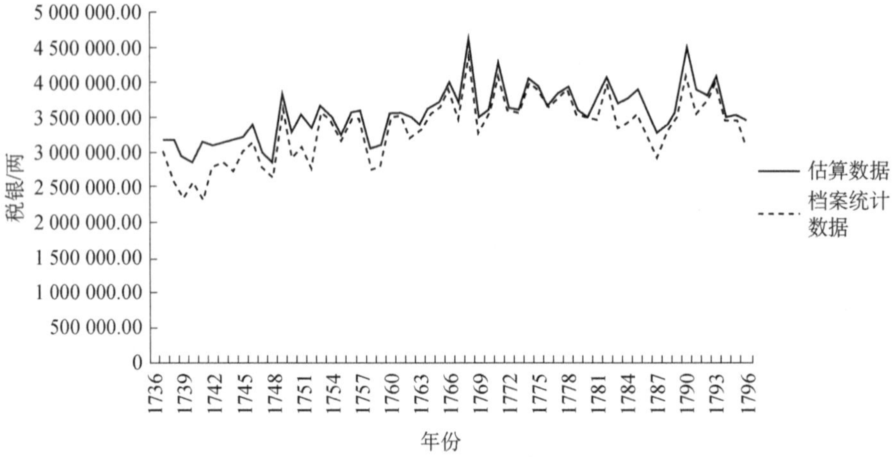

图 3　乾隆时期运河长江沿线各关征收趋势图

从图 3 可以看出，运河长江沿线各关的数据保存情况较好，所缺数据较少，且没有对整体走势产生大的影响。这一时期运河长江沿线各关的征税高点，发生在乾隆三十二年（1767 年），因为此年淮安关、芜湖关、南新关均存在两个征税关期。尤其是淮安关，本年两个关期共征收 1 106 705 两白银，直接拉升了这一年的税收量。[①]大致来说，乾隆时期的运河长江沿线各关征收总量仍然有一定程度的增长，由平均 300 万两增加至 350 万两左右，增幅为 16%左右。需要指出的是，乾隆后期，由于运河淤塞等原因，运河长江沿线的一些税关，如九江关、浒墅关、淮安关等，曾出现过一定程度的税收短缺。

最后来看沿海各关的征税情况（图 4）。

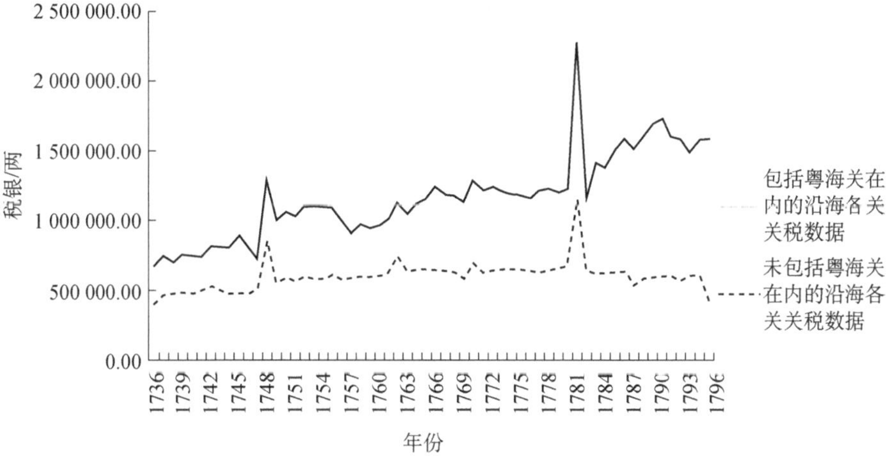

图 4　乾隆时期沿海各关征收趋势图

乾隆时期沿海各关的数据非常完整，很少有缺失发生。考虑到粤海关的特殊性，此处分列出两条数据线，下线为未包括粤海关在内的沿海各关关税数据，上线为包括粤海关在内的沿海各关关税数据。从图 4 可以看出，如不包含粤海关，则扣除闽海关和浙海关在乾隆四十六年一年两个关期的情况外，沿海各关的税收保持平衡，没有发生太大的波动。如果包括粤海关，则沿海各关的增长趋势非常明显，由近 70 万两增加至 150 万两，增幅约为 114%。这说明，粤海关在整体沿海关税征收体系中占据非常重要的地

① 《宫中档朱批奏折 · 财政类 · 关税》，乾隆三十二年正月二十七日，江南河道总督李弘折，档案号：04-01-35-0338-014；《军机处录副奏折 · 乾隆朝 · 财政类 · 关税项》，乾隆三十三年正月初八日，淮安关监督方体浴折，档案号：03-0593-039。

位。巧合的是，粤海关在乾隆四十六年（1781 年）也有两个征税关期，合计征税 1 130 684.503 两。①这也导致两条趋势图都在这一年份达到了历史最高点。

下面来汇总三个区域之间的关税征收数据（图 5）。②

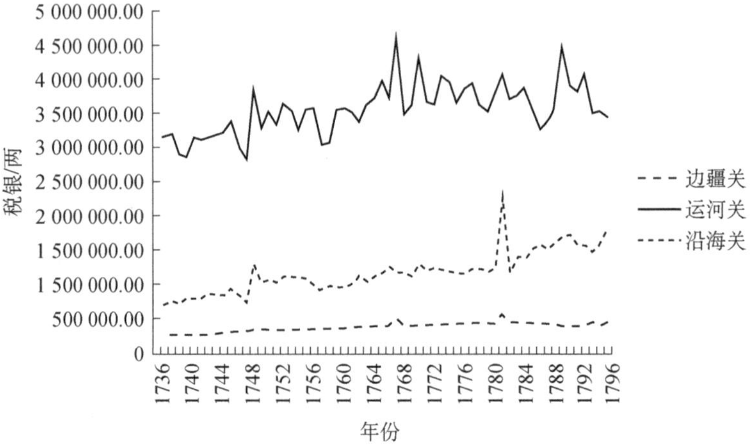

图 5　乾隆时期各关征收趋势图

从图 5 可以看出，这一时期三种类型的税关征收数量均有一定程度的增长，但受粤海关的拉动，导致沿海各关的增长幅度最大；边疆边贸各关的增长较为迅速，但因基数较小，没有对全局产生大的影响；运河长江沿线各关征收数量有所增长，但增幅不大，后劲不足，似难持续。

总而言之，清朝乾隆时期的关税征收制度已经较为完备，征收数量稳中有升。但这一时期运河长江沿线关是关税征收的主体，在平均 500 万两的征税数量中，运河长江沿线各关所征收在 350 万两左右，占全部税收量的 70%。可见在乾隆时期，运河长江沿线经济带仍然是中国经济最发达、商品交易也最活跃的地区。沿海各关（含粤海关）征收数据虽然增长最快，但所占比重不到运河长江沿线各关征收数量的一半，可见这一时期清廷仍然固守较为封

① 《军机处录副奏折 · 乾隆朝 · 财政类 · 关税项》，乾隆四十六年十二月二十四日，粤海关监督李质颖折，档案号：03-0598-040；乾隆四十七年二月初十日，两广总督巴延三折，档案号：03-0598-035。

② 需要说明的是，此图中的边疆边贸各关、运河长江沿线各关和沿海各关，均采取了最大数据，即补全后的边疆边贸各关、运河长江沿线各关，以及包括了粤海关在内的沿海各关。

闭的经济发展模式，没有能够为沿海地区释放出足够的发展潜力。因此之故，我们不应对这一时期的对外开放程度，以及对外贸易对经济发展的促进作用，给予不恰当的过高评价。与此同时，这一时期的对外贸易税收量较少，对社会经济的直接推动作用不大，显示当时的中国仍然处于农业型社会经济结构之中。考虑到同一时期英国工业革命的启动和展开，可以说这也是乾隆时期社会经济发展的最重大隐忧之一。

鸦片战争与道光朝关税征收

鸦片战争是中国近代史上划时代的重大事件。关于鸦片战争起源与粤海关的征税纠纷关系，以及鸦片战争后中英两国围绕海关税则所展开的谈判，学界已经有了相当深入的研究。[①]但具体到关税征收本身，尤其是鸦片战争对关税征收的影响，以及鸦片战争后征税格局的变动，则似有待于进一步研究。本文即欲对此做初步分析，以期从另一侧面了解鸦片战争对当时中国社会全面而深刻的影响。

一、战争期间的关税征收

第一次鸦片战争始于广东，途经福建、浙江和江苏，北抵天津，耗时两年之久，兵锋所指，关税征收皆陷入停顿，而相关地区亦受波及。从税关的分布来看，东至赣关和九江关，北至山海关、奉天牛庄，南至粤海关、闽海关，都在受战争影响范围之内，其中尤以东南四海关（粤海关、闽海关、浙海关和江海关），以及江浙内地榷关所受影响最大。

先来看东南四海关的情况。

（1）粤海关。粤海关的税收，自林则徐禁烟开始即受影响，据道光二十年（1840年）的奏报可知，“粤海关税课向以进口夷船为大宗”，林则徐收缴趸烟，自道光十九年三月二十六日至二十年三月二十五日，共进口外国船只93只，相较上届的138只减少了约33%；所征收的税银也由144万余两减至118万余两，减少了约18%，“船数税数均属减少”[②]。鸦片战争进行的第一年，即道光二十年三月二十五日至十二月底，广州进口夷船只更是减少到13

① 参见彭泽益：《论鸦片战争赔款》，《经济研究》1962年第12期；吴义雄：《鸦片战争前粤海关税费问题与战后海关税则谈判》，《历史研究》2005年第1期。

② 《宫中档朱批奏折·财政类·关税》，道光二十年四月二十一日，粤海关监督豫堃折，档案号：04-01-35-0379-028。

只，“不及往年十分之二”[①]。而道光二十年三月二十六日至二十一年三月二十五日的征收关期内，粤海关全年共仅征银 86 万两，远不及道光前期每年 140 万—180 万两的征税规模，且连额征正数也未能达标[②]，“盖由英夷及港脚之船既经停其贸易，而各国之船又为英夷拦阻，不能进口，是以六月后正当征输畅旺之时，转致短绌”[③]，这也是整个嘉道时期，粤海关的最低奏销额数。在道光二十二年份关期（二十一年三月二十六日至二十二年二月二十五日）和二十三年份关期（至二十三年二月二十五日），因广州地区战事未平，故这两个年度的关税实征数分别为 111 万两和 118 万两，仍未达到正常的征税水平。[④]

（2）闽海关。鸦片战争期间，厦门先后两次受到英军攻击，闽海关征税所受影响颇大。闽海关每年额征银 186 549 两，在鸦片战争的前几年，均能收足全额，但自道光二十年六月以后，“英逆夷船在洋游奕，南北货船多有观望不前，以致船只较少，税课短绌”。虽然道光二十年英国犯厦门未果，二十一年份征税关期（二十年三月十六日至二十一年三月十五日）仍少收 5000 余两。[⑤]次年七月，英军占领厦门，闽海关只能于七月初十日起开始封关闭港，并持续到二十三年（1843 年）七月。关于厦门失守时的惨状，有奏折称：“厦门一口切近瀛壖，地通南北，海舶萃聚，向为闽省第一繁盛之区，故额定税银，几居通省之半，从前民物殷阜，航海贸易者实繁有徒，税额虽多，征输易集”，“迨（道光）二十年夷氛不靖，该处屡被窥伺滋扰，人情震恐，大半失业流离。至二十一年竟被攻陷，在彼居民非各奔逃，即遭蹂躏，

① 《军机处录副奏折 · 道光朝 · 财政类 · 关税项》，道光二十年（时间不详），无奏报人，档案号：03-3165-083。

② 《宫中档朱批奏折 · 财政类 · 关税》，道光二十一年六月初八日，粤海关监督克明额折，档案号：04-01-35-0379-049。

③ 《军机处录副奏折 · 道光朝 · 财政类 · 关税项》，道光二十一年六月十二日，大学士潘世恩等折，档案号：03-3165-091。

④ 中国社会科学院经济研究所藏：《清代关税收支报告表（第六册）》，道光二十四年四月十一日，粤海关监督文丰折；《宫中档朱批奏折 · 财政类 · 关税》，道光二十三年三月二十六日，粤海关监督文丰折，档案号：04-01-35-0379-055。

⑤ 《宫中档朱批奏折 · 财政类 · 关税》，道光二十一年闰三月十二日，福州将军兼闽海关监督保昌折，档案号：04-01-35-0379-044。

被祸之惨，实非浅鲜。其后夷踪虽退而鼓浪屿尚被占居，流徙之民未敢全归故土，其陆续回籍者，家室一空，资财罄尽。居货之行栈既倒歇，而不能复开，贩货之船只亦毁坏，而无力复制，地方之萧索，不特大异于前，即较未经被兵之时，亦有霄壤之别。二十三年七月启关，而民间元气未复，商贩皆多课足，日征之课未能按额取盈”①。加之闽海关之税源，“全恃商船装载木植杂货，在于宁波等处互相贸易，而宁波亦复失守，闽商船货难通，各税俱形短绌”②，故这几年的税收大受影响。其中道光二十二年（1842 年）仅收 11 万余两，二十三年仅收 8 万余两，二十四、二十五年也不过征收 12 万两和 9 万余两，均未能征收足数。③

（3）浙海关。浙江是鸦片战争期间的重要战场，其中定海两度被占，宁波、镇海也相继受到侵犯，而设于宁波的浙海关征税范围为浙江全省海岸，且以洋船税为主，故所受影响极大。道光二十年六月，英舰闯入浙江洋面，占据定海县城，当地官员“恐其分窜各口，并恐汉奸接济，前奉通饬沿海口岸船只封禁出入，宁波大关即于六月初七日封港，其余各口一体封禁”④，并持续到十月十九日，导致本年份关期之第二季度全无征收。而宁波府属之镇海大关及宁绍府属各小口，“非被该夷窃据，即有夷舰往来窥探”，亦系“一律封闭”⑤。开关之后，又因“定海洋面为商船出入必经之处，夷船尚在定海，并未尽赴粤东，所有进港贸易商船未能照常众多”⑥。根据王庆云《石渠余纪》卷六可知，道光二十二年浙海关所征不过 18 839 两，较之

① 《宫中档朱批奏折 · 财政类 · 关税》，道光二十五年二月十六日，福州将军兼闽海关监督敬敫折，档案号：04-01-35-0380-030。

② 《军机处录副奏折 · 道光朝 · 财政类 · 关税项》，道光二十二年三月十七日，福州将军兼闽海关监督保昌折，档案号：03-3166-006。

③ 《宫中档朱批奏折 · 财政类 · 关税》，道光二十四年二月十四日，福州将军兼闽海关监督保昌折，档案号：04-01-35-0380-014。

④ 《宫中档朱批奏折 · 财政类 · 关税》，道光二十年十二月二十二日，浙江巡抚刘韵珂折，档案号：04-01-35-0379-038。

⑤ 《军机处录副奏折 · 道光朝 · 财政类 · 关税项》，道光二十二年十月二十九日，浙江巡抚刘韵珂折，档案号：03-3166-021。

⑥ 《宫中档朱批奏折 · 财政类 · 关税》，道光二十年十二月二十二日，浙江巡抚刘韵珂折，档案号：04-01-35-0379-038。

定额 79 908 两，仅及 24%。这在嘉道时期浙海关的征税历史上，是绝无仅有的。

（4）江海关。道光二十年（1840 年）六月，因英舰出现于浙江洋面，为预筹防堵，经两江总督伊里布与江苏巡抚裕谦奏准，“将通海各口全行封港，其已经出口捕鱼船只，亦即陆续赶回归坞”，此次封港一直持续到九月初五日。考虑到“计其封港之期，正商船最旺之际”，故本年份江海关仅征税银 57 046 两，较之此前的 73 600 余两，下降了不少。但这只是第一次封港。二十二年四月，因战事又起，英军再入江浙洋面，江海关只能重新闭关封港，“迨后宝山、上海相继失陷”，往来进入贸易的船只“又被该夷拦截吴淞口”[①]，故道光二十二年份关期（二十一年十一月初一日至二十二年十月底）的征收额仅为 32 621 两，亦为嘉道时期的最低额。

再来看江苏和浙江的相关内地榷关情况。

（1）扬州关。扬州关“自英夷滋事以来，江浙两省兵差络绎。商贾鲜通，所征盈余已难足额”，道光二十二年六月初八日，“夷船闯入大江，旋即寄于瓜洲，攻陷镇郡。所有内河各口均筑坝堵塞，江广苏杭各处客商尽皆裹足不前，间有中途绕越旱道，运赴本城及村庄售卖者，零星小贩货物无多”，截至九月初一日英舰退出长江，前后合计 84 天，关闸各口仅征银 3270 两零。此后，“虽英夷现已就抚，而镇江行栈多被焚烧，扬郡居民亦未全行复业”，故征税仍然受到很大影响。[②]这几年的征税，亦由以前的足额，变成 3 万—5 万两盈余的亏欠不等。

（2）龙江西新关。龙江西新关位于江宁府（今南京），因道光二十二年六月，英军军舰沿长江一线，经镇江开抵南京下关，“上下戒严，即已商贩绝迹。自六月二十八日新季起，夷船扼据关口，南北行旅不通，直至八月二十八日”，共计停征 67 天，少征银 42 350 两，“委因年内撤回各路兵差，船

① 《军机处录副奏折·道光朝·财政类·关税项》，道光二十二年八月二十二日，两江总督牛鑑、江苏巡抚程矞采折，档案号：03-3166-050。

② 《军机处录副奏折·道光朝·财政类·关税项》，道光二十二年十月十六日，江苏巡抚程矞采折，档案号：03-3166-018。

只稀少，兼之镇江被毁，行栈迄未尽复”[①]。

（3）浒墅关。浒墅关位于苏州府，道光二十二年（1842年）因镇江失陷，“南北道路因之梗塞，零星小贩每日仅收一二百两”[②]。最后统计，本年份少收银52 601两。[③]次年关期（道光二十二年十月初三日至二十三年九月初二日），仅收银274 174两，更是少收146 976两，皆因“夷船甫退，商贩尚在迟疑，兵差络绎”[④]。

另外，江苏还因为“现值海洋不靖，口岸戒严，商贩稀少”，加之当地大雨，故奏准暂免米税的优惠政策。而淮安关道光二十三年份关期亦因“江浙两省撤防，兵船络绎”，税收有了大幅度的下降。[⑤]

（4）浙江之北新关位于今杭州，亦因临近战区，受到较大影响，道光二十一年十二月初一日至二十二年十一月三十日，共收170 147两，少征17 906两，约减少了约9%，“缘自夷船滋扰，江路梗阻，并因夏间雨泽甚稀，河道淤浅，兼值兵差络绎，客贩鲜通”[⑥]。考虑到此前北新关的征收基本足额，亦可见战争的影响了。

除此而外，几个受到鸦片战争冲击的榷关还包括安徽之芜湖关、凤阳关，江西之赣关、九江关，以及天津海关、山海关等处。

（1）芜湖关。芜湖之户关与工关合计，每年应征银347 065两，因受战争影响，道光二十一年仅收银279 491两，短少67 573两，次年更是短收106 221两，原因则在于道光二十二年五月中旬，“宝山、上海失守，传言夷船已到圌

---

① 《军机处录副奏折·道光朝·财政类·关税项》，道光二十三年七月十五日，江宁织造乌明阿折，档案号：03-3166-039。

② 《军机处录副奏折·道光朝·财政类·关税项》，道光二十二年八月二十二日，苏州织造兼管浒墅关铭海折，档案号：03-3166-049。

③ 中国社会科学院经济研究所藏：《清代关税收支报告表（第六册）》，道光二十二年十一月初五日，苏州织造兼管浒墅关铭海折。

④ 《军机处录副奏折·道光朝·财政类·关税项》，道光二十三年九月二十八日，苏州织造兼管浒墅关文炤折，档案号：03-3166-059。

⑤ 《军机处录副奏折·道光朝·财政类·关税项》，道光二十三年九月十三日，淮安关监督景福折，档案号：03-3166-047。

⑥ 《宫中档朱批奏折·财政类·关税》，道光二十二年十二月十六日，杭州织造松蔚折，档案号：04-01-35-0379-051。

山关，扬州镇江居民纷纷迁徙，皆由下而上，前赴湖广、江西各处安插，商船已税过关者亦复泝（溯）流折回”，所短亏欠“实因江路阻塞，非寻常水患偏灾可比”[①]。

（2）凤阳关道光二十二年份关期（二十一年八月十五至二十二年八月十四日）亦因“夷船拦入长江”，短绌盈余10 700两有奇。[②]

（3）赣关之道光二十一年份关期（二十二十年五月十六日至二十一年四月十五日）少征银9278两零，“缘赣关为粤省咽喉，全恃出入海口各货往来，以充盈余。今自二十年英夷在粤滋事以来，各商贾观望不前，过关货物较少”。而在此之前，赣关之征税情况较为理想，“从无短少”。[③]

（4）九江关属长江一线，道光二十一年份关期（二十年六月初九日至二十一年五月初八日），亦因为江浙战火，“各货滞销，以致商贩船只较少”，征不足数，出现44 469两的亏损。[④]次年，这一数据扩大为147 055两[⑤]，根据笔者统计的九江关道光时期的征收资料来看，这一数额亦为此间最大的亏损数。

（5）天津海税“以上海沙船装载茶叶杂货为大宗”，道光二十年（1840年），因“夏间洋面不靖，封禁通海，港口并无只船来津，即奉天贩米船只亦俱断绝往来，直至八月下旬，始有商贩进口”，自二月初一日开河至十二月二十六日封河，仅收银20 766两，共少收19 233两。[⑥]随后，仍然是受战争影响，导致二十一年（1841年）、二十二年的征收额亦仅为25 031两

---

① 《军机处录副奏折·道光朝·财政类·关税项》，道光二十二年十二月初七日，安徽巡抚程矞采折，档案号：03-3166-026。

② 《军机处录副奏折·道光朝·财政类·关税项》，道光二十三年八月十三日，管理凤阳关税务庐凤道郑家麟折，档案号：03-3166-044。

③ 《宫中档朱批奏折·财政类·关税》，道光二十一年五月十二日，江西巡抚钱宝琛折，档案号：04-01-35-0379-046。

④ 《宫中档朱批奏折·财政类·关税》，道光二十一年六月初九日，江西巡抚钱宝琛折，档案号：04-01-35-0379-050。

⑤ 中国社会科学院经济研究所藏：《清代关税收支报告表（第六册）》，道光二十二年六月十六日，九江关监督普琳折。

⑥ 《军机处录副奏折·道光朝·财政类·关税项》，道光二十一年二月十八日，直隶总督讷尔经额折，档案号：03-3165-085。

和 9191 两。[①]

（6）远在北方的山海关关税征收，也受到了战争的影响。据山海关税务监督奏称，山海关征税全靠海船商船，其中征税紧要之海口，是牛庄之没沟营和锦州之天桥厂，“向有江浙闽广各省商船春秋往来奉天各城贸易，征额借以充盈”。而前来贸易的商船，又以上海沙船为最重要，“该处商贾殷富，货物充实”。每年前来没沟营的上海沙船，为一千六七百只，天桥厂的为三百余只。但道光二十二年，“因以江浙夷扰”，上海失事，“商船不能通行，由五月至九月十一日，仅陆续到船二百余只，并无上海沙船。其他海口历年征额，原亦无几，本年尤属短少”，总之，“今自夏间逆夷滋扰以来，所有商贾尽皆隐避”[②]。回顾整个嘉道时期的山海关征税，“向无短欠”，但道光二十二年二月二十八日至二十三年二月二十七日，却出现了 23 197 两的巨额亏欠。[③]

除此而外，肯定还有别的榷关受到了鸦片战争的影响，但因资料所限，还难以做出全面判断。不过，以上情况已经说明，在第一次鸦片战争期间，东南四海关及江浙、安徽、江西、直隶等地之关税征收，均受到了战争不同程度的影响，其中许多关的税收下降到了同期的最低水平。道光帝草草结束鸦片战争，除了出于军事和军饷方面的考虑，关税恐怕也是一个不容回避的重要因素。

二、鸦片战争后税关章程的调整

鸦片战争后，通过中英《南京条约》，英国人明确了五口通商权利。随着国门的洞开，洋货开始大量涌入中国，道光时期的关税收入有了大幅度的增长。面对新的贸易形势，沿海各关随之做出了相应的政策调整。

---

① 《军机处录副奏折·道光朝·财政类·关税项》，道光二十二年五月初二日，直隶总督讷尔经额折，档案号：03-3166-008；《军机处录副奏折·道光朝·财政类·关税项》，道光二十三年四月二十六日，直隶总督讷尔经额折，档案号：03-3166-030。

② 《军机处录副奏折·道光朝·财政类·关税项》，道光二十二年十月初一日，管理山海关税务工部营缮司郎中书元折，档案号：03-3166-016。

③ 《宫中档朱批奏折·财政类·关税》，道光二十三年四月初三日，管理山海关税务监督富泰折，档案号：04-01-35-0379-056。

其一，调整征税关期及额数。

因为第一次鸦片战争期间，“海洋不靖，商船稀少”，天津海关经奏准，改变了以往以每年为一个征税关期，即由开河至封河为时间段的办法，变成“展限三个月，截期奏报，如有溢余，尽数报解”[①]。此后，天津关之征税，便与其他大部分关类似，跨年度征收。

关期变化最大的尚不是天津关。清廷规定，新的通商口岸江海关（上海关）、浙海关（宁波关）、厦门关和福州关四洋关，要以粤海关之关期为关期，“所征西洋务国税银”，亦与粤海关一体办理，每三个月咨会粤海关一次，“仍由各海关另案题报”。[②]这其实是在五口通商新因素出现后，清廷仍欲固守旧有的榷关体制，将其他几处洋关纳入粤海关范围的努力。虽然这种努力更多的是文字游戏，没有实质意义，但却一下子将此四洋关从原来的常关体系中分离了出来。

与此同时，针对四洋关的征税数量，清朝统治者最初坚持按“粤海关原定税额”征收，即通筹沿海五关，“此后粤海关如有征不足数，应请暂于福州、厦门、宁波、上海四关所征西洋各国货税内拨补足数，即由各海关径自报拨，其额外赢余各归各关，尽收尽解”。同时，还想循旧例，对五口征税试行三年，察看五口每年可征税银若干，再将粤海关定额匀归各口，作为定额；如有盈余，仍以额外盈余方式报拨。[③]这实际上是清廷担心税收征不足数而采取的变通办法。不料经过试行，他们发现即便是粤海关一关所征，也在 200 万两以上，“不但有盈无绌，抑且多至数倍”，这才决定粤海关之原定额数，毋庸匀归各口分摊，而是改为各口所征，“尽收尽解”[④]，取代了以往的定额征解办法。

另外，因洋关挤压常关，闽海关不得不调整每年应征额数。据奏报，道

① 《军机处录副奏折·道光朝·财政类·关税项》，道光二十二年五月初二日，直隶总督讷尔经额折，档案号：03-3166-008。
② 《宫中档朱批奏折·财政类·关税》，道光二十四年二月十四日，福州将军兼闽海关监督保昌折，档案号：04-01-35-0380-014。
③ 文庆等编：《道光朝筹办夷务始末》卷六七，上海：上海古籍出版社，2008 年，第 2677 页。
④ 中国历史学会主编：《第二次鸦片战争》（一），上海：上海人民出版社，1978 年，第 373—375 页。

光二十七年（1847年）闽海关征税减少，“实因夷船占销华船之货，致商船大半歇业”，于是恳请“将侵占常税之夷税拨补常税定额，通计盈绌”①。户部议复所请“尚系实在情形”，但将夷税分为两种类别，“款目繁多，恐滋迁就，与其拨补以无定之数，而易滋混淆，不若拨补以有定之数而便于稽核”，命令闽海关仿南新关、北新关拨补之例②，通盘核算，每年从厦门关洋税项下拨银25 000两作为定数，以补闽海关常税之不足。③

其二，区分华夷，加强巡洋缉查。

五口通商后，贸易流通格局大变，为适应此种新变化，清廷做出了不少政策调整。浙海关通过添雇人役、增设公所卡巡的方式，来加强巡洋缉私。据浙江奏报，宁波海口与西洋各国通商，内地货物以茶叶湖丝绸缎为大宗，“浙省海口纷歧，港汊丛杂，小民趋利若鹜，难保无偷漏走私之弊”。安徽、福建等省茶叶贩运来浙，均须经由钱塘江至萧山县属之义桥、新坝二处起运过塘，至宁波销售，故于此二处设充公所，派拨丁书常川住守。湖丝等项，则必须通过上游之大河头、宝幢河头及骆驼桥三处，故亦各设卡房一所。至宁波大关，设立于城外江东，“向系查验内地船货，各该商即在关前分帮停泊，兹与各国通商，未便同在一处查验，致形拥挤”，故决定在江北岸李家街头，设立盘验所一处，建造税房，搭盖棚厂，“以为夷船起货下货稽查盘验之所，使内地与外夷各船不相混淆，易于查察”。又因各国商船由镇海进口宁波，恐有水手登岸滋事，或奸民勾串夷人中途驳运等弊，复于盘验所及镇海口二处，各设巡船二只，雇募舵水选拨丁役，派委佐杂人员，分投稽查。所有开支，则均于“征存西洋各国税钞内照数支给”。④

厦门向为内地客商由海贩运货物、往来各省贸易输税之所，自五口通商

---

① 《宫中档朱批奏折·财政类·关税》，道光二十八年正月十五日，福州将军兼闽海关监督壁昌折，档案号：04-01-35-0380-055。

② 南新关每年例从北新关之征税中借拨4000两，以补不足。

③ 《宫中档朱批奏折·财政类·关税》，道光二十八年六月初六日，福州将军壁昌、闽浙总督刘韵珂折，档案号：04-01-35-0381-046。

④ 《宫中档朱批奏折·财政类·关税》，道光二十四年十二月初七日，浙江巡抚梁宝常折，档案号：04-01-35-0380-028。

以后，钦差大臣耆英“恐内地商船与夷商杂处，滋生事端，又因鼓浪屿原设查税小口殊多不便”，于是函商英国人议定，将查税小口移至新屿，“以期两不相妨”①。清廷在议复这一要求时也称，厦门关一经征税，“则商船巡船与英吉利船只同在一港，帆樯相摩，较之江浙各税口夷船业已退出情形不同”②。一年后，厦门方面再奏，厦门汊港纷歧，岛屿错杂，货船到彼，最易走私，“现当各夷开市之际，夷商之偷漏，固当明示禁防，内地之奸民尤须严加惩创”。当地的何厝乡、卓崎、深坞等处，均在厦门口外，水陆交错，以前内地商船贩货赴厦，这些地方间有走私案件发生，其中尤以何厝乡人口众多，“民情犷悍，较卓崎等处尤甚”。自洋人到厦门互市以来，该乡百姓以为有利可图，即开设私行，置造船只，“希图勾串夷船，于口外卸货走私”，故决定“将其行店船只拆毁”，以绝后患。③

粤海关也开始加强相关缉私，以别华夷。据粤海关监督奏称，鸦片战争以后，茶叶、湖丝、大黄等项，多有走私，因三水之思贤滘，虎门之三门，南海之九江沙头，东莞之石龙，香山之石岐，顺德之黄连、甘竹，这七处均有汊河可以绕道出海，“向无卡口稽查”。现在香港既准英人居住，“不得不预防内地奸商绕道偷运”，于是在这七个地方设立卡房，每卡派家人一名，书一名，役一名，巡丁十名，水火夫二名，巡船水手八名，每月各给工食杂费，凡有销售外夷之物，均不准其绕道行走。④

其三，裁减浮费。

因为有常关与洋关之别，江海关出现了耗银之争。据奏称，江海关自道光二十三年（1843年）九月二十六日开市，“开市之初，税钞皆用洋银输纳。嗣因议令补水，该夷等每多轇轕，旋即改为银两输征，而所纳之银又皆成色

① 《宫中档朱批奏折·财政类·关税》，道光二十三年六月二十七日（朱批日期），钦差大臣耆英折，档案号：04-01-35-0379-060。

② 《宫中档朱批奏折·财政类·关税》，道光二十三年七月十九日，福州将军兼闽海关监督保昌折，档案号：04-01-35-0379-063。

③ 《宫中档朱批奏折·财政类·关税》，道光二十五年二月十六日，福州将军兼闽海关监督敬敫折，档案号：04-01-35-0380-030。

④ 《宫中档朱批奏折·财政类·关税》，道光二十三年八月二十二日，两广总督祁贡、粤海关监督文丰折，档案号：04-01-35-0380-003。

低潮”，上海道宫慕久通知洋商，所征税银熔解后解往户部，每千两会出现三四十两不等的折耗，“当令该夷如数补水”，但洋商“以税钞本应纳银，今以银上纳，系遵定章办理，不能再补”，婉谕再三，坚执不允，“反称格外需索，欲缓通商”。为考虑大局起见，不能不通融办理，同意洋人要求，不再额外征收。但此后洋商来华贸易日众，年纳税钞或五十万，或六十万，甚且多至七十余万，而其银两皆系九六、九七成色，“各夷以初次收兑银色为准，不惟不能令其补水，兼亦不能令其易换”。如以此交部，则江海关必然大亏，故恳请仿粤海关章程，“在于征收税银内作正开销，以归画一，每两准销折耗银三分”①。后来经过部议，认为江海关征收西洋各国税钞之案，此项折耗银两“自系无款可筹”，惟所请三分，每年合计五六十万两，则折耗多至一万数千两，“未免为数过巨，减去一分，折二分”②。

粤海关是裁费归公的“大头”。在旧有的体制下，粤海关例于正税之外，征收羡余，“是以监督、洋商，一切公事得以从容措置”，无如日久弊生，各方皆受其害，“外夷积忿生事”。中英谈判时，英方代表朴鼎查“首以裁革洋商、删除浮费为请，实由于此”。伊里布抵粤后，英人又以正税之外，不能另有加增，“设有必不可少之项，应于则例内注明，正税若干，另项若干字样，以免另起衅端”。经反复讨论，“应允将大宗货物税银逐一加增”。③又因粤海关例有办理贡品开支，经此次裁革后，费无所出，但清廷并不想舍弃此种来源，故仍命粤海关监督“查看情形，可否呈进，据实具奏”。经查，粤海关所有税款，均归正项奏销，“并无闲款可抵备贡之需”。惟查管关监督除每年应支养廉外，尚有每年更换各口书役酌缴备公银五六万两，除每年解交造办处米艇规银 3 万两，“其余以资办公”。④如此通融办理，才算是勉强解

---

① 《宫中档朱批奏折 · 财政类 · 关税》，道光二十九年九月二十日，两江总督陆建瀛、江苏巡抚傅绳勋折，档案号：04-01-35-0381-041。

② 《宫中档朱批奏折 · 财政类 · 关税》，道光二十九年十二月二十二日，两江总督陆建瀛、江苏巡抚傅绳勋折，档案号：04-01-35-0381-051。

③ 《宫中档朱批奏折 · 财政类 · 关税》，道光二十三年八月二十七日，耆英、程矞采、两广总督祁贡、粤海关监督文丰折，档案号：04-01-35-0021-215。

④ 《宫中档朱批奏折 · 财政类 · 关税》，道光二十七年二月初一日，粤海关监督基溥折，档案号：04-01-35-0380-043。

了燃眉之急。

以上变化，均系鸦片战争后，清廷在关税方面所采取的应对之策。从中不难看出，旧制度对新因素的应因，具有极大的惰性和保守性，这种应对之策，实质上是忙于补漏，被动应付，而缺乏必要的主动性和开创性。这也表明，鸦片战争对关税征收所带来的影响，清廷统治者尚缺乏深刻的认识和通盘的考虑。

三、征税及流通格局的变化

如果仅就关税征收本身而言，鸦片战争后最重要的事件，当属随着五口通商和洋关的出现，在很大程度上改变了以往粤海关一关独大的局面，尤其是上海关的异军突起，成为改变近代中国经济格局的一大关键。

鸦片战争后，随着流通格局的变化，一些关的税源开始发生变化。天津海税向以上海沙船装载茶叶为大宗，耆英在通筹沿海五关收税事宜时，曾规定“茶叶一项止准内地行走，不准涉海”，“倘有情愿由海贩运者，即照西洋各国贸易例，一体完税，商贩率皆裹足不前”。后来经两江总督议复，认为从江海关运茶叶到山东、天津和奉天贸易，“仍系内地交易”“与外洋无涉”，结果茶叶贸易开始出现转机。[①]江海常关也成为这一政策的直接受益者。道光二十三年（1843 年）十月初十日至二十四年九月底，江海关共征收运赴奉天、天津、山东等处茶税银 9398.455 两，系全新的税收来源。[②]此后，这一数据在二十六年份关期是 3557.113 两；二十八年份是 7016.786 两；二十九年份是 6112.676 两；三十年份是 6283.695 两。[③]茶税遂成为江海关极为稳定的收入来源。

流通格局的变化，在使一些关的征税受益时，也必然会使另外一些关的

---

① 《军机处录副奏折・道光朝・财政类・关税项》，道光二十四年五月十三日，直隶总督讷尔经额折，档案号：03-3167-014。

② 《军机处录副奏折・道光朝・财政类・关税项》，道光二十四年十二月初九日，江苏巡抚孙善宝折，档案号：03-3167-052。

③ 《宫中档朱批奏折・财政类・关税》，道光三十年十月初四日，江苏巡抚傅绳勋折，档案号：04-01-35-0382-001。

征税受到影响。厦门关自道光二十三年（1863年）九月，“英夷派令领事来厦开市，其运至销售者大半皆呢羽、棉布等物，内地向销之货，复为所占，致税课复有亏计”。同时，厦门从前征收税课，“以棉花布匹洋货等税为大宗”，向来由厦商人将本省漳州府属及同安县土产之棉布等物，由海道运至宁波、乍浦、上海、天津、锦州及台湾鹿港一带销售，“复在宁波等处贩买江浙之棉布以及各种货物至厦门售卖，其各省商船之来厦者，亦如此辗转行运”。至外洋所产之大呢、羽毛、哔叽等类，并一切贵重之器物，则专有闽广商舶赴粤运销，一出一入，均须征税。自五口通商以来，“凡洋货皆系夷商自行转运，闽省并无赴粤之商，粤省亦鲜来闽之贾，且该夷除贩运洋货外，兼运洋布、洋棉，其物充积于厦口，内地之商贩皆在厦运入各府销变，其质既美，其价复廉，民间之买洋布、洋棉者十室而九，是江浙之棉布不复畅销，商人多不贩运，而闽产之土布土棉，遂亦因之壅滞，不能出口”。海关征收夷税、常税，分而为二，“夷税既增洋货棉布之银，则常税自减洋货棉布之课”①。

此后，即便经过政策调整，厦门关之征收亦无起色。据奏报，厦门贩海之船共有四项，一曰透北之船，载闽产之白糖纸张，赴宁波、乍浦、上海、天津、盛京等处销售，复载北路杂货回厦；一曰过台之船，载内地棉布烟茶杂货赴台湾销售，复载台湾之米谷白糖；一曰出洋之船，载内地杂货赴南洋之吕宋、暹罗诸岛国销售，复载诸岛国所产之燕窝、海参、胡椒、沉香、檀木、乌木、苏木、番木、藤条、牛皮、铅锡等货回厦；一曰广拨之船，本地称为红头船，专赴广东洋行拨贩洋布、棉花、大呢、羽毛等货，分销闽省各府。四项商船内，惟出洋之船最大，资本最重，嘉庆初年常有二三十只，道光二十年以前尚有五六只。其广拨之船，从前有数百只，道光二十年以前尚有一百余只。自道光二十三年五口通商以后，西洋各国之船来厦者络绎不绝，皆为以前厦门船所载之物，“货色相同，而价值则较为轻贱，内地商船断不能折赀本而与之争售，不得不收帆歇业，别图生理”。故二十三、二十四两年，出洋之船绝迹，而广拨之船尚有二三十只，自二十五年以后，广拨之船

① 《宫中档朱批奏折·财政类·关税》，道光二十五年二月十六日，福州将军兼闽海关监督敬敫折，档案号：04-01-35-0380-030。

亦并绝迹，仅余透北过台两项船只，数亦不及从前之半。针对江海常关和浙海常关同系新开洋关，为何常关税收并不致短绌的原因，闽海关的解释是：上海商船专贩北洋出口入口之货，以布匹、米豆为主，“与夷船销路不同，货色亦两不相涉”。故上年上海关征收洋税至 66 万余两之多，而江海关征税依然足额。宁波情形亦与上海相类，“是夷税之侵占华税，乃别口未有之情形，而厦门实独受其累”[①]。

当然，五口通商后，所受影响最大的乃是粤海关。随着上海关的崛起，粤海关一口通商的地位受到巨大威胁，“彼省所赢，此处所绌”[②]。根据相关资料，笔者做出道光后期上海关等四洋关的征税统计表（表 1）。

表 1　道光后期上海、厦门、宁波、福州四洋关征税表　　单位：两

年份	关期	上海关	宁波关	厦门、福州关	合计
1844	道光二十四年	42 617.306	6 264.468	15 134.438	64 016.212
1845	道光二十五年	187 960.792	6 885.047	48 275.94	243 121.779
1846	道光二十六年	1 229 628.42	2 173.379	62 767.48	1 294 569.279
1847	道光二十七年	680 295.19	1 571.926	29 136.252	711 003.368
1848	道光二十八年	587 984.925		24 599.767	612 584.692
1849	道光二十九年	670 603.018	419.885	30 655.622	701 678.525
1850	道光三十年	704 000	117.63	33 684.396	737 802.026

资料来源：《宫中档朱批奏折·财政类·关税》《军机处录副奏折·道光朝·财政类·关税项》《经济研究所抄档》。上海（江海关）道光三十年数据引自太平天国历史博物馆编：《吴煦档案选编》第七辑，南京：江苏人民出版社，1983 年，第 82 页

需要指出的是，上海关道光三十年（1850 年）十一月二十六日至咸丰元年（1851 年）十月二十五日共征收 1 251 340.002 两，咸丰元年十月二十六日至二年十月二十五日共征收 1 308 240.956 两。[③]此后，江海关之税收，即超越粤海关，成为天下第一大税关。至此，对外贸易的中心北移成功，上海也迅速繁荣起来。

---

① 《宫中档朱批奏折·财政类·关税》，道光二十七年十月二十五日，福州将军壁昌、闽浙总督刘韵珂折，档案号：04-01-35-0380-050。

② 《军机处录副奏折·道光朝·财政类·关税项》，道光二十六年二月二十一日，粤海关监督恩吉折，档案号：03-3168-005。

③ 中国社会科学院经济研究所藏：《清代关税收支报告表（第六册）》，咸丰二年正月二十二日、二年十二月二十八日，江苏巡抚杨文定折。

简言之，鸦片战争对于道光晚期关税征收、章程修订及征税流通格局均产生了重要影响。同时，清廷在关税方面所采取的应因之策，也充分显示出鸦片战争对清朝的影响，必将是一个由表及里，逐步推进的漫长过程。如果再考虑关税纠纷而导致的战争开火，以及战后的税则谈判，不难发现，关税是全面分析和讨论鸦片战争，以及道光晚期政治活动和经济活动的重要指标。

清代关税的长期表现

清朝继承历代“关市之征”，在水陆冲要及商品集散地设置税关，对过往货物和船只征税，即为“关税”。关税是一种商品流通税，按照一定的比例征之于货物或船只，因而和社会经济的发展水平关系密切。[①]清代的关税征收涵盖了国内贸易和国际贸易的所有商品，在相当长的时间内，粤海关是清代国际贸易征收的主要关口。“五口通商”之后，随着通商口岸的增加和征税方式的改变，与传统的“常关”衰落形成鲜明对照，“洋关”（海关）迅速崛起，并成为带动清代关税整体飞速增长的动力。

太平天国运动之前，清朝遵循传统的“量入为出”财政原则，稳定的田赋收入占全部财政收入的一半以上，处于最重要的地位；关税则是为数不多的可扩张性税种。此后，随着太平天国运动、第二次鸦片战争等战事的加剧，传统财政体系甚至整个国家都面临巨大的挑战，财政收支结构也发生急剧变化。关税的迅速增长和随后诞生的厘金，一道成为改变中国传统财政结构的最重要力量，引导了财政体制由农业型财政向近代工商业型财政的转变。了解清代关税的发展演变轨迹，对于加深对清代财政发展演变的趋势，以及认识中国经济的近代转型，具有极为重要的意义。

目前学术界关于清代关税的研究已经较为丰硕。[②]但以往的研究成果，

---

① 已有不少学者对清代关税的税率进行过研究，各关税率差异较大，为货物价值的 2%—6%，参见香坂昌纪：《清代中期の杭州と商品流通——北新关を中心して》，《東洋史研究》第 51 卷第 1 号；许檀、经君健：《清代前期商税问题新探》，《中国经济史研究》1990 年第 2 期；邓亦兵：《清代前期税则制度的变迁》，《中国史研究》2003 年第 3 期等。

② 相关著作包括彭雨新《清代关税制度》（武汉：湖北人民出版社，1956 年）、戴一峰《近代中国海关与中国财政》（厦门：厦门大学出版社，1993 年）、黄国盛《鸦片战争前的东南四省海关》（福州：福建人民出版社，2000 年）、祁美琴《清代榷关制度研究》（呼和浩特：内蒙古大学出版社，2004 年）、汤象龙《中国近代海关税收和分配统计：1861—1910》（北京：中华书局，1992 年）、邓亦兵《清代前期关税制度研究》（北京：燕山出版社，2008 年）、廖声丰《清代常关与区域经济研究》（北京：人民出版社，2010 年）和丰若非《清代榷关与北路贸易：以杀虎口、张家口和归化城为中心》（北京：中国社会科学出版社，2014 年）等。相关论文则更为庞大，不一一列举。

或从制度的层面进行讨论，或零星对个别时段、个别关的税收做统计，尚未出现对清代关税数据做完整统计分析的成果。本文即欲以第一手的档案资料为基础，从长时段的角度入手做一简单梳理，并通过人口、物价等指数进行修正，以期获得对清代关税长期表现的认识。是否有当，祈请方家赐正。

一

清代的税关包括常关和洋关，常关主要针对国内贸易商品征税，洋关主要针对国际贸易商品征税。

清代前期的常关分为户关和工关。户关来源于明代的钞关，隶属户部，税款岁输户部供国用；工关则源于明代的工部抽分，隶属工部，主要征收竹木税和船税，税款专佐工部营缮之需。从顺治二年（1645 年）开始，清廷在明代钞关的基础上，通过合并、划拨、裁革商关，先后重建和新增了京师的崇文门、左翼、右翼，直隶的天津、张家口、龙泉，辽东的奉天，山西的杀虎口，山东的临清关，江南的淮安关、凤阳关、芜湖关、扬州关、西新关、浒墅关，浙江的北新关，江西的九江、赣关，福建的闽安关等 19 个户部钞关。康熙年间增建直隶的坐粮厅、山海关，辽东的中江，湖北的武昌，四川的打箭炉、夔关，广东的太平关、粤海关，江苏的江海关，浙江的浙海关，福建的闽海关等 11 处；雍正年间增加了广西的梧州、浔州 2 处；乾隆年间分别增建了山西的归化城、多伦诺尔 2 处，以上皆为户关，共计 34 处。

嘉庆时期，户部贵州清吏司所辖榷关为崇文门、左翼、右翼、坐粮厅、天津关、张家口、山海关、杀虎口、归化城、临清关、江海关、浒墅关、淮安关、扬州关、西新关、凤阳关、芜湖关、九江关、赣关、闽海关、浙海关、北新关、粤海关和太平关，共计 24 处。此外，户部还有其他的几个清吏司，也管理着户部的关：福建清吏司所属的天津海税[①]，山东清吏司所属的奉天牛马税、凤凰城中江，湖北清吏司所属武昌游湖关，四川清吏司所属夔关、

① 天津海税经钦差大臣托津等奏准，于嘉庆十二年起由直隶总督派员征收，定额 4 万两，其中正额 26 000 两，盈余 14 000 两，参见《军机处录副奏折·咸丰朝·财政类·关税项》，嘉庆十一年十二月初十日，户部左侍郎托津等折，档案号：03-1768-027。

打箭炉，广东清吏司所属梧、浔二厂，共计户关 32 处。[①]贵州清吏司下各关的税款，“除以火耗及存留陋规银作为经费之外，其正项税银逐款分析，或留地方以充兵饷，或解送京师之户部及内务府”，也就是说，实际上正项税款的用途分两部分，一部分存留地方作为兵饷发放，一部分上交国库或内务府。山东司所属的奉天牛马税、凤凰城中江等税款“报解盛京户部”，其他如湖广司、四川司、广西司所属“诸关税银全部解送藩库，作为官吏养廉及兵饷之用，奏销附入地丁钱粮奏销册”，说明这部分税款主要用于处理地方事务。[②]可见，从税银的使用来看，这几个关可以算做“地方关”。

户关之外还有工关。据光绪《大清会典事例》可知，当时工关为山东临清、江苏龙江、安徽芜湖关、浙江南新关、湖北荆关、湖南辰关、四川渝关等，“钦定工关赢余银两数目，辰关三千八百两，武元城一千二百六十九两，临清关三千八百两，宿迁关七千八百两，芜湖关四万七千两，龙江关五万五千两，荆关一万三千两，通永道三千九百两。渝关、由闸关、南新关、潘桃口、古北口、杀虎口六处木税，正额之外，向无赢余”[③]。据此可知工关共有 14 处。在此之外，还有盛京木税、吉林木税、伊犁木税，分管着若干处小税口，均征木植。以上合计户工两关，共为 49 处。[④]需要指出的是，因为由闸关例与扬州关合计，宿迁关例与淮安关合计，杀虎口木税归入户关内一并奏报，所以可以将嘉道时期的户工关认为是 46 处。咸丰六年（1856 年），清廷创设湖北新关。同治元年（1862 年），东海关在洋税之外，也开始设专关征收常税。

清前期的对外贸易情况则稍复杂一些。康熙二十三年（1684 年），清廷开放海禁，在沿海设立粤海关、江海关、浙海关和闽海关负责对外贸易。但

---

① 托津等纂：嘉庆《大清会典》卷一六《户部·贵州清吏司》，嘉庆二十三年刻本。

② 何本方：《清代户部诸关初探》，《南开学报（哲学社会科学版）》1984 年第 3 期。

③ 李鸿章等纂：（光绪朝）《大清会典事例》卷九四二《工部八十一》，上海：商务印书馆，光绪三十四年石印本。

④ 此外还有诸如陕西潼关等零星征收之处，又如迁安、抚宁、临榆、昌黎、乐亭 5 县共额征银 1700 两，每年汇交通永道；天津县、宁河县、文安县、通州、武清及京城共六处小口木税银 1200 两。因纷繁复杂，数额又极少，并未受到清廷重视，不在此一一列入。

在这四关之中，其他各关的洋税征收量极少，粤海关则一枝独秀，遥遥领先。乾隆二十二年（1757 年），清廷规定以后只准粤海关一口通商，故而粤海关的征税量，基本可以代表 1840 年之前的清代对外贸易水平。"粤海关向系常洋不分"，例于一年期满时一并奏报，1861 年，近代海关总税务司体系建立，粤海关的税收正式被划分为洋税和常税，分别奏报。①

第一次鸦片战争后，清廷被迫打开广州、上海、厦门、福州和宁波五口通商，征收洋税。此后，随着局势的变化，一系列沿海和内地城市被迫对外通商，洋关纷纷建立。这些关主要包括：根据 1858 年《天津条约》开放的镇江关（1861 年）、南京关（1899 年）、九江洋关（1863 年）、江汉关（1863 年）、台湾关（1862 年）、东海洋关（1861 年）、牛庄关（1863 年）；根据 1860 年《北京条约》开放的津海关（1861 年）；根据 1876 年《中英烟台条约》开放的芜湖洋关（1876 年）、宜昌关（1877 年）、瓯海关（1877 年）；根据 1887 年中法《续议商务专条》开放的镇南关（1889 年）、蒙自关（1889 年）；根据 1890 年《烟台条约续增专条》开放的重庆关（1891 年）；根据 1895 年中日《马关条约》开放的苏州关（1896 年）、沙市关（1896 年）、杭州关（1896 年）；根据 1896 年《中法商务专条附章》开放的思茅关（1897 年）；根据 1897 年《中英续议缅甸条约》开放的梧州洋关（1897 年）；根据 1897 年中英《续议缅甸条约附款》开放的腾越关（1902 年）；根据 1902 年《中英续议通商行船条约》开放的长沙关（1904 年）；根据 1903 年《中日通商行船条约》开放的安东关（1907 年）；根据 1905 年《中日会议东三省事宜正约》开放的哈尔滨关（1908 年）；以及清廷自行开放的岳州关（1899 年）、秦皇岛关（1902 年）和南宁关（1907 年）。②

自 1861 年始，洋关的征收归海关税务司专管，全权由洋人负责，清廷不得插手。这样一来，晚清的关税征收部门，就变成了户部负责常关中的户关、工部负责常关中的工关和税务司负责的洋关。1901 年《辛丑条约》签订，列强以常关税抵还赔款，规定洋关口岸五十里以内的常关划归税务司管理，

① 《宫中档朱批奏折·财政类·关税》，同治四年八月初一日，粤海关监督师曾折，档案号：04-01-35-0386-016。
② 汤象龙：《中国近代海关税收和分配统计：1861—1910》，北京：中华书局，1992 年，第 54—60 页。

导致清末的税关管理体制进一步复杂化。①

常关征收多定有额定，并以此为考核标准；洋关则随征随解，不设额度。常关税收大致包括正额和盈余两部分，“各关征税，国初定有正额，后货盛商多，遂有盈余”②。顺治元年（1644 年），清廷宣布：“免顺治元年关津税课，自二年正月初一日以后，方照故明额起税。凡故明末年一切加增税额尽行豁免，其直省州县零星抽取落地税银名色概行严禁。”③按前朝万历年间会计录原额征解。此后各个关的正税银数曾经历过调整，但变化的幅度不大，总数在 190 万余两。除正税银外，有些关还有铜斤水脚费用，即各关关差采办铜斤所需的水脚银。康熙四十五年（1706 年）关差停止办铜以后，此项水脚仍旧存留下来，作为正额的一部分。据光绪《大清会典》记载，有铜斤水脚的关为崇文门 7692 两（遇闰为 8536 两），天津关、临清关（户关）、扬州关、西新关各为 7692 两，江海关 2500 两，浒墅关 22 442 两，淮安关 15 384 两，凤阳关 10 320 两，芜湖关 18 423 两，九江关 18 392 两，赣关 5346 两，闽海关 7000 两，浙海关 3750 两，北新关 15 384 两，太平关 5846 两，以上合计 163 247 两。④最后，铜斤水脚成为正额的一部分，不再分开征收。

盈余银是各关征收税款超过正额的部分，仍属于中央政府的关税收入。由于正额之外是巨大的盈余，数量难以估计清楚，乾隆朝以后历次厘定关税税额，都是就盈余银两而言。清廷对盈余银的认定，经过了一个从肯定到否定又到肯定的变化过程。各关盈余初本无定额，乾隆初年定制以雍正十三年（1736 年）之盈余数为定额，其后，随着商口流通规模的扩大，各关盈余银两远远超过雍正十三年的数额。乾隆中叶，清朝更定各关监督考成方法，将本届征收税银与前三届中的最高数额相比较，如有不敷责成经征人员赔补。三年比较之法，并不是一种合理的制度选择，其中不顾实际情况的一刀切问

① 汤象龙：《中国近代海关税收和分配统计：1861—1910》，北京：中华书局，1992 年，第 20 页。

② 姚元之：《竹叶亭杂记》卷二，北京：中华书局，1997 年，第 118 页。

③ 张廷玉等纂：《清朝文献通考》卷二六《征榷一》，上海：商务印书馆，1936 年，考 5057。

④ 又，粤海关的铜斤水脚则包括在正税银内。见崑冈等撰：光绪《大清会典》卷二三《户部》，北京：中华书局，1990 年，第 203 页。

责制度，尤为时人所诟病。另外，至乾隆末年，由于全国经济布局和流通布局的变化，各关税收增减变化很大，沿江、沿海各关税额多有较大增长，而运河沿线的部分税关则出现连年征不足额的现象，导致三年比较之法的弊端更为彰显。嘉庆四年（1799 年），清廷被迫对相关政策做出调整，即对各关定额进行调整，按照实际征收的多寡，重新确定各关盈余银的定额，从而成为清代关税征收史上的重要事件。

在确定盈余之前，户部将头三年之盈余数量上奏，以便作新规定的参考。①嘉庆四年三月十八日内阁奉上谕："向来各关征税，于正额之外，将赢余一项比较上三届征收最多年分，如有不敷即著征收之员赔补，以致司榷各员借端苛敛，而赔缴之项仍未能如数完交，徒属有名无实。因思各关情形不同，所有赢余数目自应酌中定制，以归核实而示体恤。已于户部所奏各关赢余银数清单内，经朕查照往年加多之数，分别核减。自此次定额之后，倘各关每年盈余，于新定之数再有短少者，即行著落赔补。如于定数或有多余，亦即尽收尽解。其三年比较之例，著永行停止。至工部船料竹木等税，除渝关赢余向无定额，及由闸等关并无赢余外，其余亦经分别减定。嗣后即一律办理，毋庸再行比较。"②当时确定的数据如下：坐粮厅 6000 两、天津关 20 000 两、临清户关 11 000 两、江海关 42 000 两、浒墅关 235 000 两、淮安关 111 000 两、海关庙湾口 2200 两、扬州关 68 000 两、西新关 29 000 两、凤阳关 15 000 两、芜湖户关 73 000 两、九江关 347 800 两、赣关 38 000 两、闽海关 113 000 两、浙海关 39 000 两、北新关 65 000 两、武昌关 12 000 两、夔关 110 000 两、粤海关 855 500 两、太平关 75 500 两、梧州厂 7500 两、浔州厂 5200 两、归化城 1600 两、山海关 49 487 两、杀虎口 15 414 两、张家口 40 561 两，打箭炉尽收尽解。以上所定的总数为 2 387 762 两。

---

① 《军机处录副奏折 · 嘉庆朝 · 财政类 · 关税项》，户部折，清单（缺奏报时间），档案号：03-1767-077。关于停止上三年比较之例，有人分析道："司榷者竞苛取以求胜，于是赢余一项，更有比较上三届最多年分之例，见好者固日渐加增，缺数者亦时多赔累。上洞悉其弊，嘉庆己未三月，分别减核，著为定例。"（姚元之：《竹叶亭杂记》卷二，北京：中华书局，1997 年，第 118 页）

② 中国第一历史档案馆编：《嘉庆道光两朝上谕档》第 4 册，嘉庆四年三月十八日，桂林：广西师范大学出版社，2000 年，第 95 页。

嘉庆九年，清廷对个别户关的盈余数额进行调整。当时户部的考虑是："臣等将各关节年征收盈余数目通行核算，如粤海、天津、北新、赣关等处，与钦定数目增多几至一倍，较之嘉庆三年所收数目俱有盈无绌。数年以来，既已次第增多，嗣后自不虞其再有短缺。至江海、太平、武昌、归化城等处，与钦定数目增多一千余两至一万余两不等，较之嘉庆三年银数尚属不甚悬殊。坐粮厅、芜湖、梧州、浔州、打箭炉并淮安兼管之海关庙湾口，与钦定数目增多不过数两至二千余两，而较之嘉庆三年所征数目俱有短绌。闽海关嘉庆四、五、六、七、八等年所收盈余较之钦定数目多自九千四百二十余两至四万一千余两不等。……惟浙海、扬州、凤阳、西新、九江、浒墅、淮安、夔关，迩年间有收不足数之时，临清关竟至三年全数亏短，虽偶因地方偏灾，货物到关稀少，究由该监督等经理不善所致。……浙海等八关可否仍照嘉庆三年盈余数目征收，如有短少，责令赔补。"[①]据此清廷发布上谕，借"酌减"之名，上调了几个关的盈余数量，即浙海关调整为44 000两，扬州关为71 000两，凤阳关为17 000两，西新关为33 000两，九江关为367 000两，浒墅关为250 000两，淮安关为131 000两，其余各关的盈余数据保持不变。这样一来，盈余总数增加为2 455 962两。[②]至道光十一年（1831年）八月，考虑到淮安关与浒墅关时常征不足额，清廷又将其盈余分别削减为21 000两和20 000两，实各存盈余11万两和23万两。上谕还称："自此次裁减之后，不特将嘉庆九年加增之数全行减去，并较嘉庆四年原定之数格外减少。"[③]至此，清代前期的盈余数基本固定，合计正额、盈余在500万两。

第一次鸦片战争后，因福州关和厦门关在税源上的挤压侵占，闽海关奏请"将侵占常税之夷税拨补常税定额，通计盈绌"[④]。户部议复所请"尚系

---

① 《军机处录副奏折·嘉庆朝·财政类·关税项》，嘉庆九年六月十一日，户部尚书禄康等折，档案号：03-1767-064。

② 李鸿章等纂：（光绪朝）《大清会典事例》卷二三八《户部八七·关税》，上海：商务印书馆，光绪三十四年石印本。

③ 中国第一历史档案馆编：《嘉庆道光两朝上谕档》第36册，道光十一年八月十三日，桂林：广西师范大学出版社，2000年，第351页。

④ 《宫中档朱批奏折·财政类·关税》，道光二十八年正月十五日，福州将军兼闽海关监督壁昌折，档案号：04-01-35-0381-016。

实在情形”，但将夷税分为两种类别，“款目繁多，恐滋迁就，与其拨补以无定之数，而易滋混淆，不若拨补以有定之数而便于稽核”，命令每年从厦门关洋税项下拨银 25 000 两作为定数，以补闽海关常税之不足。①此后，这一办法屡见不鲜。比如赣关即借口以前在赣关纳税的丝绸径直前往江海关，故每年都要由江海关拨补赣关数量不等的税银。其中最大的一笔拨补税银发生在 1860 年，江海关当年共计代拨赣关丝税正耗银 92 742 两。②

咸丰六年（1856 年），因河道淤塞，清廷取消荆州关之分口越关口，而于沔阳另立湖北新关，主要征之于竹木。由于地理位置优越，湖北新关的征税增长极快，而荆州关则大受影响。咸丰十年，清廷同意将荆州关的盈余由原来的 13 000 两下调为 7800 两。③1862 年，考虑到烟台距天津较远，征收不便，于是将烟台关正式独立，并拆分为烟台洋关和烟台常关。烟台常关即东海关，初无定额，到 1875 年确立定额为 70 000 两。④这也是这一时期非常少见的两次额数调整。

除钦定正额及其盈余外，有些关还有额外盈余。比如天津关每年例向内务府交纳 12 000 余两；辰关也于额定盈余 3800 两之外，又征收额外盈余 11 411 两。⑤晚清时期，山海关因征收畅旺，于 1860 年经户部奏准，在正常的正额及盈余之外，再添加 80 000 两作为“额外盈余”。⑥

附加税也是各关征收的常态。附加税是清廷额外加征的银两，包括火耗、并平、平余、饭食、笔墨、纸张、解费等名目，诸如九江关之平余、闽海关之并封、罚俸等，名目不同，实质一样。附加税虽不被当作正税对待，但显

---

① 《宫中档朱批奏折·财政类·关税》，道光二十八年六月初六日，福州将军壁昌、闽浙总督刘韵珂折，档案号：04-01-35-0381-001。

② 《内阁户科题本·税课类·关税》，同治元年二月初六日，署江西巡抚李恒折，档案号：02-01-04-21712-016。

③ 《内阁户科题本·税课类·关税》，同治五年十二月二十日，署湖广总督谭廷襄折，档案号：02-01-04-21804-050。

④ 《军机处录副奏折·光绪朝·财政类·关税项》，光绪元年八月初二日，山东巡抚丁宝桢折，档案号：03-6329-017。

⑤ 《内阁户科题本·税课类·关税》，嘉庆十二年六月初十日，湖南巡抚景安折，档案号：02-01-04-18726-018。

⑥ 《军机处录副奏折·咸丰朝·财政类·关税项》，同治七年九月十七日，通商大臣崇厚折，档案号：03-4877-093。

然说明实际税收情况要多于奏销数据。[①]至于附加税之外的私征、绕越、偷税漏税等，更是不胜枚举，恐怕已经很难知其确数了。

太平天国运动之后，受战火波及，战争省份的一些税关的日常征税受到很大影响。尤其是芜湖关、九江关、扬州关、九江关等关，完全无法征税，清廷不得不对这些关的税额重新做调整，最后同意这些关可以“尽征尽解”，而不必拘于正额和盈余的“定制”。随后，浒墅关、淮安关、九江关、芜湖关、凤阳关、崇文门、临清关也纷纷援案奏请，希望能“尽征尽解”。因财政困难，需饷孔亟，户部不得不对这些关的要求一一驳斥，“若竟任其尽征尽解，而不予以限制，则既经奏请之关固可以自便，即未经奏请之关亦必纷纷效尤。且尽征尽解，则十成内收至九成者谓之尽征尽解，即十成内仅收至一二成者亦谓之尽征尽解，是征收关税可以任意亏短而臣部亦无凭考核”[②]。即便征不足数，也不同意这些关“尽征尽解”。

二

在清代，影响关税征收的因素很多，自然灾害的发生、河道的通畅与否、市场经济的景气与否，甚至官员的勤勉廉能，都会导致关税征收的波动。随着时间的推移，政治局势尤其是军事活动，对关税的影响也越来越显著。嘉庆初年的川陕鄂白莲教大起义，导致荆州关、夔关、渝关受到直接冲击，并波及长江中下游的税关；嘉庆中期蔡牵海盗案，则让闽海关、浙海关深关影响。[③]

当然，军事行动对关税制度产生重大影响的，则是第一次鸦片战争和太平天国运动。第一次鸦片战争始于广东，途经福建、浙江和江苏，北抵天津，耗时两年之久，兵锋所指，关税征收皆陷入停顿，而相关地区亦受波及。从

---

① 根据邓亦兵的研究，清代各关的附加税占正额部分的 11%—24%，“应该是比较低的”（《清代前期关税制度研究》，北京：燕山出版社，2008 年，第 173 页）。

② 《军机处录副奏折 · 咸丰朝 · 财政类 · 关税项》，咸丰三年八月十七日，大学士祁寯藻折，档案号：03-4376-049。

③ 笔者曾对 1796—1850 年各个关的征收情况做过详细分析，参见《清朝嘉道关税研究》（第二版），北京：科学出版社，2017 年。

税关的分布来看，东至赣关和九江关，北至山海关、奉天牛庄，南至粤海关、闽海关，都在受战争影响范围之内，其中尤以东南四海关（粤海关、闽海关、浙海关和江海关）所受影响最大，许多关的税收都下降到了同期的最低水平。鸦片战争进行的第一年，粤海关进口西洋船只“不及往年十分之二”，全年共仅征银 86 万两，远不及道光前期每年 140 万—180 万两的征税规模。[①]“盖由英夷及港脚之船既经停其贸易，而各国之船又为英夷拦阻，不能进口，是以六月后正当征输畅旺之时，转致短绌”[②]，这也是整个嘉道时期，粤海关的最低奏销额数。

在此期间，厦门先后两次受到英军攻击，闽海关征税所受影响颇大。道光二十二年（1842 年）七月，英军占领厦门，闽海关只能于七月初十日起开始封关闭港，并持续到二十三年七月。关于厦门失守时的惨状，有奏折称：“二十年夷氛不靖，该处屡被窥伺滋扰，人情震恐，大半失业流离。至二十一年竟被攻陷，在彼居民非各奔逃，即遭蹂躏，被祸之惨，实非浅鲜。其后夷踪虽退而鼓浪屿尚被占居，流徙之民未敢全归故土，其陆续回籍者，家室一空，资财罄尽。居货之行栈既倒歇，而不能复开，贩货之船只亦毁坏，而无力复制，地方之萧索，不特大异于前，即较未经被兵之时，亦有霄壤之别。”[③]道光二十二年份仅收 11 万余两，二十三年份仅收 8 万余两，二十四、二十五年份也不过征收 12 万两和 9 万余两，均未能征收足数。

浙江是鸦片期间的重要战场，其中定海两度被占，宁波、镇海也相继受到侵犯，而设于宁波的浙海关征税范围为浙江全省海岸，且以洋船税为主，故所受影响极大。道光二十年六月，英舰闯入浙江洋面，占据定海县城，当地官员“恐其分窜各口，并恐汉奸接济，前奉通饬沿海口岸船只封禁出入，

① 《宫中档朱批奏折·财政类·关税》，道光二十一年六月初八日，粤海关监督克明额折，档案号：04-01-35-0379-049。

② 《军机处录副奏折·道光朝·财政类·关税项》，道光二十一年六月十二日，大学士潘世恩等折，档案号：03-3165-091。

③ 《宫中档朱批奏折·财政类·关税》，道光二十五年二月十六日，福州将军兼闽海关监督敬敫折，档案号：04-01-35-0380-030。

宁波大关即于六月初七日封港，其余各口一体封禁”[①]，并持续到十月十九日，导致本年份关期之第二季度全无征收。而宁波府属之镇海大关及宁绍府属各小口，“非被该夷窃据，即有夷舰往来窥探”，亦系“一律封闭”[②]。开关之后，又因“定海洋面为商船出入必经之处，夷船尚在定海，并未尽赴粤东，所有进港贸易商船未能照常众多”[③]。这在嘉道时期浙海关的征税历史上，也是绝无仅有的。

江海关也未能幸免。道光二十年（1840年）六月，因英舰出现于浙江洋面，为预筹防堵，经两江总督伊里布与江苏巡抚裕谦奏准，“将通海各口全行封港，其已经出口捕渔（鱼）船只，亦即陆续赶回归坞”，此次封港一直持续到九月初五日。考虑到“计其封港之期，正商船最旺之际”，故本年份江海关仅征税银57 046两，较之此前的73 600余两，下降了不少。但这只是第一次封港。二十二年四月，因战事又起，英军再入江浙洋面，江海关只能重新闭关封港，“迨后宝山、上海相继失陷”，往来进入贸易的船只“又被该夷拦截吴淞口”[④]，故道光二十二年份关期（二十一年十一月初一日至二十二年十月底）的征收额仅为32 621两，亦为嘉道时期的最低额。

此外，如扬州关、龙江西新关、浒墅关、北新关、凤阳关、赣关、九江关、天津关、山海关亦无不受到战争的影响。当时全国各关共计应征正额188万余两，盈余273万余两，合计每年应征453万余两；上列14关应征正额130万余两，盈余213万余两，合计每年应征344万余两，占全国应征关税额之76%。据统计，如以道光十九年关税征收数量为准，道光二十年的关税量下降20万两，二十一年下降67万两，二十二年下降56万两。作为道光晚期最稳定的财政来源，其4/5的关税收入来源受到威胁，必然会给清廷造

---

① 《宫中档朱批奏折·财政类·关税》，道光二十年十二月二十二日，浙江巡抚刘韵珂折，档案号：04-01-35-0379-038。

② 《军机处录副奏折·道光朝·财政类·关税项》，道光二十二年十月二十九日，浙江巡抚刘韵珂折，档案号：03-3166-021。

③ 《宫中档朱批奏折·财政类·关税》，道光二十年十二月二十二日，浙江巡抚刘韵珂折，档案号：04-01-35-0379-038。

④ 《军机处录副奏折·道光朝·财政类·关税项》，道光二十二年八月二十二日，两江总督牛鑑、江苏巡抚程矞采折，档案号：03-3166-050。

成沉重的心理压力。由此也不难看出，道光帝草草结束鸦片战争，除了出于军事和军饷方面的考虑，关税恐怕也是一个不容回避的因素。

《南京条约》签订后，清廷另行开放江海洋关（上海关）、浙海洋关（宁波关）、厦门洋关和福州洋关。为奏销需要，清廷要求这四个洋关以粤海关之关期为关期，“所征西洋务国税银”，亦与粤海关一体办理，每三个月咨会粤海关一次，“仍由各海关另案题报”。[①]经此转变，四个新设的洋关从原来的常关体系中分离出来。与此同时，清廷还最初坚持按“粤海关原定税额”征收，即通筹沿海五关，“此后粤海关如有征不足数，应请暂于福州、厦门、宁波、上海四关所征西洋各国货税内拨补足数，即由各海关径自报拨，其额外赢余各归各关，尽收尽解”[②]。这实际上是清廷担心税收征不足数而采取的变通办法。不料经过试行，即便是粤海关一关所征，每年也在200万两以上，“不但有盈无绌，抑且多至数倍”，于是规定粤海关之原定额数毋庸匀归各口分摊，而是各口“尽收尽解”[③]，取代了以往的定额征解办法。此后，江海洋关的征税量迅速超越粤海关，成为天下第一大税关，外贸易的中心北移，上海也迅速繁荣起来。

太平天国运动是近代史上规模最大的农民起义，对清廷的统治造成毁灭性打击，对旧有的制度也造成巨大冲击。在此过程中，因战争原因导致全面停征的情况如下：

龙江关、西新关：自咸丰三年（1853年）起停征。[④]

浒墅关：自咸丰十一年起停征。[⑤]

南新关、北新关：自咸丰十一年停征，同治三年（1864年）力图恢复未

---

① 《宫中档朱批奏折·财政类·关税》，道光二十四年二月十四日，福州将军兼闽海关监督保昌折，档案号：04-01-35-0380-014。

② 文庆等编：（道光朝）《筹办夷务始末》卷六七，上海：上海古籍出版社，2008年，第2677页。

③ 中国历史学会主编：《第二次鸦片战争》（一），上海：上海人民出版社，1978年，第373—375页。

④ 《军机处录副奏折·咸丰朝·财政类·关税项》，光绪八年十月十七日，两江总督左宗棠折，档案号：03-6347-055。

⑤ 《军机处录副奏折·同治朝·财政类·关税项》，同治四年七月初四日，苏州织造锡祉折，档案号：03-4889-089。

果，再次停征至清朝灭亡。①

武昌关：自咸丰元年（1851 年）至九年停征。②

芜湖户关、工关：自咸丰三年至光绪二年（1876 年）停征。③

扬州关：自咸丰三四年停征，五年复开旋停，停征至咸丰九年。④

九江关：自咸丰四年至同治元年停征。⑤

赣关：自咸丰五年至咸丰九年停征。⑥

凤阳关：自同治元年至光绪二年停征。⑦

其他一些关，虽然并未停征，但受战争影响也依然很大，税收大幅下降。咸丰四年淮安关的税收减少，解释则较多。据奏报，“淮宿等关税课，以北来饼豆为大宗，南来绸布杂货次之，饼豆之来源以皖豫两省为最，豫省货船由黄河驶运皖省，货船由洪湖达淮而南去之路皆以瓜洲、镇江为要道。自军兴以来，皖豫二省叠遭蹂躏，瓜洲、镇江两口迄今尚为贼踞，南北货物均属无路可通。兼之丰北漫工久未堵合，富商大贾悉皆歇业，仅有零星小贩绕道行走，冒险往来，征税甚属无几。且庐州一带逆焰方张，相距淮安不过一湖之隔，前由丰工渡黄北窜，徐邳两次戒严，宿迁关近在咫尺，风鹤频警，行旅且有戒心，商贩曷敢运货”⑧。咸丰八年崇文门税收减少，据

---

① 《宫中档朱批奏折·财政类·关税》，同治四年三月十七日，杭州织造恒延折，档案号：04-01-35-0561-061；《军机处录副奏折·咸丰朝·财政类·关税项》，光绪三十三年四月二十六日，杭州织造彬格折，档案号：03-7120-111。

② 《内阁户科题本·税课类·关税》，同治元年十一月十八日，大学士倭仁折，档案号：02-01-04-21712-041。

③ 《军机处录副奏折·咸丰朝·财政类·关税项》，光绪三年八月三十日，安徽巡抚裕禄折，档案号：03-6334-045。

④ 《军机处录副奏折·咸丰朝·财政类·关税项》，咸丰十一年十二月二十二日，江苏巡抚薛焕折，档案号：03-4871-001。

⑤ 《宫中档朱批奏折·财政类·关税》，同治十二年九月十三日，江西巡抚刘坤一折，档案号：04-01-35-0391-038。

⑥ 《军机处录副奏折·咸丰朝·财政类·关税项》，咸丰九年十月初三日，江西巡抚耆龄折，档案号：03-4382-031。

⑦ 《军机处录副奏折·光绪朝·财政类·关税项》，光绪三年七月二十六日，安徽布政使胡玉坦折，档案号：03-6334-018。

⑧ 《宫中档朱批奏折·财政类·关税》，咸丰四年六月初一日，淮安关监督毓泰折，档案号：04-01-35-0382-035。

解释是“近来各省道路未能一律疏通，南货本属稀少，兼之京外银价悬殊，商贩诸多畏累。而入夏以来，又有夷船停泊津门两月在余，客货愈形阻滞，以致各项钱钱粮征收短少”[①]。说明受到了第二次鸦片战争的影响。正是这种巨变，遂导致清代的常关税收，由最初的每年500万两左右，下降至不足200万两。

咸丰三年（1853年）秋，上海小刀会起义，占领上海全城，江海关也陷入混乱，苏松太道兼江海关监督吴健彰亦逃离上海。9月8日，英国军舰“斯巴达人（Spartan）号”占领官署，9日上海英国领事阿礼国借机炮制《海关机构空缺期间船舶结关暂行章程》，宣布立即接管征税事宜，英商可用现金或为期40天的期票缴费，期票将来是否兑现，由英国政府决定。随后，美国和法国也宣布实行领事征收。10月，吴健彰重回上海，与各国领事交涉，要求恢复行使职权，但被列强拒绝。1854年，清廷接受阿礼国提出的将上海关置于英、美、法三国共同控制之下提议，各派一名代表主持税务。6月29日，吴健彰与三国领事达成上海海关八款协议，分别指派英国人威妥玛（T. Wade）、美国人卡尔（L. Caar）和法国人斯密司（M. A. Smith）出任上海海关“税务司”，组成“关税管理委员会”，并于7月12日接管苏州河北岸海关的全部税务工作。中国的征税自主权受到严重削弱。

另外，中英《南京条约》和中美《望厦条约》即将到期，两国分别向清政府提出修约要求，希望中国全境开放或长江自由航行、鸦片贸易合法化、废除内地税、外国公使驻京等。因清廷无法满足这些条件，咸丰六年，英法两国借口“亚罗号事件”和“马神甫事件”，联合起来向清廷发动第二次鸦片战争。战争历时四年，清廷最终失败，咸丰帝病死热河，清廷被迫签下“城中之盟”。第二次鸦片战争期间，清廷被迫签订《天津条约》《北京条约》《瑷珲条约》等一系的不平等条约，除割让土地、巨额战争赔款外，同时也允许外国公使驻京、增开通商口岸、鸦片贸易合法化、片面最惠国待遇等。与此同时，借由税务司制度，中国海关行政权，也转移到列强手中。

---

① 《军机处录副奏折·咸丰朝·财政类·关税项》，咸丰八年八月初九日，崇文门税务景寿折，档案号：03-4381-022。

在中英《通商章程善后条约·海关税则》中，双方规定："通商各口收税如何严防偷漏，自应由中国设法办理，条约业已载明；然现已议明，各口画一输，是由总理外国通商事宜大臣或随时亲诣巡历，或委员代办。任凭总理大臣邀请英人帮办税务并严查漏税，判定口界，派人指泊船只及分设浮桩、号船、塔表、望楼等事，毋庸英官指荐干预。其浮桩、号船、塔表、望楼等经费，在于船钞项下拨用。至长江如何严防偷漏之处，俟通商后，察看情形，任凭中国设法筹办。"[①]这一办法在中法、中美条约中也得到规定。

新的条约规定以"值百抽五"为征收进出口货税的基本原则。中英《天津条约》第二十六条规定："前在江宁立约第十条内定进、出口各货税，彼时欲综算税饷多寡，均以价值为率，每价百两，征税五两，大概核计，以为公当。旋因条内载列各货种式，多有价值渐减，而税饷定额不改，以致原定公平税则，今已较重，拟将旧则重修。允定此次立约加用印信之后，奏明钦派户部大员，即日前赴上海，会同英员，迅速商夺，俾本约奉到硃批，即可按照新章迅行措办。"[②]这就是著名的"值百抽五"规定，是征收进出口货税的基本原则，导致本来就很低的进出口贸易税率进一步降低。新税则还扩大了海关免税的范围，规定"凡有金银、外国各等银钱、面粟、米粉、砂谷、米面饼、熟肉、熟菜、牛奶酥、牛油、蜜饯、外国衣服、金银首饰、搀银器、香水、碱、炭、柴薪、外国蜡烛、外国烟丝烟叶、外国酒、家用杂物、船用杂物、行李、纸张、笔墨、毡毯、铁刀利器、外国自用药料、玻璃器皿，以上各物进出口通商各口，皆准免税"[③]，从而使得中方的征税权力受到严重削弱。

这一时期主要形成的几种洋税征收税种包括内地子口半税、复进口半税、船钞和洋药税。《天津条约》和新订《通商章程善后条约》还明确规定了洋商货物出入中国内地的子口半税制度。咸丰时期，厘金制度创立后，货

---

① 王铁崖编：《中外旧约章汇编（1689—1901）》第1册，北京：生活·读书·新知三联书店，1957年，第118页。

② 姚贤稿：《中国近代对外贸易史资料》第1册，北京：中华书局，1962年，第391—394页。

③ 王铁崖编：《中外旧约章汇编（1689—1901）》第1册，北京：生活·读书·新知三联书店，1957年，第116页。

物通过税较此前加重，为减轻洋商货物的内地负担，中英《天津条约》第二十八条规定，英商在内地买货至通商口岸下载，或由口岸将洋货运往内地销售，可以在内地税与一次性缴纳的子口税之间自由选择，“倘愿一次纳税，免各子口征收纷繁，则准照行此一次之课。……所征若干，综算货价为率，每百两征银二两五钱”[①]。同年《通商章程善后条约》第七款则规定：“《天津条约》第二十八条所载内地税饷之议，现定出入税则总以照例一半为断，惟第二款所载免税各货，除金银、外国银钱、行李三项毋庸议外，其余海口免税各物，若进内地，仍照每值百两完税银二两五钱。此外运入内地各货，该商应将该货名目、若干、原装何船进口、应往内地何处各缘由，报关查验确实，照纳内地税项，该关发给内地税单。该商应向沿途各子口呈单照验，盖戳放行，无论远近，均不重征。至运货出口之例，凡英商在内地置货，到第一子口验货，由送货之人开单，注明货物若干、应在何处卸货，呈交该子口存留，发给执照，准其前往路上各子口查验盖戳。至最后子口，先赴出口海关报完内地税项，方许过卡。俟下船出口时，再完出口之税。”[②]此后内地子口半税为各国所援引，成为新的协定关税准则。由于内外有别，洋货土货差异巨大，假洋货现象频出，也加速了洋货在内地的倾销。

洋商在从事沿岸转口贸易时，往往将本属国内贸易的性质，转变为洋商所特有的一口纳税优惠待遇。此后，洋商又将范围扩大到土货转口贸易中去，打破了旧有的征税体制。中英《天津条约》第四十五条规定：“英国民人运货进口既经纳清税课者，凡欲改运别口售卖，须禀明领事官，转报监督官委员验明，实系原包原货，查与底簿相符，并未拆动抽换，即照数填入牌照，发给该商收执，一面行文别口海关查照，仍俟该船进口，查验符合，即准开仓出售，免其重纳税课。……至或欲将该货运出外国，亦应一律声禀海关监

---

① 王铁崖编：《中外旧约章汇编（1689—1901）》第 1 册，北京：生活・读书・新知三联书店，1957 年，第 100 页。

② 王铁崖编：《中外旧约章汇编（1689—1901）》第 1 册，北京：生活・读书・新知三联书店，1957 年，第 117—118 页。

督，验明发给存票一纸，他日不论进口、出口之货，均可持作已纳税之据。”[①]此后，经赫德决定，存票制度扩大到出洋土货，以及洋商在沿海从事的国内转口贸易上。存票也由三个月有效延长至一年有效。[②]第二次鸦片战争后，由于洋商转运土货日多，且只缴纳一次出口税，而华商贩运则逢关纳税、遇卡抽厘，为资平衡，故清廷于 1861 年与各国约定，对洋商贩运土货转口时，除在出口之海关征收出口税外，至他口海关再征一复进口税，此项数量为土货出口税之半，故称“复进口半税”。

船钞亦称吨钞，系第一次鸦片战争后，将原有的按洋船大小征收船钞的办法，改为按载重吨数征收，初为每 150 吨以上的大船，每吨征收银 5 钱，以下每吨征收 1 钱。至 1858 年《天津条约》，将 150 吨以上货船每吨降为 4 钱，以下每吨仍纳银 1 钱。此项税收以四个月为期，期限之内该船前往他口，均不再重征。如洋船进口后并未开仓，2 日之内转往他处，则不征收。军舰、游船等非载货之船亦不征收，若自用船装载例应完税之货，则每四个月完税一次，每吨 1 钱。

1858 年中英《通商章程善后条约 · 海关税则》第五款规定：“向来洋药、铜钱、米谷、豆石、硝磺、白铅等物例皆不准通商，现定稍宽其禁，听商遵行纳税贸易。洋药准其进口，议定每百斤纳税三十两。惟该商止准在口售卖，一经离口，即属中国货物，只准华商运入内地，外国商人不得护送。即《天津条约》第九条所载英民持照前往内地通商，并二十八条所载内地关税之例，与洋药无涉，其如何征税，听凭中国办理。嗣后遇修改税则，仍不得按照别定货税。”[③]洋药即鸦片，经过此条约，在缴纳较高进口税并且不享受普通洋货内地子口半税特权等限定条件下，鸦片贸易终于合法化、公开化。

影响更为深远的则是税务司制度。自咸丰五年（1855 年）起就接替威妥玛担任上海海关税务司的英国人李泰国（H. N. Lay），上任伊始就积极活动，

---

① 王铁崖编：《中外旧约章汇编（1689—1901）》第 1 册，北京：生活 · 读书 · 新知三联书店，1957 年，第 102 页。

② 严中平：《中国近代经济史（1840—1894）》第 1 册，北京：人民出版社，2001 年，第 233—234 页。

③ 王铁崖编：《中外旧约章汇编（1689—1901）》第 1 册，北京：生活 · 读书 · 新知三联书店，1957 年，第 116—117 页。

力图在其他口岸推广上海关制度。咸丰九年（1859 年），经两江总督兼五口通商大臣何桂清同意，李泰国以“总税务司”的名义前往英法联军占领的广州。他草拟海关章程，又策动粤海关监督恒祺照会英国领事，任命英国人费士莱（G. H. Fitz-Roy）为税务司，赫德及马迪森（Matheson）为副税务司，费士莱到任前，先由美国人吉罗福（G. B. Glover）代理。咸丰十年，经恭亲王奕䜣奏请，清廷设立总理各国事务衙门，专办外交事务。随即，李泰国被任命为“总税务司”，不久因回国看病，指定费士莱代理，镇江、宁波、天津、福州、汉口、九江等口岸于咸丰十一年分别建立起税务司制度。至同治初年，其他各口岸也先后建立。

总税务司对全国海关拥有最高权力，掌各海关征收税课之事。李泰国离职后，由粤海关税务司赫德接任。赫德任总税务司长达近半个世纪，所有机构设置、行政及人事制度到各关外籍雇员的任免迁调，全由其做主。通过这一系列的新条约及总税务司制度，协定关税制度得到加强，清代的关税自主权受到进一步削弱。伴随着通商口岸的逐步推进，洋关在中国沿海和内地一一添设，到晚清时期，已成星罗棋布之势。此外，沙俄也在西北和东北地区，通过不平等条约，在咸丰、同治时期获取了在新疆、东北贸易并且货物免征的特权。这些都对当时的社会经济产生了重大影响。①

1900 年的义和团运动失败后，清廷和西方列强于 1901 年签订《辛丑条约》，规定中国赔款 4.5 亿两白银。因赔款数额巨大，且清廷国库一空如洗，经协商以 39 年为期，分年计算摊赔，本息共计 9.82 亿两。列强在条约中规定，距各通商口岸五十里以内的常关税收改归洋关管理和征收，作为抵还赔款的税源。1901 年，清廷将津海、东海、牛庄、九江、芜湖、江海、浙海、闽海、粤海等五十里内常关划归税务司管理。据统计，五十里内常关每年税收为 300 万两。这无疑又是清代关税体制上的又一次重大变化。②

---

① 王铁崖编：《中外旧约章汇编（1689—1901）》第 1 册，北京：生活·读书·新知三联书店，1957 年，第 142 页。

② 汤象龙：《中国近代海关税收和分配统计：1861—1910》，北京：中华书局，1992 年，第 20 页。

三

目前关于关税征收数据的资料浩如烟海。在常关方面，考虑到连《汇核嘉庆十七年各直省钱粮出入清单》及王庆云《石渠余纪》这样非常有史料价值的资料都存在着很大的问题，所以笔者在确定各关收入的时候，将以藏于中国第一历史档案馆的《宫中档朱批奏折·财政类·关税》、《军机处录副奏折·财政类·关税项》和《内阁户科题本·税课类·关税》，以及已经出版的《宫中档康熙朝奏折》、《康熙朝满文朱批奏折全译》、《康熙朝汉文朱批奏折汇编》、《宫中档雍正朝奏折》、《雍正朝满文朱批奏折全译》、《宫中档乾隆朝奏折》、《宫中档光绪朝奏折》、《乾隆朝上谕档》、《嘉庆道光两朝上谕档》、《咸丰同治两朝上谕档》、《光绪朝朱批奏折》和《光绪宣统两朝上谕档》为资料来源。另外，20 世纪 30 年代由汤象龙等人主持整理的《清代关税收支报告表（第六册）》（现藏于中国社会科学院经济研究所图书馆），曾对道光以后的常关税收做过统计，也可资借鉴。

洋税的统计方面，汤象龙在《中国近代海关税收和分配统计：1861—1910》一书中，对这 50 年间的 30 个洋关税收做了详细统计，是这方面的经典之作。笔者将以此为基础，只是对其中的一些数据做过校正，并补入 1861 年之前的洋关数据。[①]

在统计口径上，清代关税奏销，例于关期内奏报，关税征收截止日期，例为本年度的关税。由于各个关的开征与截止时间差异极大，这种通融的办法也是学术界的共识。[②]试举一例，某关道光十六年（1836 年）正月十五日起征，至道光十七年正月十四日截止，那么关期则为道光十七年份。清代前期，以固定月份为关期的有崇文门、打箭炉、夔关和渝关。[③]道光十三

① 倪玉平：《〈中国近代海关税收和分配统计：1861—1910〉税收统计补正》，《清华大学学报（哲学社会科学版）》2016 年第 2 期。

② 祁美琴：《清代榷关制度研究》，呼和浩特：内蒙古大学出版社，2004 年，第 448 页。

③ 崇文门例于八月初三至次年八月初二日为征税关期。打箭炉、夔关和渝关初以每年四月二十一日一年为关期，嘉庆四年（1799 年）确定盈余数后，改为以十二个月为关期。

年（1833 年），杀虎口税务监督工部郎中祥麟因丁忧，奏明于服满后补足穿孝日期，计多征 1 个月零 17 天。此后，杀虎口关期随之而变。天津海关、临清工关因征收船料银，例于每年开河至封冻为本年度征收关期。但在第一次鸦片战争期间，天津海关因"海洋不靖，商船稀少"，经奏准，改变了以往以每年为一个征税关期，即由开河至封河为时间段的办法，变成"展限三个月，截期奏报，如有溢余，尽数报解"①。此后，天津海关之征税，便开始跨年度征收。此后，一些关的关期仍有所调整。夔关自咸丰六年（1856 年）始，恢复到按完整农历年征收。②渝关自 1857 年开始，以一年为征税关期。③打箭炉自 1857 年开始，亦恢复到按完整农历年为一个征税关期。④粤海关常税则自 1906 年开始，以完整农历年为征税关期。

简言之，由于各个关的关税年度时间并不相同，由此产生的问题是：通常意义上的年度关税收入，并不是指在此年份内各个关所征收的关税收入，而是各个关在本年度关期内，所征收关税的总和。洋税方面则是另一种情形。1860 年前，因只有五口通商，其关期都是按粤海关的关期，以 12 个月为一年。故 1860 年的征税关期，是自咸丰九年八月二十六日至十年七月二十五日止。1861 年，税务司体制的确立，导致洋税征收，自咸丰十一年八月十八日开始，以西洋历一年为征税关期。故咸丰十一年七月二十六日至八月十七日 20 多天的时间，这五个洋关各有一次额外的奏报。⑤

因大部分榷关征税以十二个月为征税年度，随着闰月的积累，会有个别年份出现两个关期的情况，即上一个征收关期以正月结束，而本年度又出现了闰月。笔者所统计出的一个两关期情况分布如下：山海关（1781 年、1814

---

① 《军机处录副奏折·道光朝·财政类·关税项》，道光二十二年五月初二日，直隶总督讷尔经额折，档案号：03-3166-008。

② 《内阁户科题本·税课类·关税》，咸丰八年四月二十七日，户部尚书柏葰折，档案号：02-01-04-21639-012。

③ 《宫中档朱批奏折·财政类·关税》，咸丰六年十一月十一日，署四川总督乐斌折，档案号：04-01-35-0382-067。

④ 《内阁户科题本·税课类·关税》，咸丰八年七月二十九日，四川总督王庆云折，档案号：02-01-04-21639-016。

⑤ 《军机处录副奏折·同治朝·财政类·关税项》，同治五年（缺月日时间及奏报人），清单，档案号：03-4873-073。

年、1846 年、1879 年），张家口（1822 年、1887 年）杀虎口（1835 年、1868 年），归化城（1788 年、1811 年、1842 年），打箭炉（1808 年、1841 年），凤凰城中江（1764 年、1832 年、1835 年、1843 年），梧厂、浔厂（1767 年、1832 年），通永道（1870 年、1903 年），左翼（1792 年、1827 年、1860 年、1892 年）、右翼（1797 年、1827 年、1860 年、1892 年）、坐粮厅（1751 年、1784 年、1816 年、1849 年、1881 年），淮安关（1740 年、1767 年、1800 年、1832 年、1865 年、1898 年），浒墅关（1748 年、1770 年、1803 年、1835 年）、扬州关（1748 年、1781 年、1814 年、1846 年、1876 年），芜湖关（1767 年、1800 年、1832 年、1890 年），凤阳关（1765 年、1797 年、1830 年、1890 年），龙江西新关（1759 年、1792 年、1824 年），九江关（1727 年、1748 年、1756 年、1789 年、1822 年、1890 年），赣关（1754 年、1786 年、1819 年、1851 年、1884 年），北新关（1740 年、1773 年、1805 年、1838 年），南新关（1767 年、1800 年、1832 年），临清户关（1748 年、1781 年、1814 年、1846 年、1879 年），太平关（1743 年、1775 年、1808 年、1841 年、1892 年），武昌关（1751 年、1784 年、1816 年、1849 年、1868 年），荆州关（1767 年、1800 年），天津关（1762 年、1795 年、1827 年、1860 年、1892 年），江海关（1770 年、1803 年、1835 年、1868 年、1900 年），浙海关（1748 年、1781 年、1814 年、1868 年、1900 年），闽海关（1748 年、1781 年、1814 年、1846 年、1879 年），东海关（1876 年），粤海关（1781 年、1814 年、1846 年、1879 年）。江海关、浙海关、福州关和厦门关也都在 1846 年出现了两个关期。当然，由于资料的缺失原因，这一统计显然不能完备。

自顺治年间起，关税征收的记载即已经出现，但顺康时期的税关记载极为零碎，故本文仅从雍正元年（1723 年）开始。另外，在资料缺失的情况下，笔者也试图对缺失的史料进行补充，补充按照所征年份之前的实征数补入，如没有此前年份的数据则按后一年份的实征数补入。这种补充虽然并无多大科学依据，但却能有助于我们了解清代关税征收的大致趋势。

先来看常关的数据趋势（图 1）。[①]

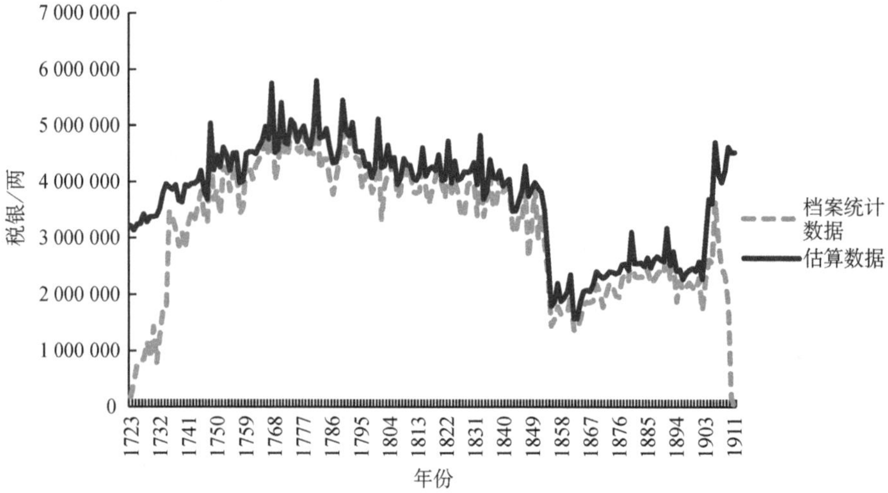

图 1　1723—1911 年常关税收示意图

从图 1 中可以看出，常关在雍正和乾隆时期，随着社会经济的发展，关税的征收有较为明显的增长。嘉道时期，常关税的征收也较为平稳，只是在第一次鸦片战争期间才有下降。在太平天国运动期间，关税受到巨大挑战，很多关都受到战争以及洋关侵夺税源的影响，税收大受影响，由以前的 400 万—500 万两的水平下降至 200 万两。战争结束后，常关税的数量有了缓慢地提升。1905 年，伴随着征税方式的变法，常关税收成趋于高峰。随后由于资料的缺失，实征数据再次急剧下降。

笔者大致将各常关分为边疆边贸各关、运河长江沿线各关和沿海各关三种类型。具体来说，在常税征收系统里面，属于边疆边贸各关的有山海关、张家口、杀虎口、归化城、打箭炉、凤凰城中江、奉天牛马税、梧厂、浔厂、直隶潘桃口、辰关、武元城、古北口、通永道、盛京木税、吉林木税、伊犁木税，共计 17 处。属于运河长江沿线各关的有崇文门、左翼、右翼、坐粮厅、淮安关（含庙湾关、宿迁关）、浒墅关、扬州关（含由闸关）、芜湖户关、芜湖工关、凤阳关、龙江关、西新关、九江关、赣关、北新关、南新关、临

① 这里的常关数据不包括粤海关 1861 年之前但包括 1861 年之后的常税数据。

清户关、临清工关、太平关、武昌关（含游湖关）、荆州关、湖北新关、夔关、渝关，共计 24 处。考虑到粤海关在清代前期的地位，这里将其也包括在沿海各关之中，故沿海各关有天津关、天津海税、江海关、浙海关、闽海关、粤海关、东海关，共计 7 处。当然，以上只是一个极为粗略的分类，纯粹系为方便统计起见。但通过同类关在关税征收方面的比较，却可以看出大致的趋势。

对于常关的三种类型，可以看看它的变化趋势（图 2）。

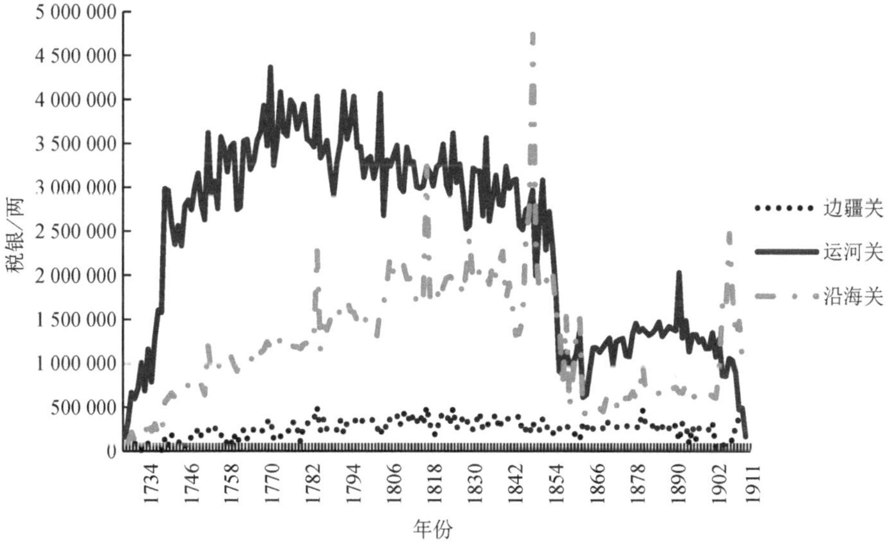

图 2　1723—1911 年的常关实征类型变化图

从图 2 中可以看出，在绝大多数时间里，运河长江沿线关一直都是常关税的主体，边疆边贸关的数量一直非常小，可见当时的清王朝，仍是一个以农业主体的内陆型国家。在这其中，1846 年的沿海关税收大量增加，原因在于粤海关在此年出现了两个关期，分别征银 2 186 530 两和 1 972 089 两，合计 4 158 619 两。[①]1850 年之后，沿海关与运河长江沿线关的差距在缩小，并

① 《军机处录副奏折 · 道光朝 · 财政类 · 关税项》，道光二十六年二月二十一日，粤海关监督恩吉折，档案号：03-3168-05;《宫中档朱批奏折 · 财政类 · 关税》，道光二十七年二月初一日，粤海关监督基溥折，档案号：04-01-35-0380-043。

最终超过了运河长江沿线关。如果再考虑到这一时期沿海地区洋税的飞速增长，两者合计将远远超越运河长江沿线关，可见晚清沿海经济的发展，已经开始超越了内陆地区。

常关税和洋税力量的对比变化，发生在 1840—1850 年，此后洋税迅速超越常税，成为关税的最大支柱。即便是太平天国运动期间，这种增长趋势也没有被打断。下面是 1861 年之后的洋税的数据变化（图 3）。

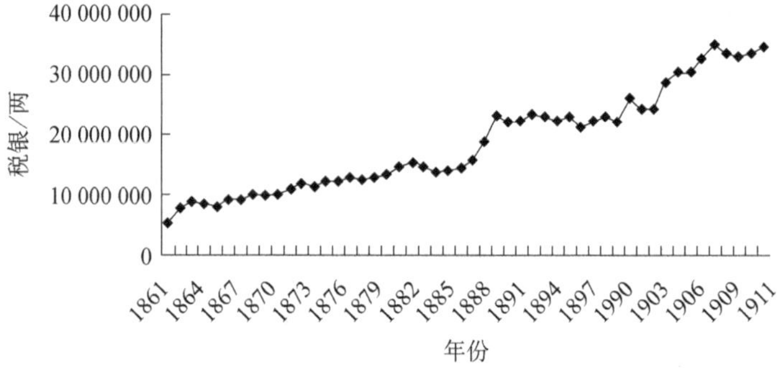

图 3 1861—1911 年洋关趋势图

从图 3 中可以看出，1861 年之后的洋关增长幅度巨大，由 1861 年的 500 万两增长至 3500 万两，增长高达 7 倍。

最后，笔者对 1723—1911 年的清代关税征收做汇总（图 4）。

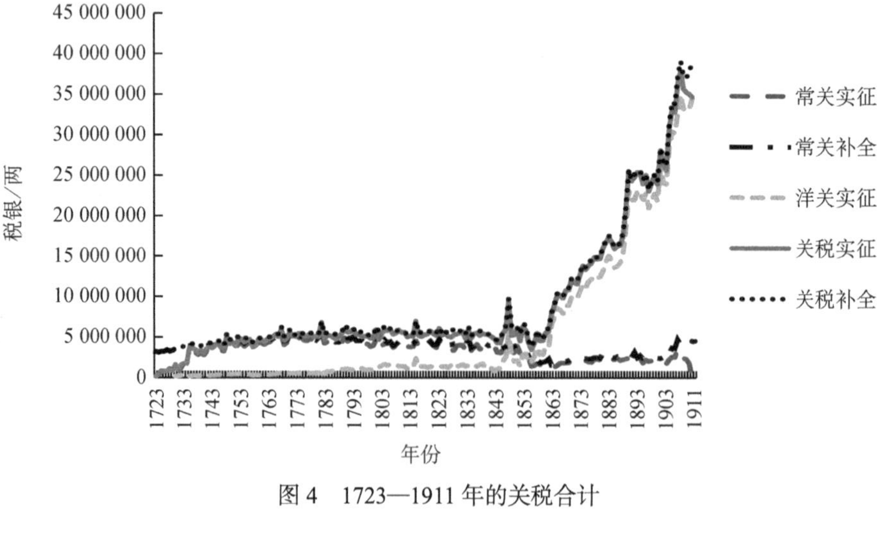

图 4 1723—1911 年的关税合计

从图 4 中可以看出，清代前期的关税征收较为平衡，大致保持在 500 万两的水平，1850 年之后，虽有短暂下降，但关税水平随即持续上扬，并达到了 4000 万两水平，涨幅高达 8 倍。这对于改变晚清的财政结构，起了非常巨大的推动作用。

以上统计出的清代关税数据虽然有可靠的史料来源，但在使用这些数据进行横向或纵向的对比时，还必须考虑到人口基数变化、通货膨胀等因素，因此需要做一定程度的修改，才有可能得出较为客观公正的结论。

人口数据是清史研究的重点和难点。《清实录》和《清朝续文献通考》虽有成序列的人口统计，但这种人口数据是建立在征税基础上的。当然，经过众多学者的不懈努力，目前可资借鉴的清代人口数据比较多。其中曹树基的人口数据得到最为广泛的引用，但曹的数据只是个别年份的基准人口数据，而不是每个年份人口数据的波动变化（表 1）。

表 1　清代人口数据　　单位：百万

年份	1644	1776	1820	1851	1880	1910
人口	152.47	311.465	383.1	436.087	364.389	436.042

资料来源：曹树基：《中国人口史 · 明代卷》，上海：复旦大学出版社，2001 年，第 451—452 页；《中国人口史 · 清代卷》，上海：复旦大学出版社，2001 年，第 703—704 页

如果以此对清代人口平均关税率做测算，则可以得到如下表格（表 2）。

表 2　清代人均关税量　　单位：两

年份	常税实征		洋税实征		合计实征		补缺后合征	
	小计	人均	小计	人均	小计	人均	小计	人均
1776	4 530 297	0.0145	533 178.41	0.0017	5 063 475	0.0163	5 420 042	0.0174
1820	3 957 579	0.0103	1 479 820.10	0.0039	5 437 399	0.0142	5 507 438	0.0144
1851	3 433 436	0.0079	2 836 574.10	0.0065	6 270 010	0.0144	6 656 228	0.0153
1880	2 329 924	0.0064	14 346 406	0.0394	16 676 330	0.0458	16 896 888	0.0464
1910	169 413	0.0004	34 518 859	0.0792	34 688 272	0.0796	39 038 401	0.0895

资料来源：本文图 4、表 1

表 2 的趋势波动图如下（图 5）。

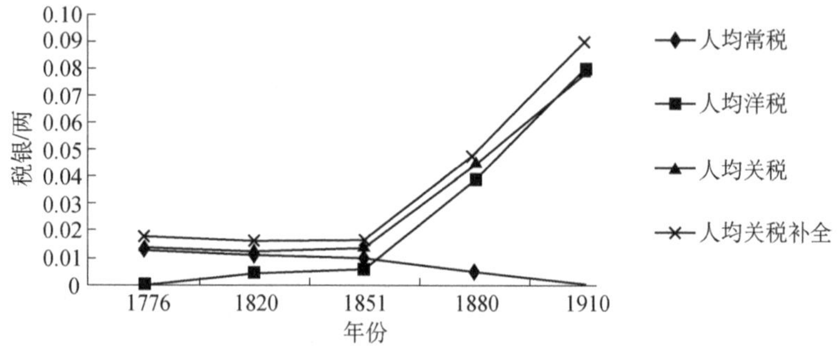

图 5 清代人均关税波动图

从图 5 中可以看出，1851 年之前，人均关税量保持平衡，但略有下降，可见清前期的人均关税负担总体是下降的。1851 年之后，常关人均关税量下降趋势明显，但洋关人均关税量保持了持续上升，且比重越来越高，超越常关地位，并带动清代人均关税量的整体上扬。晚清人均关税的增长幅度极高，由清初的人均不到 0.01 两，增加到了人均 0.08 两，这也充分证明了洋税在清代关税体系中的重要地位。

通货膨胀也是必须考虑的因素。了解清代的通货膨胀率是更为困难的一件事。可喜的是，随着研究的进展，有越来越多成序列的清代物价资料可资利用（图 6）。

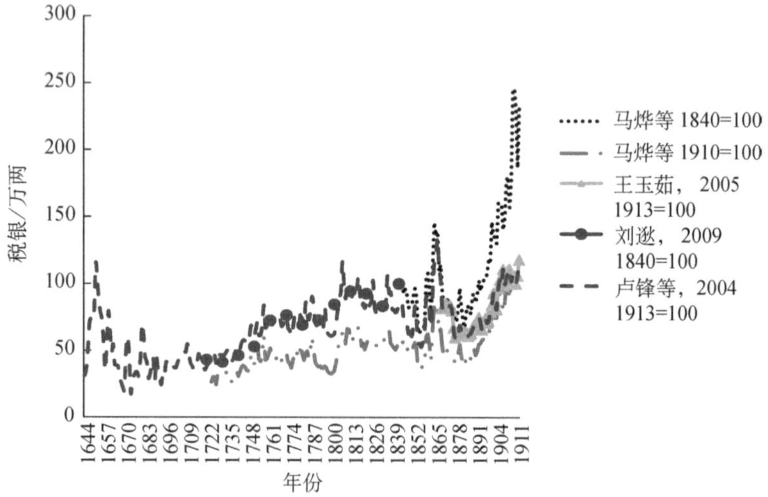

图 6 清代物价波动（1644—1911 年）

资料来源：Ma Y, de Jong H J, Chu T. "Living standards in China between 1840 and 1912: A new estimate of Gross Domestic Product per capita", *GGDC Research Memorandum*, 2014, Nr. 147, Appendix B, Table B. 12

由于清代物价指数、区域、品种及统计有很大的差异。我们以马烨等人的研究为参照，以 1910 年间的物价指数为 100，对清代的关税做修正（图 7）。

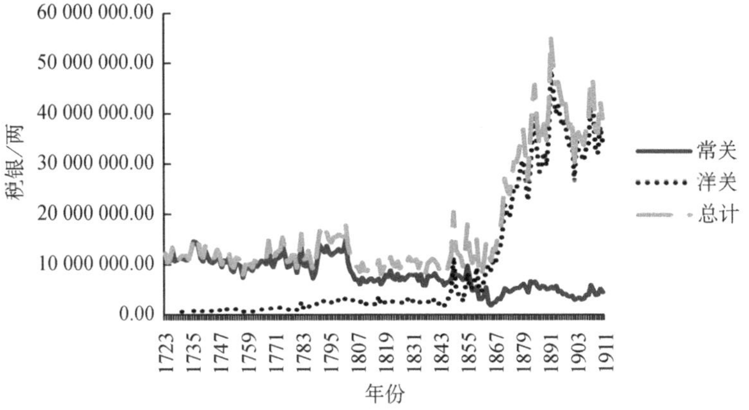

图 7　清代关税数据修正趋势

从图 7 中可以看出，经过物价修正后的清代关税征收量，呈现出以下几个特点：在雍乾时期（1723—1795 年），关税保持较为平稳，且常关即对国内贸易商品的征收，占了全部收入的绝大部分。嘉道时期，关税经历了嘉庆初年的下降后，一直保持在这个低位水平上。晚清时期，关税有了非常明显的增长，但这种增长幅度较原来数据的 7 倍增长，已经变为不到 5 倍增长。且 1880 年后，关税有了明显的下降。也就是说，通过物价的修正，清代关税的实际增长率明显回落。而从 1850 年开始的洋税增长趋势，则并未改变。从长时段来看，则嘉道时期相较于之前的雍乾，或之后的咸同光宣而言，都处于较低位。从这个角度而言，“道光萧条”说有其合理性。

余　　论

从财政的角度来看，在 1840 年之前，占财政主体的仍然是田赋，比重超过 50%，关税所占的比重不过 15%。可以说，这一时期的财政结构，仍然是以农业税主体的传统型财政。但晚清时期，这一格局发生了明显地变化。随着太平天国运动的发生，旧有的财政体制崩溃，新式的洋税征收及厘金制度的创设，极大地改变了旧有的财政格局。

厘金是咸丰三年（1853 年）由帮办扬州军务的刑部右侍郎雷以諴创办的。[①]厘金制度较为复杂，既有征收于日用百货的普通厘金，也有专门征收于盐、茶、洋药、土药（鸦片）的特种厘金；按征收地点，则可分为出产地厘金、通过地厘金和销售地厘金；征收的方式则有官征和商人包缴两种。厘金的征收比例在 1%上下，所征不高，但征数巨大，迅速成为晚清时期的重要财政收入（表 3）。

表 3　晚清财政收入结构表　　单位：两

年份	田赋	比重	盐税	比重	厘金	比重	关税	比重
1842	29 575 722	76%	4 981 845	13%			4 130 455	11%
1885	32 356 768	48%	7 394 228	11%	12 811 708	19%	14 472 766	22%
1888	33 243 437	42%	7 507 128	10%	13 600 733	18%	23 167 892	30%
1894	32 669 086	43%	6 737 469	9%	13 286 816	18%	22 523 605	30%
1903	37 187 788	38%	13 050 000	13%	16 252 692	17%	30 530 699	32%
1911	48 101 346	27%	46 312 355	26%	43 187 097	24%	43 139 287	23%

资料来源：邓绍辉：《晚清财政与中国近代化》，成都：四川人民出版社，1998 年，第 99 页

从表 3 中可以看出，以田赋为主体的财政收支结构已经被完全改变，田赋在财政收入中所占的比重逐步下降，由 1842 年的 76%下降为 1911 年的 27%，下降幅度惊人。而晚清的财政收支，变成了以厘金和海关这种以商业税为主体的财政收入结构。这种由农业型社会向近代化的工商业型社会转变步伐，虽然是被迫的，但却和 17—19 世纪世界范围内的财政转型，即由传统走向现代的轨迹，几乎是完全一致的。[②]中国社会政治和经济发展的轨迹，并没有偏离世界主流道路之外，不能被看成是一个“例外”。

---

① 《已革刑部左侍郎雷以諴奏陈商贾捐厘助饷业有成效请予推广折》，中国第一历史档案馆编：《清政府镇压太平天国档案史料》第 13 册，北京：社会科学文献出版社，1994 年，第 305—306 页。

② Peer V. *State, Economy and the Great Divergence: Great Britain and China, 1680s-1850s*. London: Bloomsbury Publishing, 2015.

财　政

受吴承明先生的启发，笔者才开始研究嘉道财政，此后又延伸到咸同财政。

在清代的财政体系中，地丁钱粮无疑是最重要的收入。钱粮亏空是反映吏治水平和财政收支状况的最重要指标。清代的钱粮亏空一直存在，成为一大“顽疾”。《试论清朝嘉道时期的钱粮亏空》（《人文论丛》2015 年第 1 期）指出，嘉庆亲政后即大力着手整顿，道光即位后亦将清查亏空作为施政方针，但从效果上来说都失败了。原因在于，要想彻底清查亏空就需要对原有的财政制度、官俸制度进行调整，并对吏治腐败问题进行彻底整顿，但嘉道两朝却把杜绝财政亏空当作解决吏治问题的基本手段，可谓抓错了“药方”。

《有量变而无质变：清朝道光时期的财政收支》（《学术月刊》2011 年第 5 期）一文，试图汇总这一时期总的财政收支状况。道光时期，地丁银始终是最重要而稳定的财政收入，其他各项收入有一定的波动，但意义有限。与此同时，支出虽有较大幅度增长，但尚未走到崩溃的边缘，可将其概括为“有量变而无质变”的过渡型财政。另外，清廷对全国财政的控制能力已降至极低水平，即便发生巨额的支出，如军需、河工及赈济等，却仍然凭临时的调补来支持，可见统治者尚缺乏长远的打算和通盘的考虑。可以断言，即使没有发生后来的太平天国运动，清代的财政体制也到了必须做全新调整的时候。

《从“国家财政”到“财政国家”——试论清朝咸、同时期的财政转型》（《社会科学辑刊》2016 年第 6 期）一文指出，咸丰、同治时期，清廷内外交困，军务倥偬，极大地改变了旧有的财政体制。就奏销制度而言，咸丰以前的钱粮奏销、京饷、协饷基本失效，户部无法有效地掌握全国财政大权；就租税结构而言，财政收入的主体由农业税转变为以厘金和海关为主体的工商税；就指导思想而言，清廷也在事实上放弃了“量入为出”的理念而步入了“量出为入”的阶段。咸丰、同治时期开启了“国家财政”向“财政国家”转变的道路。当然，这一时期的财政显然是过渡性的，因为当时清朝的工业化尚未展开，而农业财政已经难以为继，所以只能走中间道路对商业过分征税。从财政史的角度来看，咸丰、同治时期的历史地位，或许正在于此。

试论清朝嘉道时期的钱粮亏空

地丁钱粮是清代最重要的财政收入，钱粮亏空是反映吏治水平和财政收支状况最重要的指标之一，也是当时社会经济发展水平与统治能力的重要体现。清代极为重视钱粮亏空的清查。钱粮一项，税率有定额，征收有程序，起解有限期，存留有定数，奏销有考成，仓库不督察，侵蚀有处罚。钱粮亏空有着特定的含义，包括两个方面，一是额定赋税不能按时按量征收上交，造成拖欠；一是已征入库钱粮被官吏挪用、侵盗，形成亏短。清代的钱粮亏空一直存在，成为一大“顽疾”。嘉庆亲政，即大力着手整顿；道光即位后，亦立即将清查亏空作为施政方针。本文即欲就这一时期的钱粮亏空及其整顿效果做一简单分析，以求教于方家。

一、整顿亏空的指导思想

嘉庆亲政后，非常注重清查亏空。他深知直省仓库多有亏缺，即便上面查核，“各该督抚等冀图朦蔽，多系设法挪移，弥缝掩饰”[①]，所以主张对于亏空一定要认真查核，但他的查核办法，却一改其父办法，而是首先针对近京地区的直隶和山东，主张通过密办方式，“徐徐办理”。嘉庆四年（1799年）三月，山东巡抚岳起密奏，恳请勒令弥补亏空，嘉庆帝批示：“徐徐办理，自有成效。百姓足，君孰与不足？培养元气，胜于仓库实贮，奚啻万倍！至于大吏洁已率属，各员尽革陋规，皆为善政，以此弥补足矣。捐廉罚银等事，朕必不为。”[②]

四年六月，直隶总督胡季堂奏请严追直隶亏空各员，并主张将有关人员拘至省城勒补。结果嘉庆批示：“封建大吏，当以吏治民生为重，而财赋次

---

① 中国第一历史档案馆编：《嘉庆道光两朝上谕档》第4册，嘉庆四年四月初一日，桂林：广西师范大学出版社，2000年，第107页。

② 《清仁宗实录》卷四一，嘉庆四年三月戊子，北京：中华书局，1986年，第502—503页。

之。胡季堂何不知大体若此！”直隶钱粮亏空已悬宕三十余年，“既须次第清厘，何必亟亟现在？”[①]现在各省悬项分为子孙代赔、前任及现任三种类别，自应照此办理，不得拘押相关人员，以免造成事端。不久，嘉庆帝又密谕胡季堂：“仓库必须弥补，然须行之以渐。为大吏者正己率属，大法小廉，徐徐化导，革除陋规，自必渐次清厘。”如果贸然勒限催追，施之于一二贪吏尚可，通省如此，“是令加派小民，徒饱私囊耳。再者激成别事，所费益大矣。缓急轻重，可不详思乎？”[②]由此也可以看出嘉庆帝的指导思想，即并非要不惜一切代价来弥补亏空。

嘉庆五年（1800年）正月初九日，嘉庆帝还就整理亏空向各督抚进一步说明自己的主张：“国家设立仓库，原备各省缓急之用，岂容稍有亏缺。若清查过急，州县借弥补为名，复有劝捐派累之事，是为民反成害民之举，理财变为聚敛之弊矣。若勒限在任弥补，则是剜肉补疮，无益有害。朕深知此弊。”[③]几天后，户部奏称，各省积欠，自嘉庆三四年以来不下两千余万两，嘉庆帝再次强调：“此项银两岂尽实欠在民？”外省地方官于应征钱粮，往往挪新掩旧，以征作欠，每遇有协拨之项，“辄以本省现有急需为词，其实正项虚悬，是以不得不为挪移掩饰之计。似此年复一年，伊于何底？”因此，各直省内如现在用兵省份，需用浩繁，或可暂缓查办，其余各省并无紧要事件，自应将连年积欠实力清查，归还款项。[④]

针对有官员将亏空官员名单直接上奏的行为，嘉庆帝感到十分恼火，认为这是理解错了自己的意思。五年六月二十九日，他专门发布上谕，称各省仓库亏缺，经密谕各督抚，逐一清查设法弥补，以归实贮。这样做的本意，是因亏空之案，官非一任，事阅多年，“若概行查办，则经手亏缺及接任虚报各员，皆当按例治罪，人数未免众多，或尚有贤员，亦觉可惜，

---

① 《清仁宗实录》卷四七，嘉庆四年六月癸卯，北京：中华书局，1986年，第573页。

② 《清仁宗实录》卷四七，嘉庆四年六月丙辰，北京：中华书局，1986年，第587—588页。

③ 中国第一历史档案馆编：《嘉庆道光两朝上谕档》第5册，嘉庆五年正月初九日，桂林：广西师范大学出版社，2000年，第7页。

④ 中国第一历史档案馆编：《嘉庆道光两朝上谕档》第5册，嘉庆五年正月十三日，桂林：广西师范大学出版社，2000年，第11页。

是以宽其既往之愆，予以弥补之限”。此系格外施恩，各督抚惟当实力查核，将该省如何亏空、如何追查官员等，一面查办，一面据实密奏，“方为实心任事之道”。近来江苏巡抚岳起将江苏省盘查案内亏缺一事抄录朱笔密批咨报户部，安徽巡行荆道乾将安徽省州县交代展参案内以仓库有亏声明咨部，山东巡抚惠龄则请将山东省未完州县处分暂缓例议，“均属非是”。在他看来，各省亏空一事，“朕既责成各该督抚密行查办，自当仰体朕意，实必经理。岂得以和盘托出，即可自占地步，置身事外乎？”更重要的是，一经报部，即当按例参办，“又岂能姑容不肖之员，使之无所畏忌耶？”近日各省清查亏空，惟闻广东、浙江不动声色，以次清厘，办理已有成效，其余多系漫无章程，并无实效，所以日久仍应照章办理，不得将亏缺数目辄行咨部。若将亏缺各员一体参革治罪，“不成事体，并恐此内或有居官尚好之员，未免可惜”。他还警告，日后如实有一二州县不能弥补，应行奏明严办者，自当据实参奏治罪，但即便如此，亦必须先令设法弥补，不得将挂欠数目于目下奏销册内，“遽行开报，图免本任处分，以致碍难办理”。①

嘉庆九年（1804年），经全国大调查，发现除贵州、四川、广西、山西、奉天五省本系年清年款外，其他省份均有亏空。②十年正月，针对直隶的钱粮亏空，嘉庆帝表示，直隶省各项钱粮，一直“挪移垫借，朦混影射，轇轕纠缠，以致应解之项任意宕延”，而从前清查款项亦不能按限追交。因循日久，自应大加振作，分晰清厘。之所以查而不清，总因直隶总督颜检“平素意存见好于地方，事务未免涉于粉饰，而属员等揣摩迎合，往往习为谀词，以致诸事不能核实”。比如追存各案银269 000余两，留直备用一款，“朕早料及该省动用无存，今果不出所料。此时既无存银，焉能复行解部”③。考

① 中国第一历史档案馆编：《嘉庆道光两朝上谕档》第5册，嘉庆五年六月二十九日，桂林：广西师范大学出版社，2000年，第324—327页。

② 中国第一历史档案馆编：《嘉庆道光两朝上谕档》第9册，嘉庆九年三月初五日，桂林：广西师范大学出版社，2000年，第85页。

③ 中国第一历史档案馆编：《嘉庆道光两朝上谕档》第10册，嘉庆十年正月二十日，桂林：广西师范大学出版社，2000年，第15页。

虑到以后清查仍然是查而不清，嘉庆帝随即又发布上谕称，清查一次，亏空数据即增加一些，“藉词清查，希图以一篇空账，仍如前两次之分别咨追虚悬了事”，似此年复一年，任意亏短，叠次增多，“势将何所底止？必致将库项尽归无著而后已”[①]。次年，他还表示，直隶每次清查，“总未得实，而州县官见清查之后，上司并不严办，益无顾忌，任意续亏，遂至数年之间，续增此数。此皆各上司因循姑息所致”[②]。

嘉庆十二年（1807年）年底，户部上奏严催积欠的办法。嘉庆帝表示，各省丁赋自嘉庆元年起至十一年止，除因灾缓带征外，仍有未完银886万余两，“我朝取民有制，从无加赋之事。唯藉此每岁正供，量入为出，岂容积有亏欠”。江南等省已欠至800余万两，自己每逢灾事必有蠲免，现在户部折内各省缓征带征银385万余两，不在此列，“小民具有人心天良，于岁入正供自当输将踊跃。即间有拖欠，亦何至多至数百万两？总由地方官任意因循，征催怠惰，甚或有侵挪亏蚀情弊，皆未可知，而上司护惜属员，往往曲为地步”。不过，户部的办法并无新意，无非是要求地方官认真征收查办而已。[③]十三年二月，对于山东之亏欠，嘉庆帝也不得不表示，所欠仓库银180余万两，“本应将该州县等按律革职治罪，特因该员等人数过多，事非一任，且一经去官逮问，帑项仍致虚悬，是以法外施仁，准令分限弥补”[④]。

十九年四月初二日，户部将各省州县征存未解银两开单呈览，发现江苏、安徽、山东等各省份，不仅亏空没有减少，反而越欠越多，嘉庆帝极为恼火，称“各督抚受朕厚恩，具有天良，无一实心办事，思之实深愤懑。

① 中国第一历史档案馆编：《嘉庆道光两朝上谕档》第10册，嘉庆十年五月二十八日，桂林：广西师范大学出版社，2000年，第274页。

② 中国第一历史档案馆编：《嘉庆道光两朝上谕档》第11册，嘉庆十一年正月十六日，桂林：广西师范大学出版社，2000年，第33页。

③ 中国第一历史档案馆编：《嘉庆道光两朝上谕档》第12册，嘉庆十二年十二月二十四日，桂林：广西师范大学出版社，2000年，第663页。

④ 中国第一历史档案馆编：《嘉庆道光两朝上谕档》第13册，嘉庆十三年二月二十六日，桂林：广西师范大学出版社，2000年，第84页。

全不以国计为念，一任不肖官吏拖延弊混，总不上紧清厘，明知经费未裕，琐琐焉议于常赋之外设法巧取，而置分应提催之款于不办，岂非本末倒置，公私罔办乎？”[①]两个月后，直隶总督那彦成称，既然直隶也是越欠越多，不如将其中的拖欠按比例蠲免，嘉庆帝称此等意见“乖谬之极矣”。在他看来，直隶省前次办理清查之后，业已严降谕旨，各州县不准丝毫再有续亏，嗣后亦不得更藉清查名目，“以为掩饰亏空地步”。那彦成到直省时间未久，遂为此奏，“自系该省属员欲将亏空混入民欠之内，创为此奏，觊觎邀免。那彦成受其怂恿，大胆冒昧，率行入奏，著传旨严行申饬，总不准再提此事矣”[②]。江苏、山东的情况也是这样，“该省自有清查以来，不但不能分限弥补，且每续查一次，转增多数倍，显系岁有续亏。名为密奏陈情，实则通同舞弊”[③]。

从上面的分析可以看出，由于一直担心物极必反，嘉庆帝对于亏空采取了不可不问、不可深问、不可不办、不可深办的态度。但是直到嘉庆二十年（1815年）以后，由于密奏办理的方式不但没有取得实效，而且新亏不断增加，这才开始加大力度，严肃处理。

二十年正月，江苏巡抚百龄奏嘉庆宝山奉贤三县未完钱粮，请求分别督催，嘉庆帝指示：“如系官员亏缺，即当查明严参，离任著追，分别核办。如系官员亏缺而诡言民欠，更应加重治罪，以儆贪墨。若果系民欠，则当于奏销时按照分数，将经征督催各员分别参处，必须区别分明，不容淆混。”[④]二月初一日，章煦奏山东自元年以来亏银共达600多万两，嘉庆帝大为惊诧，连发两道谕旨，认为该省“敝坏已极，痛恨之至”，“敝坏一至于此，实堪痛恨”。此项亏缺，皆起于嘉庆元年以后，此十余年来，朝廷并未举行东巡，

① 中国第一历史档案馆编：《嘉庆道光两朝上谕档》第19册，嘉庆十九年四月初二日，桂林：广西师范大学出版社，2000年，第294页。

② 中国第一历史档案馆编：《嘉庆道光两朝上谕档》第19册，嘉庆十九年六月二十日，桂林：广西师范大学出版社，2000年，第490页。

③ 中国第一历史档案馆编：《嘉庆道光两朝上谕档》第19册，嘉庆十九年八月十二日，桂林：广西师范大学出版社，2000年，第618页。

④ 《清仁宗实录》卷三〇二，嘉庆二十年正月戊戌，北京：中华书局，1986年，第6页。

该省亦从无贡献珍玩等物，“此中外所共知，将复何所藉口？”亏空之由，无非是历任巡抚藩司玩忽职守，纵任不肖州县，“将国帑付诸漏卮，此内若谓一无贿索，其谁信之？”[①]随后，朝廷将嘉庆元年（1796年）以后山东省失察各属亏缺钱粮之历任巡抚藩司，除在任甫及半年者遵旨免其罚赔外，在任已逾半年者，分别罚赔示惩。[②]

二十年八月，江苏奏报两江总督百龄任内追补之数，较之前任不及一半，嘉庆帝称，若似此任意延缓，何时方能弥补完竣？百龄、江苏巡抚张师诚“均著传旨申饬”[③]。不久，针对安徽巡抚胡克家奏称督查司库历任借放未归银两，分别著追著赔一折，嘉庆帝表示，安省藩库借放银两，自应立即追赔归还，不应借者，“著原借原放之员按数赔缴，即将此款永远停借。并著嗣后藩库遇有借放银两，均随时报部查核”，如将不应借之款滥行借放，除著赔外，仍治以应得之罪。[④]十二月，当嘉庆帝知道各地亏空情况仍然很严重时，非常生气：“近年以来，朕为各督抚所蒙，该督抚又为各州县所欺，办理宽缓，以致肆无忌惮。各省亏缺累累，几于百孔千疮，不可究诘。若不严加惩办，何以警怠除贪？”[⑤]不久甘肃省报来原亏、新亏各百万两，嘉庆帝批道依山东处罚则例，分别追缴。

次年，针对山东亏空数额巨大的情况，嘉庆帝不得不同意其中的军需、煮赈、修营房、办剥船等项开支，一些例不准报销的只要有凭据也准报销，只有无著亏空项仍予追赔。不久，湖北巡抚张映汉等奏湖北各属仓库亏缺数目，总计亏短正项银30万余两，其余杂款及米谷价值各款，尚不在内，“是

---

① 中国第一历史档案馆编：《嘉庆道光两朝上谕档》第20册，嘉庆二十年二月初一日，桂林：广西师范大学出版社，2000年，第50—52页。

② 中国第一历史档案馆编：《嘉庆道光两朝上谕档》第20册，嘉庆二十年二月二十三日，桂林：广西师范大学出版社，2000年，第89页。

③ 中国第一历史档案馆编：《嘉庆道光两朝上谕档》第20册，嘉庆二十年八月十四日，桂林：广西师范大学出版社，2000年，第421页。

④ 中国第一历史档案馆编：《嘉庆道光两朝上谕档》第20册，嘉庆二十年十月二十九日，桂林：广西师范大学出版社，2000年，第569页。

⑤《清仁宗实录》卷三一四，嘉庆二十年十二月丙子，北京：中华书局，1986年，第174—175页。

清查一次，即添一次亏数，必至再逾数年，复加清查，又指此次清查为遗漏，流弊何所底止！”[①]但为时已晚，在嘉庆二十三年（1818年）五月庆保报告湖北办理亏空出现越办越多的情况后，嘉庆帝十分焦急，叹息：“该省督抚藩司自十二年清查之后，并不认真截流，以致旧亏未完，新亏又增。似此辗转相仍，伊于胡底？该州县等如此玩愒成风，其罪尚有何可原！”[②]湖北巡抚庆保、张映汉虽先后将王澍、方遵辙、樊钟英三员参办，但亏空岂尽伊三人任内之事？可见他已经失去信心。

道光元年（1821年）十二月二十二日，军机大臣曹振镛等议复直省亏空积弊，认为“今欲求所以杜绝亏空之道，惟在封疆大吏随时随地，实力实心大加整顿，庶仓库可冀充盈，而吏治日有起色”。侵挪仓库律例未尝不严，稽查侵挪法令未尝不密，但各省亏空所在多有，其甚者如江苏、安徽、山东等省，皆亏空累至数百万两，并非封疆大吏竟不查办。他们指出，此皆因为办理不得当所致。清朝承平日久，人口激增，百货腾贵，即如定例米一石合银一两，谷一石合银五钱，今粮价平减之年，已再倍之，稍贵即至三倍，凡民间日用所需无不类似。官员俸廉例给以银，以今视昔，所得同而其实少矣，“是俸廉不足，取资陋规；陋规又不继，因而及于仓库，其由来非一日矣”。嘉庆四年山东甘肃清查案内，复议亏空一万两、二万两以上分别缓立决，而数年以来，亏空仍复不减，非立法轻重之不当。他们重提七条建议，如衰庸宜汰、交代宜核实、调升之员如有亏空宜一体严办、道府以下摊捐扣廉宜酌减、常平仓各省宜实贮等，并无新意。[③]

道光二年，直隶总督颜检奏直隶历次因差摊捐未归银两，请分限勒追。道光帝表示，直隶省历次因差摊捐银两，“库项攸关，不能概予豁免。惟年

---

① 中国第一历史档案馆编：《嘉庆道光两朝上谕档》第22册，嘉庆二十二年九月二十二日，桂林：广西师范大学出版社，2000年，第352页。

② 中国第一历史档案馆编：《嘉庆道光两朝上谕档》第23册，嘉庆二十三年五月十六日，桂林：广西师范大学出版社，2000年，第231页。

③ 中国第一历史档案馆编：《嘉庆道光两朝上谕档》第26册，道光元年十二月二十二日，桂林：广西师范大学出版社，2000年，第613—614页。

分既久，官多事故，骤难照数追缴，自应宽以年限”，准予分赔。[①]针对例外开支，道光帝也发布上谕，称国家出纳岁有常经，所入银数果能全行征解，即除岁出之数自有盈余，但户部上陈近三年收支情况，每年多有缺少，“实缘定额应支之款势不能减，其无定额者又复任意加增”。如果将来遇有要需，必致无从筹拨，因此强调，“嗣后著各直省督抚率同该藩司实力钩稽，不得任意动垫，尤不得违例格外请支”。[②]道光六年（1826 年），山东巡抚讷尔经额再次上奏山东亏欠情形时称，准其自道光七年正月起于通省司道府州县养廉内接扣二成，“先尽旧亏，次及悬抵，以次归补”，俟补足之日即行停扣，也得到了朝廷的批准。[③]

二十多年之后，户部奏称，各省未完地丁正耗自普免道光二十年前逋赋之后，至今又积欠正征缓征银 2390 万余两之多，“似此年复一年，各省大小官员几将置钱谷于不问，积习相沿，伊于胡底？”且道光二十年前逋赋共免银 930 余万两，民力不为不宽，乃地方官视为成例积欠日多，完解日少，上次经户部奏催之后，各省大半完纳新款，其旧款则任意宕延，希望侥幸能得到国家豁免，“是以国家蠲租免赋之恩，藉遂有司侵蚀亏那之计，思之实堪痛恨”[④]。可见情况仍无大的改观。

简言之，从整理亏空至嘉庆二十年（1815 年），嘉庆帝在历次清查亏空时，都没有提出明确而坚决的整治措施，只是一味强调亏空要及时弥补，而且一再申明要徐徐办理，不得大事张扬，这就导致官员认为可以优先处理其他事务。当时曾流行一首歌谣：“再清查，三清查，新旧款目多如麻。前亏未补后亏继，转瞬又望四查至。借问亏空始何年，半缘漕项半摊捐。帮费愈

---

① 中国第一历史档案馆编：《嘉庆道光两朝上谕档》第 27 册，道光二年六月初五日，桂林：广西师范大学出版社，2000 年，第 328 页。

② 中国第一历史档案馆编：《嘉庆道光两朝上谕档》第 28 册，道光三年三月初五日，桂林：广西师范大学出版社，2000 年，第 89 页。

③ 中国第一历史档案馆编：《嘉庆道光两朝上谕档》第 31 册，道光六年十二月二十三日，桂林：广西师范大学出版社，2000 年，第 439 页。

④ 中国第一历史档案馆编：《嘉庆道光两朝上谕档》第 53 册，道光二十八年十月十七日，桂林：广西师范大学出版社，2000 年，第 346 页。

加银愈贵，民欠愈多差愈匮。”[①]自嘉庆二十年以后至道光朝结束，追查的要求愈加严格，且要咨户部备核。

二、亏空的实态

嘉庆以前，清朝钱粮仓谷盘查制度已经逐渐建立起来，但未能得到很好的实施。乾隆中叶以后，各省积欠就异常严重，乾隆六十年（1795 年）和嘉庆四年（1799 年）先后两次普免天下积欠，亦无济于事。嘉庆五年户部奏，自嘉庆三、四年以来积欠又不下两千余万两。[②]嘉庆六年清查未完正赋耗羡杂税及历年带征等项共 11 276 000 余两。鉴于积欠之严重，威胁到国家正供收入和收支平衡问题，清廷不得不再次下令严催。

表 1 是笔者根据《嘉庆道光两朝上谕档》资料制做的嘉道时期钱粮亏空表，因四川、广西、贵州和奉天的钱粮完成情况良好，基本无亏，所以表中不单独列出。

表 1　嘉道时期的钱粮亏空

地区	亏空年份	亏空数据	上谕日期
全国	嘉庆五年	2000 万两	嘉庆五年正月十二日
	嘉庆十一年	88 618 00 余两	嘉庆十二年十二月二十四日
	嘉庆十二年	81 782 900 余两	嘉庆十三年十一月十四日
	嘉庆十三年	11 377 200 余两	嘉庆十三年十一月十四日
	嘉庆十五年	1 540 余万两	嘉庆十五年十二月十八日
	嘉庆十七年	1 900 余万两	嘉庆十七年八月十八日
	嘉庆二十一年	1 720 余万两	嘉庆二十一年十二月十九日
	嘉庆二十五年	1 700 余万两	道光三年十一月初八日
	道光十一年	1 700 余万两	道光十一年七月二十七日
	道光二十三年	银 10 748 370 余两，钱 1 130 余串	道光二十三年十二月二十二日
	道光二十八年	2 390 万余两	道光二十八年十月十七日
福建	嘉庆二年	1 645 818 两	嘉庆二年闰六月十九日
	嘉庆二十一年	1 769 745 两	嘉庆二十三年六月二十六日
	道光十一年	1 863 000 余两	道光十三年九月十八日
	道光十三年	1 619 100 余两	道光十三年九月十八日
	道光二十八年	银 799 460 两，仓谷 479 520 石	道光二十九年十月二十四日

① 魏源：《新乐府》，《魏源集》，北京：中华书局，1976 年，第 672 页。
② 《清仁宗实录》卷五七，嘉庆五年正月丙寅，北京：中华书局，1986 年，第 750 页。

续表

地区	亏空年份	亏空数据	上谕日期
直隶	嘉庆四年	27 万余两	嘉庆十年五月二十八日
	嘉庆五年	152 万余两	嘉庆十年五月二十八日
	嘉庆六年	264 万余两	嘉庆十年五月二十八日
	嘉庆六至九年	1 943 100 余两	嘉庆十年十二月二十二日
	嘉庆十一年	190 余万	嘉庆十一年正月十六日
	嘉庆十四年	158 万余两	嘉庆十五年十二月二十二日
	嘉庆十五年	160 万两	嘉庆十五年十二月二十二日
	嘉庆十九年	银 340 余万两，米 14 万余石，草 6 万余束	嘉庆十九年六月二十日
	嘉庆十九年	1 906 800 两	嘉庆二十年十二月二十五日
	嘉庆二十年	2 711 100 两	嘉庆二十年正月二十五日
	嘉庆二十一年	358 万余两	嘉庆二十一年十二月十九日
山东	嘉庆八年	180 余万两	嘉庆八年八月二十五日
	嘉庆十三年	180 余万两	嘉庆十三年二月二十六日
	嘉庆十四年	341.2 万余两	嘉庆十九年十一月二十五日
	嘉庆十五年	170 余万两	嘉庆十五年九月二十五日
	嘉庆十七年	400 余万两	嘉庆十七年八月十八日
	嘉庆二十年	600 余万两	嘉庆二十年二月初一日
	道光六年	629 759 两	道光六年十二月二十三日
	道光二十九年	1 449 003 两	道光二十九年九月十六日
安徽	嘉庆九年	189 万余两	嘉庆九年八月初七日
	嘉庆十年	1 682 000 两	嘉庆十一年六月初一日
	嘉庆十二年	1 513 000 余两	嘉庆十二年六月初六日
	嘉庆十三年	180 余万两	嘉庆十四年正月二十九日
	嘉庆十六年	2 122 000 余两	嘉庆十六年四月十三日
	嘉庆十七年	400 余万两	嘉庆十七年八月十八日
	嘉庆十七年	1 301 790 两	嘉庆十七年十二月二十三日
	嘉庆二十四年	银 460 万两，米 46 万石	嘉庆二十四年八月十三日
	道光三年	银 576 777 两，钱 197 千，米 27 599 石	道光三年三月三十日
	道光二十九年	721 275 两	道光二十九年十一月初三日
江苏	嘉庆六年	30 余万两	嘉庆十九年八月十二日
	嘉庆八年	454 500 两	嘉庆八年九月十四日
	嘉庆十年	十年共归还银 79 000 两	嘉庆十一年二月十一日
	嘉庆十四年	银 5 038 700 两，米 12 500 石	嘉庆十八年二月二十六日
	嘉庆十七年	400 余万两	嘉庆十七年八月十八日
	嘉庆十七年	银 3 631 300 两，钱 2 700 串，米 9 100 石	嘉庆十八年二月二十六日
	嘉庆十七年	3 631 414 两	嘉庆十九年十一月二十日

续表

地区	亏空年份	亏空数据	上谕日期
江苏	嘉庆十八年	3 162 300 两	嘉庆二十年八月十四日
	嘉庆十九年	2 981 300 两	嘉庆二十年八月十四日
	道光四年	262 万两	道光四年七月初九日
	道光二十九年	3 897 446 两	道光二十九年八月二十九日
浙江	嘉庆五年	1 878 000 两	嘉庆十六年七月初八日
	嘉庆十六年	691 379 两	嘉庆十六年七月初八日
	嘉庆二十年	199 000 余两	嘉庆二十年四月二十二日
	道光三年	403 142 两	道光三年三月二十九日
	道光二十九年	390 余万两	二十九年五月二十八日
甘肃	嘉庆八年	172 100 两	嘉庆十年十二月十七日
	嘉庆十年	91 100 两	嘉庆十年十二月十七日
	嘉庆十五年	2 115 880 两	嘉庆二十一年正月三十日
	嘉庆二十年	202 万余两	嘉庆二十一年三月二十三日
	嘉庆二十四年	954 085 两	嘉庆二十四年十一月初二日
	道光十年	银 291 100 两，钱 3 000 串	道光十年九月二十五日
	道光二十一年	189 000 两，钱 45 000 串	道光二十一年十一月初五日
	道光二十九年	123 万余两	道光二十九年九月二十四日
湖北	嘉庆十六年	511 735 两	嘉庆十六年六月初一日
	嘉庆十七年	325 112 两	嘉庆二十年六月二十三日
	嘉庆十八年	287 112 两	嘉庆二十年六月二十三日
	嘉庆二十一年	209 613 两	嘉庆二十二年九月二十二日
	嘉庆二十三年	955 000 余两	嘉庆二十三年五月十六日
湖南	嘉庆八年	银 71 906 两，米 127 957 石	嘉庆八年十月二十六日
	嘉庆九年	米 477 000 石	嘉庆九年五月初一日
	嘉庆十年	661 500 余两	嘉庆十年十一月十一日
	嘉庆二十二年	145 000 余两	嘉庆二十三年五月初七日
	道光三年	221 375 两	道光三年十一月初五日
江西	嘉庆四年	83 万余两	嘉庆六年五月初二日
	嘉庆六年	716 000 两	嘉庆八年十月十四日
	嘉庆八年八月	631 000 两	嘉庆八年十月十四日
	嘉庆十五年	229 000 余两	嘉庆十五年十二月十二日
	嘉庆十八年	10 万余两	嘉庆二十年二月十八日
	道光三十年	874 531 两	道光三十年二月十三日
山西	嘉庆六年	26.89 万两	嘉庆八年七月初九日
云南	嘉庆六年	谷麦粟 281 349 石	嘉庆六年三月二十七日
	嘉庆九年	银 328 300 余两，米 253 900 余石	嘉庆九年五月初十日

续表

地区	亏空年份	亏空数据	上谕日期
云南	嘉庆十七年	500余两	嘉庆十七年八月十八日
	道光二十九年	193 800余两	道光二十九年十一月十五日
广东	嘉庆九年	765 400两	嘉庆九年六月二十六日
	嘉庆二十年	137 000余两	嘉庆二十年三月十八日
河南	嘉庆九年	146万两	嘉庆九年十一月初七日
	嘉庆十年	1 367 000两	嘉庆十年十二月二十六日
	嘉庆十一年	985 728两	嘉庆十年十二月二十六日
	嘉庆十四年	598 190两	嘉庆十四年十二月二十五日
	嘉庆十六年	243 100余两	嘉庆十七年七月十五日
	嘉庆十七年	600 660余两	嘉庆十七年七月十五日
	嘉庆十八年	431 000余两	嘉庆二十四年六月二十五日
	嘉庆二十五年	818 210两	道光五年三月二十八日
	道光十三年	119万余两	道光十三年二月初三日
	道光二十九年	银1 446 088两，钱8 520千600文	道光二十九年九月初二日
陕西	嘉庆十二年	383 000两	嘉庆十三年正月初二日
	嘉庆十三年	银194 300余两，米48 900余石	嘉庆二十三年六月二十六日
	嘉庆二十年	28 075两	嘉庆二十年正月初八日
	嘉庆二十三年	银26 590两，米9 885石	嘉庆二十三年六月二十六日

从历次清查状况来看，除嘉庆二十一年（1816年）全国积欠有所下降，其余年份的积欠数字却有增无减。南各省丁赋自嘉庆元年至十一年止，未完银8 861 800余两，另外尚有缓征带征银385万余两，共计12 711 800余两。嘉庆十三年，直隶等十五省份除去缓征带征，仍有未完地丁银8 178 290余两，而十二年续增未交地丁银3 198 900余两，共计11 377 200余两，十五年积欠达到1540余万两，十七年增至1900余万两，二十一年积欠有所下降，计1720余万两。此后又有所回升，嘉庆二十四年普免积欠一次达21 296 800余两，米谷4 045 200余石。这说明清查钱粮亏空，反而每年都会出现新亏续亏。

户部积欠往往包括直省未解部之正款，地方官于每年解部时，经常以民欠为借口，不能如数完交。历年缓征带征银两无法补交，就连当年的正赋亦完不成足额。在户部的正赋收入中，据嘉庆十七年的清查情况，奉天、山西、广西、四川、贵州五省皆年清年款，并无积欠；云南省积欠至500余万两，安徽、山东积欠各多至400余万两，福建、直隶、广东、浙江、江西、甘肃、河南、陕西、湖北、湖南各省积欠自百余万数十万至数万两不等。嘉庆二十四年（1819 年）普免积欠时，江苏、安徽、山东三省居其过半。当然，这里的亏空还不包括户部银库的丢失。

道光朝拖欠赋税情况更加严重。从道光元年（1821 年）至六年，各省积欠达 380 余万两，缓征、带征钱粮积欠 849 万两。[①]到道光十一年，各省未完地丁银已达 835 万余两，未完缓征地丁银 939 万余两，共欠课银 1770 余万两。[②]此外，盐税、关税也拖欠严重。两淮盐税自道光十年至十五年新欠未解银 248 万余两。[③]粤海关自道光十年至十三年未解部银达 153 万余两。[④]道光十九年，综计各省积年拖欠户部银 2940 余万两。[⑤]道光二十年普免各省未完地丁银 930 余万两，此后直到道光二十八年，又积欠正赋、缓征银 2390 余万两。[⑥]因各省历年均有积欠，遂至户部入不敷出，据称“历年以来，每将内府余款拨给户部应用，岁不下数十万，有将及百万者，而核计部中正项钱粮积欠，竟至一千九百余万两之多。屡经饬催，报解寥寥”[⑦]。

据王庆云的统计可知，道光时期各直省的亏空情况极为普遍，其中河南实征数与额征数相较，差额最大，江苏次之，其次为山东，浙江、山西等。[⑧]由于各地均完不成应征额数，地方有限的存留也不得不上缴中央，地方财政的缺口越来越大。同时，正项收入不足额数，以量入制出为财政原则的清廷，更是只能依靠非法途径来应付缺口了。

对于表 1 中所提供的数据，我们亦不可简单化处理。一方面，清查亏空往往不实不尽，以安徽为例，自嘉庆四年就开始清查，直到九年才清查完毕，在这期间各级官员的掩饰行为自不必说，直到十九年第五次清查时，仍然不实不尽。安徽巡抚李鸿宾在《厘剔安徽亏空疏》中说：“前办清查，皆据在

① 《清宣宗实录》卷一一一，道光六年十二月甲寅，北京：中华书局，1986 年，第 854—855 页。
② 《清宣宗实录》卷一九三，道光十一年七月丁丑，北京：中华书局，1986 年，第 1055 页。
③ 《清宣宗实录》卷二七六，道光十五年十二月辛未，北京：中华书局，1986 年，第 249 页。
④ 《清宣宗实录》卷二五三，道光十四年六月癸卯，北京：中华书局，1986 年，第 840 页。
⑤ 《清宣宗实录》卷三二三，道光十九年六月戊辰，北京：中华书局，1986 年，第 1064 页。
⑥ 《清宣宗实录》卷四六〇，道光二十八年十月丁巳，北京：中华书局，1986 年，第 809 页。
⑦ 《清仁宗实录》卷二六〇，嘉庆十七年八月戊午，北京：中华书局，1986 年，第 524 页。
⑧ 王庆云：《石渠余纪》卷三《直省地丁表》，台北：文海出版社，1966 年，第 283—287 页。

任人员，自行开报。其本身亏空、隐匿未开者，在所难免。即就已开者而论，其中抵垫之项，前因核其款数轇轕，饬令自行清理，谓之提归另册。此等提归另册之项，即系未入清查之数，可见五次清查，显有不实不尽。”[①]嘉庆十四年（1809年），山东巡抚吉纶清查亏空179.8万两，又另案参追银6.17万余，嘉庆十九年时，新任山东巡抚章煦查出，十四年以前还欠155.2万两，若再加上吉纶的所查数字，十四年以前山东共亏约341.2万两。[②]有些省的亏空状态在实录中没有记载，但实际上亏空亦很严重。以陕西为例，嘉庆七年，陕西巡抚陆有仁进呈《陕省积年民欠银粮数目清单》，开列宁陕、孝义、南郑、西乡等二十四厅州县，民欠未完嘉庆六年并元、二、三、四、五等年地丁、盐课等项共银31.5077万余两，本色粮2177石，长安等四十厅州县未完银135.8941万余两，本色粮23.0851万石。[③]

更为重要的是，清廷会因万寿等原因而多次普免钱粮，“凡逋负之在民者，与银谷食种之贷而未收者，遇国家庆典，或巡幸，或军兴，辄止勿责。每库藏稍充，即务推所有以益下。于是又有普免钱粮、轮免漕粮之举”[④]。贪官寄望于此，平时侵渔库项，豁免时混入民欠。直隶自嘉庆二年至十八年间，积欠银340余万两，粮14万余石，那彦成奏请蠲免，嘉庆帝斥之为“自系该省属员欲将亏空混入民欠之内，创为此议，觊觎邀免”[⑤]。魏源亦称：“其民欠地丁银，则康熙五十年至雍正四年，八百十三万，计每年仅欠六十万。今则钱粮奏销七分以上得免考成，每年拖欠不下二百万。有亏于官蚀于胥吏者，亦有欠于民者，皆冀十年恩免一次，是以民欠不数年复积千余万。”[⑥]正因为如此，给事中袁铣才会上奏称，“嗣后遇有庆典，请无议蠲等语”，不过遭到军机大臣的反对。[⑦]嘉庆

---

① 李鸿宾：《厘剔安徽亏空疏》，贺长龄、魏源等编：《清经世文编》卷二七《吏治十》，北京：中华书局，1992年，第675—676页。

② 《清仁宗实录》卷三三五，嘉庆二十二年十月丁亥，北京：中华书局，1986年，第442页。

③ 《军机处录副奏折·嘉庆朝·财政类》，嘉庆七年四月二十八日，陕西巡抚陆有仁折，档案号：03-1727-033。

④ 王庆云：《石渠余纪》卷一《纪蠲免》，台北：文海出版社，1966年，第61页。

⑤ 席裕福等纂：《皇朝政典类纂》卷一六四《国用十一》，光绪二十九年刻本。

⑥ 魏源：《圣武记》卷十一《武事余记·兵制兵饷》，北京：中华书局，1984年，第474页。

⑦ 中国第一历史档案馆编：《嘉庆道光两朝上谕档》第27册，道光二年十二月十四日，桂林：广西师范大学出版社，2000年，第663页。

二十四年（1819 年）之皇帝六十大寿蠲免，所免各省积欠银已达 2129 万余两，米谷 404 万余石。[①]如果考虑到这些因素，清查亏空的效果必定会再打折扣。

三、清查失败的原因探析

嘉道时期的清查亏空，从总体上来说当然是失败的。那么失败的原因何在呢？

从表面上看，皇帝处理此事的暧昧态度无疑是造成清查亏空失败的重要原因。以嘉庆帝为例，从政二十余年，却并没有提出明确而又坚决的整治措施，只是一味强调亏空要及时弥补，而且一再强调要徐徐办理，不得大事张扬，这就给相关官员一个错误的信息，即可以优先处理其他事务。初彭龄在江苏巡抚任上清查亏空，曾批评说："亏空应立时惩办，而各省督抚往往密奏，仅使分限完缴。始则属官玩法，任意侵欺；继则上司市恩，设法掩盖。是以清查为续亏出路，密奏为缓办良图。"[②]这种态度自然会影响到整理亏空的进度。

其实，造成亏空的原因无非有三：民欠、官贪和挪移。关于民欠，有记载称，清朝经过承平百余年，到乾隆时期，海内殷富，江苏尤其是东南大都会，"万商百货骈阗充溢，甲于寰区"。当是时，虽担负之夫，蔬果之佣，亦得以通过从事服务等行业养家糊口，且有节余，"遂无不完之税，故乾隆中年以后，办全漕者数十年，无他，民富也"。但嘉道以来，元气顿耗，商利减而农利从之，于是民渐自富而贫，"带征之后依然全漕，故以年计为减成，以十年计非真减漕也"[③]。因民穷而无力完赋，亏空自然在所难免。正因为如此，才有人表示："当乾隆之季，天下承平，庶务充阜，部库帑项，积至七千余万。嘉庆中，川楚用兵，黄河泛滥，大役频兴，费用不赀，而逋赋日

① 中国第一历史档案馆编：《嘉庆道光两朝上谕档》第 24 册，嘉庆二十四年十一月十四日，桂林：广西师范大学出版社，2000 年，第 602 页。

② 赵尔巽：《清史稿》卷三五五《初彭龄传》，北京：中华书局，1977 年，第 11305 页。

③ 冯桂芬：《显志堂稿》卷九《请减苏松太浮粮疏》，光绪二年校邠庐刻本。

增月积，仓库所储，亦渐耗矣。”①

官贪也是重要原因。嘉庆五年（1800年）御史张鹏展在《请厘吏治五事疏》中分析亏空原因，称各省积弊皆然，但州县自有廉俸，且陋规未经尽革，何至亏空？他认为数十年来亏空之故有四：一是地方官素性奢靡，挥霍无度，以致用度拮据，不得不挪项偿逋，导致亏空日甚；二是地方官专意逢迎，投所好以邀上欢，希图保题美缺，或劣迹经人告发，竭帑馈送，以求曲护；三是经营过程中的疏漏，“或官亲及长随散耗，漫无觉察；或因上司微厉声色，即茫无主意，遂不顾惜帑项”；四是公开贪污营私，“或将帑项私寄回籍，或开库为子弟捐官，以为亏空系众人之事，牵缠攀累，或难尽诛，所以侵私迄无顾忌”。其实，“因公赔垫，以致短少，实不过百中三五而已”。他同时指出督抚不行参劾的原因，一是避处分和摊赔之责，二是因受过属员馈送供给怕牵连，三是徇情面，四是狃积习。②御史李肄颂也在条陈民欠积弊时，称有地方官“交通胥役，日久挂欠”③。山东巡抚岳起则指出，致亏之由，“或冲途差务，供应浩繁；或驿站口分，例价不敷；或前官已故，交代难清。或穷苦小缺，疲于捐垫者有之；或狃于积习，应酬馈送，私囊无措，因而挪用者亦有之”。但具体情况具体分析，“有亏空者不尽劣员，无亏空者亦不尽能吏”。总之，大吏不能洁己率属，需用奢靡，取给无度，“上司既有欲不刚，属员遂有恃无恐，种种弊端，皆由于此”④。

挪移是指因公移缓就急，以有就无。当某地因河工、军需等急需钱粮时，由于部拨之款不能及时到达，官员就挪用部分地方库项，以备一时之需，名义上还款，实际虚悬无著，形成财政上的漏洞。更进一步，地方官利用制度上的缺陷，侵吞钱粮，捏称因公挪移。“滥支滥应，以致州县中胆大者挪动官项，胆小者亦未免科派民间。”⑤冯桂芬还称：“积欠之故在于亏空，亏空之故在于

① 赵尔巽：《清史稿》卷一二一《食货二》，北京：中华书局，1977年，第3538页。

② 张鹏展：《清厘吏治五事疏》，贺长龄、魏源等编：《清经世文编》卷二〇，北京：中华书局，1992年，第495—496页。

③ 《清仁宗实录》卷三六八，嘉庆二十五年三月庚申，北京：中华书局，1986年，第860页。

④ 《清仁宗实录》卷四一，嘉庆四年三月戊子，北京：中华书局，1986年，第502页。

⑤ 席裕福等纂：《皇朝政典类纂》卷一六四《国用》，光绪二十九年刻本。

挪移，挪移之故在于漫无稽考。以一县之主，独操出纳之权，下车之日，公用后而私用先，室家妻子之百需，旧逋新欠之交集，大抵有收管而无开除，惟所指挥，莫敢过问。迨上司知之而亏空久矣。于是因亏空而清查，清查一次，亏空又增多一次，徒费笔墨，无益帑藏。欲杜亏空，惟有宽既往而严将来之一法。”①

清朝规定，州县亏空无著，例应道府分赔，道府赔项无著，例应院司摊赔。从表面上看，流摊赔累是官吏报效朝廷，但实际上为亏空种下更大的病根，导致所有官员，不分贪廉，亏空与否，均要参加，于是更加滥支滥应。另外，养廉银虽然原则上可用于官员养廉用，但到此时，已经被看成是官员的完全私用薪俸，如督抚司道衙门到任，修理房屋、铺设器用、喂养马匹，以及凉棚煤炭等一切费用，本应该由养廉银支出，最后却变成由承办州县摊派，所以摊扣养廉必然对官员的心理造成巨大冲击，必然会造成地方官吏的日用不敷。“府厅州县养廉只此定额，而差务之费、捐摊之款日益加增，往往有全行坐扣，禄入毫无者，虽在洁清自好之吏，一经履任公事，业集难为无米之炊，势不得不取给陋规，以资挹注。”②陶澍也认为，捐款各目不一，皆系办公不可少之项。从前各州县捐款为数甚巨，又有弥补节省津贴等项名目，多者数千，少者数百，“各州县养廉几何，安得而不亏缺？”③因此，摊捐实为败政，本为弥补亏空，实则相反，亏空更重。

要杜绝亏空，最根本的是要对财政支出制度进行调整和改革，然后才能严刑峻法，禁止不法官吏侵吞。曾镛就为地方官之亏空报屈，指出“州县之不肖诚非一端，窃以为坏于诎支弥补之故，亦不少也”，即便是好官，也必然疲于奔命，“又何暇加意于汎汎然之士风民风，为从容摩厉于农桑学校间哉？”④曾任漳州知州的周镐也说：“今州县廉俸多者千两，少者五六百两，以至延请幕友尚虑不敷，加以养父母蓄妻子，仆役之工饩，差使之往来，上司之应酬，亲友同僚之赠送，皆人情世势之所不能已者。又以莅位之初以及

① 冯桂芬：《杜亏空议》，《校邠庐抗议》卷下，光绪十年刻本。

② 席裕福等纂：《皇朝政典类纂》卷一七七《国用》，光绪二十九年刻本。

③ 陶澍：《条陈安徽亏空八事》，贺长龄、魏源等编：《清经世文编》卷二七，北京：中华书局，1992 年，第 680 页。

④ 曾镛：《答汪方伯书》，贺长龄、魏源等编：《清经世文编》卷一六，北京：中华书局，1992 年，第 397 页。

交待盘查奏销册报各项”“准之廉俸不啻数倍矣。况以捐派，一年之间为数无定，区区州县岂有点金术耶？以故缓则敲筋炙髓，而取之于民；急则剜肉医疮，而盗之于库。凡今各县之亏空，捐款居十之四五，其明验也。”[①]

其实，对于官俸低下与贪污之间的关系，统治者也是有清醒认识的。嘉庆帝在《致变之源说》中表示：“百姓困穷为致变之源，而其本又在州县亦多困穷无暇抚字也。治乱系于州县，必先有守而后有为。今则或困于亏缺，或困于民欠，或困于摊捐，有此三困，难为清官矣。官不清则民不畏，挟制控告，首足倒置，罔上之念非一朝一夕之故，其所由来者渐矣。”[②]但因为恪守祖制，加之受困于财政，不能稍作变通，只能默许以数倍于正供之陋规弥补廉俸之不足。冯桂芬曾表示：“积欠之故在于亏空，亏空之故在于挪移，挪移之故在于漫无稽考。”[③]

嘉庆四年（1799年）二月，贵州学政索要红案银两一事被曝光，嘉庆帝表示：“此等棚规红案银两，原系相沿陋规。贵州学政养廉本少，距京较远，学政挈其家属，延请幕友，前赴任所，需费自不免稍多，而该省并无棚规。出考一切费用，令新进童生量为致送，其事亦尚在情理之中。即各省学政棚规，亦系陋习相循，贴补考费，非私卖秀才可比。若将棚规红案银两概行裁革，则学政办公竭蹶，岂转令其取录不公，营求纳贿耶？”因而只可量力交送。[④]四月，尹壮图奏请查处陋规，嘉庆帝则称，尹壮图奏清查各省陋规一折，据称各省陋规请慎选廉洁重臣饬往各省眼同督抚逐一清查，乾隆三十年（1765年）旧有者若干，以后续加者若干，听各属绅士父老一一证明，悉照三十年所有陋规。勒为成式，其续增科派悉行裁革。但真的如此处置，弄不好就会反而病民，“所谓廉洁、重臣，一时既难其选，倘所任非人，权势过盛，尤属非宜”。况且积习相沿，由来已久，只可将来次第整顿，不能概行革除，“今若遽行明示科条，则地方州县或因办公竭蹶，设法病民，滋事取

---

① 周镐：《上制军条陈利弊书》，戴肇辰：《学士录》卷十一，同治六年刻本。

② 嘉庆帝：《致变之源说》，《御制文二集》卷十，嘉庆十一年刻本。

③ 冯桂芬：《杜亏空议》，《校邠庐抗议》卷上，光绪十年刻本。

④ 《清仁宗实录》卷三九，嘉庆四年二月甲寅，北京：中华书局，1986年，第464页。

巧，其弊转较向来陋规为甚”[1]，说明嘉庆帝对此弊端及后果了然于胸。

但是，嘉道时期最高统治者对此的认识也仅限于此。道光初年，军机大臣英和以州县办公无资，奏请以各省陋规酌定其数为公用，有于数外多取者重罚之。结果两江总督孙玉庭上疏极言不可，奉旨嘉许，英和被赶出军机处，而孙玉庭被赐“公忠大臣”四字，“天下颂圣主之明”。当时的广东巡抚康绍镛亦称：“闻之雍正年间，议将地丁火耗酌给养廉，当时议者，谓今日正赋之外，又加正赋，将来恐耗羡之外，又加耗羡。八九十年以来，钱粮火耗，视昔有加，不出前人所虑。”[2]

简言之，要彻底清查亏空，就需要对原有的财政制度、官俸制度进行调整，并对吏治腐败问题进行彻底整顿，但嘉道两朝却把杜绝财政亏空当作解决吏治腐败问题的基本手段，不从根本上解决财政的不健全性，一味禁绝官吏挪移侵蚀，可谓抓错了“药方”。

---

① 中国第一历史档案馆编：《嘉庆道光两朝上谕档》第 4 册，嘉庆四年四月初七日，桂林：广西师范大学出版社，2000 年，第 113 页。

② 陈其元：《道光朝州县陋规之纷议》，《庸闲斋笔记》卷四，北京：中华书局，1989 年，第 92 页。

清朝道光时期的财政收支

近些年来区域经济史的研究成果，极大地丰富了人们对于道光时期的认识，并在很大程度上颠覆了传统的关于这一时期社会经济发展水平处于“停滞”状态的观念。[①]与此形成鲜明对比的，则是部分学者对道光时期国力衰微、经济衰退和吏治败坏的全面论证。即以经济周期而言，不管是“驼峰”论，还是“翘尾巴”论，都认为道光时期的社会经济发展，相较于康乾时期，处于较低的水平。[②]有学者还以此为重要根据，来论证“道光萧条”的存在。[③]在貌似悖论的背后，其实隐藏着这样一个问题：道光时期的社会发展，究竟处在一种什么样的水平上？作为政治与经济、中央与地方之间的联系纽带——财政，恰好是解决此问题的一把钥匙。财政是国家政权得以生存、国家机器赖以运转的经济基础，也是国家为实现其基本目标与职能，参与和管理国民收入的分配而形成的各种活动与分配关系。财政研究在相当程度上是通过对政府收支的考察来实现的。本文即欲从财政收支这一角度入手，以期从侧面加深对道光时期社会经济发展水平的理解。

百余年前，魏源在《复何竹芗同年论会计书》中语重心长地写道：“考

---

① 相关著作可参见范金民、李伯重、许檀等人关于江南、河南、山东等诸多地区的大量研究成果。

② 参见戴逸、方行诸先生的论述，均见《清史研究》2008 年第 3 期。

③ 吴承明先生在数篇文章中都表示，清代前期存在着两次经济萧条，一次是“康熙萧条”，一次则是“道光萧条”［参见吴承明著《中国的现代化：市场与社会（代序）》《传统经济 · 市场经济 · 现代化》《16 与 17 世纪的中国市场》《18 与 19 世纪上叶的中国市场》诸文，均载氏著论文集《中国的现代化：市场与社会》，北京：生活 · 读书 · 新知三联书店，2001 年。持类似观点的还有日本学者岸本美绪，参见氏著 “The Kangxi Depression and Early Qing Local Markets”，*Modern China*，10.2，1984；《康熙年间の谷贱について——清朝初期の経済思想の側面》，《東洋文化研究所紀要》第 89 册，1981 年］。例如在《18 与 19 世纪上叶的中国市场》一文中，吴先生开篇即称：“17 世纪下叶，在国家统一、生产恢复中，曾出现商业凋敝、市场萧条局面，物价剧跌，农民窘困。……进入 19 世纪不久，发生第二次市场萧条，三四十年代达于低谷。其影响面广，较前次为严重。惟 50 年代即转入复苏，形成近代市场，交易空前扩大。这两次市场萧条，考其基本原因，概属经济因素，与战乱、灾荒无关，故可视为经济周期。”为论证这次“道光萧条”，吴先生分别从人口与耕地、价格（田价、粮价、棉价、布价、丝价）和商税（盐课、关税和地方商税）等诸多方面加以论证。

财赋之源流，不难于入数而难于出数。”在他看来，清朝赋税收入，每年不过4000万两，“但披《会典》户部一门，立见纲领。即因银贵钱贱有今昔，民欠多寡亦不甚悬绝，以历次捐输补之，有赢无绌，故入数不难稽”。所难稽者，“岁出之数而已”。岁出之数，以河工、宗禄、兵饷为常规，但这三者之中，惟有兵饷可稽，河工、宗禄皆不可考，“又何从议国用之丰俭，财赋之消长乎？”①其实，魏源所说的这些难题，到今天仍然存在，而且材料的散失、解读资料的能力受限，导致我们在研究清朝的财政问题时，不仅难知出数，亦难知入数。②在现有条件下欲详细考察道光朝的财政收支确数相当困难。本文亦只能就所搜集资料，尽可能地复原一些当时的情况。

一

清代的财政收入主要包括四大项：田赋、盐课、关税和杂赋。

田赋是土地税，即根据土地面积和肥瘠而征收。清朝前期为了恢复社会生产和鼓励人口增殖，宣布以康熙五十年（1711年）的人丁为常额，以后“滋生人丁，永不加赋”；然后又实行“摊丁入地”，田赋就包括了丁银。因此，田赋又有地丁之称，即地税和丁银的合称。钱粮是指当时田赋里部分征银或钱，部分征粮，所以又称为钱粮。田赋是全部税收的大宗，实物征收之中，当以漕粮为最重要。从性质上说，漕粮是田赋的一部分，也是土地收益的直接税。从税制上讲，它从田赋中派生出来成为一种独特的制度。征收漕粮只限于8个省份，即山东、河南、江苏、浙江、安徽、江西、湖北、湖南。漕粮征收数目有定额，每年400万石左右。

盐课是向每个食盐消费者间接征收的资源税，也是税制中相当复杂的一

---

① 魏源：《复何竹芗同年论会计书》，《魏源集》，北京：中华书局，1976年，第506—507页。

② 许檀、经君健在《清代前期商税问题新探》（《中国经济史研究》1990年第2期）中，对相关年份的财政收入做了统计，但也不得不说：“有些统计数字令人难以放心地使用。例如，《大清会典》和《史料旬刊》均载有嘉庆十七年的地丁杂税额，前者来自《十七年奏销册》，后者引自《汇核十七年各直省钱粮出入清单》。两者都有权威的依据，但却都无法复核确认，令人难以取舍。尤其应该注意的是，封建财政税收的分类，与今天的概念大不相同。而其中某些项目，我们又不能查到具体的说明，仅从税课名称很难确定其课征对象，也为我们重新分类统计增加了困难。”刘锦藻也在梳理赋额时感叹：“同一官书而言人人殊，何所考焉！”（《清朝续文献通考》卷六六《国用四》，上海：商务印书馆，1936年，考8225）

种。清代疆域辽阔，食盐、产盐皆众，即蒙古、新疆等地，亦“多产盐地”，“而内地十一区，尤有裨国计”[①]。清代实行盐的引岸专商制度，所谓引，指引票，是运销食盐的一种特许证；岸即“引地”，即引票上规定的销盐地区。在这种制度下，清代把全国划分为若干行盐区域，每一区域内收盐、运盐、销盐事项，都由若干商人专门把持，官府则向专商征税。清代的盐区制基本上是沿袭明代旧规，主体盐区变化不大，主要按行政区划，以产盐所在省份为主，兼及相邻省区，仅奉天为新添，广东和四川的盐销区有所扩大。

关税是一种商品的通过税。[②]清初对关税并不重视，康熙时年征额不过100多万两。“各关征税，国初定有正额，后货盛商多，遂有盈余。”[③]清代各个关的正税银数，曾经历过调整，但变化的幅度不大，总数在190万余两。除正税银外，有些关还有铜斤水脚费用，即各关关差采办铜斤所需的水脚银。康熙四十五年（1706年）关差停止办铜以后，此项水脚仍旧存留下来，作为正额的一部分。据光绪《大清会典》记载，有铜斤水脚的关为崇文门7692两有奇（遇闰为8536两有奇），天津关、临清关（户关）、扬州关、西新关各为7692两有奇，江海关2500两，浒墅关22 442两有奇，淮安关15 384两有奇，凤阳关10 320两有奇，芜湖关18 423两有奇，九江关18 392两有奇，赣关5346两有奇，闽海关7000两，浙海关3750两有奇，北新关15 384两有奇，太平关5846两有奇，以上合计163 247两有奇。粤海关的铜斤水脚则包括在正税银内。[④]随着考核渐严，清廷规定各榷关不但有正额，还报解盈余，乾隆四十二年（1777年）定为三年比较；嘉庆四年（1799年）定各关正税盈余，九年调整了个别关的盈余。乾隆以后，每年解部关税，正盈合计户关为400余万两，多时达到500余万两；工关为40万两左右。

---

① 赵尔巽：《清史稿》卷一二三《食货四·盐法》，北京：中华书局，1977年，第3603页。

② 清代的关税与现代意义上的关税不同，现在我们所说的关税系指对进出国境的货物或物品征收的税，包括进口关税、出口关税和过境关税三种。

③ 姚元之：《竹叶亭杂记》卷二，北京：中华书局，1997年，第118页。

④ 崑冈等撰：光绪《大清会典》卷二三《户部》，北京：中华书局，1990年，第203页。

最后是杂赋。王庆云称："凡地丁之外取于民者，皆为杂赋。"[①]但在实际的征收过程中，杂赋有较为确定的对象。据光绪《大清会典事例·户部·杂赋》记载，杂赋一般分四类：一是课，如各省芦课、茶课、金银矿课、铜铁锡铅矿课、水银朱砂雄黄矿课、鱼课等；二是租，如直隶省对旗地征收的旗租，各省对学田、公田和官田征收的地租等；三是税，如各省州县的田房契税、当税、牙税、落地牛马猪羊等税、牲畜税、烟酒税等；四是贡，主要是对少数民族地区征收的实物贡赋，如马贡、狐皮贡、贝母贡、蜡贡等。杂赋征收的方式和用途是多种多样的，有的定额包征，有的不定额尽收尽解。杂赋有的专充兵饷，有的起运解到户部，也有的存留本省地方。杂赋收入，康熙二十四年（1685 年）为 67.3 万两，雍正二年（1724 年）为 69.8 万两，乾隆十八年（1753 年）为 104.9 万两。由于杂赋纷繁复杂，有些财政统计资料往往略而不列，即如吴廷燮就明确表示："屯赋学租杂税茶矿等及捐摊各款，皆不列。"[②]所以对相关资料必须做认真判断。

上述各项系常例收入，当时清廷还有另外两项重要财政收入来源，也是清朝财政得以维持的两大支柱：捐纳与报效。清代的捐纳，因其开捐的原因及用途区别，大致可以分为军需事例、河工事例、赈灾事例、营田事例四种，其中以军需事例、河工事例为最多。报效则是统治者为解决财政困难而对商人采取的一种勒索办法。仅根据陈锋的统计，乾隆至嘉庆时期的盐商报效银即多达 65 001 491 两，其中最大的用途是军需，其次是河工，又其次是助赈。[③]这说明报效在解决统治者财政困难方面起了很大的作用。但不管是捐纳还是报效，都产生了极大的负面效应。萧一山曾谈到，道光时期"国力益疲，有清末叶财政上之危机，实已胚胎于斯时矣。而政府所恃以补苴者，无他良法，仅数开捐例已耳"[④]。

财政支出方面，据嘉庆《大清会典》记载："凡岁出之款十有二：一曰

① 王庆云：《石渠余纪》卷六《纪杂税》，台北：文海出版社，1966 年，第 542 页。

② 吴廷燮：《乾隆时之财政》，《清财政考》，民国三年刻本，第 11 页。

③ 陈锋：《清代盐政与盐税》，郑州：中州古籍出版社，1988 年，第 220 页。

④ 萧一山：《清代通史》卷中，北京：中华书局，1986 年，第 358 页。

祭祀之款，二曰仪宪之款，三曰俸食之款，四曰科场之款，五曰饷乾之款，六曰驿站之款，七曰廪膳之款，八曰赏恤之款，九曰修缮之款，十曰采办之款，十有一曰织造之款，十有二曰公廉之款。”[①]清廷又从财政管理的角度，将这 12 项支出划分为三大块，即京师经费、直省经费和杂支。京师经费包括：京师王公百官俸银，兵饷，盛京热河围场、东陵、泰陵各官兵俸饷，外藩王公俸饷银，内阁等处饭银、吏部、礼部的养廉银，京官公费饭食钱，内务府、工部、太常寺、光禄寺、理藩院备用银，宝泉宝源局料银，在京各衙门胥役工食等，各项支出均有数额。直省经费主要靠地方存留银两支领，如有不敷本省经费者，则由户部于邻省拨济。除此之外的支出，均为杂支，如贞节费、选秀女费用、差费、西藏驻防官兵费用等。总体来说，杂支大致可分为皇室经费、宗室和官吏俸禄、兵饷、驿站经费、科场学校经费、河工塘工经费。

清廷每年财政常例支出的大项是王公百官俸饷、兵饷、河费及驿站费。据魏源统计，清廷岁出之数满、汉兵人数 80 余万两，实支饷、米、草、豆银 17 037 100 两有奇；王公百官俸 938 700 两。文职养廉 3 473 000 两，武职养廉 80 余万两；满、汉兵赏恤银 30 余万两，八旗添设养育兵额缺银 422 000 余两；各省学校廪粮、学租银 14 万两；驿站钱粮银 200 万两。漕船 5688 条，十年更造一次，每船开销料银 208 两，每十年约需银 120 万两。赎回旗丁屯卫田，官佃收租津贴疲丁，“岁不下数十百万”。赎回旗人旧圈地，归官收租，于岁终分赏旗兵一月钱粮，约岁需银 38 万两。河工岁修银，东河 80 万两，南河 300 余万两。而宗室俸米无定额，京官各衙门公费饭食银 143 000 两有奇。外藩王公俸银 128 000 两。内务府、工部、太常寺、光禄寺、理藩院祭祀、宾客等备用银 56 万两，采办颜料、木、铜、布等银 121 014 两，织造银 145 000 余两，宝泉、宝源局工料银 107 670 两。在京各衙门胥役工食银 83 330 两，京师官牧马牛羊象刍秣银 83 560 两，宫殿苑囿内监 2400 余人，所食钱粮 5 两至 1 两有差，“此岁出之大数。

① 托津等纂：嘉庆《大清会典》卷一二《户部》，嘉庆二十三年刻本。

而蠲赈、蠲免、普免钱粮及河灾库需意外之事不与焉”[①]。当然，对于这些资料，也要做具体分析。

二

谈到道光时期的地丁钱粮，研究者一般会直接引用王庆云《石渠余纪》卷三《直省地丁表》中的资料（表1）。

表1　道光时期地丁表　　单位：两

类别	旧额	现额	道光二十一年实征	道光二十二年实征	道光二十五年实征	道光二十九年实征
合计	32 724 702	33 348 037	29 431 765	29 575 722	30 213 800	32 813 304

但非常明显，王庆云的统计资料存在着两个问题：其一，田赋征收包括本年度应征的额征数（被称为“新赋”），还应包括带征以往年份拖欠的部分（被称为“旧赋”）。而不管是新赋还是旧赋，均会分为额征数、蠲缓数、实征数、已完数和未完数几部分，随着田亩数量、自然灾害等情况的变化，这些资料每年均会有调整，不可能数年保持一致。表中的“旧额”和“现额”，准确性值得怀疑。其二，当时各省的钱粮奏销，地丁、杂赋、耗羡、漕粮、屯赋（归并州县的卫所钱粮）是分别奏销，各有报册。其中地丁、杂赋由州县而府而布政司造册奏销；耗羡原不入奏销，乾隆中以后另册单独奏销，户部湖广司掌核之，不与地丁正额混同；漕粮由粮道而漕督奏销；屯赋归州县征收者虽由布政司奏销，但另外造册，不与普通民赋地丁混同。而王庆云的表格并未说明这些资料所对应的类型。

笔者根据中国社会科学院经济研究所收藏汤象龙等人整理的关于道光时期各省地丁钱粮奏销抄档，对这一时期的地丁正项征收情况做过统计（表2）。从表2中可以看出，道光朝的地丁实际征收数在1900万—2500万两浮动，基本保持平衡，但略有下降的趋势；鸦片战争后的道光二十四年（1844年）则达到了2600多万两的最高峰值，估计当与政府开支增加而减少了相关蠲免的情况有关。

---

① 魏源：《圣武记》卷十一《武事余记·兵制兵饷》，北京：中华书局，1984年，第474页。

表 2　道光时期的财政收支统计表　　　　单位：两

年份	地丁正项	关税	捐监银	银库收入	银库支出	银库积存银数
元年	21 607 658	5 154 635.8	1 528 598	7 630 388.956	11 351 701.12	27 489 790.103
二年	21 894 605	5 878 812.683	1 490 371.2	7 060 251.329	11 210 691.122	23 339 350.31
三年	20 455 728	4 868 783.643	1 043 626	8 022 729.099	9 948 689.111	21 413 390.299
四年	23 955 498	4 770 416.114	1 921 774	6 979 498.3		
五年	23 823 963	4 426 222.023	1 951 433	8 507 035.548	9 218 327.77	
六年	23 304 982	4 276 750.536	2 042 534.2		10 935 444.76	
七年	24 458 490	4 936 506.389	1 254 509.2	23 802 617.22	11 373 705.05	30 009 705.849
八年	23 305 751	4 520 912.241	1 413 666.4	14 422 806.341	10 951 956.194	33 480 555.996
九年	23 506 229	4 608 886.514	1 149 558	11 557 958.78	11 713 016.78	33 325 497.989
十年	23 477 485	4 909 004.952	1 173 688	11 289 651.043	12 575 834.261	32 039 314.771
十一年	22 024 406	4 440 735.269	1 170 988	7 010 524.09	10 392 799.3	28 657 039.556
十二年	22 413 419	5 036 156.363	1 172 617	8 019 700.574	10 987 586.25	25 689 153.883
十三年	22 297 593	4 108 735.555	1 074 308	7 160 868.728	10 886 615.761	21 963 406.85
十四年	22 756 019	4 442 944.229	1 365 102	15 522 249.804	10 773 738.669	26 711 917.985
十五年	21 781 675	4 733 339.056	1 062 270			
十六年	23 053 143	4 675 642.575	966 572	9 551 051.47		
十七年	23 579 481	4 854 040.647	1 094 028		9 627 520.753	
十八年	23 569 752	4 448 389.581	866 072		10 651 476.16	
十九年	22 247 221	4 398 491.226	869 666	8 682 740.926	11 590 119.79	24 511 409.86
二十年	21 815 510	4 137 588.848	902 104	10 350 259.8	10 312 240.88	24 549 428.777
二十一年	20 491 003	4 264 322.139	741 804	6 796 037.933	15 733 178.08	15 612 288.63
二十二年	20 894 664	4 203 919.116	896 167	10 914 110.6	13 519 846.63	13 006 552.601
二十三年	22 006 097	3 267 632.329	1 215 134	7 919 692.645	10 992 455.454	9 933 789.792
二十四年	26 056 515	4 603 793.663	1 021 138		7 609 984.665	
二十五年	21 208 648	5 991 007.966	825 488	9 069 653.822	8 737 518.874	
二十六年	20 261 681	8 697 238.086	840 928	9 044 024.206		
二十七年	20 224 568	4 874 386.84	686 802		8 479 905.436	
二十八年	20 006 462	4 879 912.937	698 208	8 872 939.635		
二十九年	19 764 924	5 620 980.681	872 720	8 781 377.978	9 340 394.584	
三十年	19 990 057	4 449 242.682	574 456	7 748 584.997	9 531 910.219	

资料来源：地丁正项资料见中国社会科学院经济研究所藏抄档，《清代各省钱粮征收表》第 1 至 8 册。关税资料见正文说明。银库收入、银库支出、银库积存银数资料见中国第一历史档案馆藏《内阁大库现存清代汉文黄册》和中国社会科学院经济研究所抄档《中国近代经济史资料·财政门·清代黄册·户部银库类》。捐监银资料见汤象龙《道光朝捐监之统计》(《社会科学杂志》1931 年，第 2 卷第 4 期)

漕粮是清廷最大的一笔实物收入。笔者亦曾搜集了三组与漕粮相关的资料，一组是有关征漕六省的实际漕粮（江浙含白粮）完兑资料，一组是各省漕粮起运资料，一组是各省漕粮实际到通州的数额。各组资料相互联系，但又各有明确的内涵。显然，各省漕粮完兑数要大于漕粮起运数，漕粮起运数又要大于实际到通数。为求百姓的实际财政负担，当以各省漕粮完兑数为佳；为求清廷的漕粮收入实数，又当以交付通州资料为佳。以下是漕粮运通曲线示意图（图 1）。

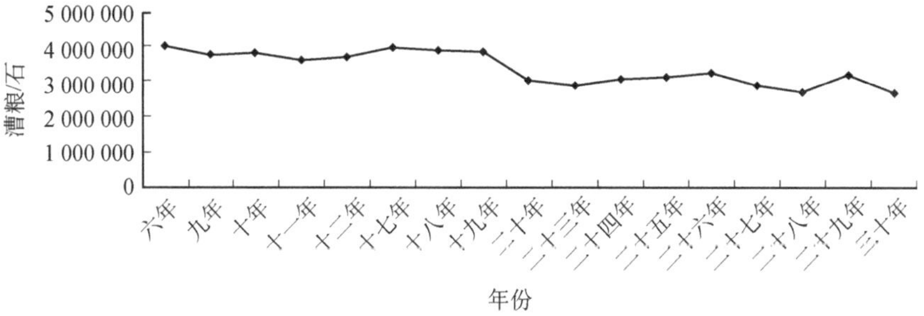

图 1　道光时期漕粮运通示意图

资料来源：中国社会科学院经济研究所藏抄档《清代黄册·户部仓场类》第 23、24 册

从图 1 可以看出，道光时期的漕粮运通数在逐步减少，当与道光后期自然灾害频繁和百姓纳税能力下降相关。需要指出的是，在征收漕粮的过程中，清廷会随带征收相关的漕羡银两，这也是一笔巨大的开支，但难知实数。与漕运相关的开支，诸如运丁行粮、月粮、免税土宜等，更是一笔糊涂账。

王庆云在《石渠余纪》卷四《直省盐课表》中称，直省的盐课共分为五类：灶课，通额征 642 703 两有奇；引课，通额征 4 061 545 两有奇；杂课，通额征 2 654 723 两有奇；税课，两广、贵州通额征 60 510 两有奇；包课，通额征 56 398 两有奇；以上合计岁征 7 475 879 两有奇。另据该书卷三所载《直省岁入总数表》可知，道光二十一年（1841 年）直省总收入为 38 597 750 两，盐课收入占 12.85%；二十二年总收入为 38 715 044 两，盐课收入占 12.87%；二十五年总收入为 40 612 280 两，盐课收入占 12.49%；二十九年总收入为 37 010 019 两，盐课收入占 13.47%。大致可以推测，当时的盐课收入占直省收入（未包括捐纳、报效等例外收入）的10%—15%。①

统计这一时期的关税收入，笔者主要以藏于中国第一历史档案馆的《宫中档朱批奏折·财政类·关税》（胶片号21）、《军机处录副奏折·财政类·关税项》（胶片号218-219），中国第一历史档案馆编的《嘉庆道光两朝上谕档》（广西师范大学出版社2000年版），以及20世纪30年代由汤象龙等人主持整理的《清代关税收支报告表（第六册）》为准。当然，在找不到原文件资料的情况下，《石渠余纪》相较其他资料仍有一定的优势，故仍酌量加以参考。②根据以上资料，可以全面汇总嘉道时期的关税总体收入（相关资料见后文）。③

杂税也是一笔较为稳定的开支，每年所入当在100万两以上，可惜受限于资料，目前还无法对其做较为准确的统计。

关于捐纳，据汤象龙研究，道光三十年（1850年）开捐，各省捐监合计3380余万两，平均每年138万余两，以江苏、广东、江西、浙江捐款最多。

① 笔者对于王庆云所提供的精确数据持怀疑态度。据中国社会科学院经济研究所藏抄档《清代黄册·户部盐课类》第7至33册，可以得出一些零星年份的两淮、两浙盐课征收实数，与王庆云数据亦有较大差异，原因待考。

② 具体来说，参考过《石渠余纪》道光二十一、二十二、二十五和二十九年数据的为崇文门、归化城、太平关和坐粮厅，赣关参考过道光二十二、二十五、二十九年，淮安关参考过道光二十二年，临清户关参考道光二十二年，临清工关参考过道光二十五年，张家口参考过道光二十五、二十九年数据。另外，江海洋关（上海关）之道光三十年数据，参考了太平天国历史博物馆编《吴煦档案选编》第七辑（南京：江苏人民出版社，1983年，第82页）。

③ 在全部的49处税关中，数据完整者为淮安关、浒墅关、江海关、浙海关、闽海关、厦门关、福州关、粤海关。数据较为完整的为山海关（缺道光二十四年、三十年数据）、张家口（缺道光元年、二十年数据）、杀虎口（缺嘉庆三年至八年、嘉庆二十一年至二十三年、道光十二年、道光二十三年数据）、太平关（缺道光四年至二十年、二十三年、二十四年、二十六年至二十八年和三十年数据）、打箭炉（缺道光七年至三十年数据）、梧浔两厂（缺道光四年至三十年数据）、辰关（缺道光四年至三十年数据）、扬州关（缺道光三十年数据）、芜湖户关（缺道光六年、二十七年和三十年数据）、九江关（缺道光十一年、二十三年数据）、临清户关（缺道光三十年数据）、武昌游湖关（缺道光四年至三十年数据）、天津海关（缺道光二十七年、三十年数据）、江海洋关（缺道光三十年数据）、浙海洋关（缺道光二十八年数据）、临清工关（缺道光三十年数据）、芜湖工关（缺道光六年、二十七年和三十年数据）、荆州关（缺道光七年及其后数据）。数据缺失较多者为：归化城（有道光二十一年、二十二年、二十五年和二十九年数据）、崇文门（有道光二年数据、二十一年、二十二年、二十五年和二十九年数据）、坐粮厅（有道光二十一年、二十二年、二十五年和二十九年数据）、赣关（有道光三年、五年、十一年、十七年至二十二年、二十五年、二十九年数据）、夔关（无数据）。另外还有10处没有在档案中搜集到资料，即奉天牛马税、凤凰城中江、武元城、盛京木税、吉林木税、新疆伊犁木税、直隶潘桃口、通永道、渝关和古北口。此10处税关的正额盈余银合计为35 868两，相对于近500万两的定额，影响极微，故不予录入。

道光朝捐纳总数及年平均数额均低于嘉庆年间，“说明道光时期的捐纳处于衰落时期”[①]。当然，捐监收入只系捐纳的一种，全部的捐纳收入究竟有多少，恐怕已经成为不大容易解开的谜团。不过，关于捐纳占全部财政收入的比重，可以通过它占户部银库收入的比重做一判断。户部为管理全国的捐输事例，特设捐纳房主其事，各省所收捐银除由户部指定用途外，余款都拨捐纳房。根据清代各朝户部银库的统计，捐纳房的进入银数非常大，如自雍正二年（1724年）至道光二十二年（1842年），捐纳房收入的银两共达182 590 986两，相当于六年田赋总和。[②]

乾嘉时期，盐商报效较为盛行，道光时期则已衰落，变成“今之运商，名为报效，实则分年带销，无从年清年额，逋欠累累，不下千百万，有虚名而无实济”[③]。到后来，商人不仅无力为河工、赈济报效，就连军需报效也是“劝输摊派”。这一时期还出现了“借帑报效，分纲纳还”的现象，商人所捐之款并未上交，先由地方藩库垫支，最终导致捐款与藩库正项钱粮混杂的局面。

支出方面，皇室经费是指皇帝和其家族开支的费用，由内务府经管，开支内容主要包括采办、织造和内务府的经费。经费一部分来自内务府管辖的皇帝庄田的地租，一部分由户部指定从各省关税中解拨的税款。冯桂芬曾言：“国家经费有常，惟宗禄无定额。《会典》诸书，奉恩将军以上俸数皆不录。闻近来岁支三百余万，十倍于国初，此宜与以限制者也。至八旗生齿日繁，世复一世，尤难亿计，孳生无穷，兵额有定，其何以支？恐养之适所以窘之也。”[④]在公私财政不分的情况下，这是一笔很大的消耗，确数无法计量。

清代按品级发给俸禄，俸禄是官吏俸银、禄米和养廉的总称，也是一项巨大的财政开支。据嘉庆十七年（1812年）奏销统计，这种开支大致是：官俸银支出191.4万两，文职养廉银284.1万两，绿营养廉135.3万两，驻防

---

① 汤象龙：《道光朝捐监之统计》，《社会科学杂志》1931年，第2卷第4期。

② 罗玉东：《中国厘金史》，上海：商务印书馆，1936年，第6—7页。

③ 郑祖琛：《更盐法》，贺长龄、魏源等编：《清经世文编》卷四九《户政二十四·盐课上》，北京：中华书局，1992年，第1187页。

④ 冯桂芬：《节经费议》，《校邠庐抗议》卷下，光绪十年刻本。

八旗养廉约 5.2 万两，总数为 616 万余两。除此之外还有禄米，每年的禄米开支在 95.7 万石左右。①

兵饷历来是传统国家最大的支出项。清代军队主要包括八旗和绿营，相较于前朝，“兵之数，非不多矣，养兵之费不可谓不广矣。司农计一岁之半以饷军，识者以为病，虽其如此而竭力从之，不敢有所变易”②。历朝绿营军队规模，在 60 万人左右移动，连八旗合计，全国兵数在 86 万左右。雍正五年（1727 年）奏销统计，全国兵饷岁需银 1390.9 万两，米麦豆共 318.5 万石，马匹草料 643.4 万束。其后旗绿额饷 2000 余万两，约占全年财政收入的一半。③嘉道以来，这一比例基本不变。

战时军费的膨胀，则是道光朝极为引人瞩目的现象。据陈锋统计，自嘉庆二十五年（1820 年）八月张格尔寇兵至道光八年（1828 年）正月叛乱平定的回疆之役，前后用银 1236.5 万两。道光十年八月张格尔之兄玉素普寇边至十一年二月息兵善后的二次回疆之役，约 900 万两。道光十二年湘粤瑶民起义之役，湖南省剿办用银 488 473 两，广东 746 257 两，广西 297 000 两，共计 1 531 730 两。④而有关第一次鸦片战争的财政支出，主要包括三部分：战争开支、赔款以及被英军掠夺的钱款。《清史稿·食货六》记载的一千数百万两，是战时直接报部拨解的款项，但不包括战事停止后追报的款项。检索《清宣宗实录》可知战争期间有福建报拨 134 万两、直隶报拨 89.5 万两、浙江报拨 701 万两、山东报拨 15 万两、广东报拨 420 万两、江苏报拨 100 万两，以上合计 1495.5 万两。战事结束后，各省又有陆续报拨者，如道光二十三年四月上谕称：“此次各海疆动拨银两，报部者已不下二千万两，现在截销，尚有陆续补报等项。”⑤可以推测，当时的战争军费开支不少于 2000 万两。⑥

---

① 托津等纂：嘉庆《大清会典》卷一二、一三《十七年奏销册》，嘉庆二十三年刻本。

② 孙鼎臣：《畚塘刍论》卷二《论兵二》，咸丰九年刊本。

③ 王庆云：《石渠余纪》卷三《直省出入岁余表》，台北：文海出版社，1966 年，第 202 页。

④ 陈锋：《清代军费研究》，武汉：武汉大学出版社，1992 年，第 266—275 页。

⑤ 《清宣宗实录》卷三九一，道光二十三年四月丁丑，北京：中华书局，1986 年，第 1021 页。

⑥ 据茅海建估计，鸦片战争的财政军费支出约在 2500 万两，见茅海建：《天朝的崩溃》，北京：生活·读书·新知三联书店，1995 年，第 420—421 页。

河工也是财政支出的重要部分。道光二十二年（1842 年），魏源曾言："国朝以来，无一岁不治河，抑知乾隆四十七年以后之河费，既数倍于国初；而嘉庆十一年之河费，又大倍于乾隆。至今日而底高淤厚，日险一日，其费又浮于嘉庆，远在宗禄、名粮、民欠之上。"[①]雍正朝常年河工费为 60 万两，嘉道时期，黄河年久失修，黄水日淤，清口、高家堰一带尤甚，河费开支剧增，已经超过 200 万两；项目工程费在康雍时期为 60 万两，此时亦增加到 200 万两。除正常的岁修、抢修外，另案工程也是这一时期河费开支浩繁的重要原因。道光六年，拨南河王营开坝及堰、圩大堤银合计 517 万两，道光二十一年东河祥工拨银 550 万两，道光二十二年南河扬工拨银 600 万两，道光二十三年东河牟工拨银 518 万两，道光二十四年修筑东坝用银 1190 万两。据王庆云记载，仅河工另案一项，道光二十五年东河另案用银 2 058 007 两，南河另案用银 3 304 808 两；道光二十六年东河另案用银 1 947 123 两，南河另案用银 2 953 524 两；道光二十七年，东河另案用银 1 798 987 两，南河另案用银 2 785 000 两,三年约计东河每年平均用银 190 万两,南河每年平均用银 300 万余两。[②]海塘工程开支也极其巨大，如道光十三年修海塘，第一次拨款 51 万两，第二次拨 19 万两，第三次又拨 92 万两，合计 162 万两，次年又为浙江修塘拨银 157 万两。

驿站是传递公文和军事命令的机构，遍布全国各地，不下数千处，兼具军政与民政性质。驿设立于各省腹地，隶属各厅州县管，或设驿丞专管，专门投递中央和各省以及各省之间的公文文件。站则专门传递军报，设在八旗驻防所在地。驿站的经费支销项目，有驿夫工食银、工料银、牛马价银、船价银、雇船雇夫价银、杂支银等项，列入地方财政"杂支之款"项下，一般在地方存留地丁银内坐支，"如遇钱粮蠲缓及有驿无征与额征不敷之州县，在藩库地丁银内拨给。每岁支销银两，按察司会同布政司造册详请题销，由兵部核复具题"[③]。每年清朝政府要为驿站拨付的经费，大约在 200

① 魏源：《筹河篇上》，《魏源集》，北京：中华书局，1976 年，第 365 页。

② 王庆云：《石渠余纪》卷三《直省出入岁余表》，台北：文海出版社，1966 年，第 311—312 页。

③ 席裕福等纂：《皇朝政典类纂》卷一五八《国用五・用额》，光绪二十九年刻本。

万两以内。

科场学校经费，主要用于科举和学校。每年科场经费在 30 万两左右。清代最高学府是国子监，八旗设有专培养八旗子弟的学校，各省府州县也设有府学、县学等。据张仲礼统计，在太平天国运动以前，除国子监、省书院外，各类官学总数为 1741 个，学额为 25 089 个，入学人数则更多，估计科场学校经费，每年支出至少为 100 万两。①

除以上六项之外，还有祭祀、仪宪、赏恤等项杂支，估计每年需银 50 万—60 万两。户部每年还要拨银 100 万—120 万两以供盛京、吉林等处的支销。

在常例开支之外，救济、蠲免也是极为重要的财政支出。以道光三年（1823 年）的癸未水灾为例，朝廷拨付直隶赈济银 180 万两、江苏赈灾银 100 万两，安徽、江西、湖广等地亦多少不一，约略合计，当占全国财政收入的 20%以上。《清史稿》卷一二五《食货志》所记载的较大赈灾事例还包括道光十一年的赈江苏水灾银 100 万两、二十七年的赈河南旱灾银 100 万两、二十八年的赈直隶水灾 138 万两。此外还有蠲免，特别是普免天下钱粮，虽远逊康乾时期，但仍在延续，如道光二十年即普免各省未完地丁银 930 余万两。②此外还有其他蠲免，惜因资料所限，目前还无法弄清确数。

三

关于道光时期的总收支，研究者都会征引以下资料统计（表 3）。

表 3　王庆云、翁同龢家藏抄本道光朝岁入岁出表　　单位：两

年份	岁入	岁出	两抵
十八年	41 272 732.659	36 209 382.386	5 063 350.273
十九年	40 307 372.41	34 787 590.447	5 519 860.96
二十年	39 035 229.796	35 805 162.109	3 230 067.687
二十一年	38 597 458.73	37 341 583.492	1 255 875.238
二十二年	38 715 060.818	37 149 811.287	1 565 249.531
二十三年	42 264 528.629	41 904 903.693	359 624.936
二十四年	40 163 854.832	38 651 694.514	1 512 160.318

① 张仲礼：《中国绅士》，上海：上海社会科学院出版社，1991 年，第 141 页。

②《清宣宗实录》卷四六〇，道光二十八年十月丁巳，北京：中华书局，1986 年，第 810 页。

续表

年份	岁入	岁出	两抵
二十五年	40 612 280.774	38 815 891.185	1 796 389.589
二十六年	39 222 630.42	36 287 159.329	2 935 470.713
二十七年	39 387 316.116	35 584 467.837	3 802 848.279
二十八年	37 940 093.827	35 889 872.079	2 050 221.748
二十九年	37 000 019.041	36 443 909.923	556 109.118

资料来源：《道光十八年至二十八年岁入岁出册》，北京图书馆藏翁同龢家抄本，转引自中国人民银行总行参事室金融史料组编：《中国近代货币史资料（第一辑）》，北京：中华书局，1964 年，第 172 页。道光二十九年资料来自王庆云：《石渠余纪》卷三《直省岁入总数表》，台北：文海出版社，1966 年，第 305—309 页

从表 3 中来看，岁入与岁出基本保持平衡，两者相抵后略有盈余。王庆云、翁同龢的资料，按各类分别列入，精确到银两的分，当有所本。[①]不过，问题依然存在，即如陈支平先生已经据龚显曾《龚咏樵藏钞》考证王庆云之道光二十八年（1848 年）资料，系错抄二十九年之资料。[②]由此愈发证明不可轻信没有经过考证的资料。

清代的户部银库事关中央财政的出纳，执行着类似国库的功能，中央银库的变化可以看成是财政收支平衡的一个重要指针。户部银库每年的出纳数并不代表全国财政的岁入和岁出，因为银库的收入主要是各省税收除存留作为本省经费以外起运到京的部分，还有宝泉局的铸钱交库数。但因户部银库的资料确切可查，故可以从侧面反映出当时较为真实的情况。据史志宏研究，道光朝年均 990 万两的银库收入，“占全国总岁入的 22%”，与他所推测的康熙朝的 26%、雍正朝的 1/3、乾隆朝的 24.8%，嘉庆朝的 23.2%[③]，基本保持平稳。由此也可以反推当时的全国财政总收支（图 2）。

---

① 如王庆云数据，按其子王传璨的附注，系录自于山西司奏销红册与会典，“盖闻户部山西司奏销红册，为一岁国用出入总汇之本，从而借观。惟直省地丁有额征、蠲缓、未完、实征之数。若盐课、若关税，皆只载实征而不载额征。若河工、若甘饷，皆只载拨解而不及实销。盖山西司受诸司之成，诸司未尝以全案移会，则盐关之岁额、工饷之岁销，山西司莫由而详。且红册只载直省，而京师内外支销，各有典司，不相侵越。戊申正月，取会典所列地丁、盐课、关税之正供岁额，与京师直省之经费岁支，附于红册。出入之数排比为表，以备检阅”（见王庆云：《石渠余纪》卷三《直省岁入岁余表》，台北：文海出版社，1966 年，第 312 页）。

② 陈支平：《清道光二十九年财政岁入岁出数字厘正》，《中国社会经济史研究》2009 年第 2 期。

③ 史志宏：《清代户部银库收支和库存统计》，福州：福建人民出版社，2008 年，第 40—42 页。

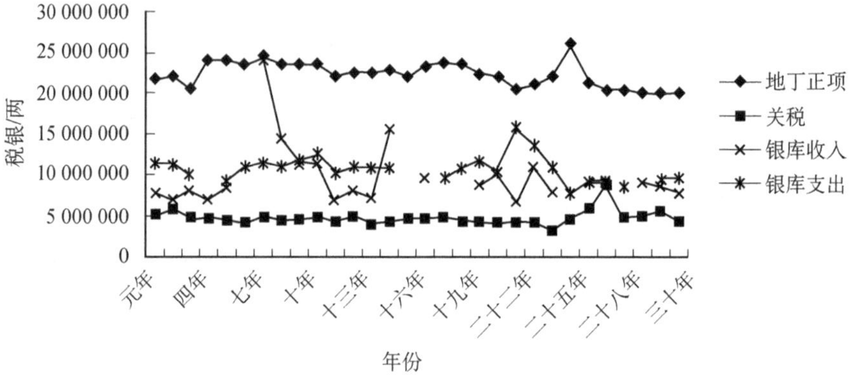

图 2 道光时期的财政收支统计示意图

注：因捐监银数据非完全捐纳数据，且数量有限；而积存银数因为道光晚期银库案的发生，导致数据失真，在示意图中略去

从图 2 可知，地丁银始终是最重要而稳定的财政收入，其他各项收入虽然有一定的波动，但意义有限。这表明，即便此时中国已经开始向近代社会迈进，但基本的财政收入格局并未发生改变。银库收支方面则有很大反复。道光时期的户部银库收支相抵，确实有过一定的缺口；弥补办法，显然是通过消耗积余来堵塞。吴廷燮曾在《清财政考略》中称，道光时期开支急剧增加，军费、河工等耗费之巨，“皆前此未有者”。当时度支告匮，民生日困，皆注意于谋本富，保利权，于是“增垦新疆之田，议展奉天之边，改盐法，行海运，裁节经费之令再三下，而鸦片之禁遂以财政而启兵端，五口通商，税款稍增，而纹银出洋亦愈巨矣”。历朝均由户部向内务府拨银，而道光时期却由内务府广储司向户部银库拨银 730 万两，“求之历史盖所罕见”。[①]道光三十年（1850 年），王庆云亦奏称，综计出入之数，“入者日少，出者日多，习为固然”[②]。当是以上情况的反映。

不过，从总体上说，道光朝的财政收支尚未走到崩溃的边缘，即如道光晚期的银库案爆发，也只能说是一个意外。时人评论，道光二十三年库丁盗帑事发，亏银九百余万，道光帝责管库诸王大臣分年赔缴，又通饬内务府部

① 吴廷燮：《道光时之财政》，《清财政考略》，民国三年刻本，第 15 页。

② 王庆云：《敬陈正本清源疏》，王延熙、王树敏辑：《皇清道咸同光四朝奏议》，台北：文海出版社，1966 年，第 901 页。

院各衙门裁减浮费，“斥三苑三山珍货，命有司变价，库亏之数，数年弥补全完”，自道光二十三年（1843 年）至三十年，户部奏每岁入数三千七八九百万不等，出数三千六七八百万不等，“岁计略有赢余，道光三十年内库犹八百余万两”。[①]如果再将时段放宽，将道光朝的财政与咸同时期做比较，前者的优越性更不言而喻。从这个角度来看，“道光萧条”说似值得商榷，不妨将其概括为“有量变而无质变”的过渡型财政。

另外，面对社会形势的巨大变化，清廷仍然固守“量入为出”的原则。以量入为出为原则，财政手段必然以节流为主；以量出制入为原则，财政手段则会以开源为主。此时清廷对全国财政的控制能力已降至极低水平，但是即便发生巨额的支出，如军需、河工及赈济等，也仍然凭临时的调补来支持，可见统治者尚缺乏长远的打算和通盘的考虑。[②]道光帝甚至称：“譬如人家一所大房子，年深月久，不是东边倒塌，即是西边剥落，住房人随时粘补修理，自然一律整齐，若任听破坏，必至要动大工。”[③]当时西方已经迈入资本主义时代，赋税已经由经常性财政支出的来源，变成满足生产性财政支出的途径，从而影响生产的结构和方向；清廷却墨守成规，面对财政中的新问题，诸如支出扩大后如何从正常的赋税调整中予以解决、币值变动情况下如何调整赋额，都提不出妥善可行的对策。可以断言，即便没有发生后来的太平天国运动，清代的财政体制也到了必须做全新调整的时候。

---

① 孙鼎臣：《畚塘刍论》卷二《通论唐以来国计》，咸丰九年刊本。

② 例如关税收入例应解部，但道光时期关税收入被大量应用于军需、河工等应急事务中，对于风雨飘摇的清朝财政，起到了很好的补漏作用。

③ 张集馨：《道咸宦海见闻录》，道光二十七年八月二十二日，北京：中华书局，1981 年，第 89 页。

从“国家财政”到“财政国家”
——试论清朝咸、同时期的财政转型

咸丰、同治时期，清廷内外交困，军务倥偬，战火持续，尤以太平天国运动的影响为大，对当时的政治和经济产生巨大冲击，财政体制也发生了翻天覆地的变化。就奏销制度而言，咸丰以前的钱粮奏销、京饷协饷基本失效，户部无法有效地掌握全国财政大权；就租税结构而言，财政收入的主体由农业税转变为以厘金和海关为主体的工商税；就指导思想而言，清廷也在事实上放弃了“量入为出”的理念而步入了“量出为入”的阶段。不过，因战乱关系，册籍损毁，故上自户部，下自州县，并无完全的财政记录可资利用，为了解这一时期的财政转型增加了难度。本文即欲就此问题做一简单分析，以求正于方家。

一、从奏销到摊派

清前期实行奏销制度。奏销制度大体上相当于年度决算，各省布政使司在规定期限内，根据所属各州县造送的奏销草册核造总册，内容分为起运、存留、拨用、余剩，送呈督抚报部。奏销册送到户部后，凡有不符款项即加以指驳，限四个月内查明再报。户部认为有必要时，可以对各省回复提出意见，责令再造清册送部；然后户部于年底分省汇总奏报皇帝。至于各省解部和出入协款银数，都分别开单奏闻。经过此番程序，户部得以了解各省的财政收支状况。

咸丰以来，战乱不止，先后有太平天国运动、捻军起义、第二次鸦片战争、陕甘回民起义，时间长达 14 年，范围涉及十余省份。因为战争的干扰，这一制度难以为继。以最重要的军需奏销为例，自军兴始至同治初年军事行动结束，十余年里各省基本停止了报销。广东省自道光三十年（1850 年）起，仅咸丰二年（1852 年）奏报一次军需用款外，至咸丰十一年，一直没有按规定做过奏销。清廷多次严催，要求“均著遵照定章据实分款造报部，毋许含混”[①]。但广东一直采取敷衍方式，不予直接回应。直到同治三年（1864 年），郭嵩焘还表示，广东自办理军务以来，“钱粮奏销，连年展缓。迨展缓期届，不惟仍不能全完，甚至循例具题之册，又逾限经年，方得造报”[②]。其他省份也大抵如此。

咸丰时期，清廷曾屡次尝试恢复旧制，但都没有成功。同治初年，随着太平军渐次被剿灭，局势渐稳，清廷又试图恢复军需奏销制度。孰料提前得到消息的户、兵、工三部书吏，立即密遣亲信分赴各省实地探查，并与各省督抚密议，提前做好预案，准备大捞一笔。因为各省藩、粮、盐、关四库款目及捐输、厘金等项，存库旧籍、报部清册，其名目各省都不相同，不得不就地查核，以求符合。

面对这种情形，户部郎中王文韶“灼知将来报销尤无了局”，建议免于奏销，“堂司同僚中多有闻而善之者”。攻下南京后，大学士倭仁借鉴王文韶文稿，召集所有人员齐赴户部，关门闭户，“某录稿，某用印，某缮折，至漏下三刻办毕，乃偕各堂官随议政王、恭亲王诣宫门递折”[③]。奏折中倭仁表示，自太平天国运动以来，数十年中，各省军需承办非一人，转战动经数省，历时太久，各省一贫如洗。如果严格按照奏销体制严饬报销，“与例既符，即在准销之列，应驳之款或数十万，或数百万，甚且着落赔偿”。战场功臣刚刚凯旋，就要被体制所限，“筹庸于前而追呼于后，无论力有未逮，恐亦非国家厚待勋旧之心”，所以建议：“所有同治三年六月以前各处办理军需未经报销各案，拟恳天恩，准将收支款目总数，分年分起，开具简明清单，奏明存案，免其造册报销。”[④]倭仁的奏折于情于理都说得通，两宫皇太后召

---

① 《咸丰同治两朝上谕档》第 11 册，咸丰十一年九月十七日，桂林：广西师范大学出版社，1998 年，第 357 页。

② 郭嵩焘：《催办钱粮奏销情形及现依部咨分别办理片》，《郭侍郎奏疏》卷 10，台北：“中央研究院”近代史研究所，1971 年，第 428 页。

③ 吴庆坻：《蕉廊脞录》卷 2，北京：中华书局，1990 年，第 39 页。

④ 倭仁等：《请免军需造册报销疏》，王延熙、王树敏辑：《皇清道咸同光四朝奏议》，台北：文海出版社，1966 年，第 1860—1861 页。

见称善，同意他们的请求。至此，跨时十余年、数额几亿两白银的太平天国运动军需报销，草草了结。诏书既降，各部书吏美梦落空，“闻而大骇，有相向泣者”[①]。

事实上，免于奏销也是不得已而为之，随着这一时期中央和地方权力格局的变化，主客形势易位，朝廷想要恢复旧有的奏销体制，也的确是困难重重。曾国藩做过这样的分析：“前代之制，一州岁入之款，置转运使主之，疆吏不得专擅。我朝之制，一省所入之款，奏明听候部拨，疆吏亦不得专擅。自军兴以来，各省丁漕等款，纷纷奏留，供本省军需。于是户部之权日轻，疆吏之权日重。”[②]同治三年（1864 年）以后，虽然各省陆续以专案的方式对战时军需向朝廷做报告，并逐渐恢复各项钱粮奏销，但仍然只是徒具形式，特别是厘金这一重要地方财政来源，并未被中央实质掌握。同治七年十月，朝廷谕称：“军兴以来，用兵省分（份，后同）需饷较多，或由本省筹画，或由他省协济，头绪纷繁，章程不能画一”，现在军务渐平，于是要求江苏、江西、安徽、湖北、广东、浙江、福建等七省督抚，将厘金征收实情和盘托出，“其厘金报部章程，并著照两淮盐厘格式，每年分两次奏报，以归简易”；各省捐输亦一并办理。[③]但据事后反馈来看，各省显然并未认真执行，朝廷也只能不了了之。

与奏销体制破坏相伴随，是京协饷体制失效的局面。太平军兴起后，由于战费开支浩繁，朝廷收不抵支，原来由户部统一分配全国财政资源的京协饷制度迅速动摇。咸丰二年（1852 年）九月，安徽巡抚蒋文庆将全省上下两忙地丁钱粮、关税及杂款等项，全部截留本省以充军费。此举虽与体制不合，但因户部库款支绌，实在没有银两可以接济安徽，不得不加以默认。咸丰三年以后，各省及统军将领自行动支、截留的情况日甚一日。咸丰四年闰七月，陕西巡抚王庆云甚至建议，将各路粮台所辖漕米、仓谷、储粮这些以往绝对不可截留的项目充作军饷。为防止士兵哗变，户部也只得同意，并表示“其

① 吴庆坻：《蕉廊脞录》卷 2，北京：中华书局，1990 年，第 39 页。

② 曾国藩：《江西牙厘请照旧经收折》，《曾文正公全集·奏稿》卷 20，长春：吉林人民出版社，1995 年，第 995 页。

③ 《清穆宗实录》卷二四四，同治七年十月戊午，北京：中华书局，1987 年，第 400 页。

有漕省分征存未运漕粮，均准各该粮台就地动用，并准碾动各属仓谷。其无漕省分，均令于所属仓谷项下酌量关支”[①]。

除截留本省钱粮，领兵大员和地方督抚还发展到截提京饷及过境钱粮。咸丰三年（1853 年），浙江协拨湖广饷银 7 万两，途经安徽时被安徽巡抚蒋文庆就地截留，以为本省防堵经费。八月，江西巡抚张芾截留广东解往江南粮台的饷银 15 万两。十月，曾国藩在长沙也截留过境饷银 4 万两。虽然户部强调“地丁正款从来无此办法，即盐课关税，亦不能开此弊窦也”，但因形势所迫，“倘指款一时未能即到，岂可坐误事机”，故只能“准其暂行截留备用”[②]。随着类似的事件不断增加，户部作为全国财政调度中心的权威角色基本被废除。

户部收入锐减，为稳定来源，不得不改变旧有的办法，将尽收尽解变通为定额摊派，即由户部于每年冬季预先派定各省、关下一年度应解京饷数额，奏准后来年分批解京。摊派的京饷，最初为每年 400 万两，咸丰十年增加为 500 万两，次年增加为 700 万两，同治六年（1867 年）起，除每年 700 万两，再行增加 100 万两，共计 800 万两，这一做法延续至清末，成为晚清时期户部最重要的收入。

除定额摊派外，因临时性开支的增加，朝廷也会在定额之外，增设新的名目，仍向各省、关摊派。这些名目主要包括内务府经费、大婚经费、固本京饷、船政经费、抵闽京饷。

乾隆时期确定，户部例拨内务府经费为每年 60 万两。同治时期，内廷花费日增，频频向户部借款，户部不堪其扰，要求切割。同治四年十二月，户部奏准由两淮盐课、江海关洋税、临清关常税、福建茶税等项目下共拨银 30 万两，直接解交内务府。[③]同治七年，奏请加拨 30 万两，合计 60 万两，直供内务府，也算是恢复“旧制”。[④]不过，虽然有了直拨经费，内务

① 《清文宗实录》卷一三九，咸丰四年闰七月戊寅，北京：中华书局，1986 年，第 443 页。

② 《清文宗实录》卷 104，咸丰三年八月辛丑，北京：中华书局，1986 年，第 566 页。

③ 《咸丰同治两朝上谕档》第 15 册，同治四年十二月初十日，桂林：广西师范大学出版社，1998 年，第 570 页。

④ 《宫中档朱批奏折 · 财政类 · 经费》，光绪二十七年十一月十三日，大学士荣禄等折，档案号：04-01-35-1058-016。

府仍然以经费不敷为由强行向户部借款。同治末年（1874 年），此类借款每年多则一百三四十万两，少亦八九十万两。户部不得不于同治十二年再次奏请，希望朝廷能划清内府、外库界限，嗣后“毋得再援近年之案，一面业请添拨外款，一面复请借拨部库银两，致臣部既少进分拨之京饷，又多出借拨之库银，中外掣肘”[①]。不过，从慈禧太后挪用海军经费来看，户部的请求依然没有得到认真执行。

同治十年，同治皇帝大婚在即，朝廷向全国摊派“大婚经费”。除户部拨银 450 万两外，另支用江宁织造银 55 万余两，苏州织造银 182 万余两，杭州织造银 110 余万两，两广当局银 37 万两，粤海关、淮安关等关银 117 万余两，“统计京外拨过银将及一千万两”[②]。由于内务府指拨银过多，大学士倭仁甚至不得不奏称：“国家经费有常，宫廷之用多，则军国之用少。”大婚典礼虽然繁重，应备之处甚多，但也要精打细算，“于所有应备之物力为撙节，可省则省，可裁则裁，总以时事艰虞为念，勿以粉饰靡丽为工”[③]。

“固本京饷”始于同治二年，署礼部侍郎薛焕奏请仿效西法，在直隶设立四军镇，每镇万人；设神机器四营，每营五千人，专门巩固京师，额定经费为 65 万两。此项经费自同治二年起，每年向各省、关指拨，解交直隶藩库。同治五年八月，总理各国事务衙门奏请变通练兵章程，建马步六军，经户部奏准，亦全款解交部库。

“船政经费”专门用于福州船政局的开支，于同治五年由左宗棠奏准，在闽海关六成洋税内拨用，定额 60 万两。同治十三年，为筹办台湾防务，清廷向汇丰银行借款 200 万两，本息于闽海关每年应解 20 万两京饷内支付，而闽省关之京饷缺额，则改由各省海关照数分摊解京，称为“抵闽京饷”。

咸同时期的财政指拨，有着特殊意义。它是在朝廷财政困难的情况下对

---

① 户部尚书载龄等：《请清内府外库界限量入为出疏》，王延熙、王树敏辑：《皇清道咸同光四朝奏议》卷 26，台北：文海出版社，1966 年，第 1265 页。

② 《军机处录副奏折 · 同治朝 · 财政类 · 经费项》，同治十一年四月二十五日，户部尚书宝鋆等折，档案号：03-4932-077。

③ 倭仁：《请崇俭疏》，《倭文端公遗疏》卷 2，光绪元年刻本。

中央财政和地方财政的明确划分；经此指拨，各省对指拨款之外的其他财政收入就有了很大的支配权。当然，指拨在很多时候也只是一个蓝图。同治二年（1863年）十一月，上谕称历年京饷，向系预拨各省地丁、盐课、关税、杂款，每年均拨七百万两，责令分限解齐，“惟山西年清年款，他省多不能依限报解，且有逾限不解者”，虽然“奏咨叠催，各该省报解仍属寥寥”①。

二、收入格局改变

咸丰之前，清廷财政收入以田赋为主，盐课、关税为辅。太平军兴起之后，这一财政收入格局迅速发生变化。

太平天国运动横扫江苏、浙江、安徽、湖南、湖北、江西等地，加上捻军起义等，导致这些省份的人口减少，土地荒芜。尤其是江南地区，它是清代最重要的地丁钱粮征收之地，被太平军占领后，不但清廷失此重要财税基地，反而其成为太平军的根本税源中心，此消彼长，清廷的田赋征收自然大受影响。笔者根据中国社会科学院经济研究所图书馆所藏咸同时期各省地丁钱粮奏销抄档，整理了这一时期的地丁正项征收情况。在统计数据中，各省例有额征、蠲缓、实应征和实已完、应带征和应已完等序列。因为数据缺失严重，此处只能给出十八直省地丁钱粮实际征收示意图（图1）。

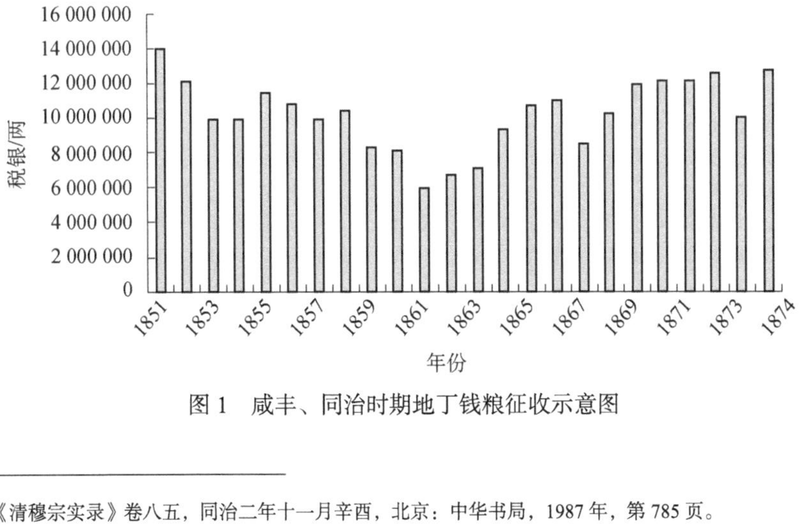

图1　咸丰、同治时期地丁钱粮征收示意图

① 《清穆宗实录》卷八五，同治二年十一月辛酉，北京：中华书局，1987年，第785页。

从图 1 中可以看出，咸丰、同治时期地丁钱粮征收数量较少，保持在 600 万—1400 万两。考虑到数据缺失，这一时期的地丁钱粮收入应该在 1000 万—1600 万波动。而嘉庆、道光时期的地丁钱粮征数在 2000 万—2500 万。[①]据此可见，受战争影响，咸同时期地丁钱粮下行趋势明显，下降幅度高达 50%左右。

与田赋类似，战争省份的税关征收活动也大受影响，尤其是芜湖关、九江关、扬州关等处，征税几近瘫痪。清廷被迫同意这些关可以“尽征尽解”，而不必拘于正额和盈余“定制”。随后，浒墅关、淮安关、九江关、芜湖关、凤阳关、崇文门、临清关也纷纷援案奏请。[②]随着军事行动的升级，很多税关只能临时或永久性封关，具体包括：龙江关、西新关自咸丰三年（1853 年）起停征[③]；浒墅关自咸丰十一年起停征[④]；南新关自同治四年（1865 年）起停征[⑤]；北新关自咸丰十一年停征，同治四年力图恢复未果，再次停征至清朝灭亡[⑥]；武昌关自咸丰元年至九年停征[⑦]；芜湖户关、工关自咸丰三年至光绪二年（1876 年）停征[⑧]；扬州关自咸丰三四年停征，五年复开旋停，停征至咸丰九年[⑨]；九江关自咸丰四年至同治元年停征[⑩]；赣关自咸丰五年至咸丰

① 倪玉平：《清朝嘉道财政与社会》，北京：商务印书馆，2013 年，第 174 页。

② 《军机处录副奏折・咸丰朝・财政类・关税项》，咸丰三年八月十七日，大学士祁寯藻折，档案号：03-4376-049。

③ 《军机处录副奏折・光绪朝・财政类・关税项》，光绪八年十月十七日，两江总督左宗棠折，档案号：03-6347-055。

④ 中国第一历史档案馆编：《咸丰同治两朝上谕档》第 15 册，同治四年四月二十二日，桂林：广西师范大学出版社，1998 年，第 196 页。

⑤ 《军机处录副奏折・光绪朝・财政类・关税项》，光绪三十三年四月二十六日，杭州织造彬格折，档案号：03-7120-111。

⑥ 《宫中档朱批奏折・财政类・关税》，同治四年三月十七日，杭州织造恒延折，档案号：04-01-35-0561-061；《军机处录副奏折・光绪朝・财政类・关税项》，光绪三十三年四月二十六日，杭州织造彬格折，档案号：03-7120-111。

⑦ 《内阁户科题本・税课类・关税》，同治元年十一月十八日，大学士倭仁折，档案号：02-01-04-21712-041。

⑧ 《军机处录副奏折・光绪朝・财政类・关税项》，光绪三年八月三十日，安徽巡抚裕禄折，档案号：03-6334-045。

⑨ 《军机处录副奏折・咸丰朝・财政类・关税项》，咸丰十一年十二月二十二日，江苏巡抚薛焕折，档案号：03-4871-001。

⑩ 《宫中档朱批奏折・财政类・关税》，同治十二年九月十三日，江西巡抚刘坤一折，档案号：04-01-35-0391-038。

九年停征；[①]凤阳关自同治元年（1862 年）至光绪二年（1876 年）停征。[②]其他一些关虽并未停征，但受战争影响也很大，税收大幅下降。根据对档案的汇总可知，咸同时期的常关征税水平由原来的 400 万两下降到 150 万—200 万两的水平。[③]

海关则不同。咸丰三年（1853 年）秋，上海小刀会起义攻占上海，江海关也陷入混乱，英、法、美乘机介入。第二年，清廷被迫接受英国提议，指派英国人威妥玛、美国人卡尔和法国人斯密司出任上海海关“税务司”，组成“关税管理委员会”。咸丰十年，经恭亲王奕䜣奏请，清廷设立总理各国事务衙门，专办外交事务。随即，李泰国被任命为“总税务司”，不久由赫德接任。藉由税务司制度，中国海关行政权也转移到列强手中。西方人掌管海关后，采用近代海关税收办法，编制《海关贸易统计报告册》，对历年各国船只进出口数量及吨数，各种货物进出口数量及价值、税收数额及各埠人口数等，事无巨细全行收录。所有税款一律记账上缴，而不是旧有的定额制征收，这就堵住了旧有的税款随意流失的漏洞。此后，清代海关的征收数量直线上升。

厘金是商税的一种，于咸丰三年由帮办扬州军务的刑部右侍郎雷以諴创办。当时军费无着，扬州军事难以支撑，雷以諴为筹措所募兵勇饷需，遂逐步创办厘金。咸丰四年三月十八日，雷以諴向朝廷奏报，详细解释创办厘金的历史源头、创办经过及其收益情况。朝廷发现其中大有利润可挖，故要求各地官员效法。此后，厘金得到推广，并由最初仅向铺户坐贾征收坐厘，发展到同时建局设卡，向行商征收活厘。随着时间的推移，厘金制度愈发完备，种类和程序也愈发复杂，既有征收于日用百货的普通厘金，也有专门征收于盐、茶、洋药、土药（鸦片）的特种厘金。按征收地点来区分，则可分为出产地厘金、通过地厘金和销售地厘金；征收的方式则有官征和商人包缴两种。因大见成效，厘金遂和海关税收一道，成功地改变了晚清财政收入结构（图 2）。

---

① 《军机处录副奏折 · 咸丰朝 · 财政类 · 关税项》，咸丰九年十月初三日，江西巡抚耆龄折，档案号：03-4382-031。

②《军机处录副奏折 · 光绪朝 · 财政类 · 关税项》，光绪三年七月二十六日，安徽布政使胡玉坦折，档案号：03-6334-018。

③ Ni Y P. *Customs Duties in the Qing Dynasty，ca. 1644-1911*. Leiden：Brill Publishing House，2016，p.168.

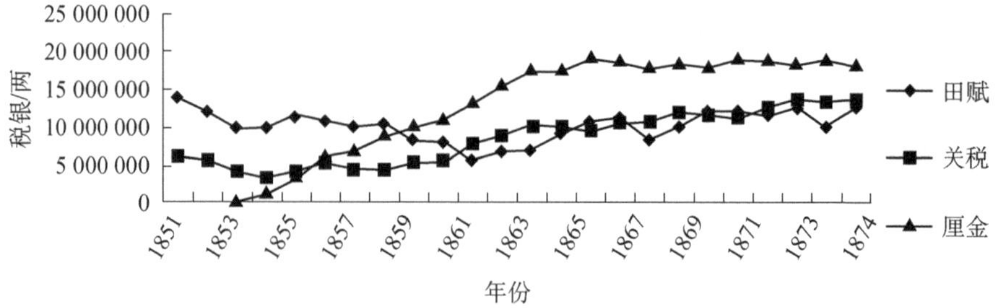

图 2 咸丰、同治时期的主要财政收支趋势

资料来源：田赋数据来自中国社会科学院经济研究所藏抄档《清代各省钱粮征收表》第 1 册至第 8 册；关税数据来自中国第一历史档案馆所藏朱批奏折、军机处录副奏折及中国社会科学院经济研究所藏抄档《清代关税收支报告表》；厘金数据来自于周育民：《晚清厘金历年全国总收入的再估计》，《清史研究》2011 年第 3 期

从图 2 中可以看出，在太平天国运动期间，田赋收入下降很快，而厘金和关税则有了一定程度的增长，尤其是到同治时期，关税和厘金的收入均超过田赋，成为最为重要的财政收入来源。

另外，通过频繁的铸钱、发钞活动，清廷也获得了大量货币收入。据不完全统计，1853—1861 年，户部铸发新式银票 978.12 万两，大钱 8765.14 万串，京钱 3073.38 万吊，折合银 6129.03 万两。而同一时期户部银库的收入仅为 8600 万两。①可见通过发行货币，户部额外获得了银库收入 70%的财富，或者说每年接近 1000 万两，这也在相当大程度上缓解了户部财政紧张的状况。

三、支出结构演变

清前期财政支出的主体是兵饷、河工和官员的廉俸；咸丰、同治时期，则变成了以勇饷、兵饷、洋务经费和赔款为最重要财政开支的格局。

这一时期，一些常规支出活动仍在进行，但支出金额已经大不如前。以清前期极为重要的河工为例，咸丰三年（1853 年）南河总督杨以增奏请户部拨银 50 万两以济工需，遭到咸丰帝的怒斥："览奏各情形固无虚捏，然大吏所司者何事？虽不必为朕分忧，顾不能为部臣分忧耶！目下筹款艰难，汝断

① 彭泽益：《十九世纪后半期的中国财政与经济》，北京：人民出版社，1983 年，第 114 页。

不能不知，动请部拨，亦何若是之厚颜耶！”[①]咸丰初年黄河铜瓦厢决口改道，清廷因财政窘迫而放弃修复，河道日淤，河防荒废。咸丰十一年（1861 年），河督奏请添拨经费抢修，结果仍遭户部议驳：“该河督所主额数虽与成案相符，但河险之有无尚属臆度，而工需之多寡岂能预定？纵谓物料宜先购办，有余仍请归司库，然与其余利日后，何如节省于事先？况近来司库仍未充裕，而豫省用需日见繁多，黄河之修守固贵兼筹，通省之饷需尤关紧要。”[②]因清廷自顾不暇，此类非紧急项的经费支出，已经大为降低。

清前期军费常年开支为 2300 余万两，由八旗和绿营分享。咸丰、同治时期，八旗和绿营已经腐朽不堪，勇营成为国家新的主要武装力量，勇饷也随之异军突起。勇饷是咸丰军兴时期各省招募的勇营开支，太平军、捻军被相继平定后，这些地方军队并未像过去那样予以遣散，而是大部分保留下来，转变成为正规军队，即所谓的“防军”，驻防各地。

禁旅八旗月支银 4 两，绿营马兵月支 2 两，相比之下，勇营的待遇均较八旗、绿营为高。在曾国藩之前，江忠源、胜保招募勇营，每月饷银 4 两 5 钱，此后成为定例。曾国藩创立湘军，李鸿章创立淮军，军饷开支也以此为例。除粮饷外，购买武器装备也是湘军、淮军的重要开支。仅以李鸿章的淮军为例，1862 年当年的 4 笔开支就多达 65 万两，支放购买外国军火 24.17 万两，支放洋枪炮队中外教习、弁勇、薪工口粮等银 20.75 万两，支放中外水手工食等项银 9.03 万两，支放苏州两炮局工匠、物料等银 11.06 万两。[③]各省督抚也纷纷从国外购买武器。同治后期，勇营虽屡有裁减，但各省防勇、练勇却始终不下三四十万人。每年勇饷支出约 2000 万两，加上旧有的八旗、绿营每年岁支 1400 万两，使得整个岁支兵饷较前期增加近一倍。光绪十一年（1885 年），军机大臣奏称：“自咸丰以来，各省舍兵不用而用勇，兵乃日归无用，岁仍靡饷一千四五百万两。至今又养勇营，以户部登记册档可考者

① 《清文宗实录》卷九〇，咸丰三年四月戊寅，北京：中华书局，1986 年，第 216 页。

② 《军机处录副奏折 · 咸丰朝 · 财政类 · 河工项》，咸丰十一年八月二十八日，户部尚书周祖培等折，档案号：03-4456-030。

③ 孙毓棠编：《中国近代工业史资料》第 1 辑上册（1840—1895），北京：科学出版社，1957 年，第 262 页。

核计，约有五十四万余员名，一岁约需饷银三千四百余万两。是各省兵、勇两项已不下百余万人，岁需饷项五千余万两。再加以京外旗兵三十余万，岁又需额项银一千余万两。就现时赋税额入连例外征收之厘金、洋税等项合计，一岁约共应收银七千八万两，其中各项每年仍约有欠完银共六七百万两不等。是竭天下之物力，八分以养兵勇！”[①]可见勇饷作为财政支出的大项，已经成为不争的事实。

第二次鸦片战争后，清统治者为求强求富，设立总理各国事务衙门以协调与各国的关系，进行外交活动，还举办一系列的包括军事、科技和文化各方面向西方学习的事业，如购买船炮、训练新军、兴办工业、创办学堂、派出游学等。这些是清朝财政支出方面的新项目。

江南制造总局、金陵机器局、福州船政局、天津机器局是规模较大的洋务企业。局厂经费大部分由中央拨款，小部分由各省自筹。以江南制造总局为例，它是当时最大、最先进的军事企业。该局运营事务由丁日昌负责，开办费用即高达 54.3 万两，其中包括容闳从美国采购机器费 6.8 万两，李鸿章在上海购买美商旗记钱厂 6 万两，房租薪水工资 5.5 万两，添购物料 12 万两，购地建厂费 24 万两。同治六年（1867 年），在议造轮船大讨论中，曾国藩奏准留拨江海关二成洋 40 万两，以一成专供江南制造局。同治八年，两江总督马新贻奏准，洋各两成，全数拨充造船经费。此后，该局开办的经费主要是用江海关洋税拨付。[②]

同治二年，李鸿章在上海设立三个军火制造局，专造火器及炸药。其中一局迁至苏州，成为“苏州机器局”。各局所需经费均在淮军军需项下拨付，至同治四年五月，共耗银 288 570 两。[③]与此同时，江海关被革职人员，合资 4 万两购得虹口英人铁厂，献与李鸿章以求开复，李鸿章更名为“江南制造总局”，将旧有丁日昌、韩殿甲两军火局并入，月需局用、房租、薪水等银四千余两，购置物料 1 万两，全年合计十七八万两，经费也是在淮军项下支

---

① 中国史学会编：《洋务运动（三）》，上海：上海人民出版社，1961 年，第 541 页。
② 魏允恭：《江南制造总局记》第 4 卷，台北：文海出版社，1969 年，第 1 页。
③ 王尔敏：《淮军志》，桂林：广西师范大学出版社，2008 年，第 296—297 页。

付。同治五年（1866 年），左宗棠在福建马尾设立福州船政局，聘法人主持造船，英人训练海军，开办经费 47 万余两，在闽海关四成洋税项下一次拨银 40 万两，不敷部分在六成洋税项下补足。其规模较江南制造局大 10 倍，常年经费每月 4 万两，后增为 5 万两。由于闽海关税收减少，经费不能足额，同治十二年，经船政大臣沈葆桢奏准，自正月起于闽省茶税项下按月增拨 2 万两，以为经费。至同治十三年六月底，船局共领过制造经费 5 360 588 两，支销之数为 5 356 948 两。养护经费，则自同治八年八月至十三年四月，共支销 621 831 两。两项支销经费共计 600 万两，平均每年七八十万两。[①]天津机器局于 1867 年经崇厚筹备开办，开办经费为 48.5 万两，1870 年局务告成，共用费用 48.40 万两，1871—1872 年支出 25.6 万两。咸丰、同治时期，每年运作经费为 20 万—50 余万两，常年经费由海关提供。[②]同治时期用于造船的经费开支十分巨大，仅以《清史稿》记载来看，"同治十三年首次报销购船费、盖厂各费达五百一十六万两，养船费十九万两"[③]。同治末期，随着财政收支的转好，清廷在洋务运动项目上的支出数额呈不断扩大之势。平均来看，同治年间清廷在江南制造局及福州船政局每年各约投入 100 万两，是各项新政开支中最大的一笔。

除洋务企业经费，还有出使经费。同治五年，赫德请假回国，清廷派遣斌椿率同文馆学生随赫德赴英国游历。同治六年，清廷派卸任的美国驻华公使蒲安臣（Anson Burlingame）充当出使钦差大臣，访问欧美各国，记名海关道志刚和礼部郎中孙家穀等随同前往。两次出使经费，皆由海关洋税开支。其中前者出使经费 24 948 两，后者出使经费 16 万两。[④]另外，同治九年"天津教案"善后，清廷派崇厚出使法国"道歉"。同治十一年，清廷开始派幼

---

① 孙毓棠编：《中国近代工业史资料》第 1 辑上册（1840—1895），北京：科学出版社，1957 年，第 431 页。

② 据中国史学会编《洋务运动》第 4 册，天津机器局 1867—1870 年共收入 485 333 两，支出 483 974 两；1870—1871 年收支 256 080 两，支出 244 988 两；1872—1873 年收支 395 269 两，支出 394 700 两；1874—1875 年收入 584 617 两，支出 575 494 两（中国史学会编：《洋务运动》第 4 册，上海：上海人民出版社，1961 年，第 243—286 页）。

③ 赵尔巽：《清史稿》卷一三六《兵志七·海军》，北京：中华书局，1977 年，第 4039 页。

④ 《总署行户部文》（同治七年十一月十四日），"中央研究院"近代史研究所编：《海防档·甲·购买船炮》，台北："中央研究院"近代史研究所，1957 年，第 694 页。

童赴美学习，其经费据《挑选幼童前赴泰西肄业章程》预算，“每年驻洋薪水、膏火等费，约给库平银六万两”[①]。

赔款也是这一时期支出的大项。自道光时发生第一次鸦片战争后，清政府在历次对外战争失败后或对外交涉事件中，不断有赔款案发生。自咸丰时期镇压太平天国运动，又不断有外债的借、还。第一次鸦片战争对英赔款2100万银元，约合银1470万两；第二次鸦片战争对英法赔款共1600万两[②]；同治末年（1874年）日本侵台之役赔款50万两。这些赔款支出，也是以前财政支出体系中所没有的。赔款方式较为复杂，以第二次鸦片战争中清朝政府赔款1600万两白银为例，据中英《北京条约》第三款可知，其赔还方式如下：“戊午年原约后附专条，作为废纸，所载赔偿各项，大清大皇帝允以八百万两相易。其应如何分缴，即于十月十九日在于津郡先将银伍拾万两缴楚，以本年十二月二十日，即英国十二月初二日以前，应在于粤省分缴三十三万三千三百十三两内，将查明该日以前粤省大吏经支填筑沙面地方英商行基之费若干，扣除入算；其余银两应于通商各关所纳总数内分结，即行算清。自本年英十月初一日，即庚申年八月十七日，至英十二月三十日，即庚申年十一月二十日为第一结，如此陆续扣缴八百万总数完结，均当随结清交大英钦差大臣专派委员监收外，两国彼此应先期添派数员稽查数目清单等件，以昭慎重。再，今所定取赏八百万两内，二百万两仍为往粤英商补亏之款，其六百万两少裨军需之费，载此明文，庶免纷纠。”[③]据此可知，清廷每年各需向英、法赔补100万左右，再加上日本侵台赔款，同治末年每年的赔款在250万两左右。

四、收支规模估算

咸丰军兴，户部无力支撑，遂令地方自筹自支，将财权部分下放，各省就地筹饷，不再完全依赖中央拨济。闽浙总督王懿德说：“数年以来，各处

① 舒新城编：《中国近代教育史资料》上册，北京：人民教育出版社，1981年，第166页。

② 第二次鸦片战争后，还另有抚恤费英军50万两，法军20万两。

③ 王铁崖编：《中外旧约章汇编（1689—1901）》第1册，北京：生活·读书·新知三联书店，1957年，第145页。

军需国用短绌，应支款项固不能专恃部拨。”[①]地方自筹的额外收入名义上属于国家，但各省往往借口军需紧要就地截留。当然，在户部的持续催解下，地方督抚也不得不适当拨解京饷，以维持表面的平衡。

清前期银库每年的大进大出数变化不大，保持在一千余万两，入大于出，占全国财政收入的 1/4 左右。咸丰时期这一局面发生巨大变化，不但收支规模远小于前期，而且多数年份均收不抵支。咸丰继位之初，户部银库仅存银 187 万两，起运在途款项 225 万两，两项合计不过 412 万两。[②]而户部十一月至次年五月支放款项即需银 450 万两，已经捉襟见肘。咸丰七年（1857 年），户部银库存银为 11 万两，八年至十一年仅为 6 万两，这是清代户部银库存银的最低纪录。与此同时，户部银库收入中银的比重也急剧下降，钱的比重迅速增加，改变了以往的以银为主的结构。彭泽益指出，银库银钱的比重及收支，“不过是一个记账数字，是现银与非现银、‘票银’与‘实银’等一切按银两单位计算的收付项目的总计而已”[③]。从银库的变化来看，可以说当时的清政府是靠铸大钱以及发行官票宝钞才得以勉强维持下来的（表 1）。

表 1　咸丰、同治时期户部银库收支表　　　单位：两/串

年份	大进银	大进钱	京票	宝钞	大出银	大出钱	京票	宝钞
咸丰元年	8 508 528.559	1 245 930.308						
咸丰二年	8 361 836.683	835 109.744			8 471 745.585	1 368 406.263		
咸丰三年	4 516 837.223	1 153 206.481						
咸丰四年	4 996 127.336	3 045 823.584	7 846 071.882		5 031 018.775	3 040 549.541	7 834 542.621	
咸丰五年	3 067 774.336	1 598 806.626	7791 060.497	4 088 318				
咸丰六年	2 669 662.682	811 063.454	7 884 488.834	4 405 082	2 704 989.316	517 736.361	7 950 869.448	4 405 082
咸丰八年					3 061 904.319+	629 857.432+	1 1360 118.52+	1 510 662.5+
咸丰九年	4 463 477.956	968 530.12	19 131 590.15	2 133 825	3 808 417.424	903 324.258	16 046 192.47	2 124 455
咸丰十年	5 429 090.777	299 250.57	4 315 241.583	3 321 594.5				
咸丰十一年	6 678 613.514	295 354.819	408 881.064	155 518	6 331 925.933	169 540.327	174 287.254	155 431
同治二年					7 263 494.213	155 582.554		
同治四年	8 495 356.045	186 292.076			8 349 346.984+	183 162.126+		

① 《军机处录副奏折·咸丰朝·财政类·经费项》，咸丰四年闰七月二十一日，闽浙总督王懿德折，档案号：03-4265-029。

② 中国人民银行总行参事室金融史料组编：《中国近代货币史资料（第一辑）》，北京：中华书局，1964 年，第 171 页。

③ 彭泽益：《十九世纪后半期的中国财政与经济》，北京：人民出版社，1983 年，第 76 页。

续表

年份	大进银	大进钱	京票	宝钞	大出银	大出钱	京票	宝钞
同治五年	8 579 763.994+	139 298.535+			8 240 574.491	160 990.265		
同治六年	12 348 310.57	148 869.461			10 293 685.15	148 869.461		
同治八年					11 336 640.07	153 776.279		

资料来源：中国社会科学院经济研究所抄档《清代黄册·户部银库类》第12、33-35册。数额带“+”者指该年存在数量缺额

咸丰初年，汪振基曾略算当时的财政收入“三千数百万两”，王东槐则估算为“三千九百余万”①。户部银库自同治四年（1865年）起开始实现出入略有结余，收支规模也逐渐恢复到道光时期的水平。同治末年，清廷首次有了军兴以后的全国收支统计。据吴廷燮记载，同治十三年，各省地丁实征约计2000万两，其他盐课、盐厘共计800万有奇，常关税、漕折各约200万两，海关税1200万两，厘金1500万两，四川按粮津贴180万两，总计岁入约为6000万两，比道光时期多出2000万两。岁出除无定额的左宗棠西征军饷外，新增长江水师岁费一百数十万两，闽省船厂经费数十万两，神机营及税务司经费各100余万两，加上旧有常例支出（廉俸、例饷有减扣），总计大约7000万两。②这一统计中岁入项目没有包括捐输及当时已经不时发生的对外举债收入③，因此收支大体平衡。

当然，咸丰、同治时期的财政收支，也出现了一些新的变化。不管是种类还是项目都呈不断扩大的趋势，收支结构也随之发生了根本性变化。清前期的经制岁入岁出均有固定的范围与数额，不得逾越。非常例支出主要是军费，所造成的财政缺口通过暂开捐例、加征临时性捐税得以填补。咸丰、同治时期，非常例支出项目不断增多，除战时军需外，赔款、外债支出均十分庞大。这些事先并未列入预算，清廷只能通过加税增捐、开征厘金、举借公债等手段来弥补经常性收入的不足，以期平衡收支。但财政支出的扩张速度远超收入增加的速度。光绪十年（1884年），户部曾奏称：“查国家自咸丰、

① 汪振基：《请权出入以培国脉疏》，王东槐：《戒患贫言利疏》，均见盛康辑：《皇朝经世文续编》卷三十，光绪二十三年刻本，第14、21页。

② 吴廷燮：《同治时之财政》，《清财政考略》，民国三年刻本，第18页。

③ 例如，同治十三年，因台湾事件船政大臣沈葆桢借外债200万两。

同治年来，各省出入，迥非乾隆年间可比。近来岁入之项，转以厘金、洋税为大宗，而岁出之项，又以善后筹防等为巨款。若照常年汇奏成案办理，均未列为出入，实不足以尽度支之全。”[①]就是这种收支结构变化的反映。

根据前文的叙述，咸丰、同治时期的地丁钱粮征收在1500万两上下，关税（常关和海关）由咸丰初年的400万两增加到同治末期的1200万两，厘金也变为2000万两左右，铸发钱钞获得每年近1000万两的收益，总数已经接近6000万两。盐课的征收仍以500万两计，漕粮因系折征和实物运输相结合，较为复杂，若以征漕300万石计，折银600万两，再加上捐输报销及杂征等，同治末年的财政收入达到7500万两，应该是一个较为合适的数字。

支出方面，传统的八旗、绿营兵饷支出为2500万两，新出现的勇饷为3400万两，洋务支出（含洋务企业及洋务事业）每年以1000万两计。赔款方面较为复杂，以250万两约略估计。再加上借款利息、各省未经奏销之开销、杂支等，数目当更大。据此，可以大致估测同治末期的财政收支规模（表2）。

表2　同治末期年均财政收支估算表　　　单位：万两

财政收入	金额	财政支出	金额
地丁钱粮	1500	八旗绿营	2500
厘金	2000	勇饷	3400
常税	200	洋务支出	1000
洋税	1000	赔款	250
钱钞收益	1000	小计	7150
盐课	500	估测	8000
漕粮	600		
小计	6800		
估测	7500		

以上数字并非确数，估测实为不得已之举。以估测数字来看，同治末期的财政收入为7500万两左右，财政支出则为8000万两左右，其中的赤字可依靠借款、摊派、垫付等方式弥补。可以肯定的是，这一时期的财政收支，

① 户部：《进呈解办年例汇奏会计出入黄册疏》，王延熙、王树敏辑：《皇清道咸同光四朝奏议》卷26，台北：文海出版社，1966年，第1319页。

相较于鸦片战争之前道光时期的财政收支规模已经扩大了近一倍。

五、从“国家财政”到“财政国家”

熊彼特在《税务国家的危机》中曾提出过领地国家和税收国家的概念，认为前者必将向后者转变，后者最终也会走向灭亡。[①]这里所说的税收国家，是指以税收为主要收入来源的国家形态。后来，理查德·鲍尼与马克·奥尔默德将这一理论用于解释欧洲历史上的国家与社会变迁，提出了“财政国家”（fiscal state）的概念，即具有“自我持续增长”特征的国家，能够通过借贷手段解决财政支出问题，并且能够通过税收保证偿还。[②]咸丰、同治时期的财政，与西方的发展道路并不完全相同，但这一时期厘金、洋税地位上升并最终超过地丁钱粮，却和西方财政的演变有异曲同工之处。虽然是一种被动的转变，但这一时期清廷既经历了“量入为出”到“量出为入”指导思想的转变，也使得财政这一本为常规的、日常的行政活动，变成了清廷一切行政活动中的重中之重。有鉴于此，笔者将这一时期的财政转型名之曰从“国家财政”到“财政国家”。

与此转型相契合的，则是财政指导思想从“量入为出”转变为“量出为入”。自西周以来，“量入为出”一直是历代中国王朝所遵行的基本财政政策，而与之相对应的“量出为入”则被视为苛政。咸丰、同治时期，由于财政支出大增而收入有限，“量入为出”在实际操作层面已无可能。咸丰元年（1851年），王东槐曾称：“皇上躬行节俭，为天下先。户部诸臣先事持筹，必量入为出，无量出为入，如是则财患不足者未之有也。”[③]由于收支形势的突然逆转，户部只能遵行旧有思路，坚持节流省费，以符平衡。户部奏称：“理财之道，不外开源节流二端。而节财之流，尤为济时要务。如能实力经理，必

---

① Schumpeter J A. “The Crisis of the Tax State”, in International Economic Association ed. *International Economic Papers*, no. 4 (1954), pp. 5-38.

② Bonney R, Bonney M, Ormrod W. *Crises*, *Revolutions and Self-sustained Growth*: *Essays in European Fiscal History*, *1130-1830*. California: Standford University Press, 1999, p.11.

③ 王东槐：《戒患贫言利疏》，盛康辑：《皇朝经世文续编》卷三十，光绪二十三年刻本，第21页。

可行之无弊。”[①]咸丰二年（1852 年），咸丰帝仍谕令军机大臣：“户部议奏，度支万分紧迫，军饷无款可筹，密陈情形一折，览奏实深焦灼……若不及早筹维，岂能以有限之帑金，供无穷之军饷乎？”[②]可见已有改弦更张的意味。

咸丰、同治时期，虽然还能经常在诏书中看到对“量入为出”思想的强调，但财政开支不敷，导致清廷被迫改变旧有的以常例收入指拨京协饷体制，而是通过指拨等变通方式，将非常例收入如厘金、捐纳纳入收入范畴，“变通办理”。于此，旧有的常例与非常例收支明确划分的办法被抛弃，“量入为出”徒具空壳。同治十二年（1873 年），内务府即奏称，内务府之广储司银库“一年进款用款，通盘核计，详细比较，例内尚无靡费，实因例外各款递有加增，量入为出实不敷用”[③]。当然，由于传统儒家思想的影响，“量入为出”的财政指导原则一直坚持到清朝灭亡，并没有被清朝统治者从口头上抛弃。

从“量入为出”到“量出为入”有着深刻的社会背景。太平天国运动之前，清廷的财政收入主体是田赋，来自于农业税。受限于农业经济规模，农业税的增长不可能发生太大的变化。与此相对应，“量入为出”的财政指导原则得到真实贯彻，收支结构相对稳定，且略有结余。清前期的农业赋税政策使得农业经济逐渐恢复，田赋收入得到自然增长。咸丰、同治时期，战火纷飞，农业经济凋敝，农民生计困难，国家难以从农业和农民身上征收足够的经费，只能在事实上抛弃旧有的“量入为出”。正因为有此财政指导思想的转变，咸丰、同治时期的加征田赋、盐课等旧赋，开征厘金、洋税等新税种，发行大钱宝钞之类，举借外债，普行捐输，才能得到清廷理直气壮地大规模推行。清廷的财政收支规模，也才能由咸丰初年的 4000 万两增加到同治末年的 7000 余万两。同理，由于财政的窘迫，“量入为出”难以为继，清廷为苟延残喘，只得放弃旧有的财政高度集中管理体制，改变京协饷和奏销制度，将部分筹饷权下放至各省督抚，地方财政体系得到初步发展。经此转

---

① 《清文宗实录》卷五〇，咸丰元年十二月辛丑，北京：中华书局，1986 年，第 670 页。

② 《清文宗实录》卷九七，咸丰三年六月己丑，北京：中华书局，1986 年，第 392 页

③ 《军机处录副奏折·同治朝·财政类·经费项》，同治十二年四月十四日，总管内务府大臣崇纶等折，档案号：03-4951-063。

变，清廷算是彻底告别了“量入为出”“永不加赋”的旧有财政原则。

地方督抚权力的扩大，也是一个不容忽视的变化。清前期，国家的行政、军事和财政管理体制是有机统一的整体，由中央牢固掌握。国家遇有重大事件，“兴大兵役，必特简经略大臣、参赞大臣驰往督办，继乃有钦差大臣关防及会办、帮办者，皆王公亲要之臣，勋绩久著，呼应素灵。吏部助之用人，户部为拨巨饷，萃天下全力以经营之。总督巡抚不过承号令、备策应而已”[①]。而太平天国运动之后，湘、淮军队起，兵为将有，突破了旧有的军事格局。湘军至同治元年（1862 年），已有 12 万人，曾国藩称：“长江三千里几无一船不张鄙人之旗帜，外间疑敝处兵权过重，利权过大，盖谓四省厘金络绎输送，各处兵将一呼百诺，其疑良非无因”，所以他在给李鸿章的信中说：“两接户部复奏之疏，皆疑弟广揽利权，词意颇相煎迫。自古握兵柄而兼窃利者，无不一凶于国而害于家。弟虽至愚，岂不知远权避谤之道？”[②]同治七年，曾国藩由两江总督调任直隶总督，清廷令湘军改制，隶属兵部，但改制后的湘军虽然名义上纳入国家经制额兵之中，但指挥调动权力仍操于原有将帅，朝廷无法干涉。

面对各省地方财权的扩张，中央政府一而再，再而三地试图加强中央集权，与各省展开对新旧财政资源控制权的争夺。在这其中，还存在着若隐若现的满汉矛盾，更是在很大程度上影响了历史的进程。即以曾国藩为例，咸丰四年（1854 年）九月，曾国藩一举攻克太平军占据的湖北省会武昌，名声大震，咸丰帝闻讯极为高兴，立即任命曾国藩为署理湖北巡抚，并谓“不意曾某一书生，乃能建此奇功！”而首席军机大臣祁寯藻却大加反对：“曾某以匹夫居闾里，一呼蹶起，从之者万余人，恐非国家之福。”[③]咸丰帝立即醒悟，默然变色，随即收回成命。此后的六七年时间里，曾国藩皆“不获大行其志”。直到咸丰十年太平军攻占苏州、常州，两江总督何桂清被革职，经大臣肃顺力荐，曾国藩才出任两江总督，督办江南军务。曾国藩的幕僚赵烈文对此看

① 丁凤麟、王欣之编：《薛福成选集》，上海：上海人民出版社，1987 年，第 290 页。

② 曾国藩：《曾文正公全集 · 书札》卷 23，长春：吉林人民出版社，1995 年，第 2493 页。

③ 薛福成：《庸庵全集 · 庸庵文续编》下卷，光绪十九年刻本，第 9 页。

得极为清楚："迨文宗末造，江左覆亡，始有督帅之授。受任危难之间，盖朝廷四顾无人，不得已而用之。"[①]

不过，当时的地方财政还不可能形成完全独立的财政体系。从制度上来说，所有的收入和支出都仍归户部负责，各省自己的行政开支，在形式上也仍然要向中央政府报告并接受奏销审计，与清前期的财政大一统并无二致。吴廷燮一针见血地指出："论者多谓其时财政各省皆自专之，然如广东厘金未报支数，则户部奏诘，各省亦有以催征短绌谪降藩司以下多人者，财政之权计臣亦未尽失。"[②]简言之，对于晚清督抚权重的评定，不可无限夸大。

需要指出的是，咸丰、同治时期虽然开启了"国家财政"向"财政国家"转变的道路，但这一转轨的最终完成，却还有待于后世的探索和继续；而在转变过程中的诸多弊端和不足，也需要由后世来承受和改进。可以说，这一时期的财政显然是过渡性的，因为当时清朝的工业化尚未展开，而农业财政已经难以为继，所以只能走中间道路对商业过分征税。从财政史的角度来看，咸丰、同治时期的历史地位，或许正在于此。

① 赵烈文：《能静居日记》，同治三年四月初八日，台北：台湾学生书局，1964 年，第 1349 页。
② 吴廷燮：《咸丰时之财政》，《清财政考略》，民国三年刻本，第 16 页。

灾　害

笔者在研究经济史的过程中，或多或少地接触过一些灾害的史料。恰逢赫治清老师组织中国历史自然灾害的研究课题，笔者陆续写出一些相关论文。

《试论清代的荒政》[《东方论坛（青岛大学学报）》2002 年第 4 期] 一文指出，清代自然灾害频繁，造成巨大的社会损失，因此清政府建立了一套非常严密的荒政制度，开支巨大，组织严密，成为历代荒政的集大成者，为清代社会生产的发展，创造了良好的条件。但国力与荒政存在着天然的作用与反作用关系，国力决定荒政，荒政亦反映国力。

常平仓始见于西汉，主要设置于各省州县。《试论清朝的常平仓》(《中国古代灾害史研究》，社会科学文献出版社 2007 年 9 月版）指出，清代的常平仓组织完备，法律严密，保持了平粜、出借与赈贷三大功能，在清代的社会经济生活中发挥着重要的作用，并曾在相当长的时间内，良好地运行着。但嘉道之际，随着整个国家管理能力的下降，常平仓逐步弱化了它应有的积极功能。

冰雹灾害是自然灾害中较少受到关注的种类。《清代冰雹灾害统计的初步分析》(《江苏社会科学》2012 年第 1 期）力图全面梳理清代自 1644 年清军入关至 1911 年时间段内的冰雹灾害。在以州县为单位的统计数据中，清代的冰雹发生次数已经超过 6000 次；从分布朝年来看，以顺治、道光和光绪朝为多，乾隆至道光时期平稳上升的趋势相当明显，与气候学者关于明清小冰川期的判断吻合；从统计区域来看，涉及了全国所有的省区；从分布时段来看，包括了所有的年份和月份，可谓“无年无月无处无雹”。

乾隆五十三年（1788 年），长江中下游流域暴发了一场特大水灾，荆州城受灾尤甚，人员伤亡极为惨重。《千古奇灾——乾隆五十三年荆州大水研究》(由笔者与贾启博先生执笔，载于《承先启后——王业键院士纪念论文集》，台湾万卷楼图书股份有限公司 2016 年 11 月版）分析此次水灾的前因后果。为应对此次灾害，清政府调动大量人力、物力，并对水灾的成因进行深入调查。与此相伴随的，则是湖北地区爆发一场巨大的官场“地震”，自督抚以下 20 多名官员遭受处分。此次大水对时人影响甚深，而当时清廷对被灾地区的救济的流程和事后为善后所建立的一系列制度，对后世影响甚大。

不论是从气象史、灾害史还是经济史的角度来看，道光癸未年（1823 年）都是重要的节点。这一年，清朝发生了全国范围的水灾，史称“癸未大水”。《清朝道光“癸未大水”的财政损失》[由笔者与高晓燕女士执笔，载于《清华大学学报（哲学社会科学版）》2014 年第 4 期] 统计出此次全国共有 340 余州县先后被淹，172 州县成灾，经济损失巨大。灾害发生后，清廷的财政损失可分为直接财政损失（赈济及河工拨款）和间接财政损失（地丁钱粮蠲缓、盐课与关税免征和减少），两者合计高达 2400 余万两白银，超过常年财政收入的 50%以上。

试论清代的荒政

中国封建社会自然灾害频繁，清代亦然，而且灾害的各种诱因经历朝的积累，如植被破坏、水土流失、河道淤塞、江湖垦殖等，加之吏治败坏等人为的原因，清代的水旱灾害等频仍出现，造成巨大损失，并由此引发一系列社会问题，直接威胁了清王朝统治根基的稳固。为扭转被动局面，清政府相应采取许多措施，调动全国力量与之斗争，以期有所补救，我们称之为“荒政”。关于清代荒政的利弊得失，非常值得后人总结。

一

对于灾荒，清政府制定了一套非常严密的制度，并照章办事，“一曰备侵；二曰除孽；三曰救荒；四曰发赈；五曰减粜；六曰出贷；七曰蠲赋；八曰缓征；九曰通商；十曰劝输；十有一曰兴工筑；十有二曰集流亡”。按其救灾的基本程序，可以做如下分类。

（1）报灾。“凡地方有灾者，必速以闻”[①]，报灾是政府统筹规划的原始依据，也是政府救灾的第一步。在当时的交通条件下，信息传递的速度无疑最重要，有鉴于此，顺治十年（1653 年），政府规定，报灾“夏灾不出六月，秋灾不出九月”；在报灾情的同时，地方官还要“差官履亩踏勘，将被灾分数详造册结题，照分数蠲免”。这些工作须在 1 个月内完成，否则各级官员都要分别遭罚俸、降级或革职的处分。顺治十七年又规定，各级官员以下属的报灾日期为限，逾期在一个月内的罚俸六个月，逾一月降一级，逾两月降两级，逾三月则革职。经康熙朝的变化，最后到雍正六年（1728 年），固定为州县官员报灾限期 40 天，上级接到奏报后限 5 日内上报。应该说，这样的日期限定是比较合理的，它既避免了因报灾期过短，地方官害怕愆期而匿

① 托津等纂：（嘉庆朝）《大清会典事例》卷二七〇《户部・蠲恤・救灾》，嘉庆十七年刻本。

灾不报；又防止了因报灾期过长，无法即时派人核实勘灾。

（2）勘灾。勘灾指确定灾情等级，它的确立也有一个发展过程。明朝洪武年间，凡水旱灾害，“地方税粮即予蠲免”；成化年间，“凡被灾之地，以十分为率，减免三分”；弘治年间，“全荒者免七分，九分者免六分，以是递减。至被荒四分免一分而止”[①]。清初定制，歉收地方“五分以下不成灾”，但随着社会财富的增加，政府能够拿出更多的资金进行救济，于是便扩大报灾范围。乾隆三年（1738年）五月，乾隆帝下谕称，被灾五分也是“收成仅得其半，输将国赋，未免艰难”，所以规定“嗣后著将被灾五分之处，亦准报灾，地方官查勘明确，蠲免钱粮十分之一，永著为例”[②]。

勘灾之前，州县官员先让百姓自报姓名、受灾田亩、受灾情况及所处位置，经核对后作为勘灾底册，交勘灾人员核查。起初，勘灾以州县为单位，但易发生遗漏或扩大化，“有一县俱不成灾而某村某庄成灾十分者，有一县俱成灾而某村某庄全不成灾者”，有鉴于此，到乾隆二十二年，侍郎裘曰修奏请赈灾“唯通行以村庄为率”[③]，得到批准。不过由于勘灾点变小，一旦灾害波及面扩大，在短期内难以勘完时，就要由皇帝特批延长勘灾期限了。

勘灾之后，州县官员将勘灾所得的结果汇总造册，按水灾用青色、旱灾用红色的格式，注明受灾的村庄及灾情上报。勘灾人员可委派，也有亲自前往的。乾隆二十五年，湖南巡抚冯钤汇报了他的勘灾过程：他于十一月初四日自省起程，前往各地查察赈务，“一路挨顺查看，先由衡州府属之耒阳，次常宁，又次由永州府属之新田、宁远、零陵、东安、祁阳应赈七处，谨逐一亲历查察体访”。他担心地方官有粉饰情况，又临时派清泉知县江恂、衡阳县丞石文成各分一路，“自将耒阳县界起，挨乡抽查，切询民情，直至穿过祁阳县界而止”[④]。勘灾时各级官员都要随时报告灾情，而户部在收到灾

① 《清世宗实录》卷六七，雍正六年三月癸丑，北京：中华书局，1985年，第1020页。

② 《清高宗实录》卷六八，乾隆三年五月丙寅，北京：中华书局，1985年，第102页。

③ 《宫中档朱批奏折》，乾隆二十二年七月初二日，吏部右侍郎裘曰修折，档案号：04-01-02-0045-014。

④ 《宫中档朱批奏折》，乾隆二十五年十二月初四日，湖南巡抚冯钤折，档案号：04-01-02-0049-013。

情报告后，也要派员复勘，彼此监督，因而大体上，官员们的奏报，是比较符合实际情况的。

勘灾是蠲免的依据，而赈济还须“审户”，即审核灾民户口，划分极贫（朝不保夕者）、次贫（暂可支撑者）等级别。因尺度难于掌握，到乾隆七年（1742 年），清政府规定，山西、湖广、贵州不分极贫、次贫；山东、陕西只分极贫、次贫；江南、浙江原分极贫、次贫、又次贫，“其又次贫宜从删省”。审户之人，要发赈票；赈票共两联，一联发给灾民，一联备底。灾民凭此票证，即可到赈灾处领赈米、赈银。

“救荒之道，以速为贵。倘赈济稍缓，迟误时日，则流离死丧者必多。虽有赈贷，亦无济矣。”[①]速度是救荒的关键，但也不能因此而放弃实效。为防止舞弊，每次放赈之前，官员都要亲临现场，对灾民进行随机抽样，而灾民每领一次赈济，赈票上都加盖戳记。全部赈济结束后，赈票就由官府收回销毁。

在了解灾情后，蠲免、赈济和工赈就成为清政府救灾的最主要措施。蠲免是国家将应向人民征收的赋税减少以至免除，它可分为灾荒蠲免、拖欠蠲免、普行蠲免等种类，其中以灾蠲为最重要。灾蠲始于顺治初年，初无定制，“凡被荒之地，或全免，或免半，或免十分之三，以被灾之轻重，定额数之多寡”；至顺治十年（1653 年）十月，因江南地方旱灾，“被灾八分以上者，免十之三；七分以下者，免十之二；四分，免十之一”[②]。康熙年间，因政府开支巨大，取消四分、五分灾情的蠲免，康熙十七年（1678 年）议定“五分以下不成灾”，其他的蠲免比例重新定为“歉荒至十分者，止免三分；八九分者，免二分；六七分者，免一分”。雍正朝，随着社会经济的全面好转，政府又提高蠲免比例，雍正六年（1728 年）规定“其被灾十分者，著免七分；九分者，著免六分；八分者，著免四分；七分者，著免二分；六分者，著免一分”[③]。乾隆时则规定被灾五分，也可“蠲免钱粮十分之一”[④]。蠲免须征

① 《清圣祖实录》卷一二一，康熙二十四年七月癸酉，北京：中华书局，1985 年，第 281 页。

② 《清世祖实录》卷七九，顺治十年十一月丙辰，北京：中华书局，1985 年，第 624 页。

③ 《清世宗实录》卷六七，雍正六年三月癸丑，北京：中华书局，1985 年，第 1020 页。

④ 《清高宗实录》卷六八，乾隆三年五月丙寅，北京：中华书局，1985 年，第 102 页。

得皇帝批准，并在受蠲免之地张榜公布。如蠲旨未到而钱粮已征，可抵作下年赋税；如地方官蒙混隐匿，“一概混比侵吞”；如地方官吏降低蠲免比例，“以违旨侵欺论罪”；如上司不行稽查，则“照徇庇例议处”，可见处罚是相当重的。

清代曾有过多次大型的蠲免，仅如《清史稿·食货志六》所载，即有康熙年间陕西拨银 500 万两；乾隆七年（1742 年）间江皖拨银 738 万两，拨米 92 万石；乾隆十八年高邮拨银 400 万两，拨米 11 万石；嘉庆初山东等地赈银 300 万两；嘉庆六年（1801 年）直隶赈银 100 万两，米 60 万石；嘉庆十九年，赈江皖等地银 200 余万两；道光十一年（1831 年），江苏赈银 100 万两，数目都相当可观。

赈济则是将银、米直接发给灾民，以帮助他们维持生命，渡过难关。清朝前期，大规模的赈济灾民，所给赈米、赈银及赈期长短，没有统一规定，均视灾情轻重而定。直到乾隆四年，清政府才正式规定，除盛京等地可稍微多给外，所有直省灾民，凡大口（16 岁以上者），日给米 5 合，小口（以能走路者为限）半之；如米不足则银米兼给。赈期则在乾隆七年得到规定，包括“正赈”（所有受灾人等，概赈一个月）、“大赈”（按灾等各自延长若干月）、“展赈”（大赈结束后临时加赈）和“抽赈”（择应赈者赈之）。至于其他临时性的延期或变通，也时有发生，如乾隆四十七年，江苏的丰、沛等县及山东济南等府受重灾，乾隆帝担心灾情，特下旨“常予赈恤，不必论月，灾退后始行停止”[①]。

除发米发银外，还有煮粥赈济。清代煮赈仍以设厂为主，领粥给签，男女分别排队，逐一领取。当时京城每年从十月初一至次年三月二十日，例开五城煮赈。地方省份亦有，是为那些流浪的灾民而准备，如嘉庆十年，浙江硖川遇灾煮赈，有人这样描述当时的粥赈情形，“每厂皆延诚实绅士委以钱谷煮赈之事，官吏不涉手，惟钩算弹压而已……佛寺大芦蓬，无雨淋日炙之苦……日赈数万人，无壅塞之虞。有疾者给以药，老病废疾者别有厂，妇女

① 张廷玉等纂：《清朝文献通考》卷四六《国用八》，上海：商务印书馆，1936 年，考 5295。

有厕蓬，终数十日无一人死于厂者。粥浓厚皆遵予令，以立箸不倒、裹巾不渗为度”①。

工赈也是经常施行的赈济方式，是指在灾年由官府出资兴办工程，日给银米，以招募灾民。工赈所办工程，多与水利相关，具有积极的救济性质，且为将来的生产做准备，有人说它“盖以一时之补救，而开万世之乐利也”。通常，清政府会考虑到百姓疾苦，尽量让工赈落到实处，比如规定，“向例每逢闲月，听贫民尽数到工执役。若农忙之时，即有紧要工程，大率三丁抽一，其余任其耕种”②。

如发生房屋倒塌，或造成人员伤亡，清政府也会酌情赈济。乾隆曾说，“赏给急赈银两，毋拘秋灾成例。其房屋坍塌者即速给价修葺，毋令久处苫舍，致滋疾病，以慰朕怀保小民至意”③。起初，清政府对抚恤并无定制，只是命各省自行规定，等到了乾隆四十一年（1776年），才将各省的抚恤标准大致统一：坍塌房屋者，每间瓦房给修费一两五钱左右，草房八钱左右，死伤人口每大口银一两左右，小口五钱左右。

勘灾赈济时，考虑到情况紧急，地方官恐人手不够，又怕有欺瞒之事，故中央通常会委派一些官员，以“督办”“协办”的名义前去，加以钦差衔，就全权处理；如与督抚同级，便“会同该督抚”共同主持；低于督抚，则只行使监督权。他们都要将赈务过程上报，皇帝也时不时派心腹暗中调查，以备不实。

下面，笔者试以嘉庆二十四年（1819年）八月，永定河泛滥，顺天府之大兴、宛平两处遇水灾，清政府围绕此件事而展开的各项工作，来说明遇到灾害后，他们是如何运作的。④

七月下旬，嘉庆帝接到两县遭水灾的奏报，即命顺天府尹汪如渊前去查勘。八月三日，兼管顺天府尹的刘镮之上奏，因水势过猛，勘察人员虽“屡

① 阮元：《硖川煮赈图后跋》，贺长龄、魏源等编：《清经世文编》卷四二，《户政十七》，北京：中华书局，1992年，第1037页。

② 《清高宗实录》卷一二三，乾隆五年七月戊子，北京：中华书局，1985年，第804页。

③ 《清高宗实录》卷五四二，乾隆二十二年七月庚子，北京：中华书局，1985年，第875页。

④ 参见中国第一历史档案馆编：《嘉庆二十四年京畿赈灾史料》，《历史档案》1996年第2期。

经雇募善识水性之人凫水探报”，亦未能确知消息，为备万一，在继续想办法勘灾的同时，他即命此两县县令“先行多备馍饼口粮赍往，分探水围村庄有不能糊口者，随时分散”[①]。

第二天，刘镮之收到嘉庆帝的上谕，要他“分投确查，勿隐勿漏，各按成灾分数，将应行赈恤事宜会同迅速具奏”，当即回奏，已加紧勘灾，并在筹划设立粥厂之事，他同时还请求中央拨银米以资赈济。[②]六日，直隶总督方受畴与刘镮之合奏，表明已开始办理煮赈事宜，“有仓谷者，饬令动碾仓谷；无仓谷者，由藩司补给银两，买米煮赈；接至十月散放大赈为止”，如大水阻隔而无法领赈，“或给馍饼，或给钱文，用小船筐箩装载，委员前往散放”[③]。

七日，嘉庆帝派往督办赈务的左副都御史韩鼎晋奏报，已将部分灾民移出水区，但考虑到每日赈济难免不周，恳请“照现在每日散给之例，总给一二月口粮”[④]。此日，刘镮之收到嘉庆帝斥责他对救灾措施“并未详悉奏明，又涉因循疲玩”的上谕后，解释说已统计出受灾村庄 190 处，已动用粟米 300 多石，并仍请拨粟米 1200 石，拨银 3000 两。[⑤]

考虑到此次受灾的共有固安、永清等八州县，为防止措手不及，嘉庆帝命仓场侍郎那彦成截漕米 20 万石，以赈灾民。十一日，韩鼎晋奏称，从顺天府库领出 1 万两赈银，预计至十五日，仅会用去 600 两，剩余颇多。[⑥]同日，方受畴已大略统计出，此次八州县水灾大约需银 20 万两，藩库所存已够用；惟赈米一项，天津等处储备仅 8 万石，还需 10 万石。[⑦]

二十四日，也是前来督办赈务的大理寺卿润德奏报，粥厂已从十六日开放，但因水势太大，老幼病残及妇女多无法前来。由于不能遍搭浮桥，他已

① 《军机处录副奏折》，嘉庆二十四年八月初三日，顺天府尹刘镮之折，档案号：03-1624-024。
② 《军机处录副奏折》，嘉庆二十四年八月十四日（朱批时间），顺天府尹刘镮之折，档案号：03-1624-027。
③ 《军机处录副奏折》，嘉庆二十四年八月初六日，直隶总督方受畴等折，档案号：03-1624-031。
④ 《军机处录副奏折》，嘉庆二十四年八月初七日，左副都御史韩鼎晋折，档案号：03-1624-029。
⑤ 《军机处录副奏折》，嘉庆二十四年八月初七日，顺天府尹刘镮之折，档案号：03-1624-038。
⑥ 《军机处录副奏折》，嘉庆二十四年八月十一日，左副都御史韩鼎晋折，档案号：03-1624-032。
⑦ 《军机处录副奏折》，嘉庆二十四年八月十一日，直隶总督方受畴折，档案号：03-1624-035。

命地保通知百姓，每户可由一人持门牌领米，无门牌者只给粥而不发米。[①]二十七日，那彦成奏报，已遵旨“截留北仓20万石，咨明方受畴届时差官取”[②]。九月十六日，刘镮之请续拨粥米200石；九月二十五日，他又奏报勘灾情部，“按两县所报，分数极次核算，约需全米12 000千石，应以米三银七搭放”[③]。

十二月二十日，户部右侍郎王鼎上奏此次救灾的报销清单，共计赈米4797石，赈银10 780两，“均照例开报”；所用办工银4475两，“俟户部核覆准销后”，在直隶的藩库内拨给。[④]至此，整个赈济活动结束。

从以上的论述中，我们不难发现，在此次勘灾赈济活动中，上至最高统治者嘉庆帝，下至地保一级的民间人员，全都被调动起来，参与赈灾。由此可见，清政府对于灾民的救济，是极为重视的。

二

灾后的重建，亦是清政府的重要任务。这里所说的“重建”，是指由政府出面出资，组织灾民抢种抢收，或提供有利保证，为下一轮农作物的生长创造条件，以便将灾害造成的损失降到最低限度。

通常，政府会向百姓提供口粮、种子和耕牛，其来源主要是常平、社仓以及截漕或拨库银。起初灾年贷米还需加息，到乾隆二年（1737年）时已规定，“若值歉收之年，国家方赈恤之不遑，非平时贷谷者定制可比，若还仓时止应完纳正谷，不应令其加息，特此永著为例”[⑤]，以后又规定夏贷秋后归仓，秋贷麦熟后归仓，使得借贷得以发挥更大的作用。

除给百姓贷款，政府还会想办法推广一些经济作物。乾隆五十年六月，河南等地久旱，本想赶种晚稻，但因有些地方土质久燥，“雨泽一少，即与栽种无益”。而福建多产番薯，“可充粮食，民间种者甚多”，于是政府希望

① 《军机处录副奏折》，嘉庆二十四年八月二十四日，大理寺卿润德折，档案号：03-1624-042。
② 《宫中档朱批奏折》，嘉庆二十四年八月二十七日，仓场侍郎那彦成折，档案号：04-01-35-0233-014。
③ 《军机处录副奏折》，嘉庆二十四年九月十六日、二十五日，顺天府尹刘镮之折，档案号：03-1624-046/049。
④ 《军机处录副奏折》，嘉庆二十四年十二月二十日，户部右侍郎王鼎等折，档案号：03-1624-066。
⑤ 托津等纂：（嘉庆朝）《大清会典事例》卷二七五《户部·蠲恤·平粜》，嘉庆十七年刻本。

在河南也大力推广。乾隆帝特派大臣富勒军从福建"即将番薯藤种，多行采取，并开明如何栽种浇灌之法，一并由驿路迅速寄交毕沅，转饬被旱各属，晓谕民人，依法栽种"①，并将《甘薯录》一书刊刻遍发。诸如此类的事情，还有在江、浙、川、黔、鲁、湘、陕等地推广种蚕桑，在、甘、鲁、江、黔、陕等地推广棉纺织，以及在河湖较多的地区推广种树、养鱼，等等，其目的无非是从各方面缓解因灾害而带来的破坏和损失。

处理农民与地主的关系，是封建国家机器政务的主要职能。水旱灾害期间，如果地主乘机勒索，往往会造成百姓的流离失所；而如果地主能协助政府对灾民抚恤，政府的救灾压力也会减轻很多，因此清政府很注意处理这两者的关系。为维护封建土地所有制国家的统治基础，清政府不可能严重损害地主利益，强迫他们分田分地给佃户，但又不能不顾及贫民的死活，于是他们就在地租和蠲免上做文章，在尽可能的范围内，让地主自愿分拨一点实惠给佃户。而一旦出现地主对佃户减租免租之类的事，皇帝们也通常会表示积极的肯定，如"闾阎仁让之风，朕实嘉悦"之类。

康熙四十九年（1710年），兵科给事中高遐昌奏请，"凡遇蠲免钱粮之年，请将佃户田租亦酌量蠲免"，得到清政府的同意。康熙皇帝还表示，蠲免钱粮，地主与佃户"必均平无偏，乃为有益"。不过，"山东、江南田亩多令佃户耕种，牛种皆出业主，若免租过多，又亏业主，必均平无偏，乃为有益"，因而命户部综合考虑，最终决定："嗣后凡遇蠲免钱粮，合计分数，业主蠲免七分，佃户蠲免三分，永著为例。"②雍正帝则从儒家伦理的角度，企图激发地主天良，"周礼以乡三物教万民，有曰孝友睦渊任恤，可知公财行惠，任恤之义，与孝友而并重也"。他还说，如果地主对贫民剥削过重，一遇荒歉，"贫民肆行抢夺"，富人受损，穷人也受制裁，双方受害，因而呼吁地主平时即要对佃户体恤为念，灾时"宜平情通融，切勿坐视其苦，而不为之援手"③。

---

① 《清高宗实录》卷一二三二，乾隆五十年六月庚寅，北京：中华书局，1985年，第548页。
② 《清圣祖实录》卷二四四，康熙四十九年十一月月辛卯，北京：中华书局，1985年，第423页。
③ 《清世宗实录》卷七九，雍正七年三月戊申，北京：中华书局，1985年，第32页。

可以想见，在大多数情况下，地主们不顾农民死活，照旧收租的居多，有时他们还会乘人之危，发放高利贷，谋取暴利。乾隆五十一年（1786年），河南水旱相侵，民不聊生，山西地主“闻风赴豫，举放得利债”，以低廉的价格来抵押和收购百姓的土地。由于牵涉面太大，为维护社会安定，乾隆帝只得下令，规定抵押品“勒限听原主收赎”。而从五月份发布上谕，到八月份为止，河南已赎回的土地即有30.05万亩，可见当时风气之盛。

对于性质恶劣的不法地主，清政府也只能尽量加以打击，以笼络人心。乾隆五十一年，湖北孝感等地大水，贫民刘务孝等人向地主借贷米谷不成，遂发生搬抢事情，恶霸生员梅调元害怕自家遭抢，便纠集地主武装，将抢粮的贫民 23 人，全部绑缚活埋，“尸身多有欧缚伤痕，尸骨俱有闷蒸血晕”，杀人手段之残暴，令人发指。同时，为逃避官府追究，他们还故意造伪证，诬说刘务孝等人曾歃血结盟、图谋不轨。此事颇经周折，最后为乾隆帝所知，得以真相大白，梅调元等人被“绑赴市曹，分别凌迟、斩决、戮尸，以昭炯戒”[①]。

有时这种打击还会落到皇亲国戚头上，如嘉庆年间，礼亲王昭梿指使手下人强行加租，对于不从的佃户，“抢割庄稼，拆毁房屋”，又将其圈禁，亲自扔磁（旧同“瓷”）瓶于地，用磁片划伤他们的“脊背百余道，至于流血昏晕”[②]，事发后，昭梿被革除王爵，圈禁三年。

在通常情况下，天灾人祸的两方面夹击，百姓难以承受。一旦政府处理不及时，他们就只能流离失所，飘落异乡。乾隆帝也承认，“今朕省方问俗，亲见民情风土，岁偶不登，闾阎即无所恃，南走江淮，北出口外”[③]。流民聚集，便易滋生事端，有鉴于此，清代把对流民的安辑视为安定社会、保持政权稳定的重要条件，而这正是清代荒政的一个重要方面。

对流民的安辑，可以分为以下几个阶段。

其一，传谕地方督抚，让各州县为流浪的灾民赈给口粮和煮粥，并为之

---

① 中国第一历史档案馆编：《乾隆末年湖北孝感富户活埋抢粮农民案》，《历史档案》1997年第2期。

② 《清仁宗实录》卷三一二，嘉庆二十年十一月己酉，北京：中华书局，1985年，第156页。

③ 《清高宗实录》卷三〇九，乾隆十三年二月甲戌，北京：中华书局，1985年，第44页。

搭棚造舍；如有富户愿意收养的，即可由“地方官酌量轻重，赏给花红旗匾”。

其二，开春之后，将安顿收养的流民遣送回籍，使之不误春耕。为保证流民的利益，地方官要按回乡路程的远近或返回天数，发给盘缠；途中患病者，则由地方官留养医治。不过，由于流民成分复杂，考虑到这种做法容易刺激流民轻去其乡，有时还会发生“遇灾留一二人在家领赈，余又潜往邻境。俗谓在家领赈为大粮，在外留养为小粮，沿途资送为行粮，至有一家领三粮者”①的事情，所以这种办法在嘉庆中期以后，便不再施行。

其三，移民。出于策略考虑，清政府在某些地区、某些时间内，也曾有效地组织过大规模的移民。比如对东北地区，顺治十一年（1654 年），顺治帝下诏，“饥民有愿赴辽东就食耕种者，山海关章京不得拦阻。所在章京及府、州、县官，随民愿往处所，拨与田地，酌给种粮，安插抚养，毋致失所”②。对流民的管理，清政府在乾隆六年（1741 年）议定，愿在当地入籍的，“准取保结，给照编入”；不愿入籍，又不能马上返回原籍者，“暂作另户编甲，陆续给照回籍”；对于老弱病残者，也分情况区别对待，愿回籍则酌给旅费；不愿回籍者“添设孤贫口粮安插”③。

清政府对于流民的前往大西北则是招徕有加，特别是在新疆一地，尤为重视。乾隆帝认为，“招募民人前往新疆耕种一事，实为内地贫民久长生计”。为吸引流民，他主张“总须令其自知新疆一带，有自然美利，到彼耕作，即可共享丰饶”。他还想到，招募如由官办，百姓必生疑虑，“尚似驱令遽移，即一时勉强相从，仍不能冀其源源乐赴”，所以提议筹办之始，“止可询问贫民，有愿赴新疆垦种，而力量不给者，官为资送，不露强迫情形。向后愿往者多，可不烦资助，方为经久良法”④。同样，从内地流入此地的灾民，即使稍遇灾害，政府亦竭力抚恤，以增加对其他流民的吸引力。

大量移民的出现，缓解了流出地百姓的人口压力，也为流入地提供了大

---

① 《清世祖实录》卷一〇八，雍正九年七月乙酉，北京：中华书局，1985 年，第 439 页。
② 《清世祖实录》卷八四，顺治十一年六月庚辰，北京：中华书局，1985 年，第 664 页。
③ 《清高宗实录》卷一三七，乾隆六年二月乙丑，北京：中华书局，1985 年，第 977 页。
④ 《清高宗实录》卷一〇一二，乾隆四十一年七月辛未，北京：中华书局，1985 年，第 582 页。

量的富余劳动力。在正常情况下，流入地的田地剩余较多而人口相对缺乏，流民的进入，为开发这些地区的生产，提高当地的社会生活水平创造了良好的条件。清初，四川一带户口凋残，“孑遗者百无一二，耕种皆三江、湖广流寓之人”。雍正以后，“因逃荒而至者益众”，“湖广填四川”的浪潮，最后使土著反被移民超过，四川也逐渐成为我国人口最多最密集的省份之一。因人口的大量涌入，康雍时期，四川荒芜的土地已全部得到开垦；乾嘉以后，更是进入拓殖山丘、修筑梯田、变旱地为水田的阶段，“楚粤侨居之人善于开田，就山场斜势挖开一二丈三四丈，将挖出之土填补低处作畦，层垒而上，绿塍横于山腰，望之若带”①。通过他们的辛勤劳动，使得这些地方克服了山区塘堰灌溉能力的不足，适应了农业生产的需要，当地经济也得到较快发展。

又如陕西的秦巴山地，由于山区地势的原因，溪水易涸易涨，容易遭到干旱洪涝的侵袭。虽然地理条件并不理想，但流入此地的人也不少。乾隆四十三年（1778 年），陕西巡抚毕沅上奏说，“两湖偶被灾侵，小民流徙，络绎前来……令就地开荒，男妇不下十余万人，俱得安然乐业，遂成土著”②。流民们因地制宜，采用多种形式和修造多种设施来利用水资源，“用南方渠堰之法以收水利，稻田数万，军糈之资不劳外境”③，推动了社会的发展。

当然，清政府出于自身利益的考虑，对许多地方的流民采取了种种限制的措施。这种对流民的限制，无非有两个目的，其一是方便对流入地的管理，而这些地方通常又不易管理。其二是不让流民现象在全国造成普遍之势，形成百姓“轻去其乡”的有违封建统治秩序的行动。东北、台湾等地的情况均是如此。这种限制，损害了因人口自然流动而对社会经济的合理调节作用。

---

① 严如熤：《三省边防备览》卷 9《民食》，道光二年刻本。

② 毕沅：《陕西农田水利牧畜疏》，贺长龄、魏源等编：《清经世文编》卷三六，北京：中华书局，1992 年，第 888 页。

③ 刘於义等纂：（雍正朝）《陕西通志稿》卷 40《水利二》，雍正十三年刻本。

余　论

任何行为一旦实施，就必然会在当时的社会生活中留下它自己或好或坏的印迹。清政府对荒政用力极深，显然是出于维护自身统治的需要。但如果撇开这一因素，而从更大的范围内考虑这一行为对当时社会造成的影响，以及社会对它的反作用，我们就不难发现，清政府通过一系列努力，制定的一套极其完备的抗灾赈灾体系，为加速经济恢复，促进社会再生产，做出了重要贡献。有清一代，与荒政相关的各项开支之浩繁巨大，机构细密周详，规章之有条不紊，都是前代所无法比拟的。可以说，清代的荒政是历代封建王朝荒政的集大成者，它确实发挥了很好的经济功能和社会功能。

根据《清实录》的有关数据，笔者对清代的有关蠲情况及赈灾情况制出如下图表（表 1、图 1）。

表 1　清代水旱灾害蠲、赈表　　单位：个

朝代	灾蠲州县	年均	灾赈州县	年均
顺治	1 141	63	91	5
康熙	4 735	77	1 298	21
雍正	845	65	721	55
乾隆	6 092	101	6 732	112
嘉庆	1 096	44	1 433	57
道光	1 801	95	1 039	54
总计	15 710	80	11 314	58

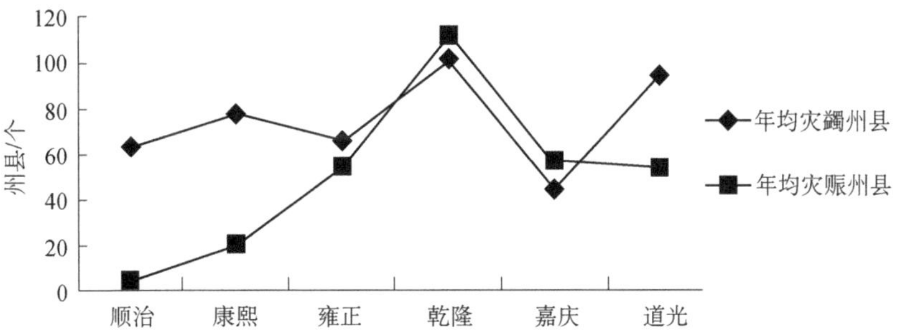

图 1　清代水旱灾害蠲、赈图

从表 1 和图 1 中，我们可以发现以下结论：其一，清政府对于水旱灾害的蠲免和赈济工作，的确花了大力气，其蠲免和赈济的州县，不论从总量上看，还是从年均数上看，都相当大。其二，清代的救灾能力与国力紧密相关。从表 1 中可以清晰看出，不论是灾蠲州县，还是灾赈州县，均以乾隆朝为顶峰，可见财政状况的好坏，直接关系到灾蠲及灾赈的面积和国家拨款的规模。清前期，政府有能力“叠次普免天下钱粮，其因偏灾而颁蠲免之诏，不能悉举”。到嘉庆时，因财力有限，“无普免而多灾蠲，有一灾而免数省者，有一灾而免数年者”[①]。越到后期，清政府便只能越来越依靠捐纳来救济百姓，捐款名目也日益繁多，并导致吏治的进一步恶化。

对于灾蠲和灾赈的具体银两数目，有人做过估计，“灾蠲一州县，约免银 8000 两，年平均灾免银 60 余万两，196 年总计 1 亿两千余万两”；对于赈济用银，则推测为“每州县的赈济用银近 4 万两，年平均支出二百二三十万两”，“清代 196 年救荒用银约为 4.5 亿两”[②]，笔者以为，这样的估计是符合实际情况的。

总之，清政府的荒政制度具有集历代成果之大成的特点，而又有许多创新，它为清代社会生产的发展创造了良好的条件；而生产力的发展又为进一步有效抵御灾荒提供了基础。中国封建社会的最后一个，也是水平最高的盛世——“康乾盛世”在清代中前期的到来，绝非偶然；而随着吏治的日趋腐败，荒政渐废，不仅加深了百姓的苦难，破坏了社会再生产，而且也加重了国家的财政负担。可以说，清朝的国力，决定荒政；清代荒政，亦反映清朝国力。

---

① 赵尔巽：《清史稿》卷一二一《食货志二·赋役》，北京：中华书局，1977 年，第 3553 页。

② 李向军：《清代荒政研究》，北京：中国农业出版社，1995 年，第 58、63 页。

试论清朝的常平仓

“常平仓谷，乃民命所关，实地方第一紧要之政。”[①]常平仓始见于西汉，主要设置于各省州县，一直被视为最重要的官仓。它最初的作用是丰年平籴，荒年平粜，唐宋以后则逐渐发展为赈粜兼行。清代的常平仓组织完备，法律严密，堪为历代之集大成者，在清代的社会经济生活中发挥着重要的作用。现仅就清代常平仓的基本情况，做一简单分析。

一、清代常平仓的建置

清初灾荒严重，欲赈无谷，统治者迫切感到有必要重建仓储制度。顺治十年（1653年）四月，顺治帝即以《请立常平仓疏》，试翰林学士等62位官员。[②]十二年正月，他更是发布上谕，指出水旱灾害，古今皆有，备荒之道，“全在预备得法”。一省报荒，必有不荒之府；一府报荒，必有不荒之县。荒者当速赈，不荒者即当早备，如常平仓之法，米贱则增价以籴，米贵则减价以粜，官民俱便，历代行之，未尝有改，“若各地方官果有为国为民之心，岂不能于存留项下周详设处？”故他命户部严饬各省遵行。[③]次年，清廷又议准积谷赈济，务令修葺仓廒，印烙仓斛，选择仓书，籴粜平价，“不许别项动支仓谷”。此后，常平仓在各地大量兴建。至康熙二十四年（1685年），连黑龙江墨尔根地方亦起造仓廒，收存米谷。[④]

由于朝廷的重视，康雍乾各朝，屡有重视积储备荒的诏令，并开始对存额、考成等方面的问题加以关注。即如康熙朝，类似的谕旨就有很多。康熙十八年，令地方官整理常平仓，劝谕乡绅士民于每岁秋收捐输米谷。

---

① 席裕福等纂：《皇朝政典类纂》卷一五三《仓库十三·积储》，光绪二十九年刻本。

② 《清世祖实录》卷七四，顺治十年四月丁酉，北京：中华书局，1985年，第581页。

③ 《清世祖实录》卷八八，顺治十二年正月壬子，北京：中华书局，1985年，第697页。

④ 李鸿章等纂：（光绪朝）《大清会典事例》卷一八九《户部·积储·设立常平仓》，光绪三十四年石印本。

二十一年（1682 年），命州县卫所官劝输常平等仓，一年内劝输米数为准，自 2000 石至 10 000 石以上，各予纪录或加级。他还表示，“恐不肖官员畏罪过派、苦累小民”，故暂不定处分之条。[①]三十年，令将直隶所捐米谷，大县存 5000 石，中县 4000 石，小县 3000 石，倘遇荒歉，即以此项散给；其留仓余剩者，均于每年三、四月照市价平粜，五月初将平粜价银尽数解存道库，九月初各州县领出，籴新谷还仓。三十一年，令各省府州县核实所积米谷之数，逐一缮册报部。又令各省常平仓俱照直隶之例分储，州县官离任时照正项钱粮交代，短少者以亏空论。四十七年议定：州县官于额贮外加买贮仓，照盘查盈余例，准其议叙；若捐谷以少报多，或将现贮米捏作捐输，除本管知府分赔外，原报督抚一并议处。[②]这些规定的出台，为完善常平仓体系，奠定了良好的基础。

“常平积贮，必须仓廒坚固，始可为经久之计。”[③]为保证常平仓谷的完好，雍正四年（1726 年）奏准，凡地方仓廒有渗漏及墙垣木植不坚全者，如所需工费无多，该地方官即为修补；若年久倾圮，砖瓦木植破碎朽坏者，该地方官详明上司，委官估计工费报部，即动支正项修盖。其有地方廒座无多，将仓粮寄存僧寺道院或露囤者，该地方官详请督抚查勘确实，将作何建仓之处，“酌量具题”。倘州县官漫不经心，因循怠玩，以致米谷霉烂者，“照溺职例革职”，限一年内照数赔完；限内不完，“照侵蚀钱粮例”，以未完米谷之数依律治罪。仓廒既经修造，仍行托名霉烂亏空者，“照侵蚀例治罪”。[④]六年四月称，积贮米谷，所以备旱涝缓急之需，“民命攸关，最为切要。朕无时不加训饬，严其考成，务期地方有司实力奉行，庶可有备无患”。嗣后著将各府州县仓廒，入于交盘项内新旧交代。[⑤]几个月后，雍正帝又发布上谕，规定各府州县仓廒，俱造入交盘项内，若有木植毁烂倾圮渗漏者，接任官揭报，将前任官照例议处赔补；接任官徇情滥受，亦照例议处，仍令赔修，其

---

① 《清圣祖实录》卷一〇三，康熙二十一年七月甲寅，北京：中华书局，1985 年。

② 张廷玉等纂：《清朝文献通考》卷三四《市籴考三》，上海：商务印书馆，1936 年，考 5170—5171。

③ 席裕福等纂：《皇朝政典类纂》卷一五三《仓库十三・积储》，光绪二十九年刻本。

④ 李鸿章等纂：（光绪朝）《大清会典事例》卷一八九《户部・积储・设立常平仓》，光绪三十四年石印本。

⑤ 《清世宗实录》卷六八，雍正六年四月庚寅，北京：中华书局，1985 年，第 1034 页。

霉烂亏空米石，限年赔完，限内不完，照例治罪。[①]到乾隆四年（1739 年），清廷更进一步明确规定，兴建仓廒，于存公银内动支，照例每间给银 20 两，存米 500 石。[②]

清代常平仓优于前代的重要特色之一是谷本充足。其谷本来源，有官绅富民捐输、贡监捐纳、按亩摊征、截漕增补、拨帑银采买等。其中最主要的来源是动库银采买，国家直接出资买补，有效地保证了仓储充裕，随时可以平粜赈贷，如康熙四十三年（1704 年），户部题准：陕西省动支西安司库兵饷银 14 万两，以 10 万两照时价买米增储。[③]雍正九年（1731 年）七月，四川总督黄廷桂等议准，川省除现存米谷 42 万石外，再买储 60 万石，分作 3 年，每年买谷 20 万石，每石约价 3 钱，所需银 6 万两于夔关及盐茶盈余银内动支，总期三年内买足。[④]乾隆元年（1736 年），令江西动用存公银买谷 10 万余石，分储各府州县，以备缓急。[⑤]

常平仓所储粮食，米、谷、麦、豆、高粱等皆有，并不是一刀切，而是因地制宜，各取所需。大体上说，南方产稻诸省多储稻谷，间储以米；北方各省，则米、麦、豆、杂粮均有。雍正三年，雍正帝指出，常平仓积贮仓粮，特为备荒之用，但南省潮湿，米在仓一二年便致红朽，难以久贮，改贮稻谷，似可长久。经户部等议定，明确规定，南方省份所储仓谷，除安徽有谷无米及福建、浙江仓米有限，毋庸改议外，江西、湖北、湖南、四川储米皆在 5 万石内外，“令于一年内改易稻谷”；江苏、广东存仓米皆 8 万余石，广西存仓米 10 万余石，“均分作二年改易稻谷”；云南存仓米 57 万余石，贵州存仓米 40 万余石，一二年内不能尽易，“令二省各以存仓之米支给兵饷，至秋成时征收稻谷补仓”。云南限四年，贵州限三年，“尽行改易”。[⑥]当然，对于这一规定，日后也做过弹性的调整，如四川富顺等县仓米改易稻谷；茂州素不

① 《清世宗实录》卷七三，雍正六年九月丙子，北京：中华书局，1985 年，第 1096 页。
② 李鸿章等纂：（光绪朝）《大清会典事例》卷一八九《户部 · 积储 · 设立常平仓》，光绪三十四年石印本。
③ 李鸿章等纂：（光绪朝）《大清会典事例》卷一八九《户部 · 积储 · 常平谷本》，光绪三十四年石印本。
④ 《清世宗实录》卷一〇八，雍正九年七月丁亥，北京：中华书局，1985 年，第 441 页。
⑤ 李鸿章等纂：（光绪朝）《大清会典事例》卷一八九《户部 · 积储 · 常平谷本》，光绪三十四年石印本。
⑥ 《清世宗实录》卷二九，雍正三年二月乙酉，北京：中华书局，1985 年，第 437 页。

产米，向储米200石，令易荞麦600石；安徽凤阳、亳州等处，地产粟谷，稻非本地所出，嗣后凡产粟谷之处，每逢粜三，即准其买粟补仓，“挨年易换”；其多余价银，“增买粟谷”。①

由于所储粮食品种不一，必然会在统计上带来一定的麻烦。有鉴于此，乾隆四十一年（1776年）特定，凡米、麦、豆、谷、高粱，“按各处出产，折算谷数”。其兑换稻谷一石的比率如下（表1）。

表1　乾隆朝粮食兑换稻谷比率表

省份	品种
山东	豆、荞、杂粮一石、麦六斗
河南	黑豆、高粱一石、麦七斗
江苏	大麦一石、黄豆或小麦五斗
安徽	大麦、粟谷、秫一石，粟米、黄豆、小麦五斗
陕西	小麦、黄豆五斗
四川	小麦五斗，荞子九斗，青稞八斗
贵州	小麦、荞一石

资料来源：李鸿章等纂：（光绪朝）《大清会典事例》卷一八九《户部·积储·常平积储》，光绪三十四年石印本

不过，折换也不完全以稻谷为准，如甘肃省存储杂粮，粟米、小麦准互抵，青稞、青豆亦准互抵，豌豆准抵小麦、大豆，青稞、青豆亦准抵大豆，“归入杂粮项下报部”②。

二、常平仓的功能

清代常平仓保持了平粜、出借与赈贷三大功能。

清代各地方政府运用常平仓存粮以调节粮价波动的办法主要是“平粜”。早在顺治十七年（1660年）就有平粜的规定：“常平仓谷，春夏出粜，秋冬籴还，平价生息，务期便民。”③换言之，基本的办法是春粜秋籴，以平抑季节性之粮价波动。出粜定例存七粜三；如地宜不适粮之久储，或逢灾荒之年，

① 李鸿章等纂：（光绪朝）《大清会典事例》卷一八九《户部·积储·常平积储》，光绪三十四年石印本。
② 李鸿章等纂：（光绪朝）《大清会典事例》卷一八九《户部·积储·常平积储》，光绪三十四年石印本。
③ 李鸿章等纂：（光绪朝）《大清会典事例》卷二七五《户部·蠲恤·平粜》，光绪三十四年石印本。

则准其不拘定例，斟酌办理。雍正九年（1731年）议准：江苏所属仓谷，凡遇青黄不接，出陈易新，酌量粜卖，不必拘定存七粜三。乾隆元年（1736年），以湖南各属地有高下燥湿之不同，令将常平仓存粜之数，因地制宜，列为三等：长沙等45府州县存七粜三，永州等31府厅县卫存半粜半，龙阳等4县粜七存三；如民间有不须籴买，或不能粜半粜七，准该管官随时斟酌。七年谕：各省常平仓谷每年存七粜三，原为出陈易新，亦使青黄不接之时，民间得以接济。当寻常无事之际，自然循例办理，若遭值荒歉，谷价昂贵，小民难于谋食，而仍存七粜三，则闾阎得谷几何？嗣后凡遇岁歉米贵之年，著该督抚即饬地方官减价平粜，务期有济民食，毋得拘泥成例。二十九年，户部奏准：各省州县存仓米谷，除实遇歉收之年，米价过昂，"非粜三可济民食者"，准其据实具详，酌量多粜；其寻常岁稔价平之年，不必拘定粜三之例，"或竟可全数停粜，或止需酌粜十分之一二"，总之，必须查看各处情形，"临时酌办"。①

关于粜出价格，起初政府规定价格依照市价而定，但后来因遇到灾歉的时候也有减价平粜的情形发生，并且随之制度化。乾隆七年规定："前奏请减价粜谷，于成熟之年，每一石照市价核减五分，米贵之年，每一石照市价核减一钱，此盖欲杜奸民贱籴贵粜之弊。但思寻常出陈易新之际，自应遵此例行，假若荒歉之岁，谷价甚昂，止照例减价一钱，则穷民得米仍属艰难，不能大沾恩泽。嗣后著该督抚临时酌量情形，将应减若干之处，豫行奏闻请旨。如有奸民贱籴贵粜之弊，严拏究治。"②到了四十四年，清廷又进一步规定，减价平粜仓粮，"每石不得过三钱"；如果必须大加酌减，则由各督抚临时奏请核准。③

常平仓谷除用于平粜以调节粮价波动外，另一项功能是出借给农民作为籽种口粮，以解决青黄不接时农村发生的部分困难，并达到仓谷出陈易新的目的。一般的办法是春借秋还，还时加收10%的利息，即借1石收息1斗。

① 李鸿章等纂：（光绪朝）《大清会典事例》卷一八九《户部·积储·常平仓存粜定例》，光绪三十四年石印本。

② 李鸿章等纂：（光绪朝）《大清会典事例》卷一九一《户部·积储·买补仓谷》，光绪三十四年石印本。

③ 李鸿章等纂：（光绪朝）《大清会典事例》卷二七五《户部·蠲恤·平粜》，光绪三十四年石印本。

歉年则只收谷本而不收息。至于每年出借的仓谷数额及是否与平粜同时并举，山西、陕西有些地方志说，常平仓在谷贵时“存七粜三”，在价平时“存七借三”，加一收息，收成在七分以下之年“免息”。[①]由此可知，以常平仓谷出借或平粜，大约是各地因时制宜的，总是用每年必须出陈易新的部分（约为储量的30%）来举办。

仓粮借贷，例于冬后春初青黄不接之时出借，秋后征还；如遇歉收，准其顺延。乾隆二十三年（1758年）谕：各省仓储，向例春借秋还，青黄不接之时，贫民既得资接济，而秋收后即照数征收谷石，可以出陈易新，兼不致侵蚀悬欠。若不如期催令完纳，而以旧欠作新领，则借出之项，年复一年，不肖书役即从中影射侵蚀，更有欠户逃亡事故，“日久遂致无著者”。且旧时领借之户尚欠，现在待借之户甚殷，仓储既虚，势不能另为筹给。是虽设仓备借，仍属有名无实，“大非慎重储积，赈恤困乏之意”。嗣后各督抚务当严饬所属实力奉行，除缓征州县外，所有民欠仓谷，务令依限还仓；其有捏欠作完，以欠作领，即查明参处。[②]

常平仓的第三个重要功能是在严重灾荒时，以仓谷赈济灾民。早在顺治十七年（1660年）即规定，常平仓谷除平粜外，“如遇凶荒，即按数给散灾民贫户”。光绪《大清会典事例》记载赈饥的篇幅长达四卷（卷271—274），其中特别指明动用常平仓谷的事件列有如下几条：1651年的山西、江浙，1691年的直隶、井陉等十四州县，1704年的湖北监利，1707年的江南，1714年的陕西、甘肃，1720年的陕西、甘肃，1723年的直隶、河南，1725年的江南睢宁、宿迁二县，1726年的安徽无为州、望江等地，1730年的山东，1742年的江苏山阳等五县，1743年的山东，1746年的江南鄢陵等二十六州县，1747年的山东，1758年的甘肃，1760年的甘肃，1783年的陕西，1797年的安徽宿州等五州县，1801年的陕西咸宁等十州县，1807年的河南新乡等十

① 参见张赓麟等纂《介休县志》卷四（民国十九年铅印本）、张彬等纂《平定州志》卷九（光绪八年刻本），臧应桐纂《咸阳县志》卷三（道光十六年刻本）等方志。

② 李鸿章等纂：（光绪朝）《大清会典事例》卷一八九《户部·积储·常平仓存粜定例》，光绪三十四年石印本。

七州县和江苏淮属一带，1832 年的直隶，以及 1853 年的安徽灾歉。[①]

关于赈济过程中的协拨，康熙十九年（1680 年）二月曾定，常平仓积谷原备境内凶荒，若拨解外郡，则未获赈济之利，反受转运之累，人将惮于从事，必致捐助寥寥，“嗣后常平积谷留本州县备赈”，永停协解外郡。[②]但各省丰歉不均，具体情况各异，尤其江南气候湿热，仓谷易于霉变，存贮难多，而人口又高度集中，救灾赈粜“非借资邻省不足以充有”，调粮救荒不可避免。故乾隆时期，常平仓出省协济之事并不少见，且拨后缺额常以截漕补足，如乾隆十六年（1751 年）谕：“浙省温台等属米价昂贵，本地存仓米谷不敷平粜。着江浙二省督抚于浙省及江省稍近州县常平仓谷内。酌量应需数目。作速动拨，碾米运往温台等属接济平粜。其常平缺额。即于浙省冬兑漕粮内照数截留，拨补还仓。”[③]跨省协拨有利于更大地发挥常平仓的备荒救荒作用，也充分体现了清政府在此问题上的灵活性。

仓粮粜出，或因灾赈缺额，清廷均明确规定，限期于本地产谷之区或邻境价平之处买补还仓。如遇谷价昂贵，可将所粜价银解交府库，俟次年秋成价贱时照数买补；或于邻邑、邻省采买。被灾州县如仓粮散给无存，务于秋收丰稔之时题明拨银买补。为防止买补仓谷派累百姓，发短价低银、抑勒交粮、斗秤以大易小等弊端，乾隆七年特谕：“从前廷臣议买补仓谷，以本岁之赢余，为本邑之拨补，其他州县不得通融；如岁歉谷价昂贵，不敷采买，准其展限。朕思地方积谷，原以备民间缓急之需，必及时买足，方于储蓄有益。……嗣后如该州县当秋成之时谷价高昂，不能买补，而该处存仓谷石尚可接济者，照例详情展限，于次年买补；倘谷价既属不敷，而贮仓谷石又系不足者，准其详明上司，以别州县谷价之赢余，添补采买。”[④]以后类似的谕旨亦屡见不鲜。从乾隆时期诸多上谕来看，政府对买补仓额十分重视，遇丰年告诫地方督抚预为积贮，歉岁则根据情形相机筹划，尽量保证定额。即便

---

① 李鸿章等纂：（光绪朝）《大清会典事例》卷二七一至二七四，《户部・蠲恤・赈饥》，光绪三十四年石印本。

② 《清圣祖实录》卷八八，康熙十九年二月丁卯，北京：中华书局，1985 年，第 1115 页。

③ 李鸿章等纂：（光绪朝）《大清会典事例》卷二七五《户部・蠲恤・平粜》，光绪三十四年石印本。

④ 《清高宗实录》卷一六一，乾隆七年二月戊午，北京：中华书局，1985 年，第 28 页。

发生困难，清廷亦多方设法，甚至截漕补仓。因此，乾隆中期以前常平仓贮谷较为充裕。

为了保证仓谷实贮，清代还规定了严格的盘查追赔制度。借粜仓粮时地方官要亲临验放。每年年底，州县官须将存仓数目造册上报。州县官离任时，将常平仓谷照正项钱粮交接，如有亏空限期赔补。如逾期不完，照侵挪仓谷定例治罪。督抚离任，要将册籍交代新任，限新任官三个月内查核奏闻。如有亏空，即行题参。清廷认为："若亏空仓粮，则一时旱潦无备，事关民瘼，是亏空仓谷之罪较亏空钱粮为甚，自宜严加处分。"于是，雍正四年（1726年）议定，"仓谷亏空处分，以谷一担，比照钱粮五分定罪。嗣后亏空仓谷，系侵盗入己者，千石以下照监守自盗律拟斩，准徒五年。千石以上，拟斩监候秋后处决，不准赦免"。如系挪移，"除数止千百石照律准徒，五千石至万石照律拟流外；万石至二万石，发边卫充军；二万石以上者，照侵盗例拟斩"[①]。可见对此的重视程度。

三、常平仓谷储量

关于常平仓的谷数，清初军务倥偬，并未限以额数，至康熙四十三年（1704年），各省常平仓储规模粗具，始议定积储定额。当时规定，各省府州县积储米谷，大州县存万石，中州县存8000石，小州县6000石。其余按时价易银解存藩库。但因南北地方气候不同，北方易于存储粮谷，故清廷规定，各州县额贮谷数略高一些，如山东、山西，大州县存谷两万石，中州县16 000石，小州县12 000石。陕西咸宁、长安二县额贮谷达75 000石。南方如江苏、四川，大州县仅五六千石，中州县四千石，小州县二三千石。[②]

雍正一朝，于仓储积弊厉行整顿，屡派大臣赴各省盘仓，凡有亏空，一面惩治官员，一面勒限补足，务使仓储足数无亏。三年，雍正帝特谕大学士等：积贮仓谷，关系民生，最为紧要，朕屡降谕旨，令该督抚严饬州县，及时买补昔年亏空之数，无如苟且迟延，奉行不力。今直省地方，俱著定限三

---

① 李鸿章等纂：（光绪朝）《大清会典事例》卷一九二《户部·积储·盘查仓粮》，光绪三十四年石印本。

② 张廷玉等纂：《清朝文献通考》卷三四《市籴考三》，上海：商务印书馆，1936年，考5173。

年，将一应仓谷，买补完足，“不得颗粒亏欠”。三年之后，必特差官员前往盘查，如有缺项，“定行重治其罪”。①

历经雍正朝之整顿，乾隆初积储渐多，全国常平仓储总数逾 4800 万石。乾隆帝认为，官聚太多，就必然导致各省米价上涨。乾隆十三年（1748 年），朝廷又重新调整各省定额：“常平积贮，所以备不虞，而众论颇以为采买过多，致米价益贵。”考虑到粮食止有此数，聚之官者太多，则留之民者必少，“固亦理势之自然”。考之康熙、雍正年间，各省常平已有定额，直省常平积谷之数，应悉准康熙、雍正年间旧额，其加储者，以次出粜，“至原额而止”②。四个月后，乾隆帝复定：直省常平仓所存米谷，康熙年间或未经定额，或定额无多，难以稽考，“应照雍正年间旧额”；云南地处边疆，不近水次，陕西所属沿边积储兼备军粮，雍正年间仓储多寡亦属无定，二省均应以乾隆年间所定之额为准；福建环山带海，商贩不通，广东岭海交错，产谷无几，贵州跬步皆山，不通舟楫，三省仓储均宜充裕，“应以现存之谷作为定额”。合计以上直省积谷，总计 3300 万余石，较之乾隆十三年以前存仓之额，计减 1431 万余石，令各该督抚视所属府州县大小，“均匀存储”；其间有转运难、出产少、地方冲要以及提镇驻扎、各省犬牙交错之处，亦令“分别加储”。③

根据相关资料，笔者整理的乾隆十三、三十一、五十四年常平仓储量数据如表 2 所示。

表 2　乾隆十三、三十一、五十四年常平仓储量表　　单位：石

省份	乾隆十三年	乾隆三十一年	乾隆五十四年
盛京	1 200 000	241 618	520 000
直隶	2 154 524	1 975 275	2 198 520
山东	2 959 386	2 563 305	2 945 000
河南	2 310 999	2 391 600	2 866 499
山西	1 315 837	2 303 263	211 031
陕西	2 733 010	2 156 610	3 558 504
甘肃	3 280 000	1 831 711	6 892 250

① 《清世宗实录》卷三九，雍正三年十二月戊子，北京：中华书局，1985 年，第 579—580 页。

② 《清高宗实录》卷三一九，乾隆十三年七月辛丑，北京：中华书局，1985 年，第 243 页。

③ 《清高宗实录》卷三三〇，乾隆十三年十二月壬辰，北京：中华书局，1985 年，第 492—493 页。

续表

省份	乾隆十三年	乾隆三十一年	乾隆五十四年
江苏	1 528 000	1 271 857	1 538 000
安徽	1 884 000	1 235 707	1 894 000
浙江	2 800 000	407 363	2 926 561
江西	1 370 713	1 341 921	1 405 832
湖北	520 935	763 579	2 091 628
湖南	702 133	1 438 349	1 522 682
福建	2 566 449	2 689 718	2 984 620
广东	2 953 661	2 901 576	2 850 038
广西	1 294 829	1 380 121	1 294 829
四川	1 029 800	1 856 437	3 118 004
云南	701 500	844 355	835 246
贵州	507 010	881 848	2 258 496
合计	33 812 786	30 476 213	43 911 740

资料来源：李鸿章等纂：(光绪朝)《大清会典事例》卷一九〇《户部·积储·常平谷数》，光绪三十四年石印本；张廷玉等纂：《清朝文献通考》卷三七《市籴考六》，上海：商务印书馆，1936年，考5205—5206

从表2中可以看出，经过乾隆中期的小幅度调整，直到乾隆晚年，常平仓的储量都保持着相当高的水平。这也表明，这个制度曾在相当长的时间内，良好地运行着。

四、常平仓之弊端

“地方积谷备用，乃惠济穷民为第一要务。”①被推崇为“意美法良”的常平仓，随着时间的推移，在嘉道时期，其弊端也逐步显现。

首先，作为一种官办仓储，常平仓主要设于城市，在灾荒时对乡村地区社会救济虽也能发挥一定的作用，但因距乡村较远，且开仓时必须“详报踏勘，往返察验，未免后时”，手续颇繁，往往坐失良机。另外，每年平粜时，正值青黄不接，可实际上，“远者艰于跋涉，近者亦难于守候，徒为奸胥一二无赖之徒之利，而民鲜沾实惠焉”②。简言之，常平仓均设在通都大邑，加之仓吏之勒索，穷乡僻壤之民难于受惠。道光年间，山西平粜仓谷即出现过

① 席裕福等纂：《皇朝政典类纂》卷一五三《仓库十三·积储》，光绪二十九年刻本。
② 陈志仪纂：《保昌县志》卷五《仓庾》，乾隆十八年刻本。

这样的情况："离城较远之乡镇赴城领谷，实候稽迟，诸多耗费，不得不就近粜卖。"而一旦年景良好，地方又勒派平粜，有不愿领谷者，"每石勒贴制钱一千四百文不等"。另外，因常平仓出粜，有利可图，广西因卖谷例价较之市价轻减，"可有盈余"，在任时辄将仓谷任意粜卖，"私肥囊橐"①，以致仓谷日渐亏空。

其次，采买方面的弊端也开始出现。按例，每年秋天常平仓都要采买仓谷，填补出粜、放赈后仓额的不足。但地方官大多领银后并不及时采买，拖延时日，"仅以粜价存公，屡经交代，挪新掩旧，任意侵吞，以致仓庾空虚，毫无储备"②。胥役、里保也"多方需索规费，以致有力之家辄贿求书吏，匿报其承领者并不上谷，惟加倍缴价入官，名为帮费"，"朝廷足食之经，为私家肥橐之计"③。采买仓谷有利可图，有些州县超出定额多买，比如道光年间，河南州县应采买一千石者，"即买至二、三千石不止"，常常导致粮价上涨，"如谷价甫平，官遽采买，致米如珠而日以贵"④。

嘉庆五年（1800 年），嘉庆帝称，采买一事，远赴邻封，地方官以运费无出为词，派累闾阎，巧为朘削，"是便民而转致累民"。嗣后除各省附近水次，舟楫可通地方，著即于邻境采买外，其不通水路者，仍准其在本地采买，"不必远赴邻封"。⑤道光二十六年（1846 年），清廷议准：直省州县采买常平谷石，领价后勒限六个月买补，逾限不买，即由藩司查取职名咨参，罚俸一年，再限三个月买完；倘限满仍有未完，革职留任。次年复称：州县买补仓谷，未完捏报全完者革职；该上司循庇不参，降三级调用，失察者罚俸一年。又议准：州县采买仓谷，如有勒派具领，暗收折色，及短发价值者，俱降三级调用。⑥但以上规定无非一纸空文，难收实效。

常平仓谷之亏空，向为清廷之大忌，故嘉道时期，清廷关于此问题的谕

---

① 席裕福等纂：《皇朝政典类纂》卷一五三《仓库十三·积储》，光绪二十九年刻本。
② 席裕福等纂：《皇朝政典类纂》卷一四九《仓库九·积储》，光绪二十九年刻本。
③ 席裕福等纂：《皇朝政典类纂》卷一五三《仓库十三·积储》，光绪二十九年刻本。
④ 席裕福等纂：《皇朝政典类纂》卷一四八《仓库八·积储》，光绪二十九年刻本。
⑤ 《清仁宗实录》卷六二，嘉庆五年三月癸酉，北京：中华书局，1986 年，第 826 页。
⑥ 李鸿章等纂：（光绪朝）《大清会典事例》卷一九一《户部·积储·买补仓谷》，光绪三十四年石印本。

旨极多。嘉庆五年（1800 年）正月初九日，嘉庆帝特谕各省督抚称，“国家设立仓库，原备各省缓急之用，岂容稍有亏缺”。若清查过急，州县借弥补为名，复有劝捐派累之事，是为民反成害民之举，理财变为聚敛之弊矣。若勒限在任弥补，则是剜肉补疮，无益有害，“朕深知此弊”。大抵州县亏空，“不畏上司盘查，而畏后任接手”。究其原因，乃在于上司不能周知，盘查仍须书吏临期挪凑；而惟后任接手，自顾责成，无不悉心查核。故通过官员接交，亦能起到一定的监督与震慑作用。但此皆从前之皇历，非近年情形。近年则新旧任交相联络，明目张胆，不特任内亏空，未能弥补，竟有本无亏空，反从库中提出带去，名曰“做亏空”，竟移交后任，后任若不肯接收，则监交之员两边说合，设立议单，其不肯说合者，又令写具欠券，公同书押，以国家仓库作为交易，实属从来未有之创举。凡此弊端，“朕在深宫皆知”，况亲临之督抚，“独不知乎？”知而不作为，“保全一贪官，害百万生灵”，罪莫大焉。[①]

至于常平仓储量之减少，到底开始于何年，似难于肯定。嘉庆四年，光禄寺少卿戴均元条奏仓储折谓其时实贮在仓之谷石，多有缺额，“其照额实贮在仓者，十无二三”[②]。嘉庆帝因而下令各省督抚加以稽查。而户部则奏称，各省常平仓积久弊生，即无须接济之年，亦以出陈易新，“藉词支放，染指分肥”。出仓既已短发，还仓又复浮收，良民未受其益，官仓已被其亏。故他们宣布，“嗣后无灾年份不准出借，以除民累”[③]。因噎废食，可见清廷已经对于出仓之弊端，束手无策了。

道光时，仓储之数益不可问。道光十一年（1831 年），经御史卞士云奏请“饬直省严核常平仓储”，经四年工夫的清查，最终到道光十五年，得到各省常平仓谷实存总数。各省现存谷 2400 余万石，历年动缺谷 1250 余石，

---

① 中国第一历史档案馆编：《嘉庆道光两朝上谕档》第 5 册，嘉庆五年正月初九日，桂林：广西师范大学出版社，2000 年，第 7—8 页。

② 《清仁宗实录》卷五〇，嘉庆四年八月壬寅，北京：中华书局，1986 年，第 625 页。嘉庆十四年，江南道监察御史周钺亦称，“向闻各州县常平仓实贮足额者十无二三，有亏短略少者，有亏短过半者，甚有全数无存者”，见中国第一历史档案馆编：《嘉庆道光两朝上谕档》第 14 册，嘉庆十四年十一月初八日，桂林：广西师范大学出版社，2000 年，第 676 页。

③ 李鸿章等纂：（光绪朝）《大清会典事例》卷一八九《户部·积储·常平仓存粜定例》，光绪三十四年石印本。

亏缺征变谷 270 余万石，粜缺借缺谷 310 余万石，虽尚存有粜价银 110 余万两，并未随时买补，统计缺短谷 1800 余万石之多，“及几额贮之半”。道光帝指出，积贮为民食所关，国家设立常平仓，存贮谷石，“为有备无患之计”。各该省遇有动用，必须随时买补，颗粒无亏，以期缓急有恃。近年各省仓谷动缺如此之多，总由各州县玩视仓储，“既不慎重出纳，该管上司复不实力稽查”。此时若不急加整顿，已缺者永无归补，现存者任意侵移，“尚复成何事体！”[①]但此谕发布后，却并无下文。

概而言之，作为一种重要仓储制度的常平仓，在嘉道时期，已经随着整个国家管理能力的下降，而逐步弱化了它应有的积极功能。

① 中国第一历史档案馆编：《嘉庆道光两朝上谕档》第 40 册，道光十五年十一月初四日，桂林：广西师范大学出版社，2000 年，第 480 页。

清代冰雹灾害统计的初步分析

冰雹灾害是由强对流天气系统引起的一种剧烈的气象灾害，它出现的范围虽然较小，时间也比较短促，但来势猛、强度大，并常常伴随着狂风、强降水、急剧降温等阵发性灾害性天气过程，极具威胁性，往往造成重大的人员和财产损失。由于资料等方面的原因，目前学术界尚未对清代冰雹灾害做出系统而全面的统计分析。①本文依据中国第一历史档案馆所藏相关档案、《清实录》和各种地方志的记载，试图全面梳理清代自1644年清军入关至1911年宣统逊位为止时间段内的冰雹灾害，以期对清代的冰雹灾害做出规律性的分析。

一

冰雹的破坏力主要取决于冰雹的形状、大小、重量。在相关材料中，可以发现清代关于冰雹的形状、大小、重量以及破坏力方面的记载。

关于形状，较多的记载是如鸭卵、鹅卵、鸡卵、鸡子、盘、拳、杯、李子、桃、杏仁、核桃、龙眼、棋子等，较为少见的则是如细米、碗口、茶碗、篮碗、壶、酒杯、盏、盎、菱角、晶枣、枣栗、钵、槟榔、豆、弹丸、菩提子、榴、指头、马蹄、茄、珠、冰糖、鸽卵、犁嘴、瓜、蚕茧等。以上所记形状总体较小，发生较大的冰雹，则记载为或长如枕，或方正如砖、如峻岩石、如斗、如磨石、如碌碡、如杵、如牛、如臼、如林、如拳、如臂、如首、如地缶、如石块、如磂等。这些冰雹的破坏力都比较惊人，道光二年（1822年）夏，四川酉阳县雨雹，“小者如杯、如碗，大者如砖，且多饱尖不圆，

① 目前论述清代冰雹灾害的论文仅见吴滔《明清雹灾概述》(《古今农业》1997年第4期)，该文对明清时期的冰雹做了概览式的分析。不过，他对清代冰雹数据系转引自李向军根据《清实录》所做的统计，为1281次。而笔者在汇总各种地方志、《清实录》和相关档案的基础上做出的统计，已经高达6000多次。

屋瓦当之皆粉碎，禾稼尽损，树木枝叶悉摧折，禽兽击毙无数”[①]。清代亦出现了以标尺来计量冰雹的记载，有的将其形容为或长或短，或方或圆，有的记载是径尺、三角、六七寸、一尺等。康熙六年（1667年）五月，山东东平县冰雹，“冰块有大径尺者”[②]。雍正十二年（1734年）四月十三，江苏靖江大雨雹，“大者圆径三、四尺，小者径尺，树木毁折，屋瓦皆碎，行人途毙者甚众”[③]。在相关史料中，笔者还发现了冰雹长达“一丈一尺有奇”的记载。[④]

出现冰雹重量记载的，一般都是比较重型的灾害。在史料中可以发现这样的资料：重八九两、重斤余、重二三斤、重数斤、重五斤、重五六斤、重七斤，不过，以上都还是较为普通的冰雹灾害。道光二年（1822年），四川酉阳县雨雹，“有人自彼拾一大雹，持至州，已五十余里，尤重九斤有奇，亦未有之异也”[⑤]。有的则记载为十一斤、十七斤、二十二斤、二三十斤、三十七斤。[⑥]一旦冰雹重量达到30斤，其破坏力就相当惊人了。康熙三十七年，江苏冰雹“重或逾三十斤，近邻某民染坊，巨块剚屋而下”[⑦]。道光二十三年五月二十二日，陕西柞水县雨雹，“大如砖，有重数十斤者，房瓦皆碎，禾苗一枝无存，人物触之几死。三日犹未消尽，消后青野变为赤地”[⑧]。清代巨型冰雹的记载还有更甚者，雍正元年四月初八日，江苏南汇县冰雹，“大者四五十斤”，击死一人，伤者无数。[⑨]在清代200余年的历史中，笔者还发现了有超过百斤的冰雹记载：乾隆三十五年（1770年）五月初一，山东莒县雨雹，“一亩之中有巨雹十三，大者高与人齐，小者亦重百斤。破之，中包小无数”[⑩]。

① 王鳞飞等修：《（同治）增修酉阳直隶州总志》卷末《祥异》，同治三年刻本。
② 张承赐等修：《（康熙）东平州志》卷6《灾祥》，康熙十九年刻本。
③ 叶滋森等纂修：《靖江县志》卷16《灾祥》，光绪五年刻本。
④ 谢旻：《（康熙）江西通志》卷107《祥异》，清文渊阁四库全书本。
⑤ 王鳞飞等修：《（同治）增修酉阳直隶州总志》卷末《祥异》，同治三年刻本。
⑥ 秦立编：《（嘉庆）淞南志》卷2《灾祥》，嘉庆十年刻本。
⑦ 沈葵：《紫堤村小志》卷后《江村杂言》，咸丰六年刻本。
⑧ 常毓坤修：《（光绪）孝义厅志》卷12《灾异》，光绪九年刻本。
⑨ 顾天成等纂：《（雍正）分建南汇县志》卷16《祥异》，雍正十二年刻本。
⑩ 卢少泉修：《（民国）重修莒志》卷2《大事记》，民国二十五年铅印本。

小的冰雹亦重百斤，大的可想而知。不过，纵观所掌握的资料，可知清代冰雹重量记载之最，当系嘉庆十一年（1806年）二月二十二发生于广东新会县的灾害，据记载此次冰雹大者“重数百斤，落处地为之震”①。为何会在广东出现如此巨雹，尚需进一步分析。

在众多的冰雹灾害记载中，还可以发现很多诸如冰雹颜色、特殊形质等内容的记载。顺治五年（1648年）四月初三日，江苏上海县大风雨冰雹，“地上遍生白毛，雹中有一黑圈，如人眼珠”②。顺治八年七月二十三日，山西榆次县雨雹，“雹大如拳，内有蚂蚁草木”③。顺治十年三月二十三日，福建惠来县雨雹，“洁白晶莹，大如菩提子”④。顺治十三年四月，江西新昌县雨雹，“大者如巨，外白内黑”⑤。顺治十五年二月初六夜，湖南益阳县“雨雹如卵，雪黑”⑥。同日宁乡县的记载则是“雨雹如卵，其雪玄”⑦。康熙九年（1670年）六月初六日，江西鄱阳县“黄尘蔽天三里许，大雨雹，色甚黄”⑧。康熙二十六年六月二十四日，甘肃文县冰雹，“大如鸡子，城濠俱满，两月未消。人有击破者，见内有小鱼松苔”⑨。康熙三十五年，江西吉安县雨雹，“大如碗，内有鱼虾草藻”⑩。乾隆十一年（1746年）闰三月，江西新建县雨雹，“小如豆，大如拳，各有孔……俗传有孔者为丰雹”⑪。乾隆二十八年十月十一日，江苏宝山县大雨雹，“中有红星一点”⑫。乾隆五十年三月，广东金川县冰雹，“中有雀毛一片”⑬。乾隆五十一年二月，广东英德县雨雹，“大如

① 黄培芳等纂：《（道光）新会县志》卷14《祥异》，道光二十一年刻本。
② 史彩：《（康熙）上海县志》卷12《祥异》，康熙二十三年刻本。
③ 刘星：《（康熙）榆次县续志》卷12《灾祥》，康熙十九年刻本。
④ 周硕勋：《（乾隆）潮州府志》卷11《灾祥》，光绪十九年重刊本。
⑤ 胡思敬：《（民国）盐乘》卷11《灾异》，民国六年刻本。
⑥ 邹化良等纂：《（嘉庆）益阳县志》卷13《灾祥》，嘉庆二十五年刻本。
⑦ 王钱昌增修：《（康熙）新修宁乡县志》卷2《灾祥》，康熙二十二年刻本。
⑧ 黄登谷纂修：《（乾隆）鄱阳县志》卷21《灾祥》，乾隆十四年刻本。
⑨ 江景瑞编纂：《（康熙）文县志》卷7《灾变》，康熙四十一年刻本。
⑩ 平观澜修：《（乾隆）庐陵县志》卷1《禨祥》，乾隆四十六年刻本。
⑪ 雷学淦修：《（乾隆）新建县志》卷2《禨祥》，乾隆十五年刻本。
⑫ 侯丙吉编：《（宣统）彭浦里志》卷8《祥异》，宣统三年抄本。
⑬ 李涵元修：《（道光）绥靖屯志》卷1《祥异》，道光五年刻本。

指头，有仁”[①]。嘉庆九年（1804年）正月二十二日，湖南宜章县之雨雹，大小不一，“碎之，中皆碧色”[②]。嘉庆十八年五月十九日，江苏宿迁县“大风雨雹，黑白参错”[③]。道光二十六年（1846 年）三月十九日，湖南靖县大雨雹，“大者如卵，内有水草”[④]。冰雹中出现杂色、杂质，当系特殊的气候现象造成。

冰雹的厚度和硬度，亦有相关记载。关于厚度，顺治九年（1652年）四月，山西岳阳县冰雹，“薄厚一尺五寸，将二麦打伤，根楂不留”；乐平县冰雹“冰厚二尺，三日尚未消尽”[⑤]。康熙四十二年（1703年）三月，广西宜山县大雨雹，“积深二三尺，坏民居无数，击毙禽兽无算”[⑥]。康熙四十九年六月，山西武乡县大雨雹，“长百余里，宽二十余里”[⑦]。雍正十一年（1733年）八月十六日未时，山东阳信县雹冰骤至，“深三尺许”[⑧]。乾隆二年（1737年）闰九月初六日午刻，贵州普定县冰雹，大者如核桃，小者如蚕豆，“积厚三四寸至五六寸不等”[⑨]。道光十四年二月十九日，福建建阳县大雨雹，“平地积厚五六寸”[⑩]。还有硬度的记载：康熙三年三月，湖北安陆县雨雹如块，“好事者抬之，不数十已盈缶，中空一隙，槌之不及碎，亦莫动分毫，入水辄化”[⑪]。道光二十三年七月二十五日，陕西子长县雹雨大作，“大如鹅卵，山上有径尺者，数日不化”[⑫]。乾隆三十八年六月，甘肃靖远县雨雹“如核桃大，落地尺余，经数日不消”[⑬]。厚度与硬度的结合，导致冰雹无法在短时间内融

① 李伯芳等纂：《（道光）英德县志》卷15《灾异》，道光二十三年刻本。
② 李嗣泌纂：《（嘉庆）郴州总志》卷41《事纪》，嘉庆二十五年刻本。
③ 丁堂修：《（嘉庆）宿迁县志》卷6《祥异》，嘉庆十八年刻本。
④ 杨守敬等撰：《（光绪）靖州直隶州志》卷12《灾异》，光绪五年刻本。
⑤ 中国第一历史档案馆藏：《清代灾赈档案专题史料》，顺治九年八月二十日，山西巡抚刘弘遇折，第70盘，第0290—0297页。
⑥ 李楚荣撰：《（道光）庆远府志》卷20《祥祲》，道光九年刻本。
⑦ 白鹤：《（乾隆）武乡县志》卷2《灾祥》，乾隆五十五年刻本。
⑧ 周虔修：《（乾隆）阳信县志》卷3《灾祥》，乾隆二十一年刻本。
⑨ 中国第一历史档案馆藏：《清代灾赈档案专题史料》，乾隆二年闰九月二十五日，贵州巡抚张广泗折，第28盘，第0482—0483页。
⑩ 万文衡等修：《（民国）建阳县志》卷2《灾祥》，民国十八年铅印本。
⑪ 傅鹤祥修：《（康熙）鼎修德安府全志》卷2《灾异》，康熙二十四年刻本。
⑫ 张尔介修：《（道光）安定县志》卷1《灾祥》，道光十八年刻本。
⑬ 那礼善修：《（乾隆）续增靖远县志》卷12《祥异》，乾隆四十年刻本。

化，必然会加大冰雹对农作物的破坏。

冰雹的频次，一般是一年发生一次，但清代亦有重复暴发的记载，或一年两次，或一年三次四次，甚至更多。顺治十三年（1656年），甘肃兰州、固原“不幸本年五月二十日夏禾将熟，偶遭冰雹，十留二三，犹望秋成输纳乐业，昨七月初八日复遭冰雹，根苗无存，山川尽打赤地，老幼嗷嗷”[①]。这是一年两次冰雹的情况。康熙八年（1669年），山东冠县“五月初□日下冰雹，伤麦。八月十七日、九月十二日连下冰雹，伤荞豆，城东更甚”[②]。嘉庆十八年（1813年），江苏宿迁县“五月十九日大风雨雹，黑白参错；次日，又雨雹；二十一日，又雨雹”[③]，这两条史料都是关于一年三次冰雹的记载。顺治九年四月二十日前后，山西乐平县则连续发生了四次冰雹：“天降烈风雷雨冰雹，连伤四次，冰厚二尺，三日尚未消尽，打死牛羊三百余只，树木拔去四十余株，遍野涕泣。”[④]康熙十六年山西武乡县雨雹，“四月至六月凡六次”[⑤]，一年之中发生六次冰雹，当为清代记载冰雹重复发生之最。

受灾面积是判断冰雹所造成灾害后果的重要指标。“雹打一条线”，一般而言，冰雹的雹击路线呈带状、块状和跳跃状，受灾面积一般而言并不大。但清代的冰雹，亦有独特之处。顺治九年四月十八日午时，沁州冰雹陡降，自伏牛山起一股经往正东由马跑泉起至马步庄与襄垣县接境阔“二三四五里不等，约长十八里许”，又一股往东北自马跑泉起由牛侍村至磐石沟与武乡县接境阔“六七八九里不一，长七十余里”[⑥]。顺治十六年四月十一日未时，河南汤阴县大雨雹，“广数里，长数十里，麦与秋禾无遗者”[⑦]。康熙五十年

① 中国第一历史档案馆藏：《清代灾赈档案专题史料》，顺治十三年九月二十日，大学士车克等折，第70盘，第0045—0051页。

② 钟锷等修：《（康熙）冠县志》卷5《福祥》，康熙十一年刻本。

③ 丁堂修：《（嘉庆）宿迁县志》卷6《祥异》，嘉庆十八年刻本。

④ 中国第一历史档案馆藏：《清代灾赈档案专题史料》，顺治九年八月二十日，山西巡抚刘弘遇折，第70盘，第0290—0297页。

⑤ 叶士宽：《（乾隆）沁州志》卷9《灾异》，乾隆三十六年刻本。

⑥ 中国第一历史档案馆藏：《清代灾赈档案专题史料》，顺治九年八月二十日，山西巡抚刘弘遇折，第70盘，第0290—0297页。

⑦ 杨朴：《（顺治）汤阴县志》卷9《杂志》，顺治八年刻本。

四月，安徽盱眙县，冰雹“伤南乡六十里”①。康熙六十年（1721 年）七月二十七日，直隶永年县大雨雹，自阎村西南至邯郸，北至洺关，“伤稼五十余里，秋无寸粒”②。康熙六十一年二月二十九日夜，浙江衢州西安县属乌石山对面风雪交加，大雨冰雹倾灌，雹击“带宽二三里不等”，复向东北方延伸，处州属松阳县、绍兴属上虞县；余姚县、宁波属慈溪县、镇海县、定海县一带皆受雹击，“宽皆二三里不等”③。乾隆二年（1737 年）闰九月初六日午刻，贵州安顺府冰雹“长二十余里，宽三四里”。郎岱冰雹“长二三十里，宽五六里”。普定县冰雹，“长三四十里，宽七八里”④。咸丰七年（1857 年）四月二十八日，陕西蒲城县西南乡大雨雹，“横五十里，纵百余里，厚数寸”⑤。这些都是发生范围较大的冰雹灾害记载。冰雹的发生，有时还会跨越州县的范围，在更大区域内肆虐。顺治七年（1650 年），山西灵石、长治、长子、屯留、襄垣、壶关、平顺、陵川、榆社、和顺、沁州、武乡等十二州县皆遭冰雹袭击，各县分别奏称“一概田禾尽行打毁”，“不惟苗稼成泥，即房屋皆打毁，遍野啼号，秋成无收”，“树枝尽落，禽鸟皆毙，举目全是赤地，四郊尽作冰山，一茎不存，寸粒不收”。经统计，最终的受灾面积是一万二百八十八顷三十四亩七分六厘五毫二丝二忽，共粮七千九百三十二石二斗八升一勺七抄八撮，共粮银二万九千一百三十一两八钱九分三厘二毫九丝三忽四尘八沙。⑥乾隆十六年，甘肃、宁夏和青海三省相交地区，更是发生涉及 27 州县的大面积冰雹。⑦

---

① 吴天挺：《（乾隆）盱眙县志》卷 14《灾异》，乾隆十二年刻本。

② 汪匡鼎修：《（康熙）永年县志》卷 18《灾祥》，康熙七年刻本。

③ 中国第一历史档案馆编：《康熙朝满文宫中档朱批奏折全译》，康熙六十一年四月二十四日，闽浙总督满保奏报浙江衢州等处遭受风雹情形折，北京：中国社会科学出版社，1996 年，第 1500 页。

④ 中国第一历史档案馆藏：《清代灾赈档案专题史料》，乾隆二年闰九月二十五日，贵州巡抚张广泗折，第 28 盘，第 0482—0483 页。

⑤ 李元鼎修：《（光绪）蒲城县志》卷 13《祥异》，光绪三十二年刻本。

⑥ 中国第一历史档案馆藏：《清代灾赈档案专题史料》，顺治八年二月十一日，固山额真户部尚书臣巴哈纳等折，第 68 盘，第 1443—1454 页。

⑦ 中国第一历史档案馆藏：《清代灾赈档案专题史料》，乾隆十六年（缺年月），一等忠勇公傅恒等奏，第 28 盘，第 1346—1358 页。

冰雹的破坏力，亦有相当明确的记载。顺治十五年（1658年）三月，浙江鄞县大雨雹，“击死牛羊，桑叶尽折，蚕多饿死”①。顺治十五年五月十八日，五台县冰雹忽作，“於雹堆中发一牧童之尸，此亘古所未见之灾，视牛驴击死之地又寻常耳”②。康熙元年（1662年）五月初四，直隶任丘县雨冰雹，“大如人首，击死二百余人，牛羊不计其数，田禾尽坏”③。康熙三十七年六月初二日，云南寻甸疾风自东过西，雷雹随之，“所经处虫鸟花蔬皆死”④。乾隆五十九年（1794年）四月初一日，贵州贵阳市，冰雹大至，禽兽人畜多有击毙，“雹如碗如盎至，小者亦如盂，或二三至四五六块不等，皆如胶粘，连续而下，顷时屋瓦尽碎，雨水泼流”；越一日“视山中树无皮，草无根，禽鸟无噍类。访闻周遭三十里同日被雹，伤人畜不知其数，亦非常灾异也”⑤。道光十四年（1834年）二月十九日，福建建阳县大雨雹，“如万炮齐发，声势汹涌，大皆如拳、如盎、如峻岩石。……自县坊三桂里、考亭、溪南、水东、洋源等处，下至槎铺计十里许，数十村屋瓦碎成齑粉，而西向栋宇尤甚，其衣衾什物皆淋漓如覆舟后得之捞取者，然西向壁暨檐前石板点点有痕，深二三分。山上大木皆枝折叶飞，宿鸟尽死。修屋时，屋上瓦碎用铁锄由檐推下，如陡然坍塌，闻之无不震慄，东门、南门、小东门、小西门、登高山下两荒坪积破瓦皆高大如阜，洵千百年未有之异也。建阳雹灾唯此为最”⑥。同治十年（1871年）三月十八日，湖北万年北乡与鄱邑连界一带，约二十里大雨雹，大如鸡卵，极大者重十二两，损坏民房无数，田间菜麦无收，“浅水内鱼虾俱被击死”⑦。

冰雹往往会伴随其他灾种（诸如水旱、雷电、地震、瘟疫等）同时发生，尤其是与地震同时发生的记载极为值得重视。笔者已经在很多史料中发现了冰雹之后再现地震的记载，但两者是否存在一定的征兆性关联，尚需进一步

---

① 钱维乔：《（乾隆）鄞县志》卷26《祥异》，乾隆五十三年刻本。

② 中国第一历史档案馆藏：《清代灾赈档案专题史料》，顺治十五年七月（缺日），山西巡抚白如梅折，第70盘，第0782—0796页。

③ 董含：《乡赘笔》卷2，顺治二十年刻本。

④ 孙世榕修：《（道光）寻甸州志》卷26《祥异》，道光八年刻本。

⑤ 贺长龄修：《（道光）贵阳府志》卷40《五行》，道光三十年刻本。

⑥ 万文衡等修：《（民国）建阳县志》卷2《灾祥》，民国十八年铅印本。

⑦ 项珂等：《（同治）万年县志》卷12《灾异》，同治十年刻本。

挖掘史料，以便为当今社会提供更多的借鉴。

至于清代冰雹的救灾办法，因与水旱、蝗灾等灾害类似，照例是按照勘灾——赈济，或者边救济边奏闻的方式进行，并无不同，相关的研究成果已经极为宏富，这里不再赘述。另外，通过对冰雹资料的分析还可以发现，无论是方志碑刻，还是档案实录，均有一定的片面性，研究者切不可片面地过分依赖一种史料而否定另一种史料。对于目前学术界的某些倾向，这应该是很好的警示。

二

统计冰雹，本文所遵循的标准系以县和年为计量单位，即不论发生冰雹的次数和范围，每县每年度只记 1 次。对于并未详明何处发生雹灾的记载，则以“不详”代之。例如，顺治四年（1647 年），河南“磁、陕、汝三州，武安、涉、新安、灵宝、伊阳、修武、武陟、镇平、太康、项城等县飞蝗为灾，兼冰雹风雨，平地水深丈许，庐舍漂没”①。因为本年度地方志不能协助确定各县情况，此处即以 1 次“不详”统计。由此可知，清代冰雹的发生量，是超过了本文所统计 6404 次的（见表 1）。

另外，清代的行政区域曾进行过调整，康熙六年（1667 年）七月，江苏由江南省分出，湖北由湖广省分出，甘肃由陕西省分出。此后，新疆、台湾、吉林、黑龙江等亦建省。本文依今人认知习惯，凡能确知其现今省份者，以今日省份计入，是故后文会出现宁夏、海南岛等省的统计。又为便于看清冰雹灾害的危害，在统计过程中，以初等、中等和特等对其进行区分，其判定的标准是，如果出现了动物和人员死亡记载的，归入“特等”。如果对冰雹后果进行了详细记载的，归入“中等”；又考虑到凡是上奏至中央、被录入到《清实录》和奏折中的雹灾记载，一般都是较为严重的灾害，故一并记入“中等”。凡是地方志中仅以“雹”相记载的，则归入初等。当然，以上只是一个相对大略的统计，并无绝对的区分。

①《清世祖章皇帝实录》卷三三，顺治四年八月乙亥，北京：中华书局，1985 年，第 275 页。

表 1　清代冰雹朝年统计　　单位：次

朝代	总次数	年均	初等	比重	中等	比重	特等	比重
顺治	571	31.72	47	8%	416	73%	108	19%
康熙	760	12.46	134	18%	591	78%	35	5%
雍正	174	13.38	35	20%	130	75%	9	5%
乾隆	1513	25.22	138	9%	1344	89%	31	2%
嘉庆	642	25.68	65	10%	563	88%	14	2%
道光	979	32.63	95	10%	855	87%	29	3%
咸丰	214	19.45	21	10%	189	88%	4	2%
同治	260	20	31	12%	223	86%	6	2%
光绪	1212	35.65	65	5%	1131	93%	16	1%
宣统	79	26.33	3	4%	76	96%	0	0%
合计	6404	23.90	634	10%	5518	86%	252	4%

从表 1 中可以清晰地看出，清代的冰雹灾害，以中等为主，占 86%，其次是初等，占 10%。特等冰雹灾害虽然危害较大，但所占比重较小，为 4%。概括以上表格，可以绘出如下示意图（图 1）。

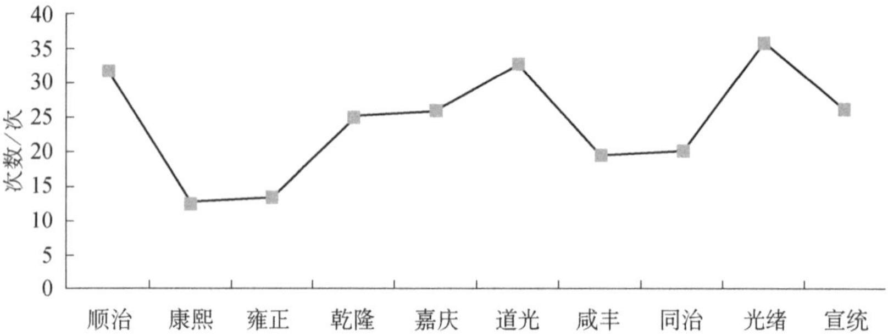

图 1　清朝冰雹的朝年分布图

从图 1 中可以看出，清代的冰雹分布时段，以顺治、道光和光绪朝为多，康熙至雍正时期为最少，而乾隆至道光时期平稳上升的趋势相当明显。这一结论，恰与气候学者关于明清小冰川期的判断相吻合。①按朝年进行平均，难免会有一些误差，导致结论可能失真，下面，笔者再详细列出当时冰雹每年的发生情况（图 2）。

① 参见竺可桢：《中国近五千年来气候变迁的初步研究》，《考古学报》1972 年第 1 期。

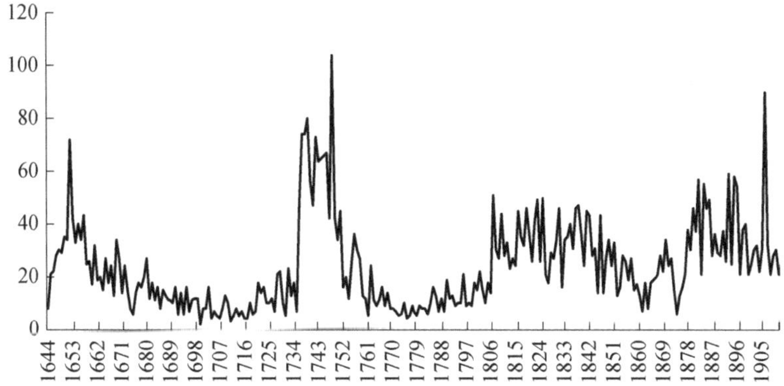

图 2　清代冰雹次数图

从以上对清代 268 年的冰雹灾害的统计可以明显发现，按年次来说，年均 40 次可以看作一个分水岭，冰雹最为集中的时段为乾隆元年（1736 年）至乾隆十六年。尤其是乾隆十三年出现了冰雹记载 103 次的记录，其中江苏 30 州县，甘青宁 22 州县，山西 15 州县，陕西、浙江各 8 州县，安徽、广东各 5 州县，另外四川、广西、湖北、山东、直隶亦有冰雹发生的记载，可见这是一次遍布全国的大范围降雹过程。

统计年代能看出冰雹发生的频次，统计地域分布则可以看出冰雹的普发地段（表 2）。

表 2　清代冰雹省区分布　　单位：次

省份	顺治	康熙	雍正	乾隆	嘉庆	道光	咸丰	同治	光绪	宣统	总计
直隶	108	108	31	198	80	191	30	36	73	7	862
安徽	13	23	9	46	10	17	3	10	0	1	132
奉天	0	4	0	7	6	3	0	1	28	3	52
福建	13	23	5	31	19	15	2	1	2	0	111
甘肃	37	42	25	298	123	80	22	4	157	9	797
广东	27	54	10	52	44	38	11	26	47	0	309
广西	5	25	7	16	14	17	5	6	39	4	138
贵州	1	6	0	26	5	8	2	2	9	1	60
河南	45	71	7	49	37	57	18	7	47	0	338
湖北	17	18	4	36	18	31	6	12	16	1	159
湖南	16	15	5	17	16	37	22	33	3	0	164
江苏	27	66	19	182	15	42	7	15	10	3	386
江西	26	34	6	46	20	18	15	16	10	0	191
山东	21	81	11	108	60	134	19	15	57	4	510

续表

省份	顺治	康熙	雍正	乾隆	嘉庆	道光	咸丰	同治	光绪	宣统	总计
山西	129	91	8	125	26	84	21	11	111	6	612
陕西	53	33	2	135	74	111	8	10	284	30	740
黑龙江	0	1	0	1	2	2	0	1	7	0	14
四川	1	7	0	28	19	40	5	18	165	4	287
云南	6	10	10	22	22	19	1	4	69	4	167
浙江	21	48	13	62	24	23	7	29	31	0	258
青海	5	0	2	22	5	4	3	0	11	0	52
宁夏	0	0	0	6	0	0	0	0	13	0	19
内蒙古	0	0	0	0	1	0	0	1	1	0	3
西藏	0	0	0	0	2	5	0	0	0	0	7
新疆	0	0	0	0	0	0	1	0	8	0	9
吉林	0	0	0	0	0	0	4	1	11	2	18
海南	0	0	0	0	0	0	1	1	3	0	5
台湾	0	0	0	0	0	0	1	0	0	0	1

根据表 2，可以做出如下示意图（图 3）。

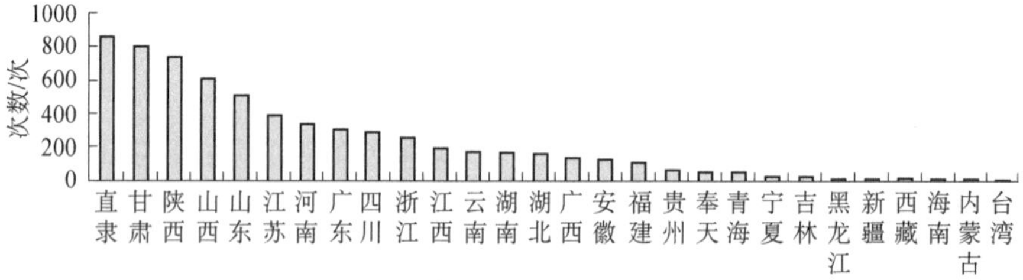

图 3　清代冰雹的省区分布示意图

从图 3 中可以看出，我国华北的直隶、山西和山东，和西北的陕西、甘肃（包括青海），是冰雹最为容易暴发的地区；浙江、湖广次之，江南及南方地区则更少一些。由此可以发现，清代冰雹灾害呈现出与水旱灾害完全不同的表现特征及规律，并非偏重南方而是偏重北方。

关于清代冰雹的暴发时段，笔者亦做过统计（表 3）。

表 3　清代冰雹的月份统计　　　　单位：次

月份	顺治	康熙	雍正	乾隆	嘉庆	道光	咸丰	同治	光绪	宣统	单计
正月	13	15	8	17	7	8	8	11	13	1	101
二月	31	41	5	55	38	43	5	32	34	1	285
三月	40	80	18	159	63	103	33	46	96	2	640

续表

月份	顺治	康熙	雍正	乾隆	嘉庆	道光	咸丰	同治	光绪	宣统	单计
四月	127	117	29	264	48	111	22	33	167	7	925
五月	119	103	13	204	64	99	11	13	114	12	752
六月	28	68	17	129	50	84	6	17	120	3	522
七月	35	63	13	94	46	53	9	9	70	8	400
八月	8	36	12	67	22	36	3	10	39	0	233
九月	3	20	8	35	3	8	0	3	15	0	95
十月	7	13		8	1	5	5	5	1	0	45
十一	3	8		1	1	4	2	1	4	0	24
十二	2	7	1	10	4	6	1	1	3	1	36
春	7	10	6	8	8	11	0	1	9	2	62
夏	12	17	6	23	17	27	6	9	17	1	135
秋	5	11		20	4	11	1	3	10	1	66
冬					1	2					3
不详	178	151	38	419	262	375	105	74	572	44	2218
合计	618	760	174	1513	639	986	217	268	1284	83	6542

由表 3 可以看出，二月至八月是清代冰雹暴发的最集中时段，尤其是四月、五月和三月，高居前三位。如果按季节来进行归类，可做出如下示意图（图 4）。

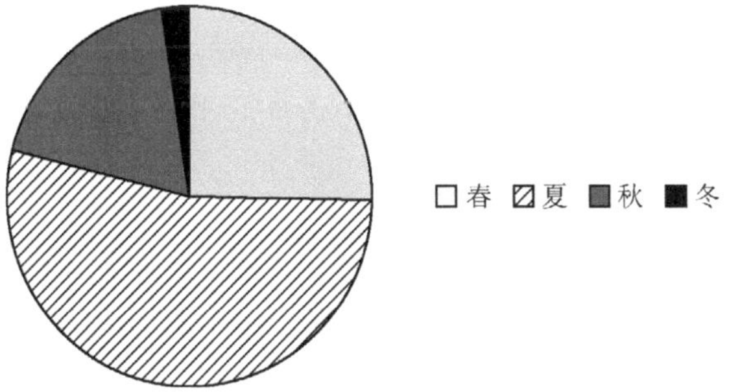

图 4　清代冰雹季节示意图

从图 4 中可以看出，夏季冰雹暴发可能性最高，占全部比重的一半以上，其次是春季和秋季，冬季较少。而冰雹的暴发时段，正好与农作物的生长周期吻合，所以极易造成损失。

综上所述，本文根据相关资料，以州县为单位，共统计出顺治至宣统朝 268 年间发生 6404 次冰雹灾害，年均约 23.9 次。从分布朝年来看，以顺治、道光和光绪朝为多，乾隆至道光时期平稳上升的趋势相当明显，与气候学者关于明清小冰川期的判断吻合；从统计区域来看，涉及了全国所有的省区；从分布时段来看，包括了所有的年份和月份，可谓“无年无月无处无雹”。当然，以上只系初步分析，清代冰雹的相关规律性问题，还需要做进一步的深入研究。

乾隆五十三年荆州大水研究

乾隆五十三年（1788 年），长江中下游流域暴发了一场特大水灾，荆州城受灾尤甚，人员伤亡极为惨重。此次水灾给时人留下了难以磨灭的印象，嘉庆年间曾任湖广总督的汪志伊在《湖北水利篇》中写道："恫瘝念切哀洪集，大江代决万城堤，未有乾隆五十三年奇。"俞昌烈在《楚北水利堤防纪要》中收录汪志伊的文章，并记载当时荆州被灾的惨状："号泣之声晓夜不辍，登城全活者露处多日，艰苦万状"，认为这场水灾"诚千古奇灾也"[①]。据测算，乾隆五十三年宜昌地区检测到的洪水水位高达 57.50 米，洪峰流量每秒 86 000 立方米，大大超过荆江河道的安全泄水量 50 000 立方米，而发生在 1998 年的长江特大洪水中，荆江流域的数值分别为 54.50 米和每秒 63 600 立方米，从数值对比来看，也足见此次水灾的严重。[②]为应对此次灾害，清政府调动大量人力、物力，并对水灾的成因进行深入调查。与此相伴随的，则是湖北地区爆发一场巨大的官场"地震"，自督抚以下 20 多名官员遭受处分。目前，学界关于这一事件的论述尚不多见。[③]本文将主要依托相关档案资料，力图全面分析水灾的成因、政治走势及善后等相关问题，以求正于方家。

一

自乾隆五十三年五月以来，湖北省即大雨不停，江水上涨，早在荆州被

---

① 俞昌烈：《楚北水利堤防纪要》，同治四年（1865 年）刻本，见马宁主编：《中国水利志丛刊》第 24 册，扬州：广陵书社，2006 年，第 3 页。

② 荆江分洪工程志编纂委员会编：《荆江分洪工程志》，北京：中国水利水电出版社，2000 年，第 29 页。

③ 据笔者所及，仅有三篇相关学术论文：日本学者宫崎洋一《围绕乾隆五十三年荆州大洪水谈清代十八世纪的水灾及其对策》（何满潮、蒋宇静主编：《三峡库区地质环境暨第二届中日地层环境力学国际学术讨论会论文集》，北京：煤炭工业出版社，1996 年，第 31 页），该文简略论述了水灾的赈济及其善后；徐凯希《乾隆五十三年的荆州大水及善后》（《历史档案》2006 年第 3 期）从制度史的角度了分析了赈灾的基本信息；徐爽《清政府善灾决策形成机制研究——以乾隆五十三年荆州大水为例》[《华中师范大学学报》2013 年第 5 期（人文社会科学版）] 则探讨了清代赈灾决策机制的特点与局限性。

水之前，湖北的一些州县已经被灾。荆州以西的宜昌府长阳县，“于五月二十一两等日，大雨如注，山水陡发，县内平地水高八九尺至丈余不等，冲塌城墙”，以致城内儒学、衙署、监狱、民房等被“冲汕坍塌”，溺水身亡者甚众，直至二十三日后水退。①布政使陈淮奉命前往查看赈灾，后经统计，长阳县被灾百姓4499户，多达15 741人，塌房8277间，赈灾耗银5000两，仓谷300余石。②

到了六月，大雨仍未停歇，沿江的低洼地带“中晚二稻多被淹”，情况十分危急。③二十日，荆江水猛涨，溃决堤塍，恰逢布政使陈淮办理长阳县赈灾事宜完毕，在返回省城时路过荆州，便会同荆州驻防将军图桑阿督促地方官员，加紧抢修各个堤塍。延至傍晚酉时，城西万城堤决口，大水涌入城下，冲破西、北两城门，城西地势较低的汉城首先遭殃，“未及两时，汉城内水深一丈七八尺不等”；城西的满城因地势相对较高，且有界墙一道，“水势稍缓”，城内兵民，“多有奔赴城上躲避，亦有爬伏屋顶、树上逃生。其奔走不及者，先被淹毙”④。随陈淮办事的州同娄业耀于西门“督夫闭闸”时被洪水卷走，溺水身亡。陈淮随即组织人员赶制竹筏，并派人至沙市雇佣船只，抢救灾民，以便安置于城上。二十四日，又将府仓内所能捞出的存米分发，“虽已浸湿，尚可充食”，故仍作为赈灾口粮。至二十五日、二十六日，洪水“消去丈余，城内高处水深三四尺，低处亦不过六七尺”⑤。

湖北当局得到消息也算快捷。此前，跟随陈淮前往长阳的家丁郑琴“病虐在船”，看到长江水势太大，便于二十一日赶回省城报信。湖北巡抚姜晟

① 中国第一历史档案馆藏：《清代赈灾史料汇编》，乾隆五十三年六月初一日，湖北巡抚姜晟奏明长阳县猝被水淹没情形事，档案号：02-12728。

② 中国第一历史档案馆藏：《清代赈灾史料汇编》，乾隆五十三年六月二十七日，湖北巡抚姜晟复奏查办长阳县被水情形事，档案号：02-12737。

③ 水利电力部水管司科技司、水利水电科学研究院编：《清代长江流域西南国际河流洪涝档案史料》，北京：中华书局，1991年，第481—482页。

④ 中国第一历史档案馆藏：《清代赈灾史料汇编》，乾隆五十三年六月二十四日，湖北布政使陈淮奏报荆州府城被水情形事，档案号：02-12841。

⑤ 水利电力部水管司科技司、水利水电科学研究院编：《清代长江流域西南国际河流洪涝档案史料》，北京：中华书局，1991年，第477—478页。

在得知此消息后，亲自查问郑琴，在郑琴“言之凿凿”后，便与傍晚刚刚回署的湖广总督舒常共同商议对策。不料迟至二十七日仍未有消息传至省城，这使舒常、姜晟深感忧虑，“不胜疑虑，急宜亲往查视”①，由水路启程前往荆州查看，并下令调动地方藩库银 10 000 两、钱 1000 串运至荆州府作救灾资金之用。②二十八日晚，宜昌镇总兵马定鼐也接到了荆州守将所派兵丁的面禀，得知荆州被水情况严重，因“荆州系臣管辖地方，应亲往查办”，马遂立即启程，前往荆州。七月初一日，马定鼐抵达荆州。舒常抵达荆州的时间则稍晚一些，系因“臣因乘小舟……讵值顶风逆水，未能迅速，心甚焦灼，计无所出”③，直到七月六日，舒常才到达荆州参与赈灾。

自七月初四日起，陈淮、图桑阿、舒常、姜晟等人的奏报开始一封封地出现在乾隆帝的面前。但这些奏报显然不能令乾隆帝满意，尤其是针对水灾成因、具体灾况都不明所以，且水灾暴发的地点，亦让乾隆帝深感不解。七月初五日，乾隆帝发布上谕：“再阅图桑阿等折内称，堤塍溃决时，冲开西北两门，水遂入城等语。以所奏情形而论，堤应在江之南，而府城又应在堤之南，乃舆图并一统志图内，荆州府城，又绘在江之北，与所奏情形不符。并着该督等，即将荆江在府城何方，相距远近若干，堤塍在何处溃决，详细绘图贴说呈览。”④初七、初九两日，乾隆帝又连加两道上谕，提出乾隆四十四年（1779 年）、四十六年，荆州城亦曾两次被水，“水势亦曾至城下”，但并未如此次洪水破门而入以致全城被淹。乾隆帝断言，之所以如此，必系“城门并未囤土，办理不善所致”。而此前荆州两次被水时，湖北都曾兴修过堤塍，共计耗银 11 万两。耗费 11 余万两修筑的堤坝，仅隔 7 年竟如此不堪，这一定是“因例归民修，向无保固，督抚等既不慎重拣派妥员办理”，而承

---

① 中国第一历史档案馆藏：《清代赈灾史料汇编》，乾隆五十三年六月二十七日，湖广总督舒常、湖北巡抚姜晟奏为闻有荆州被水信驰赴查勘事，档案号：02-12736。

② 中国第一历史档案馆藏：《清代赈灾史料汇编》，乾隆五十三年七月初一日，湖广总督舒常奏为途次得知荆州被水实情及办理事，档案号：02-12740。

③ 水利电力部水管司科技司、水利水电科学研究院编：《清代长江流域西南国际河流洪涝档案史料》，北京：中华书局，1991 年，第 477—478 页。

④ 中国第一历史档案馆编：《乾隆朝上谕档》第 14 册，乾隆五十三年七月初五日，北京：中国档案出版社，1998 年，第 387 页。

办之员也并不认真修筑，必有“草率浮冒情弊”。故而他要求“该督等务遵前旨，即将现冲堤工，系何员承修，查明严参着赔，以示惩儆”[①]。由此可见，乾隆帝在未有任何证据的情况下，就先行得出承办堤坝的官员玩忽职守、偷工减料的结论。

七月初十日，舒常对荆州的被灾情况进行详细奏报：“现在城上搭棚居住者，尚有一万余人”，“淹毙大小男妇民人共一千三百六十三名口”，“坍塌瓦草房屋共四万零八百一十五间”，“被水乏食贫民共二万余户”，又“西属汉城此次被冲甚重，西北、小北、东四门城俱倒塌，各处城墙共塌卸二十余处，各宽数丈至二三十丈不等”，“沿江堤工已漫溃二十余处，各宽十余丈至数十丈不等，水势不循敞道，直逼郡城冲激”，由于洪水仍通过决口涌入，“目下四乡犹属一片汪洋”[②]。而姜晟在十一日的奏折中，除了报告于七月三日再调藩库银 20 000 两、钱 4000 串至荆州救灾外，也特别提到了导致水灾的原因：“究由堤塍不固，被水溃决所致”[③]。

就在同一天，乾隆帝又连发三道谕旨，一方面动用库银 200 万两用作赈灾款项，解送荆州；一方面又明显地显示出对舒常、姜晟等人的不信任：“抚恤事宜所关甚钜。恐舒常、姜晟等见识未能周到”，“荆州堤塍，修理未久，如果工程坚实，何至屡被水冲？已有旨交舒常等、查明严参。恐该督意存回护，或任令地方官捏禀，以所修堤塍已被冲溃、无从查考为词，希图朦混”，遂命大学士阿桂与侍郎德成前往荆州，负责赈济和调查等项事宜。[④]

七月十三日，阿桂在奏折中也提出了类似疑问：“乃十年之间三被淹浸，其故殊不可解”，“而此次江水竟至冲入城内，是否因江流又有迁移，密迩城垣以致顶冲受患？”阿桂特意向一个熟悉当地情形的人询问，得知荆府治对

① 中国第一历史档案馆编：《乾隆朝上谕档》第 14 册，乾隆五十三年七月初七日，北京：中国档案出版社，1998 年，第 390 页。

② 中国第一历史档案馆藏：《清代赈灾史料汇编》，乾隆五十三年六月二十七日，湖广总督舒常奏为荆州被水抚恤情形事，档案号：02-17172。

③ 中国第一历史档案馆藏：《军机处录副奏折》，乾隆五十三年七月十一日，湖北巡抚姜晟复奏办理荆州被水情形事，档案号：03-1064-049。

④ 中国第一历史档案馆编：《乾隆朝上谕档》第 14 册，乾隆五十三年七月十一日，北京：中国档案出版社，1998 年，第 401—403 页。

岸一带，向有泄水之路八处，但现在唯有虎渡一处尚可泄水，其余七处“俱久就湮废”，出水困难。沙市对岸有地名窖金滩，向来止系南岸小滩，近来沙势增长，日加宽阔，江流为其所逼，渐次北趋，“所谓南涨北坍，以致府城濒江堤岸多被冲塌，屡致淹浸。其故或由于此”[①]。从而得出了水灾原因，即可能是受泄水之路堵塞以及窖经滩的影响。

七月十五日，舒常在接到乾隆帝的谕旨后，马上意识到皇帝的不满与愤怒，立即连奏三折，首先，报告了二十日溃堤的具体地点，即先为西南上游之万城堤漫溢，以致洪水冲破西北二门，而郡城南方的玉路口在此后被冲溃，因水势较缓，“是以南门未被冲塌”。其次，他又解释荆州以前两次被水，但“水至城根不过三四尺”，是故大水并未冲破城门，而此次大水“陡高两丈有余”，“水势形同建瓴”，尽管陈淮督促官兵全力抢救，挖土囤塞，甚至用棉絮逐层囤塞，终因“风狂浪涌，各堤联翩溃决，瞬息之间，水头高至一丈余尺，直激郡城，立将西北两门冲开”，并导致堤坝决口 21 处，总之“实属人力难施”。但是，对于乾隆帝怀疑的修筑堤塍官员偷工减料问题，舒常则并未能给出肯定答复。乾隆帝又特意朱批“奏多有不实”。[②]可惜在当时的通信条件下，这一份能够解决乾隆帝大部分疑惑的奏折尚未到达京师。十八、十九两日，乾隆帝已经再次连下谕旨，继续质问水灾为何首先发生在西、北两门外。他认定，此前荆州堤塍的两次修筑“如果工程巩固，何致屡被溃决？”必然是“外官习气不堪，官工尚且思肥己”“承办之员，并不认真妥办，草率从事。甚或侵渔入己，均属事所必有”[③]。他再次要求阿桂到达荆州后，会同舒常“将十年以内之承修堤工官员暨该管各上司，一体详查严参，分别从重治罪”[④]。

---

① 中国第一历史档案馆藏：《宫中档全宗 · 宫中档朱批奏折》，乾隆五十三年七月十一日，大学士阿桂奏为遵旨前往湖北荆州查勘城垣被淹由事，档案号：04-01-37-0044-011。

② 中国第一历史档案馆藏：《清代赈灾史料汇编》，乾隆五十三年七月十日，湖广总督舒常复奏查勘荆州被水办理抚恤情形事，档案号：02-17173。

③ 中国第一历史档案馆编：《乾隆朝上谕档》第 14 册，乾隆五十三年七月十八日，北京：中国档案出版社，1998 年，第 419—420 页。

④ 中国第一历史档案馆编：《乾隆朝上谕档》第 14 册，乾隆五十三年七月十九日，北京：中国档案出版社，1998 年，第 424 页。

七月二十日，乾隆帝开始对湖北当局采取行动。在追究堤塍责任时，除舒常、姜晟难辞其咎外，前任巡抚李封也被牵连。乾隆帝除了在谕旨中将他们大骂一通外，还正式下令由惠龄补受湖北巡抚，毕沅补放湖广总督。[①]二十二日，乾隆帝在看过舒常十五日的奏报后，表示万城堤、玉路口两处堤工“是何年何人所修？舒常何以并不奏明”，舒常“原非长才”，“益无主见”[②]。对于舒常所奏修理各项工程共需银19.6万两的奏报[③]，乾隆帝命阿桂核查办理，又强调现已发200万两库银用作赈灾及修堤，“似可敷用”，如果湖北官员趁机中饱私囊，则“太无良心矣”[④]。

七月二十二日，已看过阿桂十三日奏折的舒常经过勘查，也得出了自己的结论。他先于府城两岸勘查，发现除了虎渡口一处外，并未发现其余的泄水故道，而《荆州府·江防志》中所记载的沿江八穴，因年代久远，又未记载地点，“实难稽考”。而窖金洲（即窖金滩）位于沙市南岸，在先前的两次大水灾中，沙市地区的观音寺、太山庙两堤均被冲溃；相反此次大水，两处堤工“俱照常坚固”，所以水灾实“与窖金洲无涉也”。因此，他认为导致水灾的原因“实系万城堤溃口之所致也”，治理的方法则是将万城堤加高培厚，再利用万城堤外的龙尾洲，在此处与玉路口加筑挑水矶头，“可无虞水患矣”。可见舒常仍坚持自己原先的看法，对于水灾成因的认识，与阿桂有着巨大分歧。[⑤]二十八日，舒常还应乾隆帝要求，奏报一份详细阐述被水经过和附地图的奏折。这份奏折无疑为他的观点提供了有力论据。[⑥]

---

① 中国第一历史档案馆编：《乾隆朝上谕档》第14册，乾隆五十三年七月二十日，北京：中国档案出版社，1998年，第424页。

② 中国第一历史档案馆编：《乾隆朝上谕档》第14册，乾隆五十三年七月二十二日，北京：中国档案出版社，1998年，第442页。

③ 中国第一历史档案馆藏：《清代赈灾史料汇编》（缺奏报日期），湖广总督舒常奏呈荆州府抚恤工程等项约估列表，档案号：02-17319。

④ 中国第一历史档案馆编：《乾隆朝上谕档》第14册，乾隆五十三年七月二十二日，北京：中国档案出版社，1998年，第443页。

⑤ 中国第一历史档案馆藏：《军机处录副奏折》，乾隆五十三年七月二十二日，湖广总督舒常奏为遵旨勘查荆州府内泄水情形事，档案号：03-1064-055。

⑥ 中国第一历史档案馆藏：《军机处录副奏折》，乾隆五十三年七月二十八日，湖广总督舒常奏为遵旨绘图复奏荆被水情形事，档案号：03-1065-005。

乾隆帝将舒常的解释及修堤建议转发给阿桂，让其便宜行事。[1]八月初七日，阿桂抵达荆州。这位钦差大臣显然对舒常不是很友好。阿桂在前往荆州的途中遇到了采买马匹的荆州佐领德楞阿。德楞阿并非荆州本地人，阿桂便向其询问此次水灾的原因，德楞阿认为“窖金洲沙涨，日益增广，江水渐逼北岸堤根，堤外沙滩都被冲刷，是以屡有漫溃”[2]。这再次印证了阿桂此前的猜想。经过十余天的勘查，八月二十一日，阿桂发出了一份数千字的奏报。在奏报中，阿桂声称，经过本人详细勘察，再咨询当地官兵百姓，“几于众口一词”认为水灾的罪魁祸首就是窖金洲。窖金洲自从雍正年间至乾隆二十七年（1762 年）被荆州本地的萧姓民人“陆续契买洲地，种植芦苇”，因芦苇“环洲而生，江水不能刷动”，致使二十余年来，窖金洲“日益宽阔，侵占江面”，目下窖金洲“长有十里余，宽处约有五里”，江面愈发狭窄。据阿桂测量，“洲之迤南江面不及二里，迤北江面最窄处，并不及一里，而此洲所占江面已居十分之六七”，以致“溜势日益北趋”，之前荆州两次被水“其故实由于此”。此次大水，上游方城口首先溃决，却不能缓解水势，遂致使下游接连溃决 19 处，都是“下游顶阻、疏消不及之明验”，总之，“下游愈壅，则暴涨之水愈在上游溃决，岂得以此次溃决处所在沙市稍上，而沙市之观音塔、太山庙堤并未冲溃，即以为与窖金洲无涉!”直接驳斥了舒常的观点。至于修筑堤工的方法，阿桂认为，既然窖金洲是水灾产生的根本原因，就应在正对窖金洲的杨林洲地方修筑堤工。至于窖金洲本身，更应“将洲地入官”，并豁免芦课，“将芦根刨挖尽净，嗣后永远不准再行栽种，并不准一人居住洲上”[3]。至此，阿桂与舒常的分歧与矛盾趋于白热化。

八月二十七日，阿桂的奏报送达北京。对于阿桂所提及的窖金洲，乾隆帝在奏折上朱批“此受病之源也”，“此舒常之罪何辩？”并于当日发布谕旨，

---

① 中国第一历史档案馆编：《乾隆朝上谕档》第 14 册，乾隆五十三年七月十九日，北京：中国档案出版社，1998 年，第 470 页。

② 中国第一历史档案馆藏：《军机处录副奏折》，乾隆五十三年七月二十八日，大学士阿桂复奏查办荆州被水情形并经过地方雨水苗情事，档案号：03-1035-053。

③ 中国第一历史档案馆藏：《军机处录副奏折》，乾隆五十三年八月二十一日，大学士阿桂奏为查勘窖金洲实在情形酌建石坝挑溜刷洲以卫堤工事，档案号：03-1065-010。

指出窖金洲将下游阻塞，“则上流自然冲决”，故而“病源在此，自当急为治理”。窖金洲既然是罪魁祸首，“岂可复留此洲”。乾隆帝给阿桂的建议是，在洲上开挖引河，或是尽量将洲尾铲挖。他还认为舒常水平有限，“伊固何能计及此也”①。双方的争论最终以阿桂的胜利而告终。

九月初一日，乾隆帝又下两道谕旨，首先，指责湖北官员对于窖金洲一事多年来不闻不问，“致郡城被水成灾”，“实属辜负任使”，将舒常翎顶、姜晟顶戴革去。此次荆州堤工款项及仓米等损失，则由历任督抚藩司及该管道府等，分别赔补。其次，“将萧姓查产入官，照例治罪”②。至于布政使陈淮，本应一并革任，但念其在荆州被水之时全力救灾，办理抚恤事宜，“尚属认真。不辞劳瘁”。故免革顶戴，革职留任，“八年无过，方准开复”③。

随着乾隆帝的最终决断，荆州善后事宜步入正轨。阿桂查办荆州城工、堤工事宜结束后，于九月二十七日启程回京。其后，堤工的修筑主要由新任湖广总督毕沅负责。而整体的修筑方案也是基本按照阿桂和乾隆帝的意见进行：将被水冲决之处重新修补，挑水冲刷窖金洲，于杨林洲修筑鸡咀坝等。直至乾隆五十五年（1790年）四月，湖北巡抚惠龄奏报“窖金洲复以次刷削，则北岸永保无虞，实觉挑溜护岸之功大着成效”④。至此，荆州水灾的善后事宜画上了句号。

二

此次水灾善后开销包括两部分，一是灾后工程的花销，一是对灾民的赈济抚恤。

九月七日，阿桂、德成、毕沅等人向乾隆帝上奏，“此次漫溃堤塍缺口

---

① 中国第一历史档案馆编：《乾隆朝上谕档》第14册，乾隆五十三年八月二十七日，北京：中国档案出版社，1998年，第517页。

② 中国第一历史档案馆编：《乾隆朝上谕档》第14册，乾隆五十三年九月初一日，北京：中国档案出版社，1998年，第522页。

③ 《清高宗实录》卷一三一二，乾隆五十三年九月庚申，北京：中华书局，2012年影印本。

④ 水利电力部水管司科技司、水利水电科学研究院编：《清代长江流域西南国际河流洪涝档案史料》，北京：中华书局，1991年，第486页。

二十一处，又上溪沙续溃一处，共计二十二处”，重新统计了决口数量为处，并详叙述各处决口以及杨林洲、黑窑厂等处的修筑方案和所需物料等事宜及修复万城堤工的总方案：中方城、上渔埠、中独杨等被水漫溃共 7 处，“应外越补筑，接还旧堤”；玉路口地方，先做柴坝，在于坝内修补；上方城、洪家湾及万城 3 处旧堤，虽未溃决，也应“各筑顺水坝，以挑水势”；其余决口之 14 处，“俱补还旧址，复行培高”，“通共估银十八万九千五百三十八两二钱二分四厘”[①]。得到批准后，灾后水利重建正式开工。

十一月初九日，乾隆帝下谕令毕沅在荆州万城堤及沙市等处，于“形势扼要处所，相度紧要顶冲，酌量铸置铁牛”作为“镇水之物”以消弭水患。[②]后据《荆州万城堤志》记载，毕沅于十二月制成铁牛九具，分别置于万城、中方城、上渔埠头、李家埠、中独阳、杨林矶、玉路口、黑窑厂、观音矶 9 处。[③]十一月十二日，乾隆帝收到毕沅有关工程进展的奏报，荆州修筑堤工，玉路口堤塍，“已有七分工程”，杨林洲鸡嘴坝，黑窑厂裹头，“亦次第筑做”，“石矶已出江面约长七丈”。毕沅认为“溜势稍觉南趋，将来接长做去，似可冀挑溜得力”。乾隆帝很为高兴：“此是极好机会，正当乘此水弱之时，赶紧进做，得尺则尺。”而万城堤既要加高培厚，则在堤上上搭建庐舍居住的万余户百姓，应由官府“给与屋价”，“拆卸让出”，并规定此后禁止再于堤上私住。[④]可见堤工修筑的进展很快，并在一定程度上达到了“逼流南趋”的目的。

乾隆五十四年（1789 年）二月一日，乾隆帝再次收到毕沅的奏报，此时杨林洲鸡嘴坝已按计划修建 15 丈，窖金洲也被江水冲刷掉 340 多丈；黑窑厂处所修筑的碎石裹头，原估长 5 丈。现已筑 7 丈，其对面的沙滩，亦被江水冲刷掉 120 丈，“溜势愈觉南趋”。窖金洲已被江水冲刷掉了一部分，毕沅认

---

① 中国第一历史档案馆藏：《军机处录副奏折》，乾隆五十三年九月七日，大学士阿桂奏报估计补还荆州堤工各溃口等料物费价事，档案号：03-1035-061。

② 中国第一历史档案馆编：《乾隆朝上谕档》第 14 册，乾隆五十三年十一月初九日，北京：中国档案出版社，1998 年，第 670 页。

③ 倪文蔚：《荆州万城堤志》卷三《建制 · 铁牛》，光绪二年刻本。

④ 中国第一历史档案馆编：《乾隆朝上谕档》第 14 册，乾隆五十三年十一月十二日，北京：中国档案出版社，1998 年，第 673—674 页。

为接下来“总当极力做出，俾溜势日挑日远，以期浮沙尽去，刷动窖金洲老土磡”。乾隆帝同意毕沅将黑窑厂碎石裹头改为鸡嘴坝并继续略向东南方向修筑的办法，以加大江水冲刷窖金洲力度。乾隆帝还表示，荆州大水“总由窖金洲之上种植芦苇，以致淤浅日涨日宽，逼溜北趋，堤塍因而冲决”[①]，从而更加认定了水灾的根本原因。

三月初七日，毕沅奏称工程已进入收尾阶段。黑窑厂堤工改筑为鸡嘴坝，沿东南方向修筑，总共长 18 丈；杨林洲堤工砌出江面达 21 丈，而“自两坝接出后，对面窖金洲浮沙已刷去东西长四百七八十丈，南北宽六十五六丈，江面较前宽阔”，两处工程总计用银 53 100 余两。万城堤工程“现在做有九分工程，三月内即可一律告竣”，目前还需雇佣岳州工人进行夯硪。乾隆帝认为毕沅“所办甚属妥协，即添估多需银两，亦所不惜”，硪工给价也不要有“惜费之见”，“惟期工程巩固，足资挑刷淤沙，俾大溜南趋，窖金洲逐渐刷尽，江流复旧，最为紧要”[②]。后据毕沅的奏报，硪价每方给银 3 分，万城堤、杨林洲等处土坝共硪土 141 116 9 方有零，硪价共 42 335 两有零。[③]三月二十八日，毕沅上奏各项工程皆已竣工，“嗣后沙市街岸，可冀稳固无虞”。乾隆帝“览奏欣慰”，颁布上谕对参与工程的官员进行奖励。[④]灾后堤工修建工作如期完成。

灾后工程的花销，阿桂预估 189 538 两有零，但并未包括毕沅所奏的硪价 42 335 两有零，因此万城堤等处的工程费用总计 231 873 两，显然比在乾隆四十四（1779 年）、四十六两年修堤所用银 7 万两和 4 万两的总和要高出许多。[⑤]除修建水利工程外，对荆州城内以及荆州府属下的江陵、监利等县的灾民赈济、城墙修补、房屋重建等工作，也耗费了大量资金。这些资金作

① 中国第一历史档案馆编：《乾隆朝上谕档》第 14 册，乾隆五十四年二月初一日，北京：中国档案出版社，1998 年，第 753—754 页。

② 中国第一历史档案馆编：《乾隆朝上谕档》第 14 册，乾隆五十四年三月初七日，北京：中国档案出版社，1998 年，第 792 页。

③ 倪文蔚：《荆州万城堤志》卷六《经费 · 支销》，光绪二年刻本。

④ 《清高宗实录》卷一三二五，乾隆五十四年三月乙酉，北京：中华书局，1986 年，第 945 页。

⑤ 中国第一历史档案馆编《乾隆朝上谕档》第 14 册（乾隆五十三年七月初七日，北京：中国档案出版社，1998 年，第 390-391 页）所记载的具体数字分别为 785 490 余两和 44 460 余两。

为荆州善后适宜的开销，第一时间从乾隆帝所拨的帑银中支出，即阿桂所奏“先行动项”。而其中阿桂所预估得水利工程开销、荆州城门的修补以及部分官员衙署的修补经费是由帑银先行垫付，再由制定官员日后偿还，其中前两项由舒常等涉事官员赔补，第三项中的大部分从协领、佐领、防御、骁骑校等官员的养廉银中逐渐扣还。

关于帑银的花费，根据阿桂、毕沅等人的奏报，可列出下表（表1）。

表1　荆州大水赈灾及善后事宜所用帑银列表　　单位：两

花费专案	奏报人	银两	花费专案	奏报人	银两
抚恤满城官兵	阿桂	149 000	修补监利县堤工	毕沅	30 000
抚恤绿营兵丁	阿桂	1 304	修补江陵县、公安县堤工	毕沅	19 200
荆州水利工程*	阿桂	189 538	万城堤等处硪工	毕沅	42 335
修补满城营房等	阿桂	122 982	抚恤江陵等县灾民以及修补修理费用	阿桂	91 000
修补办事公所、演武厅等	阿桂	4 953	修缮南门内关帝庙	阿桂	16 026
修补协领等衙署*	阿桂	30 973	合计		897 311
修补荆州城墙城门等*	阿桂	200 000			

资料来源：《清高宗实录》《荆州万城堤志》《清代长江流域西南国际河流洪涝档案史料》《阿文成公（桂）年谱》《清代赈灾史料汇编》《军机处全宗·录副奏折》

注：加*号项为先由帑银垫付，日后由官员补还

表1的统计还存在一定的遗漏，但所耗帑银已经高达89万7000余两。乾隆五十三年（1788年）九月初七日，阿桂曾向乾隆帝奏称：“臣等通盘约略计算，除着落分赔及应行借项各款外，其余一切已经动用及应续行动项银数总在一百万两以内。”[①]可见这一估测大致可靠。

官员的勒赔也是本次善后的重要内容。阿桂曾统计过荆州城内漂失米72 768石有零，谷6483石有零，折银76 010两有零；江陵县漂失米4602石有零，谷30 016石有零，折银19 610两有零，合计共计损失95 620两有零，经奏请后均由相关官员摊赔。[②]荆州府城和江陵县的仓廒监狱，共需银4000

① 中国第一历史档案馆藏：《清代赈灾史料汇编》，乾隆五十三年九月初七日，大学士阿桂奏为拨解银两敷用毋庸另请拨款事，档案号：02-17176。

② 中国第一历史档案馆藏：《军机处录副奏折》，乾隆五十三年九月七日，大学士阿桂奏为荆州溃堤督修查验各员共二十三人分别参革治罪着赔事，档案号：03-1035-062。

两，也是由革职知府俞大猷、知县屈振甲两人分赔修建。[①]同样根据阿桂、毕沅等人的奏报，可列出如下表格（表2）。

表2 荆州大水官员摊赔银数表 单位：两

赔补、扣还款项	赔补官员	所需银两
修建荆州水利工程	舒常、李封、陈淮、李天培、沈世焘、甘澍、雷永清、王嘉谟、孔毓檀、李侍尧、李绶、图萨布、永庆、陈大文	189 538
修补荆州城门、城墙	张廷化	200 000
赔补漂失米谷	舒常、李封、沈世焘、俞大猷、屈振甲、甘澍、雷永清、王嘉谟、孔毓檀	95 620
修补仓廒、监狱	俞大猷、屈振甲	4 000
修补官员衙署	协领、佐领、防御、骁骑校	30 511
合计	519 669	

从表2亦可以看出，此次水灾所牵涉的官员赔补、扣还款项高达50余万两，也是一笔巨款。

另外，前文已经指出，乾隆帝曾下旨发帑银200万两用于此次赈灾事宜，不过在看过阿桂的奏报后，他下令将100万用于赈济，其余的100万两中，50万仍留湖北备用，另外的50万运至四川，作为办理西藏军需事物的资金。[②]因为本年湖北全省多达36处州县处遭受水灾，其中20余处需要赈济，故这笔银子最终很可能仍是用于赈济。

三

除了对赈济和善后投入大量资金外，清廷还随之建立起了一套岁修制度，用以巩固荆州堤工以及日后的防灾。

自大水发生以来，乾隆帝就意识到荆州提防在修筑的过程中存在严重的管理问题。五十三年（1788年）七月七日，乾隆帝在谕旨中提到："该处堤工因例归民修，向无保固，督抚等既不慎重拣派妥员办理，而承办之员，又

---

① 中国第一历史档案馆藏：《清代赈灾史料汇编》，湖广总督舒常奏呈荆州府抚恤工程等项约估列表，档案号：02-17319。

② 中国第一历史档案馆编：《乾隆朝上谕档》第14册，乾隆五十三年九月十六日，北京：中国档案出版社，1998年，第567页。

以此项工程，系动用民力，并不认真修筑，外省官办工程，尚有草率浮冒情弊，何况民修之工。官员等从中偷减浮开，尤属事之所有，以致堤塍不能巩固。”[①]虽然主要是指责湖北官员和责令承办官员赔补，但乾隆帝无疑也意识到了民修堤工导致官员不认真监督这一弊端。

七月十八日，乾隆帝在给阿桂下达的谕旨中再次提到：“该处堤塍……从前因系民修，以致地方官办理不善，任意克减，屡被冲淹。况该处人民，现在被灾较重，朕心方为恻然。亦不忍再令其自行修理。所有此次应修各堤工，竟着动项兴修，官为办理”，“其将来每岁修理，需费无多，再照例办理”，并且规定以后当以十年为期，“如在限内冲溃者，即照此严行参处，以示惩儆”[②]。堤工官修，以及十年为期的问责制度，成为荆州堤工日常的管理的基本模式。

不过，既然民修堤工存在弊端，乾隆帝为何只是强调加强官员的监督，明确责任，同时又要求堤工还是“照例办理”，仍归民修呢？在七月十九日的上谕中，乾隆帝详细说明了他的顾虑：湖北吏治腐败，使得他对湖北的官员集团极不信任，“不肖官吏，于官工尚思侵克肥己。矧此项工程，例归民修，并无保固。官员等不特于需费之外，可以借端加倍洒派，入其囊橐，而且草率从事，偷减侵渔，均属事所必有。其该管上司，又因系民修之工。遂尔漫无查察，殊非慎重堤防，保护民命之道”。为了防止官员贪赃舞弊，他不敢把以后堤工的岁修事宜完全交由官修，又不能因此而使当地官员找到可以推卸负责的理由，所以才想出这种办法。另外，沿江堤工系为保护百姓田庐而设，“固应动用民力”，但是“若竟归民修，不复官为经理，则百姓等谁肯首先出赀，踊跃从事？”这无疑体现出乾隆帝的矛盾的心态，因为无论哪种情况，都会降低堤工质量，并有可能再次引发大水。有鉴于此，他才认为应当“定立章程，于应修时，派委大员，确加勘估，借项兴修，俟报部核准

① 中国第一历史档案馆编：《乾隆朝上谕档》第14册，乾隆五十三年七月初七日，北京：中国档案出版社，1998年，第391页。

② 中国第一历史档案馆编：《乾隆朝上谕档》第14册，乾隆五十三年七月十八日，北京：中国档案出版社，1998年，第420页。

后，再按亩摊征归款。并定以保固年限，如在限内有溃决之事，即严参治罪着赔。庶工程可期永固，而官员亦不敢有侵蚀情事，方为妥善”①，并命阿桂、舒常等人详细商议。

七月二十六日，乾隆帝在上谕中规定：“嗣后民修各工……在五百里两以上者，俱着一体报部查核，予以保固限期，兴修后再行酌令百姓出赀归款”②，规定官督民修的界线为500两。八月十二日，乾隆帝在看过舒常关于堤工各溃口的修筑年份及都修查验人员清单时发现，督修和查验的官员多为知县、县丞等低品级官员③，显然不符合乾隆帝“派委大员，确加勘估”的要求，于是乾隆帝发布谕旨，质问“该处同城有道府大员，何以并不就近督查？而督抚等亦竟置之不问”④，这也对阿桂日后对岁修制度的规定产生了影响。

在乾隆帝的追问下，阿桂、毕沅先后上奏《岁修章程疏》与《驻工防守疏》，对岁修制度做了极为详尽的规定，包括每年岁修工程的指针、工程资金来源和征收过程、从官员到士兵以及民间对堤工的保护及问责等诸多方面，使其成为荆州地区兴修水利的固定制度。

工程方面，阿桂对关于荆州堤工修筑进行总结性的奏报，将万城堤工程分为4段，并详尽开列每段加高培厚的具体数字（表3）。

表3　荆州万城堤岁修工程规格表

工程地段	加高	加宽	备注
得胜台至万城	2—4尺	4—7丈	
万城至刘家巷	3—5尺	8丈	
刘家巷至魁星阁	3—5尺		加筑土堰
魁星阁至塘楼横堤	3—4尺		加筑土堰

资料来源：倪文蔚：《荆州万城堤志》卷四《岁修·估验》，光绪二年刻本

① 中国第一历史档案馆编：《乾隆朝上谕档》第14册，乾隆五十三年七月十九日，北京：中国档案出版社，1998年，第425页。

② 中国第一历史档案馆编：《乾隆朝上谕档》第14册，乾隆五十三年七月二十六日，北京：中国档案出版社，1998年，第440页。

③ 水利电力部水管司科技司、水利水电科学研究院编：《清代长江流域西南国际河流洪涝档案史料》，北京：中华书局，1991年，第485页。

④ 中国第一历史档案馆编：《乾隆朝上谕档》第14册，乾隆五十三年八月十二日，北京：中国档案出版社，1998年，第491页。

根据部议“嗣后按年岁修，均照此次……查万城堤工此后岁修应照现办土石各工，一律加高培厚”[①]，可见表 3 中的数据也成为日后对堤工岁修维护的标准。

岁修工程的资金来源，系按照乾隆帝旨意，开支在 500 两以上者，“准其借项，官为代办”，嗣后岁修万城大堤，“需用银两应先于司库借支给发，俟下年于业户名下按亩摊缴归款。其动用何款之处，应令该督预为筹酌，先行报部。仍将按亩摊缴归款细数，造册送部查核”。经费既由民间承担，征收过程亦由民间自行办理，“嗣后岁修堤工一应银钱册档，令公举诚实谙练绅耆三四人专司其事”，让地方“诚实谙练绅耆”负责，目的也是防止官员“有加倍洒派之弊”，并强调“如有书役搀越侵渔等弊，许绅耆等据实具禀，严行究办”[②]。

官员方面，则正式确立保固期限为 10 年，并明确规定岁修堤工由荆宜施道负责，其中万城堤由荆州同知专管，令其衙署“于中方城、李家埠等处择地移驻”。由于万城堤“段落辽阔，里数绵长”，因此也如同岁修工程一样实施分段负责制：逍遥湖至玉路口段由江陵县县丞看管；玉路口至黄家场段由沙市巡检看管；黄家场至拖茆埠段由郝穴巡检看管。在岁修过程中，官员的职责是筹钱，先由官府出资，再由民间摊返，“岁修估计工程，给发夫工价值等项，仍由该同知督令董事经手，不得以佐杂微员妄行干预”[③]。藩司于每年奏销后，例须查验一次，督抚于每年春汛，再轮流查验一次，“如有偷减浮松情弊，即行查参着赔”。此外，毕沅还奏准将荆州水师营的官兵 200 余名拨受荆宜施道节制，于每年夏秋二汛时上堤驻守，自得胜台至魁星阁每 2 里设 1 卡房，驻兵 2 名，与圩甲协同稽查，以加强防备水患的力量。[④]

堤工的日常保护，则实行民间与官方共同管理的办法：在民间设立堤长、圩甲看护堤工，仿照江南豫东等省的河工、海塘设立堡夫、堤长，并建造堡

---

① 倪文蔚：《荆州万城堤志》卷四《岁修 · 估验》，光绪二年刻本。

② 倪文蔚：《荆州万城堤志》卷六《经费 · 摊征》，光绪二年刻本。

③ 中国第一历史档案馆藏：《军机处录副奏折》，乾隆五十三年九月七日，大学士阿桂奏为酌定荆州临江堤工岁修条款并一切善后章程事，档案号：03-1035-066。

④ 倪文蔚：《荆州万城堤志》卷七《官守 · 责成》，光绪二年刻本。

房以供住宿；规定每 500 丈设立堤长、圩甲各 4 人，堤长、圩甲“按年轮流佥点”，在堤上设立卡房居住，“如有獾洞蚁穴，随时报明修补。汛涨时须多备守水器具，协同业民昼夜防守”[①]；圩甲通常与每年八月十五后上堤检查，每年轮换免除杂徭，并有“圩甲田”提供役食。[②]此外，对于窖金洲，清廷也规定须严格管理，不许百姓在洲上栽种居住，每年春季须将洲面犁翻一次，以促进江水冲刷的效果。

综上可见，乾隆五十三年（1788 年）荆州大水之后，清廷在此地建立了一套较为严密的官督民修体系，以达到乾隆帝“保护民生、节省民费”的目标。虽然该制度在日后也出现了一些弊端，但此后的数十年内，荆州堤工未再发生重大溃决，万城堤也沿用至今（即现在的荆江大堤），依然是长江防洪重点确保工程，可见岁修制度的深远影响。

余　论

乾隆五十三年的荆州大水是一次严重的自然灾害，造成重大人员损失和财产损失，为应对灾害，清政府调动大量人力、物力，进行赈济和实施善后，与此相伴随的，则是乾隆帝借机整顿湖北官场，自督抚以下 20 多名官员遭受处分。其后推行的岁修制度，也对荆江的防洪发挥重要影响。

当然，传统帝制体系下的诸多弊端，不可能因为一次水灾而得到彻底解决。正如前文所指出的，窖金洲被乾隆帝认定是此次水灾的直接原因，在治理过程中受到高度重视。但随着时间的推移，官场因循玩忽的特点再次显现。嘉庆十七年（1812 年），湖北官员奏报，窖金洲和其西的新淤洲（合称新老二洲）上，竟然发现“棚居之户，日益众多”，且“种植杂粮，遍洲竟无余地”[③]，虽然他们随即将洲上居民驱散，但管理的松弛可见一斑。嘉庆二十二年，时任湖广总督的阮元在《窖金洲考》中写道：“计自造矶后保护北岸

① 中国第一历史档案馆藏：《军机处录副奏折》，乾隆五十三年九月七日，大学士阿桂奏为酌定荆州临江堤工岁修条款并一切善后章程事，档案号：03-1035-066。

② 倪文蔚：《荆州万城堤志》卷五《防护·备患》，光绪二年刻本。

③ 倪文蔚：《荆州万城堤志》卷五《防护·备患》，光绪二年刻本。

诚为有力，但不能攻窖金之沙，且沙倍多于三十年前矣。昔江流至此分为二，一行洲南一行洲北，今大派走北者十之七八，洲南夏秋尚通舟，冬竟涸焉。议者多所策，余曰无庸也，惟坚峻两岸堤防而已”[①]，可见窖金洲并没有被水流冲刷消失，反而面积越来越大，这与大水之后毕沅的奏报和乾隆帝的预期完全不符。

为“节省民费”而设计的摊征制度，在实施过程中也存在诸多问题。朝廷为防止官吏、书役中饱私囊和多加摊牌，明确要求绅耆负责摊征，但“征收土费之弊，绅耆甚于书吏，书吏甚于地方官”，“同里之人，非亲即友，彼此援引，倚势招摇，官不能禁”，最后仍是改归官府办理，“若外属承用，旧法工程，虚应故事，而浮冒之弊所在皆然”[②]。另外，原本为提供役食而设的圩甲田，至道光中期以后，“大半转售，为官为私亦不可考”，在这种情况下，再组织民间看护堤工实在难以推行，最终导致“空籍无存，届期由堤差杂书姓字，填给腰牌，卖富佥贫，虚应故事，游民无艺，往往乐为藉索”[③]。而最初查抄萧姓家产白银 94 991 两，乾隆帝规定专项用于生息，每年可得生息银 6319 两，专款用于岁修万城堤工[④]，但自道光二十一年（1841 年）起，该款项就被逐渐挪用，至咸丰二年（1852 年），生息本银已被“先后提用，并无存款”[⑤]。可见对堤工的维护，随着时间的推移而慢慢被废弛了。

乾隆五十三年（1788 年）荆州大水，对时人影响甚深，而当时清廷对被灾地区的救济流程和事后为善后所建立的一系列制度，可以说是清政府救灾模式和治洪制度的典范。简言之，这对于我们了解、认识清代的荒政模式，有着重要意义。

① 倪文蔚：《荆州万城堤志》卷九《艺文考》，光绪二年刻本。

② 倪文蔚：《荆州万城堤志》卷六《经费・摊征》，光绪二年刻本。

③ 倪文蔚：《荆州万城堤志》卷五《防护・备患》，光绪二年刻本。

④ 中国第一历史档案馆藏：《军机处录副奏折》，乾隆五十三年九月十六日，大学士阿桂奏为查抄肖（萧）姓民人家产请治罪事，档案号：03-1065-021。

⑤ 倪文蔚：《荆州万城堤志》卷六《经费・支销》，光绪二年刻本。

清朝道光"癸未大水"的财政损失

不论是从气象史、灾害史还是经济史的角度来看，道光癸未年（即道光三年，1823 年）都是重要的节点。这一年，清朝发生了全国范围的水灾，对当时的社会经济造成巨大影响，史称"癸未大水"。《清史稿·食货志·赋役》称："国初以来承平日久，海内殷富，为旷古所罕有……至道光癸未大水，元气顿耗"。按：《清史稿》此段描述系引自冯桂芬的议论，并经曾国藩、李鸿章上奏而得到更大范围的传播，冯桂芬原文称："至道光癸未大水，元气顿耗，商利减而农利从之，于是民渐自富而之贫。"①关于此次水灾发生的原因，有学者将其归结为第六小冰川期，有的则将其视为印度尼西亚坦博拉火山喷发的结果；至于其影响，有的将其视为"道光萧条"的重要例证，有的则将其视为清朝由盛转衰的标志。②不过，虽然目前学术界已经认识到此次水灾的重要历史地位，但水灾本身所造成的经济损失究竟有多大，尚无直接的研究。考虑到问题的复杂性，本文拟就其中的政府财政损失做一探讨。

一

清朝版图辽阔，地形复杂，发生自然灾害本不足为奇，但癸未年在全国范围内发生如此密集的水灾，却较为少见。据史料记载来看，道光癸未年受灾最为严重的省份为直隶、江苏、浙江、安徽、山东、河南、湖北、江西和

---

① 冯桂芬：《请减苏松太浮粮疏代作》，《显志堂稿》卷九，光绪二年校邠庐刻本。

② 相关论著可参见张家诚：《1823 年（清道光三年）我国特大水灾及影响》，《应用气象学报》1993 年第 3 期；余新忠：《道光三年苏州大水及各方之救济——道光时期国家、官府和社会的一个侧面》，张国刚主编：《中国社会历史评论》第 1 卷，天津：天津古籍出版社，1999 年；吴承明：《18 与 19 世纪上叶的中国市场》，《中国的现代化：市场与社会》，北京：生活·读书·新知三联书店，2001 年；李伯重：《"道光萧条"与"癸未大水"——经济衰退、气候剧变及 19 世纪的危机在松江》，《社会科学》2007 年第 6 期；Cao S J, Li Y, Yang B. "Mt. Tambora, Climatic Changes, and China's Decline in the Nineteenth Century", *Journal of World History*, 2012，23。

湖南，而云南、贵州、四川、广东、陕西和山西等省亦有灾情。从受灾时段来看，受灾最严重的时间集中于五至七月，并伴随着旱涝急转的发生，个别省份则自三月以来持续降雨。

直隶省水灾集中于六月中旬，先后导致 120 厅州县受灾，是本次水灾中受灾最严重，也是最受清廷关注的省份之一。本来，入春以来，直隶降水较少，并一度受到干旱的威胁，上至皇帝本人，下至督抚及司道各员，都曾先后设坛祈雨。降雨发生于五月初一，蓟州、通州等 50 厅州县，先后得雨，"入土深透"，"君臣上下不胜感悦"。六月初二日起，保定等处开始普降暴雨，且自初十日至十三日，"异常倾注，彻夜更甚"，低洼田亩，粮食刚经播种，"便被水浸泡，未能长发，而尚未播种者时令已过，难以再行补种"①。与此相伴随，则是直隶省境内诸多河流全线暴涨和决口。永定河自六月初十日已有险情，至十六日洪水成灾，"处处出槽漫滩，巨浪排山，奔腾浩瀚，无工不险，无埽不蛰，实属罕见罕闻"②。其中北三工十二、十三号和南二工二十号分别于十一日和十二日决口，此后又连续发生三次溃堤，至十七日"上下埽段俱已摇动"，连历任河督十四载的张泰运也不免感叹："本年汛水如此经久异涨，实为从来未有之事。"③永定河漫口，导致所流经之固安、永清等十州县沿河村庄，均被洪水横扫。④北运河则因受到温榆、潮白诸河灌水影响，于六月初六日发生决口，其中武清县属王家庄、火烧屯和河西务下游张家庄三处均决口，"水势横冲"，凤河县"悉成泽国"。十五日，运河东岸再次决口，冲刷百丈有余，水势直达东南方向，香河、宝坻、宁河地方民田受灾。由于回空漕船尚在运河，各帮船只无法通过，备历艰辛，尤其是泗州后帮回空军船经过河西务时遇上决口，冲断绳缆，

① 《宫中档朱批奏折》，道光三年六月十三日，蒋攸铦奏报直隶各属雨水过多情形请截留南漕备拨事，档案号：04-01-30-0487-019。

② 《宫中档朱批奏折》，道光三年六月十六日，蒋攸铦奏为永定河各处漫口情形事，档案号：04-01-01-0647-017。

③ 《宫中档朱批奏折》，道光三年六月十八日，蒋攸铦奏为抢护永定河两岸溃堤各工情形事，档案号：04-01-01-0647-015。

④ 《军机处录副奏折》，道光三年六月二十日，吏部尚书管理顺天府事务卢荫溥奏报固安县等处涨水被淹情形事，档案号：03-9853-036。

水手浮水奔逃，“淹殁数名”。[①]南运河亦于六月二十三日在运河西岸之东光县境内决口。[②]

截至七月十一日，直隶先后有81州县陆续禀报被水。[③]一周之后，21厅州县续报被淹。[④]延至九月，水灾仍未消退，直隶部分地区再遇强降雨，河间府属之阜城、吴桥，天津府属之南皮、盐山等19州县又先后被水冲淹。两个月内，先后禀报被淹的共120厅州县，大约占直隶所有17府州140余州县的80%以上，尤其是顺天府、保定府、河间府、天津府、正定府、顺德府、冀州、深州、定州等府州更是全境被灾。[⑤]

江苏自入夏以来，长江两岸州县已“多有被灾”。五月上旬，江苏大部分地区仍阴雨连绵，自十一日起大雨如注，持续到二十五日，“江河水涨”，圩堤间有冲破，各府属沿江低洼地区积水二三尺至七尺不等，已种禾苗木棉，“根叶腐烂”。六月十四、十五日及下旬，降雨重来，“或微雨帘织，或大雨如注”，终未停歇。七月立秋后仍淫雨不止，尤其是从初八至十二日，“狂风骤雨，连宵达旦”。七月底至八月中旬，又持续阴雨，江水续涨，河堤决口，庐舍坍塌，进一步加重了灾情。据事后奏报可知，经过几个月的连绵阴雨，江苏境内先后被淹达66厅州县卫之多，其中47厅州县卫成灾五分至十分不等，而苏州府属吴江、昭文、昆山，太仓州并所属镇洋、宝山6州县，积水较深，情形最重；上海、丹徒等19州县卫虽然“雨多水涨，低洼田亩积水无从宣泄，秋禾杂粮多被淹损”，但依清代勘灾体制规定，“勘不成灾”。[⑥]

---

① 《宫中档朱批奏折》，道光三年六月二十八日，蒋攸铦奏为遵旨查勘北运河王家庄等处漫口情形事，档案号：04-01-01-0649-031。

② 《宫中档朱批奏折》，道光三年七月十一日，蒋攸铦、严烺奏为南运河连镇汛香胡同缕堤被水漫溢事，档案号：04-01-01-0647-073。

③ 《宫中档朱批奏折》，道光三年七月十一日，蒋攸铦奏报查勘各属被水情形请分别抚恤事，档案号：04-01-01-0649-015。

④ 《宫中档朱批奏折》，道光三年七月十八日，蒋攸铦奏为办理永严府昌黎等续报被水州县抚恤事，档案号：04-01-01-0649-046。

⑤ 《宫中档朱批奏折》，道光三年七月十一日，蒋攸铦奏报查勘各属被水情形请分别抚恤事，档案号：04-01-01-0649-015。

⑥ 《宫中档朱批奏折》，道光三年十月初六日，孙玉庭、韩文绮奏为江苏成灾分数请赈济口粮蠲缓钱粮折，档案号：04-01-35-0057-049。

浙江本年亦因雨水过多，多处被淹。严州府属建德、淳安2县，先于四月二十日夜间遭遇山洪，“冲塌房屋，淹毙人口”，其中建德县淹死3人，淳安县淹死12人。两县于五月续被冲淹，并带淹桐庐县。[①]进入六月，暴雨仍在持续，杭州、嘉兴、湖州府属之仁和、钱塘等15州县受灾。其中绍兴府诸暨县两次遭水，严州府分水县于二十二日山洪暴发，淹毙10人。[②]七月初二及初八初九日，两次风雨大作，嘉兴府海盐、平湖2县，湖州府属之安吉县，绍兴府属之萧山县牧地及南沙公租地亩，以及坐落仁和、钱塘、富阳、余杭之杭严卫，坐落乌程、归安、长兴、安吉之嘉湖卫续被水淹。[③]八月初四至初九日，浙江部分地区仍阴雨连绵，宁波、绍兴府所属州县及台州府临海县，“风雨过大，间有被淹”。据统计，浙江本年先后被淹26州县卫，人口损失25名。[④]

除田亩受灾外，江浙一些盐场也遭到水淹。坐落江苏松江府属之横浦、浦东、袁浦、青村、下沙头、下沙二三等6场灶，因雨水过多，所种稻禾木棉均被淹浸，成灾六至九分及歉收不等。[⑤]之后，浙江杭州府属仁和、嘉兴府属芦沥二场亦遭风雨，成灾三分。[⑥]两淮通州分司所属金沙等5场，泰州分司所属富安等11场，本年夏秋雨水过多，“亭荡被淹，煎篷吹倒，各灶停煎，兼秋禾淹浸，收成歉薄，灶情拮据”[⑦]。

受灾较前三处为轻的省份包括安徽、山东、河南、湖北、江西和湖南。

---

① 《宫中档朱批奏折》，道光三年五月十四日，浙江巡抚帅承瀛奏为委员查勘建德淳安两县各乡田亩被水事，档案号：04-01-01-0649-002。

② 《军机处录副奏折》，道光三年六月二十二日，帅承瀛奏报严州府被水各县请抚恤及杭嘉湖府属低田被水情形，档案号：03-9853-038。

③ 《宫中档朱批奏折》，道光三年七月二十八日，帅承瀛奏为嘉兴府海盐等县被水情形并筹办赈济等项事，档案号：04-01-01-0643-021。

④ 《宫中档朱批奏折》，道光三年九月二十九日，帅承瀛奏报仁和等州县卫被水情形蠲缓银粮及赈济折，档案号：04-01-35-0057-047。

⑤ 《宫中档朱批奏折》，道光三年八月初九日，帅承瀛奏报横浦等六场叠遭风雨委员确勘灾情分别核办事，档案号：04-01-04-0003-004。

⑥ 《宫中档朱批奏折》，道光三年九月二十九日，帅承瀛奏为盐场被水请蠲缓灶课并由盐商捐给贫灶口粮事，档案号：04-01-35-0502-011。

⑦ 《宫中档朱批奏折》，道光三年九月二十六日，两淮盐政曾燠奏为安丰等场灶被水请缓征新旧折价银数事，档案号：04-01-35-0502-008。

据安徽巡抚陶澍查勘奏报可知，安徽本年入夏以来，各州县普降雨水，先后被淹，而庐州无为、铜陵、繁昌、芜湖、当涂等处发生决堤，南陵县发生淹毙人口情况。①七月初九至十一日又开始连续降雨十余天，17 府州县续报被淹。②综计本年安徽先后被淹 45 府州县，其中铜陵、无为等 24 州县成灾，泾县、太湖等 21 州县不成灾。③

山东和河南两省水灾情形类似。山东入春以来地土干燥，从五月二十六日起至七月，连遭降雨，由旱转涝。河南五月上旬降水较多，中下旬稍为干旱，自从六月初一起于七月上旬暑雨连绵，八月始停。据统计，山东省被淹州县达 15 个，其中成灾 5 州县，不成灾 11 州县。④河南成灾 3 县，不成灾 8 州县。⑤与此同时，二省境内南运河、卫河、漳河、沁河等一并涨溢。南运河上游临清州“水势出槽漫滩，甚为浩瀚”，“拍案盈堤”。⑥卫河水势连日增长，山东馆陶、临清州及武城境内民埝先后发生 16 次决口，“附近地区猝被淹浸”⑦。漳河则于六月十七日和七月初五日，发生两次大规模决口，临漳、汤阴、内黄、林县多有被淹村庄。⑧沁河亦因山水暴发，武陟段发生 3 次决口，并经由修武、获嘉、新乡、汲县、浚县一带，注入内黄县境内卫河。⑨但

---

① 《宫中档朱批奏折》，道光三年六月初十日，陶澍奏为办理铜陵等县灾民抚恤并赴南陵各处勘视淹浸情形事，档案号：04-01-01-0649-006。

② 《宫中档朱批奏折》，道光三年七月二十七日，陶澍奏为庐江等州县复被水淹委员驰往查勘及酌办抚恤事，档案号：04-01-01-0649-024。

③ 《宫中档朱批奏折》，道光三年九月二十六日，陶澍奏为查明铜陵等州县被水被旱情形请分别蠲缓赈济事，档案号：04-01-01-0643-027。

④ 《宫中档朱批奏折》，道光三年九月初七日，琦善奏报各州县秋禾被水情形请蠲缓钱粮赏给口粮折，档案号：04-01-35-0057-041；道光三年十月十四日，琦善奏报各州县被水被旱情形请抚恤口粮蠲缓钱粮折，档案号：04-01-35-0057-052。

⑤ 《宫中档朱批奏折》，道光三年九月二十三日，程祖洛奏为勘明武陟等县村庄被灾分数请准加赈及蠲免事，档案号：04-01-01-0643-026。

⑥ 《宫中档朱批奏折》，道光三年七月初六日，漕运总督魏元煜奏请陛见事，档案号：04-01-12-0373-062。

⑦ 《宫中档朱批奏折》，道光三年八月初八日，琦善奏为查勘临清等处漫缺民埝并分别筹办抢护事，档案号：04-01-01-0647-030。

⑧ 《宫中档朱批奏折》，道光三年七月十一日，程祖洛奏为漳沁等河同时异涨及樊马坊漫口情形并分别办理抚恤事，档案号：04-01-01-0647-078。

⑨ 《宫中档朱批奏折》，道光三年七月二十日，严烺奏为会勘武陟县小刘村民埝漫口并赴东省查看临清闸外水势等情事，档案号：04-01-01-0647-069。

卫河不能容纳如此水量，洪水四溢，沿途修武、汲县、内黄等12州县先后被淹。

湖北水灾集中于五、六月，其中五月上中下三旬各得雨五至十余次不等，“江水陡长，沿江一带州县不无淹漫”。尤其黄州府属黄梅县决口400余丈，“二十二镇尽被淹没”[①]。总计本年湖北先后被淹州县17处，3县成灾，其余14州县或情形较轻，或水退迅速，补种有收，“均不成灾”[②]。江西本年沿江临湖13州县被水受灾。其中五月二十一、二十二日，长江大水冲决德化县大堤，彭泽、鄱阳等县被淹。七月又因连日大雨，瑞昌、德安等县被水淹，被淹田亩至七月底仍未涸出，均不能补种秋禾。不过，按勘灾体制仅德化成灾。[③]湖南省本年临湖六州县被水受灾，但“均不成灾”[④]。

除此而外，本年份内国内其他部分亦有水灾报告，其中云南五至七月有10州县被淹，广东先后8县被淹，陕西3县受灾。贵州、四川、山西、甘肃、黑龙江等处也有相关奏报。统计三至八月，全国先后被淹340余州县，成灾172州县，淹毙人口，农业歉收，粮价倍增，无疑是一次大范围的严重水灾。

二

本次水灾的财政损失，可以分为直接财政损失和间接财政损失两部分。直接财政损失指政府直接用于救灾的财政拨款或财政支出，包括赈济及河工拨款；间接财政损失系指政府应征而减免征收或未能征收的部分，包括地丁钱粮蠲缓以及灾害导致的盐课、关税的免征和减少等。士绅等自发性赈济活动的经费支出，不计入财政损失。

① 《军机处录副奏折》，道光三年六月二十六日，杨懋恬奏报沔阳等县江水浸淹田禾并办理情形事，档案号：03-9853-043。

② 《宫中档朱批奏折》，道光三年九月二十八日，李鸿宾、杨懋恬奏报江陵等州县卫被水抚恤并请蠲缓折，档案号：04-01-35-0057-054。

③ 《宫中档朱批奏折》，道光三年七月初四日，程含章奏为德化等县被水成灾及赈济情形事，档案号：04-01-01-0643-014。

④ 《宫中档朱批奏折》，道光三年十月初七日，嵩孚奏报武陵等州县垸田被水歉收请蠲缓钱粮豁免佃租折，档案号：04-01-35-0057-050。

财政损失的大头是赈济拨款。道光年间灾荒赈济的一般程序，是地方受灾后，州县官员在四十日内上报受灾及灾情。需要紧急救助的，州县先行抚恤，搭盖棚屋，散放衣食，并给淹毙人口棺殓银。然后以村庄为单位，进一步勘查灾情，查明灾区范围和程度，按被灾田地比重确定成灾分数，核实灾民户口，划分极贫、次贫，区别大小。户部接到题请派人复勘，经采取相应赈济措施。此外，通商免税、劝谕捐输等也是救灾时经常采用的措施。①

京师是赈济灾民的重要场所。七月十六日，监察御史马步蟾奏称，京畿地区自六月以来阴雨连绵，“粮价骤昂，日用诸物无不腾贵”，请于五城设厂平粜。②道光帝准奏，发给仓贮米 5 万石，粳米减价 500 文，稜米减价 600 文，仍照向例，每人每日限买米至二斗止，减价平粜。③向来饭厂于十月初一日开设，因畿辅一带被水较重，“贫黎倍于往年”，饭厂于八月初五日一并开放。④延至次年五月二十日，饭厂计开放 280 余天。此后，又经御史程裔采等人提议，先后在顺天府卢沟桥、黄村、东坝、清河、采育村、庞各庄、榆垡村等处开厂。⑤前后共计拨米 62 600 余石，银 7100 两。⑥

直隶是重灾区，又因靠近京城，赈恤格外受到重视。灾情发生后，当地官员即依制度，对受灾较重地区先行赈恤。⑦天津被水村庄为积歉之区，于仓内各年存剩漕米拨 1200 余石散放。⑧顺天府属武清、宝坻等处受灾亦重，

---

① 昆冈等撰：光绪《大清会典》卷一九《户部・经费》，光绪二十五年刻本。

② 《军机处录副奏折》，道光三年七月十五日，掌贵州道监察御史马步蟾奏为京城粮价骤昂请旨平粜事，档案号：09-9864-001。

③ 《军机处录副奏折》，道光三年七月二十日，英和奏为遵旨议奏减价平粜章程事，档案号：09-9854-007。

④ 《军机处录副奏折》，道光三年七月二十七日，松筠奏为遵旨妥议平粜章程并请先期开设五城饭厂事，档案号：09-9854-015。

⑤ 《军机处录副奏折》，道光三年七月十九日，巡视东城御史程裔采奏为调剂京畿觅食贫民敬陈管见事，档案号：03-9854-006。

⑥ 《军机处录副奏折》，道光三年七月二十四日，吏部尚书掌管顺天府事务卢荫溥奏请拨银设厂煮赈事，档案号：03-9854-011。注：所拨银含京师五城棉袄生息银 3600 两。

⑦ 《宫中档朱批奏折》，道光三年七月十一日，蒋攸铦奏报查勘各属被水情形请分别抚恤事，档案号：04-01-01-0649-015。

⑧ 《宫中档朱批奏折》，道光三年七月十八日，蒋攸铦奏为办理永严府昌黎等续报被水州县抚恤事，档案号：04-01-01-0649-046。

先行抚恤，用银 73 573 两 1 钱 6 分 2 厘。①七月十八日，直隶总督蒋攸铦在奏报 21 州县续被水淹时，申请拨发赈恤银 120 万两，加上兵饷及修缮支绌，合计申请 180 万两。户部筹议于粤海关、九江关及山东河南捐银等项凑拨银 100 万两，不敷的 80 万两在部库提拨，实用实销。考虑到粮食储备不足，蒋攸铦奏请截留江广帮漕米 40 万石，漕运总督魏元煜接到咨会，先后拨湖南头、二、三帮，江西后帮安、福等五帮及九江后帮米共计 40 万石，交付直隶委员。②后因保定等府属续报被水，蒋攸铦又奏请在奉天存仓粟米内拨给 20 万石或者 15 万石。③盛京将军晋昌等奏称，旗仓存米无多，拨 20 万石仓储不免空虚，故拨旗仓米 4 万石，民仓米 11 万石，共足 15 万石之数，交直隶雇船领运。④

成灾最重的各州县领回银米后，于十月十八至二十六日先后开厂，至十一月中下旬次第放完，惟文安县灾分最重，户口又多，十二月二日才得以放完。统计用过的银数，受灾最重的 77 州县用银 1 313 107 两 5 钱 2 分 3 厘，加上次重及勘不成灾的州县，共用银 1 405 301 两 1 钱 7 厘。⑤因本次灾情较重，又于道光四年（1824 年）春在成灾最重州县办理展赈，或米四银六，或米三银七，或全放折色，每米 1 石折银 1 两 2 钱，于赈剩漕米及运回奉天米石内酌量分拨，最终用银 23 万余两。⑥赈济之外，还有修缮行宫兵房及借发兵粮之举。热河因六月间阴雨连绵，狮子园外庙及南北西路行宫坍塌外墙 55

---

① 《军机处录副奏折》，道光三年九月二十二日，蒋攸铦奏为勘明直隶续报被水州县灾情请分别赈济蠲缓事，档案号：03-9855-047。

② 《宫中档朱批奏折》，道光三年七月二十二日，漕运总督魏元煜奏报截留湖南及江西漕米行抵北仓卸验事，档案号：04-01-35-0243-028。

③ 《宫中档朱批奏折》，道光三年七月二十四日，蒋攸铦奏为保定等地赈米不敷请于奉天存仓粟米内拨给事，档案号：04-01-01-0643-017。

④ 《宫中档朱批奏折》，道光三年八月初八日，盛京将军晋昌、副都统伦图善奏为遵旨拨存仓粟米运直隶赈济，档案号：04-01-02-0082-006。

⑤ 《宫中档朱批奏折》，道光三年十一月十三日，蒋攸铦奏为支放本省各属大赈等项银两数目，档案号：04-01-01-0643-035。

⑥ 《宫中档朱批奏折》，道光三年十二月十五日，蒋攸铦奏为酌筹来春展赈请拨银两事，档案号：04-01-01-0643-052。

段，用银 17 189 两 8 钱 2 分 2 厘，于广储司领项兴修。[①]保定省城兵房因雨坍塌，兵丁无力兴修，动支 9990 两。[②]热河驻防兵丁官房被雨坍塌，借银 8880 两。[③]天津镇所属左右城守三营兵丁房屋因雨倒塌，借银 2298 两。泰宁镇所属紫荆关汛地因山水陡涨，兵房冲塌，按名借给米粮 955 石。[④]热河围场 1000 名兵丁因阴雨连绵，收成歉薄，借饷银 5000 两，按名分放。[⑤]小计本年直隶因灾用银 1 685 700 余两，用米 55 万余石。

江苏赈济方法类似，亦是先行抚恤，再采买米石，减价平粜。七月，上元、江宁等 23 厅州县被淹，情形较重，均先行抚恤一月口粮，用银 20 万两，于江宁、苏州两藩库动拨，易钱散放。[⑥]此后粮价上涨，由藩库借拨银两，经被淹各州县领回，赴各省产米地方买米。其中苏州府属长洲、元和、吴县各借银 3 万两，派员前往江西、湖北采买。江宁府因库银无多，于江西、湖北两藩库各借银 4 万两，照市价平买，免税放行，运回平粜。[⑦]十一月，米贩接踵而至，粮价稍平，停止买米。此时，已于湖北买米 9000 石，江西买米 15 000 石，运回后分别平粜。[⑧]八月，照嘉庆十九年（1814 年）成案，借拨淮商盐义仓谷 10 万石，十分之二三留江宁，其余拨付苏州，减价平粜。粜出银两即派员赴产米之区采买，再次运回平粜。[⑨]十月，江苏勘定成灾分

① 《宫中档朱批奏折》，道光三年七月二十二日，嘉禄等奏为热河外庙并南北两路行宫被雨坍损情形事，档案号：04-01-37-0084-081。

② 中国第一历史档案馆编：《嘉庆道光两朝上谕档》第 28 册，道光三年八月初五日，桂林：广西师范大学出版社，2000 年，第 303 页。

③ 中国第一历史档案馆编：《嘉庆道光两朝上谕档》第 28 册，道光三年十二月十六日，桂林：广西师范大学出版社，2000 年，第 481 页。

④ 《宫中档朱批奏折》，道光三年十月二十一日，蒋攸铦奏为天津镇及紫荆关营汛被水兵食维艰请赏给银米，档案号：04-01-01-0645-004。

⑤ 《宫中档朱批奏折》，道光三年十一月初十日，热河都统庆保奏为围场兵丁因灾生计维艰请借款接济事，档案号：04-01-01-0645-009。

⑥ 《宫中档朱批奏折》，道光三年七月十三日，韩文绮奏为江宁府上元等州县被水较重先行动项抚恤事，档案号：04-01-01-0649-017。

⑦ 《宫中档朱批奏折》，道光三年八月初一日，孙玉庭奏报江苏灾区粮价增昂分别地方借项采买米石折，档案号：04-01-35-1201-036。

⑧ 《宫中档朱批奏折》，道光三年十一月二十六日，孙玉庭、韩文绮奏为办理江苏被灾州县赈济及平粜事，档案号：04-01-01-0643-042。

⑨ 《宫中档朱批奏折》，道光三年八月初三日，孙玉庭奏报江苏被水较重淮商吁请捐谷接济折，档案号：04-01-35-1201-037。

数，查明极贫、次贫户口，按成灾分数分别给赈，概以折色银两散放。[①]据估算苏松需赈银100万两，江宁需银三十六七万两。除动用苏州藩库本年秋拨及上年春拨存剩银、浒墅关税银等外，不敷银458 000两，经户部同意于别省指拨。[②]此后，又依例对重灾区施行展赈，加赏一月口粮。[③]兵丁口粮亦因灾受阻，江宁仓及漕河狼奇等营不敷米5万石，江安道帮丁行月等不敷米18 000石，苏州绿旗各营兵米及各属恤孤等不敷米67 615石，均就近在熟田漕粮内按数截留。[④]刘河等营驻扎灾区，米价昂贵，兵丁买食艰难，借银72 497两，米17 572石。[⑤]小计江苏本年因灾共拨银182万余两，用米277 187石。

浙江方面，因建德、淳安二县最先受灾，淹毙人口，藩司带银7000两前往，会同地方官确切查勘，无力贫民先行给予一月口粮。[⑥]六、七月间，续有26州县被淹，各处开仓碾谷，较市价减二到五钱不等平粜。随即将南新关、北新关及浙海关所征税银暂缓解京，不敷银两于藩库地丁及封贮等项内动支。[⑦]浙江产米本不多，向赖安徽湖广等省客米接济，水灾发生后，省局即令商人前往湖北汉口、福建台湾等处采买，沿途免税。[⑧]为筹备来春赈济，又于盐库内拨银30万两作为买米本钱，分赴外省及本境米多价平之区购买运回。[⑨]

---

① 《宫中档朱批奏折》，道光三年十月初六日，孙玉庭奏报江苏成灾分数请分别赈济口粮蠲缓钱粮折，档案号：04-01-35-0057-049。

② 《宫中档朱批奏折》，道光三年十月初六日，孙玉庭奏请于龙江关等库分别动拨银两赈济江宁所属被灾州县事，档案号：04-01-01-0643-030。

③ 《宫中档朱批奏折》，道光三年十二月初四日，孙玉庭、韩文绮奏为查明被水州县灾分较重来春请予赈济事，档案号：04-01-01-0643-044。

④ 中国第一历史档案馆编：《嘉庆道光两朝上谕档》第28册，道光三年十二月二十日，桂林：广西师范大学出版社，2000年，第494页。

⑤ 中国第一历史档案馆编：《嘉庆道光两朝上谕档》第28册，道光三年十二月二十四日，桂林：广西师范大学出版社，2000年，第500页。

⑥ 《宫中档朱批奏折》，道光三年五月十四日，浙江巡抚帅承瀛奏为委员查勘建德淳安两县田亩被水情形事，档案号：04-01-01-0649-002。

⑦ 《宫中档朱批奏折》，道光三年九月二十九日，帅承瀛奏报仁和等被水蠲缓赈济折，档案号：04-01-35-0057-047。

⑧ 《宫中档朱批奏折》，道光三年八月初一日，闽浙总督赵慎畛奏为浙省各属米价增昂请暂停海禁赴台贩米事，档案号：04-01-02-0082-005；《宫中档朱批奏折》，道光三年八月初九日，帅承瀛奏为上紧赴台贩米饬宁波府先赶募殷商给予印照事，档案号：04-01-02-0082-008。

⑨ 《宫中档朱批奏折》，道光三年八月初九日，帅承瀛奏为杭嘉湖三府被水地方食米不敷请借库银买米平粜事，档案号：04-01-02-0082-007。

本年江浙盐场遭受重创。向来各场被灾灶户筹济口食，由盐商捐给。盐商吴恒聚等请捐银 30 万两散放灾民，所需银两先在运库报存盐课项下借拨，按引捐输还款。[①]道光帝表示："朕不惜数百万帑金量筹民食，又何容借资商捐名目以供调剂？著不准行。"各州县卫及场灶赈济口粮，即在运库报存盐课项下动拨。[②]浙江六处盐场两月口粮及来春加赏，共需银 9 万余两。而两淮泰州分司所属安丰、梁垛等九场，来春赏给一月口粮[③]，银数不详。

安徽经费系经陶澍之手，记载颇详。五月，潜山等县被淹，藩司徐承恩带银 4000 两，陶澍带银 4000 两，分两路前往发放。[④]七月，经奏准于藩库贮存正项下拨银 130 万两备用。[⑤]九月，勘定成灾分数，按成灾分数给赈。[⑥]因米价渐贵，又于藩库动支银两，派员前赴四川、湖广、江西等省买米 10 万石，不敷即在该省就近动借。[⑦]安庆府同知陈其松前往四川，州同万年淳前往湖广，凤阳府同知曹攀华前往江西，各领银 2 万两，分投采买，照例免税。[⑧]四川总督陈若霖恐安徽委员自行采买不免遇奸商抬价，即指定地区采买，先后买米 4 万石。[⑨]

湖北方面，黄梅等县被淹后，藩司德奎于地丁款内动支银 17 000 两，亲

---

① 《宫中档朱批奏折》，道光三年九月二十九日，帅承瀛奏为盐商公捐银两接济灾民口食请赏收备用事，档案号：04-01-35-0502-012。

② 中国第一历史档案馆编：《嘉庆道光两朝上谕档》第 28 册，道光三年十月十九日，桂林：广西师范大学出版社，2000 年，第 403 页。

③ 《宫中档朱批奏折》，道光三年十一月二十三日，曾燠奏为查明安丰等被水盐场灶情拮据来春应予接济事，档案号：04-01-01-0643-040。

④ 《宫中档朱批奏折》，道光三年五月二十九日，陶澍奏报亲赴潜山县等查勘被水情形事，档案号：04-01-01-0649-004。

⑤ 《宫中档朱批奏折》，道光三年七月二十七日，陶澍奏为本省各属被水米价昂贵委员赴川广等省买米平粜，档案号：04-01-01-0643-019。

⑥ 《宫中档朱批奏折》，道光三年十二月初四日，陶澍奏为遵旨查明怀宁等被水州县受灾较重来春应予接济事，档案号：04-01-01-0643-046。

⑦ 《宫中档朱批奏折》，道光三年七月十三日，孙玉庭、陶澍奏为筹议安省被水各属赈济事宜，档案号：04-01-01-0643-015。

⑧ 《宫中档朱批奏折》，道光三年七月二十七日，陶澍奏为本省各属被水米价昂贵委员赴川广等省买米平粜，档案号：04-01-01-0643-019。

⑨ 《宫中档朱批奏折》，道光三年八月十四日，陈若霖奏报预筹安徽采买米石情形事，档案号：04-01-01-0645-023。

赴该处散发。[①]后续拨银 23 124 两 4 钱 7 分 5 厘。[②]江陵、监利、广济三县用银 72 434 两零。[③]此后再赈，又用银 26 288 两零，于司库地丁款内动拨。[④]小计湖北本年发赈，共用银 138 846 两零。

山东于六、七月间派委员勘灾，至九月勘定成灾分数，成灾村庄先行赏给一月口粮，照例加赈。[⑤]成灾村庄，无论极次贫，均于来春赏给一月口粮。[⑥]河南原马棚沁河漫口后，藩司杨国桢于司库酌发银两，派员带往查勘抚恤。七月初，北岸小刘村漫口后，亦酌拨银两，藩司及委员带银前往，散给馍饼席片，扎筏济渡。[⑦]九月勘定成灾分数，照例加赈。[⑧]驻防满营兵丁官房因雨水过多，倒塌渗漏，借银 26 776 两修建。[⑨]

湖南、江西的赈济程序类似，其他省份诸如云南、贵州、四川、广东、陕西等省亦有零星记载，但未查到最终数据。综上所述，统计数目明确者，用银达 5 436 322 两，用米 927 187 石。不知数目者，如山东、河南、湖南、江西赈银，浙江采买米石及所拨关税税银，两淮盐场口粮银等，考虑到这些地方受灾情况亦很严重，故可大略估计，此次赈济用银在 800 万两以上，用米在 150 万石以上。

---

① 《宫中档朱批奏折》，道光三年七月二十七日，杨懋恬奏为赈济黄梅县被水灾民并委员查勘公安等地被水情形，档案号：04-01-01-0643-018；《军机处录副奏折》，道光三年六月二十六日，杨懋恬奏报沔阳等县江水浸淹田禾并办理情形事，档案号：03-9853-043。

② 《宫中档朱批奏折》，道光三年八月二十七日，李鸿宾奏为湖北黄梅县被水户口成灾分数应请加赈蠲缓事，档案号：04-01-02-0082-011。

③ 《宫中档朱批奏折》，道光三年九月二十八日，李鸿宾、杨懋恬奏报江陵等州县卫被水抚恤并请蠲缓事，档案号：04-01-35-0057-054。

④ 《宫中档朱批奏折》，道光三年十二月二十一日，李鸿宾奏为查明黄梅被水州县极次贫乏军民应行加赈事，档案号：04-01-01-0643-054。

⑤ 《宫中档朱批奏折》，道光三年九月初七日，琦善奏报各州县被水情形请蠲缓赏给口粮，档案号：04-01-35-0057-041。

⑥ 《宫中档朱批奏折》，道光三年十月十四日，琦善奏报各州县被水情形请抚恤蠲缓折，档案号：04-01-35-0057-052。

⑦ 《宫中档朱批奏折》，道光三年七月二十日，程祖洛、严烺奏为武陟县沁河北岸小刘村漫口并办堵筑事，档案号：04-01-01-0647-068。

⑧ 《宫中档朱批奏折》，道光三年九月二十三日，程祖洛奏为勘明武陟等县村庄被灾分数请加赈及蠲免事，档案号：04-01-01-0643-026。

⑨ 《宫中档朱批奏折》，道光三年十一月初三日，程祖洛奏驻防满营兵房坍塌借项修理，档案号：04-01-20-0010-018。

三

堵修河工亦是财政拨款的重要部分。

先来看直隶的河工损失。水灾当前，当以合拢决口为先。永定河自六月初十日出现漫口后，直隶总督蒋攸铦即令藩司陆言由司库拨银2万两，解往永定河道库备用。其中北上汛四五号大堤溃塌230丈，为堵此决口购买各色物料，先后用银6492两。[①]八月，为筹办北三、南二及北中汛各工，经估计需银15万两，即将此数解贮工次。[②]此后在阴雨及烈日中加紧施工，持续至九月十一日全河复归故道。[③]经核计，北中汛引河坝工用银119 950余两，南二、北三漫口用银15 536两，共计135 486余两，较原估节省14 514两。[④]此外，北二、北下、南上、南四、南五、南六等工，并北中、北四等汛，共添下新埽38段，用银2668两，于抢修项下报销。[⑤]此后，又办理各工善后，北中汛新筑大坝加高培厚，金门以下添做顺水草坝，金门以上添筑月堤，汛头及北下汛筑越堤4道；南二、北三补还堤埽加高培厚；北上、北二、北五，南上、南五、南六等工加高帮培，用银21 823两。[⑥]由于永定河本年伏秋大汛，河水叠次异涨，两岸各汛堤埽工程无不险要，旧有埽段多雨陡蛰入水，随时抢修，用银26 129两5钱6分。南北两岸上游各汛采办秸料，用运脚银9370两4钱4分。以上小计本年各工用银201 972两。

六月初以后，北运河几处先后漫口。据通永道董淳称，王家务、筐儿港

---

① 《宫中档朱批奏折》，道光三年六月二十八日，蒋攸铦奏为赶筑永定河北上汛四五号甲工复被冲缺堤埽事，档案号：04-01-01-0647-012。

② 《宫中档朱批奏折》，道光三年八月十三日，张文浩、蒋攸铦奏为勘估永定河北中汛堵筑漫口等工程约需银数事，档案号：04-01-05-0162-020。

③ 《宫中档朱批奏折》，道光三年九月十一日，张文浩、蒋攸铦奏为督办永定河北中汛河工事，档案号：04-01-01-0647-054。

④ 《宫中档朱批奏折》，道光三年九月十四日，张文浩、蒋攸铦奏为永定河北中汛漫口引河大坝等工用过银数事，档案号：04-01-01-0647-055。

⑤ 《宫中档朱批奏折》，道光三年九月初一日，蒋攸铦奏为永定河上等汛伏汛期内新添埽段丈尺银数事，档案号：04-01-01-0647-052。

⑥ 《宫中档朱批奏折》，道光三年九月十四日，张文浩、蒋攸铦奏为永定河北中汛堵筑漫口善后工程估需银数请准动拨事，档案号：04-01-01-0647-056。

均经过水，两岸堤坝埽厢工程淋漓冲刷，均有坍塌蛰陷处所，经即时抢护巩固，用银 13 460 两 8 钱 6 分 7 厘，又备办防险料物并搭盖棚铺等项，用银 2659 两 8 钱 7 分 5 厘。[①]南运河亦经多处决口，至九月二十八日将南北两坝头赶厢完竣，二十九日卯时合龙，所有正坝边埽后戗等工用银 15 613 两。随后又进行善后，于坝后建月堤一道，用银 1331 两。[②]此外，又有随时抢修之银 5952 两 9 钱 3 分 8 厘 2 毫。[③]旱河因夏秋雨水过多，山水屡次涨发，挟沙带石，河道淤积，两岸砂堤被冲残缺，经多段分别抢修，用银 5155 两。[④]为筹备直隶永定河及南北运河来年各工，道光三年（1823 年）九月十一日谕令浙江、江西、湖南、江苏、广东五省捐监每收足五万两，即行解部，以备直隶随时筹拨，其中永定河筹议宣泄及修补各工银 219 062 两。[⑤]

河南境内，沁河因武陟境内溃埽塌堤，即用柴土厢筑，加厢护埽，浇筑后戗，用银 8900 余两。七月，沁河再次决口，经全力抢修，于九月初九日恢复故道，将正坝及水上边埽加厢高厚，用银 138 500 余两。[⑥]沁河北岸之小刘村以下各处，加工培土，补还旧埽用银 18 000 余两，增培埝工用银 31 000 余两。[⑦]统计沁河前后堵筑漫口各工及善后工程，用银 196 400 余两。

卫河六月间十七处决口，于十月十五、十七日一律堵合完固。临清州赵家村、白庙、江家庄缺口五处，赵家村北及谭家口两处，用银 20 252 两 9 钱 4 分；赵家村北、谭家口增估后戗土工，补还旧埝，用银 2843 两 8 钱 9 分 5

---

① 《宫中档朱批奏折》，道光三年十一月十三日，蒋攸铦奏报本年永定南北运河用过抢修银数，档案号：04-01-35-0951-015。

② 《宫中档朱批奏折》，道光三年十月十四日，蒋攸铦奏为东光县南运河香胡同缕堤漫口合龙及工需银两事，档案号：04-01-01-0648-031。

③ 《宫中档朱批奏折》，道光三年十一月十三日，蒋攸铦奏报本年永定南北运河用过抢修银数，档案号：04-01-35-0951-015。

④ 《宫中档朱批奏折》，道光三年十一月二十六日，蒋攸铦奏为道光四年应修挑挖旱河善后工程事，档案号：04-01-01-0648-053。

⑤ 《宫中档朱批奏折》，道光三年十一月初六日，张文浩、蒋攸铦奏为会勘直省南北运河及永定河河道情形事，档案号：04-01-01-0648-051。

⑥ 《宫中档朱批奏折》，道光三年九月十五日，严烺、程祖洛奏为堵筑武陟县小刘村沁堤漫口合龙，档案号：04-01-01-0647-040。

⑦ 《宫中档朱批奏折》，道光三年九月十五日，严烺、程祖洛奏为筹议沁河善后工程奏请借项增培以资保障，档案号：04-01-01-0647-039。

厘；馆陶县宋家庄、李家庄等处用银 12 567 两 9 钱 3 分；武城县梁家窑漫口，用银 849 两 6 钱。以上用银 36 514 两 3 钱 6 分 5 厘。①

河南、山东段黄河工程量大，自六月起抢修至八月底尚未全完，据事后奏报，本年黄河另案各工，豫省两岸十三厅共二十二案，用银 893 351 两；山东省北岸二厅共六案，用银 154 615 两。②又因为两岸堤长一千余里，漫滩处所堤根淤高，堤身即形卑矮，加高培厚，计十二厅用银 211 800 余两；山东省曹河粮河二厅及曹考厅之曹上汛用银 67 500 余两。③以上用银 1 327 266 两。

江苏境内各河道于五月初即见涨水，工程持续至九月二十一日止，共用银 38 万两零，借动各藩库银 24 万两，其余由运库垫发。④浙江本年水利工程费用集中于海塘，其中钱塘县境内江塘苕溪险塘绵延三十余里，五处柴土石塘间段坍卸，长 180 丈 1 尺，用银 7926 两。⑤嘉兴府海盐石塘多处坍卸，用工料银 16 000 余两。⑥绍兴府山阴、会稽、萧山、余姚、上虞等五县境内滨临江海之柴土篓石各塘工，亦多有坍卸之处，山阴三江闸侧之夏东西二京五号柴塘坍卸，用银 3173 两；会稽中巷一带临江塘堤坍卸，用银 2585 两；萧山孔家埠等处西江塘工，用银 2262 两；西兴关外塘工用银 4479 两；余姚梁下仓临海土塘间段坍矬，用银 3479 两；上虞吕家埠等处江塘间有坍卸，用银 4836 六两。小计浙江用银 20 810 余两。⑦

湖北黄梅县潘兴口溃堤，用银 28 763 两 9 钱，驿路堤溃口用银 7670 两 9 钱。⑧荆州府万城大堤因江水盛涨，逍遥堤至横塘二十一工，用银 13 121

① 《宫中档朱批奏折》，道光三年十一月十五日，琦善奏为临清等州县民堰漫口均已合龙及善后等工完竣事，档案号：04-01-01-0648-056。

② 《宫中档朱批奏折》，道光三年十一月初二日，严烺奏为查核道光三年豫东黄河两岸抢办另案各工段落银数，档案号：04-01-01-0648-045。

③ 《宫中档朱批奏折》，道光三年十月十九日，严烺奏为豫东黄河两岸堤坝应行培筑请准拨款事，档案号：04-01-01-0648-024。

④ 《宫中档朱批奏折》，道光三年五月十五日，孙玉庭、曾燠奏为酌定按引捐带归款挑挖仪征河道并俟秋冬水涸挑内河事，档案号：04-01-01-0646-006。

⑤ 《宫中档朱批奏折》，道光三年十一月十三日，帅承瀛奏为钱塘县苕溪险塘及护塘抢水排桩分别坍卸朽烂请准借项修筑事，档案号：04-01-01-0648-050。

⑥ 《宫中档朱批奏折》，道光三年七月二十八日，帅承瀛奏为嘉兴府海盐等县被水情形并筹办赈济等项事，档案号：04-01-01-0643-021。

⑦ 《宫中档朱批奏折》，道光三年十月二十八日，帅承瀛奏为山阴等县塘工间有坍卸请准借款兴修事，档案号：04-01-01-0648-033。

⑧ 《宫中档朱批奏折》，道光三年十二月初五日，李鸿宾、杨懋恬奏请借项赶修黄梅县漫缺堤塍事，档案号：04-01-01-0648-039。

两9钱；横塘以下至拖茅埠三十七工，用银12 988两2钱；上林脑新开溃口难对口接筑，用银14 512两；上新开挽筑月堤用银35 082两9钱。[①]江西境内圩堤多有冲塌，其中德化、建昌、南昌、新建四县应修圩堤，德化县用银8000两，建昌县用银3000两，南昌县用银4500两，新建县用银18 833两。[②]

此外，安徽、云南、广西等处亦多有水利工程，但经费不详。统计直隶河工，山东、河南沁卫及黄河工程，浙江钱塘、嘉兴、绍兴塘工，湖北黄梅及万城江堤，江西德化圩堤，共用银1 984 300余两，再加上数目不详之处，本年因大水抢筑各工用银数当不下250万两。

四

再来看间接财政损失。

地丁钱粮是清代财政收入的主体，常年额征地丁银3300万两左右，占全部财政收入4500万两的73%左右。[③]下表是水灾集中区域省份道光三年（1823年）蠲免、缓征及实征情况（表1）。

表1　道光三年蠲免、缓征及实征情况　　单位：两

项目	直隶	山东	河南	江苏	浙江	安徽	湖北	江西	湖南	合计
额征	2 556 866	3 589 694	4 354 543	3 625 814	2 249 330	1 807 563	1 144 208	2 249 330	912 643	22 489 991
蠲缓	1 590 427	1 284 309	1 620 526	1 567 803	253 546	664 543	129 183	−174 390	26 603	6 962 550
蠲缓率	62%	36%	37%	43%	11%	37%	11%	—	3%	31%
应征	966 439	2 305 385	2 734 017	2 058 011	1 995 784	1 143 020	1 015 025	2 423 720	886 040	15 527 441
实征	939 009	2 129 255	2 365 963	1 443 079	1 741 102	855 355	900 407	1 488 956	886 040	12 749 166
蠲缓后少征	27 430	176 130	368 054	614 932	254 682	287 665	114 618	934 764	0	2 778 275

资料来源：中国社会科学院经济研究所图书馆藏抄档《清代各省钱粮征收表》，直隶、山东见第一册，河南见第二册，江宁道、苏州道见第三册，安徽、江西见第四册，浙江见第五册，湖北见第六册

注：江西省往年带征率过高，导致蠲缓后应征仍超过额征

① 《宫中档朱批奏折》，道光三年十二月二十一日，李鸿宾、杨懋恬奏请借款赶办荆州府万城大堤等工事，档案号：04-01-01-0648-038。

② 《宫中档朱批奏折》，道光三年十二月十二日，程含章奏请借项修筑德化等县被水圩堤事，档案号：04-01-01-0648-035。

③ 倪玉平：《清朝嘉道财政与社会》，北京：商务印书馆，2013年，第174页。

从表1可知，上属9省道光三年（1823年）应征钱粮中，总体蠲缓696余万两，蠲缓率31%，比重相当高。按地区看，蠲缓比重最高的为直隶，高达62%；其次为江苏，为43%；然后是安徽、河南、山东等省份，这也正好印证了前文对各省受灾情况的分析。另外，即使是蠲缓后的应征银1552余万两，也不能做到足额，仍然亏缺277万余两，亏缺率20%，充分显示此次水灾对地丁钱粮征收所造成的打击。

漕粮系"天庾正供"，例不蠲缓，但本年因灾情严重，亦进行了大幅度调整。道光三年十二月二十一日，漕运总督魏元煜奏报本年共起运漕粮3 082 740石，对照原额400万石可知，缓征率在1/4左右。①

盐课是清代重要的财政收入。在遭受水灾后，各地盐场之盐课纷纷缓征，其中长芦缓征银97 391两②，两浙各场缓征银2 384 000两③，云南黑盐井缓征银23 222两④，计2 504 613两。不过，受灾最重、征课最多的两淮盐场数据缺乏，实为一大缺憾，但大致可以确定，此项合计必不下400万两。

因过往商船减少、百姓消费能力下降，以及政府强制性灾区采买米石免税，水灾也在很大程度上影响到了关税的征收。浒墅关"专以米税为大宗，几居课额十分之五"⑤，随着灾区开始免税采买米石，自三年八月十八日至四年五月初二日，通过浒墅关的免税粮食为3 272 946石，计免税银130 917两8钱5分8厘。⑥淮安关自三年四月十二日至四年四月十一日关期内，少

① 中国社会科学院经济研究所藏抄档：《清代黄册·户部漕运类》第14册，中国社会科学院经济研究所图书馆藏。

② 中国第一历史档案馆编：《嘉庆道光两朝上谕档》第28册，道光三年九月十四日，桂林：广西师范大学出版社，2000年，第353页。

③ 《宫中档朱批奏折》，道光三年九月二十九日，帅承瀛奏为盐场被水请蠲缓灶课并由盐商捐给贫灶口粮事，档案号：04-01-35-0502-011。

④ 《宫中档朱批奏折》，道光三年十月二十九日，明山奏报勘明云南黑盐井被水工程并新旧堕煎盐斤未完银数事，档案号：04-01-35-0502-019。

⑤ 《宫中档朱批奏折》，道光三年八月十八日，苏州织造延隆奏报遵旨办理暂免米税情形折，档案号：04-01-21-0372-032。

⑥ 《宫中档朱批奏折》，道光四年五月十五日，苏州织造延隆奏报浒墅关实征免征银数折，档案号：04-01-21-0373-033。

收税银 137 355 两 7 钱 1 分 8 厘，系因“灾地未尽复业，又因直省水潦，就近分济民食，赴南销售无多”[①]。扬州关自道光二年（1822 年）九月初十日至三年九月初九日关期内，少收税银 28 328 两 2 钱，系因“本年夏秋上下游地方雨水过多，江潮泛涨，南北货船往来阻滞”[②]。西新关自道光三年正月二十八日至四年正月二十七日关期内，少收税银 12 555 两 4 钱 2 分 1 厘，原因亦在于“夏秋雨水较多，江潮盛涨，兼之收成歉薄，粮食价昂，堆贮木植杂货甚多，商本未能转运，以致木簰杂货到关寥寥”[③]。九江关自二年十二月初九日至三年十二月初八日关期内，少收木税银 2 万余两，“缘夏间安徽、江苏、浙江等省均有被水之区，木植滞销，商贩减少”，又免过米税 1754 两 8 钱。[④]据巡抚陶澍奏报，芜湖关自三年四月初二日至四年四月初一日关期内，户关少收 19 485 两，工关少收 15 925 两 9 钱，原因在于三年四月初二日开征后，“适值阴雨连绵，沿江被水成灾，货船簰把到关稀少，迨至秋后水势稍退，而下游被灾地方甚广，不特所产木棉等货失收，即各处行销上游货物亦俱积滞”[⑤]。处于运河沿线的临清关，亦于三年九月初三日之前，少收户关银 17 558 两 6 分 3 厘[⑥]，少收工关银 4340 两 5 钱 1 分[⑦]。以上合计少收银 388 221 两 4 钱 7 分，再加上荆州关、南新关等关的零星短少，本年度少收关税银近 40 万两。

嘉道时期清廷的常年财政收入保持在 4500 万两左右的水平，此次因水

---

① 《宫中档朱批奏折》，道光四年四月二十八日，淮安关监督文连奏报淮宿海三关征税银数折，档案号：04-01-21-0373-028。

② 《宫中档朱批奏折》，道光三年十月十八日，江苏巡抚韩文绮奏报扬关由闸短收盈余银两着落照数赔补折，档案号：04-01-21-0372-042。

③ 《宫中档朱批奏折》，道光四年二月二十一日，江宁织造广亮奏报龙江西新关征收盈余银两短少缘由折，档案号：04-01-21-0373-008。

④ 《宫中档朱批奏折》，道光三年十二月二十一日，九江关监督费履升奏为九江关征收盈余银两短少请照数赔缴等事折，档案号：04-01-21-0373-053。

⑤ 《宫中档朱批奏折》，道光四年四月二十二日，安徽巡抚陶澍奏报芜湖关短收盈余银两着落摊赔折，档案号：04-01-21-0373-023。

⑥ 《宫中档朱批奏折》，道光四年正月初七日，署理山东巡抚琦善奏报临清户关少收铜斤水脚盈余银两折，档案号：04-01-21-0373-001。

⑦ 《宫中档朱批奏折》，道光四年二月二十一日，署理山东巡抚琦善奏报查明临清工关少收正额盈余银两缘由折，档案号：04-01-21-0373-010。

灾而引发的直接财政损失包括赈济 950 万两[①]，河工 250 万两，计 1200 万两，占全部财政收入的 26.67%；间接财政损失包括遭受水灾省份的短征地丁银 696 万两，短征漕粮 100 万两，短征盐课 400 万两，短征关税 40 万两，计 1236 万两，占全部财政收入的 27.47%。合计直接财政损失和间接财政损失，已达 2436 万两，占全部财政收入的 54.13%。这一数据难免有重复计算或不够精确之处，但已足可看出损失之惨重。

当然，以上所计均系由政府承担的财政损失。至于水灾所引发的人口减少、房屋财产损失及农业歉收等总体经济损失，虽已无法精确统计，但必当远远超出政府财政损失数额。由此我们可以更加直观地了解，何以这次水灾会在时人及后人的心目中留下如此深刻的印象。

① 此处赈米以 1 石 1 两银子的价格折算。

量化经济史

从20世纪后期起，特别是进入21世纪以来，中国经济在改革开放中迅速崛起。2012年，中国GDP超过日本，仅次于美国，成为世界GDP第二大国。近年来，重新评价历史上中国经济发展水平及其在世界经济史上的地位日益受到国内外学者的关注。同时，随着计量史学、新经济史学的崛起，量化中国不同历史时期的经济发展水平并与同时期的世界其他经济体进行比较的“历史GDP”研究，在国内外学术舞台上日渐兴起，并汇聚成一股频繁互动的研究潮流，吸引着不同学科、国籍的学者参与讨论；不仅如此，在国际学术界，围绕这一研究潮流还引发了诸如“大分流”（the Great Divergence）等问题广泛而持续的人讨论。

《中国历史时期经济总量估值研究——以GDP的测算为中心》（由笔者与徐毅、范鲁文·巴斯合作完成，载于《中国社会科学》2015年第5期）分析了中国历史GDP研究的发展历程，认为估算方法、基础数据和历史GDP研究的国际比较三个方面将是中国历史GDP研究能否健康发展的关键。

《GDP数值估计的三个原则》（《中国经济史研究》2011年第3期）指出，GDP的统计和推算是系统工程，任何一个数估的变化，都会引起连锁反应。今天的中国经济史研究并不缺少数据，而是缺少可靠的精准数据。如何做出具有公信力的成果，应该是大家共同努力的方向。在估算过程中，必须重视对原始资料的搜集和整理、注意数值估计的合理性，同时要有强烈的历史感。

《我们需要什么样的经济史？》（《近代史研究》2011 年第 1 期）系针对黄敬斌教授大著《民生与家计：清初至民国时期江南居民的消费》的商榷，认为该书可能存在恩格尔系数的适用性问题、数值估计的合理性问题和经济史材料的解读问题。另外一篇书评《评〈前近代中国总量经济研究（1600—1840）——兼论安格斯·麦迪森对明清 GDP 的估算〉》（《中国史研究》2013 年第 1 期）则针对刘逖先生的大著进行反思。对笔者而言，这两篇书评是一次难得的学术交流。

中国历史时期经济总量估值研究——以GDP的测算为中心

中国不仅是四大文明古国之一，也曾是世界上最大的经济体。从20世纪后期起，特别是进入21世纪以来，中国经济在改革开放中迅速崛起。2012年，中国GDP已经超过日本，仅次于美国，成为世界GDP第二大国。近年来，重新评价历史上中国经济发展水平及其在世界经济史上的地位日益受到国内外学者的关注。同时，随着计量史学、新经济史学的崛起，量化中国不同历史时期的经济发展水平并与同时期的世界其他经济体进行比较的“历史GDP”研究①，在国内外学术舞台上日渐兴起，并汇聚成一股频繁互动的研究潮流，吸引着不同学科、国籍的学者参与讨论；不仅如此，在国际学术界，围绕这一研究潮流还引发了诸如“大分流”等问题广泛而持续的大讨论。在中国学术日益走向国际的今天，中国历史GDP研究的发展脉络本身就是中国学术国际化的生动案例，因此，及时跟踪这一具有国际意义的学术动态显得格外重要。本文即从学术史的角度，对中国历史GDP研究如何从国际学界专门性的研究领域，一跃成为备受各国不同学科学者关注的焦点领域这一发展脉络，做一简单梳理，总结当前热潮中出现的问题与可能的发展趋势，供学界同人参考。

一、研究缘起与初步探索：1930—1990年

GDP系国内生产总值（gross domestic product）的简称，是目前国际上用于宏观评价经济发展水平与潜力的主流统计工具，主要是对某一国家或地区特定时期内（通常为一年）总量经济的生产、收入及支出进行记录与核算，反映当期总体经济运行的投入、产出、支付及流量关系。

---

① 到目前为止，学术界关于中国历史时期GDP的研究成果，集中于唐宋至新中国成立前。唐之前的GDP研究因资料原因尚难系统展开，新中国成立后的GDP数据则可以按现代统计学方法获得。故本文所言的“中国历史时期GDP”研究，指唐宋至民国时期须凭借经济史家测算而获得的GDP估算研究。

从宏观上考察一个国家或地区的经济总量并进行横向国际比较的研究，有着悠久的历史。早在 17 世纪，英国古典政治经济学家威廉·配第就从人口、收入、支出、土地存量、其他实物资产以及人力资本投入等方面，对英格兰和威尔士的经济进行过定量匡算，还试图对英国、荷兰和法国的国民财富进行“政治算术”式的比较。[①]但配第的这种计算相当粗陋，并没有形成一套专门体系。直到 20 世纪 30 年代，为应对当时的经济衰退，美国经济学家克拉克·沃伯顿和西蒙·库兹涅茨（Simon Kuznets）等人先后提出 GDP、国民收入（national income）等概念，并对之加以科学定义及规范计算，GDP 统计工具才正式诞生。[②]经济学家亦将这一新兴的宏观统计方法运用于长期的经济增长研究。其研究目的大致有两个：一是通过测算各国人均 GDP 的长期增长，揭示现代经济增长的起源问题；二是通过对现代经济增长出现前后东西方各国人均 GDP 水平的比较，探索东西方各国经济发展水平的差距。在这样的背景下，历史 GDP 研究的先驱者试图建立一种跨国的、长期的研究模式。

最早尝试这种研究模式的是英国经济和统计学家科林·克拉克。1940 年，他首次对世界上 28 个国家的国民收入进行核算。在其著作中，科林·克拉克利用工资数据，大略估算了 1925—1934 年的中国 GDP。[③]这应是西方学者对中国历史时期 GDP 的最早测算。而在此前的 1937 年，华人经济学家刘大钧出版了《中国工业调查报告》。对此次全国工业普查，刘大钧自我评价为：“其普遍性及精密性皆远过以前所有之工业统计，即较诸英美工业普查之项

---

① Petty W，“Verbum Sapient”，in Charles Henry Hull eds. *The Economic Writings of Sir William Petty, Together with the Observations upon the Bills of Mortality, more Probably by Captain John Graunt.* Cambridge：Cambridge University Press，1899，pp.99-120.

② 20 世纪 30 年代，美国经济学家克拉克·沃伯顿首次提出 GDP 概念，并对这一指标进行估算。1937 年，哈佛大学经济和统计学家库兹涅茨提出一套账户体系，对 GDP 的概念、定义和计算方法进行规范，并提出“国民收入”一词，当时“国民收入”等同于 GDP。Warburton C.“Value of the gross national product and its components，1919-1929”，*Journal of the American Statistical Association*，1934：383-388.

③ Clark C. *The Conditions of Economic Progress.* London：Macmillan Press，1940，p.41. 见 Maddison A. *Macromeasurement before and after Colin Clark*，2004，p.33，http://www.ggdc.net/maddison/oriindex.htm.

目，亦有过之无不及也。”[①]这本调查报告成为后来学者估算20世纪30年代中国工业产值的主要数据来源。1946年，美国布鲁金斯学会出版了刘大钧的《1931—1936年的中国国民收入：初步研究》一书[②]，这是中国学者涉足此项研究的第一部著作。1947年上海中华书局出版了由巫宝三等编的《中国国民所得（一九三三年）》，该书充分利用了当时几乎所有能见到的官方和民间第一手调查统计资料，对1933年的中国国民收入进行了细致的核算与评估。以此为基础，此后巫宝三又将其测算年份加以扩展，对1929年、1936年和1946年的国民收入也做出估计。[③]可见，中国历史时期GDP研究与世界历史GDP研究几乎同时起步。不仅如此，巫宝三等人对20世纪30年代国民收入的估算，还在国际上成为被不断引用的经典成果。

上述学者在引入现代GDP研究体系的基础上，共同开创了一个超越单一部门或领域的、全面量化历史时期中国经济发展水平的全新领域。这一新兴研究领域在开拓之初，便给后来的学者留下了两个极富学术价值的问题。第一，经过以上学者的研究，当时基本达成一个共识：以人均GDP为标准，从世界范围来看，现代经济增长最早源于18世纪末的英国，以工业革命的成功展开为发端，之前的世界经济都处于“马尔萨斯陷阱”（Malthusian trap）[④]；中国在20世纪30年代经历了现代工业与交通运输业的发展。由于缺乏20世纪30年代前的数据，当时人们无法得知中国何时出现现代经济增长，也无法把握前现代发展水平与现代经济增长间的差距。第二，尝试研究世界各

---

① 刘大钧：《中国工业调查报告》，上海：经济统计研究所，1937年，第3页。

② Liu T C. *China's National Income，1931-1936：An Exploratory Study*. Washington：Brookings Institution，1946.

③ 巫宝三1948年哈佛大学博士论文《中国的资本形成和消费者的开支》（第204—211页），概括了其《中国国民所得（一九三三年）》（上海：中华书局，1947年）中的资料。另见巫宝三：《中国国民所得，1933，1936及1946》，《社会科学杂志》1947年第9卷第2期。以上作品由商务印书馆整理重印，见巫宝三：《中国国民所得（一九三三）》，北京：商务印书馆，1992年。

④ 英国人口学家马尔萨斯认为：工业革命之前，世界各地的人口增长是按照几何级数增长的，而生存资料仅是按照算术级数增长的，多增加的人口总是要以战争、疾病等某种方式被消灭掉，人口不能超出相应的农业发展水平，当时人们生活处于一种“最低生活水平”中。马尔萨斯对1800年以前世界经济的描述被称为“马尔萨斯陷阱”（参见〔英〕马尔萨斯：《人口原理》，朱泱、胡企林、朱和中译，北京：商务印书馆，1992年）。

国 GDP 长期序列的西方学者认为，在现代经济增长出现前，西方发达国家的人均 GDP 已经大大高于亚洲和非洲的广大发展中国家，只是其论点暂时还找不到来自前近代中国人均 GDP 数据的支持。与西方发达国家相比，英国工业革命前的中国经济发展处于何种水平，便成为另一个悬而未决的问题。

从 20 世纪 50 年代开始，国内外不断有历史学家和经济学家加入这一新兴研究领域。讨论第一个问题的主要学者有张仲礼、费维恺（Albert Feuerwerker）、刘大中、叶孔嘉和德怀特·珀金斯（Dwight H. Perkins）等人。1962 年，曾留学美国的经济史学家张仲礼在《中国绅士的收入》中对 19 世纪 80 年代中国的国民收入进行了估算。但是，张氏的估算在很大程度上依赖于官方统计，以及外国人和巫宝三的估算，尤其是手工业与服务业两个部分。因为资料匮乏，所以只能将他的研究结果看成是对 19 世纪 80 年代中国 GDP 的一个粗略估计。尽管如此，他还是首次将 GDP 研究向前推至晚清时期，从而为探究近代初期的中国经济水平做出了贡献。他认为，19 世纪 80 年代，中国的农业和绝大部分的非农产业仍处于前近代的发展阶段。他还将其估算与巫宝三等人估算的 1933 年的国民收入比较，得出结论：若以 1933 年的价格计算，当 1933 年部分地区经历工业化的时候，中国的国民收入较之 19 世纪 80 年代增长了 40%，人均国民收入增长了 30%。[①]美国中国史专家费维恺认为，张仲礼夸大了绅士的收入，并且过于依赖 1887 年耕地面积的官方材料。[②]费维恺将农业估值上调 30%，结果大大降低了 1880—1933 年中国经济的增长率，国民收入增长率降至 36%，人均国民收入增长率降为 18%。

1965 年，美籍华人学者刘大中与叶孔嘉合作出版了《中国大陆的经济：

---

① 其估算过程与结果参见该著 Supplement 1. Chang C L. *The Income of the Gentry*: *A sequel to the Chinese Gentry*: *Studies on Their Role in Nineteenth Century Chinese Society*. Seattle: University of Washington Press, 1962, pp.291-325（按：中译本为《中国绅士的收入——〈中国绅士〉续篇》，费成康、王寅通译，上海：上海社会科学院出版社，2001 年）。

② 费维恺的修正结果发表在《剑桥中国晚清史》，参见费正清、刘广京编：《剑桥中国晚清史》下卷，中国社会科学院历史研究所编译室译，北京：中国社会科学出版社，1985 年，第 9—10 页。

国民收入与经济发展，1933—1959》一书[①]，重新评价了巫宝三等人当年使用的主体资料，如《农情报告》、《中国土地利用》(*Land Utilization in China*)和《中国工业调查报告》等，并且修正了部分测算口径，从而得出了1933年中国国民收入的新估值，并将研究视野向后延伸至中华人民共和国早期，在西方学术界产生了极大影响。此后，他们还分析了1931—1936年中国的GDP估算，认为这一时期中国经济的特征为“中等程度的工业增长，农业的停滞不前以及人口的继续膨胀”，人均GDP的年增长率只有0.33%。[②]20世纪70年代，中国经济史专家珀金斯在《二十世纪中国的经济增长与结构变化》中[③]，不仅修正了刘大中等人对1933年农业产值的估计，而且根据其有关农业的研究成果与章长基(John K. Chang)关于工业的研究成果[④]，将GDP的估算扩展到1914—1918年这一时间段，从而建立了这一时期新的GDP序列；这一序列显示，1933年的人均GDP与1914—1918年相比，仅实现了约为0.54%的年均增长。

部分西方经济学家则尝试探索第二个问题。1981年，法国经济学家贝洛赫发表《工业革命以来国家经济差异的主要趋势》，该文除研究西方发达国家外，还统一按照1960年的美元价格，依次估算了1800年、1860年、1913年、1938年、1950年、1960年、1970年和1977年的中国人均国民收入。以此为依据，贝洛赫反驳了克拉克·沃伯顿、库兹涅茨的观点，认为仅就中国与西方发达国家比较而言，工业革命前中国的人均GDP比西方发达国家要高很多；可惜的是，他并没有在其估算过程中详细说明其资料的来源及估算

① Liu T C，Yeh K C. *The Economy of the Chinese Mainland：National Income and Economic Development，1933-1959*. Princeton：Princeton University Press，1965.

② Yeh K C. “China’s National Income，1931-1936”，in Hou C M，Yu T S. *Modern Chinese Economic History*. Taipei：The Institute of Economics，“Academia Sinica”，1977，p.120. 转引自〔日〕马德斌：《制度与增长：近代上海与江浙地区工业化的数量及历史验证》，袁为鹏译，朱荫贵、戴鞍钢主编：《近代中国：经济与社会研究》，上海：复旦大学出版社，2006年，第12页。

③ Perkins D H. Growth and Changing Structure of China’s Twentieth Century，in Perkins D H eds. *China’s Modern Economy in Historical Perspective*. Stanford：Stanford University Press，1975，pp.115-165.

④ Chang J K. *Industrial development in Pre-Communist China：A Quantitative Analysis*. Chicago：Aldine，1969.

的具体方法。[①]但其研究却经由法国史学家布罗代尔的引用而广为人知。[②]贝洛赫的这一看法在中国也得到响应。1987 年，刘瑞中以农业产值为基础，从中国货币、货币国家购买力和真实收入三个维度，分别估算了 1700 年、1750 年和 1800 年的中国人均收入，并与同时期的英国进行比较，指出在工业革命发生前的 18 世纪早中期，英国的人均收入仅比中国略高，两国间的差距只是在此后的一百年里才逐渐扩大。然而，刘氏估算的基础数据主要来自未经修正的官方统计，以及张仲礼、巫宝三、刘大中等人对近代中国国民收入的估算；而且他也仅是估算了农业产值，非农业产值是根据假定的比例推算而得，因此其估算还有很大的改进空间。[③]

大致而言，至 20 世纪 80 年代，在这一研究领域内，国内外学界针对开拓者们遗留问题的讨论才刚刚展开，具有鲜明的起步阶段特征。

首先，刘大钧、巫宝三等人奠定了中国历史 GDP 研究的基本方法。根据国民账户体系（SNA），GDP 的统计有所谓的“三方等价原理”，即 GDP 的生产量、分配量与使用量三者完全相等，这就意味着可以分别从生产、收入与支出三个角度对 GDP 进行测算。刘大钧、巫宝三等人在大量占有各种原始数据与资料的前提下，从生产和支出两个各自独立的层面上分别对 1933 年大多数行业和宏观经济指标逐一进行计算，然后各自加总或综合分析，最后得出这一年的国民收入。他们的贡献还在于使用了指数原理，利用重要的指标数列，推求了其他年份的历史 GDP。正如巫宝三在《中国国民所得（一九三三年）》的序言中所述：“本书书名为《中国国民所得（一九三三）》，而在书中我们亦曾估计 1931—1936 各年的国民所得，我们所以未标明 1931—36 者，乃因我们详细的估计以 1933 年为限，此外各年因材料缺乏，不能应用同样方法详细估计，只将有关指数加以引申，数字的可靠性远不及 1933 年之高，

① Bairoch P. “The Main Trends in National Economic Disparities since the Industrial Revolution”, in Paul Bairoch and Maurice Levy Leboyer eds. *Disparities in Economic Development since the Industrial Revolution*. New York：St. Martin’s Press，1981，pp.3-17.

② 〔法〕费尔南·布罗代尔：《十五至十八世纪的物质文明、经济和资本主义》第 3 卷，施康强、顾良译，北京：生活·读书·新知三联书店，2002 年，第 617—618 页。

③ 刘瑞中：《十八世纪中国人均国民收入估计及其与英国的比较》，《中国经济史研究》1987 年第 3 期。

只可当作一种趋势看待。但是我们觉得以某一年的详细估计为基础，加以引申，或较在某年作有些业的估计而在他年又做其他业的估计，再将结果加以引申为满意。”[①]其研究方法成为中国历史 GDP 研究的经典方法，不断被后来的学者，如张仲礼、刘大中、费维恺、珀金斯和刘瑞中等人引用、充实。

其次，所有学者都将中国作为整体进行分析，并且大多数的研究都集中于民国时期，特别是 20 世纪 30 年代的 GDP 估算上。学者在数据的收集与整理方面，用功最多的也是 20 世纪 30 年代，且都是全国性的统计，缺乏区域性和个案资料与之相互印证。值得注意的是，从 20 世纪 50 年代开始，中国大陆学者掀起了一场有关资本主义萌芽的大讨论，虽然并未涉及或研究历史时期的 GDP 问题，但为从生产与流通两个环节来深入探讨资本主义萌芽问题提供了一大批明清时期的计量资料和历史数据。自 20 世纪 60 年代以后，以许涤新、吴承明为首的一批承接“中国资本主义发展史”研究任务的学者，除收集定性研究资料外，还有针对性地对中国明清时期和近代国民经济主要部门的产品产量、产值、贸易量、物价水平等计量指标进行研究和估计。这些工作都为后来的历史 GDP 研究奠定了资料基础。

最后，由于研究方法单一、研究时空对象集中、研究资料整理不足，这一时期学者的估算结果比较趋同，反映在上文所提及的两个遗留问题的回应上，即认为随着民国时期现代工业的发展，中国的现代经济增长随之出现，但因为现代工业在当时全国 GDP 中所占比重极小，由其带动的现代经济增长成就显得微乎其微，几乎完全被农业部门带来的停滞抵销；在现代经济增长出现前，中国的人均收入与西方发达国家相差甚小。

二、国际学术大讨论与研究潮流的出现：1990—至今

在西方学术界，自贝洛赫在现代经济增长起源问题上发出反传统声音后，不断有学者使用 GDP 核算方法重新量化工业革命之前的世界经济发展水平，从而引发了西方世界对历史 GDP 研究的新一轮热潮。研究者由此将 GDP 的核算由工业革命时期不断向前延展，不但回推至欧洲近代早期，甚至

---

① 巫宝三：《中国国民所得（一九三三）》，上海：中华书局，1947 年，第 6 页。

还到了更为久远的中世纪，产生了一批观点迥异于以往的学术新成果。①这些成果以不断发现的新证据推翻了克拉克·沃伯顿、库兹涅茨等人有关现代经济增长起源的观点，证实了一个正在成为共识的观点，即真正的经济增长并非起源于 19 世纪初的工业革命，而是开始于中世纪晚期或近代早期，是由当时一系列重大经济变革引发的，也就是说，“马尔萨斯陷阱”仅出现于中世纪晚期以前。这一新共识被简·德弗里称为“早期近代主义者的挑战”（Revolt of the Early Modernists）。②同时，也是最重要的，欧洲近代早期与中世纪晚期的 GDP 研究，使国际学界同样需要重新认识非欧洲世界在工业革命之前的经济表现，恰逢此时，中国经济迅速崛起，对中国历史时期 GDP 的研究自然就成了国际学界关注的焦点。

其中两位西方经济史学家关于中国历史时期 GDP 的研究，不但在西方学术界引领潮流，而且对中国学者也产生了重大影响。第一位是美国经济史学家罗斯基。他在 1989 年出版《战前中国的经济增长》一书，利用一系列新数据，修正了 1914—1918 年和 1931—1936 年两个时段的 GDP 与人均 GDP 的增长率。具体而言，罗氏并非直接用数据修正前人估算的 GDP，而是通过各种间接的数据来推求各行业的增长率，如农业方面，他主要利用棉布消费和工资两种指标来推断农业经济的增长率；工业方面，除了引用章长

---

① 有关研究欧洲近代早期历史国民账户的代表成果收录于麦迪森 1994 年主编的一本未出版论文集：Jan Blomme J，Van der Wee H. “The Belgian economy in a Long-Term perspective”；Malanima P，“Italian Economic Performance，1600-1800”；Yun B. “Proposals to Quantify Long Term Performance in the Kingdom of Castile，1550-1800”，in Maddison A，Van der Wee H eds. *Economic growth and structural change，comparative approaches over the long run on the basis of reconstructed national accounts*，Eleventh International Economic History Congress Milan 1994，Session B 13（未刊稿）。（按：这些论文最后都被引用到麦迪森的论著中，有关麦迪森的相关论著参见后文注释）其他成果还有：Van Zanden J L. “Taking the measure of the early modern economy-Historical national accounts for Holland in 1510/14”，*European Review of Economic History*，2002，6（2）：131-163. 另外，开始于 2010 年的荷兰—英国历史 GDP 合作研究项目旨在建立从中世纪晚期至 19 世纪的人均 GDP 序列。这一项目已有成果为：Van Zanden J L，Van Leeuwen V. “Persistent but not consistent：The growth of national income in Holland 1347-1807”，*Explorations in Economic History*，2012，49（2）：119-130；Broadberry S，Campbell B，Van Leeuwen B. “‘When did Britain Industrialise?’ The Sectoral Distribution of the Labour Force and Labour Productivity in Britain，1381-1851”，*Explorations in Economic History*，2013，50（1）：16-27.

② De Vries J，“The industrial revolution and the industrious revolution”，*Journal of Economic History*，1994，54（2）：249-270.

基 5 种工业行业的增长率之外，他利用产品原料、进出口等间接指标推断其他 9 种工业行业的增长率。最后，综合各行业的增长率，他认为，当时人均 GDP 年均增长率大约为 1.1%，比刘大中等人的估算高出 0.77 个百分点，比珀金斯的估算也要高出 0.56 个百分点。他由此重新评价了第二次世界大战前的中国经济，认为并不像过去认为的那样暗淡无光，而是从根本上冲破了传统的发展模式，从 20 世纪初开始，经历了持续 20 年的“现代经济增长”①，且增长率几近于同时期的日本及其殖民地。②

另一位是英国数量经济史学家麦迪森。他在 20 世纪 90 年代中期后陆续发表《世界经济观测》、《中国经济的长期表现：公元 960—2030 年》、《世界经济千年史》和《世界经济千年统计》等著作，综合了多位学者的成果，开拓性地建立了公元 1 年至 1950 年中 23 个年份的 GDP 和人均 GDP 序列。在他看来，公元 1 年至 1000 年，中国经济没有出现实质性增长，人均 GDP 保持不变，低于同期欧洲，但是在 960—1279 年的两宋时期，中国经济获得了一次实质性增长，人均 GDP 增加 1/3，超过欧洲成为世界最发达和最大的经济体。在此后的 5 个半世纪里，中国经济发展水平并不像贝洛赫估计的那样乐观，恰恰相反，中国经济再次陷入相对停滞的状态，而西欧早在 14 世纪就超过中国，至工业革命前夕，西欧人均 GDP 已是清王朝统治下的中国的 2 倍。不过，由于人口基数庞大，直到 1820 年，中国的经济总量仍然占到世界经济总量的 1/3 多。鸦片战争至中日甲午战争之前，中国经济出现大幅度衰退。1890—1933 年，随着局部地区开展的工业化进程，中国经济出现缓慢而持续的增长；但抗日战争与解放战争，使得 1950 年左右中国的人均 GDP 退回到 1890 年的水平。③

① 库兹涅茨认为，总产出或人均产出在 15—20 年里有了相当的增长，可视为现代型的经济长期增长。Kuznets S. *Modern Economic Growth, Rate, Structure, and Spread*. New Haven：Yale University Press，1966，p.27.

② Rawski T G. *Economic Growth in Prewar China*. Oakland：University of California Press，1989. 中译本为《战前中国经济的增长》，唐巧天、毛立坤、姜修宪译，杭州：浙江大学出版社，2009 年。

③ 参见 Maddison A. *Monitoring the World Economy, 1820-1992*，Paris：OECD Development Centre，1995；*Chinese Economic Performance in the Long Run*，Paris：OECD Development Centre，1998；*The World Economy: A Millennial Perspective*，Paris：OECD Development Centre，2001；*The World Economy: Historical Statistics*，Paris：OECD Development Centre，2003.

罗斯基、麦迪森的研究成果在国内外引起强烈反响，成为贡德·弗兰克等批判“欧洲中心论”的有力证据。①刘佛丁评价罗斯基的专著是“向长期以来流行的，具有权威性的观点提出全面的挑战”②。在麦迪森《中国经济的长期表现：公元960—2030年》中文版出版时，珀金斯称该书“是任何对中国有兴趣的人的必读书”；李伯重也高度评价，“这是经济史领域的一本大师级杰作。它将成为全世界未来几代学者所赖以站立的伟人的肩膀”③。

从更深远意义上影响中国历史时期GDP研究的，是美国历史学家彭慕兰。2000年，彭慕兰出版《大分流》一书④，该书虽然没有使用GDP和人均GDP指标，而是用个人收入与消费来衡量中国与欧洲的经济发展水平，但其计量结果同样挑战了自克拉克·沃伯顿、库兹涅茨以来的西方传统观点。彭慕兰认为，至少在18世纪工业革命以前，中国最发达的江南地区的经济发展水平与同期西北欧的英格兰不相上下。导致后来双方拉开差距的原因，一是美洲新大陆的开发，二是英国煤矿的优越地理位置，此二者使英国的工业革命获得成功，从而才发生了“大分流”。彭慕兰还认为，相较于中西差异，18世纪中国内部，如江南地区与其他地区的差异反而更大。

彭慕兰的观点在国际学坛引发众多学者的讨论。起初，学者从农业生产效率、财产关系、家庭组织，乃至思想文化的角度来参与“大分流”的讨论，研究多数属于定性的讨论与分析。⑤后因受到历史GDP研究趋势的影响，尤其是受到罗斯基与麦迪森对中国历史时期GDP研究的影响，2004年以后，“大分流”讨论逐渐转向，学者开始将“大分流”的讨论与中国历史时期GDP

---

① Frank A G. *Reorient: the Global Economy in the Asian Age*. Oakland: The University of California Press, 1998.

② 刘佛丁：《对20世纪前期中国经济发展的重新估价——评罗斯基著〈战前中国经济增长〉》，上海中山学社编：《近代中国》第3辑，上海：上海社会科学院出版社，1993年，第224页。

③ 〔英〕安格斯·麦迪森：《中国经济的长期表现：公元960—2030年》（修订版），伍晓鹰、马德斌译，上海：上海人民出版社，2011年。评价见该书封底。

④ Pemeranz K. *The Great Divergence: Europe, China, and the Making of the Modern World Economy*. Princeton: Princeton University Press, 2000.

⑤ 2002年，加州大学洛杉矶分校“社会理论与比较历史”中心举办了一场针对“大分流”的讨论会。龙登高曾对此做过详细介绍，参见龙登高：《中西经济史比较的新探索——兼谈加州学派在研究范式上的创新》，《江西师范大学学报（哲学社会科学版）》，2004年第1期。其他讨论情况见Coclanis P A. “Ten Years After: Responses and Reconsiderations”, *Historically Speaking*, 2011, 12 (4): 10-12.

研究结合在一起，计量中国与欧洲之间的经济发展水平，从而使讨论由以定性分析为主转变到以定量分析为主，形成了“大分流”讨论与历史 GDP 研究在中西经济比较研究基础上的“合流”。以每四年举办一次的世界经济史大会为例，自 2000 年以来，国际经济史学会分别在阿根廷布宜诺斯艾利斯、芬兰赫尔辛基、荷兰乌特勒支和南非斯坦伦布什举办，历次大会均有一至二个以“大分流”为主题的分场讨论会。2006 年以前，世界经济史大会中的“大分流”分场讨论与历史 GDP 研究基本没有关系，但此后的三届大会上，“大分流”与历史 GDP 研究相关的分场讨论成为大会最热门的议题。伴随着“大分流”国际学界的大讨论，有关中国历史时期 GDP 研究被推到国际经济史学界的最前沿，从而构成了引领国际经济史学界研究的热点问题之一。

事实上，此后国内外几乎所有的中国历史 GDP 研究成果都围绕罗斯基、麦迪森和彭慕兰等人挑战传统的两大讨论而展开。首先，他们的研究引发学者重新认识近代以来中国的经济表现。1995 年，日本一桥大学启动包括中国在内的亚洲长期经济研究统计计划。他们全面评价了以往学者使用的统计资料与既有的估算成果，结合新发现的史料，对近代中国 8 个年份的 GDP 初步进行了全新估算，认为中国现代经济增长出现的时间比罗斯基等人认为的更早，即 1840—1911 年中国就经历了第一阶段的经济增长。尽管 1912—1920 年经历短暂的经济衰退，但从 20 世纪 20 年代起至 1937 年，中国经济经历了持续快速的增长，人均 GDP 年均增长率达 0.82%，这略低于罗斯基的估算。[①]华人学者马德斌利用巫宝三、刘大中等人使用的资料，仅就 20 世纪 30 年代江苏、浙江两省及上海地区的 GDP 与人均 GDP 进行估算，回应了罗斯基的研究。其研究结果显示，1933 年长江下游地区的人均 GDP 大约高出全国平均水平的 60%，比日据时期的朝鲜、中国东北地区人均 GDP 水平高出 40%—50%，仅次于日本和中国台湾。同时，他认为长江下游地区的现代

① 估算结果参见国民经济核算研究组：《近代中国 GDP 消长分析》，日本一桥大学经济研究所编：《中国民国期的经济统计：评价与估计国际研讨会报告论文集》（此未出版论文集由日本版与中文版组成，本文引用为中文版本的内容，东京，2000 年 2 月，第 213—222 页）。

经济增长真正起步于20世纪初，而不是彭慕兰所认为的18世纪。[①]马烨与赫尔曼也是在前人成果基础上，建立了晚清（1840—1911年）中国GDP时间序列，认为这一时期中国经济遭遇衰退或停滞，其估计与麦迪森一致，而与日本一桥大学学者的研究相左。[②]

国内学者参与讨论始于1997年刘佛丁、王玉茹、于建玮著的《近代中国的经济发展》。该书对1850年、1887年、1914年、1936年和1949年五个年份的GDP和人均GDP进行了估算，认为人均GDP的年均增长率，1850—1887年为-0.38%，1936—1949年为-2.87%，而1887—1914年、1914—1936年两个时段的增长率则为0.30%和1.02%。[③]其估算非常接近于罗斯基的研究结论，可惜的是，他们并没有详细罗列其估算过程与引用资料。其估算后来又被刘巍、陈昭等人所支持。在《近代中国50年GDP的估算与经济增长研究（1887—1936年）》中，刘巍和陈昭分别以张仲礼估算、刘佛丁等人修正的1887年GDP估值、刘佛丁对1914年的GDP估值、陈争平对1920年的GDP估值、刘大中等人对1931—1936年的GDP估计为基础，将成系列的部分数据，如进出口量、人口、近代工业投资等，代入不同的宏观经济学模型中，即利用计量方法倒推出1887—1930年的中国GDP，得出更为乐观的人均GDP增长率，即1887—1911年为0.71%、1911—1936年高达1.78%、1887—1936年为1.25%。[④]

其次，“大分流”研究引发了学者对前近代中国经济发展的讨论。这又集中在两个方面。一是有关中国前近代个人收入的研究。与需要大量基础数据来综合计算的GDP和人均GDP不同，用来计算历史上个人收入的数据来源不仅容易获得，而且相对简单直接。近年来，很多学者开始使用个人收入并结合生产函数，对GDP与人均GDP进行估算。就中国历史上个人收入研

---

① Ma D B. “Economic Growth in the Lower Yangtze Region of China in 1911-1937: A Quantitative and Historical Analysis”, *The Journal of Economic History*, 2008, 68（2）: 355-392.

② Ma Y, de Jong H. “China’s per capital GDP between 1840 and 1912: a new estimation”, 2012年亚洲历史经济学大会论文，参见http: //ahec2012.org/programme.html.

③ 刘佛丁、王玉茹、于建玮：《近代中国的经济发展》，济南：山东人民出版社，1997年。

④ 刘巍、陈昭：《近代中国50年GDP的估算与经济增长研究（1887—1936年）》，北京：经济科学出版社，2012年。

究而言，影响最大的是艾伦等人的研究。《大分流》出版后，艾伦等人便着手收集欧洲和中国等地区工资、消费与物价等方面的数据，连续发文挑战彭慕兰的观点。其研究结果显示：从工资角度来看，18 世纪中国几个大城市的货币工资确实要低于英国和少数低地国家，但与欧洲中部地区和南部地区接近。到了 20 世纪，欧洲落后地区得到长足发展，其生活水平也开始高于中国，而中国大城市的生活水平仍然只是些微高于欧洲“最低生活水平”。[①]二是中国前近代 GDP 的直接研究。2005 年，刘光临根据货币供应量、价格水平与人口，利用货币供求理论中的“费雪方程”，分别对 1120 年、1550 年、1600 年和 1775 年等多个年份的人均 GDP 进行估算。其估算结果与麦迪森大致相当，即 1775 年中国人均 GDP 略低于 1120 年的宋代。[②]范・赞登（Jan Luiten van Zanden）利用艾伦等人的工资研究成果，并结合曾运用于计算欧洲历史 GDP 的柯布-道格拉斯生产函数，估算出 1750 年江南地区的人均 GDP 高于同期的欧洲平均水平，但是却比同期的英国低 15%。

2010 年，国内几乎同时出版了两部回应讨论前近代中国 GDP 的研究专著，一是刘逖的《前近代中国总量经济研究（1600—1840）：兼论安格斯・麦迪森对明清 GDP 的估算》，[③]一是李伯重的《中国的早期近代经济：1820 年代华亭—娄县地区 GDP 研究》。[④]刘著在汇总前人成果的基础上，考察 1600—1840 年中国的人口、耕地、农业、手工业和服务业的产出数据，认为麦迪森的数据存在较大误差。他推算，从整体上看，中国经济发展水平显著低于欧洲国家，1600—1840 年，中国和欧美国家人均收入差距在不断扩大，

---

① 参见 Allen R C.“The Great Divergence in European Wages and Prices from the Middle Ages to the First World War,” *Explorations in Economic history*，2001，38（4）：411-447；Allen R C. Bassino J P，Ma D B，et al. “Wages，Prices and Living Standards in China，1738-1925：in Comparison with Europe，Japan and India”，*Economic Historical Review*，vol. 64，2011，pp.8-38.

② Liu G L. *Wresting for power：The State and the Economy in Later Imperial China，1000-1700*. Doctoral dissertation，Cambridge：Harvard University，2005. 另见其中文论文《宋明间国民收入长期变动之蠡测》，《清华大学学报（哲学社会科学版）》2009 年第 3 期。

③ 刘逖：《前近代中国总量经济研究（1600—1840）：兼论安格斯・麦迪森对明清 GDP 的估算》，上海：上海人民出版社，2010 年。

④ 李伯重：《中国的早期近代经济：1820 年代华亭—娄县地区 GDP 研究》，北京：中华书局，2010 年。

前者的增长率为-0.08%。[①]李著则是首部采用国民账户体系方法对前近代中国某一地区经济进行研究的专著。[②]该书在详尽占有各种一手资料（包括方志、文集、笔记、调查资料等）的基础上，既从生产增加值的角度对 GDP 进行估算，又通过收入法、支出法与之相印证，分析了当时农工商等各部门，以及生产、分配与消费各环节。该书估算的结果是 19 世纪初期，松江府华亭和娄县地区已经城市化，“过去那种把 19 世纪初期的华娄视为农业社会的看法，确实是不符合事实的”。作者进而对比 19 世纪 20 年代华娄地区与 19 世纪最初十年荷兰的 GDP，认为“19 世纪初期江南经济已经不再是以农业为主的传统经济，而是一个以工商业为主的早期的近代经济”[③]。后来，他还与范·赞登合作研究，认为 1820 年华娄地区人均 GDP 比同期尼德兰低 86%。[④]

同年，管汉晖、李稻葵发表《明代 GDP 及结构试探》，主要是利用各种二手资料与前人估算成果，推算明代 GDP，认为明代整体经济增长不快，年均 GDP 增长率为 0.29%；总经济规模有所增长，人均年收入没有明显变化，始终维持在平均 6 公石小麦上下的水平。[⑤]2012 年，他们又与史蒂夫合作，重建北宋至清朝（1850 年）的 GDP 时间序列，认为北宋时期的人均 GDP 是明代的 1.46 倍，清代的 1.89 倍。北宋时期中国人均富裕程度高于 1086 年左右的英国，只是从 1400 年开始，中国才被英国超越，因此西北欧与中国发生的“大分流”不在 1800 年，而是在 1500 年。[⑥]

---

① 是书也基本涵盖了作者此前论文的基本观点。参见刘逖：《1600—1840 年中国国内生产总值的估算》,《经济研究》2009 年第 10 期；《论安格斯·麦迪森对前近代中国 GDP 的估算》,《清史研究》2010 年第 5 期。

② 国民账户体系的测算结果主要通过 GDP 和国民生产总值（Gross National Product，简称 GNP）两组相互关联的指标体系反映出来。两者的关系可以表述为：GNP=GDP+来自国外的要素收入−向国外的要素支付。

③ 李伯重：《中国的早期近代经济：1820 年代华亭—娄县地区 GDP 研究》，北京：中华书局，2010 年，第 271 页、封底。

④ Li B Z，Van Zanden J L. “Before the Great Divergence? Comparing the Yangzi Delta and the Netherlands at the Beginning of the Nineteenth Century”，*The Journal of Economic History*，2012，72（2）：956-989.

⑤ 管汉晖、李稻葵：《明代 GDP 及结构试探》,《经济学》2010 年第 3 期。

⑥ Broadberry S，Guan H H，Li D D. “China，Europe and the Great Divergence：A Study in Historical National Accounting”，2012 年亚洲历史经济学大会论文，参见 http://ahec2012.org/programme.html.

面对众多中国前近代 GDP 研究的新成果，“大分流”观点的开创者彭慕兰部分接受了李伯重与范·赞登等人的观点，即承认 18 世纪的英国或其他西北欧低地发达国家的经济发展水平，还是要高于中国经济最发达的地区——江南。①

三、从观点交锋到理论反思：历史GDP研究趋势的理性转变

人类学术发展史已无数次证明任何一次科学理论的进步都源于广泛的学术讨论，而任何一场国际或国内的学术大讨论起初都是表现为不同观点的交锋，进而理性地转入对观点背后理论或方法的反思，最后实现理论创新与科学进步。中国历史 GDP 的研究也遵循了这一规律。

20 世纪 90 年代以来热烈而深入的国际大讨论，使中国历史 GDP 研究出现了许多新趋向：第一，在方法论上，国内外的学者不再仅沿用巫宝三等人创立的经典方法，而是根据其所研究时段的资料特点，灵活引入各种现代宏观经济学的模型展开估算，从而出现了研究方法上的多元化，如上文提及艾伦用真实工资、范·赞登用柯布-道格拉斯生产函数、刘光临用费雪方程、刘巍使用总供给—总需求模型、进出口贸易模型等都是非常有意义的尝试。

第二，受两大讨论的影响，在研究的空间对象上，学者除继续关注整个中国外，也开始关注中国内部区域，主要是江南；在时间上，除继续关注 20 世纪 30 年代外，更多的研究目光则向前后拓展，从抗日战争期间、20 世纪头 10 年，到 19 世纪下半叶，乃至宋代以来的中华帝国晚期，均被关注。

第三，在资料搜集与整理方面也进一步拓展。上起 12 世纪，下止 20 世纪 40 年代之间的长期历史数据，成为国内外学者的收集对象。在此时期，局部行业、局部地区收集的数据从质量和数量上都远超过以往任何一个阶段。当然，就每个历史时期而言，数据之间的差别仍然很大。比如对于前近代的历史时期，学者用功最多的主要集中在人口、农业、金融货币、国内外贸易、政府财政和工资等方面，物价、手工业以及其他服务产业仍是薄弱环

---

① Pomeranz K. “Ten Years After：Responses and Reconsiderations”，*Historically Speaking*，2011，12（4）：20-25.

节。至于近代，除农业方面较全面外，学者偏重于工业与服务业中现代部门数据的收集，而传统部门仍是软肋。就区域而言，数据整理最完备的仍然是江南地区，全国其他的地区的相关整理则须加大投入。

第四，学者对两大国际讨论的估算结果意见泾渭分明。对于近代中国的经济增长，除了都认同 1937 年之后增长率为负外，对于晚清和民国前 30 年的增长率，学者则形成了针锋相对的两派。在讨论晚清中国经济的表现中，一派认为是增长，另一派则认为是倒退，体现在其核算的人均 GDP 增长率是正或是负；所有的学者都认为民国前 30 年中国经济有所增长，但人均 GDP 增长率估算在 1%以下的学者普遍认为这一时期经济增长效果不明显，增长率估算为 1%以上的学者则持较乐观的态度。尽管由彭慕兰引发的中西方经济发展水平“大分流”的讨论，使学者的观点趋向一致，即认为中国的人均 GDP 水平在 18—19 世纪，无论是在江南，还是全国，都已经落后于西欧发达国家，但是对于中国与西方何时出现这种分流，则存有很大争议，有“宋代分流说”、“明代分流说”和“清中期分流说”等不同观点。

当国内外部分学者针对历史 GDP 估算结果展开大讨论时，也有相当一部分学者发出了从理论上反思这一研究热潮的呼声。这种反思的转向始于 2011 年《中国经济史研究》编辑部等召开的“中国经济史中 GDP 估算的资料来源与理论方法研讨会”。与会学者形成了两种相对集中的观点：第一种是批判了当前许多历史 GDP 研究者不加批判地使用前人的二手数据，轻视收集与整理原始数据的浮躁风气，主张对相关史料“竭泽而渔”，要以“重建历史数据”为目标，在此基础上以收入法估算国民经济总量；更有人提出为修正以往学者关于近代以来的历史 GDP 研究，要建立近代经济原始数据资料库、修正数据资料库；还有人提出中国历史数据缺乏统计学意义，学术界应效法李伯重对华娄地区的 GDP 研究，不必求全求大。

第二种则具体评价了最近历史 GDP 研究中的方法论问题。有人指出估算跨地区 GDP 时，横向平均价格容易带来总值高估；采用年均价而不考虑季节性，则可能带来 GDP 结构估计偏误；将 GDP 用于国际比较时，当期购买力平价法是较适合的方法。亦有人认为，不能本末倒置地先用某种理论模型推算宏观结论，再去作微观解释；估算近代中国 GDP，必须保证理论函数的前提假设与宏观经济运行环境贴近，因果关系设置合理，则数量模型效果显著等。①

这次会议后，国内学者的理论反思持续升温。杜恂诚、李晋的《中国经济史“GDP”研究之误区》一文，指出现在历史时期 GDP 研究已进入误区，偏离了“GDP”规范定义，GDP 是现代意义上的统计而非估计，若偏离这一定义，并用粗略估计的方法来推算 GDP，得出的数字就会更不可靠。推导 GDP，模型设计的合理性和基础性数据积累至关重要，而传统中国社会显然不具备这样的条件，其得出的数据与西方比较就易造成对中国经济发展水平的误判，掩盖中国近代二元经济结构的事实。②此后，杜恂诚以国内商品流通总量为基础，重新核算以市场价值总和为范围的 1933 年的中国 GDP，得出了比巫宝三等人核算结果要小 30%左右的 GDP 估值。③陈争平则认为研究中国近代的 GDP 可以包括市场与非市场两部分，同时为了凸显二元经济结构，有必要研究 GDC（Gross Domestic Commodity Economy，国内商品经济总值），这样不仅可以衡量中国商品经济发展水平，而且还能分析中国近代二元经济结构的演变。④

关于历史 GDP 的使用界限，史志宏等人有不同的理解。他们认为，在一般的西方经济学教材中，GDP 规范定义是既定时期内，一国生产的全部最终商品和服务的价值，即所有最终产品与服务的市场价值。⑤事实上，早在 20 世纪 30 年代 GDP 核算体系诞生之初，库兹涅茨等人并没有统一其定义与使用范围。学者往往根据研究需要给出 GDP 的具体定义。巫宝三等人将国民收入定义为一国或是一个社会各个生产组织的净收入，包括各行业中进入

---

① 这两种观点详见《中国经济史中 GDP 估算研究笔谈》，《中国经济史研究》2011 年第 3、4 期。

② 杜恂诚、李晋：《中国经济史“GDP”研究之误区》，《学术月刊》2011 年第 10 期。

③ 杜恂诚：《市场的定义与 1933 年 GDP 测算》，《社会科学》2013 年第 1 期。

④ 参见陈争平：“近代中国经济统计研究”（国家社会科学基金重大项目）开题报告，http://blog.sina.com.cn/s/blog_97e492d30102v84f.html。访问日期 2019 年 5 月 1 日。

⑤〔美〕多恩布什、费希尔、斯塔兹：《宏观经济学》，范家骧、张一驰、张元鹏等译，北京：中国人民大学出版社，2000 年，第 21 页。

市场的净收入部分，也包括农业、工业（涵盖手工业）没有进入市场的净收入部分，但排除了服务业中不能计量的非市场部分。[①]此后，相关研究的学者都不约而同地“遵从”了这一定义。事实上，欧洲各国在近代早期，乃至中世纪晚期也经历过二元结构的大变动，这就使近年来那些将 GDP 核算方法用于中世纪晚期和近代早期欧洲经济史研究的西方学者，也面临着与中国学者同样的问题。据此，西方学者才提出“历史国民账户体系”（The System of Historical National Accounts）这一新概念，专门用于核算工业革命前欧洲各国的经济增长，并随之发展出一套有别于现代国民账户核算方法的历史统计学新方法。这一新的核算方法明确将农业、手工业两个部门中市场与非市场的活动都计入 GDP，但是服务业中的非市场部分则排除在外。[②]据联合国统计委员会在其第 40 届会议上一致通过的最新版《2008 年国民账户体系》定义，国民账户体系需要同时记录与核算市场交易及非市场交易的活动。之所以当代 GDP 或国民账户体系会包括非市场的活动，正是因为这些非市场的货物生产在发展中国家的总供给量占据重要地位。[③]可见，当代经济学家为适应发展中国家二元结构经济的实际需要而拓展的 GDP 规范定义，在内容与适用范围上几乎等同于经济史学家为核算 19 世纪以前的经济增长所提出的“历史国民账户体系”，其共同点就是两者都主张计入非市场的活动。当然，史志宏等人也认为，仍然有必要重视杜询诚与陈争平等提出的近代中国的国内商品经济总量的核算问题，因为它可以有效地测量近代中国二元结构的演变轨迹。只是随着越来越多的史学家与经济学家对于上述共识的认同，相信由 GDP 规范定义引发的有关 GDP 核算体系能否运用于历史研究的讨论，将会逐渐被诸如如何核算非市场活动、量化二元结构的程度等讨论所

---

① 巫宝三：《中国国民所得（一九三三）》，上海：中华书局，1947 年，第 11—14 页。

② 对“历史国民账户体系”研究做出开拓性贡献的是荷兰范·赞登领导的团队。有关“历史国民账户体系”的概念及其研究方法参见 Smits J P, Holings E, Van Zanden J L. *Dutch GNP and its Components, 1800-1913*. Groningen Growth and Development Centre，pp.5-7. 英国学者这一新核算体系的运用参见 Broadberry S，Campbell B，Kleinet A et al. *British Economic Growth，1270-1870*.（未刊稿）

③ 联合国、欧盟委员会、经济合作与发展组织、国际货币基金组织、世界银行编：《2008 年国民账户体系》，中国国家统计局国民经济核算司、中国人民大学国民经济核算研究所译，北京：中国统计出版社，2012 年，第 7、109—111 页。

取代。[①]

李伯重著作出版后，彭凯翔指出：书中以食物消费或营养摄入为主来评价生活水准，有不足之处；主要以 GDP 为标准来评价华娄地区的发展水平并不全面；劳动力市场不完全假设与充分就业结论不尽一致；华娄地区是否充分实现“斯密型成长”亦有可讨论之处。[②]笔者对李伯重和刘逖的著作，亦分别撰文予以评论。笔者认为李著是一部“融入世界”的著作，认为该书做到了对史料的“竭泽而渔”，研究视野开阔，突出整体史和注重进行国内外比较。[③]笔者认为在中国这样一个国情复杂、传统独特的大国，进行历史上的 GDP 研究，必然会面临诸多困难，而刘著对于这些困难估计不足。笔者批评刘著依据的“完全是第二手的资料和现有研究成果”，其研究既存在历史文献解读的常识性错误，对待数据亦有明显的实用主义态度，忽视了数据背后的历史真实性与合理性，其结论难以令人信服，“至少在目前看来，不论是麦迪森所描绘的美妙情景，还是刘逖所给出的黯淡形象，都远非历史真实的写照。中国历史上的 GDP 问题研究，还有很长的路要走”[④]。

四、对今后中国历史GDP研究的几点思考

尽管在国内学界，中国历史时期 GDP 研究从观点交锋渐入理论反思，却始终没能降低国内外学者持续研究的热情，尤其在国际上仍有不少学者密切关注着中国历史 GDP 研究的最新成果。究其原因，是因为中国历史 GDP 研究本身在走过了近百年历程之后，仍具有广阔的学术前景。中国历史时期 GDP 研究是深化历史学与经济学相互融合的纽带，也是加深中国与世界相互

① 参见史志宏、徐毅、倪玉平：《19 世纪中期的中国经济总量估值》（未刊稿）。

② 彭凯翔：《传统中国经济张力的立体透视——评〈中国的早期近代经济——1820 年代华亭—娄县地区 GDP 研究〉》，《经济研究》2011 年第 5 期。

③ 倪玉平：《一部“融入世界”的著作——评李伯重〈中国的早期近代经济〉》，《中国经济史研究》2011 年第 1 期。

④ 倪玉平：《评〈前近代中国总量经济研究（1600—1840）：兼论安格斯·麦迪森对明清 GDP 的估算〉》，《中国史研究》2013 年第 1 期。

理解的桥梁，具有重要的理论意义和现实意义。我们认为，今后的中国历史GDP的研究，应力争在以下几方面有所突破。

1. 估算方法

国际范围的大讨论正是不同的估算方法与资料所推导出的不同估算结果而引发的。自20世纪90年代以来，不断有各种经济学模型在中国历史GDP研究场上小试牛刀，同时历史数据也被前所未有地整理与开发出来。近年来出现的理论反思也多是沿着资料与方法两个方向展开，这些都说明中国历史GDP研究正在走向完善与成熟。但是，面临越来越多元化的估算方法，我们如何判断各种估算方法的可靠性呢？

到目前为止，国内外学界认同度最高的核算方法还是巫宝三等人创立的经典方法，即从生产、收入、支出等三个角度核算GDP的方法；约有70%的研究成果使用了这种方法。但是，同样使用这种方法，学者却会得出不同的核算结果，其原因除了所使用的基础数据不同之外，还有这种方法本身带有局限性。鉴于此，笔者认为，在估算历史GDP时，虽然应以巫宝三等人的经典方法为主，但同时还要尽可能多地使用其他方法，对经典方法所估算的结果进行"交叉验证"（cross check）。事实上，当年巫宝三使用生产法为主核算出了1933年中国GDP，然后用支出法估算的结果加以验证。后来一些学者也主张，考虑到中国历史时期的国情，应以生产法统计中国历史上农业、手工业和工业产值，以收入法统计服务业的产值，同时用支出法进行检验。[①]尽管如此，我们仍主张，交叉验证的方法不仅应该应用于GDP的最终核算结果，更需要应用于GDP核算的整个过程，即尽可能地对每个用于核算GDP的指标进行交叉验证，如在考证出某个历史时段的耕地面积后，我们可以使用当时气候变化的史料与数据来对耕地面积进行验证；在对每个行业或部门的产量或产值估算之后，可以用人均消费、真实工资、进出口、货币流通量、原材料投入、劳动数量与劳动生产率等指标结合相关的经济模型，验证估算结果等。通过交叉验证，我们往往会纠正仅使用一种估算方法带来的估算错

① 见陈争平：《近代中国经济统计研究》（国家社会科学基金重大项目）开题报告，http://blog.sina.com.cn/s/blog_97e492d30102v84f.html。访问日期2019年5月1日。

误，提高估算的准确度。

2. 基础数据

无论是用何种方法进行估算，还是交叉验证，最终都不离开基础数据，这是国内外学界已形成的共识。中国历史 GDP 研究几乎与西方世界同时起步，此后关于西方国家历史 GDP 的研究以及相关量化经济史的研究，其广度和深度却远超中国，其根本原因在于西方显著的数据收集成就。早在 19 世纪中叶，西方各国就开始展开大规模的数据收集与整理。但当时主要是收集价格、产业等方面的数据。自库兹涅茨等人创立国民账户体系后，西方各国的经济学家与经济史学家联手，开始按照国民账户体系的框架，大规模整理与收集历史数据。[①]这一基础工作的成就最后导致两本在世界历史 GDP 研究领域里程碑式的著作出现：一本是由库兹涅茨所著的《现代经济增长：速度、结构与扩展》[②]，另一本是由英国经济史学家迪恩与科尔的合著的《英国经济的增长：1688—1959》[③]。从这个意义上说，西方学界历史 GDP 的研究乃是本国历史数据收集水到渠成的结果。中国则直到清末民初时，才逐步使用西方的现代统计学方法采集和记录经济活动。巫宝三等人对 1933 年国民收入的估计，正是这一潮流的产物。尽管经过从巫宝三到张仲礼、帕金斯、刘大中再到吴承明、罗斯基以及当代研究历史 GDP 的学者的努力，但是所整理出来的基础数据，还远未达到能够细致估算清代、民国时期历史 GDP 的程度。

如上所述，学界对于近代基础数据的整理要略胜于前近代时期。但无论是近代还是前近代，学者用功最深的领域，如历代人口、农业、金融货币、国内外贸易、政府财政、工资以及现代工业等，在统计过程中仍存在着许多争议。这些争议往往会影响历史 GDP 的最终估算结果。还有很多其他领域，

---

① 有关介绍详见 Drukker J W. *The Revolution that Bit its Own Tail：How Economic History Changed Our Ideas on Economic Growth*. Amsterdam：aksant academic publisher，2006，pp.178.

② Kuznets S S. *Modern Econmic Growth：Rate，Structure and Spread*. New Haven：Yale University Press，1966.

③ Deane P，Cole W A. *British Economic Growth，1688-1959*. Cambridge：Cambridge University Press，1964.

如物价、工资、手工业和服务行业，则由于数据资料零散，鲜有人做过系统的挖掘与数据整理。

正是因为估算中国历史时期 GDP 的基础数据不足，近十年来，学者对中国历史 GDP 的研究出现分流。由于工资、个人收入和货币供求量等领域的一手数据相对集中，部分学者转向这些领域，尝试使用宏观经济学模型推导出历史 GDP；部分学者则继续通过梳理前人成果与二手资料，用巫宝三等人的生产法和支出法推算历史 GDP；只有少数学者坚持从第一手史料出发，在充分挖掘原始数据的基础上独立估算历史 GDP。正因为如此，在基础数据整理水平远远滞后于历史 GDP 研究的情况下，出现了很多被各种“计量模型”包装的低水平重复成果，严重影响了本研究领域的推陈出新。因此，在目前阶段，中国历史 GDP 研究的学者应该将工作重心放在大规模重建历史数据上。对于那些过去学界涉及较多，仍存争议的领域，有必要认真比较前人的各种统计与估算，并继续扩大统计的范围与样本，以达到减少争议的目的。对于历史数据收集的薄弱领域，有必要从方志、地方档案、文书契约、家谱碑刻、文集游记以及近代某地区某行业的专门调查等地方文献入手，尽可能多地收集各类样本，以便在历史 GDP 核算中可借由大量的地方样本反推全国层面上的统计情况。

当然，在重建历史基础数据的过程中，不仅需要花大力气对原始数据进行搜集、整理和鉴别，还需要进行合理“推断”和“估计”，才有可能得到。这些基础数据一般分为两大类。一类是由中央政府发布的反映全国层面的统计数据，如历代人口、耕地、财政收支、某一特定行业的产量与产值。这类数据一般只是中央政府征收赋税的指标，并不能反映经济活动的实际情况，必须结合其他资料，努力将“税额”还原成“实额”。另一类是在地方志、文集笔记和地方调查等资料中记录的反映某一区域经济变化的各种经济指标。时人对这类数据的记录详略不一，往往掺杂着大量非确数词语，如“成千上万”“费几累万”“数十万金”“比户习织”“不啻万家”“日出万绸”等，因此也必须与其他资料相互佐证，给这些“虚数”记录赋予“实数”估值。在上述两类数据的重建中，由于研究者对历史时期发展水平的认识以及使用的原始资料各不相同，往往会出现重建结果不尽相同，有时甚至还会有很大差距。因此，我们再次提倡尽可能使用上述各种交叉验证方法，提高历史数据的重建质量。我们有理由相信，如果能够扎实认真地从原始资料入手，重建历史数据，并经过多种方法交叉验证后得到的历史 GDP 结果将会更接近历史的真相。

3. 历史 GDP 研究与国际比较

国际学术界对中国历史时期 GDP 研究的关注长盛不衰，一个重要原因便是为了进行国际比较。吴承明先生曾言："在经济史研究中，凡能计量的都应尽可能地作计量的分析。定性分析只能给人以概念，要结合计量分析才能具体化，有时并可改正定性分析的错误。"①已有的经济史研究成果，大多重视生产关系，但各国的生产关系具有独特性，无法统一比较。尽管学者对 GDP 估值持有不同意见，但作为一项重要的综合指标，它不仅包含经济总量，也包含经济结构。通过 GDP 指标，一个国家特定历史时期的经济发展水平，以及经济兴衰和结构变迁，基本上可以一览无余，在此基础上，更可以较为方便地进行纵向与横向比较研究。正是因为有了历史 GDP 研究的基础和共识，国内外长期以来争论不休的明清、近代中国社会是发展还是停滞的讨论，才有可能形成统一的标准和为大家所接受的结论；国际大分流的学术讨论，也才有了更为流畅的沟通平台。

历史 GDP 研究的最终目标还是国际比较。威廉·配第对英国、荷兰、法国国民财富进行比较，贝洛赫、麦迪森等人的研究最后都是为了进行国际比较。由于多方原因，来自西方的 GDP 研究系统，在很大程度上仍是以"欧洲经验"和近代欧洲的经济发展水平，作为最重要乃至唯一的衡量标准。我们对此必须保持清醒的认识，既不能完全排斥这套体系，也不能被它局限。历史发展从来就不是线性的，也不可能是简单的函数关系。计量是分析工具，虽然有利于学术发展，但是唯计量、为计量而计量则会将学术研究引向歧途。作为中国学者，我们应把更多精力放在研究传统中国经济运行的结构、特点

① 吴承明：《经济史：历史观与方法论》，上海：上海财经大学出版社，2006 年，第 242 页。

和规律上，并将其置于全球经济体系中，考察其发展及其与西方经济的相互关系，只有如此，“中国历史 GDP 估算及经济总量的国际比较研究，才能真正具有本土学者的特色，并以这种特色贡献于‘整体主义’的世界经济史研究，而不使研究成果成为新版本的‘欧洲中心观’的数量化诠释”[①]。

总之，如何把握好上述三个问题，是中国历史 GDP 研究能否健康发展的关键，尤其是资料问题，重建系统、庞大、可靠的历史数据库，必将成为今后相当长一段时期内中国历史 GDP 研究的重中之重。中国历史时期 GDP 研究从起步，就有着中西交流、互相启发、共同推进的特点。在这一研究潮流中，中国学者理应发挥更大的作用。我们相信，通过踏实努力的工作，中国学者一定能够探索出一条符合经济发展规律的历史 GDP 研究道路，这也是中国学术走向国际的重要途径。

---

① 史志宏、徐毅：《关于中国历史 GDP 研究的点滴思考》，《中国经济史研究》2011 年第 3 期。

GDP数值估计的三个原则

关于历史上 GDP 研究的适用性及可能性，学界还有分歧和争论。分歧和争论的存在，表明研究已达到相当的深度，同时也说明有继续探讨的空间。GDP 的统计和推算是系统工程，任何一个数估的变化，都会引起连锁反应。在今天的中国经济史研究中，我们并不缺少数据，而是缺少可靠的精准数据。如何做出具有公信力的成果，应该是大家共同努力的方向。笔者觉得如果我们在从事历史上 GDP 数值估计时，能做到以下三点，得出的结论就可能会得到更多的承认。

第一，要重视对原始资料的搜集和整理。重视对原始资料的搜集和整理，本来是常识，也是个老生常谈的问题，但从现有的研究成果来看，重申这条原则还是很有必要的。我们经常能看到这样的著作，虽然口口声声要重视对原始资料的搜集，但纵观通篇的论述，却几乎看不到任何作者利用原始史料记载的地方。不少著作所依据的，完全是第二手资料和现有研究成果。有一个极端的例子，即曾经有人利用制度经济学的方法研究近代厘金制度，结果连《清史稿》都需要转引，而他的导师在给该书所做的序言中居然说，“作者已经花了很大的力气进行了史料的搜集整理工作”，真是大言不惭。

在很多情况下，我们不得不进行数值推算和估计，但一旦条件具备，就应该尽可能地搜集原始史料，争取做到竭泽而渔。比如说研究清代国内市场贸易流通总量，关税收入是一个绕不过去的标杆，而藏于中国第一历史档案馆的大量宫中档朱批奏折和军机处录副奏折，以及藏于中国社会科学院经济研究所图书馆的清代抄档，就保存了很多这方面的资料。如果我们能静下心来，不怕麻烦，从每一个榷关、每一条档案、每一个关期入手做统计，得出的数据就会远远比仅仅依靠《汇核嘉庆十七年各直省钱粮出入清单》、王庆云的《石渠余纪》，或者某些学者现成结论，来得可靠，也会更加接近历史的真实。

当然，在中国这样一个国情复杂、传统独特的大国，进行历史上的GDP问题研究，必然会遇到这样或那样的难题。重视对原始资料的搜集和整理，并不意味着拒绝对现有研究成果的吸收借鉴。术业有专攻，每位学者都有各自的研究领域，不可能什么都懂；而且现存的历史材料，也没有给我们提供足够的条件，去进行全方位的研究。在很多情况下，我们不得不转引已有的成果。但是在转引他人成果时，一定要先弄明白，别人为什么会这样研究，为什么会得出这样的结论，只有尽可能地还原他们的研究思路，才能够明白问题的所在。而且，研究者将自己所有的结论都建立在历史学家现有研究成果的基础上也是非常危险的。研究历史上的 GDP 问题，绝不能只是拾取历史学家的牙慧。否则，一旦历史学家对自己的研究做出修正，我们的相应结论就要被迫做出修正，所谓的研究也就变成了纯粹的数字游戏。

第二，要注意数值估计的合理性。吴承明先生曾表示："计量经济学方法用于经济史研究，其范围是有限的。在这个范围内，我主张要用它来检验已有的定性分析，而不宜用它创立新的论点。"①经济史材料的定量，必须适度而行，不能知其不可而为之。定量时还必须兼顾文化与传统，做到合情合理，否则即便最终的结论或许大体符合历史，这种定量也只能说是一种模棱两可、似是而非的"猜测"。

有学者研究GDP问题时，"发现"在某一段时间内，人口增长2倍，而同期盐的产值增加了 23 倍。食盐作为生活必需品，消费量怎么可以发生这样大的剧烈波动？这样的推算显然违反了常识。有人研究江南的地价，"发现"农家两年的燃料开支可以买地一亩。如果真的有那么便宜，笔者相信，依据中国人对土地的执着，一定会努力多拾柴火，以便于多囤积些土地。有人研究江南的居民消费，"发现"居民户均消费要高于可支配收入，也就是说，他们一直过着入不敷出的生活。笔者认为，不管"技术原因"如何，这些研究都是有悖于常识和常理的，结论的可靠性也会变得让人起疑。

与此同时，研究传统社会的经济现象，研究者还常常会陷入尴尬的局面：

---

① 吴承明：《经济史：历史观与方法论》，上海：上海财经大学出版社，2006年，第248页。

一方面是材料的极度缺乏，另一方面则是已有资料的准确性让人头疼。传统文献中的夸夸其谈，虚张声势，比比皆是，面对“成千上万”“不计其数”“舟楫云集”“河塞不通”“举国若狂”“费几累万”之类的非确数词语，研究者常常手足无措。清朝中期苏州人顾公燮在《消夏闲记摘抄》中说：“即以吾苏郡而论，洋货、皮货、衣饰、金玉、珠宝、参药诸铺，戏院、游船、酒肆、茶座，如山如林，不知几千万人。有千万人之奢华，即有千万人之生理。若欲变千万人之奢华而返于淳，必将使千万人之生理亦几于绝。”很多欲论证江南生活气奢靡的研究者，都喜欢引用此条材料作为强有力证据，并进而强调奢侈性消费对于社会发展的推动。但此条材料中的夸夸其谈，难道不是也很明显吗？当时苏州究竟能有多少人口，笔者认为无论如何，不会有几千万吧？当时苏州的店铺究竟多到了什么程度，无论如何，也不会是“如山如林”吧？

在浩如烟海的清代史料中，要找出上百条甚至上千条完全相反的证据，并不困难。只有尽可能地多掌握史料，进行不偏不倚地的分析和解读，才能做到全面、深入和客观。正如我们拿叶圣陶先生的小说《多收了三五斗》作为研究史料，至少也应该先搞清楚，究竟是多收了“三斗”还是“五斗”，或者发现它只是一种比喻的说法？如果研究者不察，直接拿过来就进行折中，以“四斗”作为平均值推算当时的总收成，其准确性自然值得怀疑。总之，在进行数值估计时，要注意经济史资料的民族性，多加些甄别，多加些推敲，不能拿来就用，囫囵吞枣。

第三，要有历史感。历史感说虚很虚，但确实是实实在在的东西。历史感的培养，并不是说记住了明朝是 1368 年建立、清军是 1644 年入关就可以了，而是要把相关的结论放到当时的社会环境中去考察。历史感的培养，必须从点滴做起，这其中既有对具体史料的判断与分析，也包括对研究时代的感知。研究 17 世纪 40 年代的问题，就必须考虑到明清鼎革；研究 19 世纪 50 年代的问题，就必须考虑到太平天国运动，乃至当时生态环境、自然灾害。

历史感对于中国经济史的数据统计具有非常重要的意义，如果不具备长期的史学积累和修养，往往就会在无意中闹笑话。有学者研究粮食部门的 GDP，得出的结论是 1620 年为 2.987 亿两，1630 年为 4.7 亿两，1640 年为

4.26亿两，1650年为5.89亿两，1660年（顺治十七年）为7.19亿两，1670年为5.23亿两，1680年为3.7亿两，1710年（康熙四十九年）为4.77亿两。但问题在于，1630年的产量怎么可能是1620年的近一倍，顺治十七年的产量又怎么可能是已经承平日久的康熙四十九年的近一倍？众所周知，1630年和1660年两个时段，恰恰是战争频仍、灾害横行、百姓流离失所的时期；而相较之下的1620年和康熙四十九年，情况则要好得多。可以说，如果不是史料和我们在开玩笑，就是作者在和我们开玩笑。再者，我们也无法理解：为什么清军入关前后至康熙帝平定三藩之乱的数十年间里，社会余粮会“十分充裕”，甚至要远远超过乾隆后期及嘉道这一社会安定时期？另外，根据作者的分析，中国的人均GDP，1620—1670年的数据，仍然要高于1760年以后的时段。也就是说，在他看来，作为经历着明末农民战争、天灾人祸和清军入关后大混战的中国社会，此间人均GDP居然还要高于天下太平的乾隆盛世时期，这难道不是有些让人“啼笑皆非”吗？

还有一种倾向要注意，某些经济学出生的学者似乎对历史学研究者有一种天生的优越感。吴承明先生说：“经济史的根据仍然是经过考证的史料，在经济史的研究中，一切经济学理论都应视为方法论。……经济学家常希望他们的理论成为永恒的，实际做不到。”吴承明先生还曾对制度经济学派做过精辟的分析，在他看来，诺斯的理论分析篇，讲得头头是道，而一碰到历史史实，就显得束手无策，“往往与理论脱节，甚至抵牾”[①]。但居然就有人引用一两句西方学者（而且这些西方学者也并不研究中国经济史问题）的话，就能做到指责“中国经济的历史尽管用很多方式写作了很多遍，但中国的经济史却还没有开始写”。如果不能放低身段，抛开这种优越感，双方的对话与合作是无从谈起的。

① 吴承明：《经济史：历史观与方法论》，上海：上海财经大学出版社，2006年，第223页。

我们需要什么样的经济史？

关于经济史是属于历史学还是经济学的争论，已经持续了很长时间，至今尚无定论——这当然不是一个无关宏旨的问题。不过，一个明显的变化是，已经有越来越多的经济学出身的学者，投身到经济史的研究活动中来，并发表了不少与从历史学出身的学者所写完全不同套路的著作。对繁荣经济史研究而言，这是一个好现象。

笔者近日读到黄敬斌先生的大著《民生与家计：清初至民国时期江南居民的消费》（复旦大学出版社 2009 年 9 月版），生出许多感想。从该书后记可知，黄先生受过经济学和历史学的系统训练（经济学本科、硕士，历史学博士），这种学术经历也深刻地影响了该书的写作。全书除导言和结论外，共分为七章：前三章分析江南居民的日常消费，包括食物（粮食消费、副食消费和调味品）、服饰及住、行与燃料灯火；第四章考察婚丧及其他世俗礼仪活动中的消费；第五章为娱乐与信仰活动中的消费；第六章系教育、卫生及嗜好品消费；第七章为“吴俗多奢少俭”——关于奢侈消费的考察，针对奢侈消费做评析。结论部分，则是分析经济学透视下的江南消费生活，包括①江南农民的消费水平与消费结构：量化描述；②解释与分析：消费水平及其变动的社会经济背景；③奢侈消费的社会影响和经济后果；④消费与江南经济：一些理论问题的探讨。该书最大的特点是以量化的方法系统考察明清时期城乡各阶层居民的消费状况，并对消费的性质及其经济影响做出全面的评价，其优点无须笔者画蛇添足。这里，仅就自己读过全书之后的一些疑惑，提出来向黄先生请教，不当之处，还望黄先生批评指教。

一、恩格尔系数的适用性问题

多学科交叉是一个老生常谈的问题。黄先生对于部分历史学者不擅长、不熟悉甚至怀疑和排斥经济学理论与方法的局面，给出了尖锐的批评：“对经济学理论‘适用性’的深刻排斥和本能拒绝，这种心态使得学者在了解和学习经济学理论的时候，不是从其理论基础出发尝试着掌握它，而是处心积虑地寻找证明其‘不适用性’的理由，结果，一知半解和以偏概全就在所难免。”在他看来，“摒弃这些偏见不谈，可以认为，经济学的概念体系和理论公设，与具体的研究对象和结论不同，并不具有太多文化、历史、地域、生产关系和社会制度方面的特殊性”（第 34 页）。这种批评当然是合情合理的。

在论证清初至民国时期江南居民的消费水平时，作者以恩格尔系数作为核算标准。恩格尔系数由 19 世纪的德国统计学家恩格尔提出，其内容为：随着家庭收入的增加，食物支出占消费总支出的比重将越来越小。因为消费总支出取决于收入水平的高低，因此恩格尔系数也可以被表述为食物支出占家庭可支配收入的百分比。简言之，可以通过考察一个家庭中食品支出占全部支出的比重，来确定这个家庭的富裕程度。恩格尔系数越高，说明家庭越贫困。根据联合国粮食及农业组织提出的标准，恩格尔系数在 59%以上为贫困，50%—59%为温饱，40%—50%为小康，30%—40%为富裕，低于 30%为最富裕。中国并没有西方经济学的研究传统与分析框架，但有些提法却也有异曲同工之妙，比如“仓廪实而知礼节”“饱暖思淫欲”，都是说人们基本的温饱问题得到解决后，其他物质方面和精神方面的需求就会增加，这些方面的开支增加后，必然导致食品所占比重的下降。

但恩格尔定律是根据经验数据提出的，它在假定其他一切变量都是常数的前提下才适用。其实，在考察食物支出在收入中所占比例的变动问题时，还应当明白城市化程度、食品加工、饮食业和食物本身结构变化等因素都会影响家庭的食物支出。只有达到相当高的平均食物消费水平时，收入的进一步增加才不对食物支出发生重要影响。换言之，恩格尔系数毕竟是一个用于考察西方资本主义国家消费水平的理论模型，且紧密围绕着食品消费展开，如果我们在使用这个概念时，不注意它的时代性及民族性的特色，就有可能犯错误。正如以前被认为是放之四海皆准的 GDP 发展指标，现在也不得不从多个方面进行修正。其实，在中国传统社会中存在着的很多与消费相关的内容，都是恩格尔所无法涵盖的。比如中国农民对于储蓄的重视、对于为后代积蓄财富的愿望，都会在某种程度上抑制居民的消费，而这种消费取向与西方并不相同。又比如，清代的社会保障机制，遍设于各地的常平仓、义仓、社仓、盐义仓，以及遍布城乡的育婴堂、节妇堂等组织和机构，都会对当时居民的消费心理产生影响，并会或多或少地与居民消费产生互动，即如作者在估计清代江南交通费用时所提到的那样："清代以来随着绅商士大夫日益加强对地方公益事业的参与和资助，这些渡口和渡船每每成为由慈善机构资助的公益事业，如晚清至民国年间太湖东山的前山义渡、石桥村义渡均由惠安、固安、体仁三善堂置办渡船，雇佣渡夫，支发工食，不取渡资。"（第 177 页）既然已经有了义渡，再按船只折旧来计算居民在交通支出上的费用，是否显得多余呢？

房租纳入恩格尔系数是值得推敲的。住房系一次性投资，传统中国农民基本都是自建自住，极少发生租赁现象，一般学者在计算恩格尔系数时也并不会列入。作者在此处并没有以真实的房租支出为准，而是以"机会成本"方式，来折算当时的居住成本。如果按这种思路，只要将房价、教育、择校，以及医疗费用纳入计算体系，现在中国居民的恩格尔系数就自然会降低到一个极低的水平，但笔者相信，这并不意味着时下的绝大部分国人都过着超级富裕的生活。

根据作者的统计分类，18 世纪中期、19 世纪中期和 20 世纪 30 年代的恩格尔系数分别是 56.6%、59.9%和 60.2%（作者还没有将婚丧嫁娶等世俗礼仪活动中的食品消费包括在其中，否则恩格尔系数会更高），但一般来说，这似乎只能证明江南农民的消费处于温饱水平（18 世纪中期）和贫困状态（19 世纪中期和 20 世纪 30 年代），完全不能说明其反复论证的"奢侈"。同时，在计量恩格尔系数时，作者认为收入"不仅限于现金收入，而且包括农民家庭自己生产自己消费的最终产品和劳务在内"（第 309 页），但书中明显没有将相关的"劳务"收入包括在内。书中更大问题在于对相关消费项目的分析。众所周知，列出的开支项目越多，恩格尔系数就会越低，就越能说明当时江南居民处于奢侈性的消费水平。如果为了刻意降低恩格尔系数而采取增加其他消费项目的办法，是很容易做到的，比如添上买书的开支、逛妓院的项目，就可以很轻松地降低恩格尔系数，甚至可以论证当时江南居民超富裕型的“生活品质”。但问题在于，这些消费项目是否为当时江南居民的正常开支项目？即如书中所提到的交通、房租，还有书信往来等，不知道有这种消费活动的居民占全体人口的多大比重？

况且，清代至民国时期江南居民的消费，也绝对不会是一种不受外界干扰、自我封闭的系统。重大的社会危机、自然灾害、战争动荡和政治变革，如长期存在的江南赋重问题、太平天国运动、曾国藩和左宗棠等人推行的江浙减赋运动、军阀混战、世界经济萧条等，都必然会对居民的收入水平与支出水平产生难以估计的影响。由于资料的原因，书本选取了三个时段作为分析样本：18 世纪中期、19 世纪中期和 20 世纪 30 年代。以 19 世纪中期为例，虽然作者并未明言这个“中期”具体指哪些年份，笔者认为将其大致概括为 1850 年前后，也就是 1840—1860 年之间，应该是不会太离谱的。但这样一来，我们就会发现，本时间段的江南地区正经历着前所未有的巨大变革，频繁的自然灾害、两次鸦片战争的冲击，以及太平天国运动席卷而下，都会不可避免地影响当地的居民消费。在书中，这些剧烈的动荡都被虚化掉了：颠沛流离、妻离子散、血雨腥风的场景消失了，呈现在我们面前的江南，是一块远离喧嚣的人间净土；在这里，普通大众歌舞升平，闲庭信步，仍然过着优哉游哉的“奢侈性”生活。

还有一个并非无关紧要的问题，即该书所研究的对象“居民”。所谓居民，正如作者所言，自然是包括农民和城市市民、官员和士绅、商人和富民。“考虑到传统经济的特点”，作者将研究对象限定于农民家庭消费。但农民并非铁板一块，众所周知，农民中的富户及士绅的奢侈性消费不仅大量存在，而且相关材料也更容易得到记载和保留。相反，占据着人口绝大多数的普通农民，其日常消费资料极为缺乏。如果在史料选择上出了偏差，就必然会得出错误的结论。退一步说，如果该书将标题改为“清初至民国时期江南农民的消费”，对象界定也可能会更准确些。

二、数值估计的合理性问题

由于资料的原因，我们在研究传统社会的经济发展水平时，有很多关键性的问题均有赖于估计，但学者对于估计的标准大相径庭。这是经济史研究中不得不经常面对的问题。

试以恩格尔系数中最重要的部分——粮食消费为例。关于这一时期江南的人均粮食消费，正如作者已经指出的，从王业键到方行、王家范、李伯重和吴建华，他们的估计值从人均 1.5 石到 3.6 石不等，“相差竟以倍计”（第 61 页）。即便是作者重点征引的民国时期卜凯在江宁县的调查，费孝通对开弦弓村的调查，中国经济研究所在吴兴、无锡、嘉兴等地的调查，冯紫岗在嘉兴的调查，以及南满洲铁道株式会社在江南的调查，人均消费量也是从 1.31 石到 3.11 石之间摇摆（第 63 页）。面对这些五花八门的估值数据，作者将人均消费量确定为 2.5 石；在此基础上，作者再根据一些零星的记载，回推 18 世纪中期和 19 世纪中期的人均粮食消费亦同样是 2.5 石。显然，这样的推测，已经彻底抛开了江南居民消费的地区差异、时代差异和家庭收入差异，准确性值得怀疑。

如果说粮食消费难于估计，副食的消费估计就更难了，即便是当时的社会调查资料，准确性也并非白玉无瑕。贫民与富户的收入水平不同，日常消费与节日消费是否应该分开计算，或者按一定的权重进行折算？这显然是一个问题。作者在并无分类的基础上估计出 20 世纪 30 年代的肉类消费为每年人均 6 斤，鱼 5 斤，鸡鸭 0.5 斤，人均荤食消费总量为 13 斤以上。按照作者一个家庭 5 口人的情况（至少含一名成年男子，一至两名老年男子或男孩）推算，家庭荤食消费高达 65 斤。联想到现在中国农村地区的人均消费水平，可以断定，这样的估计显然是过于乐观了。回推 18 世纪和 19 世纪中期时，作者又仅仅依据 1850 年左右人口总数达于高峰，故“其人均生产生活水平不太可能高于 18 世纪甚至清初”（第 91 页），所以将 19 世纪中期的人均副食消费定为 10 斤，将 18 世纪定为与 20 世纪 30 年代相同的 13 斤。这样的推测，是否一定合理呢？笔者觉得未必。

类似的情况还有不少。衣饰等消费中的理发一项，作者估计乾隆五十五年（1790年）一名成年男子的剃头花费最少为360文，五口之家全年的剃头费用至少在700文以上（不知为何不是按3名男丁而推算的900文以上？想必作者觉得这样的估计过于高了），“是一笔不小的开支”（第126页），按当时的银钱比价，可折算白银0.7两。作者据此再根据米价的变动来推测18、19世纪中期的支出分别为0.6两和0.8两。这是一个什么样的开支水平呢？试以该书曾经征引过的、道光时期由姜皋撰的《浦泖农咨》为例，来说明这一点。姜皋在书中称：“吾郡田有上、中、下三乡之别。然三者之中征粮、折粮，其等差又凡三四十则，吾侪不尽知也。惟上乡者亩完米一斗六升二合有奇，银一钱二分二厘四毫有奇，摊征人丁杂办尚在外。中下乡者约递减米二升，银二分而已。”[①]这样看来，富裕乡纳税标准是每亩约银1钱2分2厘4毫，中等乡纳税1钱，下等乡的纳税8分。如果银米等价，合计应交的米谷与银钱，富乡每亩共纳税2钱4分，中乡纳税2钱，下乡纳税1钱6分。按照这样的标准，一个家庭的剃发费居然是每亩纳税标准（以中乡计）的3倍以上。也就是说，剃发居然要以3亩田以上的赋税开支为代价。在该书第17页，作者所引李伯重的估计，“1851年左右江南七府州有农户366.5万户，平均每户经营的土地面积约为8.2亩”，我们更是会发现，一个家庭每年的剃头费用，居然要占全部田赋支出的一半。这样的估计，自然让人无法接受。

炭价、柴价也存在着类似的情况。作者承认，清初的薪柴自给自足可以做到，“但18世纪后期至19世纪前期，随着人口的增长，生态压力逐渐加剧，薪柴供给越来越缺乏，即便农家也往往需要从市场上购买柴草了。民国年间的各种调查资料中，对农家燃料柴草自给率的记载颇有差异：吴兴四乡镇蚕农柴草几乎全部自给，而冯紫岗在嘉兴的调查揭示农家薪柴的自给率仅为58.2%”（第185页）。姑且按这个数据倒推，18世纪中期、19世纪中期的自给自足的比率又应该是多少呢？熟悉农村情况的人都会知道，这个比率不

---

① 姜皋：《浦泖农咨》第一段，道光十四年刻本。

可能很低，或者至少能做到相当程度的自给自足。但作者估计："18 世纪中期的需要量同于 1930 年代，19 世纪中期由于资源压力的加剧，且草柴供给的增长有一定限度，农户的燃料消费可以 1930 年代的最低水平每月 330 斤计。"（第 188 页）江南地区的乡间柴薪包括稻秆、麦秆、桑柴、茅柴、棉梗，即便要把它折算成银两，是不是每年能达到 3.3 两（18 世纪中期）和 4.0 两（19 世纪中期）的高度，还真是一个问题。姑且认为它是可能的，那么正如上文所推算的那样，每年薪柴的费用已经相当于 20 亩土地的田赋开支了。再举一个极端的例子：乾隆元年（1736 年）苏州府的地价为一亩 6 两；乾隆十六年江苏南汇的地价为一亩 8.6 两。①按该书的推测来看，当时一个家庭两年的燃料费用就可以买地一亩，这是不是又有点超出我们的想象了呢?

关于房租，前面已经做过分析，这里还要指出，作者在第三章估计 18 世纪中期市镇住房每间每年租金为 1.5—2 两，到 19 世纪上升到 3—4 两；而农民的住宅更低（第 173 页）。但最终作者却给出了江南居民消费中房租的价格，18 世纪中期为 2 两，19 世纪中期为 3.8 两（第 308 页），不知这个数字是依据什么标准折算出来的。

作者曾对交通费做过预算，即 18 世纪中期的 1 两、19 世纪中期的 1.4 两和 20 世纪 30 年代的 2.1 两。从第 308 页的注释可以看出，作者认为"交通费主要是船只折旧和保养的费用"。作者在第 181 页中表示："农村居民主要是依赖自备船只以及免费使用的航船，自备船只有折旧问题，此外每年还需修缮、上漆。"作者还称："居民家中自备船只以供运输和代步之用，是普遍现象。"其实这句话可以这么理解：居民家中如果有了船，绝大多数的目的都是家用；但反过来却并不能说居民家中都买了船，两者之间的区别是很明显的。很难设想，如果江南地区每家每户都有自己的船只，那江南地区的造船业又该是怎样的一种盛况?!

教育开支是个无底洞，本来就很难做出精确的估计。作者"估计 18 世纪中期江南普通居民在延师教读方面的开支人均每年为 0.1 两左右，户均为

① 黄冕堂：《中国历代物价问题考述》，济南：齐鲁书社，2008 年，第 145—146 页。

0.5 两。19 世纪中期普通居民的教育投入有所减少，考虑到通货膨胀因素，仍估计为户均 0.5 两左右”（第 252 页）。0.5 两是个什么概念呢？表面上看起来不低，但如果与作者在书中对其他项目的估计参照，就会发现，在教育最为发达、耕读传家、科举独占鳌头、被称为人文渊薮的江南地区，其家庭教育投资还不如一家人在糖消费（作者均估计为每年支出 0.7 两）和理发上的支出，仅比禽蛋多出 0.1 两，而和水产及在香烟上的支出相等，远远低于当时一年的喝酒费用（1.7 两）。这是有悖于常理的。

医药费的考核极为困难，它和家庭收入水平、身体状况、居住环境及疾病发生情况有着密切关系。作者承认：“18、19 世纪江南农户在医药巫卜方面的年均花费很难确知，姑且按照米价的比例，估计 18 世纪中叶年户均支出医药巫卜费用约银 1.5 两间，19 世纪中叶随着农户收入的降低，医药方面开支的平均水平当略有下降，考虑到通货膨胀的因素，可认为货币开支与 18 世纪相近。”（第 260 页）还是按照作者的分析，医药费的开支比当时一年的喝酒费用（1.7 两）要低，也有点出乎我们的意料。

嗜好品的消费数据值得怀疑。即以酒为例，作者根据一些资料，推测 20 世纪 30 年代农户年消费酒的总量折合黄酒为“80 斤上下”，且“不包括家庭成员外出在茶馆、酒肆、饭店等场所中产生的消费”（第 266 页），自然也不包括婚丧嫁娶、节日礼仪方面在酒上的消费，因为这方面的开支，作者已经做出了单独的估计和列项。也就是说，在作者看来，一个家庭的日常酒类消费量，已经远远超过了 80 斤。然后，作者再据此逆推：“19 世纪中期也许略低，18 世纪中期的数字则绝不会低于 1930 年代，因当时江南的人口规模接近于 1930 年代，粮食的供给还可能更为充裕，木渎等地的烧酒制造业在乾隆初就已经具有后世的规模。同样的，由于城镇居民户均消费酒的数量肯定大于农村、富裕阶层的消费又远远过于普通民户，就整个社会酒的消费量而言，可以肯定平均绝不止于此数。”（第 267 页）然后出现于作者消费表中的酒量，就变成了 18 世纪中期的 100 斤，19 世纪中期的 80 斤和 20 世纪 30 年代的 100 斤。按作者户均只有 1 人喝酒的标准，且扣除节日、婚庆等方面的开支，可见每家每户的这个“人”每天至少要喝半斤酒以上。这样的估计，是不是显得过于乐观了呢?

其他类似的情况还有一些。作者推测18世纪中期的家庭衣着支出为5.3两（按前文例子，几乎是可以买一亩地的价格），调味品为3两，副食为5.9两，酒茶烟的花费为2.7两。其实，这些在很大程度上建立于猜测基础上的推测，都远远超过了一般家庭的承受能力，与教育、医疗等项开支对照后也显得极为惹眼。尤其是最终汇总出来的家庭开支，18世纪中期的52.6两和19世纪中期的65.1两，都远远超过了当时居民的创收能力。作者曾做过20世纪30年代吴兴等三地农民收入的分析，结论是吴兴的户年均可支配收入为149.74元、无锡为240.89元、嘉兴165.07元（第311页），但这远远低于作者估计出的20世纪30年代江南居民户均消费254.6元的标准（第308页）。作者承认："从这些地方农户的年均可支配收入来看，其数字都显著低于前文对于1930年代江南农户年消费总额的估计，这对于前文的估计来说是一项挑战。"（第311页）笔者认为，不管"技术原因"如何，江南的所有农户每年承担着38—110元的亏欠，入不敷出，却依然豪放地饮酒吃茶、花天酒地地过着"奢侈性"的消费生活，这是有悖于常识的。其实，20世纪30年代的江南正经历着世界经济一体化及1929年世界经济大萧条的冲击，书中引冯紫岗的《嘉兴县农村调查》也不得不承认："近年来因蚕事失败，一般农民均贫不聊生。"（第373页）与此类似，作者估计18世纪农户的总收入中，农户生产费用（包含田租赋税在内）只占30%，其余的70%收入全都用于消费，这显然与中国人的传统观念不相符合。

三、经济史材料的解读问题

研究传统社会的经济现象，研究者常常会面对两种现象：一种是材料的极度缺乏，另一种则是已有资料的准确性让人头疼。传统文献中的夸夸其谈，虚张声势，比比皆是，面对"成千上万""不计其数""舟楫云集""河塞不通""举国若狂""费几累万"之类的非确数词语，研究者常常手足无措。

清朝中期苏州人顾公燮在《消夏闲记摘抄》中说："即以吾苏郡而论，洋货、皮货、衣饰、金玉、珠宝、参药诸铺，戏院、游船、酒肆、茶座，如山如林，不知几千万人。有千万人之奢华，即有千万人之生理。若欲变千万人之奢华而返于淳，必将使千万人之生理亦几于绝。”[①]包括本书在内的很多欲论证江南生活气奢靡的研究者，都喜欢引用此条材料作为强有力证据，并进而强调奢侈性消费对于社会发展的推动。[②]但此条材料中的夸夸其谈，难道不是也很明显吗？当时苏州究竟能有多少人口，笔者认为无论如何，是不会有几千万吧？当时苏州的店铺究竟多到了什么程度，也不会是“如山如林”吧？正如我们拿叶圣陶先生的小说《多收了三五斗》作为研究史料，至少也应该先搞清楚，究竟是多收了“三斗”还是“五斗”，或者发现它只是一种比喻的说法？如果研究者不察，直接拿过来就进行折中，以“四斗”作为平均值推算当时的总收成，其准确性自然值得怀疑。该书在论证江南人喜饮酒的时候，所引资料中的“每餐必饮酒，饥辄几醉”“家饮之不足，日至酒店买醉，故市集上之酒店特多，终日酒客满堂”，能作为估计的依据吗？

在浩如烟海的清代史料中，要找出上百条甚至上千条完全相反的证据，并不困难。书中第 326—327 页所列方志中呈现的民风记载，就极为有趣。从康熙以至民国的城镇志记载中，一方面是有大量“民贫俗朴”的记载，另一方面又都指责当时的百姓人心不古，“渐染奢侈”。这就留给我们一丝疑惑：究竟什么时候的民风才是淳朴的？什么时候才是淳朴的起点？难道每个时代都在“淳朴”，每个时代又都在“奢侈”？如果从淳朴的观点出发，无疑能找到大量的材料；如果从奢侈的角度出发，无疑也能找到大量的材料。如果研究者只选取有利的部分，其结论就会很成问题。

关于江南奢侈消费的材料，本书已经基本网罗殆尽，但是否会有一些相反的材料呢？肯定是有的。即使抛开银钱比价、人口变化、物价波动这样一些对于决定消费水平极为重要的因素不谈，所有的问题也绝非不证自明。黄宗智为论证江南糊口经济而使用的材料，就并不是没有说服力。

清代至民国时期的江南处于灾害频发期，相关的资料记载极为繁富。下

---

① 顾公燮：《消夏闲记摘抄》卷上，民国十二年刻本。

② 该书第 4 页称，顾公燮与明朝中叶的陆楫“同时代”，当系笔误。

面，笔者试以 1850 年（道光三十年）江南地区因自然灾害引发的、直接与消费相关的记载为例，来显示此间江南农民消费的另一面。[①]此年，江苏地区发生了较为严重的水灾，华亭、奉贤等四十八州县江海湖河涨漫，“以致秋禾木棉吹折淹伤，收成歉薄”[②]。据记载，松江县之大水“拔木坏屋，六畜没死者不计其数，屋坍下压死者亦多，禾、豆、木棉不论田之高低，尽在水下，各家水高半壁，望之四野如海一般。是年退水甚速，花豆全无，稻十去其半”[③]；吴江县“春仍饥，米石钱六千”[④]；南汇县“春饥，民乏食，群出乞，多路毙”[⑤]；南通县“知州金咸设赈一月”[⑥]；海门县则“岁大饥，食草根，树皮尽，道多饿莩”[⑦]。浙江情况亦极为类似，“本年各属被灾被歉至五十州县卫之多”[⑧]。其中，富阳县“正月，米仍贵，民食草根树皮垂尽”[⑨]；嘉善县“八月，大风雨水涨，田禾淹没，米贵石六千钱”[⑩]；湖州“春饥，米石钱六千”[⑪]；长兴县“春饥，米石钱六千”[⑫]；上虞县“岁饥，斗米五百钱”[⑬]。

显然，如果仅依靠上面所列材料，是绝不可能得出江南居民消费的“奢侈性”结论的。但我们也不能仅依靠以上材料，就否定江南居民消费“奢侈性”的存在。只有尽可能多地掌握史料，进行不偏不倚的分析和解读，才能做到全面、深入和客观。经济史材料的定量，也必须适度而行，切不能知其

---

① 这里严格按该书对江南的定义，即苏州、松江、嘉兴和太仓州全境（不包括崇明），湖州东部（乌程、归安、德清等县），杭州东北部（钱塘、仁和、余杭、海宁州）以及常州的南部（主要是无锡、金匮等地），参见该书第 9 页。

② 水利电力部水管司科技司、水利水电科学研究院编：《清代长江流域西南国际河流洪涝档案史料》，北京：中华书局，1991 年，第 902—903 页，道光三十年十月二十七日陆建瀛、傅绳勋奏。

③ 杨学渊：《寒圩小志 · 祥异》，《中国地方志集成 · 乡镇志专辑》第 1 本，上海：上海书店出版社，1992 年，第 429 页。

④ 金福曾：《吴江县续志》卷三十八《灾祥》，光绪五年刻本。

⑤ 金福曾：《南汇县志》卷二十二《祥异》，光绪五年刻本。

⑥ 梁悦馨：《通州直隶州志》卷四《蠲恤》，光绪元年刻本。

⑦ 丁鹿寿：《海门县图志》卷二《政事年表》，民国二十四年刻本。

⑧ 《军机处录副奏折》，道光三十年十月二十八日，浙江巡抚吴文镕折，档案号：03-2840-104。

⑨ 王文炳：《富阳县志》卷十五《祥异》，光绪三十二年刻本。

⑩ 江峰青：《重修嘉善县志》卷三十四《祥眚》，光绪二十年刻本。

⑪ 李昱：《归安县志》卷二十七《祥异》，光绪八年刻本。

⑫ 赵定邦：《长兴县志》卷九《灾祥》，同治十二年刻本。

⑬ 储家藻：《上虞县志校续》卷四十一《祥异》，光绪二十四年刻本。

不可而为之。定量时还必须兼顾文化与传统，做到合情合理，否则即便最终的结论或许大体符合历史，这种定量也只能说是一种模棱两可、似是而非的“猜测”。

四、余论

任何研究都会有其局限性，对于史学研究而言，只能做到有限度的认识。多学科交叉是学术研究的重要推动力，也是学者梦寐以求的学术境界。30 年来的中国社会经济史研究之所以取得辉煌的成绩，多学科的交叉研究方法功不可没。但每个学科都有自己独特的研究方法与视角，不能因为统计了一份家谱中有多少人考中进士，就说使用了统计学的研究方法；不能因为描述了此人籍贯湖北，后来到过云南、贵州、山西任官，就说使用了地理学的研究方法；不能因为引用了一首《红楼梦》里面的诗句，就说使用了文学的研究方法；同样，也不能因为在行文中征引了一句以史为鉴的话，就说使用了历史学的研究方法。

吴承明先生说：“经济史首先是史，是历史学的一个分支，一切现有的经济学理论或者模型，都可以视为经济史研究的方法。”①一些经济学出身的学者则坚持经济史是经济学的分支。由于学科归类上的不同，大家对于经济史的研究方法和研究目标有不同的认识。历史学出身的经济史研究者，主张经济史研究的目标是恢复历史真相，探究社会经济背后的规律性；经济学出身的经济史研究者，更多的是把经济史研究当成检验经济学理论模型的实验室，成为他们证实或证伪经济模型的工具。因为研究取向的不同，在研究过程中，前者极为强调史实的真实性、可靠性，而后者更强调模型的完美性、适用性；前者更多的是采取归纳的、经验的方法，而后者更多的是采取逻辑的、演绎的方法。可能也是因为这种差异，彼此之间存在一些难以沟通的地方。历史学者非常反感经济学者不自己动手发掘史料，基本靠汇总现有的、可能会存在着很多问题的成果的做法；而经济学者也很轻视历史学

① 吴承明：《经济史：历史观与方法论》，上海：上海财经大学出版社，2006 年，第 281—282 页。

者所做的如同资料员的工作，认为只要大致不差，就足以说明他们所选择模型的合理性。

“横看成岭侧成峰，远近高低各不同”，虽然这两种研究方法都有它的合理性和可取性，但也必须清醒地认识到，不管如何观察，庐山都只是庐山，不会因为所采取的观察手段和方法不同，庐山就变成了黄山。从终极目标上来说，历史学家的经济史与经济学家的经济史，都应该是相同的。因此之故，经济学家研究经济史，不能因为研究方法的不同，就成为不重视基础史料搜集整理的借口；历史学家研究经济史，也不能因为研究目标的不同，而成为不重视吸收和借鉴经济学方法的借口。

评《前近代中国总量经济研究（1600—1840）——兼论安格斯·麦迪森对明清GDP的估算》

从20世纪后期起，特别是进入21世纪以来，随着中国经济在改革开放中迅速崛起，关于历史上中国经济及其在世界经济史上的地位的研究日益受到人们的重视，国内外不断有重要成果问世，在国际学界特别是国内学者中产生了巨大反响。①相较而言，国内学者的相关研究，大多以单篇论文的形式展现，由于篇幅所限，读者很难从中窥探作者进行推导的具体步骤。日前，笔者见到刘逖先生的大著《前近代中国总量经济研究（1600—1840）——兼论安格斯·麦迪森对明清GDP的估算》（上海人民出版社，2010年7月版）（以下简称“刘著”），这应该是国内学者中专门论述中国历史上GDP问题的第一部专著，意义非同小可。②

刘著除附录和参考文献外，正文分为九章：第一章引言，介绍研究缘起；第二章对安格斯·麦迪森及相关研究做综述；第三至六章系根据行业进行GDP估测，即第三章为人口与耕地、第四章为农业和其他第一产业、第五章为早期工业和建筑业、第六章为商业和其他第一产业，第七章汇总国内生产总值，第八章进行历史与国际比较，第九章是从总量看明清工业化转型。这

① 国内学者的研究成果如李伯重对1820年上海华亭—娄县地区国民生产总值的估算［《从1820年代华亭——娄县地区GDP看中国的早期近代经济》，《清华大学学报（哲学社会科学版）》2009年第3期］、李稻葵和管汉晖对明代国民生产总值的估算［《明代GDP试探》，《清华大学学报（哲学社会科学版）》2009年第3期］。在国外学者中，以美国学者珀金斯（D. H. Perkins）（《中国农业的发展（1368—1968年）》（宋海文等译，上海：上海译文出版社，1984年）、德国学者安德烈·贡德·弗兰克（Andre GunderFrank）《白银资本：重视经济全球化中的东方》（刘北成译，北京：中央编译出版社，2005年）、美国学者彭慕兰（Kenneth Pomeranz）《大分流：欧洲、中国及现代世界经济的发展》（史建云译，南京：江苏人民出版社，2003年）和英国学者安格斯·麦迪森（Angus Maddison）《中国经济的长期表现——公元960—2030年》（伍晓鹰、马德斌译，上海：上海人民出版社，2008年）影响最大。

② 据该书作者简介可知，刘逖系经济学博士，复旦大学历史学博士后，曾发表《1600—1840年中国国内生产总值的估算》（《经济研究》2009年第10期）、《论安格斯·麦迪森对前近代中国GDP的估算——基于1600—1840年中国总量经济的分析》（《清史研究》2010年第2期）等文。

是一部系统研究1600—1840年中国总量研究的著作，在认真拜读大著的过程中，笔者也产生出一些疑惑，特向刘先生求教。

一

由于资料和其他方面的原因，对中国古代的GDP进行估算，必然会遇到这样或那样的困难。比如明清时期人口数量的变化、国土面积的调整、政治军事变动及自然灾害，都会对GDP统计产生影响，应该说，刘著对相关问题已经做了思考，并试图通过人均GDP等方式，尽可能地将这些因素的影响降至最小。刘著力图回应的问题，如对麦迪森估计数值的批判，对前近代中国经济发展停滞不前的原因分析，也有相当的学术水准。通览大著，还可以发现，作者在进行学术梳理和相关分析过程中，所参照的已有研究成果，大都是这一行业中的权威著作，如人口史方面选择何炳棣、曹树基等人的研究成果，农业生产方面引用方行、郭松义等人的研究成果，这是应当予以肯定的。①

当然，由于史学根基的缺陷，作者在分析过程中，也难免会犯一些常识性的错误，如书中第117页，因为对清代财政收支的具体项目没有做过深入研究，作者在分析清代财政收支所占GDP比重时，出现了一个重大疏忽。清代财政分为常例收支和临时收支，作者对常例收支的分析自然不错，但一旦计上临时收入中的捐纳、报效和临时开支中的战时军需、蠲免，结论就会大不相同。清代的捐纳，因其开捐和用途的区别，大致可以分为军需事例、河工事例、赈灾事例、营田事例四种，其中以军需事例、河工事例为最多。报效则是统治者为解决财政困难而对商人采取的一种勒索办法。根据陈锋的统计，仅乾隆至嘉庆时期的盐商报效银，即多达65 001 491两。②而据汤象龙的研究，嘉庆朝在二十年中仅捐监的收入就达4000余万两，平均每年不下200

① 当然，也有不一定正确的地方，比如财政史的研究成果中彭泽益《十九世纪后半期的中国财政与经济》（北京：人民出版社，1983年），周育民《晚清财政与社会变迁》（上海：上海人民出版社，2000年），陈锋《清代财政政策与货币政策研究》（武汉：武汉大学出版社，2008年），史志宏、徐毅《晚清财政：1851—1894》（上海：上海财经大学出版社，2008年）就更有说服力。

② 陈锋：《清代盐政与盐税》，郑州：中州古籍出版社，1988年，第220页。

余万两。支出方面，仍据陈锋的统计，白莲教起义期间，嘉庆元年（1796 年）至三年共拨四川军需银 1950 万两，拨陕西军需银 1250 万两，拨甘肃军需银 200 万两，拨河南军需银 200 万两，拨湖北军需 2000 万两，所拨各地军需总额当在近 6000 万两。①蠲免分为灾蠲、恩蠲与普蠲。康熙、乾隆时期的恩蠲、普蠲数额巨大，次数频繁，人所共知，即便到了嘉道时期，国力有限，也屡有举行。嘉庆二十四年的嘉庆帝六十大寿普蠲天下钱粮，共计蠲免各省积欠钱粮 21 296 800 余两，米谷 4 045 200 余石。②虽然这一数据主要是免掉收不上来的税款，但在财政统计时仍需加以包括。如果考虑到这些因素，作者在附表 7.1“清代前期财政收支与占 GDP 的比重”结论就会完全走样，由此推导的财政支出占 GDP 比重极小的观点也就站不住脚了。

前面提到，不论是疆域的变化，还是灾害的影响，都会直接影响到 GDP 与人均 GDP，而刘著采取的办法是通过人均 GDP 来消解变化，接近真实。话虽如此，但明朝人口统计与清代人口统计存在着巨大的差异（尤其是疆域的变化和人口统计方式的改变），在这一背景下，刘著就呈现出人均 GDP 通过 GDP 除人口总量得出，而人口数量的变化又导致 GDP 的改变，恐难以自圆其说。

作者认为，不论是麦迪森还是贝洛赫，都“显然高估了我国的经济实力”（第 149 页）。但为求得数据，作者假定这两人对世界经济总量（扣除中国后）的估计是正确的，得出了 1600 年中国占世界 GDP 的比重约为 1/4，1840 年下降到了不到 1/5 的结论。作者又觉得这一估计不太靠谱，所以称“如果我们假定麦迪森、贝洛赫对印度等欧美以外国家 GDP 的估算同样存在高估，并且高估幅度与对我国的估计一致，那么我们估计的中国占世界 GDP 的比

① 陈锋：《清代军费研究》，武汉：武汉大学出版社，1992 年，第 266—275 页。这里还可以补充一点线索：据中国第一历史档案馆编《嘉庆道光两朝上谕档》第 12 册（嘉庆十二年九月初一日，桂林：广西师范大学出版社，2000 年，第 402 页）可知，湖北自嘉庆元年军兴以后，动用军需各款截至三年六月以前，作为正案报销，其自三年七月起至十年十月防兵全撤之日止，作为续案报销，核计七年的续案报销，“动支帑项不下千万”。

② 中国第一历史档案馆编：《嘉庆道光两朝上谕档》第 24 册，嘉庆二十四年十一月十四日，桂林：广西师范大学出版社，2000 年，第 606—607 页。

重可以上调 3—5 个百分点”（第 150 页）。作为读者，必然会有疑惑：为什么麦迪森和贝洛赫对印度等欧美以外国家 GDP 的估算不可以高估更多，或者低估很多？如此一来，中国占世界 GDP 的比重又该是多少？

当然，刘著最大的问题还并不在此，而是所有与 GDP 相关的估测数据。李伯重仅对 19 世纪 20 年代的江南进行 GDP 研究，已经发现很难做到深入，从而将范围逐步由江南变成松江府，再由松江府缩小到华亭、娄县两个地区。尽管他已经几乎穷尽了相关史料，对于一些关键的数据，也不得不依据民国乃至新中国成立后甚至是改革开放前的数据来进行推导。[①]这也提醒我们，在中国这样一个国情复杂、传统独特的大国，进行历史上的 GDP 研究，必然会面临诸多困难。显然，刘著对于这些困难估计不足。另外，刘著指出，文本记载与历史真实情况之间存在着巨大差异，“历史研究离不开真实生活，然而对于古代真实 GDP 情况的估算，我们只能依据当时的记载（如果幸运的话，也许可以依靠若干考古材料）”（第 17 页）。但纵观全书，我们几乎看不到作者利用当时史料记载的地方，他所依据的，完全是第二手的资料和现有研究成果；全书出现最频繁的字眼就是“我估计”“我认为”。

二

通览刘著，可以发现作者对待数据方面，有明显的实用主义态度，有时还显得太过随意。

以人口数量的推算为例，作者先是认为曹树基的“明清人口史”，借鉴了大量的研究成果和史料，“基本复原了若干关键年份中国人口数据”，是这一领域“最杰出的成果，代表了中国人口史研究的新高度”，“其统计结论是迄今最有说服力的研究成果”。接着作者又指出，刘克智的研究成果“存在较大的问题”，出现了每十年人口增长率超过 20%的“缺乏可信度”问题，连麦迪森都要对他的数据进行修正。在书中第 41 页，居然就出现了这样的情况：由于刘克智所估的 1600 年数据 1.6 亿，1630 年的人口 1.38 亿，下降

① 参见李伯重：《中国的早期近代经济——1820 年代华亭—娄县地区 GDP 研究》，北京：中华书局，2010 年。李著仅比刘著晚出 1 个月。

幅度达 26.25%；而按曹树基对 1393—1630 年年均 0.41%的增长率来看，1600 年人口应该为 1.7 亿；因为这两种数据都不能令作者满意，结果就出现了刘著根据刘克智的下降率来校正曹树基的 1600 年数据，得出 2.23 亿的数字；再拿曹树基的 1.7 亿与此 2.23 亿相加后平均，变成了 2 亿。[①]其实作者也明白，经过这样一番倒手之后，此间的 0.488%人口增长率已经远远超过了曹树基本人所推算的 0.41%人口增长率。作者对此的解释是："考虑到这一段时期是明代相对繁荣的时期，较少受到战争和天灾人祸的影响，这样的人口增长率水平应是可信的。"问题又来了：1610 年和 1620 年，明朝也没有发生重大的战争和天灾人祸，人口增长率怎么就变成了−0.12%？还有一点，既然曹树基的人口研究最为精深，那曹树基为什么在 1600 年这个关键的世纪年份人口数据上，将人口少算 3000 万？其实最根本的原因，恰恰在于作者为了生硬地配合 1630 年曹树基的人口数据，又觉得曹树基 1600 年的数据过低，从而进行强行组合。这完全是一种实用主义的态度。

书中第 48 页对全国耕地面积的估算也有类似问题。作者先是列举吴承明认为粮食作物耕地面积占总耕地面积的 90%，吴慧认为是 85%，郭松义认为明代的数据高于 90%，清代则约为 90%，"我们采取吴承明和郭松义的估计，认为明清时期粮食作物和经济作物耕地面积之比为 9∶1"。问题在于：如果吴慧的 85%估计和郭松义对明代高于 90%的估计不正确，那不正确的理由是什么？为什么在这几种数据中，90%最有道理？如果作者不能给出详细的理由，这样的估测也就变成了吴承明先生对麦迪森的批评：guesstimate（瞎猜）。[②]

刘著第 51 页讨论了明清时期的亩产量。关于这一问题，已经有诸多学者做过辛勤耕耘。姑且不论是否因为吴慧先生只考虑了北方产量的一年两熟，而郭松义先生考虑了一年两熟、一年一熟和两年三熟的情况，郭松义的数据就应该"更可靠"；但作者在肯定郭松义数据的同时，难道又仅仅因为"清代北方种植稻谷的面积有较大增加，且其产量低于南方"，为了将"清代稻谷亩产调整为与明代一致的水平"，就可以生硬地把郭松义的 427 斤下调

① 不知为何作者不取 1.97 亿？因为按事后的推算，其间 300 万的差距对于 GDP 总量还是有很大影响的。

② 吴承明：《经济史：历史观与方法论》，上海：上海财经大学出版社，2006 年，第 244 页。

为 410 斤？在传统农业社会，亩产量的数十斤差异对 GDP 的影响，想必作者再清楚不过。这样的做法是不是有些过于轻率了呢？

还有一个问题，刘著已经假定经济作物占全部耕地面积的 10%，粮食作物占 90%；作者又承认，经济作物的净产值与粮食作物净产值的关系十分复杂，但最终将其确定为“经济作物单位面积净产值为种粮净产值（南北平均）的 2 倍”（第 61 页）。作为读者，我们又不禁会有这样的疑问：如果明清时期的中国老百姓具有一定的“经济理性”，为什么他们不去用同样的单位面积种植经济作物，以获得 2 倍的收益，而非要费力不讨好地种植粮食作物呢？

书中第 64 页，刘著在估计畜牧业、林业和渔业的数值时提到：“刘瑞中估计，18 世纪畜牧业、水产业和林业等收入大约为农业收入的 12%，管汉晖等估计明朝时期这一比例为 8%，张仲礼估计 19 世纪 80 年代为 10%，珀金斯估计民国初期这一比例为 11%左右，屠光绍认为 20 世纪 30 年代这一比例约为 19.59%。综合这些分析，我们假定畜牧、林业、渔业的净产值为农业的 10%，并以此估计畜牧、林业和渔业对 GDP 的贡献。”姑且不论所参考的估值有无合理性，即便承认它们是可靠的，作者也需要逐一辨别，因为从 8% 到 19.59%，既有数量上的变化，也有不同时代的所指。作者既然号称要通过精准研究来推翻麦迪森的结论，就必须给出精确答案。

如果只是为了估测而估测，研究中国明清时期 GDP 最简单的办法，就是直接估算农业总产值，再按作者所希望的农业总产值占全部总产值的比重，做一汇总。这样一来，就可以不必要花那么多的篇幅去印证心中已有的答案了。

三

定量研究不能知其不可而为之。吴承明先生曾表示：“计量经济学方法用于经济史研究，其范围是有限的。在这个范围内，我主张要用它来检验已有的定性分析，而不宜用它创立新的论点。”[①]可能由于学术背景的原因，作

① 吴承明：《经济史：历史观与方法论》，上海：上海财经大学出版社，2006 年，第 248 页。

者对于数据具有高度的认可，但往往忽视了数据背后的历史真实性与合理性。

刘著在第 42 页估计 1600 年人口为 2 亿，1840 年的人口为 4.16 亿，后者为前者的 2 倍多；但在第 74 页估计盐业净产值时，认为“1600 年我国盐业的净产值约在 380 万两，1840 年达到 8870 万两”，后者是前者的 23 倍多。食盐作为生活必需品，消费量怎么可以发生这样大的剧烈波动？这样的推算显然违反了常识。

刘著第 51 页，作者认为明代小麦、大麦、小米、高粱以及其他杂粮亩产为 136 斤，清代为 160 斤，“考虑到数据平滑的需要，我们假定 1630 年以前亩产量为 136 斤，1740 年（乾隆五年）后为 160 斤，其间数据按自然增长率推算”。其实，从明朝灭亡前夕到清朝乾隆五年，小麦、大麦等杂粮的产量怎么可能按自然增长率成长？书中类似的例子还有很多，比如第 68 页估算丝产量时，作者先是按李伯重明末与清代江南丝织工人数的估计为依据，再按 1840 年吴承明的估计为终点，来重建此间的系列数据。为了“数据平滑的需要”而主观臆测出来的数据，怎么可能变成真的历史写照？再根据诸如此类的数据所汇总出来的数据，怎么可能变成前近代中国 GDP 的真实反映？

作者按生产法和支出法估计棉丝业的产值，发现“在绝大部分年份，棉丝业净产值占按生产法计算的占地经济作物净产值的比重均不到 20%，这说明我们按生产法估计的数据可能存在严重高估”（第 61 页）。为此，作者按支出法对占地经济作物净产值进行调整，将棉丝业净产值强行提高到经济作物的 30%，然后“取生产法和支出法计算的平均值作为最终占地经济作物的 GDP 数值”（第 62 页）。这样的推算很难让人信服。

刘著第 104 页考察了幕僚和教师的收入情况。中国历史上幕僚和教师的数量庞大且极为隐蔽，人数及其差异化的收入是绝难搞清楚的。作者为取 GDP 估计的完备性，先是假定明末有幕僚 10 000 人（根据何在？），乾隆年间幕僚的人均收入为 160 两（根据又何在？），然后再根据张仲礼估计 19 世纪 80 年代幕僚总人数为 16 200 人，人均年收入为 559 两[①]，推算各个时期的

① 我们完全有理由怀疑，张先生将总人数和人均年收入精确到个位数时，是很有可能违背离历史真实的。

幕僚收入。这其实就是先确立了两个虚假的标杆，即乾隆年间的数据（作者也没有明确指出是乾隆朝哪个具体年份）和 19 世纪 80 年代的数据，再据此做一平滑。但问题在于：为什么幕僚的人均收入会随着时间的变化而变化？为什么乾隆时期的幕僚收入不会高于 19 世纪 80 年代？

刘著第 109 页，作者在附注中提到："过去我国 GDP 统计中不包括住房服务，2005 年对 2004 年 GDP 修订后，住房服务开始计入 GDP 统计范围。"这说明，作者也清楚，直到 2005 年，中国的 GDP 统计与国外都存在着差异。中国古代百姓对房屋的消费心态、行为方式和国外迥异，作者为求公式上的整齐划一和中西比较的方便，就特意算出一个明清时期的住房消费水平。在公式上合理了，却消解掉了背后的历史性差异。

在刘著第 121 页，作者估计人均消费量，认为管汉晖根据方行、徐浩的数据估计严重偏高，故采取黄敬斌的结论。但黄敬斌估计 18 世纪中期的江南农民家庭消费约在 52.6 两，19 世纪中期增加到了 65.1 两，显然都远远超过了当时居民的创收能力。黄敬斌曾对 20 世纪 30 年代吴兴等三地农民收入做过分析，结论是吴兴的户年均可支配收入为 149.74 元、无锡为 240.89 元、嘉兴为 165.07 元，远低于他估计出的 20 世纪 30 年代江南居民户均消费 254.6 元的标准。黄敬斌承认："从这些地方农户的年均可支配收入来看，其数字都显著低于前文对于 1930 年代江南农户年消费总额的估计，这对于前文的估计来说是一项挑战。"①笔者认为，不管"技术原因"如何，江南的所有农户每年承担着 38—110 元的亏欠，入不敷出，却依然豪放地饮酒吃茶、花天酒地地过着"奢侈性"的消费生活，这是有悖于常识的。作者以黄敬斌的研究成果作为估测基础，结论自然就难以让人信服了。

关于粮食部门的 GDP 数值，刘著第 56 页认为："从不同时段看，样本前期（1600—1630 年）和样本后期（1761—1840 年）误差很小，说明这段时期社会余粮不多；样本中间期（1631—1760 年）误差较大且为负值，说明这段时期社会余粮十分充裕。此外，1651 年至 1720 年的误差率显得过大，

① 黄敬斌：《民生与家计：清初至民国时期江南居民的消费》，上海：复旦大学出版社，2008 年，第 311 页。

超过了−30%，这可能与人口耕地增长速度不对称有关。”据作者提供的表格看，他认为粮食部门的 GDP，1620 年为 2.987 亿两，1630 年为 4.7 亿两，1640 年为 4.26 亿两，1650 年为 5.89 亿两，1660 年（顺治十七年）为 7.19 亿两，1670 年为 5.23 亿两，1680 年为 3.7 亿两，1700 年（康熙四十九年）为 4.77 亿两，其间的跳跃和反差难道不是有些出人意料吗？1630 年的产量怎么可能是 1620 年的近一倍，顺治十七年的产量又怎么可能是已经承平日久的康熙四十九年的近一倍？凡是有些历史常识的人都知道，1630 年和 1660 年两个时段，恰恰是战争频仍、灾害横行、百姓流离失所的时期；而相较之下的 1620 年和康熙四十九年，情况则要好得多。可以说，如果不是史料和我们在开玩笑，就是作者在和我们开玩笑！再者，通过生产法与支出法的对照，我们也实在难以理解：为什么清军入关前后至康熙帝平定三藩之乱的数十年间里，社会余粮会“十分充裕”，甚至要远远超过了乾隆后期及嘉道这一社会安定时期？作者不去从根本上检讨估测数据的合理性问题，却要强行解释，实在大错特错。

刘著第 86 页对麦迪森的研究给予了严厉的批评：“如果说麦迪森对农业部门产业的估计尚存在一定合理性的话，其对第二和第三产业产值的估计则几乎是没有任何依据的。我们唯一可以知道的是，麦迪森或许是按照 20 世纪初（至多是 19 世纪末）中国分行业 GDP 比重数据进行推测的。”其实这句话可以反过来理解：农业部门是中国传统社会最重要的行业，如果对农业部门做出了合理的推断，最终的结论也就会大致靠谱。反观本书，作者难道不是也在大量按照晚清乃至 20 世纪 30 年代的数据进行反推吗？表面上的精确客观，背后的实质一样。

作者曾批判麦迪森等人对中国历史上 GDP 的高估：“1600 年是风雨飘摇的明王朝灭亡的前夜，而 1840 年则是英国殖民者发动鸦片战争的那一年，是中国沦为半封建半殖民地的前夜。奢谈这个时期的中国经济是‘世界经济体系’的中心，不免让我们有啼笑皆非的感觉。”（第 6 页）但根据作者的分析，中国的人均 GDP，1620—1670 年的数据，仍然要高于 1760 年以后的时段。也就是说，通过作者的研究，作为经历着明末农民战争、天灾人祸和清军入关后大混战的中国社会，此间人均 GDP 居然还要高于天下太平的乾隆盛世时期（由 1670 年的人均 380 美元降为 1760 年的 318 美元，见第 180 页）。这是不是又有些让人“啼笑皆非”呢?

在今天的中国经济史研究中，我们并不缺少数据，而是缺少可靠的精准数据。GDP 的统计和推算是一个系统工程，任何一个数估的变化，都会引起连锁反应。如何做出具有公信力的成果，还是大家应该共同努力的方向。

同时，研究者将自己所有的结论都建立在历史学家现有研究成果的基础上也是很危险的。经济学家的经济史研究，绝不应该只是拾取历史学家的牙慧。否则，一旦历史学家对自己的研究做出修正，经济学家的相应结论就要被迫做出修正，所谓的研究也就变成了纯粹的数字游戏。可以相信，至少在目前看来，不论是麦迪森所描绘的美妙情景，还是刘逖所给出的黯淡形象，都远非历史真实的写照。中国历史上的 GDP 问题研究，还有很长的路要走。

人物与事件

研究历史不可能离开人物和事件，在阅读史料的过程中，往往会不期然碰到很有意思的个案。

《齐彦槐与道光初年海运》（中国社会科学院历史研究所清史研究室编：《清史论丛》2006年号，中国广播电视出版社2006年1月版）从众多史料中，细致勾勒出江苏金匮知县齐彦槐的生平事迹及其与道光初的漕粮海运的关系，纠正了学术界在此问题上的误读。

“青浦教案”系中国近代史上的第一次教案。《李星沅与“青浦教案”》（《史学月刊》2003年第5期）指出，英国领事阿礼国欲乘机突破原有条约框架的限定，谋取更大的利益；中方处理此事的主要人物为两江总督李星沅，他曾亲自接见前来违约“投诉”的巴夏里。李星沅在本次教案中的所作所为，代表了当时清朝官员观察中外关系的视角，以及处理中外交涉的手段。通过本次教案可以看出，清朝官员在处理中外交涉时处于完全的劣势。

马新贻系清代回族知识分子以正途入仕，并担任封疆大吏的重要政治人物。《马新贻与清代“东南三大政”》（《回族研究》2007年第1期）指出，马新贻在江、浙封疆大吏任上的时间不长，但他勤勤恳恳、任劳任怨，在漕运、盐政和河工方面，皆有建树，做出了不少实质性的工作。他的所作所为虽没有突破传统政治体制的范畴，但从总体上仍然值得被肯定。作为一个以回族身份入仕的清朝高官，他忠实地完成了传统士大夫的使命。

轮船招商局“福星”号轮船被英国“澳顺”号轮船撞沉，造成 65 人死亡，是中国近代史上最重大的海难事故。《“福星号海难”与中英交涉》(《江苏社会科学》2010 年第 2 期) 指出，这桩原因清晰、责任明确的海难案，最终的处理结果却很难令死难者家属与国人满意。在案件审理过程中，英方进行明目张胆的袒护，使得招商局的合法权益到严重践踏。这充分显示了“弱国无外交”真理。

齐彦槐与道光初年海运

一、从一则史料说起

在研究道光六年（1826 年）漕粮海运、上海运输业发展状况及明清时期中国“资本主义萌芽”的问题时，《见闻续笔》一书被研究者引用频率极高。[①]其中，尤以下面一则史料最有代表性：

“查上海沙船底册，除小船不计外，其中大中两号沙船，自千石以上二千石者，不下一千三四百号。”此条史料出处的说明，不少学者均注明为：“齐学裘：《见闻续笔》卷二。”有人还特意在这段话之前，标明“道光时齐学裘在上海调查沙船”字样，以显示资料的真实性。

这些研究者没有讲明，齐学裘在上海调查沙船系道光何年。查阅《见闻续笔》卷二，可知此条史料出自于《乙酉二月奉委赴上海查办海运事宜通禀各宪稿》，而乙酉年系道光五年。也就是说，他们认为，道光五年二月，齐学裘曾前往上海调查沙船情况。

齐学裘，字子治，号玉谿，安徽婺源人，终生不得志，只落得一监生。除《见闻续笔》外，他还有《见闻随笔》一书行世。在后一书的自序中，齐学裘说：“同治五年，岁在丙寅，重来吴陵，寄住甥馆……年逾六十堪怜。”由此可知，同治五年（1866 年）时，齐学裘已过花甲，由此倒推 40 年，那么，他在道光五年时只有 20 岁左右。如果再查齐彦槐《梅麓诗钞》一书，则在两淮盐运使方濬颐所撰《墓表》一文中，有如下文字：“光绪元仲春，学裘持状示濬颐曰……学裘年已七十有三。”由此又可知，光绪元年（1875 年）时齐学裘正好 73 岁，他在道光五年的年龄应为 23 岁。23 岁的齐学裘，

---

① 比如，丁日初主编：《上海近代经济史：1843—1894 年》（上海：上海人民出版社，1994 年，第 11—12、14—16 页）；许涤新、吴承明主编：《中国资本主义发展史》第一卷（北京：人民出版社，1985 年，第 650—651、654、656、662、666—667 页）等书及诸多论文。

并无功名在身，我们不禁要问，他怎么可能得到当时漕运总督魏元煜的青睐，被指派前往上海调查沙船，并参与筹划漕粮海运这样一件极其重要的事情呢？

查中国第一历史档案馆所藏之奏折《漕运总督魏元煜等奏为遵旨会筹海运七项事宜折》（道光五年三月二十六日），有这样一句话："臣魏元煜复委曾议海运之前任金匮县知县齐彦槐前往松江会同查办。"[①]可知受命前往调查者乃齐彦槐。另在齐彦槐的《梅麓诗钞》一书的《谈海集》中，作者曾多次提及此次受命调查上海沙船的情况，如他曾赋诗《乙酉二月十二日同年方莲舫太守士淦书来招予游碧浪湖先寄二诗》，述及友人邀其至湖州碧浪湖游玩一事。旋因接到魏元煜的调令，他只得仓促取消约期，并特意赋诗一首《舟次吴门忽接制府魏（元煜）檄奏委查办海运事宜与之游不果寄莲舫》："引黄入运议纷纭，宵旰焦劳累圣君。偶抱葵忱千里献，岂期刍论九天闻。沿江有路原通海，出岫无心更作云。惜与桃花负成约，几时摇艇看斜曛。"以上史料清楚地说明当时前往上海调查沙船及海运情况者，并非齐学裘，而是齐彦槐。

齐彦槐，字梦树，又字荫三，号梅麓。[②]据《梅麓诗钞》卷首黄安涛、方濬颐等人所写的《传》《墓表》可知，齐彦槐生于乾隆三十九年（1774年）十月十二日，卒于道光二十一年六月二十五日，享年68岁。《婺源县志》称，齐彦槐自幼聪明异常，"初入塾学作文，援笔立就，倜傥不群"，十四岁即入泮，学宪见而奇之，"谓皖省人才当让此生独步"[③]。齐彦槐于嘉庆十四年（1809年）中己巳恩科进士，河运总督张井曾特意写诗相赠："似尔科名应第一，与君妃敌亦无多"[④]，以花中状元红惜其未能中状元，亦可证明他的聪慧。齐彦槐先入翰林院，为庶吉士，后授江苏金匮知县。十七年，齐彦槐刚一赴任，便着手"清积弊，毁淫祠，案牍猬集，剖决如流"，民间称为"齐青天"。

---

① 《宫中档朱批奏折·财政类·漕粮》，道光五年三月二十六日，漕运总督魏元煜折，档案号：04-01-12-0385-091。

② 汪正元、吴鹗等纂：《婺源县志》卷四《选举一·科第》，光绪八年刻本。

③ 汪正元、吴鹗等纂：《婺源县志》卷二十四《经济·人物四》，光绪八年刻本。

④ 齐彦槐：《河帅又以两诗见赠奖饰过当再次前韵二篇首章自咏牡丹次章奉答其意》，《梅麓诗钞·补遗集上》，光绪元年刻本。

十九年（1814年），金匮奇旱，他设法劝赈，“全活无算”。因为他在灾赈方面很有一套办法，《清经世文编》还收录了他的《图赈法》一文，林则徐也向他请教有关赈济事宜。除此之外，齐彦槐还对天文、机械等自然科学有较深造诣，他曾制造浑天仪、中星仪，用以研究星象及其运行；为“便民运水”，他又特意制造龙尾车和恒升车，提高农田灌溉效力五倍以上。①

齐彦槐在金匮任知县的时间长达七年，到二十四年始由李传簪接任。②仍据《婺源县志》记载，因救灾之功，齐彦槐“升苏州府同知，保升知府”，但笔者并未在李铭皖等人修的《苏州府志》（光绪九年刊本）中的《职官志》部分找到齐彦槐的名字。估计与仕途不顺相关，他以有病在身辞职，并定居荆溪，直至被漕运总督魏元煜调委，故有诗云：“谢病近十载，蓬蒿久辞荣。”③

齐彦槐共有七子，齐学裘乃其次子，亦“以诗名著江左，文人咸相引重，以为绰有父风云”④。齐彦槐死后，齐学裘将父亲的部分文稿及自己所写的文章一并编入《见闻续笔》。不少研究者在阅读《见闻续笔》时，忽略了两个细节：其一是《见闻续笔》乃齐学裘所编，而非所著。其二是在该书目录及正文部分，当涉及卷二、卷三的内容时，均有如下文字：“先大夫梅麓公文钞”。换言之，该书卷二、卷三的所有文章，即《海运南漕议》《乙酉二月奉委赴上海查办海运事宜通禀各宪稿》《禀复魏元煜制军稿》《对张师诚中丞札询本年江广漕米海运各条（四月续奏廷寄后）》《代拟海运奏稿（陶云汀中丞命作）》，均为齐彦槐所作，而非齐学裘所写。所谓齐学裘在上海调查沙船及撰写海运文章之事，根本就不存在。

明白这一点后，就可以清楚地知道，这些著作对齐彦槐其他几则史料的引用，均犯有同样的错误。另外，贺长龄、魏源等人所编《清经世文编》卷四八《户政二十三·漕运下》，曾收录齐彦槐《海运南漕议》一文。在该文之后，即系施彦士的《海运议》。研究者对施彦士之文及《清经世文编》中

---

① 汪正元、吴鹗等纂：《婺源县志》卷二十四《经济·人物四》，光绪八年刻本。

② 裴大中等修：《无锡金匮县志》卷十五《职官》，光绪七年刻本。

③ 齐彦槐：《自上海还荆溪途中述怀有作》，《梅麓诗钞·谈海集》，光绪元年刻本。

④ 汪正元、吴鹗等纂：《婺源县志》卷二十四《经济·人物四》，光绪八年刻本。

的其他文章曾多有引用，但却唯独忽略了齐彦槐的《海运南漕议》。即使引用，也通常是将其注释为“齐学裘：《见闻续笔》卷三”，而该文恰是被齐学裘编于《见闻续笔》卷二之首。以上纰误的出现，实在不应该。

二、积极投身海运

清代的首次漕粮海运始于道光六年（1826年），这一变革的出现，是由诸多因素促成的。直接的催化剂，则是因道光四年冬，清江浦高家堰大堤溃决，江苏高邮、宝应至清江浦一段，运河水势微弱，漕船搁浅，河运漕粮已不可能，京畿地区的粮食供应面临严重危机。无奈之下，道光帝发布上谕，令漕运总督魏元煜、江苏巡抚张师诚等督抚大臣，讨论有关漕运海运事宜。

魏元煜、张师诚等人为慎重起见，先期派出专人前往沿海之地考察海运的可行性。张师诚派出的是“素能办事”之候补知县何士祁，魏元煜派出的则是齐彦槐。[①]之所以考虑齐彦槐，一方面是因为他们都对齐彦槐有一定程度的了解，早在嘉庆十九年（1814年），齐彦槐“以事忤中丞，几被劾”，魏元煜知其无辜，又爱其才，苦苦相求，才得幸免。[②]而张师诚除了曾是齐彦槐的上司外，对他的才华也颇为欣赏。[③]更重要的是，齐彦槐早年即对海运有诸多研究，并“陈海运策，上游据以入奏”。唯因苏抚以事属创举难之，“召槐再三诘驳，槐条陈详明，苏抚词屈”，只因当时人们“以河运既久，不必更张为言，事遂寝”[④]。

还有一事不应该被忽略。高家堰决堤后，道光帝特派大学士汪廷珍等人前往查办河工，而汪为齐彦槐的业师。道光四年十二月，齐彦槐“以师门久违，冒雪往谒”。因当时权臣皆主张借黄济运，齐彦槐则宣称：“借黄济运之

① 《宫中档朱批奏折·财政类·漕粮》，道光五年三月二十六日，漕运总督魏元煜折，档案号：04-01-12-0385-091。

② 齐彦槐：《挽前制府魏公元煜二十八韶》，《梅麓诗钞·谈海集》，光绪元年刻本。

③ 齐彦槐在向张师诚汇报有关海运事宜时，曾作诗曰：“大贤信莫测，事急心愈闲。匡坐细论诗，使我胸怀宽。”并自注云：“中丞极称予《云楼诗》，并能诵其词，亦奇事也。”见齐彦槐：《谒张中丞师诚退而有作》，《梅麓诗钞·谈海集》，光绪元年刻本。

④ 汪正元、吴鹗等纂：《婺源县志》卷二十四《经济·人物四》，光绪八年刻本。

说，询之土人，虽妇人孺子皆知无益”，故“力言海运可行，爰上海运议一篇”①。这篇“海运议”，正是著名的《海运南漕议》。在文章中，齐彦槐开宗明义地指出，“驳海运之说者三：一曰洋氛方警，适资盗粮；二曰重洋深阻，漂没不时；三曰粮艘须别造，柁水须另招，事非旦夕，费更不赀”。但实际上，这三者皆不足虑。北洋水浅多礁石，而盗船皆鸟船吃水太重，一遇即碎，故“断不能越吴淞而北以争南粮也”。上海沙船有三千五六百号，每年往返四五次，每岁漂没之数不到1%，“南粮由运河，每年失风，殆数倍于此”。沙船主皆殷实富商，从不闻有欺骗。运粮时每石给船商水脚银五钱，上载时加耗米三升，较运货所得益多。对国家而言，以全漕350万石折算，较河运可省费用十之六七。②汪廷珍对此极为重视，将该稿带至京师，“煦斋协揆据以入告”③。

综合考虑这些因素，道光五年（1825年）二月，魏元煜命齐彦槐调查海运，就水到渠成了。尽管当时齐彦槐“犹在病中”，但因为魏元煜有恩于他，“欲酬谢恩缱绻，敢惜瘦伶俜”④；又考虑到“譬彼杞人下，仰首忧穹天。偶得一良法，愿为当道陈”⑤，为实现自己的抱负，他毅然接受了任务。

齐彦槐赶赴上海之后，立即找船商、牙商等人调查情况。据称，上海系沙船总汇，本有沙船三千多号，近年因为“商贾利微，脚价太贱，船商无力修舱，以致朽坏居多”，其中宽大坚固者，“通计不过一千二三百号”。据他二月二十六日的调查报告可知，不计只能装四五百石之小沙船外，八九百石至一千二三百石的大中两号沙船，上海仅有 80 余只，因为绝大部分船只已

---

① 齐彦槐：《十二月八日自荆溪赴袁浦谒汪大宗伯瑟庵师呈诗四首》，《梅麓诗钞·谈海集》，光绪元年刻本。

② 齐彦槐：《海运南漕议》，贺长龄、魏源等编：《清经世文编》卷四八《户政·漕运下》，北京：中华书局，1992年，第1160页。包世臣表示，道光四年十二月，“同年齐郎中彦槐赴浦过问，世臣告以急筹海运。郎中录拙稿以致汪宗伯”（包世臣：《上英相国书》，《包世臣全集·中衢一勺》卷四，咸丰元年刻本）。此说大致可信，但详细核对两人的同名文章，可知有些部分的文字并不相同，对一些关键性的问题，如给沙船水脚，两人的观点也存在着重大差异。包世臣即认为：“每南粮一石，给水脚银四钱，上载时每石加耗米五升……合计南粮四百万石，不过费水脚百六十万”（黑体为笔者所加），见《海运南漕议（并序）》，《包世臣全集·中衢一勺》卷四，咸丰元年刻本。

③ 齐彦槐：《梅麓诗钞·谈海集·序言》，光绪元年刻本。

④ 齐彦槐：《挽前制府魏公元煜二十八韶》，《梅麓诗钞·谈海集》，光绪元年刻本。

⑤ 齐彦槐：《谒张中丞师诚退而有作》，《梅麓诗钞·谈海集》，光绪元年刻本。

经于正月后载货开行。开行后又返回上海的，每日少则七八只，多则二十余只不等。根据以前的规律，三月以后系沙船返口高峰，三、四两月总可到大中两号沙船七八百号。加上福建鸟船，大者能装三千石，小者亦能装一千六百余石，江苏海运"应可无虞缺乏"。如果浙江也行海运，则只能将浙江之蜑船、三不像船"一律封雇，移送吴淞口受兑"。当时苏松太道龚丽正将运漕脚价定为 7 钱，价格极为优厚，但"各处船户犹未免观望不前"，一则畏交兑之难，二则畏守候之苦。齐彦槐特议定海运章程八条，以供当道参考：

（1）沙船、蜑船等船自三月份后将"一律封雇备用"，又因"守候太久未免苦累，聚泊过多亦恐滋事"，所以漕粮运抵后上海后，须随到随兑。

（2）吴淞口至长江一线，沙多水浅，沙船不能前进；江广漕帮之船亦难由运河驶入，故应该雇用剥船驳运。崇明有米船百余号，大约每船可起米七百石；无锡有湖船百余号，江阴等处江船亦可剥运，均须封雇。

（3）沙船赴津受兑，应由河运旗丁押运。至各帮运粮千总，为弹压旗丁起见，亦应在船看护。齐彦槐还强调，旗丁不得将家眷带上沙船，归次之后亦须将水手遣散，以免逗留滋事。

（4）沙船水脚银由苏松太道当堂发给，剥船水脚由各州县发给，以免胥吏克扣。

（5）沙船应照漕船之例，七分载米，三分载货，免纳捐税。如运米较多，则给予奖励。

（6）沙船放洋后无法前后相继，到达天津的时间参差，天津须随到随验，以使沙船卸快速赶往关东运豆。

（7）春夏时节，海洋本来平静，但亦须防止不测，如果松舱，应令耆舵与旗丁报于沿海州县核勘，"免其赔偿"。

（8）北洋本无海盗，但亦须整肃军容，江南、直隶、山东水师应出洋会哨。[①]

---

① 齐彦槐：《乙酉二月奉委赴上海查办海运事宜通禀各宪稿》，齐学裘：《见闻续笔》卷二《先大夫梅麓公文钞四首》。

齐彦槐的调查报告上呈魏元煜后，魏元煜仍多次札问海运是否可行。[①]齐彦槐又特意撰文《禀复魏元煜制军稿》，加以回复。他总结逗留上海40余日的思考，认为海运其可行者有四，其无不可行者有三，而其不可不行者有五。沙船熟悉沙线，一可行；船只敷用，二可行；船商无偷窃陋习，三可行；省费无烦动帑，四可行。盗船不适应北洋航线，洋面安静，无不可行一也；沙船造价盈千累万，"如果出洋辄遭漂溺，谁肯以巨万之赀轻于尝试"，无不可行二也；沙船抵津极速，且沙船舱有夹底，两旁皆有水槽，舱中从不沾潮，以前运豆并未发胀，茉莉、兰花等由南运北，皆露置船顶，且不畏盐风，漕粮更无霉变之虞，无不可行三也。至于不可不行，则其一是运道阻梗，无法河运；其二是畿辅户口殷繁，京仓储备万难迟缓；其三是陆运弊端极多，远近骚动，靡费无算；其四是河运水手猖獗，海运可杀其势；其五是京师咽喉不能仅靠河运一线。总而言之，海运非行不可，"集事固往于谋，而成事必在于断。此时毅然定计，一切章程札商奏定，算来已近漕时，若稍迁延，又恐无及"[②]。

齐彦槐的观点也得到了一些人的认同，比如总兵裘安邦闻海运议，"遍告当道诸公，以为上策，而极言借黄之不可，至痛哭流涕，群以为狂"[③]。尽管齐彦槐苦口婆心，"对之详且尽，惜乎不能用也"，魏元煜仍限于成案，与张师诚等人上陈海运不宜进行的奏折。[④]对齐彦槐来说，这不啻当头一棒。

三、劝说张师诚

齐彦槐等人在调查沙船情况时，考虑到需船极多，曾下令对在口船只实施封雇。[⑤]但张师诚对是否要推行海运信心不足，干脆在四月初下令将所有

---

① 齐彦槐：《挽前制府魏公元煜二十八韶》，《梅麓诗钞·谈海集》，光绪元年刻本。

② 齐彦槐：《禀复魏元煜制军稿》，齐学裘：《见闻续笔》卷二《先大夫梅麓公文钞四首》，光绪二年刻本。

③ 齐彦槐：《书感》，《梅麓诗钞·谈海集》，光绪元年刻本。

④ 《宫中档朱批奏折·财政类·漕粮》，道光五年三月二十六日，漕运总督魏元煜折，档案号：04-01-12-0385-091。

⑤ 封雇令下达后，州县各员未悉底里，派员分头查看，有司更纵吏役恣意封船，百弊丛生，扰遍滨海，甚至有沙船为逃避差务，将船只开赴浙江嘉湖道乍浦地区，"船商畏沮之情可想"，见包世臣：《海运十宜》，《安吴四种·中衢一勺》卷下，咸丰元年刻本。

在押船只放行。对于放船之事，齐彦槐表示强烈反对，“沙船系已久，日望粮艘开。粮艘昨至矣，忽遣沙船开。……沙船去如飞，日夕到胶莱。从此赴关东，守夏将不回”。他认为，“沙船守候苦，苦在三月前”，因为如果三月以前无须守候，则有充足时间完成一次往返贸易。相反，“四月所到舟，豆未登市廛。一卸更一装，半月须流连”。此时已近盛夏，“即便缓须臾，商情固安便”。如果在此时将所有船只遣散，而朝廷又有强制海运之举，则必然会有运无船。他建议，“请视封早晚，以为放后先。有去复有留，于事庶两全。所忧吏胥奸，得信讵商钱。急将去留数，明白作榜宣”。尽管已是亡羊补牢，但终较无所补救要好得多。张师诚闻讯后，“大息以为然”[①]。结果放船之事得缓，仍暂留一半，这让齐彦槐多少得到些安慰。[②]不过，总体上说，张师诚对漕粮海运的主张颇不以为然，“坚不欲行，而掣之肘”[③]。当齐彦槐真实地感觉到实施海运可能性的渺茫之后，他只得告退，带着沮丧的心情，重新回到荆溪寓所。

正当齐彦槐极为灰心之时，事情出现转机。四月初十日，协办大学士、户部尚书英和上奏《筹漕运变通全局折》，指出要解决目前漕运危机，唯一的办法只能是“暂雇海运”[④]。道光帝对英和的奏疏极为欣赏，称其“甚属明晰”，认为所奏各款，“意在漕河并治，永资利赖”。他当即发布上谕，命魏元煜、张师诚等人“务当悉心计议，总期不误转漕，有裨河务，勿得稍存成见，徒为目前权宜之计”[⑤]。由于中央推行海运的意图非常明显，张师诚被迫重新考虑齐彦槐的意见。为获取最充分的信息，他又召回齐彦槐，对海运的诸多事宜进行广泛而深入的询问。齐彦槐有问必答，并在事后做了整理，这就是《张师诚中丞札询本年江广漕米海运各条（四月续奏廷寄后）》。

---

① 齐彦槐：《放船二首》，《梅麓诗钞 · 谈海集》，光绪元年刻本。

② 齐彦槐：《沙船放后予归阳羡矣续廷寄命筹海运复奉檄至吴门因为试运之说上之中丞终置之不论也慨然作诗》，《梅麓诗钞 · 谈海集》，光绪元年刻本。

③ 齐彦槐：《梅麓诗钞 · 谈海集 · 序言》，光绪元年刻本。

④ 英和：《筹漕运变通全局疏》，贺长龄、魏源等编：《清经世文编》卷四八《户政二十三 · 漕运下》，北京：中华书局，1992 年，第 1162 页。

⑤ 中国第一历史档案馆编：《嘉庆道光两朝上谕档》第 30 册，道光五年四月初十日，桂林：广西师范大学出版社，2000 年，第 103 页。

张师诚首先问，运价是否仍定为曹平纹七钱，如何给发。齐彦槐答曰：以往沙船往关东装豆，平均价格按关石计，每石1两4钱，而关石较苏石大一倍，故苏松太道将其定为每石7钱。但每石7钱系按六八豆规制钱折核算，而苏斛又大于漕斛，如果统一按漕斛的标准折算，则每石漕粮仅应给运费漕平银3钱2分1厘，所议7钱已经超过市场价格一倍以上。况且三月初旬沙船若非运粮，尚可贸易两次，“倍价犹可解说”；今则虽不运粮，亦止能揽载一次，“似无庸加倍给价”，不如按上海六八豆规折给，折合漕平银4钱8厘，“已比适中之价较大”。至于发放，则应由上海道于船只放洋之际当堂全给，以免克扣。

张师诚又问，应按何种标准向沙船发放耗米及如何约束船商水手。齐彦槐表示，《漕运则例》所给船耗以路途远近确定，而本年耗米已经全部发放旗丁，不能收回，故需旗丁押运，亏耗由旗丁赔偿。沙船主皆殷实富商，“从未闻有欺骗”。漕粮又系天庾正供，“偷盗一层固可无虑”，但不妨将舱门钉固，加贴印花。又因造船费高，而桅价居船价之半，“故向来松舱以斫桅为验”。装货比例则按三七开，三分带货且免税。如果办有成效，则应按以前运台米赴津之例，赏给船商职衔。耆舵水手虽然由船商雇用，已经配发工食银两，但亦不妨酌给银牌，以示鼓励。

张师诚还过问麻袋装粮之事。齐彦槐指出，沙船装载豆麦，皆散贮船中，不用麻袋。海运所需麻袋系专供起驳所用，入舱后仍需散开，“缘船中易于发热，散贮则气头只在浮面一层，若用麻袋，一经发热，全袋皆坏”。加之米堆放在船的时间很短，更加不必担心。所谓麻袋装粮不过系税牙造谣，“明知百万麻袋急切，无从措办，故意刁难”。如果真有盐风盐水坏米，亦非麻袋所能隔避，何必多此一举？故“应请删除”。

关于开洋时间与船只承载量，齐彦槐表示，虽然七、八月沙船皆可行驶，“然总不如五、六两月之稳妥”，现在所剩时间已经不多，“再一徘徊，便无及矣”。四月初被放行的沙船五百余号，肯定无法赶回上海运粮，应该在统计份额内扣除。此外所剩沙船能装米六七十万石，加之蜑船、三不像等船，又可装米30余万石。另外，如果现在即着手对千石以上沙船实施封雇政策，

“漕米庶几可敷载”。考虑到内河剥船已经大半被押赴清江，办理河漕驳运事宜，“再饬州县封雇船只，势必货船皆押令卸载，胥役恣行需索，骚扰不堪”，故可仍持原议，由崇明米船承办，其他小型货船亦可借用，并在沿途做好标记，由熟悉线路的崇明米船带路，每石酌给价曹平纹银 8 分。如果沙船主情愿自己赶往京口直接受兑，则再好不过，应加给 2 分。

对河运船只及水手的处理，齐彦槐认为，旗丁押送海运，漕船即由头舵管驾归次，且因已有行粮、月粮，足以生活，不必再议加给。而纤夫水手系临时雇用，归次之后即责令遣散，不许滋生事端。至于沿海水师会哨，虽北洋并无海盗，但“国家体制攸关，似不可少”[①]。

除此之外，齐彦槐还将此次问话的内容，用长篇诗作的形式表达出来，这就是《谒张中丞师诚退而有作》。可惜张师诚仍然无法接受海运这一可能性，“终置之不论也”[②]。无奈之下，齐彦槐又作诗《海运非不可行当道者遏之使不得行有四事焉作诗纪之以告后之欲行海运者》，在诗中提到增脚价、减沙船、限米石和索麻袋四事，期盼以后能有回应者。

四、被迫离开海运事业

由于魏元煜与张师诚的反对，江苏的海运之议陷入停滞。魏元煜针对英和之议回奏，海运虽然可行，但事关创始，头绪极繁，不容稍有疏漏，“如蒙宸断，敕令施行，容臣再督饬司道，详晰妥议，分别拟具条款，另行奏请圣裁”[③]。道光帝极为不满，指出试行海运乃因运道浅阻，择善而从，“是以谕令诸臣悉心妥议，计出万全，不为遥制”，魏元煜首鼠两端，不着一字，实在“意存推诿，殊非实心任事之道”[④]。道光帝命“亦主海

---

① 齐彦槐：《张师诚中丞札询本年江广漕米海运各条（四月续奏廷寄后）》，齐学裘：《见闻续笔》卷三《先大夫梅麓公文钞三首》，光绪二年刻本。

② 齐彦槐：《沙船放归后予归阳羡矣续奉廷寄命筹海运复奉檄至吴门因为试运之说上之中丞中丞终置之不论也慨然作诗》，《梅麓诗钞·谈海集》，光绪元年刻本。

③ 《宫中档朱批奏折·财政类·漕粮》，道光五年五月二十九日，漕运总督魏元煜折，档案号：04-01-35-0248-007。

④ 中国第一历史档案馆编：《嘉庆道光两朝上谕档》第 30 册，道光五年六月十六日，桂林：广西师范大学出版社，2000 年，第 166 页。

运议”[①]的山东巡抚琦善往查河工，结果琦善奏称，渡黄之船，有一月后尚未开行者，有淤阻御黄各坝之间者，剥运军船皆不能动，投入的几百万两银子化为虚有。道光帝深为震怒，魏元煜等人均获罪遣。[②]为加强海运力量，道光帝对江南封疆进行大幅度调整：江苏巡抚张师诚与安徽巡抚陶澍对调；琦善从山东调任两江总督；魏元煜则由原来的署两江总督回任漕督。

随着新局面的形成，齐彦槐又看到一线希望。他向陶澍献诗，对其力主海运之事大表推崇。他称：“云雷出手经纶壮，湖海藏胸意气豪。选择月卿移半壁，指挥风伯送千艘。”又曰：“沧瀛自利群商涉，宵旰空贻圣主忧。我岂能充识途马，公真不忝济川舟。虚怀下问谁能及，却许刍荛借箸筹。”[③]随后，他重新积极投入海运工作中来，“拟海运章程 36 条，呈之陶云汀中丞、贺藕耕（长龄）方伯，皆以为斟酌妥善，无可更改”，对于“中丞颇心许，方伯频见称”[④]之事，齐彦槐颇为得意，故又作诗纪念。可惜这 36 条章程未传，无法窥其内容。

陶澍又让齐彦槐替自己代拟海运奏稿。结果齐彦槐在奏稿中指出，虽然河运已经持续百数十年，有章可循，但现在河道不复，“非暂行海运别无他策”。为规范海运，齐彦槐提出了四条规章：

（1）江苏苏松常镇太四府一州漕粮海 150 万石，应如英和所奏，全征本色，由海运津。上海沙船本已够用，但运漕必须挑选坚固之船，多多益善，所以“往来关东、天津，熟悉沙线与沙船无异”之蜑船、三不像船，亦应由浙江当局“封雇”，押至上海备用。

（2）沙船水脚仍照前议，每石给曹纹银 7 钱，正耗并计。沙船水脚多系针对满载，为保安全，漕粮只可七成受载，照此给价未免太少。且 7 钱之数已经由龚丽正张榜公布，尽人皆知，“遽行议减，似不足以取信”。加之斛以北仓红斛计量，故实际仍不过每石 5 钱 6 分，“虽比中价较多，然海运初行，

① 陶澍：《〈海运全案〉序》，《陶澍集》下册，长沙：岳麓书社，1998 年，第 41 页。

② 按：各人的处分情况，在《清史稿·宣宗本纪一》有如下记述：“道光五年六月，丁卯，降魏元煜三品顶戴，仍留漕运总督。孙玉庭、颜检均交琦善督令挑浚运河，工费令玉庭、检、元煜分偿。”见赵尔巽：《清史稿》卷一七，北京：中华书局，1977 年，第 635 页。

③ 齐彦槐：《谒陶云汀中丞》，《梅麓诗钞·谈海集》，光绪元年刻本。

④ 齐彦槐：《自上海还荆溪途中述怀有作》，《梅麓诗钞·谈海集》，光绪元年刻本。

似宜稍为从优”。

（3）交米应责成沙船耆民，不必旗丁押运。旗丁不识海性，押运仍必勒索州县，有了损失自然互相推诿。押运委员亦须慎重，因为非海洋熟习之人，一上沙船，“头目昏眩，饮食呕吐，无能为役”，强行干涉，转滋贻误，故各府只须派南北二员，一员在上海临仓查验米色，一员赴津照应。沙船耗米则每石给发一斗。

（4）沙船到津交卸应限以时日，以免经纪花户留难需索。沙船所畏惟在交米，一则恐守候稽迟，致误关东豆汛；二则担心经纪勒索，赔累不堪。直隶应先行修治北仓，以便漕粮随到随卸。另外，又须按英和所议，特派钦差验米大臣赴津督收，核验日期。①

总体上说，陶澍对此篇奏稿并不是很满意，所以事后他又对此进行部分调整，如沙船耗米，被修改为漕粮八升、白粮一斗的比例给发；“封雇”之事，尽管在执行过程中照此办理，但在上奏时，却矢口否认。②这表明，它并没有获得陶澍的完全肯定。考虑到“身既摈不用，所议亦稍更”，他重新萌生退意。陶澍苦苦挽留，并派他到上海负责具体海运事宜。但齐彦槐没有料到，即便是在上海，他的处境也并没有改观，“居海了无谓，言之孰予听？仅免荏苻舟，充斥于沧瀛”③。

尽管已经在事实上成为“局外人”，齐彦槐仍尽其所知，“不敢以身在局外，而不为当道告也”，为海运出谋划策。他向苏松太道建言四条，并用诗体形式加以表现：

其一，“海船名号多，拣择毋草草”。浙江蜑船与福建鸟船不熟悉北洋航线，又不清楚其来历，难于责人担保，故雇用沙船最妙，但“所愁胥役辈，卖放弄奸巧。合用不合用，办之更宜早”。至于判断船好船坏的标准，他认为，船大水手必多，又因旧船出洋次数少，故可通过水手人数及放洋次数衡

---

① 齐彦槐：《代拟海运奏稿（陶云汀中丞命作）》，齐学裘：《见闻续笔》卷三《先大夫梅麓公文钞三首》，光绪二年刻本。

② 《宫中档朱批奏折·财政类·漕粮》，道光五年九月初二日，两江总督琦善等折，档案号：04-01-35-0249-014。

③ 齐彦槐：《自上海还荆溪途中述怀有作》，《梅麓诗钞·谈海集》，光绪元年刻本。

量。再加上亲自丈量，应不会出现漏洞。

其二，对于漕运陋规，“今既行海运，运丁索无从”。沙船无帮，可免百姓负担。但各州县在征收漕粮过程中，务必加以严禁。

其三，海运不能选用纲划船。他表示，沙船因最初没有耗米，惧怕承运，结果浙江纲划船乘虚而入。纲划船多系大海盗蔡牵余党，蔡牵被“剿”后，均被编入宁波渔户户籍，“潜来江南口，沙船常受其害”。江苏当局奏准，“永远不许纲船进江南口，如有进口者，即将船锯断”。但他们贿赂县役，改变名号，“欲借挽运以弛其禁，其实船小而敝，不堪受载”。此建议最终获得贺长龄的采纳。

其四，沙船耗米之事。“昨日商船来，见我纷涕泣。不为脚价减，只为耗米失”，虽然海运较河运为速，但海面风大，“风能干万物，况米本带湿”。河运每石耗米一斗五升，海运不妨减去五升，“较军船三分中损一也”。[①] 正如前文所言，此条建议并未获得完全采纳。

漕粮海运于道光六年（1826 年）二月初一日开行，齐彦槐对此深感高兴。[②]不过，又令他感到难堪的是，随着魏源、包世臣等人日益获得重用，他更加无法获得自己的事业空间，加之有人从中作梗，诬蔑他为“纵横”之人。心灰意冷之余，齐彦槐“筮之卦得否，不利君子贞”[③]，便坚决辞退回家，“未终事而归”[④]。正因为如此，事后齐彦槐并未因海运而获得任何奖赏。

清代历史上的首次漕粮海运乃齐彦槐一生中难遇的机遇。他曾以满腔的热情抱病投身其间，最终却落得如此下场，其不甘心是显而易见的。他在《谈海集》的最后部分，收录了《题吴蘋香女史饮酒读骚图》《次韵奉答榕皋丈寄怀之作》等似乎与海运毫无关系的牢骚诗作，表面上抒写乐意融融的闲情逸致，但暗含的意义却再明显不过。

---

① 齐彦槐：《海运既定予将辞归然有数事万难已于言者不敢以身在局外而不为当道告也爰作四诗寄潘梧亭观察》，《梅麓诗钞·谈海集》，光绪元年刻本。

② 此日陶澍作《丙戌二月一日海运初发偕同事诸君赴吴淞口致告海神登炮台作》，以兹纪念，见陶澍：《陶澍集·序》下册，长沙：岳麓书社，1998 年，第 563 页。

③ 齐彦槐：《自上海还荆溪途中述怀有作》，《梅麓诗钞·谈海集》，光绪元年刻本。

④ 齐彦槐：《梅麓诗钞·谈海集·序言》，光绪元年刻本。

李星沅与“青浦教案”

“青浦教案”系中国近代史上的第一起教案，但长期以来，中外史学界对此缺乏足够的研究。就资料所及，笔者仅发现有阪野正高的《1848年青浦事件の一考察——清末官人の條約解釋の一例とに》(《人文學報（都立大）11》1954年2月版）和马洪琳的《一八四八年青浦教案与中英交涉》[《上海师范大学学报（自然科学版）》1986年第2期］两篇论文。另外，王尔敏的《五口通商初期上海地区暴乱事件所反映秘密会社之生机及适存环境》(《中国近代史论集》，台湾商务印书馆1985年8月版）一文，也涉及这一教案。以上诸文对事件过程的勾勒，成为本文展开分析的基础。

李星沅（1797—1851年），字石梧，湖南湘阴人，1846年出任两江总督。在他任两江总督期间，“青浦教案”发生。作为清廷处理青浦教案的主要负责人，李星沅亲自接见了前来投诉的巴夏里。面对鸦片战争后全新的中外交往格局，身为两江总督的李星沅，如何处理这一事态，而这种处理方式，又透露出怎样的信息？本文试图通过讨论李星沅在本次教案中的所作所为，分析当时清朝官员观察中外关系时的视角，以及处理中外交涉的手段，以陈管见。

一、青浦事件与上海交涉

道光二十八年二月初四日（1848年3月8日），英国伦敦布道会教士麦都思（Walter Henry Medhurst）、慕维廉（William Muirhead）和医生雒魏林（William Lockhart）三人，拂晓以前从上海出发，租船到青浦，将船停泊在离青浦县城约五里的地方，然后进县城在城隍庙前场地上（今青浦县城曲水园西，庙前街一带）散发“善书”。恰巧有几名看守停运漕船的山东籍水手，向他们讨取“善书”，但遭拒绝，双方发生冲突。雒魏林在街心上挥舞手杖，掊击水手头部，“把最前排一人的脸给擿伤了”，于是其他的水手叫喊着，投了更多的石子，他们还愤愤回船邀人前来报复。懂得中国话的麦都思和雒魏林见势不妙，立即带着慕维廉逃出县城，在东门外不到半里路的地方，被追来的 40 余名手持撑篙、锄头、棍棒、铁链的漕船水手打伤。青浦县令金鎔闻讯，立即派差役制止，从愤怒的水手中救出了三名传教士。他一面派人将其送回上海，一面下令捉拿“凶犯”，并很快抓到两名闹事的水手，进行处理。①

本来事件到此已经可以完结，但不料三位传教士回到上海后，引起英国领事阿礼国的注意，他决定利用此机会，主动展开对江南大吏的外交交涉，谋求英国在华的更大利益。②由于正值此年江苏漕粮海运在上海受兑出洋，阿礼国的主要手段是命令英船停止交纳总关税、用军舰阻止漕船离港和派军舰到南京去要挟李星沅。他曾自鸣得意地说，“我采取的三种手段里，一个比一个更厉害，但他们是互相关联的。如果停付关税长久之后，中国就会受不了，这样就可使他们不至于将事拖延了。1000 只粮船不准出口，这当然会立刻引起地方官员的注意，但是他们还是敷衍，而且他们想以假的罪犯来冒充真的罪犯。当然封港这件事情如果不被中国上级官员晓得，他们还是无所谓，到了我派副领事去南京后，他们晓得已无法，这才害怕起来，苏州一知道这件事后立即派臬台来”③。为扩大影响，阿礼国还派人在吴淞一带“遍贴告示，声言夷人被粮船水手殴打尚未严办，海运米船不许开行等语”④。

① 关于案件过程的叙述，可参见 *British Parliamentary Papers*（No.49-2，1848），*Chinese Repository*（Vol.17，March 1848，pp. 151-157），以及福禄堪《青浦事件信稿》（《近代史资料》1957 年第 2 期）。据 Ernest O. Hauser 描述，则是“几千个暴众将他们包围起来，用竹片、钝刀和铁链殴打他们，并把他们的眼镜和身畔的财物一起抢去”，参见 Ernest O. Hauser：《近百年来上海政治经济史》（越裔译，台北：文海出版社，1990 年，第 24 页）。在此问题上，中国台湾与大陆学者观点分歧甚大，如王尔敏即言，“就教士而言，麦都思、雒魏林、慕维廉三人，均可称是一代贤哲，不惟信心笃诚虔敬，而对中国人民关心友爱，出于至诚，对中国事物尊重并且喜好”。见王尔敏前揭文。

② 关于阿礼国起事的原因，在清朝官员中有着几种不同的说法，其一是认为，由于以前对英国商人在上海关偷税漏税管得不严，“是以该夷等均深感激，即礼节不周亦不介意。去岁夷货漏税竟照定约罚赔，该夷只唯利是图，不无饮恨。此次青浦粮船水手与该夷争殴，虽经查办，而该夷总不舒服。揆度其情，挟前罚税之嫌，迁怒于斗殴之事。现在赴宁呈控，大约借题发挥”。其二认为，二月初五日，咸龄飞饬青浦县令追捕水手，阿礼国并无别话，初七日咸龄写信前去慰问，阿礼国“以为不上紧拏人，反写信宽慰，因而生怒”。其三则认为，“因夷人习气虚娇性成，从前被打之事常有，皆隐忍不言，今既写信，则各国皆知，不能装饰体面，是以一发难制”。各说皆见福禄堪：《青浦事件信稿》，《近代史资料》1957 年第 2 期。

③ *British Parliamentary Papers*. No.54-12，1848，3，31.

④ 福禄堪：《青浦事件信稿》，《近代史资料》1957 年第 2 期。

这不能不在沙船水手中间产生巨大恐慌。

事件发生后，双方交涉的焦点是三位传教士到青浦是否违约远行。苏松太道咸龄在事件发生后的次日，致信麦都思，明确指出教士们去青浦散书“是违反了协定”①。他在给李星沅的报告中，也认为传教士的行为是违约的，“二月初四日，英夷麦都思等3名，违约至青浦县地方散书，与看守粮船舵手争殴，受有微伤”②。李星沅、耆英和江苏巡抚陆建瀛也持同样的观点：“上海口岸，前经英夷德酋会同前任苏松太道宫慕久议定，该夷行走之地，以1日往返为断。前夷目巴富尔照会苏松太道文内，亦有准其雇买船只轿马，水陆往来，均不得在外过夜之语。今青浦县离上海90里，来回180里，穷日之力，断难往返。该夷违约远行，地方官公事繁多，安能照料周遍？”③这说明清政府从上至下的态度，都是明确和一致的。

但阿礼国一口咬定，三位传教士到青浦传教，并未越出条约规定外人在上海的活动范围，是合法的。他说青浦县城距离上海30英里，“上海—青浦可以在24小时内往返，因此这样做并没有违反规定”④。阿礼国在给咸龄的照会中声称，三位传教士早晨出发，事件发生后，于夜里十点钟返抵上海。他不仅把咸龄的信退了回去，并且对咸龄指责三个传教士违反约定的说法提出了抗议。显然，阿礼国把清政府允许在上海周围游程以“一日往返为断”的时限，歪曲解释为24小时。这样，麦都思等早晨从上海出发，深夜返抵上海，自然没有超出游程的时限。

对阿礼国的这种狡辩，即使是连新任香港总督兼驻中国公使文翰（Samuel George Bonham）也承认：“我不能不认为这几个传教士到青浦去已经超过中英两国官吏所规定的限制，上海的英侨现在有权利白天去外面漫步，而晚上一定要回到家里。青浦离开上海30英里，所以传教士以为如果

① *British Parliamentary Papers*. No.49-3，1848，3，10.

②《宫中档朱批奏折》，道光二十八年二月二十九日，两江总督李星沅等折，档案号：04-01-30-0127-011.

③ 文庆等编：（道光朝）《筹办夷务始末》，见《续修四库全书》之《史部·纪事本末类》，上海：上海古籍出版社，2013年，第237页。

④ *British Parliamentary Papers*. No.49-2，1848.

他们不受人阻止的话，他们当天是可以回来的，这种说法是毫无理由的。”①

关于派兵闯入长江，去南京要挟两江总督是否违反规定，阿礼国指出：“在中国和美、法签订条约中的第四条，作如此规定：中国政府承认外国领事有向各级官员控告地方官之权。”②根据中法《黄埔条约》第四条的规定：“倘有不平之事，该领事等官迳赴总理五口大臣处控诉，如无总理五口大臣，即申诉省垣大宪，为之详细查明，秉公办理。”③而实际上，此款“系因钦差大臣并非常设之官，各该夷遇有事件无可控诉而设。现在钦差大臣关防系两广总督兼管，仍有总理五口大臣，该夷遇有控诉事件，应令遵照原定条约，赴总理五口大臣处申诉，不准前赴各处省垣控告”。事实上，关于这一点，连阿礼国也不能不私下承认，“带有侵略性”④。

阿礼国要求咸龄给予完全的赔偿、惩凶，咸龄则以“斗殴细故，不足深诘”将其驳回。阿礼国恼羞成怒，竟当场“语侵观察，适持长枋折叠扇在手，乃以扇拍观察之首而击之”，对咸龄大加侮辱。咸龄异常愤怒，拂衣而入，并对上海县令金咸说，“执民以媚夷，吾不为也”⑤。

由于当时没有一艘英国军舰停泊在港，阿礼国一连几天都没有下手。但是当装有十六门炮的“奇尔特”号和装有十二门炮的“爱司匹格尔”号这两艘双桅军舰开到上海港，阿礼国当即决定，利用这些船的威力来达到他的目的，杀一儆百。二月九日，他向咸龄发出最后通牒：如果在 48 小时以内，不能把 10 个“祸首”解到上海来审问，他将采取更为严厉的措施。同时，他命令所有英国船停付关税。⑥十日，被逼得走投无路的咸龄只好转请法、美、比三国领事从中斡旋，要求阿礼国延长 10 天，但他们与阿礼国沆瀣一

① *British Parliamentary Papers*. No.62，1848，5，10.

② *British Parliamentary Papers*. No.49-1，1848，3，17.

③ 王铁崖编：《中外旧约章汇编（1689—1901）》第 1 册，北京：生活·读书·新知三联书店，1957 年，第 58 页。

④ *British Parliamentary Papers*. No.56-8，1848，4，12.

⑤ 夏燮：《中西纪事》，中国史学会编：《第二次鸦片战争》第二册，上海：上海人民出版社，1978 年，第 334 页。

⑥ *British Parliamentary Papers*. No.49-16，1848，3，13.

气，拒绝了咸龄的要求，只是答应将期限延长 24 小时。[1]

当延长的 24 小时到期后，阿礼国立即下令“奇尔特”号驶进黄浦江，停泊在沙船下游河中央最有效的封锁位置上，横阻住此次海运漕粮的沙船 851 只，包括漕粮 1 083 115 石余。[2]咸龄命令沙船分批绕过英国军舰，阿礼国发现后，竟进行战争威胁，他再次照会咸龄：“请把主犯带至上海在英国官吏面前受惩罚，粮船不能过去。如果偷渡的话，英国军舰要开火。等到案件圆满解决，我将收回命令。”[3]在阿礼国的命令下，“奇尔特”号果然开炮轰击强行通过的沙船，将急于北上的船队堵在黄浦江内。这次英国封锁上海港实际长达 14 天之久，阿礼国还把扣留的关税“归还英侨”[4]。

正是在这种情况下，李星沅接待了来自阿礼国的“伸冤”副使。

二、李星沅的办法

李星沅是在二月十八日收到上海道的禀报，得知阿礼国“借端咆哮”，声言“阻挡运船，并敢出示黄浦，恐吓船户，实堪痛恨”，且派人前来“投诉”[5]。接到报告后，李星沅于二十四日即与江苏巡抚陆建瀛会商，派署江苏臬司倪良燿、候补道吴健彰驰赴上海查办，飞饬沿江各县严密防范，晓谕居民毋庸惊慌，并派较为熟悉西方情况的京口右营游击陈柏龄、署高资营都司张攀龙、镇江府知府沈濂，由长江出发，相机拦截。

李星沅对于前来投诉的罗伯逊等人的处理方式，相当可笑。早在两年前，他从属下口中得知，英国军舰在第一次鸦片战争中，所占地盘均为长江南岸，其原因是江北岸芦苇多、港汊多，英国兵船吃水丈余，不敢冒险。为防止突发事件，李星沅决定在水宽而浅的泖湖修筑工事，但因为“斜塘水面宽而底深，施功较难，不如预备拦路口为便捷。……据云斜塘为由黄浦入泖湖要口，拦路为由泖湖入澱浦要口，斜塘未堵，恐夷船驶入，各口难防，且径至嘉善

---

① *British Parliamentary Papers*. No.49-15，1848，3，14.

② 福禄堪：《青浦事件信稿》，《近代史资料》1957 年第 2 期。

③ *British Parliamentary Papers*. No.49-28，1848，3，18.

④ *British Parliamentary Papers*. No.66-1，1848，6，26.

⑤ 袁英光、童浩整理：《李星沅日记》，道光二十八年二月十八日，北京：中华书局，1987 年，第 736 页。

亦苏省后路也。或两口均设备，或在斜塘内九里福田寺施工亦可”[①]。一年后，当他和江苏巡抚陆建瀛到宝带桥视察时，见当地“湖口一片荒烟，水草隐见，萦回曲折，非夷船驰骋所宜”[②]，自认为发现了对付英国人的好办法。所以，此次李星沅力图引导罗伯逊等人走这条水道。

对于这一点，李星沅还颇为自得。他对道光皇帝奏称：“英夷此次来控诉船小力单，江路袤延，原不难扼要阻遏。但既籍称条约，倘必勉强止之，恐彼得以有词，转生枝节，故坦然示以不疑，惟密饬游击陈柏龄等导领为由，沿路引之入浅，使彼节节阻滞，所浅之处，必有柴草停泊，以为疑兵，其沿江炮堤官兵，并不戎装排列，各守各地，若见若隐，该夷颇有戒心，时以江路难行为言，或可潜消妄念。”道光帝深以为然，大加赞赏，朱批：“甚是。”[③]

二月二十三日，据陈伯龄禀报，已经见过英国副领事罗伯逊、都司甘弼、译官通事巴夏里等人，查系双桅小船一只，并无后继之船，于二月十六日从上海开行，先将船上炮门封闭，炮位横置船内，自副领事罗伯逊等下至舵工水手共50余人，沿途并未登岸，不与民人交接，“均称有平安公事求见总督面禀”。[④]二十五日下午，罗伯逊等人入观音门内河，因为吃水太浅退出，仍走外江，夜至下关寄达碇。沿途地方官皆前往劝阻，但英方“不听”[⑤]。但巴夏里坚称，因奉阿礼国所委，若不面见总督，必被谴责，况彼此久经和好，此番“孤船伸冤，沿江炮堤官兵亦断不肯轰击”，坚欲前进。双方相持竟日，因江路节节浅阻，于第二天到达南京城之八字沟。

李星沅认为罗伯逊等人之要求会面，“但意在给以体面，颇以宾主为词，必欲来署请安，且云一日即可定局回棹”，如果无其他要挟事宜，“尚非不了之局也”[⑥]，所以答应了会面的请求。二十七日的会面，李星沅在日记中做

---

① 袁英光、童浩整理：《李星沅日记》，道光二十六年七月初四日，北京：中华书局，1987年，第662页。
② 袁英光、童浩整理：《李星沅日记》，道光二十七年八月廿五日，北京：中华书局，1987年，第715页。
③ 《军机和录副奏折》，道光二十八年二月二十九日，两江总督李星沅折，档案号：04-01-30-0127-011。
④ 袁英光、童浩整理：《李星沅日记》，道光二十八年二月二十三日，北京：中华书局，1987年，第736—737页。
⑤ 袁英光、童浩整理：《李星沅日记》，道光二十八年二月二十五日，北京：中华书局，1987年，第737页。
⑥ 袁英光、童浩整理：《李星沅日记》，道光二十八年二月二十六日，北京：中华书局，1987年，第737页。

了详细的描述："夷目副领事罗伯逊、翻译官夏巴（巴夏里）、水师都司甘弼及守备都赐管科钱粮吕懿使、千总王伯里均至仪门下轿。予迎至暖阁后，略一举手，众夷皆脱帽以手摸额即叩头意。至花厅予偕领事正坐，译官旁坐，交出该国上海领事官阿礼国伸陈一件、钞单十件，文理佶屈，大意谓青浦水手逞凶，成（咸）道不办，因照廿四年佛夷通商条约，遇有不平之事，如无总理五口大臣之处即申诉省垣大宪查办，求委藩司大员前去，当谕以藩司管库难出省，或委首道一行，而巴夏里坚请必欲大于道台者，盖成（咸）道阶之厉也。给以茶酒菜果，酋意颇欣然，四刻始去。"①

按照英方的要求，二十八日，李星沅须到英船上回访，以表礼尚往来。但因二十八日风雨大作，只得推迟至第二天。二十九日中午，李星沅出城，巴夏里至红船迎候，即命开往到会船，"众酋延至一房，杯盘罗列，尊予上坐，各献茶酒，酒有红白二种，白者味甜，红者味烈，皆清香，予食葡萄少许，酒数口即行，仍鸣炮作列队送"。同时，巴夏里等人陪送李星沅至静海寺，并提议"有小官愿观报恩寺塔，亦谕陈伯龄、张攀龙押护同往，塔在聚宝门外，廿二年夷酋皆往游，夏巴闻允所请颇悦服，故云南边民商大不安，若北边再相仇杀如何是好？但得两司严查晓谕，远人日久相安甚不愿滋事，予开诚晓譬，告以两平则两安，不可以小失大，二酋似能领会，复除帽作敬别状。并云有大人在两江，必为我们作主，保无他虑，此番德意非止一船人感激，将来传至本国皆知两江有好大人也。"对于这种赞许，李星沅深为得意："此时驭夷之法惟有羁縻勿绝，示以诚信使不疑，而首府力言藩司不可行，然则如何乃可行耶？"②

原以为事情就此了结，不料第二天当巴夏里等一行 13 人前往报恩寺参观时，"观者数万；竟有投石致伤该酋并伤陈游击、张攀龙、李恒清之事"。李星沅闻讯大骇，当即抓获 14 名平民，答应"明早枷示河干"。巴夏里本欲"候此案审办再行回棹"，但为表示不肯为难，故而允诺一面开船，一面办案，

① 袁英光、童浩整理：《李星沅日记》，道光二十八年二月二十七日，北京：中华书局，1987 年，第 737 页。
② 袁英光、童浩整理：《李星沅日记》，道光二十八年二月二十九日，北京：中华书局，1987 年，第 738 页。

“但须办定请行知该国领事”[①]。

三月初一日，巴夏里等人“见人犯枷示”后起航，仍由陈伯龄、张攀龙两人护送。到初三日，陪送的张攀龙已由镇江返回，“据云船上人皆欣然，惟夏巴坚请办案，知照阿领事，似不得于中者”[②]。随着罗伯逊等人的退回上海，青浦教案最重要的交涉部分，宣告结束。

三、李星沅处置方式的原因探析

此次“青浦教案”的交涉，阿礼国的目标就是利用事端，突破双方原有条约的框架体系，谋取英国在华的更大利益。阿礼国成功地达到了自己的目的，并引起清中央政府的震动和恐惧，直接导致了清朝历史上第二次漕粮海运的受挫，这正是阿礼国的高妙处。在整个活动的运筹帷幄中，阿礼国掌握了清朝官吏的心理，他知道：“一个中国官吏最不希望的事就是他的措施受到上级的复核，所以总督（笔者注：指李星沅）的心里一定总是想着‘他们会在北京说些什么呢？’总督于是采取了迅速的措施。”[③]由于深知李星沅的底线，阿礼国主动出击，完全控制着事态的发展。

在阿礼国的强压下，清政府地方官分三批从青浦抓获倪万年、王明付、刘玉发等 10 名漕船水手，枷号黄浦，在提审前，还一律在江海关前站笼 1 个月。阿礼国担心清朝官员对他们有所怜惜，“昼则枷号，夜则松放”，所以要求派英国官员“眼同封固”[④]。在判罪时，清朝官员认为可判为口角争斗，而阿礼国则坚决要求罪加一等，定性为“抢劫”。结果倪万年、王明付等人被诬首犯，杖 100，充军 3 年，其他人也严加惩办。很明显，阿礼国要借此机会，摧残中国百姓的心理，使他们再也不敢对英国有任何不利的举动。

李星沅对阿礼国的强盗行径也很为不满，他私下认为，将处罚定性为抢

---

① 袁英光、童浩整理：《李星沅日记》，北京：中华书局，1987 年，道光二十八年二月三十日，第 738 页。

② 袁英光、童浩整理：《李星沅日记》，北京：中华书局，1987 年，道光二十八年三月初三日，第 739 页。

③ 〔美〕马士：《中华帝国对外关系史》第 1 卷，张汇文、姚曾廙、杨志信，等译，上海：上海书店出版社，2000 年，第 443 页。

④ 福禄堪：《青浦事件信稿》，《近代史资料》1957 年第 2 期。

劫，于理不通，“并牵及青浦知县应处分，帮官丁船应查传”[①]，显系强词夺理，处分太重。但为平息事端，李星沅也无可奈何。对于苏松太道咸龄，李星沅则表示，“此事特其衅由”，咸龄“似与夷酋久不合”[②]，怪罪于咸龄的据理力争。结果，他在给道光帝的奏报中，称咸龄办理此事，“原欠警速，有无措置失当，以致远来伸陈，自应暂行撤任，饬委江宁藩司傅绳勋再往确查”，将咸龄撤职受审，并委托候补道吴健彰暂行代理苏松太道篆务。[③]

通过以上分析，可以得出这样的结论：在处理教案的整个过程当中，李星沅始终是抱着息事宁人的态度，一味退让，尽量将责任往己方身上承揽，只求对方找不出可以指责的地方即可。他不能根据相关条约正确应对，也分不清对方违反约法的行径，不能从法理上进行争辩。事实上，正是通过与李星沅的直接交涉，罗伯逊等人违反中英条约规定，率兵舰闯入中国内河的侵略行为，得以合法，成功地突破了中英《南京条约》的限制，为日后中国内河航运权的丧失，埋下伏笔。同时，作为一名典型的封建化官僚，李星沅关心最多的，不是国家利益的得失，而是自己仕途的升进和个人荣誉得失，这正是他为人处事的出发点和根本原则。

关于此期事态的发展，署苏松常镇太粮道事的桂超万曾有如下记载：“英人以被青浦民殴伤一案阻运，势甚汹汹。时咸巡道欲上省请示，余亟止之，谓米船粮道之责，夷条巡道之责，不在此间调解，往返需时，试问大府有何策可授耶？抚军欲来亲来，余亦亟止之，谓来见夷官，自亢则起衅，自卑则取侮，不可理喻，不可势禁。亲来何益耶？速委候补吴道（名健彰）来，围可立解。以吴道粤人，曾充洋行，知夷情状，去冬因差至沪，夷商以父执礼见，唯唯听命也。从之，夷果贴然。”[④]虽然通篇皆自欺欺人之语，但却透露出当时中方对事态的处理方式。道光二十八年（1848年）二月二十九日，得知青浦教案的道光帝发布上谕：“耆英系总办夷务之员，五口通商事务均应

① 袁英光、童浩整理：《李星沅日记》，道光二十八年三月十九日，北京：中华书局，1987年，第741页。
② 袁英光、童浩整理：《李星沅日记》，道光二十八年二月二十四日，北京：中华书局，1987年，第737页。
③ 《宫中档朱批奏折》，道光二十八年二月二十九日，两江总督李星沅等折，档案号：04-01-30-0127-011。
④ 桂万超：《宦游纪略》卷五《守扬守苏事》，同治三年刻本。

管理，本应前赴上海查办，现在虽有细微波折，亦须前往指示机宜，著无论行抵何处，接奉此旨，即改道驰赴江苏，就近查看大局，如李星沅等办理未竣，即著耆英会同商酌，务得其平，勿留嫌隙。"为方便耆英的对外交涉，道光帝又进而规定："耆英所用文稿等件，准其钤用两江总督关防，将此谕令知之。"也就是说，道光帝对于李星沅的处理外交事务的能力表示担心，所以特派耆英前来。为表心迹，李星沅赶紧上了一道奏折，说自己"至夷务夙未经历，夷情更未熟暗……何敢强不知以为知"，现在中央已决定派耆英前来，"惟有虚衷请益，随同商榷"[①]。话虽如此讲，但李星沅真正担心的却是耆英到江苏后，会乘机留任两江总督之职，"或即留作此间替人""设竟彼此对调，则出坎入坎彼尤甚于此矣"[②]。

正因为如此，李星沅对耆英的存在始终耿耿于怀。四月初三日，耆英前往李星沅的衙署，李星沅在日记中记道："介春（耆英）属汤雨生为延若木，似非别无交查之件，海运其大端乎？"[③]担心耆英别有滑头。初九日，"早与介春谈定调局意不欲令若木与闻，而又向若木告知有东家何必瞒此事，一语奇甚……介春必以赴省控诉及往青浦为违约与上海夷目阿礼国一札，或为谕寄中有照约开导之旨，若欲以此激怒，坐观成败，独不虑请君入瓮耶？然其机趣未可知也"[④]。后来，当有人告诉李星沅，耆英曾有"汉人心眼多"之语时，李星沅更是恨恨地表示："殆夫子自道耶？"[⑤]淋漓尽致地表现了自己的处心积虑。实际上，最后耆英是留京任职，以协办大学士管理礼部，并没有抢李星沅的饭碗。

在清朝，历来江苏巡抚与两江总督之关系都很微妙，既要互相协助，又要彼此监督。李星沅与陆建瀛的关系，本来就很不融洽。李星沅对于陆建瀛在整个事件中的行为始终表示不满："得立翁（指陆建瀛）廿七日驰报二次

---

① 中国第一历史档案馆编：《鸦片战争档案史料》第7册，天津：天津古籍出版社，1992年，第660页。
② 袁英光、童浩整理：《李星沅日记》，道光二十八年三月十三日，北京：中华书局，1987年，第740页。
③ 袁英光、童浩整理：《李星沅日记》，道光二十八年四月初三日，北京：中华书局，1987年，第743页。
④ 袁英光、童浩整理：《李星沅日记》，道光二十八年四月初九日，北京：中华书局，1987年，第744页。
⑤ 袁英光、童浩整理：《李星沅日记》，道光二十八年四月十八日，北京：中华书局，1987年，第745页。

米船出洋折片稿，个中消息仍未露，且云阿酋本无他，殆掩耳盗铃耶！”[①]他认为陆建瀛对于沙船出运时的护航之举，“似有畏缩之态”，且陆建瀛“附片奏海州案解苏，仍以洋面不靖，大放厥词，颇有愿作替人之意，此则予所求之不得者也”[②]；“司道以次见，谈及立夫有漕运放洋即不可问之意，岂人心险巇至此耶！”[③]由此可见，两人的矛盾相当公开。显然，这种内部的不和，不利于江苏团结对外，处理国际事务。

概而言之，通过对青浦教案的考察，作为著名封疆大吏的李星沅，其所作所为很难令人满意。青浦教案的处理结果也反映出，鸦片战争后的清廷官员，还无法调整心态，正确处理各种中外交涉，因而仍然处于完全的劣势。

---

① 袁英光、童浩整理：《李星沅日记》，道光二十八年二月二十九日，北京：中华书局，1987年，第729页。

② 袁英光、童浩整理：《李星沅日记》，道光二十八年二月二十六日，北京：中华书局，1987年，第726页。

③ 袁英光、童浩整理：《李星沅日记》，道光二十八年四月初三日，北京：中华书局，1987年，第743页。

马新贻与清代“东南三大政”

马新贻（1821—1870 年），回族，字谷山，号燕门，别号铁舫，山东菏泽人。道光二十七年（1847 年）进士，历任建平、合肥等县知县、庐州府知府、安徽按察使、布政使、浙江巡抚、两江总督兼通商大臣，成为清代回族知识分子以正途入仕，并担任封疆大吏的重要政治人物。

“东南三大政，曰漕，曰盐，曰河。”[①]漕运、盐政和河工是江浙两省行政事务中的重中之重，核心所在。那么，自同治三年（1864 年）九月初三日被任命为浙江巡抚，马新贻成为独当一面的封疆大吏，直至同治九年七月二十七日遇刺身亡，在长达六年多的时间里，马新贻对此三大政做出怎样的调整，我们又该如何评价呢？本文即欲对此问题做一简单梳理，以求教于方家。

一、主持完成浙江减漕运动

咸同之际，清廷内忧外患，统治遇到巨大危机。与军事活动相配合，清廷也着手推行政治攻势，大力施行收买人心的举动。其中最重要的举措就是减赋运动。减赋运动曾广泛开展于诸多省份，虽时间不尽相同，但主要集中于核定地丁漕粮、裁革部分浮收。[②]

咸丰七年（1857 年），湖北兴办减漕之后，户部即欲浙江照办，但遭反对，有人指出：“浙江情形不同，尚须从轻。江浙州县痼疾太深，亦恐非目

① 阿克当阿等修：《嘉庆重修扬州府志》，德庆《序》，见《中国地方志集成·江苏府县志辑》第 41 册，南京：江苏古籍出版社，1991 年，第 2 页。

② 因湖北等省份之减赋与清代漕粮海运的关系不太，故只简单列出减赋时间表：

省份	主持人	开始时间	完成时间	资料来源
湖南	骆秉章	咸丰五年十月	咸丰八年四月	《骆文忠公年谱》卷上
湖北	胡林翼	咸丰七年三月	咸丰八年六月	《胡文忠公遗书》卷二三、三〇
江西	曾国藩、沈葆桢	咸丰十一年十月	同治元年七月	光绪《江西通志》卷八五
安徽	曾国藩、乔松年	同治二年五月	同治二年九月	《东华续录·同治朝》卷三四

今长官所能钤制。”表示只有由铁腕人物出面，浙江减漕才有成功的希望，“非欲迟也，盖有待也”[①]。同治二年（1863 年），福建道监察御史丁寿昌奏称，浙江应乘机减赋，并建议各州县按应征漕米旧额永减 1/3。[②]六月初三日，清廷发布上谕，著闽浙总督左宗棠通饬杭嘉湖三属，“将实在征漕税则详细确查，各按重轻分成量减”[③]。由于军事需要，左宗棠随即赴闽剿匪，减赋事宜由刚刚接任的巡抚马新贻承担。

同治四年三月二十二日，马新贻奏称：“浙西三府为财赋之区，贼之蹂躏亦深，数年之间，穷乡僻壤，搜括无遗，昔之繁盛村落，今则一片荒郊。”[④]他首先分别对当年三府应征缓征免征钱粮进行请示。闰五月，他又会同左宗棠陈奏浙漕应征分数，即按 8/30 的比例，将浙江各属漕粮全部额减。共计浙省额征漕白米 1 147 300 余石，除南匠正耗 133 863 石、白粮舂办米 13 039 石不减外，应减米 266 765 石，分别按等核减（表 1）。[⑤]

表 1 浙江各州县减漕情况表 单位：石

地名		原征米数	减征米数	仍征米数	仍征率	附南米数
杭州	仁和	53 038.074 7	9 470.953 4	43 567.121 3	82%	108
	钱塘	22 400.253 1	2 894.519 2	19 505.733 9	87%	94
	海宁	53 387.427 3	9 247.497 8	44 139.929 5	83%	10 961
	富阳	6 946.712 6	677.987 0	6 268.725 6	90%	710
	余杭	11 653.958 4	1 281.816 5	10 372.141 9	89%	1421
	临安	6 796.879 4	1 031.131 5	5 765.747 9	85%	82
	新城	4 169.826 3	577.531 5	3 592.294 8	86%	0
	於潜	3 029.944 8	327.397 6	2 702.547 2	89%	2
	昌化	2 142.912 5	226.153 5	1 916.7590	89%	24
	小计	163 565.989 1	25 734.988 0	137 831.001 1	84%	13 402

---

① 胡林翼：《致钱萍矼枢密》，《胡文忠公遗集》卷六十一《抚鄂公牍三》，台北：文海出版社，1976 年，第 10 页。

② 《军机处录副奏折 · 同治朝 · 财政类》，同治二年四月二十三日，福建道监御史丁寿昌折，档案号：03-4862-075。

③ 中国第一历史档案馆编：《咸丰同治两朝上谕档》第 13 册，同治二年六月初三日，桂林：广西师范大学出版社，1998 年，第 257 页。

④ 《军机处录副奏折 · 同治朝 · 财政类》，同治四年三月二十二日（朱批时间），浙江巡抚马新贻折，档案号：03-4847-051。

⑤ 杨昌濬等纂：《浙江海运漕粮全案新编》卷 1《减漕事宜》，同治十二年刻本。

续表

地名		原征米数	减征米数	仍征米数	仍征率	附南米数
嘉兴	嘉兴	101 344.028 0	28 351.488 5	72 992.539 5	72%	16 124
	秀水	85 922.386 0	28 593.247 2	57 329.138 8	67%	14 218
	嘉善	97 701.440 4	34 405.857 6	63 295.582 8	65%	17 996
	海盐	54 657.974 9	12 187.782 8	42 470.192 1	78%	10 036
	平湖	56 923.170 0	16 542.997 4	40 380.172 6	71%	10 876
	石门	51 742.780 7	14 941.146 6	36 801.634 1	71%	8 843
	桐乡	43 984.321 0	10 393.780 9	33 590.540 1	76%	7 957
	小计	492 276.101 0	145 416.301 0	346 859.800 0	70%	86 050
湖州	安吉	8 541.715 4	845.381 1	7 696.334 3	90%	0
	归安	98 118.373 8	31 369.385 0	66 748.988 8	68%	9 648
	乌程	114 515.880 9	38 960.606 4	75 555.274 5	66%	16 291
	长兴	54 945.266 4	7 803.217 1	47 142.049 3	86%	5 072
	德清	56 132.491 4	15 042.983 5	41 089.507 9	73%	1 101
	武康	12 313.012 0	1 592.269 9	10 720.742 1	87%	249
	小计	344 566.739 9	95 613.843 0	248 952.896 9	72%	53
合计		1 000 408.830 0	266 765.132 0	733 643.698 0	73%	32 414

资料来源：马新贻等纂：《浙江海运漕粮全案新编》卷1《减漕事宜》，同治六年刻本

清廷完全同意马新贻的意见，谕令立即将减漕之事“刊刻誊黄，遍行晓谕”[①]，浙江减赋运动遂告一段落。

早在太平天国运动之前，浙江就有很严重的浮收问题。马新贻于减漕之外，又乘机主张裁减漕粮浮收。他所主持的浙江减定浮收章程，归纳起来可以分为三点：①正额照常征解，惟杭嘉湖漕米额征数依谕旨酌减。②一切陋规概行禁革，对浮收加以裁减，仅酌留平余为办公费。③严禁大小户之分。这些规章均能与裁减浮收相辅而行，故都获得了良好的结果。[②]同治四年（1865年）九月，马新贻与藩司蒋益沣、粮道薛时雨等人，访查各州县征收漕南旧规，除酌留耗余以为办公之费，其余悉改新章，其中以裁革海运津贴所省最多。通过核算，杭州府可减浮收64 653石，嘉兴府可减285 387石，湖州可减136 866石，合计减浮收米486 906石。另外，漕南统征分解，米

① 中国第一历史档案馆编：《咸丰同治两朝上谕档》第15册，同治四年五月十一日，桂林：广西师范大学出版社，1998年，第242页。

② 《军机处录副奏折·同治朝·财政类》，同治四年四月十二日，浙江巡抚马新贻折，档案号：03-4863-026。

款向以征剩漕米归南，“多系疲玩，小户历来折钱完纳，今一并核减”，三府南米，共计减浮收钱 247 千余串。[1]

马新贻主持的这场声势浩大的减漕运动，成果有目共睹。它极大地减轻了浙江省业已存在的漕粮赋重危机，为清廷重新实施海运提供了坚实基础。有学者言，减漕运动“主要是为了适应该地区大地主集团的要求，以利于满汉大地主贵族集团进一步勾结”，所以愈到后期，便愈有名无实，而随着太平天国运动的失败，清政权转危为安以后，“核减浮收的措施就再也推行不下去了”。由以上分析可知，这种结论恐有失偏颇。

二、最终确立两淮盐法规制

经陶澍和陆建瀛先后推行票法，清代的两淮盐法改纲盐为票盐，盐制为之一变。[2]自同治三年（1864 年）起，两江总督曾国藩整顿两淮盐法，聚多数散商为少数整商，票法为之一变；经后任者李鸿章之改行循环票法于淮南，票法制度再变。

七年九月，马新贻被任命为两江总督，兼管两淮盐政。自马新贻接手两淮盐政以来，他随即着手进行了一些调整。七年年末，他即因场商疲乏，令运商预缴五成盐价。关于预付盐价一事，马新贻称，盐价本运贩应付之项，如垣商资本不充裕，多付一成之价，即可多收一成之盐，“实至公不刊之论”。每年湘鄂西岸及食盐各岸，尚可运三十四五万引，通泰二十场产数不过四十三四万引，产数之多于销数者，计只八九万引，合八折上下。如各场各垣皆有八折可销，则所占搁者仅止二成，“岂场商绝无资本，不应稍有余盐存堆耶！”究其原因，无非是可以抢售甲年之盐，而售及乙年之盐，以致苦难得售者，乙年犹未售甲年之盐，“不公不平，莫此为甚”。所以，非查计额产，派给重照不可。故须确查各场总盐数，分十二个月，按月划给。如遇畅销，则提给一月，如遇滞销，则缓给一月，此外不得丝毫通融。惟本年入夏以来，场盐日跌一日，运商几以意外之赢，为固有之利，“一旦令归绳墨，遵章缴

① 《军机处录副奏折·同治朝·财政类》，同治四年九月二十八日，浙江巡抚马新贻折，档案号：03-4863-079。

② 参见拙著《博弈与均衡——清代两淮盐政改革》，福州：福建人民出版社，2006 年。

价，必不遂其私愿”。故惟有严定扣缴之法，使场商无可脱空。

当然，马新贻亦表示，无论如何，不能占搁商人的资本太多，鄂、湘、西、皖各岸，均应自领咨之月起，以半年为限，由总局确查花名引数，及领咨月份，凡已逾半年限期之商，即令照章预缴盐价 3 两。未到半年限期之商，谕令到限即缴，违者将引扣除。如此量予区别，可场、运两便。①

同治八（1869 年）年正月，正阳督销局知府王治覃称，因商贩有谓公行不便者，遂令各归各行买卖，但由公行成交立票，委员监盘。公行为杜弊恤商而设，乃行之积久，商贩不以为便，应请即行停撤，“免为行户假托、商贩借口”，故申请将正阳关公行裁撤，这一建立立即得到马新贻的批允。②

寓票于纲的做法，也必然会带来一些新的问题。同治八年三月，两淮盐运司方濬颐称，鄂、湘、西、皖四岸，运商循环额引，经过曾国藩与李鸿章的先定改定，“意美法良，诚为至当”，乃办理未久，各商贩纷纷禀请更名，大都先系全本，继思分伙，亦有始用伙名请运，后复改归本商本名者。此种情形，更名之后，原足以昭核实，但其中亦有不知顾忌，以票牟利，旋买旋卖，更而又更，“致有循环之名，转失循环之实”。前经核议，必须实非卖票、情理可原者，准于开纲时取保更名，于册内注明，第二次环运不准复请更易。而且，当时李鸿章还特别强调，凡更名之商，只准于开纲一月之内上报备案，迟则一概不准。嗣后虽初定循环之时，各商贩或纠资合运，或合伙出名，其更名之事，均属情有可原。现在鄂岸已环运 1 次，湘岸、皖岸各已环运 2 次，西岸更是已环运 3 次，其中应行更改名商历数次环运，自必早经分晰清楚，“乃各商仍请更名不已，难保无卖票顶替情事”。考虑到环运章程，原欲“收散漫而归于齐整，由票法而渐复纲规”。似此每纲必更直以引票为射利之具，因而借票争控之案层见叠出，“转为商累”。现在鄂、西、皖三岸，业经先后禀请开纲，而赴局禀更存记之商已不下数十户。若不重申禁令，明定章程，将更而又更，伊于胡底！所以他向马新贻建议，要将更名之案永远停止。当

① 财政部盐务署编：《清盐法志》卷一百二十《两淮二十一·运销门十一·配运》，民国九年铅印本。

② 财政部盐务署编：《清盐法志》卷一百二十七《两淮二十八·运销门十八·督销六·淮北督销》，民国九年铅印本。

然，各岸运商不皆尽在扬城，若遽令停止更名，似嫌太骤，应分别办理，以昭公允。故除鄂、西、皖三岸新纲环引已据各商呈请更名，由局查核详请外，其余各商如实有应更原委，仍请照旧限一月内呈明。至三岸下纲环引及湘岸戊辰春秋两纲，如有应更之商，请限两个月呈明核办。这一提议得到马新贻的批准。①

取消验资之法后，旋因小逻堡堤工需款甚巨，盐商借机要求独断盐利之权。同治八年（1869年）九月，据署海分司许宝书称，淮北票贩久营盐业，自同治三年曾国藩厘定新章后，"元气稍舒"。但利之所在，趋之若鹜，验资之法生，结果携资之人，"率皆外来之户，仅图卖号之利"，即如本年之验资，流弊极大，不特票贩借资认利，成本加增，新商得引之后，亦大多抬高引价，"卖号而不办盐，甚有携挟厚赀，专放重利，旬日获利数千两者"，此自然系利归中饱之现象。淮北盐商要求按实运花名册引数，将来年接运正额派分。为此，他们公同筹议，共同捐银30万两，以供小逻堡堤工之需。报效之银，分为两批交纳，先交现银一半，另一半则随课完缴。对于此次报效，"不敢仰邀奖励，惟恳将前奉批准循环转运章程恩赐，查照现运花名引数"，"准予递纲循环，免再按纲验赀"，希望清廷能予以永久特权，以后不再滥招新商。当然，如盐商有误运误课之事，则不在此例，仍可随时补充。

马新贻同意盐商的意见，并于九年二月上奏相关事宜："北鹾收效之捷，全在删除溢引"，盐无壅积之虞，商获转输之益。惟盐务向为利薮，销路一畅，盐商往往趋之若鹜。近年来每值开纲之进，苦于商多额少，不得不验明赀本，减折派运。唯此中弊窦，颇难枚指，故自己上任之初，即与年曾国藩面商，停止验赀之法，就旧纲花名，准其承运新纲，试办年余，商情称便。此次兴修运河堤工，各票贩踊跃输捐，尤著成效。故经过讨论，嗣后应责成原运各贩，"循环转运，以清弊源而垂久远"。②

由于马新贻延续了曾国藩、李鸿章等人在两淮盐政改革上的思路，在淮

---

① 运司方濬颐：《申报鄂湘西皖运商停止更名文》，同治八年三月，庞际云等纂：《淮南盐法纪略》卷五《循环给运》，同治十二年刻本。

② 财政部盐务署编：《清盐法志》卷一百十七《两淮十八·运销门八·商运四·循环给运》，民国九年铅印本。

北地区也实行“循环给运”，结果票盐名称虽存，实质上已是纲法的复旧，“大利尽归于商，而司鹾政者反不得操进退盈缩之权”[①]。有票者恃循环制度为恒业，借票本问题为根据，以垄断两淮盐利，与纲商之窝本无异，变相复纲，仍蹈专商引岸之覆辙，票法精神消息殆尽至此，两淮方面的盐政制度已经基本定型，鲜有变化。有学者评论：“自此以后，淮北亦继淮南而变相复纲，两淮票法精神于是完全破坏。”[②]

三、积极投身河工

同治四年（1865 年）正月十五日元宵节，刚刚赴任浙江巡抚不久的马新贻，即上疏陈情“水利宜急兴修”，指出浙江海塘关系紧要，必须加大力度。[③]随后，他于正月二十六日离开杭州，带领督办塘工之前臬司段光清、杭嘉湖道苏式敬等沿塘履勘。经调查得知，自李家汛至尖山，150 余里的地段，石塘缺口不下百余处，大者二三百丈，小者亦数十丈，其中，以翁汛最为险要，“潮宽势猛，潮汐洗刷，片石无存，塘内沙土淤垫，民舍深埋”。若再不加紧堵筑，则更加不可收拾。由于经费有限，又缺乏石料，此段地区只能先筑柴坝。但这里土性松浮，虽加以柴坝木桩，只能堵浸润之水，不能遏冲激之浪。马新贻决定在省城设立海塘总局，饬委藩司蒋益沣、运使高卿培筹备工需，与苏式敬等人认真饬办：凡石塘之倒塌者，建筑柴坝以御急湍；塘脚漏水、桩木朽烂者，于塘外修筑柴埽以保护之；塘后附土低陷残缺者，亦即填实培厚以免坍卸。整个工程于二月初四日开始兴工，制定好相关章程。并由翁家埠设立分局，由段光清、苏式敬驻工监督。虽然现在经费奇缺，亦“不敢因经费艰难，稍存漠视”，如实有不敷，“于藩关各库，酌量筹拨”[④]。他还绘制了海塘缺口图上陈朝廷。

此后，马新贻“每月巡视塘工，审官吏之勤惰，察工料之坚窳，栉风沐

① 财政部盐务署编：《清盐法志》卷一百二十四《两淮二十五·运销门十五·督销三·西岸督销》，民国九年铅印本。

② 刘隽：《咸丰以后两淮之票法》，《中国近代经济史研究集刊》第二卷二期，1934 年 5 月。

③ 《军机处录副奏折》，同治四年正月十五日，浙江巡抚马新贻折，档案号：03-5087-001。

④ 《军机处录副奏折》，同治四年二月十四日，浙江巡抚马新贻折，档案号：03-4968-040。

雨，如疾痛之在身”，所到工地，并不通知属员，故人几不知。[①]同治五年（1866年）正月，马新贻奏称，修筑海塘的难度超出想象，经过自己的多次实地考察，“益知工程关系之重，雇夫储料之难，未能迅速集事之苦，实有不寒而栗而者”。本来经费已经不敷，加之太平天国运动后，浙江各地人口稀少，所需之木柴砍伐无人，“虽经委员入山设法招募，现采现装，每月不过二十万石上下，实不敷用”，每致减工待料，抢筑未能应手。即如所需桩架，原来当地人烟稠密，所需之数百副，一呼即至，现在则只能弄到二十余副。总之，各种困苦情形，难以一一描述。他称自己自去年夏秋以来，“辗转于中，每至午夜彷徨，寝馈俱废”。为解决缺乏木材的难题，他决定派员赴严州山内购买山树，“调派兵勇前往砍伐，运济工用”[②]。

柴坝仅为权宜之计，难以持久，故萦绕于马新贻心中的，仍然是想修筑石塘。海宁州之绕城石塘，久已坍坏，“贴近城垣数十步外即属巨浸，正当潮势顶冲，朝夕震撼”，较之他处更为险急。同治五年八月十九日，马新贻亲临该处，周历目观，认为修建难以再缓，决定先行在此处开工。九月初九日，马新贻在海宁州城内设立专办石塘分局。根据以往的经验，从前兴修海塘石工，以采购塘石为最难。而此处坍毁旧塘，除碎小之石多已陷入沙底外，其大块塘石未尽陷没，可以抵用。故马新贻决定雇集夫船，分头打捞，以节经费，如旧石实在不敷，再行设法采办。石塘、坦水、盘头、石堵各工，需银 24 万余两，虽然较以前所需价格倍蓰，但“欲求工归实际，不能不按照时价确估购办”。整个工程于十月初六日开工，马新贻又再次到海宁州，率同在工各员，“恭祭潮神”。[③]

就在马新贻上陈兴办海宁州石塘之际，他收到了朝廷寄来内阁侍读学士钟佩贤的奏折。钟佩贤称，海塘关系东南大局，“工程非用数年人力、数百万帑金，不足以臻巩固。若为苟且补苴之计，岁费仍不下数十万，而塘工之

---

① 马新祐：《马端敏公年谱》，同治五年条，见高尚举编：《马新贻文案集录》，北京：中央民族大学出版社，2001 年，第 378 页。

② 《军机处录副奏折》，同治五年正月十九日，浙江巡抚马新贻折，档案号：03-4905-021。

③ 马新贻：《开办海宁石塘绘呈图说折》，同治五年十月十一日，《马端敏公奏议》卷四，光绪二十年刻本。

能否无虞，仍归于不敢必”[①]。马新贻乘机上奏称，柴坝与石塘相为依附，并与土塘互为表里。现在所兴办之石塘工程，即以柴坝作为后盾，层层保护，“未办石塘，柴坝固难延缓。既办石塘，柴坝亦难中止”[②]。

同治六年（1867年）正月，马新贻陪同新上任的闽浙总督吴棠巡阅海塘，逐段勘验工程。两人从仁和县李家埠起，沿海宁州尖山绕行至海盐，察看海塘140余里，“于潮汐来时亲立塘上，亲加察看”。自开工以来，浙江海塘已堵缺口2258丈余，计筑柴坝2957丈余，又完成埽工、埽坦等4724丈余。因为在水中作业，一日两潮，旧有的灌灰浆办法无法干透，每多渗脱，故他们用严州所产之茑萝捣浸和灰，参以米法，层层灌砌，复于临水一面用桐油、麻绒仿照舱船之法，加工舱缝，“此现办石塘较之历办章程，格外讲求实在情形也”。考虑到浙江全境之石塘兴办，所需非用七八百万、费十余年时间不可，他们决定，拟于丝捐及盐货各厘局内，每年拨银80万两，并佐以海塘捐输，专备塘工之需。马新贻还表示，自己“惟当督饬在工各员，视如家事，各矢慎勤，成功不厌其精，求用款务归于核实”[③]。

同治六年十二月，海宁绕城石塘即将竣工，马新贻又奏请续开西防石工。经查，西防石工总计须建复、拆修条块鱼鳞各石塘总共约估银386 780两，又有移建盘头裹头等项，共计需银489 000余两，其中包括了酌加二成例价，其原因在于，“兵燹后百物昂贵，不得不按照时价确估”[④]。在这一奏折得到清廷的批准后，西防工程于同治七年正月十八日开工。[⑤]

兴建是一方面，更重要的恐怕则是善后了。为此，马新贻特奏陈中、西两塘已竣柴坝的善后章程：①西中两塘已竣柴坝仿例保固以专责成。由于工程较大，按完工先后，相关各员负责保修两年。②岁修经费筹拨专款。本次

① 中国第一历史档案馆编：《咸丰同治两朝上谕档》第16册，同治五年九月十三日，桂林：广西师范大学出版社，1998年，第238页。

② 马新祐：《马端敏公年谱》，同治五年条，见高尚举编：《马新贻文案集录》，北京：中央民族大学出版社，2001年，第379页。

③ 马新贻：《会勘浙省海塘要工筹拨厘款分别办理折》，同治六年正月二十五日，《马端敏公奏议》卷五，光绪二十年刻本。

④ 《军机处录副奏折》，同治六年十二月初四日，浙江巡抚马新贻折，档案号：03-4943-065。

⑤ 《军机处录副奏折》，同治七年正月二十六日，浙江巡抚马新贻折，档案号：03-4963-043。

共建成之 5574 丈余，仿道光年间办法，每年拨工用银 65 000 两。③抢护险工随时勘估赶筑。④已竣柴埽各工责成厅备加意防护。杭防道每月巡查一次，厅备十日巡防一次。每年每兵循例种柳树 100 株，“以期盘根入土而固塘基”。⑤岁修领银不得扣减。⑥岁修柴木宜早筹备。⑦西防十二堡已竣柴坝盘头应加抛块石。[①]可见他对此问题的考虑是相当周详的。

此后，马新贻被任命为闽浙总督，后因并未上任即被提升为两江总督，在离浙交代相关事宜时，他奏称，海塘除西中两防柴坝及海宁绕城石塘均已奏报完工外，截至四月止，东防柴坝未办者尚有 900 余丈，西防埽工埽坦未办者亦有 900 余丈，中塘埽工埽坦未办者 1100 余丈，核计原估工段已办七成以上。均与原定计划相符，可见他保质保量地完成了自己的任务。

除了海塘，马新贻还注意加强对日常河道的维修。湖州之乌程、长兴两县濒临太湖，凡泄水入湖之处大多淤塞不通，同治五年（1866 年）九月，马新贻新临查勘，饬令湖州府除就地筹捐外，由省局拨费兴办。[②]五年十一月，马新贻奏请勘办绍兴闸港疏浚淤沙。[③]六年十一月，马新贻奏称，仁和县属艮山门至海宁州一带，河道称为运盐河，上接省垣，下达苏郡，从前河路通畅，商贾流通，聚为一大市镇。兵兴之后，大受打击。此段河长七八十里，分属于海宁与仁和，河被沙淤，几与岸平，农商均为不便。该处兴修虽然经费较巨，“然既于农田、民食、商贾均有裨益，自应设法开浚”。至河内所起沙土，即以南岸民地堆积，河成之后丈量占地若干，请免两年钱粮，两年后如可栽种桑麻木棉，再行奏闻。[④]绍兴府之东西江塘为山、会、萧三县保障，同治四年五月，冲决几及千丈，其余坍缺不一。马新贻举办亩捐并垫借钱十万串，工程于七年二月完竣。经逐段查勘，“尚无草率偷减等弊”[⑤]。这些皆可圈可点。

马新贻调任两江总督后，即于七年十二月奏称江南河工情形。他奏称，

---

① 《军机处录副奏折》，同治七年四月十二日，浙江巡抚马新贻折，档案号：03-4969-048。

② 《军机处录副奏折》，同治七年闰四月初二日，浙江巡抚马新贻折，档案号：03-4670-120。

③ 马新贻：《勘办绍兴闸港疏浚淤沙并借拨经费折》，同治五年十一月二十八日，《马端敏公奏议》卷四，光绪二十年刻本。

④ 马新贻：《仁和海宁属运盐河淤塞借款开浚片》，同治六年十一月初四日，《马端敏公奏议》卷五，光绪二十年刻本。

⑤ 《军机处录副奏折》，同治七年闰四月初二日，浙江巡抚马新贻折，档案号：03-4670-120。

江南河务以修筑运堤为最要。自淮河改由运河出海后，岸堤日形吃重，加之裁撤南河后，东西两坝年久失修，再值夏秋之交，险工迭出。在赴任途中，自己即沿途履勘小罗堡等处，发现西堤水势甚大，难以施工，唯有先将东堤择要兴办，“总期于今冬明春水涸时赶先修筑完竣”[①]。可见他仍然以河工水利为急务，保持了自己的一贯作风。

同治八年（1869 年）六月，运河东西两堤工竣，马新贻亲往验收，途中中暑，“咽喉肿痛，甚至饮食不进”[②]。此后，他又乘冬令水涸，奏明由盐务筹捐，赶修小罗堡西堤工程。又安徽各属堤岸被水冲决，亦与安徽官员面商筹款兴修之法。九年三月，他亲赴小罗堡等处河工巡视。据奏称，他逐行上堤，“逐段锥试，尚属饱满”[③]。

值得注意的是，马新贻虽然重视水利，却绝不好大喜功，不做“形象工程”，不做无用功。同治八年十一月，针对已经并无多少实际操作可能的修复运河通漕事宜，他明确指出，运河工程浩大，黄河泛滥，“人力难施”[④]。九年六月，针对翰林院编修蔡则云等人恢复淮河故道的建议，马新贻又奏称，欲挽淮归故，必先大浚黄河。但这样一来，非数百万金不能成功，当此国家多难、饷需支绌之际，势难筹此巨款。只能分别缓急，次第兴工，期以数年或有成效，“不求速效，但求实际；不求利多，但求患减；为得寸得尺之计，收循序渐进之功”，明确反对盲目乱上项目。[⑤]

简言之，马新贻虽然在江、浙封疆大吏任上的时间不长，但他勤勤恳恳、任劳任怨，在“三大政”方面都做出了不少实质性的工作。虽然他的所作所为没有突破传统政治体制的范畴，但从总体上看，仍然值得肯定。作为一个以回族身份入仕的清朝高官，他忠实地完成了一个传统士大夫的使命。

---

① 《军机处录副奏折》，同治七年十二月初九日，两江总督马新贻折，档案号：03-5088-044。

② 马新祐：《马端敏公年谱》，同治六年六月条，见高尚举编：《马新贻文案集录》，北京：中央民族大学出版社，2001 年，第 394 页。

③ 《军机处录副奏折》，同治九年四月十一日，两江总督马新贻折，档案号：03-4970-014。

④ 《军机处录副奏折》，同治八年十一月初六日，两江总督马新贻折，档案号：03-4868-080。

⑤ 马新贻：《筹浚淮水故道折》，同治九年六月初七日，《马端敏公奏议》卷九，光绪二十年刻本。

“福星号海难”与中英交涉

光绪元年（1875 年），轮船招商局“福星”号轮船（以下简称福星）被英国“澳顺”号轮船（以下简称澳顺）撞沉，形成重大海难事故，其死难者人数之多、情况之惨烈，均堪称中国近代海难史之最。然而，这桩原因清晰、责任明确的海难案，其最终的处理结果却很难令死难者家属与国人满意。本文即欲对此案做一简单剖析，以期了解近代社会中外交涉的本质。

一

光绪元年（1875 年），“福星”号轮船装载浙江海盐等 12 县白粮正耗米 7270 石，货物 849 件，修造津栈木料 8 排，计 61 支，乘客 65 人，船主管账水手等 53 人[①]，于二月二十七日，开至佘山。因海中起大雾，不敢快走，仅开“半车”（最高时速的一半），每间隔二分工夫，即放响气，“以期来船引避”。至次日早雾更大，“头尾相望，亦甚模糊”。十点三刻，开到距黑水洋 100 里的撩木洋地方，忽听有来船放气，急叫快打倒车，来船已从该船头之右侧撞过，“来势甚猛，疾撞穿船头夹舱，水即涌进头舱，货物随浪漂去。”因当时客人多半待在舱底，出事后纷纷争上舢板。情急之中，船上的 4 条舢板只有一条割断绳索，放落海面。事后只救起客人 18 名，船主、账房、水手等 35 人，捞起尸身 3 具。此轮船原载江苏津局委员 21 人，浙江津局委员 1 人，经救起者仅江锡珪、蔡世濂、王世藻 3 人。[②]据事后的统计，此船上有账房 11 人，其中死 5 人活 6 人；客人 65 人，其中死 47 人活 18 人；水手 42 人，其中死 13 人（包括外国人 1 名）活 29 人。共计此次死难人员多达 65 人。[③]救起人员之中，受伤的也不少，如所救生火水手，

① 《王增福供词》，光绪元年三月初一日，招商局档案：《福星轮船被英轮撞沉交涉》，南京：中国第二历史档案馆藏，档案号：468（2）-12。

② 《招商局移福星轮船被撞沉没供单》，杨守岘等纂：《重订江苏海运全案新编》卷 6《恩恤事宜》，光绪十年刻本。

③ 《王增福供词》，光绪元年三月初一日，招商局档案：《福星轮船被英轮撞沉交涉》，南京：中国第二历史档案馆藏，档案号：468（2）-12。

就有3人受伤，还有1人“被木碰撞折臂”①。这就是近代史上轰动一时的“福星号海难”。

此次事件的肇事者为英国怡和洋行之“澳顺”号。“福星”号被撞之时，“澳顺”号尚能进行援助，故王世藻及家丁等7人，得以登上澳顺轮船活命。②据报告，此次江苏津局委员中，丧生者计有蒯光烈（江苏候补同知）、齐岳（江苏补用同知）、王绶（江苏试用通判）、朱声槐（江苏补用同知）、许懋身（两淮候补盐知事）、绰勒欢保（江苏候补知县）、魏文彬（补用卫守备）、甘立功（江苏候补从九品）、李松年（江苏候补县丞）、刘齐煜（江苏大挑知县）、李锡田（江苏候补巡检）、贵成（江苏试用知县）、张溍（直隶州知州）、荣椿（江苏候补知县）、谢鸣凤（江苏试用通判）、胡权立（江苏候补知县）、姚濬源（分发补用县丞）、黄尔祉（江苏候补同知）、张培生（江苏候补县丞）、长楙（江苏候补县丞）、吕廷宰（江苏候补知县）、赵德辂（拣选知县）、叶锦泉（司事同知衔）。其中赵德辂系山西解州人，咸丰时期的举人，考取教习，同治十三年（1874年）自京来沪“措资”，因与沪商相识，经江苏漕粮海运局介绍，“作为津局董事前赴天津照料兑务”，不料溺水身死，“文书行李一概沉没”③。由此可见，江苏此年的天津海运委员，差不多被洗劫一空，损失极为惨重。浙江方面也受牵连，同船前赴天津的浙江津局委员石师铸（浙江补用同知）亦一并殉难。④李鸿章将此事上奏清廷。清廷立即发布上谕：“亟须彻底查究，责令赔偿，著饬道员冯焌光照会英国刑司领事声速将此案秉公会记，按照条约办理，毋任延狡。”⑤

三月初三日，苏松太兵备道冯焌光通知英国领事，说此案“不独漕米客

---

① 《陈阿梅供词》，光绪元年三月初一日，招商局档案：《福星轮船被英轮撞沉交涉》，南京：中国第二历史档案馆藏，档案号：468（2）-12。

② 杜文溥：《杜牧禀赴津员董同乘福星轮船在洋被撞沉没》，杨守岘等纂：《重订江苏海运全案新编》卷6《恩恤事宜》，光绪十年刻本。

③ 《家人赵升叩禀》，光绪元年三月初一日，招商局档案：《福星轮船被英轮撞沉交涉》，南京：中国第二历史档案馆藏，档案号：468（2）-12。

④ 《军机处录副奏折·外交类》，光绪元年四月十二日，直隶总督李鸿章折，档案号：03-3523-014。

⑤ 中国第一历史档案馆编：《光绪宣统两朝上谕档》第1册，光绪元年四月十四日，桂林：广西师范大学出版社，1996年，第96—97页。

货全数就淹，竟致江浙两省押运委员以及仆从水手人等同时溺毙至数十人之多，异惨非常，殊堪骇诧，事关中外交涉，案情重大，不能不彻底根究”，决定与英领事“亲提审断”，并由道饬委员翻译委员王副将会办。所有捞回尸身应由上海县验殓，一面会同王翻译及陈福勋并英领事所派之员，“传集两船之主人等，讯供详办”①。

三天后，英国领事回复：英国的法律规定，“凡船只在洋忽遭不测，致有失去船货人命情事，该船主每廿到官，禀请查询缘由，自己有无过失，倘船主自不投案，该管领事自可随意酌提”。但“澳顺”号已经在折回上海后到领事馆报到，故不必提拿，可以在本月初七日十点公开审理。又因为事关中英交涉，苏松太兵备道无权参与此案审理，只能前来“听讯”。如果审理结束，中方觉得判案不公，才可“复行查讯”。对于招商局受难员工及其他受难人员家属的安抚工作，苏松太兵备道则应妥善进行。至于此次海难是否系澳顺船主一人之过，“讯办后自见分晓”。英国领事同时又警告中方，查阅供单，有“是日早雾更大，该船头尾相望模糊，且两船相近之际，均各时时放气”等语，按此情形，“尚无一船独任其咎之处，惟期两船皆无错处，诚为妙事”②。这样的基调，已经为英方袒护澳顺埋下了伏笔。

二

案件由英方所属的刑司衙门负责。整个审案过程进行了记录和汇编。在审案之初，招商局特意延请英国律师担文出任中方的辩护律师，他们对案件得到公正审理也充满了信心。兼署通商大臣刘坤一曾批示道：按照国际通行的航行章程，凡船只遇有雾这时，“各火轮船皆宜缓走”，但英商澳顺轮船于大雾之时，“行驶猛疾，致将招商轮船撞沉”，损失巨大，要求英国领事按照约章，“秉公提讯断赔，勿任稍有偏袒”③。李鸿章也称：照外国行船规例，

---

① 《苏松太兵备道冯（焌光）文》，光绪元年三月初三日，招商局档案：《福星轮船被英轮撞沉交涉》，南京：中国第二历史档案馆藏，档案号：468（2）-12。

② 《英领事麦照复》，光绪元年三月初六日，招商局档案：《福星轮船被英轮撞沉交涉》，南京：中国第二历史档案馆藏，档案号：468（2）-12。

③ 《刘坤一批示》，光绪元年三月二十六日到，招商局档案：《福星轮船被英轮撞沉交涉》，南京：中国第二历史档案馆藏，档案号：468（2）-12。

“福星”号海难案发生，责在澳顺，澳顺“不得任其狡赖，是为至要”①。

在英刑司衙门，双方曾就此次海运事故责任进行了长时间的唇枪舌剑。双方的争论主要围绕以下四个方面展开：

（1）澳顺轮船当日行驶是否符合章程。澳顺声称，自己当日行驶速度系遵照航运章程，较为缓慢，并无过错。招商局则指出，“澳顺放尽车时，不过每分时候转过五十二回，查其撞福星时尚转四十八回，可谓缓行乎？”后来英国刑司也不得不表示：“遇如此大雾，极宜还要缓轮为是”，实际上是变相承认了澳顺违章行驶的事实。

（2）澳顺轮船船主当日是否按过喇叭提醒过往船只。澳顺声称，自己在行驶过程中已经按过喇叭，“所行各事如转舵转轮均合”。船只相撞可能因“福星”号系头尾两帆，使气筒之声吹偏过去，以致澳顺听错，发生事故。招商局则指出，“福星全船人货沉没，因你听错响筒之故，若谓挂帆可使声音吹偏，则律师所定帆船遇雾必须吹响角，又将何用耶！”

（3）如何评价事故发生后的澳顺轮船救人行为。澳顺声称，案发后，船主及船副、水手等人，当时即放救生船救人，并在案发现场停泊多时，“其灵机办法实属可嘉”。招商局指出，澳顺若不施救生船救人，所救之 27 人固无生理，但落水之人，皆因澳顺所撞，“若坐视不救，更出情理之外，何足嘉尚！”且澳顺轮船在旁停留多时，“半因自船受伤，不能行动之故耳”。

（4）澳顺轮船为何没有案发当天的行船日志？按当时法规，轮船须每日记录行程日志，以备查核。查澳顺撞船事发当天的日记，“并未将此次碰船情形注明，其船主草记与及机器傍之日记簿，均属潦草”。轮船招商局指出：“案关全船货物沉没，且淹毙人命至六十五名之多，如此重大并未登明日记，显有预存事后掩饰地步。”②

江海关道则明确地指明了澳顺在事件中的过失：“澳顺误听福星在左，错

① 《李鸿章批示》，光绪元年三月二十六日到，招商局档案：《福星轮船被英轮撞沉交涉》，南京：中国第二历史档案馆藏，档案号：468（2）-12。

② 《福星轮船被澳顺轮船撞沉交涉·水师公堂供词》，招商局档案：《福星轮被英商澳顺轮撞沉交涉》，南京：中国第二历史档案馆藏，档案号：468（2）-323。

一；又误听福星在对面，错二。福星不改向，福星不错；澳顺改向，错在澳顺。福星不改向，系走直线，澳顺改向，系走曲线，曲线长，直线短，福星不错。走得慢，澳顺错，走得快，所以澳顺碰沉福星，是福星行船不错，错在澳顺。”他还充满信心地表示，“他日澳顺如赴英国翻控，即以此纸质之政府”①。

因为“福星船货物行李所值匪轻，不将船只扣留赔款，何以有着”，招商局申请扣留澳顺轮船，以防止逃脱。但英国领事“以扣留澳顺轮船追赔船货，应由英刑司主政，领事向无此权”②作答。苏松太兵备道冯焌光多次派人前到英国领事馆催问案件进展，并要求参与审案，英国领事亦拒不回复，拖到三月二十五日，才不得不声称：“并非不允按约查办，实缘英例定有船产专条，本领事必须兼顾，以致棘手。”英方正在全力审案，如果让中方参加，“恐于按察衙门所控案情有碍”“非特不能辅助贵道，按理而反致导以错误也”③。

招商局力为争辩，表示审理案件，理应先将澳顺轮船及船主扣留，在得不到英国领事的支持后，降低了对案件审理的期望值：“但期人命抚恤一有着落，则澳顺之错自无逃遁，弊局船货按司亦不得不秉公断赔，此案之两有着落。”④同时，为不使正常的漕运验兑受阻，轮船招商局先行将白粮正耗米7270石，“买补运津”⑤。

经过长时间的提审及查核，英国刑司方面做出了如下判决：澳顺轮船在此案中并无明显过错；“所有澳顺船主、副手牌照准发还”，案件审理费，计誊录费15两、听差赏号费3元，则由“澳顺船主自缴”；责任需由双方共同承担。也就是说，要将两船损失合计，澳顺仅赔一半。考虑到英国方面对澳顺所给予的明目张胆的袒护，招商局只能勉强接受此议。

---

① 交通部、铁道部交通史编纂委员会：《交通史航政编》，上海：上海民智书局，1931年，第1283—1284页。

② 《轮船招商局呈文》，光绪元年三月二十四日，招商局档案：《福星轮船被英轮撞沉交涉》，南京：中国第二历史档案馆藏，档案号：468（2）-12。

③ 《英领事麦来文》，光绪元年三月二十九日，招商局档案：《福星轮船被英轮撞沉交涉》，南京：中国第二历史档案馆藏，档案号：468（2）-12。

④ 《轮船招商局呈文》，光绪元年三月二十四日，招商局档案：《福星轮船被英轮撞沉交涉》，南京：中国第二历史档案馆藏，档案号：468（2）-12。

⑤ 《抚宪杨（昌濬）批》，光绪元年三月十九日札行，招商局档案：《福星轮船被英轮撞沉交涉》，南京：中国第二历史档案馆藏，档案号：468（2）-12。

经过核算，福星轮船所失为 141 335 两 5 钱 6 分，澳顺所失为 29 029 两 1 分，澳顺所赔应为 8 万余两。对于抚恤银，英领事最初议每人给银 50 两，经协商后规定官员每名 300 两，普通乘客每人 100 两，通共合计需银 11 000 两，由澳顺照缴。[①]全部赔款应于六月十八日前缴出，“或由船商从电信到沪划付，或由怡和行代垫”[②]。招商局“满望就此完结”，但澳顺不仅拒不付款，反而偷偷贿赂英国刑司，在上交 5 万元保证金后，于六月初六日将船开出，溜回英国。[③]

三

澳顺所交纳 5 万元保证金是如何计算出来的呢？为何又能得到英国刑司的支持呢？英国法律规定：“无意碰船致船货失坏，若错在一船，则无错之船所失全归有错之船赔偿。若错在两船，则彼此各赔其半。其银应由船追，毋论所失若干，总须按照犯例之船吨位，不得逾每吨八磅之数。若有人命牵连，毋论人数多寡，亦不能逾每吨十五磅之数。”[④]这就是说，如果不是一方负全责，则赔偿按两种情形分别计算：一种是如果没有发生人员损失，最高标准系吨位乘以 8 磅；第二种是如果发生了人员损失，最高标准系吨位乘以 15 磅。

据澳顺的算法，明显系以 8 磅计算，即福星舱位 1070 余吨，赔半为 5 万余两，将福星货核作银 141 335 两 5 钱 6 分，澳顺船碰损修费等银 29 079 两 1 分，两船共计银 170 414 两 5 钱 7 分，各认一半银 85 207 两 2 钱 8 分 5 厘。扣掉自己的损失，澳顺应交银 56 000 余两。当然，如果按照每吨赔偿 15 磅计算，澳顺吨位为 1470 吨，应赔银为 22 050 磅，折合为银两，恰为 8 万两左右。也就是说，澳顺仍应赔偿 8 万元。

招商局在得知澳顺船主已带领家眷逃走后，立即要求英领事派人将澳顺

---

① 交通部、铁道部交通史编纂委员会：《交通史航政编》，上海：上海民智书局，1931 年，第 1284 页。

② 《福星轮船被澳顺轮船撞沉交涉・敬禀者》，招商局档案：《福星轮被英商澳顺轮撞沉交涉》，南京：中国第二历史档案馆藏，档案号：468（2）-323。

③ 《福星轮船被澳顺轮船撞沉交涉・续禀办理各情形》，招商局档案：《福星轮被英商澳顺轮撞沉交涉》，南京：中国第二历史档案馆藏，档案号：468（2）-323。

④ 《福星轮船被澳顺轮船撞沉交涉・续禀办理各情形》，招商局档案：《福星轮被英商澳顺轮撞沉交涉》，南京：中国第二历史档案馆藏，档案号：468（2）-323。

船主扣留，但领事竟称自己无权扣人。初六、初七、初八日，冯焌光亦多次催请英国领事扣人，领事亦“均不允行”。招商局无奈之下又呈控英国刑司衙门，但英国刑司衙门首先是声称澳顺的做法并无不妥，因为虽然招商局有重大人员损失，但招商局并没有就人员损失一事专门起诉澳顺，所以可以认为此案“并无人命一案”；招商局再次申诉指出，在英国刑司的判决书中，有人员损失多达六十余人的判词，即可以认为发生了命案，英方则回复，理由成立，可以扣压“澳顺”号，但因此日系礼拜天，银两之类的案件不方便在这一天办理。经此拖延，“遂令澳顺船主逃走”[①]。

此次海难死亡人数高达 65 人，“乃刑司佯为不知”；领事推说无权扣留澳顺，中方则指出：历观各口岸或伤人命，或毁礼拜堂，或游客相殴，或扣留货物，无一不是领事。轻者向地方官理结，重者调水师兵船，帮同办理，“甚至毁我炮台，扣我船只，尚有许大权柄。今于澳顺一船，何独无权扣留！”不仅如此，二十八日，英国领事还给冯焌光写信，声称招商局在案件审理过程中，本来是没有必要聘请一位英国人来担任辩护律师，结果正是因文担文在辩护过程中，多次细抠法律条文，惹恼了澳顺，才弄出此结局。招商局则表示：招商局遭此大难，延请律师“代伸其苦，非得已也”，且“律师受人之托，忠人之事，自无不是”，担文“克尽厥职，无过可言”[②]。

尽管义愤填膺，中方也毫无办法。招商局还听说，“澳顺尚以刑司所断不公，闻欲上控！”[③]轮船招商局认为，“断定之案，并不按约追缴，是违和约也。两国办事，所凭者和约，若不照约而行，将来何以措手？”“异日华船设碰英船，亦可照此办理乎？恐领事又将据约而争，刻不容缓矣。岂两国持平办事之道哉！”[④]李鸿章认为，此时如果照每吨赔银 8 磅定案，不照命案

---

① 《福星轮船被澳顺轮船撞沉交涉·续禀办理各情形》，招商局档案：《福星轮被英商澳顺轮撞沉交涉》，南京：中国第二历史档案馆藏，档案号：468（2）-323。

② 《福星轮船被澳顺轮船撞沉交涉·续禀办理各情形》，招商局档案：《福星轮被英商澳顺轮撞沉交涉》，南京：中国第二历史档案馆藏，档案号：468（2）-323。

③ 《福星轮船被澳顺轮船撞沉交涉·敬禀者》，招商局档案：《福星轮被英商澳顺轮撞沉交涉》，南京：中国第二历史档案馆藏，档案号：468（2）-323。

④ 《福星轮船被澳顺轮船撞沉交涉·续禀办理各情形》，招商局档案：《福星轮被英商澳顺轮撞沉交涉》，南京：中国第二历史档案馆藏，档案号：468（2）-323。

议赔，“则抚恤一层，亦未必照给”，因为有抚恤即意味发生了命案，不然何来抚恤！总之，此案即欲从权结办，亦必多方与之理论，“力争以备将来援引之地”①。两江总督刘坤一则说：“现办情事，实属不成事体！”②

据事后的记录可知，澳顺逃逸后不知所往，赔款耽延多时，英国“公使亦以此事背约，实有对不住中国之意”③。后由担文律师将此事报告英国伦敦，“由英政府嘱怡和暗付此银，但不准报纸揭载”④。由于从英方得不到足够的抚恤，中方只得自行处理。考虑到此次的死难者家属皆系清贫，“或有老亲在堂，或只孤儿在抱，甚有终鲜兄弟，兼令嗣续”，恰好此年海运沪局存有节省经费余银 3000 余两，加以分配，官员每人家属给银 100 两，家丁则酌给三四十两。⑤至于他们提前预支的薪水银，即委员各 100 两、佐杂各 60 两，共 1820 两，则免予扣还，“一并作为抚恤之项”⑥。

总之，“福星号海难”的出现及审理结果，带有近代中国社会鲜明的时代特色，充分展现了西方侵略者欺压中国人民的本质。处理“福星”号轮船案件时，正值中英“马嘉理事件”爆发。两江总督刘坤一曾天真地认为，如果中方在“福星”号海难案上适可而止，“稍留余地，将来马翻译之案，或可借此调停”⑦。不料英方却借机迫使清廷与之签订《烟台条约》，攫取大量特权。以上都充分证实了“弱国无外交”的真理。

---

① 《福星轮船被澳顺轮船撞沉交涉・李鸿章批示》，招商局档案：《福星轮被英商澳顺轮撞沉交涉》，南京：中国第二历史档案馆藏，档案号：468（2）-323。

② 《福星轮船被澳顺轮船撞沉交涉・刘坤一批示》，光绪元年九月初四日，招商局档案：《福星轮被英商澳顺轮撞沉交涉》，南京：中国第二历史档案馆藏，档案号：468（2）-323。

③ 《福星轮船被澳顺轮船撞沉交涉・敬禀者》，招商局档案：《福星轮被英商澳顺轮撞沉交涉》，南京：中国第二历史档案馆藏，档案号：468（2）-323。

④ 张荫桓：《律师》，《三洲日记》（光绪十二年），光绪二十二年石印本。

⑤ 杜文澜：《杜牧等禀淹溺员董家丁于沪局节省经费内先行接济各该家属》，杨守岘等纂：《重订江苏海运全案新编》卷 6《恩恤事宜》，光绪十年刊本。

⑥ 《司道详淹毙员董应找津局薪水由道照数给领》，杨守岘等纂：《重订江苏海运全案新编》卷 6《恩恤事宜》，光绪十年刻本。

⑦ 刘坤一：《致总署》，光绪元年四月初六日，《刘坤一遗集・书牍》卷 14，台北：文海出版社，1966 年，第 7410 页。

思 想 文 化

经济史的研究最终必然会和思想文化发生联系。

《清朝的大国治理能力刍议》(《中国史研究》2019 年第 2 期）主要从大国视角来看清朝国家治理能力。文章认为，清朝统治者以少数民族身份入主中原，通过武力征服确立“治统”。为确立“道统”，稳固统治幅员辽阔的疆域，满洲贵族既吸取历代王朝管理国家的有效统治经验，又强调“满汉一家”，加强国家认同，特别是把儒家思想纳入主流意识形态，以“民本”思想作为基本指导原则，通过分级治理的行政管理结构和中央集权的财政管理体制，为社会经济的均衡发展提供保障，建立起一套传承中有变革、继承中有发展的国家治理模式。直到 19 世纪之前，中国的农业、手工业、商业等经济水平，一直稳居世界前列。这一成就的取得，显然并未受到西方列强的强烈影响，是内生的、自有的。

《从“量入为出”到“量出为入”清代财政思想的转变》(《光明日报》2017 年 8 月 7 日）认为，清代财政指导思想由“量入为出”转变为“量出为入”有其历史合理性，即：帮助晚清财政渡过了一次又一次的危机，也促进了中国财政体制的转型。这一财政观念的转型，为国人进行了一次财政知识普及，对后世的财政思想具有重要影响。但财政指导思想再高明，也不能脱离当时的社会经济发展水平。在朝廷的恣意妄为之下，“量出为入”导致内外交困，国家财政最终全面崩溃，清王朝也随之灭亡。其中的教训值得我们深思。

晚清漕运的主体方式是海运，在60余年的海运过程中，逐渐形成了以祭祀海神、修建会馆和撰写诗歌为特色的海运文化。《试论清代的漕粮海运文化》（《故宫博物院院刊》2008年第2期）认为，这一独特文化现象的出现，既是清代漕粮海运的重要组成部分，也是当时社会风尚的合理延伸。

清朝的大国治理能力刍议

清朝统治者以少数民族身份入主中原，通过武力征服确立“治统”。为确立“道统”，稳固统治幅员辽阔的疆域，满洲贵族既吸取历代王朝管理国家的有效统治经验，强调“满汉一家”，加强国家认同，特别是把儒家思想纳入主流意识形态，以“民本”思想作为基本指导原则，通过分级治理的行政管理结构和中央集权的财政管理体制，为社会经济的均衡发展提供保障。与此同时，他们还处处注意保持自身民族特性，建立起一套传承中有变革、继承中有发展的国家治理模式。在此期间，中国的政治、文化、经济诸方面，都发生着深刻而影响深远的变化。直到19世纪之前，中国的农业、手工业、商业等经济水平，一直稳居世界前列，正是这一国家治理模式的重要成就。

清军入关、明清易代的过程，既是满族接受汉族为中心的儒家统治模式的文化过程，也是强有力的帝王重建中央集权的政治过程。在平定三藩和收复台湾之后，康熙帝虚心接受传统的儒家观念，继承“民本思想”，敬天法祖，勤政爱民，推行轻徭薄赋、休养生息的政策，重新回到中国传统文化的轨道，使得社会经济得到快速恢复。到了晚年，更是宣布：“今国帑充裕，屡岁蠲免辄至千万，而国用所需并无遗误不足之虞，故将直隶各省见征钱粮册内有名人丁，永为定额。嗣后所生人丁，免其加增钱粮，但将实数另造清册具报，岂特有益于民，亦一盛事也。直隶各省督抚及有司官，编审人丁时，不将所生实数开明具报者，特恐加增钱粮，是以隐匿不据实奏闻，岂知朕并不为加赋，止欲知其实数耳。”[①]“滋生人丁，永不加赋”减轻了百姓的负担，有利于保持社会稳定。这一措施实施十年后，全国耕地面积增加了22.8%。

雍正时期，清政府进行了中国古代财税史上第三次重大改革，实行“摊丁入亩”，具有重要的历史意义。王庆云说：“前后数十余年，时历三圣，其

① 《清圣祖实录》卷二四九，北京：中华书局，1985年，第469页。

减除重则缺额者，史不绝书，经营裒益，然后法制大定。乃知唐之庸钱，不得不归于两税；明之均徭，不得不改为条鞭；皆势之所趋，不得已也。”①将田地和人丁征收赋税的双重标准取消，极大简化了征税手续，从汉代以来一直沿用的人头税从此被彻底废除，“民纳地丁之外，别无徭役矣”②。百姓无须单独交纳丁税、服丁役，开豁为良，主仆法律平等，人身依附关系降低，人口控制放松，清代的人口数量激增，从而为社会经济的发展提供了大量的廉价劳动力。乾隆时期的数次大规模普免钱粮，其背后也是深受儒家思想的影响。“康乾盛世”是中国传统农业文明取得的最高成就，背后的理论支撑正是汉民族的儒家观念。

相较于其他王朝，清朝在行政体制建设方面有着重要发展。在中央，清廷对明朝的内阁、六部、通政司、都察院等机构予以保留，同时又创设议政王大臣会议、理藩院、内务府、宗人府、南书房、军机处等机构。其中议政王大臣会议、内阁、军机处先后为中枢机构，掌决策；六部、通政司、都察院等为执行机构；内务府、理藩院为清人独创，汉人不得参与，以便于皇室管理内廷，满洲贵族掌握权力和处理民族事务。在皇位继承人办法上，雍正帝还开创性地建立了秘密建储制度，确保乾纲独断。与此相伴随，清朝还独创了奏折制度，各级官员向皇帝直接呈送的秘密文书，内容涉及政治、经济、民族、文化等方方面面，通过奏折，极大地便利了中央对各级官员的监督，并得以深入了解民间疾苦，掌握社会动态。这些根据明朝统治经验并结合自身满族特色基础上形成的制度，极大地强化了清代的中央集权，使得国家意志能够得到更为高效的贯彻和执行。

清朝疆域辽阔，为有效管理蒙古、西藏、新疆等各少数民族地区事务，创设理藩院。理藩院下设六个清吏司、满汉蒙档房、司务厅等单位，除管理少数民族事务外，还负责对藩属国和外国事务的交往。康熙年间，中央修订《理藩院则例》，用法规固定了对少数民族地区统治的各项措施。通过因地制宜、因俗而治的办法，清代的统一多民族国家得到空前稳固，这也是清朝高

---

① 王庆云：《石渠余纪》卷三《纪丁随地起》，台北：文海出版社，1967年，第256页。

② 赵尔巽：《清史稿》卷一二一《食货二》，北京：中华书局，1976年，第3546页。

度中央集权统治在行政治理上的重要优势。

清代地方行政机构依循明制，分为省、道、府、县四级，还设有负责漕运、河道、盐政、権关、织造等方面的机构，专门负责特定的事务。各级地方行政机构各司其职，形成一套完整而严密的行政管理体系，再加上驻防八旗和绿营的分布，从而确保了中央对地方的高效控制，不至于出现尾大不掉的局面。

基层的社会组织主要包括里社和保甲。清初，清政府重里社，自雍正“摊丁入亩”以后，赋税定额基本确定，人口编审不再重要，里社的职能有所弱化。为便于控制，每户“给印信纸牌一张，书写姓名、丁男口数于上，出则注明所往，入则稽其所来，面生可疑之人，非盘诘的确，不许容留……月底令保长出具无事甘结，报官备查”[①]。清中后期，清政府强化通过保甲制对百姓进行控制，即便是在很多少数民族地区，也要求地方官推行保甲之法，“其村落畸零，及熟苗熟獞，亦一体编排。地方官不实力奉行者，专管兼辖统辖各官分别议处”[②]。通过强化保甲制，将触角延伸到基层，使全国的老百姓都纳入这个庞大的统治网络之中。

清廷还有意识地引导和利用宗族和宗教管理百姓。清政府十分重视族长的选拔，曾多次制定选族长的标准和制度，使得这一职务逐渐变为清统治者统治满族人民的工具。清时期，选举族长的标准是其辈分、德行、财力以及官爵。族规是全族人员都必须遵守的行为规则。“王者以一人治天下，则有纪纲；君子以一身教家人，则有家训。纪纲不立，天下不平；家训不设，家人不齐矣。夫家族有长幼内外之殊，公私亲疏之别，贤愚顽秀之不同，苟非有训以示之，而欲一其性情、遵模范，绝无乖戾差忒之虞，虽圣人不能强也。”[③]可见族规和家训的重要性。雍正年间，雍正帝承认族长对族人处罚、处死的权利，表明其依靠宗族维护地方社会秩序的态度。这仍然是在遵循中国自宋明以来形成的基层社会治理模式，并有所发展。

---

① 张廷玉等撰：《清朝文献通考》卷二二《职役考二》，上海，商务印书馆，1937 年，考 5051。

② 《清世宗实录》卷四六，雍正四年七月乙卯，北京：中华书局，1985 年，第 702 页。

③ 张川秀等：《毗邻张氏宗谱》卷二《家规》，光绪十六年刻本。

清朝的经济治理能力也有着重要突破。在强化君主专制并加强中央集权的各项制度建设中，财政制度建设是重中之重。西方学者很早就意识到中国的财政状况与国家官僚制度与地方治理有着密切的关联，即政府行政能力的强弱主要表现在征集赋税、徭役的能力和效率方面，因而他们考察中国历史的一个重要视角就是朝廷的财政状况及与此有关的政治、社会变动。马克斯·韦伯则在《儒教与道教》一书中甚至提及"政治财政"的概念。

顺治、康熙、雍正、乾隆诸帝在位期间，为适应中央集权国家要求的财政制度，进行了一系列的制度调整。清廷将皇室财政与国家财政进一步分开，由内务府负责皇室财政，由户部负责国家财政，这也是中国财政制度史上的重要进步。户部作为中央财政主管机构，制定包括各种赋役税则和改革税收征管方法的财税征管政策，来加强税收征管。通过起运存留制度调剂中央与地方、地方之间的收支余缺，实行严格的解协款制度、考成制度、库藏制度和奏销制度来控制地方财政。清政府还相对清晰地划分了中央财政的"起运"和地方财政的"存留"，建立了一整套完善的奏销制度，监控收入的征收、使用，确保中央对财政收入的监督。

田赋是传统国家财政的基础，清入关之后，就下令按照明代万历年间的原额征收。但经过明末清初的长期战乱，版籍大多荡然无存，于是顺治年间即编纂《赋役全书》，并采取串票、印簿循环征收粮册等各种票据、簿记方式以确保田赋征收。同时还就漕粮、盐课、关税等方面进行系列整顿与调整。清代财政由入关之初的财政收入不足一千万两，到乾隆朝，整个财政规模上升到四五千万两，这一成绩的取得，与清政府不断革除明季弊政，努力提高和完善财政制度，有着密切的关系。

雍正朝改革的重点之一是耗羡归公和实行养廉银制度，将火耗收入纳入清政府的财政管理范围之内，用以津贴官员的俸禄和办公经费，从而有助于官员俸禄低微和办公经费匮乏的改善，对于财政的规范、吏治的整肃起到了积极作用。经过雍正帝雷厉风行的整顿，国库的存银大量增加。乾隆时期，国库存银更是高达 8000 余万两。

因为措施得当，天下承平，自清中期起，中国的人口便急剧膨胀，到道光时期已经突破 4 亿。受限于可开垦土地的减少，这一时期的人地矛盾突出。为养活众多人口，在大量引进南美洲高产作物的同时，中国农业也进入精耕细作的阶段，天然肥料得到大量使用，农田单位面积产量提高。在此过程中，政府的重视农桑、大修水利、赈灾济民，也发挥了重要作用。其时，大量多余的劳动力投入手工业、商业和金融业，使得这些行业也取得了前所未有的成就。

当然，清代的国家治理也不可避免地存在一些问题。清中前期，政治上崇尚简易，辟交通、开水利、恤鳏寡、办学校等诸事业，全仗人民自谋自行。至于社教建设及公营事业，也绝无仅有。对于财政而言，更多是承担着维护社会稳定的职能。嘉道时期，人口压力骤增，吏治败坏；第一次鸦片战争和太平天国运动后，国家内外交困，财政窘迫，地方督抚势大，对旧有的体制造成致命打击，但这并不妨碍我们客观评价清朝的国家治理能力。

简言之，清朝的国家治理模式是在继承中国历代王朝统治经验的基础上，进行了全新的融会、贯通、创新和发展，适应了中国独特的国情和历史发展道路，较好地解决了当时的社会问题和民生问题，从而为“康乾盛世”的出现奠定了良好的基础。清代的国家治埋能力，极大地推动了当时中国社会经济的发展，是中国传统社会国家治理能力的最高峰。

恩格斯曾在有关欧洲农民历史的论著中注意到 16—19 世纪中欧、东欧经历与西欧农奴制解体相反的趋势，即当地“贵族对农民的彻底奴役”[①]。约翰·希克斯还进一步指出：“普鲁士、波兰和俄国几世纪以来一直处在地主贵族的控制之下，贵族们竭力使贫苦农民依附于自己，尽量榨取他们，把这个压迫制度视若其生命线而加以捍卫，不愿进行任何改革，唯恐他们建立起来的这座矮房子在他们头上崩塌下来。”[②]而穆素洁则关注到了在农民制度上，清朝时期中国比东欧、中欧要发展的一面。她指出：“在中华帝国史上，只有在清代，绝大多数的直接生产者才第一次获得完全的地产权，包括继承

① 〔德〕马克思、恩格斯：《马克思恩格斯文集》第 4 卷，中共中央马克思恩格斯列宁斯大林著作编译局译，北京：人民出版社，2009 年，第 251 页。

② 〔英〕约翰·希克斯：《经济史理论》，厉以平译，北京：商务印书馆，1999 年，第 103 页。

权、析产权和土地分割权；直接生产者还能够通过他们得到政府认可的村社组织保卫他们的土地权和限制外来者的进入。即使在明末仍十分显著的庄园地产和使直接生产者成为农奴的过程，到了清朝，这种现象在全国急剧消减，而在南方则销声匿迹了。”[①]可以说，直到西方工业革命之前，中国一直走在世界经济前列。这一成就的取得，显然并未受到西方列强的强烈影响，完全是内生的、自有的。如果不是受到西方列强的强力入侵和打断，中国的历史发展道路将会完全是另外一种景象。

---

① 〔美〕穆素洁：《中国：糖与社会——农民、技术和世界市场》，叶篱译，林燊禄校，广州：广东人民出版社，2009年，第534页。

从“量入为出”到“量出为入”——清代财政思想的转变

以“量入为出”为财政原则，财政手段必然以节流为主；以“量出为入”为财政原则，财政手段则会以开源为主。由于儒家思想的影响，“量入为出”的财政指导原则一直为历代王朝所遵从，居于主导地位；与之相对应的“量出为入”思想，则被视为苛政。

清军入关，统一全国后，仍然坚持“量入为出”的原则。在这一财政思想指导之下，清前期的财政收入主要来自于常例，尤其是田赋、漕粮、盐课和关税。由于每年常例收入的来源和数额都基本固定，政府可以根据常例收入的规模来安排常例支出，其总额通常小于定制的常例收入总额，由此保证了清前期的长期财政盈余。连年的巨额盈余，使得户部的存银越来越多，乾隆四十二年（1777 年），户部的存银更是多达 8182 万余两，至乾隆五十四年，仍有 7000 余万两之多。如果遇到突发事件，如大规模战争、严重自然灾害，政府除动用历年的财政盈余外，还可以通过捐纳、报效等非常例收入，来应付非常例支出。萧一山在《清代通史》中说，雍正年间“虽屡次用兵，而经费不虞匮乏，并得积蓄二千四百余万之巨款”。清前期之所以能够出现中国历史上蔚为大观的“康乾盛世”，当与“量入为出”的财政思想有着密切关系。

嘉庆、道光时期，清廷仍然固守“量入为出”的原则，并以“轻徭薄赋”为仁政美德。其实，当时清廷对全国财政的控制能力已降至极低的水平，即便有巨额的支出，如军需、河工及赈济等，也仍然凭临时的调补来支持，而无长期的综合考虑。张集馨在《道咸宦海见闻录》一书中记载，道光帝甚至宣称：“譬如人家一所大房子，年深月久，不是东边倒塌，即是西边剥落，住房人随时粘补修理，自然一律整齐，若任听破坏，必至要动大工。” 应该说，嘉道时期政府在财政上的最大问题是，当岁出突然增大时，其岁入不足以应付这种开支，所以不得不采用临时性的筹措财政经费的方法（捐输和报效），新的改变已经迫在眉睫。

咸丰、同治时期，随着太平天国运动的发生，清朝的财政支出急剧增加，而常例收入的数量却非常有限，甚至每下愈况，导致“量入为出”在实际操作层面已无可能，只能开始向“量出为入”转变。由于收支形势的突然逆转，户部最初只能遵行旧有思路，坚持节流省费，以符平衡。咸丰元年（1851 年），户部奏称：“自古理财之道，不外开源节流二端。开源之道必须有利无弊，或弊少利多者方可举行。臣等旦夕思维，未有良法可裨经费。惟节流之道臣等随事讲求，有以节制。”这一时期虽然还能经常在诏书中看到对“量入为出”思想的强调，但由于财政开支不敷，清廷已经改变了旧有的以常例收入指拨京协饷体制，而是通过指拨等变通方式，将非常例收入如厘金、捐纳纳入收入范畴，“变通办理”。同治十二年（1873 年），内务府即奏称，内务府之广储司银库“一年进款用款，通盘核计，详细比较，例内尚无靡费，实因例外各款递有加增，量入为出实不敷用”。于此，旧有的常例与非常例收支明确划分的办法被抛弃，“量入为出”徒具空壳。

正因为有此财政指导思想的转变，咸丰、同治时期的加征田赋、盐课等旧赋，开征厘金、洋税等新税种，铸造大钱、发行宝钞，举借外债，推行捐输，才能得到清廷理直气壮的大规模推行。厘金和洋关税开始大量征收，并在事实上超越田赋，成为这一时期最主要的财政收入来源。清廷的财政收支规模，也由咸丰初年的 4000 万两增加到同治末年的 7000 余万两。可以说，由“量入为出”转为“量出为入”，成为这一时期财政指导思想最重要的转变。

清末时期，财政结构的变动幅度进一步加大。除了厘金和海关税收数量的持续增加之外，近代企业税也成为晚清开征的另一个新型税种，主要指铁路、轮船、邮政、电报等企业创造的收入，时称为“官业收入”。晚清时期，为最大限度地获取和扩大税源，各种苛捐杂税名目迅速增加。“烟酒加税，盐斤加价，整顿契税牙帖”“凡肩背负，日用寻常饮用之物，莫不有捐”。在此基础上，晚清的财政收入规模变得更为庞大。据刘锦藻《清朝文献通考》等史料的记载，光绪前期的财政收入为 8000 余万两，光绪二十九年（1903 年）为 1.05 亿两，三十四年为 2.34 亿两，宣统元年（1909 年）为 2.63 亿两，宣统三年的收入为 2.97 亿两，上升趋势明显。

当然，清末时期的财政支出也加速膨胀，军费、赔款、外债、外交、官办企业，以及皇室经费等各项经费都节节攀升，此时的财政支出已经由道光时期的4000万两，膨胀至同治末年（1874年）的8000万两，1899年的1.01亿两，1908年的2.37亿两，1911年的3.38亿两。同样是由于财政的窘迫，“量入为出”难以为继，清廷只得放弃旧有的财政高度集中管理体制，改变京饷、协饷和奏销制度，将部分筹饷权下放各省督抚，地方财政体系得到发展。笔者将其概括为从“国家财政”向“财政国家”的财政体制转型。

在这种情况下，很多有识之士开始呼吁改变旧有的财政指导思想，采取“量出为入”的办法。例如，王韬在考察英国财政制度时说，英国“所征田赋之外，商税为重。其所抽虽若烦琐，而每岁量出以为入，一切善堂经费以及桥梁道路，悉皆拨自官库，借以养民而便民，故取诸民而民不怨，奉诸君而君无私焉”。受此影响，1898年，户部在奏折中提出：“近时泰西各国每年由该国度支大臣预将来年岁用款开示议政院，以为赋税准则，说者谓其量入为出，颇得周官王制遗意。”1910年，浙江巡抚增韫更是明确主张“量出为入”：“夫国家财政与个人经济不同，值此宪政进行，若不统筹全局，本财政原则量出以制入，必至财源涸竭，百举俱废，匪惟贻笑各国，且无以并立于二十世纪，可断言也。”

可以说，到了清末时期，许多官员已经开始明确接受了“量出为入”的财政指导原则。徐世昌认为：“古之制国用者，量入以为出；今之制国用者，量出以为入。盖以财限事则庶政坐困，因事理财则百废兴举。”权臣奕劻也表示，各国预算之法不同，“一则量入为出，于节流之意为多，而政策常偏于保守；一则量出为入，于开源之道为重，而政策常主于进行。所谓积极与消极，既有不同办法，遂以各别。大抵国家文明程度愈进，则其经费愈繁。历观往史，中外皆然”。

从“量入为出”到“量出为入”财政思想的转变，有其历史合理性。它有利于保障国家财政的正常运行，帮助晚清财政渡过了一次又一次的危机，也促进了中国财政体制的转型，即由农业型财政向工商业型财政转型，同时学习西方的财政预算做法，增强了财政管理的有效性和规范性。这一财政观念的转型，也为国人进行了一次财政知识普及，对后世的财政思想具有重要影响。

当然，财政指导思想再高明，也不能脱离当时的社会经济发展水平。“自甲午、庚子两次赔款，民力已岌岌不支。壬寅改练新军，分摊各省，岁盈千万，竭泽而渔，势成孤注。”在朝廷的恣意妄为之下，“量出为入”导致内外交困，国家财政最终全面崩溃，清王朝也随之灭亡。其中的教训，也值得我们深思。

试论清代的漕粮海运文化

所谓“文化”，按照被称为“人类学之父”的英国人类学家 E. B. 泰勒的说法，即“就其广泛的民族学意义来讲，是一复合整体，包括知识、信仰、艺术、道德、法律、习俗以及作为一个社会成员的人所习得的其他一切能力和习惯”①。这一定义，至今仍然受到广泛认同，并成为人们判断文化的重要标尺。清代最初的两次漕粮海运出现于道光六年（1826 年）和二十八年，自咸丰以后，海运成为漕运的主体，一直持续了 60 余年的时间。笔者以为，在此过程中，逐渐形成了一套以祭海神、组建船商会馆和涌现出大量诗歌的局面，使得漕粮海运文化蔚然兴起。本文即欲就此问题做一简单分析，以求正于方家。②

一、祭祀活动兴盛

宗教信仰是文化的重要组成部分。在当时人们的眼中，天后、风神和海神关系海运安危，故祭祀活动历来受到重视，其中尤以人们对天后的祭礼为重要。清初，政府对加封天后之事即颇为关注。康熙十九年（1680 年）、乾隆二年（1737 年）、二十二年、五十三年及嘉庆五年（1800 年），清廷曾先后对天后加封“护国庇民”“妙灵昭应”“宏仁普济”“福佑群生”“诚感孚显”“神赞顺垂”之神的名号，以示推崇。③

道光六年，清廷首次推行漕粮海运，结果祭祀活动便被提上工作日程。二月初一日是海运船只初次放洋的时间，江苏巡抚陶澍随即赶到宝山县漕运船只的出海口处，祭风神、海神，并前往上海县黄浦江岸的天后庙敬香，以

---

① 〔英〕爱德华·泰勒：《原始文化》，连树声译，上海：上海文艺出版社，1992 年，第 121 页。

② 学术界关于清代漕粮海运的研究均集中于政治史和经济史的角度，关于文化方面的研究显得极为薄弱，具体情况请参见拙著《清代漕粮海运与社会变迁》，北京：科学出版社，2017 年。

③ 《礼部奏议复海运得邀神佑请加封号》，杨守岘等纂：《重订江苏海运全案原编》卷 1《奏章文移》，光绪十年刻本。

祈求海运平安。[①]此次海运分为两批进行，在第二批漕粮交兑结束后，陶澍又上疏道光帝，奏请加封海神。他声称，第一次海运船只行经黑水大洋时，迭遇风暴，“危急时若有神助，并未损失一人。即有遭风断桅，各船米石毫无漂失，利漕安澜”。六月十七日，道光帝降谕：“览奏实深钦感，著发去大藏香十柱，交陶澍祗领遣员诣各处神庙，敬谨祀谢……并发去御书匾额，交该抚敬谨悬挂，以答神庥。”[②]他还为天后加封号“安澜利运”。通过君臣的互动，以加强神灵是在保佑漕粮海运的印象。

到了道光二十八年（1848 年），清代实施第二次漕粮海运，与道光六年的情况完全一样，他们对海运善后事宜的处理仍然是从加封海神开始。根据江苏当局的奏请，礼部对加封之事进行了议复，议复称：江苏巡抚陆建瀛于督办之初，即叩祷天后、风神、海神，结果仍然利漕安澜，“并无一船松舱伐桅之事”。参考原来的规矩，他们决定此次加封天后为“恬波宣惠”，风神为“宣德赞化”，海神为“灵昭镇静”[③]。此后，随着历次漕粮海运的进行，天后又迭受加封，甚至其左右护法也得赏赐，敕封金将军、柳将军，以致到最后，礼部都不得不表示，必须要对封号进行限制，否则“转不足以昭郑重”[④]。

如果考察漕粮海运的经历，可以很清楚地发现，所谓“利漕安澜”“并无一船松舱伐桅”皆为自欺欺人之语。[⑤]即便如此，清廷仍然对这种自我麻痹的活动乐此不疲。咸丰二年（1852 年），山东巡抚李僡奏称，登州镇总兵武迎吉护漕粮海运沙船驶入东洋时，将近石岛地方，“忽大雾弥漫，茫无涯岸，望空祷祝，立时风恬日朗，此外遇有风涛之处，无不化险为平”。情况更是被描述得神乎其神。对于这种宣扬神力的机会，咸丰帝当然不会错过，他当即为登州海口天后、风神和海神庙发去大藏香十柱，并逐一加封号：天

① 此日陶澍作《丙戌二月一日海运初发偕同事诸君赴吴淞口致告海神登炮台作》，以兹纪念，见陶澍：《陶澍集》下册，长沙：岳麓书社，1998 年，第 563 页。

② 中国第一历史档案馆编：《嘉庆道光两朝上谕档》第 31 册，桂林：广西师范大学出版社，2000 年，第 198 页。

③ 《礼部奏议复海运得邀神佑请加封号》，杨守岘等纂：《重订江苏海运全案原编》卷 1《奏章文移》，光绪十年刻本。

④ 吴馨等修：《上海县续志》卷 12《祠祀·秩祀》，民国七年刻本。

⑤ 参见拙文《道光六年漕粮海运的几个问题》，《清史研究》2002 年第 3 期。

后加封“导流衍庆”，风神加封“扬仁佐治”，海神加封“助顺安澜”。[①]

经过太平天国运动的打击，清代的漕粮海运一度中断。随着曾国藩、李鸿章、左宗棠等人逐步收复江浙地区，漕粮海运得到恢复，与此相伴随，祭祀、加封的活动也尾随而至。同治十年（1871 年）清廷又出现了加封天后等神的活动。署江苏巡抚恩锡奏称，本年的漕粮海运，“风恬浪静”“所装米石颗粒无损”，全赖诸神保佑。最后经礼部议复，天后加封“嘉佑”，风神加封“昭应”，海神加封“恬波”。直到光绪二十年（1894 年），天后还因“护漕有功”，受颁匾额“泽被东瀛”[②]。可见这种活动的持续性。

除了天后、风神类似全局性的神灵受到祭礼，一些地方性的神灵也逐步受到重视。上海系沙船出港之地，伴随着漕粮海运而举行的祭神活动，显得最为丰富。上海当地的海神庙曾屡次因漕运平安而受封，除“灵昭镇静”“助顺安澜”“显威济运”等封号外，每次祭祀还会配有祝文，写得美轮美奂：“惟神德秉重乾，功宣习坎。神化常符乎六位，精灵分著于五方。允襄水土之平，经流循轨；广济云雷之用，膏雨应时。维斯财赋之雄藩，端赖阴阳之顺序。敢志昭报，庶竭愚忱，谨布几筵，肃陈牲币。”[③]上海城隍庙也颇受重视。同治十一年（1872 年），署江苏巡抚恩锡奏请加封天后等神之时，还同时请加封上海城隍庙。虽因礼部曾有咨文，“请加城隍封号，只称某省府州县，城隍之神不准称公侯伯爵字样”，但朝廷最终还是同意，对城隍破格加封“灵佑”称号。[④]

晚清的漕粮海运由江苏和浙江共同举行。浙江自实施漕粮海运以来，便与江苏携手进行祭神活动。比如在最开始实施海运的咸丰三年（1853 年），浙江海运总局的官员即与江苏官员于二月初一日共同“恭祀海神”。虽然浙江巡抚黄宗汉无法赶往上海，他仍特意“发祭帛”，交由海运委员仲孙攀等人代祭。[⑤]

① 《军机处录副奏折》，同治十一年四月二十四日，署江苏巡抚恩锡折，档案号：03-4869-119。

② 吴馨等修：《上海县续志》卷 3《建置下》，民国七年刻本。

③ 吴馨等修：《上海县续志》卷 12《祠祀・秩祀》，民国七年刻本。

④ 《军机处录副奏折》，同治十一年四月二十四日，署江苏巡抚恩锡折，档案号：03-4869-119。

⑤ 仲孙攀等：《沪局禀恭祀海神日期》，黄宗汉等纂：《浙江海运漕粮全案初编》卷 4《沪局事宜》，南京大学图书馆藏，咸丰三年刻本。

在以后的海运过程中，这种联手的祭祀活动得到了持续，如到了同治五年（1866年），沙船放洋前，浙江照例领祝帛以祀海神，巡抚马新贻也从浙江为上海省局“发来印帛三端”①。二月十一日，两省委员共同祭祀，“撰拟祝文，同宪发祝帛，虔备牲牢，恭诣各庙，斋沐行礼”②。

祭祀活动虽是出于特定的政治目的而举行，但经过长时间的大力鼓吹与推行，时人对于神灵的虔诚和崇拜心理无疑会得到加强，这也充分显示出，漕粮海运这种经济活动与宗教信仰保持着一种持续而良好的互动关系。

二、船商会馆及相关建筑蔚起

从广义的范围来说，“器物”层面的建筑，既是文化的重要物质载体，同时也是文化必不可少的组成部分。就与漕粮海运相关的建筑而言，则既包括与宗教信仰相关的庙宇，又包括与商人组织相关的会馆。

上海的天后宫建立得很早。康熙五十四年（1715年），上海沙船众商即建天后宫，至光绪年间未改，“有司岁祀于此”③。天后宫设立于小东门外，这里酬神演剧，几乎无日不有，有诗证曰：“一城烟火半东南，粉壁红楼树色参。美酒饔肴常夜五，华灯歌舞最春三。”④除此之外，上海还有和海运相关的海神庙和风神庙建筑，并且也因漕粮海运而地位突出，如海神庙，曾于光绪二十四年（1898年），由海防同知刘元楷等人重建于薛家浜海运局旁，而原来位于老白渡的海神庙，则在光绪七年海运局迁址后，仍然“庙制如旧”⑤。

上海还有一处“愍忠祠”，于光绪六年就原来之万福宫后楹改建，系祭祀光绪元年漕粮海运时，在“福星”号轮船中失事而溺毙的海运委员。⑥本

---

① 《省局详送祝帛请盖印饬发》，马新贻等纂：《浙江海运漕粮全案重编·新编》卷5《沪局事宜》，同治六年刻本。

② 《省局转沪局恭报海神日期》，马新贻等纂：《浙江海运漕粮全案重编·新编》卷5《沪局事宜》，同治六年刻本。

③ 吴馨等修：《上海县续志》卷3《建置下》，民国七年刻本。

④ 贵芳：《宝山、沙船和商船会馆——记明清两代上海海运业的盛况》，《解放日报》1956年8月4日。

⑤ 吴馨等修：《上海县续志》卷12《祠祀·秩祀》，民国七年刻本。

⑥ 吴馨等修：《上海县续志》卷12《祠祀·秩祀》，民国七年刻本。

次海难发生后，直隶总督李鸿章立即奏请清廷，对受害各员“优恤建祠”[①]，两江总督刘坤一、江苏巡抚吴元炳和浙江巡抚杨昌濬等人也加以声援[②]。得到吏部的同意，决定在天津和上海各建一处“愍忠祠”[③]。天津专祠很快就修建起来。据江苏粮道英朴报告，他在天津东门外小闸口下风神庙南首购买民间基地，兴建“愍忠祠”，于光绪二年（1876 年）四月二十八日安设主位，由直隶总督李鸿章亲自“率属躬亲致祭”[④]。李鸿章还专门就此事进行了奏闻。[⑤]上海专祠则拖延了很长时间。最初因城内人烟稠密，无地可买，直到四年，西门内万福宫房屋（又名茅山殿），“假神诱惑，男女混杂”，被上海县县令莫祥芝没收，才得以改建，“去邪崇正”[⑥]。所有工程于七月二十二日完工。[⑦]八月十七日，苏松太道刘瑞芬前往致祭。护理江苏巡抚谭钧培也将其事一并奏闻。[⑧]

作为海运的终结地，天津与海运相关的建筑也相当多。元代海运以直沽为终点，延祐三年（1316 年），大直沽建天妃灵慈宫。泰定三年（1326 年），小直沽又建另一处天妃宫。明清两代在丁字口、芦北口、咸水沽等地，亦修建天妃宫 16 处。康熙三年（1664 年），晋封天妃为“护国庇民昭灵显应仁慈天后”，天妃宫因此而改名“天后宫”。

天津“系濒海之区，崇奉天后较他处为虔”。海运之人到天津后，多数要到天后宫进香。即如天津东门外之天后宫，“金碧辉煌，楼台掩映，即天后宫，俗称娘娘宫，庙前一带即以宫南宫北呼之”。此处向例于三月十五日启门，善男信女络绎而来，“每日赛会光怪陆离，百戏云集，谓之皇会”。为

---

① 《军机处录副奏折》，光绪元年四月十二日，直隶总督李鸿章折，档案号：03-5523-014。

② 《军机处录副奏折》，光绪元年四月二十四日，署两江总督刘坤一等折，档案号：03-5507-028。

③ 《吏部奏轮船在洋失事淹毙员董议请再加衔袭职》，杨守岘等纂：《重订江苏海运全案新编》卷 6《恩恤事宜》，光绪十年刻本。

④ 英朴：《苏粮道咨津郡捐建在洋遇难员董专祠》，杨守岘等纂：《重订江苏海运全案新编》卷 6《恩恤事宜》，光绪十年刻本。

⑤ 《军机处录副奏折》，光绪二年五月十七日（朱批时间），直隶总督李鸿章折，档案号：03-5525-055。

⑥ 莫祥芝：《上海县禀在洋遇难员董奏准建立专祠禀请委勘兴工》，杨守岘等纂：《重订江苏海运全案新编》卷 6《恩恤事宜》，光绪十年刻本。

⑦ 周相辅等：《周相辅等禀改建愍忠祠房屋工料一切经费实支清册》，杨守岘等纂：《重订江苏海运全案新编》卷 6《恩恤事宜》，光绪十年刻本。

⑧ 刘瑞芬：《苏松太道详上海建造海运殉难员董专祠告成请奏咨立案》，杨守岘等纂：《重订江苏海运全案新编》卷 6《恩恤事宜》，光绪十年刻本。

赴庙烧香，许多人不远数百里而来，“所有可以泊船之处，几于无隙可寻，河面黄旗飞舞，空中俱写天后进香字样，红颜白鬓，迷漫于途，数日之内，庙旁各铺店所卖货物亦利市三倍云”。难怪有人写诗赞曰：“三月村庄农事忙，忙中一事理难忘。携儿偕伴舟车载，好向娘娘庙进香。”又有人称：“我闻圣母奠海疆，载在礼典铭旗常。初封天妃嗣称后，自明迄今恒降康。津门近海鱼盐利，商舶粮艘应时至，维时拯济免沦胥。”①

为海运而建的天后宫，地势宏敞，为津市适中之地，在天津的日常生活中也发挥了巨大作用。光绪三十二年（1906年）年底，天津商会决定在天后宫举办商业劝工会，“自系商市之一大观，不惟工业以比较而精，即商情亦以团结而胜”。劝工会每年三月、十二月在天后宫办会，会期以一月为限，各种物品均准陈列，“任人游览，彼此互相贸易”②。这种重要性使得到后来有好事者想禁止天后宫活动时，便立即遭到众人的反对。与天后宫相关的铺户200余家，联手上诉：天后宫历年进香，“于商等不无小补”；每届劝工会，更是广开销路，“是此宫南北全街铺户依为屏障，否则货物滞塞，何堪设想！”③此议当即作罢。

如果说寺院庙宇更多的是作为一种与海运相关的宗教场所而存在的话，那么作为承担晚清漕粮海运的主体——沙船商人，他们所建立的会馆，则更多地显现出一种行业特色。

清代上海经济的发展，在很大程度上与海运事业相关，这就使得与海运相关的各种会馆、寺院等建筑蔚然兴起。最迟在康熙五十四年（1715年），上海就出现了沙船业的会馆“商船会馆”。到乾嘉时期，会馆更多，如乾隆十九年（1754年）徽州宁国人在上海斜桥南堍建立的徽宁会馆；二十二年福建泉州、漳州人在咸瓜街建立的泉漳会馆；四十八年广东潮州人在洋行

---

① 张寿：《津门杂记》卷中《天后宫》及附诗，光绪十年刻本。

② 津商会二类1043号卷，《天后宫商业劝工会开办经过》，天津市档案馆等编：《天津商会档案汇编（1903—1911）》，天津：天津人民出版社，1989年，第807页。

③ 津商会三类1921号卷，《天后宫南北大街二百余户铺商恳请切勿关闭天后宫以保护商业文》，宣统二年正月二十八日，天津市档案馆、天津社会科学院历史研究所、天津市工商业联合会编：《天津商会档案汇编（1903—1911）》，天津：天津人民出版社，1989年，第902页。

街建立的潮州会馆。

漕粮海运兴起后，类似的会馆更见繁兴，并发挥了积极的作用。比如沙船出口时须取泥压载，“泥夫每多竞争，遴夫头以资督率”，会馆之事则延请董事主持，办事处称商船公局。在商船公馆之左，又附设有“办理水手伤亡之承善堂”。更令人叫绝的是，光绪三十三年（1907 年），他们还复附设商船小学校。

浙江人也在上海建有自己的会馆。浙江会馆初名天后行宫，嘉庆二十四年（1819 年）由浙江宁波人在荷花头修建，后被毁坏。咸丰五年（1855 年）时，因浙江商人承运漕粮海运，“无议事所”，集资重建，并改名“浙宁会馆”。光绪七年时，又以历年所积捐款增置基地，重建大殿、戏台、看楼，阅三载告成。[①]

除此之外，上海还建有为漕粮海运服务的海运总局。江浙两省均分别在上海建屋修房，设立自己的办公处所。比如浙江自兴办海运以来，即于上海设立浙江海运沪局。考虑到赁借民居“非久计”，咸丰七年，海运委员王庆勋等人在上海捐建局房一所，共计面积 4 亩 9 分 9 厘 1 毫。兴工筑造后，共得房屋大小共 40 余间，所需经费由海运商船及各州县摊捐。[②]

与上海类似，天津也设有江苏和浙江省的漕粮海运局所。浙江粮道行馆和浙江海运公局均设于东门外南斜街，江苏粮道行馆和江苏海运公局则设于城东南闸口。为方便在天津处理有关事宜，长期进行漕粮海运的沙船主们，还在同治十年（1871 年）四月，在天津小闸口西大街南石院，花银 1000 两，购得民房一处，建立“江浙沙船公所”，并派专人看管，生活津贴由船捐利息提供。[③]

---

① 吴馨等修：《上海县续志》卷 3《建置下》，民国七年刻本。

② 《浙抚咨明苏省上海建造浙江海运沪局官房并地基钱粮由省局解完》，马新贻等纂：《浙江海运漕粮全案重编 · 新编》卷 5《沪局事宜》，同治六年刻本。

③ 津商会三类 292 号卷，《商船公所原契底一纸》，同治十年四月二十三，天津市档案馆、天津社会科学院历史研究所、天津市工商业联合会编：《天津商会档案汇编（1903—1911）》，天津：天津人民出版社，1989 年，第 1105—1106 页。此公所后归入日本租界，到了光绪三十二年（1906 年）时，曾引起纠纷，据公所之人曾铸与朱佩珍上控，夏寅斋之子夏惟善于其父去世后，仍借住其中，“并有图售情事”，所以要求其迅速迁出。结果据查，夏寅斋并未故去，其子也并未在身边，而原有船捐被原董事王介眉独占，故津贴全无，而该公所因日本租界开马路，两次被拆去房屋二十余间，而未拆之屋也是行将倒闭，故他反而要求上海商会查明原有船捐是否还有存款，以便接济自己。双方之词均参见津商会三类 292 号卷，见该书第 1104—1108 页。

正是随着庙宇与会馆的纷纷落成与日益发挥作用，作为一种经济活动与政治行为的漕粮海运，其文化蕴含才得到了更好的传播。

三、诗词歌赋迭出

清代共进行了61次的大规模漕粮海运，前后延续八十余年，随着时间的积淀，这种由文官所主导的经济活动，在文学方面的成就，形成了两本诗集的撰成，以及无数篇章的大量出现，并形成了自己独特的风格。

“烟开岛豁黄龙远，潮满神停白马看。指点扶桑云五色，日边好路近长安。”[①]道光六年（1826年）海运之初，陶澍与该省海运官员齐登吴淞口炮台，纷纷作诗唱咏，以兹纪念，如贺长龄作诗：“宵旰畴咨诏屡宣，抚时能不念艰鲜。竟开创局重溟远，赖有中朝一德贤。敢以度支烦国帑，未须营造等官船。海滨快睹千樯集，朝北高帆尽似仙。”[②]他在诗中指出，海运系由道光钦定，陶澍不避艰辛，而英和则为创议人，因当时流传谚语“夏至南风高挂天，海船朝北是神仙”，故他的诗名中出现了“朝北高帆尽似仙”的句子，颇有写实之意。

负责此次漕粮海运之押尾工作的京口协副将汤攀龙也写诗：“海出重洋拥翠澜，观澜原合大臣观。片帆似较千夫易，一念能回往岁难。金简公先迎日春，银涛我拟借风看。春明二月来时路，万口争传策治安。”[③]林则徐更是为此次海运一口气写出四首诗。比如第一首系“手障东溟奠紫澜，万樯红粟拥奇观。直从佘溆开洋驶，不似胶莱辟路难。辽海云帆诗意在，吴淞翦水画图看。旌悬五色天风送，破浪居然衽席安”。最后一首则表示，自己虽然无力参与海运，但仍然对此事关心有加：“愧未瀛壖橐笔从，养疴曾荷主恩容。遥闻令肃防中饱，更悯民劳缓正供。食货成书垂国史，积储大计仗儒宗。八州作督浑闲事，重是循墙矢益恭。”[④]事后，由陶澍主持，对此次海运所得诗

① 此日陶澍作《丙戌二月一日海运初发偕同事诸君赴吴淞口致告海神登炮台作》，以兹纪念，见陶澍：《陶澍集·序》下册，长沙：岳麓书社，1998年，第563页。

② 贺长龄：《附和作》，陶澍编：《海运诗编》，道光六年刻本。

③ 汤攀龙：《附和作》，陶澍编：《海运诗编》，道光六年刻本。

④ 林则徐：《附和作》，陶澍编：《海运诗编》，道光六年刻本。

编进行编辑，汇成一书，是为《海运诗编》，成为清代漕粮海运的第一部歌咏诗汇。

咸丰四年（1854年），又有钱炘和之《海运纪事诗钞》一书的出现。据其自序云：海运运行已经有数年，如他本人即亲办5次，尤其本年海运，“以烽烟未靖，南北戒严，方虑水邮多梗，迺估帆云集，顺轨如常”，于是他加以搜集整理，得以成册。在书中，他记录了曾参加过道光六年（1826年）海运的军机大臣穆彰阿的诗篇：“宸谟不是法元明，航海吴粳达帝京。道阻秋防臣力瘁，筹深旰食圣心诚。”[①]又比如收录粮道王友端的诗：“漕法超元更轶明，旁门也许达神京。”[②]对漕粮海运大加赞扬。

非常明显，作为一种由官员主导又公开出版的诗集，阿谀奉承是其主色调，要寻找漕粮海运的真实声音，恐怕还得要通过其他的途径。比如据参加了道光六年海运的船商施彦士回忆，他于二月初十放洋，刚驶出即遇风驶回，经修理后再发。二十六日，因遇风漂至朝鲜国万倾县西南群山岛，回棹近石岛后又遇风，漂至沙头山，至三月初九日始抵芝罘岛。对于这一段经历，他写道：“初放佘山洋，大臣躬祭告。牡牢沈海水，不才不自量。率先挂帆驶，初遭风打头。继损桅中止，一身何足言！”[③]可见漕粮海运的危险性，并不如政客笔墨中所言，“如履平地”。

作为一种牵涉到各方利益的经济活动，漕粮海运必然会招致不同的意见，赞成者有之，反对者有之。这些都在散落于各处的文人诗作中得到了很好的反映。

天津籍诗人梅存栋于道光六年写了两诗歌咏漕粮海运的诗作。第一首称赞此年的海运进展顺利：“一线平流万里开，熙朝真有济川才。何愁输挽艰渠运，喜有艨艟越海来。神力暗凭吊岛屿，仙风徐引到蓬莱。津沽夜雨桃花涨，取次云帆片片回。”认为此次海运取得了圆满的成功。第二首诗则云：“勇

---

① 穆彰阿：《海运纪事》，钱炘和：《海运纪事诗钞》，咸丰四年刻本。

② 王友端：《天颜入觐告成功》，钱炘和：《海运纪事诗钞》，咸丰四年刻本。作者还自注云：“漕政漕海运为旁门。”

③ 施彦士：《海运纪行诗》，《海运刍言》，道光十三年刻本。

断吁谟出圣明，重臣翊赞力非轻。天储一夕真飞至，海路千年此创成。十溆浪高浮画舫，万帆春暖送香秔。东南顿觉舒民力，况见黄流指日清。”[①]则充分表达了作者对漕粮海运的美好祝愿，殷殷之情，呼之欲出。

一方面，随着轮船招商局的筹建及其大规模地参加到晚清的漕粮海运过程中来，这种现代化的交通运输工作的优点得到了全面的体现，“载客载货，南北往来，以便商民贩运，并可装粮载兵，裕国便民，两有裨益”，所以有人特意赋诗：“报单新到火轮船，昼夜能行路几千。多少官商来往便，快如飞鸟过云天。”[②]但另一方面，由于轮船逐步主导漕粮运输，针对轮船抢夺沙船生计的现象，有诗人则表达了强烈的抵制情绪：“北道何以贫，云自轮船起。一从市舶开，舍此争趋彼。大道少人行，小民失生理。赭寇如旱灾，赤地数千里。轮船夺利多，一线灾如水。剜肉莫医疮，去角徒予齿。感此重欷歔，不敢言铁轨。”[③]由轮船而及之于铁路，不论其观点的正确与否，我们却不得不承认，这一首诗的确具有很强的煽动性。

对于和漕粮海运相关的各种历史事件，也在诗中得到多方面的反映。同治初年减漕运动兴起后，有人特写诗记事：“鄂城三次失，小民罹锋斧。文忠减漕粮，民气忠义作。”[④]认为减漕运动为争夺民心、镇压太平天国运动发挥了重要作用。而对于义和团运动时期的社会大动荡，有人作诗纪念称：“折漕昉自石渠编，锄莠吾思骑尉贤。忠魂沈泉遗恨在，搬仓群鼠殄何年。”作者自注，《石渠余纪》作者王庆云即主张折色，而“京仓弊尤深，窟穴其中，有仓老鼠之目，亦曰仓匪。王湘岑为京师左营游击，所辖京通一带，皆仓储所在，缉治仓匪最严，匪甚恨之。拳事起，习拳者皆此辈，故湘岑遇祸最惨，事后觅遗骸不得，以衣冠葬”[⑤]。反映出义和团运动对漕运的另一种影响。

---

① 梅存栋：《海运》，《欲起竹间楼存稿》卷六，道光十二年刻本。

② 张寿：《津门杂记》卷中《轮船招商局》，光绪十年刻本。

③ 易顺鼎：《自沆上至江上杂诗十五首》，光绪十八年作，见汤瑞琳：《清季诗史初稿》，燕京大学 1940 年文学院中文系学士论文，第 172 页。

④ 刘人骏：《阅申报有感》，见汤瑞琳：《清季诗史初稿》，燕京大学 1940 年文学院中文系学士论文，第 174—175 页。

⑤ 郭刚沄：《庚子诗鉴》第七，民国二十九年刻本。

晚清漕粮改折诏是中国漕运制度史上的重要事件，但由于多方面的原因，此次改折活动中途而废，效果大打折扣。关于其中的周折，有人作诗曰："除蠹重教议折漕，芝轩主计独贤劳。道谋至竟多牵掣，闻道长安米价高。"①真实地反映了晚清漕运改折诏发布的艰辛及漕粮废而不止的内在原因。

诗以言志，笔者以为，出于各自立场、各自目的而涌现出的大量诗歌，既展示了清代漕粮海运的多姿多彩与波澜壮阔，又表现出其中的曲折与艰辛，同时还具有一定的艺术性，通过对相关诗文的解读，对于展开对清代漕粮海运全方位的研究，自然会大有裨益。

综上所述，通过 60 余年的实践，漕粮海运已经逐渐形成了以祭海神、修会馆和撰写诗歌为特色的海运文化，成为当时中国社会环境中的一道风景线。笔者以为，这一独特文化现象的出现，既是清代漕粮海运的重要组成部分，也是当时社会风尚的合理延伸。当然，这一文化现象的独特魅力，还很有进一步发掘和研究的必要。

---

① 郭则沄：《庚子诗鉴》第七，民国二十九年刻本。另，作者在此诗之后自注云，江浙仍运本色百万石，张之洞询问时得旨，起运本色系暂时办法，以后仍全数改折，但不得行，"去弊之难如此"。

考　证

考证是历史学的基础。在研究清代经济史的过程中，笔者针对某些具体问题也做过一些小的考证。

《〈安吴四种〉的版本及其价值》[由笔者与高晓燕女士（执笔）合作，《石家庄学院学报》2011年第5期]指出，包世臣跨乾嘉道咸四朝，是当时难得的通才，除了河、漕、盐、兵、农等经世之学，于《诗》《书》等也颇有建树。晚年包世臣整理生平著述，编为《安吴四种》。此书在晚清共有四个版本，全面记录了包世臣一生主要活动及思想，具有重要价值。

《道光六年漕粮海运的几个问题》（《清史研究》2002年第3期）认为，1826年的漕粮海运是清朝的首次漕粮海运和道光初政中的重要事件，也是陶澍、魏源等人直接参与的重要政治活动。然而，在资料选择上的过于倾向化，导致以往学者对此次海运的评价，有普遍的拔高之处。文章就其中三个最重要的观点："雇商海运""行走与内河无异"以及"较常年河运所省之数甚多"进行批驳，指出对1826年的漕粮海运应实事求是地予以评价。

《〈汇核嘉庆十七年各直省钱粮出入清单〉所载关税额辨析》（《历史研究》2008年第5期）认为，虽然《汇核嘉庆十七年各直省钱粮出入清单》直接摘自于档案，但仍存在着诸多缺陷，嘉庆中期的关税收入仍然保持在500万两左右的水平。

《王庆云〈石渠余纪〉所载道光关税辨析》（《近代史研究》2008年第5期）从关税数量、关税额度及历年各关奏销档案所载数据等资料入手，详细辨析《石渠余纪》一书的诸多遗漏及错误之处，进而修正相关年份数据，认为在道光晚期清代关税征收量仍然保持着很高的水平。

《晚清漕粮海运史料考辨三则》(《江苏社会科学》2004 年第 6 期）认为漕粮海运牵涉面广，头绪繁多，已有的研究成果难免存在某些偏颇。如同治十二年（1873 年）招商局并未承运漕粮 30 万石;《清史稿・漕运》记载的史实不确；光绪二十七年（1901 年）后的漕运并未形成官方、商人乃至外国洋行三位一体的海运组织形式。

《安吴四种》的版本及其价值

包世臣是嘉道时期经世思潮的重要代表人物。他虽于仕途并不得志，但通过上书建策施政者，对当时的社会产生了重要影响。晚年，包世臣整理生平著述，编为《安吴四种》。包世臣是当时难得的通才，除了河、漕、盐、兵、农等经世之学，于《诗》《书》等也颇有建树，该书在晚清共有四个版本，全面记录了包一生主要活动及思想，具有重要价值。

一、包世臣生平

《安吴四种》为晚清包世臣所作。包世臣，字慎伯，安徽泾县人。清乾隆四十年（1775年）生，自幼随作塾师的父亲习经，而自学诗赋且好之。十八岁读《日知录》，始重经世之学。十九岁“见调驻防赴台湾官军号哭无人色，乃慨然有志于兵”[①]。二十二岁游学芜湖，在中江书院学习，侍御程世淳面试《冰赋》，奇其才。二十三岁，安徽大旱，受命作诛旱跋文，称于时。巡抚朱珪闻名招至皖江节署肄业，以贾生相期许。二十四岁至湖北，为布政使祖之望幕僚，提议招集裁散之兵勇屯田，得到试行。二十五岁入川，时白莲教起义大兴，为清军统帅明亮选练精兵。此后或应召或出游，先后经楚、蜀、江、浙、燕、齐、鲁、豫等地，与诸名公相砥砺。又不耻下问，即遇舟子、樵夫、行脚僧道，邂逅之间，凡有所教益，必虚心求教，由此闻见益广。中年又学书法，成为当时难得的通才。自述其学“于经则《诗》《礼》，于史则《国语》、《国策》、马、班、陈、范、《资治通鉴》，于子则孙、吴、荀、韩、吕，于总集则《文选》《古文》《苑》，于汇编则《通典》《册府元龟》”[②]。

包世臣虽以兵、诗、书等名动公卿，但于仕途上并不得志。他秉持母训

① 胡韫玉：《清包慎伯先生世臣年谱》，台北：商务印书馆，1986年，第7页。

② 包世臣：《安吴四种·总目叙》，咸丰元年刻本。

“人贵自立”，嘉庆三年（1798年）朱珪主持乡试，不料落第，包世臣却自认为“幸得不中”，否则“必遭物议以累朱公”①。嘉庆十三年，三十四岁的包世臣中恩科举人，此后几次应试入都，均未得中进士。后朱珪手书十数通相招入都，包世臣都因各种原因未能赴约。不过，包世臣却通过上书、建策施政者来实现他的政治理想：二十三岁时即为朱珪谋乡兵之策；三十二岁为扬州太守言赈灾之法；次年入都拜谒漕运总督戴均元，为其说水利屯田，继而作《策河四略》，言浚淤、筑坝、筹款、积贮等事项；四十岁时为两江总督百龄条画荒政五事。晚年，主张两淮鹾务改革，作《改淮鹾条略》二十五条。更多次上书两江总督陶澍，筹议海运等，言辞真切，以纾民困。包世臣无意于功名，如其母所言：“惟闻军功多冒滥，若借以进身，谁为辨真假者？若言听计从，能济巨艰，儿一心事之。”②不过，借人手以行事，“诸公亦共信其谋不为身、确凿可行而善之，然率未有能举其事者”③，所言也并非全都能被采纳。道光十五年（1835年），六十一岁的包世臣以大挑一等分江西省，任新喻县县令，但未及一年便因忤逆上司被劾去职。从此退居江宁，闭门著书。咸丰五年（1855年）卒，终年八十一岁。

包世臣一生著述颇丰。除上述所说政事上书外，另有对时势的看法；有与亲友书信；有官员名士、孝子节妇等的传记；有或凭吊友人或应人之请所做的墓志铭；有受人之托所作序言；有诗赋应答之作，有兴起之作、感怀之作；有读书后文论，有谈书法的议论等。形式上，有书信、论文、诗赋、序言、传记、墓志；内容上，涉及农、礼、兵、刑、河、漕、盐、文、书等方面。然所作文章中，如诗赋等，多亡佚不存。包世臣本人也曾将旧著编撰结集出版。道光五年，五十一岁时，刻所著言河、漕、盐三卷，题曰《中衢一勺》。道光十年，五十六岁时，拟居白门，编《小倦游阁文集》三十卷。直到道光二十四年，包世臣才将一生著作整理为《安吴四种》三十六卷，内容包括谈盐漕水利的《中衢一勺》、讲文辞书法的《艺舟双楫》、集诗词歌赋的《管

① 胡韫玉《清包慎伯先生世臣年谱》，台北：商务印书馆，1986年，第18页。
② 胡韫玉《清包慎伯先生世臣年谱》，台北：商务印书馆，1986年，第16页。
③ 包世臣：《中衢一勺·附录叙》，见《安吴四种》，咸丰元年刻本。

情三义》和论农理刑兵的《齐民四术》，该书于两年后出版。

《安吴四种》是包世臣一生治学的总结，也是研究包世臣思想的最重要资料。不过，由于《安吴四种》存在着四个版本，在研究使用过程中必须注意加以鉴别。

二、《安吴四种》的四个版本

迄今为止，《安吴四种》共有四个版本：道光丙午（二十六年）本、咸丰辛亥（元年）本、同治壬申（十一年）本和光绪戊子（十四年）本。

1. 整理出版：道光丙午（二十六年）本

道光二十四年（1844年），年已七十的包世臣在他自署为“白门倦游阁”的家中整理一生著述。《安吴四种》总目叙中介绍了整理过程、收录内容。据其介绍，道光乙酉年《中衢一勺》刻出后，“阅数年”，扬州柳荫庵主持嗜好诗赋与书法，见包世臣所作论文论书诸说，抄录十数首，为二卷，付梓人，名之曰“艺舟双辑”，以配“中衢一勺”。二书既出，外间欲得者多，闽粤皆有翻版，然二书“于鄙说，实未完备”，于是包世臣亲自“校正错误而附益之，较旧刻倍有差”。

修订后的《中衢一勺》有上中下三卷，“言河十一首，言漕三首，言盐一首，兼言河漕二首，言水利三首，河之本事也，都次岁月，集为一编”①。另集录辗转江淮燕齐十数年间“与当路论说民间疾苦，为补救之方”诸文，多言漕事，附原刻《中衢一勺》之后，为附录四卷。包世臣还自信地表示：“世果有出类之杰，膺圣主笃信重寄者出，一反五百年之弊，以上利国下利民，则仆说俱在。若居得为之地，只有心补苴，以小利斯民于目前，则当求赵说。”②

《艺舟双辑》收录有论文四卷、论书两卷，“一并收录以待后人裁其当否”。论书之作自后汉始，“原彼心悟，可以仰匹文赋……其拙冗，则光耀尤为推暨”。虽然包世臣自称“仆资劣力弱”，但因他沉醉其间多年，“五十年来始

---

① 包世臣：《中衢一勺·目录叙》，见《安吴四种》，道光二十六年刻本。

② 包世臣：《中衢一勺·附录叙》，见《安吴四种》，道光二十六年刻本。

终不厌”，所以他也颇为自信地宣称：“前后常谈，或有亦当古人者，并记录其词焉。”①该书另有附录三卷，多墓志、传记，关于这一点，包世臣颇有心得，认为墓志、传记难写。他认同“观乎人文以化成天下”的观点，赞同史家取法司马氏，秉笔直书。但“以迄近世史馆成例，人必历显职，事与言必据官文书……读其传以求其人之心术、学术与当时种德播恶之际，皆不可观”；欲征信于家传，而家传“必出素识之稍有闻誉者”，难以文直事核，且未必了解事之得失终始，唯取悦于求者，“幽光之发，儒效无稽，谣诐之辞兴，劝诫之道熄矣”；传志碑状“苟能称美不过其情，又不以虚饰之公家言惑人观听，即时讳小恶，亦善善之策矣”。因盛名在外，前来向包世臣求墓志、传记者接踵而来，但他坚持为人作传，“唯以性好品别人材，搜罗轶事，伟论亮节，不问明陋……五十年来，庶几无愧”。将传记之类的杂文录附《艺舟双辑》之后，他的目的是为“当世有识苟存观省，或亦有当葑菲之采尔”。②

《管情三义》收录了包世臣以往的诗作，有赋三卷、诗三卷、词一卷，另有《浊泉编》一卷，共为八卷，“凡仆之为此，皆主于管情以远非僻。世有总持风动教化之责者，览之亦或有所取焉尔”。包世臣对于诗作亦寄予较高期望，希望能做到有益于世风教论，“至诗赋业之最早，似有得于作者之意，即其辞涉哇靡，要皆义存讽喻”③。

《齐民四术》也是《安吴四种》中极有特色的一种。编辑此书时，包世臣自觉“老矣”，而生平所学“或亦有足裨当路君子之择取者，生民之难，庶其有疗乎”？乃欲为“安民之道”，而“艰于写之，蹉跎至甲辰”，才将其整理成书。为何起名《齐民四术》？在他看来，“四术”者，农以养之，礼以教之，不率教而有刑，刑之大则为兵。包世臣看到近世“农民之苦剧”“为上者莫不以渔夺牟侵为务”“稼穑之艰难”的现实，“深以为忧”，少小即讲求农事，有所著述，“有能留心民瘼著成绩者，是前事师也”，故检集其书，“以广农政之所极，庶使已化者有所取法而改其行，未化者知学古人，官之

① 包世臣：《艺舟双辑·附录叙》，见《安吴四种》，道光二十六年刻本。
② 包世臣：《艺舟双辑·附录叙》，见《安吴四种》，道光二十六年刻本。
③ 包世臣：《管情三义·目录叙》，见《安吴四种》，道光二十六年刻本。

不当专计筐箧以兼并农”，因此收有农书三卷。另收礼书三卷，多孝子节妇等类的传记，对此包世臣解释道：“至韦布下士、食力小民、闺阁秀异，或守陈编以自淑，或本至性而成文，亦足以见礼教本在人心，非由外铄我者，故并采录焉。”为何收刑书两卷？包世臣称，刑之“治狱”系相对于礼之“治民”，系“末矣”，然“万民托命于此，而挠小民生计者，尤以此为大端”“至失刑之甚者，一成不可变，前此君子不知尽力以为后世戒，苟无记载，且何戒之有？凡是编录，庶使秉礼以司刑者，有所鉴择焉”，从中也可以看出他对于法律的态度。另外，《齐民四术》还收有兵书四卷，这也与包世臣的个人经历有很大的关系：“仆少小有所戒而究斯术。未几兵事连起，前后与当路陈说机宜，条别得失，不幸而多有中者。”尽管年纪大了以后不再预闻军事，非复少壮豪举矣，然兵为大事，“为费甚大，其及人至惨烈”，故“以能销兵于未形者为上……尤近百日所罕见，故并录之编后”[①]。

上述四种书集为一编，总名为《安吴四种》。为何起“安吴”的书名？包世臣解释说：“吾泾本秦县，秦汉分安吴，敝居附近，其治故以为名”，即系根据籍贯而来。[②]道光二十六年（1846 年）三月，“拟求活字版排出数百部，以防散失”，是为道光丙午本。

2. 重付梓人：咸丰辛亥（元年）本

道光丙午（二十六年）本有很多不完善之处，“同人得书者，多苦句读之难”，而包世臣亦“病其错误层出，又间有未稳洽处”，可知道光丙午（二十六年）本并无标点，且有很多错字，于是“年来颇加增删改，至咸丰纪年厘订差定，重付梓人，因为离句”[③]。也就是说，包世臣在原本基础之上作修改，并加了标点后，于咸丰元年（1851 年）十月重新出版，是为咸丰（元年）辛亥本。

与原版相比较，再版中的许多错字得到了更正，一些字句在措辞上也有所改动。以《安吴四种》总目叙为例，如“壬寅侍游白门，为入比六韵，见者以为能”改为“壬寅侍游白门，为八比六韵”；“故有《中衢一勺》之制”改为“故

---

① 包世臣：《齐民四术・目录叙》，见《安吴四种》，道光二十六年刻本。

② 包世臣：《安吴四种・总目叙》，道光二十六年刻本。

③ 包世臣：《安吴四种・总目叙》，咸丰元年刻本。

有《中衢一勺》之刻”；“抄录十数首为二卷，侍梓”改为“抄录十数首为二卷，付梓”；“以《说储》上篇体大事丛，不可分散，只取下篇与旧著类集之，其有繁碎，亦不复加……备有心世道者采览而已”改为“以《说储》上篇体大事丛，不可分散，唯前后序及序目附论成文者，摘入附录，以示端绪，其下篇则与旧著类集之，中不无繁碎，姑勿加……备有心世道者采览而已”，等等。

咸丰辛亥（元年）本较前一版本，在篇目上也有所增减。变动最大的是《中衢一勺》附录卷，将原本的“附录四”改为“附录四上”，于后面另加一卷，名“附录四下”。新版加收答复桂苏州的七封书信，而这七封信系先后作于道光丙午（道光二十六年）四月望日、九月朔日、十月二十一日、十一月四日、道光丁未（道光二十七年）开印日、五月十二日、十一月九日，均在原道光丙午（二十六年）本出版之后。另有《南河善后事宜说帖》与《答大司寇书》《说储》上篇的前后序、序目与第四目附论，也系前版所未有。在《中衢一勺》附录叙中，包世臣说明了增加篇目的原因：“卷内反复皆盐、河、漕三事，三事虽政之一端，然非具运量全局之识，固不足以察事理之所极，而随时酌剂以有利无弊也。故摘取《说储》上篇序论举要之词，附之编尾，使览者得悉其指归焉。”因此可以看出，他希望通过增加的部分，以方便读者更为提纲挈领地理解他的整体思想。

《艺舟双辑》在论文第二卷，于卷末增《族兄纪三先生郑本大学中庸说序订末》一篇，此封家书末尾写有“道光二十七年冬十月二十七日，族弟世臣撰书于白门倦游阁”，可知此篇作于道光丙午（二十六年）本出版之后，故补充编入。在论书第二卷中增《自跋真草录右军二十六帖》，此篇作于道光癸巳（道光十三年）季夏，篇中道“吴郡论真草以点画使转，分属形质情性，其论至精，盖点画力求平直易成板刻……近悟如是，附记于末。道光戊申（道光二十八年）九月七日重校于此”。附录第二卷卷中增《钱献之传》与《姚烈妇杨凤姑传》两篇传记，前篇作于嘉庆丁卯年（1807 年），后篇作于道光丁未年（1847 年），文末道“赞其行为……姚氏子弟七人。此稿勒石陷祠壁，以垂久远。余遂补书传后，以告读者。是年十一月二十日”。附录第三卷卷末增《渔浦牵衣图记》《毛节母传》两篇，均作于道光二十六年，卷末道“此二文本在剩稿，友山及仰苏得《四种》后，书来乞附刻图记后，重其意补入。友山，名桥。仰苏，长龄字也”。

《管情三义》在赋第二卷较原来去《辨吴都赋》一篇；赋第三卷中增《拟庾子山小图赋》一篇，作于道光壬寅年（道光二十二年，1843 年）。诗第一卷增《秋日散步鸡鸣寺北极阁鼓楼钟楼至小仓山房小憩题壁》作于乾隆丁未年（乾隆五十二年，1787 年），另《敬和太宰节使朱公赐诗原韵用摅鄙怀》篇作于嘉庆丁巳年（嘉庆二年，1797 年）。有增亦有删，诗第三卷就删去了《题罗茗香匹马出关图》一篇。

《齐民四术》在农第二卷卷末增三封书信。根据篇末日期，《告族子孟开书》作于道光二十六年五月二十四日，《致前司马许太常书》作于道光二十六年六月二十八日，《致陈枢密书》作于道光二十七年八月初一日。礼第一卷下增《答陈卓人庶常书》一篇于后，作于道光二十五年六月。刑第一卷改分上、下卷，并于下卷末增《与次儿论谳狱书》《与次儿论谳狱第二书》两篇，分别作于道光二十三年夏季和八月。兵第三卷增《与傅卧云书》，作于道光二十一年十月初一日。

咸丰辛亥（元年）本书还特意增加了《书安吴四种后》《读安吴四种书后》两篇，乃系包世臣将道光丙午（二十六年）本赠予好友姚柬之、范麟，二人读完是书后的感言，故篇末分别有“道光二十有六年季秋月朔桐城姚柬之”“道光丁未夏四月大兴范麟谨书后”字样。

另外，咸丰辛亥（元年）本在编排上也做了一点改动。将原《中衢一勺》附录目录叙提到了《中衢一勺》目录叙之前，但具体内容顺序上并未变化，附录卷仍位于正卷之后。

3. 再付剞劂：同治壬申（十一年）本

咸丰辛亥（元年）本“印二百部，版存金陵”，但于“癸丑毁于兵燹”，书遂罕见。此时包世臣已经去世，其子包诚自谓“不肖弟兄学业谫陋，愧不能读父书，思绵手泽”，乃觅得原书，同治十一年（1872 年）秋“在鄂再刊梨枣发坊，以广流传”[①]，是为同治壬申（十一年）本。书中有“男（诚 家

① 包诚：《序》，见《安吴四种》，同治十一年刻本。

丞）孙希（庞鲁）希（蔺廉）校字”语。

同治壬申（十一年）本保留了原书篇目、内容等的全貌，仅校对字句，但其中错讹不少，如仅《齐民四术》兵第四卷中《清故江安盐巡道署江宁布政使除名戍伊犁放还汉军朱军行状》一篇，就有错字 20 多个。

4. 重校印行：光绪戊子（十四年）本

光绪戊子（十四年）本仅据同治壬申（十一年）本重印，虽名曰“重校印行”，但仍保留了不少错处。

据包诚同治壬申（十一年）本《序》说，《安吴四种》“先用聚珍板印行五百部，嗣因讹字较多，咸丰辛亥重付剞劂”。这里说的聚珍本，当系道光丙午（二十六年）本。又据《贩书偶记续编》记载，道光丙午（二十六年）本尚附有杨传第校正误字一卷，与包诚所述“讹字较多”正合。包诚此次刊本，是包世臣在道光丙午（二十六年）本基础上重加校订的，不仅字句有所修订，内容亦有所增补。包世臣自称：“世臣现以暇日，自加校定，其有芜蔓，间加芟薙，亦复增加紧要后出之篇，并离其句读，拟觅精楮，重付剞劂。”在咸丰辛亥（元年）本中，包世臣又加附记云：“同人得书者多苦句读之难，仆亦病其错误层出，又间有未稳洽处，年来颇加增删薙改。至咸丰纪年，厘订差定，重付梓人，因为离句。”可见，道光丙午（二十六年）本虽为原刊本，但远不如咸丰辛亥（元年）本精善。而同治壬申（十一年）本，据包诚《序》说，是“觅得原书在鄂重刊梨枣”，其中错讹不少。光绪戊子（十四年）本，系据同治壬申（十一年）本重印，虽名曰“重校印行”，仍保留了不少错误。

通过以上梳理可知，从版本上来说，经过包世臣校定重刊的咸丰辛亥本最为允当，可为底本，同治壬申（十一年）本可为校本，而光绪戊子（十四年）本和道光丙午（二十六年）本亦可参校，至于其他相关史料，诸如《清经世文编》等资料，参照对证，亦当可对其讹误进行订正。

三、《安吴四种》的价值

包世臣生平跨乾嘉道咸四朝，这一时期既是中国社会发生急剧变化的时期，又是思想学术文化新旧嬗变、斑斓多彩的阶段。乾嘉学风已盛极转衰，嘉道经世思潮开始兴起，包世臣正是这一“思想进化”过程中的关键人物，从他的著书中，我们可以看到强烈的经世致用倾向。

包世臣以“经世”为目的，辗转南北，做过陶澍、长龄、百龄、杨芳、裕谦等大吏要员的幕僚，在长期佐理政务的实践活动中，先后熟悉了河、盐、漕、农政、军事、刑律诸事，尤精于被当时清朝官员视为难事的河、盐、漕务。据记载，包世臣专论漕运改革的《海运南漕议》、专论河工的《策河四略》和专论盐务的《说坝》等文章发表后，曾风靡全国，人们争相转抄，一时洛阳纸贵。《清史稿·包世臣传》说他“以布衣遨游公卿间，东南大吏，每遇兵、荒、河、漕、盐诸巨政，无不屈节谘询，世臣亦慷慨言之”。包世臣也自称“海运、海淤、票盐三事，发之收之，皆由鄙人。三事，名利之薮也，而鄙人一无所与”[①]。在包世臣看来，河、漕、盐三事，“人人以为大，人人以为难”，其中“漕难于盐，河难于漕”，但虽为三事，而“其实”一也，皆与国计民生休戚相关。根据“事难则言之宜详，余是以不能已于言，而于河言之尤多者也”的原则，《中衢一勺》分为三部分，“言河十一首（篇），言漕三首，言盐一首，兼言河漕二首，言水利三首，河之本事也”[②]。

漕运作为向中央政府输送物资的主要手段，在历代均很受重视。嘉道年间，漕弊丛生，且水患严重河道受阻。于是，包世臣先后上《海运南漕议》《海运十宜》等，提出了系统的漕运改革思想，具体主要有五个方面：第一，漕粮海运，即废除传统的利用运河运输潜粮，改为海路运输。这样既可以消除运河运输中的各种弊端，又可以节省大量的人力、物力、财力；第二，雇商承运，即改变传统的官运漕粮，在漕运中推行招商承办，这一点使得包世臣的漕运改革思想具有了近代气息；第三，公私兼顾，其核心内容是如何既保障国家利益不受损害又能保证船商获利；第四，综合治理，专力浚河，包世臣在多篇中详细谈到疏淤、筑坝等治河措施；第五，屯田罢漕，即在北方，尤其是靠近京畿、水源充足之地招募大量流民和失业水手屯田，既可满足京师需要，又能改善社会治安，同时也减少了东南输粮省份的压力。

---

① 包世臣：《齐民四术·附录叙》，见《安吴四种》，咸丰元年刻本。
② 包世臣：《中衢一勺·总目序》，见《安吴四种》，咸丰元年刻本。

清朝盐务沿用明制，各地基本均实行官督商销。政府向地方委派了大批管理盐政和收税的官吏，官受商贿，官商勾结，竞相勒索，牟非法之利，国与民遂受其害。包世臣对两淮盐务非常熟悉，他曾辅佐两江总督陶澍筹办盐务，多次向陶澍上书，陶澍于淮北率先实行盐改，与包世臣的谋划是有直接关系的。包世臣曾作《改淮鹾条略》二十五条上呈户部，在《改淮鹾条略》中提出改“引盐”为“票盐”，凡买淮盐者，“应由司于收课给票时，按场分产盐多寡，轮派标明赴买。各客赴场呈票，照数买足。雇船出场时，请场员秤验，给照出场”，由场员在照票上注明贩盐者的姓名、籍贯、运盐引数，销往州县，按路远近，限期到岸，自由销售。但不准侵越别岸，“违者当以私论”。包世臣还提出把以往的苛杂捐税，“一体核明”，统一为固定的税率，革除“杂支外支”，避免“款繁滋弊”。针对“淮北盐价较淮南不及一半，而运道艰阻，盘剥较多”的问题，他提出主张减免贩盐者“杂支捐款钱粮”的优惠办法。他还主张禁止场商用高利盘剥灶户，准灶户运销盐斤，“赴场司纳课，与外客一例办理”，以收到“裕课通商，两无窒碍”的效果。①

在《中衢一勺》中，还有不少诸如“民冒死与官争”“枭徒常满囹圄”的描述，对当时尖锐的社会矛盾、官场腐败黑暗、官员贪婪残暴、百姓的生计无着，均有具体真实的反映，具有很高的史料价值。

除了其社会经济改革思想外，包世臣对当时社会产生广泛影响的则是文学与书法。其中文学与书法思想主要体于《艺舟双辑》，而《管情三义》则是其文学实践的精华。

与其政治、经济主张类似，包世臣在文学思想上同样也表现出强烈的改革精神，极具启蒙意义。最突出的一点是他公然否认“文以载道”，他指出，“近世治古文者（包括桐城派、阳湖派）若非言道则无以尊其文”②，确实道出了当时“古文家”的弊病。那些“古文家”以“载道”为旗号，把人们的思想禁锢在封建礼法范围之内，把文章降为理学的附庸，使人们不去接触社会现实，文章既不反映现实，也无理想可言，翻来覆去只不过是一些空话，

---

① 包世臣：《中衢一勺》附录三《代议改淮鹾条略》，见《安吴四种》，咸丰元年刻本。

② 包世臣：《与杨季子论文书》，《艺舟双辑》论文一，见《安吴四种》，咸丰元年刻本。

一些“门面语”。他大声疾呼文章必须“言之有物”。虽然“桐城派”也强调“有物”，但包世臣所讲的“有物”与“桐城派”的不同。桐城派是离开了“事”与“礼”来言“道”的，他们并不懂得“经世致用”“礼、乐、兵、农”，实际上是“无物而貌为有物之言”。包世臣讲的“有物”是由于“读书多，涉事久，精心求人情世故得失之原”，而且要做到“反之一心皆当，推之人人之心而无不适”①，即要求把书本理论与实际经验相结合，有自己的真知灼见。反之，如果“心中无所欲言”，则不能写“成章句”②。包世臣特别推崇先秦时期的《荀子》《韩非子》《吕氏春秋》，在宋以后的作品中，他又推荐了当时人们还不曾注意的《伯牙琴》与《激书》，由此也可以看出其思想倾向。另外，包世臣还强调“言之有序”，他指出，古文的“有序”与八股文讲的根本相异，绝不是“塔架式，起腔调”③，而是“深求古人文法，而以吾身入其中，必使其言为所可言、所当言，又度受吾言者所可受、所当受，而后言之；而言之又循乎程度”④。可见，他的“言必有序”，就是要使文章以表达自己的思想，能以为读者所接受，还要合乎文理、文法。当然，包世臣所讲的文理、文法，还包括文章的各种技巧，如“隐显、回互、激射”之妙，而“行文之法，又有奇偶、疾徐、垫拽、繁复、顺逆、集散”等，以增加文采和可读性。

包世臣还是一位优秀的书法教育家。他从自己的亲身实践中去总结学习书法的方法，进而将自己的心得体会传授于弟子，形成了以其为中心的“包派”，在清朝中后期书坛上名噪一时，对后世书学也产生了较为深远的影响。

总之，包世臣是嘉道时期重要的经世理论家和实践家，对当时的社会产生了重要影响。作为包世臣一生主要活动及其思想结晶的《安吴四种》，还很有进一步研究的必要。

---

① 包世臣：《雩都宋月台古文抄序》，《艺舟双辑》论文三，见《安吴四种》，咸丰元年刻本。

② 包世臣：《韦君绣诗序》，《艺舟双辑》论文三，见《安吴四种》，咸丰元年刻本。

③ 包世臣：《复李迈堂（祖陶）书》，《艺舟双辑》论文三，见《安吴四种》，咸丰元年刻本。

④ 包世臣：《雩都宋月台古文抄序》，《艺舟双辑》论文三，见《安吴四种》，咸丰元年刻本。

道光六年漕粮海运的几个问题

清朝道光四年（1824 年），运河要冲清江浦决口，河运漕粮不畅，苏松常镇太 4 府 1 州的漕粮 160 余万石，于六年改由海运，由此开始了清朝历史上的首次漕粮海运。魏源等人为此次海运归纳了特点：其优于河运者有“四利”（利国、利民、利官、利商）①，并达到了“六善”（国便、民便、商便、官便、河便、漕便）②的“众善”目的。他的观点又进一步得到后来研究者的传播，即如当代的许多学者，也都在不同程度上支持这些观点。③具体情况果真如此吗？本文即仅就其中的几个问题做一简单梳理，以陈管见。

一、“雇商海运”

贺长龄在此次海运结束后曾说：“汉唐有漕运无海运；元明海运矣，而有官运无商运；其以海代河、商代官，必待我道光五年，乘天时人事，至顺而行之。”④他将“雇商海运”作为此次海运的一个重要特征。对此，史学界几乎没有任何异议。

此次海运经商人承运，并由政府直接向船主发放耗米和水脚银：每运粮 1 石给银 4 钱；按糙粮和白粮，分别给食耗 0.8 斗和 1 斗；并且还有其他的一些奖励措施和优惠政策，也就是说，的确是做到了“雇商”，而没有任意勒索商人。

但问题在于“雇”是可以分为很多种情况的，如公平协商的“雇”、不请自来的“雇”、勉为其难的“雇”。那么，此次海运，清政府采取的是一种

---

① 魏源：《道光丙戌海运记》，《魏源集》，北京：中华书局，1976 年，第 416 页。

② 魏源：《海运全案序（代贺方伯）》，《魏源集》，北京：中华书局，1976 年，第 411 页。

③ 参见李文治、江太新：《清代漕运》（北京：中华书局，1995 年），李治亭：《中国漕运史》（台北：文津出版社，1997 年），以及张岩：《包世臣与近代前夜的“海运南漕”改革》（《近代史研究》2000 年第 1 期）等著作和文章。

④ 琦善等纂：《江苏海运全案》，贺长龄序文，道光六年刻本。

什么方式的“雇商”呢？

道光五年（1825年）九月初二日，两江总督琦善、漕运总督穆璋阿和江苏巡抚陶澍向道光帝上奏声称，此次雇商海运，经过了精心的策划。他们特派江苏布政使贺长龄赶赴上海，由他召集当地的牙行、船户，向他们“开诚晓示”，各商船也“均知踊跃急公，陆续投具承揽”，此事“本未假手吏胥，且仅止招徕”，“并未封雇”，所以他们非常自信地向道光帝保证：绝对不致有“藉端勒索之事”①。

由奏章可知，贺长龄等人的“雇商”，完全采取了自愿和公平协商的原则，所“雇”商人，也很“踊跃急公”。岂料仅仅过了三个多月，即十二月十五日，贺长龄却严令江苏的厅、州、县各处官员，迅速选拔精干人等，分派家丁，“务须不动声色，在于沿海各口，水陆要隘处所，严密分布稽查”，不得让任何船只“私揽停泊偷越”②，这分明是一种见船就抓、不达目的不罢休的架势。他们的政策为什么会发生如此大的转变呢？

在九天后的下行公文中，贺长龄给出了答案。原来，按照当初他与牙行、船主等人所订立的规矩，此次承运江苏省漕粮海运的船主，要于道光五年的最后三个月，全部聚集上海，以备第二年二月份的受兑新漕。但即使是到了十二月中旬，驶回上海的沙船也只有700余号。尤其奇怪的是，经过明察暗访，贺长龄发现竟然有些船主将已经开到上海的船只，又偷偷驶往通州、海门、赣榆等处，“剥卸货物”；而宁波等地的船主，也有把内河货物运往沿海地方，或者“潜赴关东等处贸易”的。迫于无奈，贺长龄只好要求官员们秘赴沿海，逐细确查，如有沙船在境，“立即押令速赴上海，受兑漕粮”③。

地方官很快就找到了一些蛛丝马迹。道光六年正月十五日，经过证实，他们发现了18只沙船，其中11只船装满了棉花、纸货、药材、茶叶等物，

---

①《宫中档朱批奏折·财政类·漕粮》，道光五年九月初二日（朱批时间），两江总督琦善等折，档案号：04-01-35-0249-015。

② 琦善等纂：《江苏海运全案》卷6，道光五年十二月十五日，道光六年刻本。

③ 琦善等纂：《江苏海运全案》卷6，道光五年十二月二十四日，道光六年刻本。

另外 7 只则系空船，均欲北上赴关东等处运货。7 只空船理所当然地被全部押往上海受兑；而另外的 11 只船，尽管已装客货，但贺长龄认为，本年雇商海运，既给水脚，又准议叙，而这些船商竟然不激发天良，急公报效，“未具揽者裹足不前，已具揽者又逗留在外，殊属可恶”，当此海运吃紧之际，如令其往北卸货回南，再行受兑，恐致迟误，于是他责令地方官将船上的所有货物卸空，“押运赴上海，一体装粮”。另外，据崇明县的报告，上海县船商蒯炳串通牙行主朱通裕，偷偷将 3 只沙船“潜泊海洪”，私自用小船把花衣布卷剥运上船，被上海县巡捕当场“拏获”[①]，也被责令径赴受兑地点。

三月初，海运的第一次受兑进入关键时期，贺长龄又发现还有已经具结过的沙船 80 只，“至今未到”；而崇字施全亨，通字彭全龄、季彭延，靖字陈长兴等船主，更是直到本年二月十二日，才迟迟于山东石岛卸货。[②]接到报告后的陶澍大为恼火，认为这些商船“渔利玩公”，下令对他们所载漕粮的运费，每石减去水脚银五分。[③]

五月二十九日，上海海运总局委员李景峄向上级报告，他又发现了宝字号黄福春、昆字号陆锦福等 15 只沙船，自去年秋冬具结出口后，至今不归，究其原因，有的是因为船主“授意避差”，有的则是水手“居心规避”，他命令各口岸严行查拿，一经发现，立即押解上海，分别示惩。如责在船主，将船主杖一百，枷号一个月；倘系生监职员，则革去名号。如责在水手，则对水手满杖，枷号一个月；而如果水手有盗卖客货、侵吞商人预支水脚银的，更要“严讯追赔，倘敢抗延，监追治罪”。惩罚不可谓不严，但陶澍还是认为“不足示惩”，要求加重惩办，最后是规定这些船主“永远不准装货”[④]。

尽管以上材料均是对那些“没有履行合同”的商人进行惩罚，然而我们

① 琦善等纂：《江苏海运全案》卷 6，道光六年正月十五日，道光六年刻本。
② 琦善等纂：《江苏海运全案》卷 6，道光六年三月初九日，道光六年刻本。
③ 琦善等纂：《江苏海运全案》卷 6，道光六年三月十六日，道光六年刻本。
④ 琦善等纂：《江苏海运全案》卷 8，道光六年五月二十九日，道光六年刻本。

却不难透过这层表象，发现陶澍等人在处理此事上的矛盾之处：如果恰如他们所言，商人“踊跃急公”，就不应该有这么多的船主想方设法来逃避运粮；如果政府在海运过程中，真的没有“封雇”，那它就没有理由采取这样的强制措施。

之所以如此，原因很简单，在此次海运的“雇商”，陶澍等人的确采取了“封雇”的手段。[①]他们规定，所有船只，运漕者发给执照，而无执照则不准前往奉天装货，正是在这种情况下，许多船主才被迫“踊跃急公”；也正因为是被迫的“受雇”，船主的利益受到了损害，所以才会有相当一部分船商铤而走险，“违例”从事自己的经营活动。

由于有很多船主串通牙行，或是另换船号，或是以大报小，或是谎称不谙北洋沙线，“多方诿饰”，无论如何不肯具结，所以直到三月三十日，海运船只数量仍然不够。针对以上情况，李景峄又想出一条对策：凡有执照的船只，允许前赴关东装货，但若以后更换船主，仍需要到各厅、州或县登记备案；无执照者，以山东石岛为界，不得越界前往关东等处。对于那些没有装运漕粮的船只，他认为：“该船户既自称为渔船，只可沿滩采捕，不能远过成山，此后凡各厅州县给照，即填明渔船，不得远出大洋字样”[②]，真可谓釜底抽薪之策。

此外，陶澍在《筹办海运晓谕沙船告示》中曾说，“此外如有坚固平稳，情愿运米赴津之疍船、鸟船等，亦准一体受雇，以示同仁”[③]，以一种颇为宽大的姿态出现。后来，上海县商人卢久成、盛成阜、胡东兴等人禀称，发现了“向收别口、未悉船名”的浙省蛋船、三不像船 13 只，因四散南北贸易在外，闻讯后的陶澍，立即命令这些船主，必须“就近预行具立承揽”[④]，前后心态迥然相异，也令人玩味。

---

① 在《江苏海运全案》一书，可以发现不少这方面的例证。李文治、江太新在《清代漕运》中说，道光五年（1825 年）沙船运米没有“未载漕米之船不准赴关东贸易的强制性规定”，这个观点显然是不正确的（北京：中华书局，1995 年，第 441 页）。

② 琦善等纂：《江苏海运全案》卷 7，道光六年三月三十日，道光六年刻本。

③ 陶澍：《筹办海运晓谕沙船告示》，《陶澍集・序》下册，长沙：岳麓书社，1988 年，第 278 页。

④ 琦善等纂：《江苏海运全案》卷 6，道光五年九月初六日，道光六年刻本。

二、“行走与内河无异”

传统中国是标榜“仁治”的社会，所以在有关事件的争论中，生命安危，会是一个关键性的问题。海运结束后，主张海运的人士一致宣称，此次海运“行走与内河无异”。情况究竟如何？兹就有关材料加以考察。

海运之初，关天培即向陶澍报告当时的船行情况：六年三月初一日，由于南风大雾，经他押运的沙船收泊俚岛，当天晚上狂风又起，直到第二天晚上才平息，结果 11 只已经开过成山的沙船，都被风折回。经逐船查询，他得知崇明县船户蒋朱顺的船只在洋遇风，只得松舱抛去漕米 70 余石；而赣榆县船户吴裕隆、太仓州船户葛恒顺二船，亦于二十六日在洋遇风，其中葛恒顺一船，打湿漕米 30—40 石；吴裕隆一船，打湿漕米 30 石。[①]

有关蒋朱顺船只的受损情况，又据海运委员邹锡淳的报告，是“陡遇暴风，打伤后艄，击裂后横板，旱缝卧舱进水”，松舱抛米，损失 21 石 6 斗 5 升。邹锡淳还报告，另有周昇泰一船，失米 18 石 5 斗。[②]而三月十一日，山东巡抚武隆阿则向道光帝奏报，经过他与关天培的“讯供”，蒋朱顺的船只损失情况是“起米百余石，抛入水中”[③]。三人对同一件事的汇报，竟会有如此不同的描述，而且以正式公文的形式表达出来，实在有些匪夷所思。不过，根据对当时情形的推测，蒋朱顺船只损失的漕米，武隆阿所报的 100 石，要比关天培所报的 70 余石和邹锡淳所报的 21 石余，更接近于事实。

其他船只的失事情况，还有以下材料：

二月二十五、二十六两日海上大风，新阳县第 22 号程聚泰船，大桅稍有损伤；通州第 11 号高永前船，梢楼吹脱护板，水手高现朝落水，被在此巡防的把总于登云督同兵役救起，查验船身、粮米，“并无伤损潮湿”[④]。

二月十八日，江南赣字 5 甲 45 号赵联盛船，装载荆溪县漕米 540 石，

---

① 《军机处录副奏折・道光朝・财政类》，道光六年三月二十日，江苏巡抚陶澍折，档案号：03-3112-077。

② 琦善等纂：《江苏海运全案》卷 7，道光六年四月十二日，道光六年刻本。

③ 《宫中档朱批奏折・财政类・漕粮》，道光六年三月十一日，山东巡抚武隆阿折，档案号：04-01-35-0251-014。

④ 《军机处录副奏折・道光朝・财政类》，道光六年三月初五日，山东巡抚武隆阿折，档案号：03-3112-053。

又搭运上海县漕米162石，共米702石，分12舱，9舱装米，2舱装糖、酒等物，另一水舱，当行至长山岛洋面时，忽遇西北大风，“折断桅杆，船头冲入礁石，致将船身触漏沉水”，所有粮食全部损失，12名舵工水手也被巡防兵役捞救上岸。此外，“尚有二三船桅锚损伤，均于粮米并无妨碍，亦已赶紧修整”。三月二十一日，武隆阿上奏：吴江县第31号彭永和船，装米700石，“遭风桅折，载重危险”，随即起米80余石抛入水中。①随后他还报告，五月初一夜间，上海县元字64号徐福泰船，漂流搁浅，船底出现裂缝，漕米受湿；另有太仓州34号蒋恒太一船，被风触礁，伤损船底，“漂失水手1名，余经兵役人等捞救得生”，打捞存船漕米止一二百石，且“均经湿透”②，根本无法食用。这也是此次海运唯一一次直接记载水手丧生的资料。

到八月十三日，署山东巡抚陈中孚统计各船受损失情况时，重点汇报了赵联盛、蒋恒太和徐福太（泰）三人的船只损失情况：赵联盛装米702石，仅获湿米168石；蒋恒太装米1188石，仅获湿米106石；徐福太装米756石，获湿米700石。三船共计获湿米947石，估价值为560两银子。③由于受海水浸泡的粮食无法交仓，只能就地低价变卖。

通过对以上数据的统计，可以制出表1。

表1　道光六年漕粮海运损失表　　单位：石

船主	损失米数	附注
蒋朱顺	大于100	后横板破裂
葛恒顺	30—40	—
吴裕隆	30	—
蒋恒太	1188	船底损伤
周昇泰	18.5	—
彭永和	大于80	桅折
赵联盛	702	船只沉没，抛货2舱
徐福泰	756	船底裂缝
合计	大于2904.5	—

① 《宫中档朱批奏折·财政类·漕粮》，道光六年三月二十一日（朱批时间），山东巡抚武隆阿折，档案号：04-01-35-0251-026。

② 《宫中档朱批奏折·财政类·漕粮》，道光六年五月十八日（朱批时间），山东巡抚武隆阿折，档案号：03-3113-057。

③ 《军机处录副奏折·道光朝·财政类》，道光六年八月二十二日，署山东巡抚陈中孚折，档案号：03-3113-057。

由表 1 可见，即使是很不完全的计算，数额也超过了 2900 石的数量。陶澍曾在海运结束后说，“间有松舱抛失耗米，为数共止 800 余石”①，这种结论显然是错误的，因为仅蒋恒太一船，就已抛米 1082 石。事实上，当光绪年间重新编纂《户部漕运全书》时，记载就比较清楚了：“蒋朱顺等四船斫桅松舱，例应豁免二百三十八石六斗五升……在洋失风事故赵联盛等四船共米二千八百五十石”②，将两个数据相加，则此次海运的损失，应为 3088 石 6 斗 5 升（不包括未经上报的漕米损失和沙船主所带货物的损失），而实际交仓漕粮为 1 507 619 石，整个海运过程的失米率为 2.05‰。尽管相较元明海运，此次海运有了很大进步③，但陶澍所说的此次海运损失粮食“不及全运米千分之一”④，则无疑是不正确的。

此次漕粮海运共动用沙船、蛋船和三不像船数 1562 只，失事船只数为 8 只，由此可以计算出失事率为 5.12‰。清代河运漕船的数量，在道光之时还稳定在 6300 只的水平上，如果按陶澍他们所说的“行走与内河无异”，则运河一年的失事船只数应为 32.3 只；清代正常年份的河运漕粮实际交仓数约为 300 万石，按 2.05‰的失事率推算，则也应为 6150 石。很明显，这种情况对河运漕粮的正常年份来说，几乎是灭顶之灾。

又据山东提督阿扬阿于道光六年（1826 年）八月二十九日的奏报，此次海运有无主沙船 1 只，经核查江苏船只存根表，得知船户为钱元森，装载丹徒县漕粮正耗米 400 石，系“初运之船”⑤。船主下落不明，开船时间又早，是否也可以推测船主遇难了呢？另外，关天培后来还曾回忆，当时沙船“数过惊风骇浪，漂入高丽夷境者三百余船”⑥。参与行船的施彦士也回忆，他们二月初十放洋，刚驶出即遇风驶回，经修理后再发。二十六日，

① 陶澍《序》，琦善等纂：《江苏海运全案》，道光六年刻本。

② 福祉等纂：光绪《钦定户部漕运全书》卷 91《海运事宜 · 淀津督收》，光绪二年刻本。

③ 通计元代海运的 47 年实践活动，共起运大米 82 917 461 石，实运到米 80 959 148 石，失米 1 958 313 石，失米率为 23.61‰。

④ 陶澍《序》，琦善等纂：《江苏海运全案》，道光六年刻本。

⑤ 《宫中档朱批奏折 · 财政类 · 漕粮》，道光六年八月二十九日，长芦盐政阿扬阿折，档案号：04-01-35-0252-028。

⑥ 关天培：《筹海初集 · 序》，台北：华文书局，1968 年，第 5—6 页。

因遇风漂至朝鲜国万倾县西南群山岛，回棹石岛后又遇风，漂至沙头山，至三月初九日始抵芝罘岛。“其始则遇石尤折桅杆”“其继且漂异域临绝地”，此异域当指朝鲜，当时船中之人皆惧，“极时求神兆，辄得下下，舟人泣且乱”，其侄施作舟奋起而曰：“兆下下，吾心上上”，力排众议，“卒得以全”[①]。如果把这些因素考虑在内，就更无法说此次海运“行走与内河无异”了。

三、“较常年河运所省之数甚多”

核算道光六年（1826 年）海运漕粮的经费，需要对此次海运的总体情况及各项花销各自做一统计。此次海运，系道光五年苏、松、常、镇、太等 4 府 1 州所纳漕粮，计漕白正耗 1 451 031 石，归仓耗米 59 675 石，给船耗米 120 000 余石，总计装载正耗各米共 1 630 706 余石。按照两江总督琦善的报告，此次运米付给沙船船主及水手的水脚银、神福赏银为 645 411 两，付给天津剥船水脚及饮食等项银 117 422 两，另外纤夫银、苫盖等项开支为 73 300 两，三者合计用银 836 133 两，相较平常年份的漕运经费，扣除拨解天津及河运旗丁的开支，“尚有节省银十余万两、米十余万石”，所以他说，此次海运“不但丝毫未费帑项，且较常年河运所省之数甚多”[②]。

但很明显，琦善的计算，较之于陶澍的统计，就已经存在着一定的差距。陶澍曾做过如下陈述：天津需要剥船价值等项，在天津洪斛需要用银 152 000 余两，两仓截卸露囤等银 30 000 余两，仓场衙门应需经纪个儿钱 75 000 余两。这样一来，即使是不包括剥船雇价，天津的花费就已超过了 257 000 余两，远远大于琦善的上报数据，而此后，相关经费又一再增拨。[③]

还有一点可以肯定，在琦善、陶澍的海运经费的总体计算当中，漏掉了很多项目，比如：押运官关天培和汤攀龙各领盘费银 2000 两，又派掘港营

---

① 施彦士：《万里归风图记》，《海运刍言》，道光十三年刻本。

② 《宫中档朱批奏折・财政类・漕粮》，道光六年六月初五日（朱批时间），两江总督琦善折，档案号：03-3112-062。

③ 如道光六年四月初四日，琦善等奏，“天津需用纤夫露囤等款较原奏约尚不敷银 2 万余两”；直隶总督那彦成奏，剥船水脚等费为 190 700 余两。两材料均见琦善等纂：《江苏海运全案》卷 3，道光六年刻本。

都司俞大铨押送至石岛，给银 200 两，三人共计领去经费 4200 两，而此项花销从“应给盘费项”内提出[①]；江南沿海水师为防护海运，特意选派官兵 600 名，每名每日按银 4 分的比例发放，共支银 2400 两，均没有包括在上报户部的海运经费内。[②]

天津交米委员、扬州府泰州知州王有庆向贺长龄报告，由于人员不够，借调天津县清书 4 名“帮同缮写”，又另借调天津县头役 1 名，散役 6 名，“派在本局听候差遣”，所有房租、薪水及应用纸张等件，“赴总局自行支领”[③]。同样的例子还有很多，如由省城到上海海运总局的文案驿递、上海海运总局临时调拨的斛手，以及上海海运总局、天津海运分局的工作人员，他们的办公开支及薪水均照此办理，但都没有上报户部。

二运交兑时，由于漕米存放时间过长，已有部分发热或变色，陶澍只得下令全部改换好米，“除米质本坚，颜色紫老无碍食用，仍照旧交兑外，其微变稍坏者，即剔除另换好米”[④]。漕粮变坏的具体石数，我们已无从得知，但显然，其损失也不会包括在上报的海运经费内。

陶澍在海运结束后，向道光帝通报“海运较河运所省甚多”之事时，曾提到此次海运商船免税银约 10 000 两，均在海关“额征税银下划除”[⑤]。事实上，这也是一项应该纳入海运费用但没有纳入的开销。

所以事隔不久，海运委员、松江知府陈銮估计，此次海运花费为 1 400 000 两，较琦善的计算，多出了近 60 万两银子！而陈銮还明确指出，苏松常镇太常年河运，岁给旗丁的运费，是给银 369 900 两，给米 411 893 石（折价为银 936 759 两），两项合计为银 1 306 659 两。两相比较，不难发现海运与河运直接开支孰多孰少。所以，海运优于河运的恰当说法，乃是因为河运的津贴帮船“殆不啻再倍之”，“通计公私所费，几数两而致一石”，而海运于“帮船

① 琦善等纂：《江苏海运全案》卷 7，道光六年三月十二日，道光六年刻本。

② 琦善等纂：《江苏海运全案》卷 8，道光六年六月初二日，道光六年刻本。

③ 琦善等纂：《江苏海运全案》卷 7，道光六年四月二十八日，道光六年刻本。

④ 《宫中档朱批奏折·财政类·漕粮》，道光六年五月二十八日，江苏巡抚陶澍折，档案号：04-01-35-0251-062。

⑤ 《军机处录副奏折·道光朝·财政类》，道光六年六月十七日，江苏巡抚陶澍折，档案号：03-3113-030。

之浮费丝毫无有焉”①，只有综合考虑这些因素，我们的分析才会比较客观。

另外，此次漕粮到津，经验米大臣查验，“米色干净，奏明在案”，但当它被剥船装载赴通州粮仓后，却很快被发现“间有微变，不能久储”②。据御史汪淋所奏，原因是在运米过程中，剥船船主侵蚀米石，私造燥烈药末，掺和热水浸泡洒拌，使米石涨多；而后经纪与花户“通同受贿，颟顸验收”，陶澍只得下令全部更换好米。经严查，仓场侍郎百春、申启贤等人均受处分，而牵涉的各经纪人等也都受到了惩治。如果单纯考虑海运的运行情况，可以忽略这一情节，但如果比较海运与河运的优劣，就必须纳入视野，因为抵通剥运，正是一些学者所津津乐道的河运弊端的重要方面。至此，再来讨论陶澍及琦善等人所说的“办理此次海运费用，均系由外委员筹款，并未丝毫请帑”③的论断，就可以很容易发现它的真实含义了：此次海运得到道光帝的赞赏，称其为“所办甚好”④，很大程度上，无非是因为“丝毫未费帑项”而已。

不需朝廷额外拨款，即可不论地方政府支出，不管这种观念与现代的经济学理论多么格格不入，但它却代表了当时的真实情况。事实上，这一观念在清朝以后的历届漕粮海运过程中，都会得到很好的印证。

---

① 琦善等纂：《江苏海运全案》，陈銮跋文，道光六年刻本。

② 王延熙、王树敏辑：《皇清道咸同光四朝奏议》卷1，台北：文海出版社，1966年，第194页。

③ 《宫中档朱批奏折·财政类·漕粮》，道光六年五月二十八日，江苏巡抚陶澍折，档案号：04-01-35-0251-062。

④ 《军机处录副奏折·道光朝·财政类》，道光六年六月十七日，江苏巡抚陶澍折，档案号：03-3113-030。

《汇核嘉庆十七年各直省钱粮出入清单》所载关税额辨析

因受资料等方面的限制，迄今为止，在研究清代财政问题时，最常用的办法就是以个别年份的数据，以点代面地分析清代的财政收入总量及结构平衡。其中嘉庆十六年（1811 年）、十七年的数据——《汇核嘉庆十七年各直省钱粮出入清单》（以下简称《清单》）直接摘自于档案[①]，因此受到重视与关注。《清史稿 · 食货志六》之收支大势部分[②]，即以此为基点作综合性的分析；日本学者香坂昌纪更是以此为核心材料，专门撰文分析整个嘉庆朝的财政，尤其是关税的收入情况[③]；当代的许多学者研究清代的财政和关税问题，也常常加以引用[④]。

然而，根据笔者在中国第一历史档案馆对原始档案的核对，发现《清单》仍然存在着诸多错误。《清单》分为地丁、盐课和关税三项。作为最重要的可调节性税种，关税在中国传统社会的财政收入中占据着重要地位，尤其是在清代这个不太具备扩张性的财政时期，更是如此。因篇幅所限，本文将仅就《清单》中的关税额统计做一简单辨析，以求正于方家。

一

《清单》收录了清代嘉庆十六、十七两年共 29 个关的征税情况，即崇文门、左翼、右翼、淮安关、浒墅关、扬州关、芜湖（户）关、西新关、凤阳

---

① 《汇核嘉庆十七年各直省钱粮出入清单》（以下脚注中亦简称《清单》），故宫博物院文献馆：《史料旬刊》第 22—30 期，北京：京华印书局，1931 年。

② 赵尔巽：《清史稿》卷一〇〇《食货六 · 会计》，北京：中华书局，1977 年，第 3704 页。

③ 参见香坂昌纪、赵中男：《论清朝嘉庆年间的国家财政与关税收入》，《社会科学辑刊》1993 年第 3 期。

④ 参见史志宏主编：《中国经济发展史（第 3 分册）》，北京：中国经济出版社，1999 年；周育民：《晚清财政与社会变迁》，上海：上海人民出版社，2000 年；黄国盛：《鸦片战争前的东南四省海关》，福州：福建人民出版社，2000 年；申学锋：《晚清财政支出政策研究》，北京：中国人民大学出版社，2006 年。

关、江海关、天津关、临清（户）关、九江关、赣关、北新关、浙海关、闽海关、太平关、粤海关、坐粮厅、山海关、张家口、杀虎口、归化城、龙江关、芜湖（工）关、宿迁（工）关、临清（工）关和南新关（具体数额见表1）。《清单》的摘抄者还明白指出，相关数据系“额税盈余银”，也就是说，系将各关的定额及盈余合并计算。

从顺治二年（1645年）开始，清廷在明代钞关的基础上，通过合并、划拨、裁革商关，先后重建和新增了诸多户部榷关。顺治年间的榷关为19处，康熙年间增加了11处，雍正年间增加了2处，乾隆年间再增加2处，共计34处。①不过，发展至嘉庆时期，情况又有了变化。据嘉庆《大清会典》卷一六《户部·贵州清吏司》记载，至嘉庆十七年（1812年），户部贵州清吏司所辖榷关为崇文门、左冀、右冀、坐粮厅、天津关、张家口、山海关、杀虎口、归化城、临清关、江海关、浒墅关、淮安关、扬州关、西新关、凤阳关、芜湖关、九江关、赣关、闽海关、浙海关、北新关、粤海关和太平关，共计24处。但除贵州清吏司，户部还有其他的几个清吏司，也管理着户部的榷关，即福建清吏司所属的天津海税、山东清吏司所属的奉天牛马税、凤凰城中江、湖北清吏司所属武昌游湖关、四川清吏司所属夔关、打箭炉、广东清吏司所属梧、浔二厂，共计32处。

以上为户关的情况。清代还设有专征竹木税和船税的工关。据光绪《大清会典事例》可知，嘉庆时期的工关为山东临清关、江苏龙江关、安徽芜湖关、浙江南新关、湖北荆关、湖南辰关和四川渝关等，“钦定工关赢余银两数目，辰关三千八百两。武元城一千二百六十九两。临清关三千八百两。宿迁关七千八百两。芜湖关四万七千两。龙江关五万五千两。荆关一万三千两。通永道三千九百两。渝关、由关、南新关、潘桃口、古北口、杀虎口六处木

① 顺治时期的户关为崇文门、左翼、右翼、天津关、张家口、龙泉关、奉天关、杀虎口、临清关、淮安关、凤阳关、芜湖关、扬州关、西新关、浒墅关、北新关、九江关、赣关和闽安关。康熙年间增建了坐粮厅、山海关、中江、武昌关、打箭炉、夔关、太平关、粤海关、江海关、浙海关和闽海关。雍正和乾隆年间分别增建了梧州厂、浔州厂、归化城和多伦诺尔。参见郭蕴静：《清代商业史》，沈阳：辽宁人民出版社，1994年，第53—54页。

税，正额之外，向无赢余”[①]。

当然，以上只是一个大略的介绍。即如福建清吏司所属的天津海关，自嘉庆十二年（1807 年）开始派员征收，每年定额征收 4 万两，以 26 000 两作为正额解部，以 14 000 两作为盈余，解交藩库留充地方公用。[②]在嘉道时期，天津海关的奏销数据非常完备，但统计这一时期的关税时，不论是清代的王庆云，还是民国时期《清单》的抄录者，都没有将其归入统计数据中。可见对于许多人来说，“关”一直是个比较混乱的概念。

不过，通过以上梳理至少可以清晰地看出，乾隆以后，户关较稳定设立者 30 余处，工关则有十余处，而《清单》所列，合计共关不过 29 处，已经有诸多遗漏。

二

清代关税的征收，分正额和盈余两项。各关的正税银数曾经历了过调整，但变化幅度不大。光绪《大清会典》卷二〇至二三列出了以下户部 31 个关的正税银情况，合计 2 006 638 两（外加归化城钱 9000 串）。除正税银外，有些关还有铜斤水脚费用，即各关关差采办铜斤所需的水脚银。康熙四十五年（1706 年）关差停止办铜以后，此项水脚仍旧存留下来。据光绪《大清会典》记载，崇文门等 16 关合计征收铜斤水脚银 163 247 两。[③]当时，铜斤水脚的征收已经被视为“正额”的一部分，所以在后文的分析中，笔者将其与正额一并计算。

正额之外是巨大的盈余，乾隆朝以后历次厘定关税税额，都是就盈余银两而言。嘉庆四年，规定的各关盈余数额如下：坐粮厅 6000 两，天津关 20 000 两，临清户关 11 000 两，江海关 42 000 两，浒墅关 235 000 两，淮安关 111 000 两，海关庙湾口 2200 两，扬州关 68 000 两，西新关 29 000 两，凤阳关 15 000 两，芜湖户关 73 000 两，九江关 347 800 两，赣关 38 000 两，闽海关 113 000

---

① 李鸿章等纂：（光绪朝）《大清会典事例》卷九四二《工部八十一》，上海：商务印书馆，光绪三十四年（1908 年）石印本，第 798 页下。

② 《宫中档朱批奏折·财政类·关税》（胶片 20），嘉庆十六年正月初六日，直隶总督温承惠折。

③ 崑冈等撰：光绪《大清会典》卷二三《户部》，北京：中华书局，1990 年，第 203 页。又，粤海关的铜斤水脚被并入到正税银内。

两，浙海关 39 000 两，北新关 65 000 两，武昌关 12 000 两，夔关 110 000 两，粤海关 855 500 两，太平关 75 500 两，梧州厂 7500 两，浔州厂 5200 两，归化城 1600 两，山海关 49 487 两，杀虎口 15 414 两，张家口 40 561 两，打箭炉尽收尽解，以上合计 2 387 762 两。至嘉庆九年（1804 年），清廷又对个别户关的盈余数额进行调整，即浙海关调整为 44 000 两，扬州关为 71 000 两，凤阳关为 17 000 两，西新关为 33 000 两，九江关为 367 000 两，浒墅关为 250 000 两，淮安关为 131 000 两，其余各关的盈余数据保持不变。①至此，嘉庆时期的关税盈余增加到 2 455 962 两，加上正额，合计各关每年应征银 4 625 847 两。

还有一点需要指出，即关期。清代关税奏销，例于关期内奏报，关税征收截止日期，例为本度年的关税。例如，嘉庆十六年正月十五日起征，至嘉庆十七年正月十四日截止，那么关期则为嘉庆十七年份。由于各个关的开征与截止时间差异极大，这种通融的办法也是学术界的共识。②由此产生的问题是，通常意义上的年度关税，即如嘉庆十六年、十七年的关税收入，并不是指在嘉庆十六年、十七年全年各个关所征收的关税收入，而是各个关税在本年度关期内所征收关税的总和。另外，除崇文门、临清（工）关、天津海关等个别关外，清代大部分关均采取以 12 个月作为一个关税年度，随着闰月的积累，也有个别年份出现了两个关期的情况，但就嘉庆十六、十七年的情况来说，还没有出现类似的情况，所以闰月的影响可以忽略不计。

三

由于解读针对档案史料，下面笔者仅根据在中国第一历史档案馆所摘抄的《宫中档朱批奏折·财政类·关税》（胶片 20，以下简称《朱批奏折》）和《军机处录副奏折·嘉庆朝·财政类·关税项》（胶片 126，以下简称《军机

① 李鸿章等纂：（光绪朝）《大清会典事例》卷二三八《户部八七·关税》，上海：商务印书馆，光绪三十四年（1908 年）石印本，第 801—802 页。

② 参见祁美琴：《清代榷关制度研究》，呼和浩特：内蒙古大学出版社，2004 年，第 448 页。

处录副奏折》)，以及《嘉庆道光两朝上谕档》的档案材料[①]，对相关数据做分析。因为情况比较复杂，这里仅进行简单的分类。

（一）与档案记载情况相同

芜湖关。根据《朱批奏折》嘉庆十六年（1811 年）九月十二日安徽巡抚钱楷奏折，以及十七年九月十二日代办安徽巡抚布政使李奕畴奏折可知，《清单》摘抄正确，但直接省略了数额的小数位，而非常规的四舍五入，以下几个关的情况也是这样。

凤阳关。根据《朱批奏折》嘉庆十六年八月初一日管理凤阳关税务四达色奏折，以及《军机处录副奏折》嘉庆十七年八月初一日四达色奏折可知，《清单》摘抄正确。

江海关。根据《朱批奏折》嘉庆十七年正月初四日江苏巡抚章煦奏折，以及十七年十二月二十六日江苏巡抚朱理奏折可知，《清单》摘抄正确。

粤海关。根据《朱批奏折》嘉庆十六年三月二十日粤海关监督常显、十七年八月十九日德庆的奏折可知，《清单》摘抄正确。

（二）弄错关期而导致统计出错

西新关。根据《朱批奏折》嘉庆十六年六月二十七日江宁织造雙德，以及其十七年六月二十六日、十八年六月二十八日奏折可知，摘录者以嘉庆十六年（1811 年）五月二十八日至十七年五月二十七日为十六年关期，以十七年五月二十八日至十八年五月二十七日为十七年关期，在关期上犯了错误。正确的情况应该是以十五年六月二十八日至十六年五月二十七日为十六年关期，以嘉庆十六年五月二十八日至十七年五月二十七日为十七年关期。

九江关。根据《朱批奏折》嘉庆十六年四月二十八日、十七年四月二十五日九江关监广惠，十八年四月二十一日九江关监督德泰的奏折可知，摘录者以嘉庆十六年四月初九日至十七年四月初八日为十六年关期，以十七年四月初九日至十八年四月初八日为十七年关期。正确的情况应该是以前者为十七年关期，而以十五年五月初九日至十六年四月初八日为十六年关期。

① 中国第一历史档案馆编：《嘉庆道光两朝上谕档》，桂林：广西师范大学出版社，2000 年。

浙海关。根据《朱批奏折》嘉庆十六年（1811年）三月二十八日浙江巡抚蒋攸銛，十七年二月二十七日、十八年三月初九日浙江巡抚高杞的奏折可知，摘录者以嘉庆十六年二月初九日至十七年正月初八日为十六年关期，以十七年正月初九日至十八年正月初八日为十八年关期。正确的情况应该是以前者为十七年关期，以十五年二月初九日至十六年二月初八日为十六年关期。

龙江关。根据《朱批奏折》嘉庆十六年六月二十七日江宁织造雙德，以及十七年六月二十六日、十八年六月二十八日奏折可知，摘录者以嘉庆十六年五月二十八日至十七年五月二十七日为十六年关期，以十七年五月二十八日至十八年五月二十七日为十七年关期。正确的情况应该是以前者为十七年关期，以十五年六月二十八日至十六年五月二十七日为十六年关期。

（三）只计正额不计盈余而导致统计出错

统计关税，须将正额与盈余银两相加。《清单》在处理山海关、张家口、杀虎口三处关税时，均犯了同样的错误，即只计正额，而不计盈余。

山海关。山海关因每年除常税外，还征收少量的人参税，一并计作正额，故每年正额银数略有不同。根据《朱批奏折》嘉庆十六年闰三月初四日山海关监督多赍、十七年三月二十八日兴科的奏折可知，山海关十六年正额为61 810.067两，十七年正额为61 867.117两。加上盈余，可知十六年关期实征数为114 231.405两；十七年关期实征数为111 598.091两。

张家口。张家口正额与山海关情况类似，亦略有不同，根据《朱批奏折》嘉庆十六年五月十七日张家口监督富纶、十七年五月二十日瑞麟的奏折可知，十六年关期实征数为60 643.14两，十七年关期实征数为60 644.04两。《清单》仅注意到了两年正额银数相差“三钱零”，但却忘记在正额之外，有盈余数的存在。

杀虎口。根据《军机处录副奏折》十六年五月初一日兵部员外郎龄住、十七年五月初三日宗人府理事官春喜的奏折可知，十六年关期实征数为45 677.408两，十七年为45 755.338两。《清单》统计仍是只计正额，不及盈余。

（四）史料漏读而导致统计出错

天津关。根据《朱批奏折》嘉庆十六年六月二十三日长芦盐政嵩年奏折，以及《军机处录副奏折》嘉庆十七年（1812 年）六月二十九日祥绍奏折可知，十六年关期实征数为 83 942.023 两，十七年关期实征数为 82 533.863 两。但天津关在奏报户部的同时，还会附奏内务府额外盈余一项，在解交户部盈余的同时，也另款解交内务府。只有把户关税收入与内务府额外盈余相加，才是天津关真正的关税收入。据同期另附折片可知，十六年的内务府额外盈余为 12 349.81 两，十七年的数据则为 12 350.72 两，分别相加，可以得出十六、十七年关期内的实征数。

淮安关。淮安关分为淮关、海关及宿迁（工）关三关，例由淮关监督统一奏报。此外又由淮安仓征收茶税银、海关征收海船梁头银。根据《朱批奏折》嘉庆十六年八月二十二日淮关监督舒明阿、十七年八月二十二日元成奏报可知，十六年三关共征税银 221 247.208 两，十七年三关共征税银 272 400.972 两。另外，十七年又征收茶税银 108.367 两，梁头银 385.037 两，故十七年实征税银 272 894.376 两。十六年奏折中的数据缺失，但十五年关期中的茶税为 87.665、梁头银为 390.419 两（见《朱批奏折》嘉庆十五年九月二十二日淮关监督舒明阿折），大致推算，十六年淮安关此两项数据应在 480 两左右，据此可以将十六年关税实征数修正为 221 727.208 两左右。

（五）数据双重统计而出错

北新关与南新关分别为户关与工关。考虑到南新关专征竹木等税，征税能力有限，故每年均从北新关盈余项下拨补银 4000 两。不过，这只是针对定额征税而采取的变通办法，在实际的奏报过程中，两关仍然是分别奏报征收实数。根据《朱批奏折》嘉庆十六年十一月初五日工部右侍郎暂署浙江巡抚初彭年、十七年十一月十六日浙江巡抚高杞奏折可知，北新关十六、十七年两个关期征收税银分别为 203 362.284 两和 200 125.391 两。又据《朱批奏折》嘉庆十六年八月二十六日浙江巡抚蒋攸銛、十七年八月二十二日高杞奏折可知，南新关十六、十七年两个关期征收税银分别为 29 444.939 两和 29 474.059 两。[①]通过对照可知，北新关的数据被《清单》减掉了 4000 两，

---

① 《清单》称十六年、十七年征收数目相同，误。

而南新关则没有加上相应的4000两。

（六）史料抄写有误

崇文门。崇文门关期例为前年八月初三日至本年八月初二日，遇闰则本年度关期以13个月计。根据《军机处录副奏折》嘉庆十六年八月初六日崇文门监督瑚图礼，十七年八月十九日松筠、玉麟的奏折，可知崇文门十六年、十七年关期实征税情况。

浒墅关。根据《朱批奏折》嘉庆十六年九月二十六日江苏巡抚兼浒墅关监督章煦、十七年九月二十六日苏州织造和明的奏折，可知浒墅关十六年、十七年关期实征情况。

扬州关。根据《朱批奏折》嘉庆十六年二月二十九日、《军机处录副奏折》十七年正月二十九日江苏巡抚章煦的奏折，可知扬州关十六年、十七年关期实征情况。

临清关。临清关分为户关与工关。据《朱批奏折》嘉庆十六年二月十八日山东巡抚吉纶的奏折，可知户关十六年关期征银情况。据《朱批奏折》十七年二月二十八日山东巡抚同兴的奏折，可知户关十七年关期及工关十六年关期征银情况。再据《朱批奏折》十八年四月初六日同兴奏折，可知工关十七年关期征银情况。

闽海关。根据《朱批奏折》嘉庆十六年三月十八日、十七年二月二十日福州将军兼闽海关务庆成的奏折，可知闽海关十六年、十七年关期实征情况。

（七）其他

根据档案可知，左翼正额10 008两，盈余18 000两；右翼正额10 005.12两，盈余7321.4两。《清单》所提供的数据明显偏小。非常可惜的是，在《朱批奏折》与《军机处录副奏折》中，左翼、右翼两关征收奏报的缺失较多。不过，《嘉庆道光两朝上谕档》则保存了非常完整的盈余上交记录，即扣掉了正额及每年例支数量后的盈余。左翼每年例支6304两，右翼每年例支6343两，结合《嘉庆道光两朝上谕档》的资料，可以推算出左翼、右翼的实际征税情况。

左冀情况。据《嘉庆道光两朝上谕档》嘉庆十六年（1811 年）七月初二日、十七年六月二十一日可知，十六年上交盈余为 20 704.4 两，故此年关税实征数为正额 10 008 两+上交盈余 20 704.4 两+例支 6304 两=37 016.4 两；十七年上交盈余 20 748 两，同理十七年实征数为 37 060 两。

右冀情况。据《嘉庆道光两朝上谕档》十六年七月初二日、十七年六月二十一日可知，十六年上交盈余为 7581.8 两，故此年关税实征数为正额 10 005.12 两+上交盈余 7581.8 两+例支 6343 两=23 929.92 两；十七年上交盈余为 7602.9 两，故十七年实征数为 23 951.02 两。

另外，《清单》中的赣关、太平关、坐粮厅、归化城数据，因笔者在《朱批奏折》与《军机处录副奏折》及《嘉庆道光两朝上谕档》中没有找到相关材料，在此存疑。

下面以所掌握的档案材料，对《清单》稍作补充。

天津海关。根据《朱批奏折》嘉庆十六年十二月二十三日、十八年正月初八日直隶总督温承惠的奏折，可知十六年、十七年关期实征银分别为 46 500 两和 410 119 两。

荆州关。根据《朱批奏折》嘉庆十六年十二月初三日、十七年十二月二十一日湖广总督马慧裕的奏折，可知十六年、十七年关期实征银分别为 28 214.174 两和 23 952.888 两。

据此，笔者修正《清单》的数据见表 1。

表 1　嘉庆十六、十七年各关征收额数表　　单位：两

序号	税关	十六年		十七年	
		《清单》数据	修正后的数据	《清单》数据	修正后的数据
1	崇文门	290 544.6	322 655.34	253 409.4	286 126.5
2	左冀	13 676.9	20 748	14 320.2	37 060
3	右冀	12 571.9	23 929.92	12 949.2	23 951.02
4	淮安关	274 531	221 727.208	223 848	272 894.376
5	浒墅关	409 445.2	373 176.946	430 231	392 801.945
6	扬州关	154 270.7	153 955	144 568.5	144 360
7	芜湖（户）关	230 047.8	230 047.88	230 049.5	230 049.58
8	西新关	51 969.9	52 888.576	53 234.9	51 969.912

续表

序号	税关	十六年		十七年	
		《清单》数据	修正后的数据	《清单》数据	修正后的数据
9	凤阳关	107 227	107 227.095	95 488.8	95 488.826
10	江海关	73 612.7	73 606.635	73 606.6	73 612.767
11	天津关	83 942	96 291.833	82 533.8	94 884.583
12	临清（户）关	37 539.5	32 285.42	36 466.1	33 151.01
13	九江关	492 123.3	514 948.258	584 005.4	492 123.389
14	赣关	122 136.3	122 136.3	121 610.8	121 610.8
15	北新关	196 125.3	203 362.284	190 343.2	200 125.391
16	浙海关	79 952.4	79 943.155	79 960.5	79 952.48
17	闽海关	208 368.2	187 060.997	232 440.6	189 539
18	太平关	134 352.9	134 352.9	134 383.5	134 383.5
19	粤海关	1 165 263.1	1 165 263.126	1 347 936.8	1 347 936.891
20	坐粮厅	13 367.5	13 367.5	12 379.6	12 379.6
21	山海关	61 810	114 231.405	61 867.1	111 598.091
22	张家口	20 004.3	60 643.14	20 004.6	60 644.04
23	杀虎口	16 919.9	45 677.408	16 919.9	45 755.338
24	归化城	26 767.5	26 767.5	26 666.1	26 666.1
25	龙江关	135 371.9	134 428.554	133 984.4	135 371.996
26	芜湖（工）关	117 204.6	117 204.66	117 201.8	117 201.86
27	临清（工）关	4 472.4	4 375.3	5 418.9	5 157.27
28	南新关	25 465	29 444.939	25 465	29 474.059
29	天津海关		46 500		50 119
30	荆州关		28 214.174		23 952.888

注：本表格将宿迁（工）关数据纳入淮关内一并计之。赣关、太平关、坐粮厅、归化城仍据《清单》补入

从表 1 可知,《清单》所列的嘉庆十六年（1811 年）征税额为 4 559 083.8 两，修正后的数字为 4 736 461.453 两；所列十七年征税额为 4 810 340.5 两，修正后的数据为 4 920 342.212 两。两者均有一定程度的提高。

当然，表 1 仍缺少一些关的数据，如夔关、渝关、辰关、游湖关等。据嘉庆十六年广西巡抚成林所奏折可知，桂林府厂每年征收正税银 5460 两，平乐府厂 7520 两，梧州府厂 68 730 两，浔州府厂 49 300 两，又以上四厂每年“征米谷税银一万六千余两至一万九千余两不等”，共计每年征收税银

147 010余两左右。[1]类似的情况还会有一些，但因资料的限制，笔者现在还无法补全表格。

由此可知，在嘉庆中期，关税收入应该仍然保持在500万两左右的水平，相较于乾隆时期并没有出现大幅度的下降。

① 《军机处录副奏折·嘉庆朝·财政类·关税项》，嘉庆十六年六月二十八日，广西巡抚成格折，档案号：03-1769-088。

王庆云《石渠余纪》所载道光关税额辨析

研究清代财政史，王庆云所著《石渠余纪》是一本绕不过去的著作。这是因为，迄今为止，研究清代财政问题，最常用的办法仍然是以个别年份的数据，以点代面地分析清代财政收支的总量及趋势。而《石渠余纪》则提供了相当多的数据供研究者利用。①在这其中，尤以卷六《直省关税表》用表格方式列出道光二十一年（1841 年）、二十二年、二十五年、二十九年四个年份的关税总额，成为学术界引用的重点。②

王庆云曾任户部侍郎，接触到了不少第一手的材料，因而他的数据通常具有很高的可信度。不过，笔者在中国第一历史档案馆摘抄《宫中档朱批奏折・财政类・关税》（胶片 21，以下简称《朱批奏折》）和《军机处录副奏折・道光朝・财政类・关税项》（胶片 128、129，以下简称《军机处录副奏折》），以及二十世纪三十年代由汤象龙等人主持整理的《清代关税收支报告表（第六册）》（现藏于中国社会科学院经济研究所，以下简称“中国社科院经济所抄档”），通过核对这些原始档案以及相关材料，发现《石渠余纪》所载关税数据，仍有许多可商榷之处。本文即欲就此问题做一简单辨析，以求正于方家。

一

《石渠余纪》卷六《直省关税表》称：“遵会典，首列户部二十四关，次工部五关，以所载正额、盈余均为定额。”众所周知，关税在清初并不太受

---

① 参见王庆云《石渠余纪》全书各卷，台北：文海出版社，1966 年。

② 参见史志宏《中国经济发展史（第 3 分册）》（北京：中国经济出版社，1999 年）、周育民《晚清财政与社会变迁》（上海：上海人民出版社，2000 年）、黄国盛《鸦片战争前的东南四省海关》（福州：福建人民出版社，2000 年）、申学锋《晚清财政支出政策研究》（北京：中国人民大学出版社，2006 年）等著作和文章。可以说，研究清代的关税及财政，还没有哪一位当代学者，敢于忽视这份材料的存在。

重视，康熙时年征额不过100多万两，经过雍正朝的盈余归公，尽收尽解；乾隆以后，考核渐严，各关不但报解“正额”，而且报解“盈余”，亦定以额数。王庆云为做表方便起见，将定额与盈余相加，一并称为“定额”。根据《直省关税表》所提供的数据，列表如下（表1）。①

表1　王庆云《直省关税表》　　单位：两

类别	关名	定额	道光二十一年实征	道光二十二年实征	道光二十五年实征	道光二十九年实征
户部二十四关	崇文门	102 175，盈余无定额	323 166	315 161	315 627	323 739
	左翼	10 000，盈余无定额	12 108	11 317	11 788	10 633
	右翼	10 000，盈余无定额	11 200	10 738	10 813	10 581
	坐粮厅	12 339	12 387	12 383	12 389	12 419
	淮安关	328 679	255 760	250 594	181 022	146 916
	浒墅关	441 151	272 540	251 982	322 364	340 280
	扬州关	163 790	163 808	118 752	118 049	118 453
	芜湖关	229 919	272 947	248 639	274 117	274 329
	西新关	74 376	42 612	41 437	41 481	41 892
	凤阳关	107 159	107 179	96 431	107 278	106 303
	江海关	65 980	57 046	73 685	79 821	72 997
	天津关	68 156	83 618	83 248	82 528	53 547
	临清关	48 376	55 095	25 436	59 739	85 441
	九江关	539 281	562 932	536 816	451 740	579 013
	赣关	85 470	93 048	82 711	93 184	93 771
	北新关	188 053	188 566	188 218	188 525	188 498
	浙海关	99 908	99 908	18 839	78 018	99 908
	闽海关	186 549	199 465	127 479	185 955	193 012
	太平关	128 175	135 245	135 724	135 253	118 643
	粤海关	899 064	864 232	1 128 240	2 362 164	1 429 766
	山海关	111 129	61 760	61 730	61 702	61 695
	张家口	60 561	20 004	20 004	20 004	20 004
	杀虎口	32 333	16 919	16 919	16 919	16 919
	归化城	16 600	23 565	24 036	23 418	22 749
	小计	4 009 223	3 935 110	3 880 519	5 233 898	4 421 508

① 原表中还有“留支岁出”一栏，因与本文关系不大，故在此略掉。

续表

类别	关名	定额	道光二十一年实征	道光二十二年实征	道光二十五年实征	道光二十九年实征
工部五关	龙江关	112 607	95 740	90 599	100 900	120 937
	芜湖关	136 853	101 021	70 547	117 196	117 081
	宿迁关	56 684	59 426	58 543	26 934	27 648
	临清关	8 372	6 155	6 289	7 271	7 453
	南新关	49 469	30 247	30 247	30 247	30 247
	小计	363 985	292 589	256 225	282 548	303 366
合计		4 373 208	4 227 699	4 136 744	5 516 446	4 724 874

注：①归化城定额另有钱 900 串，临清砖版闸二十五年数据系二十四年奏销。②表中所列户关小计、工关小计及合计数据的黑体部分，与各关相加数不符，但原文如此

以上就是王庆云所提供关税表格的基本内容。

二

清朝继承历代“关市之征”，在水陆冲要及商品集散地设置税关，对过往货物和船只征税，即为“关税”。关有户关、工关之别，前者隶于户部，税款岁输户部供国用；后者隶于工部，主要征收竹木税和船税，税款专佐工部营缮之需。

从顺治二年（1645 年）开始，清廷在明代钞关的基础上，通过合并、划拨、裁革商关，先后重建和新增了京师的崇文门、左翼、右翼，直隶的天津、张家口、龙泉，辽东的奉天，山西的杀虎口，山东的临清关，江南的淮安关、凤阳关、芜湖关、扬州关、西新关、浒墅关，浙江的北新关，江西的九江、赣关，福建的闽安关等 19 个户部钞关。康熙年间增建直隶的坐粮厅、山海关，辽东的中江，湖北的武昌，四川的打箭炉、夔关，广东的太平关、粤海关，江苏的江海关，浙江的浙海关，福建的闽海关等 11 处；雍正年间增加了广西的梧州、浔州 2 处；乾隆年间分别增建了山西的归化城、多伦诺尔 2 处，以上皆为户关，共计 34 处。①

① 郭蕴静：《清代商业史》，沈阳：辽宁人民出版社，1994 年，第 53—54 页。

不过，发展至嘉庆时期，情况又有了变化。据嘉庆《大清会典》卷一六《户部·贵州清吏司》记载，至嘉庆年间，户部贵州清吏司所辖榷关为崇文门、左翼、右翼、坐粮厅、天津关、张家口、山海关、杀虎口、归化城、临清关、江海关、浒墅关、淮安关、扬州关、西新关、凤阳关、芜湖关、九江关、赣关、闽海关、浙海关、北新关、粤海关和太平关，共计24处。选择贵州清吏司作为主管，是因为贵州司的事务较简，容易管理。但一般人容易忽略的是，除了贵州清吏司，户部还有其他的几个清吏司，也管理着户部的关：福建清吏司所属的天津海税，山东清吏司所属的奉天牛马税、凤凰城中江，湖北清吏司所属武昌游湖关，四川清吏司所属夔关、打箭炉，广东清吏司所属梧、浔二厂，共计户关有32处。两相对照可以知道，王庆云所记载的依据，乃系嘉庆《大清会典》户部贵州清吏司的部分数据，而忽略了福建清史司、山东清吏司、湖北清吏司、四川清吏司、广东清吏司的所辖关数。

不光是管理部门有差别，这两类关的税银管理及使用也存在着差异。“贵州清吏司”下各关的税款，“除以火耗及存留陋规银作为经费之外，其正项税银逐款分析，或留地方以充兵饷，或解送京师之户部及内务府”，也就是说，实际上正项税款的用途分两部分，一部分存留地方作为兵饷发放，一部分上交国库或内务府。山东司所属的奉天凤凰城中江等税款“报解盛京户部”，其他如湖广司、四川司、广西司所属“诸关税银全部解送藩库，作为官吏养廉及兵饷之用，奏销附入地丁钱粮奏销册”，说明这部分税款主要用于处理地方事务的经费使用。①可见，从税银的使用来看，这几个关，可以算作“地方关”。

至于工关，据光绪《大清会典事例》可知，当时工关为山东临清、江苏龙江、安徽芜湖关、浙江南新关、湖北荆关、湖南辰关、四川渝关等，“钦定工关赢余银两数目，辰关三千八百两。武元城一千二百六十九两。临清关

① 何本方：《清代户部诸关初探》，《南开学报（哲学社会科学版）》1984年第3期。

三千八百两。宿迁关七千八百两。芜湖关四万七千两。龙江关五万五千两。荆关一万三千两。通永道三千九百两。渝关、由关、南新关、潘桃口、古北口、杀虎口六处木税，正额之外，向无赢余”[①]。

以上只是一个大略的介绍。不过，通过以上梳理至少可以清晰地看出，乾隆以后，户关较稳定设立者三十余，工关则有十余处，而《直省关税表》所列，合计户关、工关一共不过 29 处，已经有诸多的遗漏。有读者不察，以王庆云所提供的《直省关税表》为全国实征关税，是不正确的。

三

关税是一种商品通过税。户部设置依沿海、沿江河冲要、陆路冲要设置，时有增减，主要征收衣服税、食物税、用物税和杂物税四种。关税大都采取从量征收，税率各关不一，一般不超过 5%，为 1%—3%。清廷对税关考核以岁征定额为准，超过部分称为关税盈余。关税盈余除过境盈余外，更多的是来自于落地税。落地税不及国课正额，各地于市镇集贸之处自行征收。

“各关征税，国初定有正额，后货盛商多，遂有盈余。”[②]各个关的正税银数，曾经历过调整，但变化的幅度不大，总数在 190 万余两（相关数据见表 2）。除正税银外，有些关还有铜斤水脚费用，即各关关差采办铜斤所需的水脚银。康熙四十五年（1706 年）关差停止办铜以后，此项水脚仍旧存留下来，作为正额的一部分。据光绪《大清会典》记载，有铜斤水脚的关为崇文门 7692 两（遇闰为 8536 两），天津关、临清关（户关）、扬州关、西新关各为 7692 两，江海关 2500 两，浒墅关 22 442 两，淮安关 15 384 两，凤阳关 10 320 两，芜湖关 18 423 两，九江关 18 392 两，赣关 5346 两，闽

---

① 李鸿章等纂：（光绪朝）《大清会典事例》卷九四二《工部八十一》，上海：商务印书馆，光绪三十四年石印本，第 798 页下。

② 姚元之：《竹叶亭杂记》卷 2，北京：中华书局，1997 年，第 118 页。

海关 7000 两，浙海关 3750 两，北新关 15 384 两，太平关 5846 两，以上合计 163 247 两。又粤海关的铜斤水脚则包括在正税银内。[①]由于铜斤水脚的征收已经视为正额，所以在后文的分析中，笔者将其作为正额的一部分，一并计算，不再分开。

清廷对盈余银的认定，经过了一个从肯定到否定又到肯定的变化过程。由于正额数量之外是巨大的盈余量，难以估计清楚，乾隆朝以后历次厘定关税税额，都是就盈余银两而言。嘉庆四年（1799 年），盈余定额办法出台，将盈余数额确定。当时确定的数据如下：坐粮厅 6000 两，天津关 20 000 两，临清户关 11 000 两，江海关 42 000 两，浒墅关 235 000 两，淮安关 111 000 两，海关庙湾口 2200 两，扬州关 68 000 两，西新关 29 000 两，凤阳关 15 000 两，芜湖户关 73 000 两，九江关 347 800 两，赣关 38 000 两，闽海关 113 000 两，浙海关 39 000 两，北新关 65 000 两，武昌关 12 000 两，夔关 110 000 两，粤海关 855 500 两，太平关 75 500 两，梧州厂 7500 两，浔州厂 5200 两，归化城 1600 两，山海关 49 487 两，杀虎口 15 414 两，张家口 40 561 两，打箭炉尽收尽解。以上所规定的总数为 2 387 762 两。随着时间的变化，至嘉庆九年，清廷又对个别户关的盈余数额进行调整，即浙海关调整为 44 000 两，扬州关为 71 000 两，凤阳关为 17 000 两，西新关为 33 000 两，九江关为 367 000 两，浒墅关为 250 000 两，淮安关为 131 000 两，其余各关的盈余数据保持不变，这样一来，盈余总数增加为 2 455 962 两。[②]

从档案中寻找各个关的正额、盈余等数据非常容易，因为关税奏报公文的格式规定，这些数据是每年都要被重复提起。根据笔者所掌握的情况，至道光时期，各关的正额及盈余量情况如表 2 所示。

---

① 崑冈等撰：光绪《大清会典》卷二三《户部》，北京：中华书局，1990 年，第 203 页。

② 李鸿章等纂：（光绪朝）《大清会典事例》卷二三八《户部八七·关税》，上海：商务印书馆，光绪三十四年石印本，第 801—802 页。

表 2　道光朝各关税收额度一览表　　　　单位：两

类别	关名		正额	盈余	应征总数	备注
户部贵州清吏司所属二十四关	崇文门		102 175	212 789	314 964	系无闰年情况
	左翼		10 008	18 000	28 008	
	右翼		10 005.12	7 321.4	17 326.52	
	坐粮厅		6 339	6 000	12 339	
	淮安关	淮关	201 639.602	121 000	322 639.602	
		海关	3 840	2 200	6 040	
	浒墅关		191 151.388	250 000	441 151.388	
	扬州关		92 791.3	71 000	163 791.3	
	芜湖户关		156 919.08	73 000	229 919.08	
	西新关		41 376.325	33 000	74 376.325	
	凤阳关		90 159.6	17 000	107 159.6	
	江海关		23 980	42 000	65 980	
	天津关		48 156.313	20 000	68 156.313	
	临清关		37 376.313	11 000	48 376.313	
	九江关		172 281.306	367 000	539 281.306	
	赣关		46 470	38 000	84 470	
	北新关		123 053.65	65 000	188 053.65	
	浙海关		35 908.23	44 000	79 908.23	
	闽海关		73 549.547	113 000	186 549.547	
	太平关		52 675	75 500	128 175	
	粤海关		43 564	855 500	899 064	
	山海关		61 642.379	49 487	111 129.379	
	张家口		20 004	40 561	40 650.8	
	杀虎口		16 919.95	15 414	32 333.95	
	归化城		15 000	1 600	16 600	正额另有钱9000串
	小计		1 676 985.103	2 549 372.4	4 206 443.303	
王庆云所列工部五关	龙江关		57 607.225	55 000	112 607.225	
	芜湖关		70 146.16	47 000	117 146.16	
	宿迁关		48 884	78 000	56 684	
	临清关		4 572.74	3 800	8 372.74	
	南新关		30 247.5	−77.981	30 169.519	应征 3922.019 两，于北新关拨补 4000 两，故为负数
	小计		211 457.625	153 722.019	324 979.644	
合计			1 888 442.73	2 703 094.42	4 531 422.94	

资料来源：中国社会科学院经济研究所藏《清代关税收支报告表》第六本《各常关》；中国第一历史档案馆藏《军机处录副奏折》《朱批奏折》

通过对比可知，王庆云在处理各个关的征收定额时，出现了以下几个问题：

（1）对于个位数以及小数点后面数字的处理，王庆云做得较为简单，直接省略掉，而不是常用的四舍五入办法。尤其是左翼和右翼的定额 10 008 两和 10 005.12 两，均被他直接变为 10 000 两。另外，对于个别数据，又有加大之处，如应征总数中张家口处的小数位数据，就直接由 0.8 两变成了 1 两，没有做到统一标准。

（2）崇文门的正额与盈余。清代关期一般以十二个月为关期，但崇文门的关期较为特殊，系例以上一年八月初三日至本年八月初二日为关期，遇闰则本年度关期以十三个月计。根据相关奏折可知，崇文门关期因连闰计十三个月，正额银为 110 591.792 两；无闰十二个月正额银为 102 187.562 两。盈余数则根据有闰无闰，例与以前征数较多年份比较，有缺额则由征收官员赔补。

（3）左翼、右翼的盈余并非如王庆云所云“无定额”，而系盈余尽收尽解。根据相关档案材料可知，左翼盈余为 18 000 两，右翼盈余为 7321.4 两。

（4）南新关应征盈余为 3922.019 两，但道光时期，每年例于北新关盈余项下拨补 4000 两，故每年实征盈余数为负。按王庆云的统计办法，就会导致北新关与南新关两关的盈余数重复计算这 4000 两的情况，错误。

（5）王庆云在摘抄浙海关数据时，将 7 万多两变成了 9 万多两，显系笔误。

（6）主要是对崇文门、左翼、右翼这几个关盈余数据的错误，导致王庆云统计出的每年额征数，较清代规定的实际情况，少了近 20 万两银子。

四

在修正王庆云所提供道光二十一年（1841 年）、二十二年、二十五年、二十九年四个年份的关税征收数据前，有一点需要指出，即关期。清代关税奏销，例于关期内奏报，关税征收截止日期，例为本度年的关税。由于各个关的开征与截止时间差异极大，这种通融的办法也是学术界的共识。[①]试

① 参见祁美琴：《清代榷关制度研究》，呼和浩特：内蒙古大学出版社，2004 年，第 448 页。

举一例，某关道光十六年（1836 年）正月十五日起征，至道光十七年正月十四日截止，那么关期则为道光十七年份。另外，由于户关征税向以十二个月起征，而随着闰月的积累，也有个别年份出现了两个关期的情况。但就王庆云所提供的几个年份的情况来看，还没有出现类似的情况，所以闰月的影响可以忽略不计。

清代各个关的关期不同，除崇文门（例于上年八月初三日至本年八月初二日为本年度关期）、临清工关和天津海关（例于年初开河至年底河冻作为本年度关期）等个别关外，其余各关均采取十二个月计一个关税年度，但各个关的关税年度时间并不相同，时间差别很大。由此而产生的问题是，通常意义上的年度关税，即如道光二十一、二十二、二十五和二十九年的关税收入，并不是指在道光二十一等年份内，各个关所征收的关税收入，而是各个关在本年度关期内，所征收关税的总和。这也是研究者做统计时，必须注意的问题。

下面，笔者根据《朱批奏折》《军机处录副奏折》和经济研究所抄档的情况，来重新汇制出新的实征情况表（表 3）。

表 3 道光二十一、二十二、二十五、二十九四年关税实征数 单位：两

类别	关名	道光二十一年	道光二十二年	道光二十五年	道光二十九年
户部清吏司所属二十四关	崇文门	**323 166**	**315 161**	**315 627**	**323 739**
	左翼	37 018	37 036	38 025.889	37 557.84
	右翼	23 692.12	23 485.32	24 409.814	24 013.902
	坐粮厅	**12 387**	**12 387**	**12 389**	**12 419**
	淮安关	252 930.667	**250 594**	242 344.941	277 211.444
	浒墅关	296 767.763	390 697.902	288 863.261	279 990.659
	扬州关	163 808.3	133 101.3	111 049.3	129 861.3
	芜湖（户）关	208 943.75	229 935	230 042.7	223 810.34
	西新关	41 437.031	41 815.346	41 717.291	41 547.975
	凤阳关	107 175.1	96 431.1	107 278.255	106 303.6
	江海关	73 685.535	32 621.47	258 573.509	746 334.895
	天津关	95 629.743	86 383.713	94 992.503	95 153.273
	临清（户）关	50 086.48	**25 436**	54 308.27	57 404.53
	九江关	536 816.25	424 927.99	583 025.9	562 591.641
	赣关	75 192	**82 711**	**93 184**	**93 771**
	北新关	188 218.719	170 147.307	188 802.032	188 257.812

续表

类别	关名	道光二十一年	道光二十二年	道光二十五年	道光二十九年
户部清吏司所属二十四关	浙海关	79 512.141	**18 839**	78 018.532	78 376.865
	闽海关	181 451.093	**127 479**	90 082.89	181 486.389
	太平关	**135 245**	**135 724**	**135 253**	**118 643**
	粤海关	864 232.169	1 115 742.362	2 360 832.158	1 471 318.476
	山海关	111 969.292	111 326.843	111 441.779	111 862.959
	张家口	60 716.95	60 719.55	**60 561**	**60 561**
	杀虎口	46 221.86	46 229.11	46 248.52	46 263.37
	归化城	**23 565**	**24 036**	**23 418**	**22 749**
	小计	3 989 867.96	3 992 962.84	5 590 489.54	5 291 229.27
王庆云所列工部五关	龙江关	90 599.327	95 291.176	118 718.226	98 670.955
	芜湖关	70 547.84	117 159.74	117 128.02	123 223.48
	宿迁关	**59 426**	**58 543**	**26 934**	**27 648**
	临清关	3 827.1	**6 289**	**7 271**	4 979.74
	南新关	28 961.169	28 435.18	30 116.195	30 123.754
	小计	253 361.436	305 718.096	300 167.441	284 645.929
合计		4 243 229.4	4 298 680.94	5 890 656.98	5 575 875.2

资料来源：本表数据，如无特殊说明者，均来自于中国第一历史档案馆藏《朱批奏折》《军机处录副奏折》及中国社会科学院经济所抄档

针对表3，笔者做出如下说明。

（1）表中黑体数据，系原档及抄档所无，以王庆云数据补充。但张家口一行黑体数据，系以本关定额数（正额与盈余数相加之数）补之。王庆云原表中的山海关、张家口、杀虎口数据，显系以这些关的正额作为实征数，错。

（2）左翼、右翼之二十一年（1841年）、二十二年数据来源，说明如下：左翼正额10 008两，盈余18 000两；右翼正额10 005.12两，盈余7321.4两。相较之下，王庆云所提供的数据明显偏小。非常可惜的是，在《朱批奏折》与《军机处录副奏折》及经济所抄档中，左翼、右翼两关征收奏报的缺失较多，仅有二十五年和二十九年的数据。不过，在同样是第一手的档案《上谕档》中，则保存了这两个关非常完整的盈余上交记录，即扣掉了正额及每年例支数量后的盈余。左翼每年例支6304两，右翼每年例支6343两，结合《上谕档》的资料，我们完全可以推算出左翼、右翼的实际征税情况。

左翼情况，据《上谕档》道光二十一年（1841 年）七月二十日、二十二年七月十七日可知，二十一年上交盈余为 20 706 两，故此年关税实征数为正额 10 008 两+上交盈余 20 706 两+例支 6304 两=37 018 两。同理，二十二年上交盈余为 20 724 两，故本年实征额为 37 036 两。

右翼情况，据《上谕档》道光二十一年七月二十日、二十二年七月十七日可知，二十一年上交盈余为 7344 两，故此年关税实征数为正额 10 005.12 两+上交盈余 7581.8 两+例支 6343 两=23 992.12 两。同理，二十二年上交盈余为 7375 两，故本年实征额为 23 485.32 两。

（3）浒墅关二十九年数据，系包含免征米税银 41 998.71 两，见《军机处录副奏折》道光二十九年八月初四日，苏州织造庆年折。

（4）江海关二十五年数据系包括“洋税”187 960.792 两，参见《朱批奏折》道光二十五年三月二十七日，署江巡江宁布政使陈继昌折；二十九年数据系包括“洋税”670 603.018 两，参见《军机处录副奏折》道光三十年二月二十九日，江苏巡抚傅绳勋折。

（5）天津关数据。天津关例向由长芦盐政奏报，正额 48 156.313 两，盈余 20 000 两。不过，天津关统计最大的问题在于，天津关随奏报户关税征收数量的同时，还会同时附奏内务府额外盈余一项。只有把户关税收入与内务府额外盈余相加，才是真正的关税收入。道光年间晚期的内务府额外盈余数为 12 380.81 两（参见《军机处录副奏折》道光二十一年七月二十八日，长芦盐政德顺折；《朱批奏折》道光二十九年五月二十五日，长芦盐政崇纶折），故天津关数据系在奏报户部收入的同时，加上了解交内务府的额外盈余数。

从表 4 可以看出，相关年份的数据较王庆云原表有了较大幅度的提高。[①]而且，我们还必须记住的是，以上数据并非完整的清代关税征收表，正如前面已经分析过的，其中仍有相当多的遗漏。试举一例，户部福建清吏司所属的天津海关，自嘉庆十二年（1807 年）开始派员征收，每年定额征收 4 万两，

---

① 二十一年、二十二年较二十五年和二十九年差别在 100 万两以上，前者正是由于第一次鸦片战争，清政府采取了封关对抗英军的办法，沿海相关各关的征额急骤下降；后者则是由于中英《南京条约》签订后，洋货大量涌入，“洋税”有了较大幅度的增加。详细原因，容另文再分析。

以 26 000 两作为正额解部，以 14 000 两作为盈余，解交藩库留充地方公用。嘉道时期，天津海关的奏销数据非常完备。比如道光二十一年（1841 年）天津海关征税为 22 346.5 两（《军机处录副奏折》道光二十二年五月初二日，直隶总督讷尔经额折），二十二年征税为 9191.5241 两（《军机处录副奏折》道光二十三年四月二十六日，直隶总督讷尔经额折），二十五年和二十九年征税则分别为 29 053.845 两和 22 786.874 两（中国社会科学院经济所抄档）。汇总全国各个关的总数据，肯定会比现在所提供的还要大一些。可惜由于资料方面的限制，现在还无法做到这一点。

不过，通过以上分析，我们至少可以确信，在道光晚期，关税征收量仍然保持着很高的水平，尤其是道光二十五年和二十九年的关税，由于洋税的大量增加，更是达到了一个新的高峰。吴承明先生认为王庆云所列 1845 年关税收入为 551 万两的数字“可疑”，并由此断定“道光关税收入继续下降”，以及进一步引申出“道光萧条”的论断，恐怕是有问题的。①

① 吴承明：《18 与 19 世纪上叶的中国市场》，《中国的现代化：市场与社会》，北京：生活·读书·新知三联书店，2001 年，第 274 页。

晚清漕粮海运史料考辨三则

漕粮海运是晚清政治生活与经济生活中的重要事件，由于牵涉面极广，头绪繁多，在已有的研究成果中，难免存在某些偏颇。笔者现根据档案等资料，对其中的几个问题做一辨析，以期获得新的进展。

一

张恩骏在编写“轮船招商局大事记”时，称同治十二年（1873 年），“直督、苏抚奏拨漕米三十万石，交由本局承运”[①]。也就是说，他认为，同治十二年轮船招商局承运漕粮三十万石。此说误。

按：轮船招商局是在李鸿章等人的极力呼吁下，于同治十一年十二月十六日在上海正式成立的。[②]轮船招商局创办伊始，既缺资金设备，又无管理经验，更为严重的是，它还面临着外国轮船公司的激烈竞争。当时，美国旗昌轮船公司控制着中国内河的主要航线，招商局一成立，旗昌即与成立不久的英国太古轮船公司停止了互相倾轧，共同以降低运价为手段，企图挤垮轮船招商局。为了扶植轮船招商局，李鸿章多方努力，试图让其依靠运输江苏和浙江两省的漕粮来获取利润，渡过难关。因为有和沙船等传统木帆船共同运输的问题，李鸿章经考虑后慎重规定，两者的分配比例为“沙八轮二”[③]。

江苏当局对此表示支持：招商局创办伊始，各口贸易未能即时兴旺，自

---

① 张恩骏编：《本局编年纪事·第一年》，《国营招商局七十五周年纪念刊》，南京：中国第二历史档案馆藏，1947 年。

② 《招商局之沿革及任务概述》，招商局档案：《本局恢复周年纪念刊稿卷》，南京：中国第二历史档案馆藏，档案号：468-799；又见于交通部、铁道部交通史编纂委员会：《交通史航政编》，第 142 页，上海：上海民智书局，1931 年。但也有报道称，招商局是在同治十一年十二月十九日开局，“是日在沪官宪及候补人员，齐至局中贺喜而在法国租界永安街中”，见《教会机关报》，同治十一年十二月二十七日。开办时间当以前者所记为准。

③ 吴馨等修：《上海县续志》卷 7，民国七年刊本。

宜遵照原议，先行试运江浙漕粮。招商局有轮船三四号，如每月装运 2 次，核计正月至五月，共可装海运粮米 20 万石，江浙两省当按此数“照拨”[①]。随后，李鸿章旧部署两江总督张树声特意奏称，本年江苏系拨漕 10 万石交招商局承运。[②]到同治十二年（1873 年）二月，轮船招商局之“永清”号轮船，已经将首批漕粮 9000 石，外加各耗共米 1 万石，运往天津。[③]

浙江也是照此办理，他们交给轮船招商局承运的漕粮同样为 10 万石。在其上奏的浙江海运章程中，则有如下说明：“因商船缺乏，请以轮船试装漕粮，惟到津剥验均宜迅速，以便转运。”[④]同治十一年浙江的漕粮承运情况如（表 1）。

表 1　同治十一年浙江漕粮承运情况　　单位：石

放洋日期	类别	正耗米		
		小计	轮运	商运
正月二十六	头批	210 200	30 500	179 600
二月十八	二批	140 860	30 240	110 620
三月十二	三批	102 640	36 800	65 830
合计		453 700	97 540	356 050

资料来源：《军机处录副奏折・同治朝・财政类》，同治十二年二月初六日、三月十九日，浙江巡抚杨昌濬折，档案号：03-4870-015；03-4870-029

除了正耗米，再加上商船耗米等杂项，正好是 10 万石。同治十一年江浙两省共交由轮船招商局承运的漕粮应为 20 万石，那么，张恩骏所说的“三十万石”又是如何出现的呢？

---

① 何璟等：《督抚札行明年海运粮米酌拨招商局轮船装运》，杨守岘等纂：《重订江苏海运全案续编》卷 7《奏章文移》，光绪十年刻本。

② 《军机处录副奏折・同治朝・财政类》，同治十一年十二月十三日，署两江总督张树声等折，档案号：03-4869-179。

③ 清查整理招商局委员会：《国民政府清查整理招商局委员会报告书（下）》，民国十六年铅印本，第 19—20 页。另据李鸿章记载，“万年清、安澜两船运米进口，皆因吃水太深，不能径达紫竹林。已由天津丁道派买前往剥运。上海采买之米闻须由嘉湖各县仓借拨，周折需时，洋行轮船夹板因多装米赴粤，不肯载运北口，未免居奇”，见李鸿章：《复王补帆中丞》（同治十一年二月二十六日），《李鸿章全集》第 30 册，合肥：安徽教育出版社，2008 年，第 428 页。

④ 《军机处录副奏折・同治朝・财政类》，同治十一年十一月十七日，浙江巡抚杨昌濬折，档案号：03-4869-172。

问题出在江北漕粮身上。在太平天国运动被镇压后，江浙两省的漕粮海运得到了恢复，但清廷中主张河运的呼声也不绝于耳。为照顾一部分人的利益，江北淮、扬、通三属及徐州地区的漕粮，分别在同治三年（1864年）至四年、九年至十一年，进行着数量不等的河运。同治十二年，江苏也打算将丹阳和金坛采买的粮食2万石交由河运。只因黄河改道之后，年久失修，运河淤塞，沿途浅阻，河运颇不划算，江北漕粮一度有改行海运的计划。江苏顺水推舟，"仅此区区二万石之数，更不必冒险独行"[①]，撤销了海运的计划。

对于江北欲行海运的打算，刚刚成立的轮船招商局极为动心。朱其昂向张树声禀请，轮船招商局现有轮船3艘，每月运漕2次，每次装米3万余石，自正月至六月，共可运米30余万石。江浙两省已经答应拨给轮船招商局漕粮20万石，尚有10余万石的运输能力可资利用，合之江北起运米数相符，"不致临时贻误"。张树声非常爽快地表示同意。不料朱其昂因购船之事出现周折，担心赶办不及，又特向李鸿章求情，要求将此10万石漕粮退回。张树声极为愤怒，甚至怀疑轮船招商局有无能力承运江浙的20万石漕粮。[②]同治十二年二月二十九日，他奏称江北各属漕粮10万余石，仍将恢复河运。[③]到三月份，两江当局再次奏称，江北河运米106 808.4519石，外加船户耗米4 272.2583石，已于正月十七日开行。[④]

由此可知，张恩骏所说的"三十万石"，不过系朱其昂等人最初所讨论的由轮船招商局承运的数字（江苏、浙江及江北各10万石），而非轮船招商局最终承运的数量。正因为如此，李鸿章才会在同治十二年十一月十三日说，"现仅分运苏浙漕米岁二十万石，沾润较少"[⑤]，但这是怨不得别人的。

---

① 《军机处录副奏折·同治朝·财政类》，同治十一年十一月十七日，署两江总督张树声等折，档案号：03-4869-169。

② 《招商局档案》，同治十一年十二月初三日，署理两江总督张批，转引自聂宝璋：《中国近代航运史资料（1840—1895）》，上海：上海人民出版社，1983年，第791页。

③ 《宫中档朱批奏折·财政类·漕粮》，同治十二年二月二十九日，署两江总督江苏巡抚张树声折，档案号：04-01-35-0289-028。

④ 《军机处录副奏折·同治朝·财政类》，同治十二年三月二十四日，两江总督李宗羲折，档案号：03-4870-030。

⑤ 李鸿章：《复刘仲良方伯》，《李鸿章全集》第30册，合肥：安徽教育出版社，2008年，第615页。

二

《清史稿·漕运》称："(同治)十三年，奏准江西在沪采买漕粮八万石，交招商局由海运津，每石脚价银二两七钱。光绪元年，湖南漕粮采办正耗米二万三百四十五石，湖北采办三万石，均交招商局由海运津。江西、湖南寻停。"[①]此说不确。

按：太平天国运动爆发后，江西、湖南和湖北的漕运活动停顿下来。这几省的重新漕运，始于光绪元年（1875年）。但在此之前，有关各方已经做好必要的铺垫。同治十二年（1873年）九月，清廷再次要求湖广恢复漕运制度、起运本色漕米，湖广总督李瀚章仍然反对，但此年的反对，却成为以后几年湖北采买米石的开始。李瀚章表示，湖南、湖北两省起运本色，虽京仓能多收米石，但京外就会少数十万两可用之银。他指出，此时京仓既可支持，自是银重于米，"如将来需米之时，可否酌提漕折，由湖北汉镇采买，雇装轮船至沪海运？"[②]也就是说，在轮船招商局办有成效后，他已经准备让轮船承办此事。

同样，在经过多年的抵制后，同治十三年，江西亦表示，既然湖广运津漕粮由轮船招商局包运、包交，江西拟亦仿办。巡抚刘坤一还私下称："农部止知江省米色较低，米价稍贱，不思水路如此之远而且难。"但他也看出，"此次部文似难空言搪塞"[③]。李鸿章则竭力为轮船招商局争取生意。他给刘坤一写信，声称江西丁漕全征本色万做不到，然须稍为通融。若一意坚持，无颗粒运京，"既非公忠体国之道，终必有变本加厉之时"。轮船运米能力极强，现在招商局所运米数无多，江西若能办漕，米数渐增，添船渐多，"国计民生均大有裨"。如江西愿意采买粮米，或自在本地采购，或交招商局代

① 赵尔巽：《清史稿》卷一二二《食货三》，北京：中华书局，1976年，第3599页。

② 《宫中档朱批奏折·财政类·漕粮》，同治十二年九月十二日，湖广总督李瀚章折，档案号：04-01-35-0289-055。

③ 刘坤一：《致刘仲良》（同治十三年八月二十七日），《刘忠诚公遗集·书牍》卷5，台北：文海出版社，1968年，第75页。

购，杂费至多不过江浙采买之数。如能仿江北运漕之例，折征于民，办运于官，先期奏明，“廷议当准行”①。

光绪元年（1875 年），江西漕粮开始办理海运。据巡抚刘秉璋奏报，本年江西漕粮系由朱其昂赴苏州、常州等处采买米 87 780 石，其中粳正米 20 000 石，剥船食耗米 230 石，新增剥耗米 115 石，共 20 345 石；籼正米 60 000 石，剥食 690 石，新增剥耗米 345 石，商船耗米 4800 石，共 65 835 石。采买之价，粳米每石为库平银 2.45 两，籼米 2.35 两，合共用库平银 208 477.5 两。这批粮食均由招商局轮运赴通。②

湖南巡抚王文韶也称，本年湖南试办本色米 2 万石，系由盛宣怀主持，在漕粮正款项下动用库平银 26 000 两，“由海运津”③。具体米数，则为正米 20 000 石，商耗米 1600 石，剥耗 230 石，新增剥耗米 115 石，共 21 945 石。用银 51 570.75 两，每石合银 2.35 两。④同样，湖北亦采办 30 000 石正耗。具体的开销，据湖北巡抚翁同爵禀报，在 30 000 石正米之外，外加商耗 2400 石，剥食 345 石，新增剥耗米 172.5 石，共 32 917.5 石。每石合库平银 2.35 两，共 77 356.125 两，其价目与江西和湖南的完全相同。⑤

光绪元年以后，江西与湖北两省的漕粮海运情况如下（表 2）。

表 2　江西湖北光绪初年漕粮海运表　　单位：万石

年份	省份	数量	资料来源
光绪二年	江西	8	《军机处录副奏折·光绪朝·财政类》，光绪二年十月初三日，江西巡抚刘秉璋折，档案号：03-6298-067
	湖北	3	《军机处录副奏折·光绪朝·财政类》，光绪二年十月初四日，署湖广总督翁同爵折，档案号：03-6298-061
光绪三年	江西	8	《军机处录副奏折·光绪朝·财政类》，光绪三年七月二十八日，江西巡抚刘秉璋折，档案号：03-6299-047
	湖北	3	《宫中档朱批奏折·财政类·漕粮》，光绪三年九月初六日，湖广总督李瀚章折，档案号：03-6299-055

① 李鸿章：《复刘仲良方伯》（同治十二年十一月十三日），《李鸿章全集》第 30 册，合肥：安徽教育出版社，2008 年，第 615 页。

② 《军机处录副奏折·光绪朝·财政类》，光绪元年十二月初十日，江西巡抚刘秉璋折，档案号：03-6298-005。

③ 《军机处录副奏折·光绪朝·财政类》，光绪元年正月二十九日，湖南巡抚王文韶折，档案号：03-6297-021。

④ 《军机处录副奏折·光绪朝·财政类》，光绪元年十二月十九日，湖南巡抚王文韶折，档案号：03-6298-006。

⑤ 《军机处录副奏折·光绪朝·财政类》，光绪元年十一月二十五日，湖北巡抚翁同爵折，档案号：03-6297-072。

续表

年份	省份	数量	资料来源
光绪四年	江西	6	《军机处录副奏折・光绪朝・财政类》，光绪五年七月初二日，江西巡抚李文敏折，档案号：03-6301-072
	湖北	3	《军机处录副奏折・光绪朝・财政类》，光绪三年九月初四日，湖广总督李瀚章折，档案号：03-6299-051
光绪五年	江西	6	《军机处录副奏折・光绪朝・财政类》，光绪五年七月初二日，江西巡抚李文敏折，档案号：03-6301-072
	湖北	3	《军机处录副奏折・光绪朝・财政类》，光绪五年七月二十日，湖广总督李瀚章等折，档案号：03-6301-075

还需要说明的是，从光绪六年（1880 年）起，江西漕粮海运的活动才完全停止。湖南虽然自光绪元年后就停止了漕粮海运，但从光绪十一年起至光绪十八年，它却又一度恢复过每年海运 30 000 石的行为。

通过以上史料可知，前引《清史稿・漕运》中关于这几省起运漕粮的分析存在着以下几点模糊：其一，江西、湖南与湖北均系从光绪元年起承办漕粮海运，其时间表述应该统一，否则极易给人留下江西于同治十三年起运，湖南、湖北则于光绪元年起运。其二，关于光绪元年这几省的起运数量，其描述亦应统一，或称江西、湖南、湖北各采办（采买）漕粮 80 000 石、20 000 石和 20 000 石，或称各采办正耗米 81 380 石、20 345 石和 30 517.5 石。其三，光绪元年以后，“江西、湖南寻停”的说法应当删去，否则即须指出，是“湖南寻停”，且以后又有反复。

三

丁进军根据刘坤一的一份奏折（《军机处录副奏折》，光绪二十八年二月初五日），断定“光绪二十七年后的漕运，虽主要是官督商办的招商局承运，但由官方、商人乃至外国洋行三位一体的海运组织形式已开始出现。这说明清末漕运中，清政府基于财政困难，已开始借用洋行轮船共同协运漕粮，其买办化因素在逐渐发展”。作者进而指责《清史稿・漕运》“在这一问题上的记载是与事实不相符的”[①]。此结论错误。

① 丁进军：《〈清史稿・漕粮〉订正一则》，《江汉论坛》1985 年第 11 期。

按：《清史稿·漕运》关于此事件的表述是："二十八年……盛宣怀奏：'近年沪局轮船，因事起运太迟，栈耗既钜，及运至塘沽，又值联军未退，费用倍于常时。二十六、二十七两年，招商局所领水脚，实不敷所出。本年太古洋行原减价揽载，英、日议定商约，均欲漕运列入约章，臣等力拒之。盖招商局为中国公司，前李鸿章奏准漕米、军米悉归招商局承运，实寓有深意也。'……从之。"[①]丁进军据此推断，"言外之意，清政府从维护其天朝大国的尊严出发，拒绝了太古洋行的协运"。拒绝太古洋行协运不假，但从文中显然不能看出清政府之拒绝，是出于"维护天朝大国的尊严"。盛宣怀已经说得很清楚，漕米、军米均归招商局承运，"实寓有深意也"。这种深意，正是李鸿章所说的，通过扶植轮船招商局，使中国轮船畅行，"庶使我内江外海之利，不致为洋人占尽，其关系于国计民生者，实非浅鲜"[②]。

丁进军依据的刘坤一档案内容如下："如沙船装运，风涛难料，势必耽误程期，招商局又因上年封河折回旧漕八万余石，上海、塘沽两处栈房均已壅积，未能独任承运，即经委员候补知县沈翊清、颜澍荷赴上海局太古洋行筹议商办，经该洋行兰突遗经理人和昌成号王增禄出为商办，现已议定，自上海装轮至塘沽。……所有光绪二十七年冬漕，饬由招商局兼雇太古洋轮分装承运。"[③]其实，从这段话中，我们能确定的只不过是沈翊清等人和太古洋行"议定"来运输光绪二十七年（1901年）冬漕，而不是说已经将它运送完成。[④]

光绪二十七年，清廷宣布漕粮改折诏后，江浙漕粮海运本应全部转入招商局手中。因招商局运输能力有限，同时也是出于对招商局的不满，江苏粮道罗嘉杰派候补知县沈翊清等人前赴上海，向太古洋行华人经理王增禄商量代办事宜。双方议定，将原来由沙船承担的6成交由太古洋行包运，自上海装轮运至塘沽。无论漕白水脚，每石规银3钱2分，正米交清后，余米照章

---

① 赵尔巽：《清史稿》卷一二二《食货志三·漕运》，北京：中华书局，1977年，第3602页。

② 《军机处录副奏折·洋务运动·招商局》，同治十一年十一月二十三日，直隶总督李鸿章折，档案号：03-9438-001。

③ 《军机处录副奏折·光绪朝·财政类》，光绪二十八年二月二十二日，两江总督刘坤一折，档案号：03-6321-014。

④ "冬漕"系指于冬天起征，来年春间起运，故二十七年冬漕实系二十八年起运。

由海运局收买。至历届沙船准带 2 成免税货物，因国库亏空，准令该行免税 1 成。合同草签后，江苏先付水脚规银 2 万两，交太古洋行收兑。其他兑米储栈事宜，悉照招商局章程办理。江苏巡抚恩寿表示，所有议定水脚银数，较之沙船水脚每石约可节省曹平银 9 分，将水脚神犒等项一并统计，每石也不逾库平银 7 钱 5 分之数。①

另外，义和团运动后，清廷与列强分别进行商约谈判。由于有了将苏漕 30 万石交由太古洋行承运之议，光绪二十七年（1901 年）年底，英国商约谈判大臣马凯多次要求清廷允许粮食外运，并主张将漕粮与普通大米等同对待，“哓哓不休”②。

江苏与太古洋行谈判时，轮船招商局被蒙在鼓里，直到草约签订才得到消息。二十八年三月初二日，亦为商约谈判大臣的盛宣怀电函外务部，认为清廷成立轮船招商局，“一则利不外溢，二则权自我操，非仅为保护商局起见”。现在英使迟迟不肯定约，皆因有苏漕交太古洋行装运草约。如果草约变成正式合同，“在华商必更心寒气散，难期推广”。马使力助洋商，欲将此条列入新约，“中国若欲振兴商务，断难自行退沮”，提议苏抚废除此约。③他还表示，太古洋行遽肯减价揽运，“实为攘夺权利起见”。太古洋行平时装运商米，水脚或增或减，随时涨落，“该洋行何以独于漕米愿减水脚？可见别有隐衷”④。

同日，盛宣怀又致电外务部大臣王文韶：“苏漕为太古夺运六成，马凯请入新约，永此为例。此皆委员得贿所致，苏抚已于二月廿二日入奏。尚幸合同系与华人王增禄所订，洋人尚未画押，各州县米尚未买，势必援照浙江酌请折价，合同似尚可废。现有公电到部，日内苏抚奏到，务请电旨严驳。招商局水脚去年已减五分，且每年报效皆在漕内开支，洋行所减甚微，并欲客货免税一成，意在带货免税，公中吃亏何止数分。况一入新约，准运仍必

---

①（台湾）《宫中档光绪朝奏折》光绪二十八年七月初六日，江苏巡抚恩寿折，台北：“故宫博物院”故宫文献编辑委员会，1973 年，第 661 页。

② 盛宣怀：《米谷禁止出洋仍坚持原议办法电奏》，《愚斋存稿》卷 22《电奏》，民国十九年刻本。

③ 盛宣怀：《寄外务部》，光绪二十八年三月初二日，《愚斋存稿》卷 57《电稿》，民国十九年刻本。

④ 盛宣怀：《核减招商局承运漕粮水脚折》，《愚斋存稿》卷 7《奏稿》，民国十九年刻本。

加价，多方挟制，此洋人惯技也。”[①]三月初四日，外务部回电云，“冬电已进呈，苏抚奏已先到。旨：‘户部知道’。现电驳令作罢论，勿使利由外溢”[②]，同意废除合同。

因为“西律毁议，必须重罚”，经江苏与太古洋行反复磋商，其答应由中方赔偿银 7 万两退约。盛宣怀答应由招商局先行垫银 4 万两，在招商局应收余米变价盈余项下陆续扣还。其余 3 万两由江苏粮道自行清理。[③]运漕合同撤销后，马凯不得不同意中方要求，又经一番周折，规定粮食不能运往外国，中国口岸则仍按原约办理。[④]

综上所述，光绪二十八年（1902 年）太古洋行代运漕粮之事并未成行，《清史稿·漕运》所记载并非错误，更不能由此而认定，“三位一体的海运组织形式已开始出现”。

---

① 《盛宣怀致王文韶电》，光绪二十八年三月初二日，王尔敏、陈善伟编：《清末议订中外商约交涉（盛宣怀往来函电稿）》，香港：香港中文大学出版社，1993 年，第 243 页。

② 《吕海寰、盛宣怀致宁督署、鄂督署电》，光绪二十八年三月廿六日，王尔敏、陈善伟编：《清末议订中外商约交涉（盛宣怀往来函电稿）》，香港：香港中文大学出版社，1993 年，第 254 页。

③ （台湾）《宫中档光绪朝奏折》光绪二十九年三月二十七日，两江总督魏光焘折，台北：“故宫博物院”故宫文献编辑委员会，1973 年。

④ 盛宣怀：《米谷禁止出洋仍坚持原议办法电奏》，《愚斋存稿》卷 22《电奏》，民国十九年刻本。